W0390847

westermann

DORN . BADER

Physik 2

Gesamtband | Gymnasium

[redacted]

DORN . BADER

Physik 2 Gesamtband (7–10) G9
Gymnasium

Herausgegeben von
Prof. Dr. Rainer Müller

Begründet von
Prof. Dr. Franz Bader †, Prof. Friedrich Dorn †

Bearbeitet von
Marcel Dauven
Guido Haag
Dr. Patrick Löffler
Jan Mandler
Prof. Dr. Rainer Müller
Dr. Jenny Schlüpmann

BiBox

Vorbereiten. Organisieren. Durchführen.
BiBox ist das umfassende Digitalpaket zu diesem Lehrwerk mit zahlreichen Materialien und dem digitalen Schulbuch. Für Lehrkräfte und für Schülerinnen und Schüler sind verschiedene Lizenzen verfügbar. Nähere Informationen unter **www.bibox.schule**

Zum Schülerband erschienen:
Lösungsband, ISBN 978-3-14-152366-9

westermann GRUPPE

© 2021 Bildungshaus Schulbuchverlage Westermann Schroedel Diesterweg Schöningh Winklers GmbH,
Georg-Westermann-Allee 66, 38104 Braunschweig
www.westermann.de

Das Werk und seine Teile sind urheberrechtlich geschützt. Jede Nutzung in anderen als den gesetzlich zugelassenen bzw. vertraglich zugestandenen Fällen bedarf der vorherigen schriftlichen Einwilligung des Verlages. Nähere Informationen zur vertraglich gestatteten Anzahl von Kopien finden Sie auf www.schulbuchkopie.de.

Für Verweise (Links) auf Internet-Adressen gilt folgender Haftungshinweis: Trotz sorgfältiger inhaltlicher Kontrolle wird die Haftung für die Inhalte der externen Seiten ausgeschlossen. Für den Inhalt dieser externen Seiten sind ausschließlich deren Betreiber verantwortlich. Sollten Sie daher auf kostenpflichtige, illegale oder anstößige Inhalte treffen, so bedauern wir dies ausdrücklich und bitten Sie, uns umgehend per E-Mail davon in Kenntnis zu setzen, damit beim Nachdruck der Verweis gelöscht wird.

Druck A[2] / Jahr 2022
Alle Drucke der Serie A sind im Unterricht parallel verwendbar.

Redaktion: Dr. Andreas Hagedorn
Illustrationen: Enrico Casper, Franz-Josef Domke, LIO Design GmbH, Fa. Lithos – Dirk Hinrichs, Liselotte Lüddecke, newVISION! Bernhard Peter, Salomea, Atelier Krülls, Werner Wildermuth
Druck und Bindung: Westermann Druck GmbH, Georg-Westermann-Allee 66, 38104 Braunschweig

ISBN 978-3-14-**152365**-2

Inhaltsverzeichnis

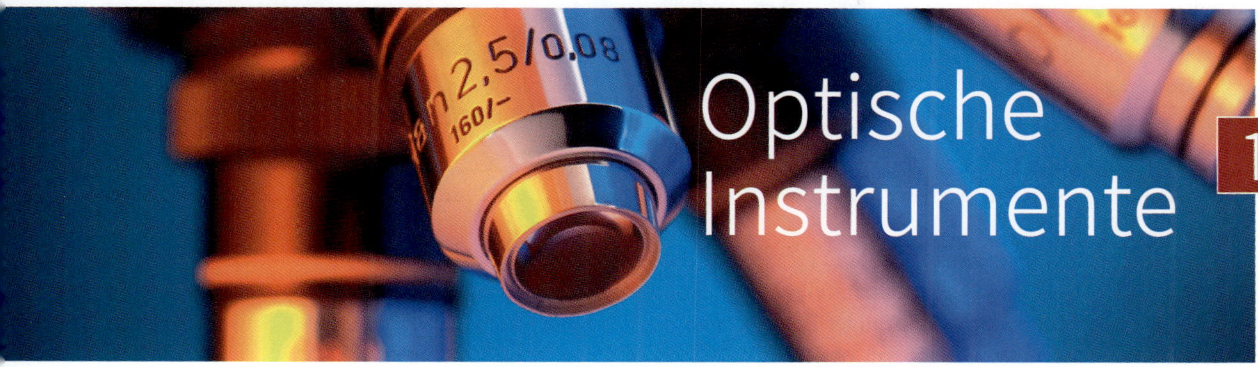

🖵 besondere Berücksichtigung von Aspekten aus dem Medienkompetenzrahmen
(i) besondere Berücksichtigung von Aspekten der Verbraucherbildung

Aufgabenniveaus: ➡ einfach; ↗ mittel; ⬆ schwierig

Inhaltsverzeichnis

Sterne und
Weltall
3

Inhaltsverzeichnis

Druck
und Auftrieb
5

Inhaltsverzeichnis

Inhaltsverzeichnis

W

Aufgaben zur Wiederholung – Optik

1

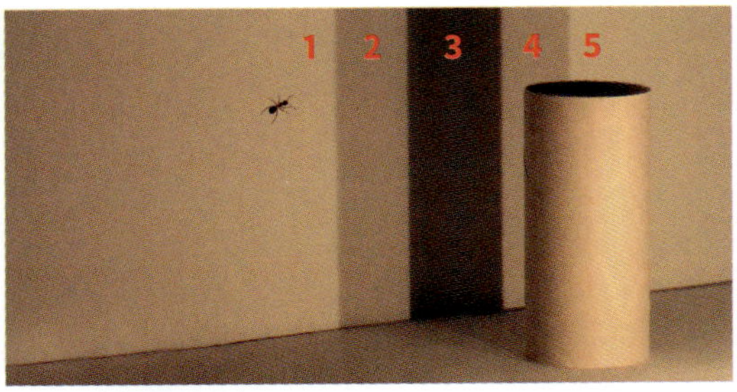

Das Bild zeigt einen beleuchteten Gegenstand und eine Ameise, die durch den Schatten krabbeln will.

a) Gib die Anzahl der Lichtquellen an, die den Gegenstand beleuchten.

b) Erkläre anhand einer Skizze, welche dieser Lichtquellen die Ameise auf ihrem Weg von 1 nach 5 sehen kann.

2

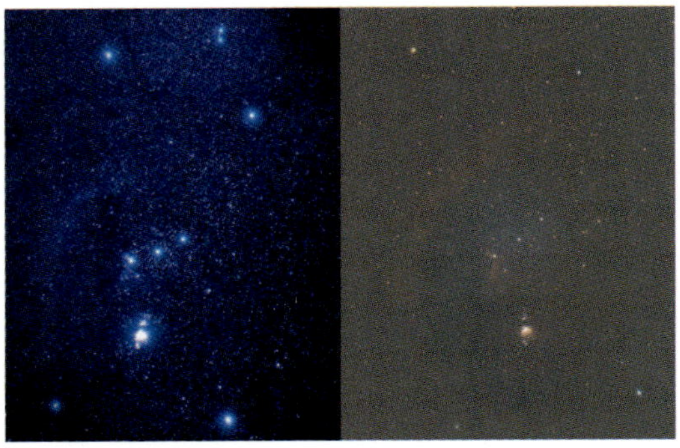

Das Bild oben zeigt das Sternbild Orion, einmal auf dem Land (links) und einmal in der Stadt (rechts) fotografiert. Im Bild rechts sieht man fast keine Sterne. Das nennt man „Lichtverschmutzung".

a) Erkläre, welchen Einfluss die Luftverschmutzung dabei hat.

b) Erläutere, welche Rolle die unterschiedlichen Straßenbeleuchtungen spielen (Bild unten). Bewerte die verschiedenen Lampen.

3 Wenn man nachts bei nasser Fahrbahn fährt, dann erscheint die Straße trotz eingeschalteter Scheinwerfer nahezu schwarz. Allerdings wird der Gegenverkehr geblendet. Erkläre.

4

Erkläre, welches Spiegelbild es wirklich geben kann.

5

Oben ist ein Periskop abgebildet. Mit diesem optischen Gerät kann man über Hindernisse hinwegschauen. Auch in U-Booten kommt es zum Einsatz. Im Wesentlichen besteht ein Periskop aus zwei Spiegeln, die wie in der Skizze abgebildet angebracht sind. Übertrage die Skizze in dein Heft. Erkläre die Funktionsweise des Periskops, indem du die Skizze vervollständigst.

6

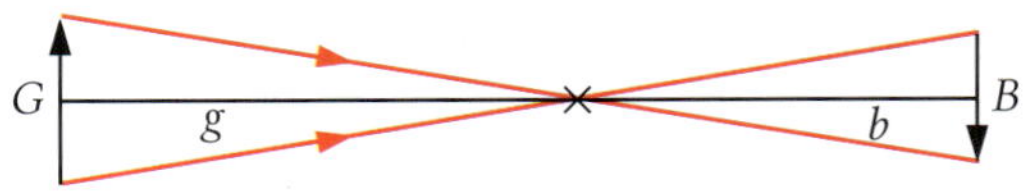

Fertige eine Skizze zu einer Abbildung wie oben an. Miss die Größen G des Gegenstands und B des Bildes sowie die Strecken g und b. Zeichne eine neue Skizze, in der du die Strecke g verdoppelst. G und b bleiben gleich. Beschreibe, wie sich B verändert.

7 Lena sagt: „Das Lichtstrahlenmodell ist nur eine Vorstellung, Lichtstrahlen gibt es nicht wirklich." Diskutiert, was sie damit meint.

Wiederholung – Optik

1. Licht und Sehen

Ein beleuchteter Gegenstand **streut** das einfallende Licht in alle Richtungen. Er wird dadurch selbst zum **Lichtsender.** Damit wir etwas sehen können, muss Licht in unser Auge gelangen.

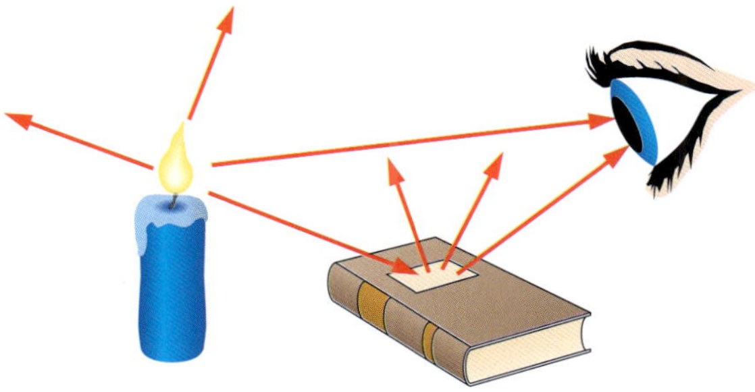

Ein roter Gegenstand, auf den weißes Licht trifft, streut rotes Licht zurück. Deswegen sehen wir ihn in der Farbe Rot.
Ein heller Gegenstand streut einen größeren Teil des einfallenden Lichts zurück als ein dunkler.

Licht breitet sich **geradlinig** aus. Im **Lichstrahlenmodell** kann man die Ausbreitung von Licht darstellen. Den Ursprung eines **Lichtstrahls** stellt man sich dabei als **punktförmige Lichtquelle** vor.

2. Lochkamera

Bei der Lochkamera werden Gegenstände auf dem Kopf stehend abgebildet.

Je kleiner die Öffnung einer Lochkamera ist, desto schärfer, aber auch desto dunkler wird das Bild.

Je größer der Abstand *g* eines Gegenstands zur Lochkamera ist, desto kleiner ist das Bild.

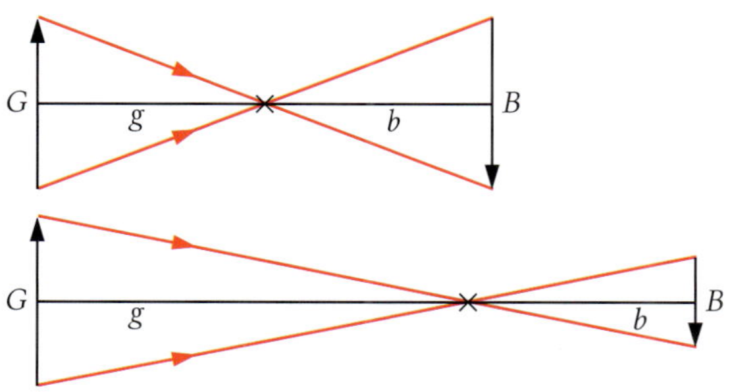

Je größer der Abstand *b* Lochkamera-Schirm ist, desto größer ist das Bild.

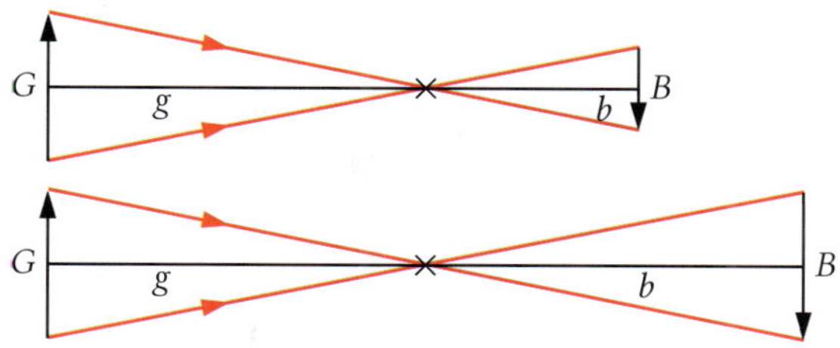

3. Schatten

Eine punktförmige Lichtquelle erzeugt einen scharf begrenzten **Schatten** eines Gegenstands.
Bei zwei punktförmigen Lichtquellen entstehen neben dem dunklen **Kernschatten** auch hellere **Halbschatten.**

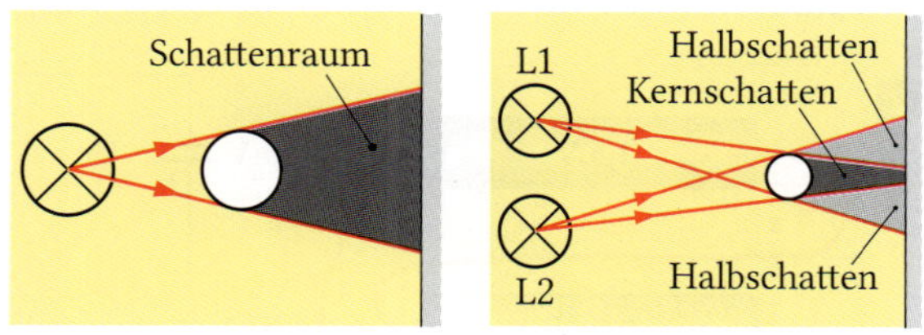

Eine **ausgedehnte Lichtquelle** erzeugt einen **Übergangsschatten.** Der Schatten ist unscharf.

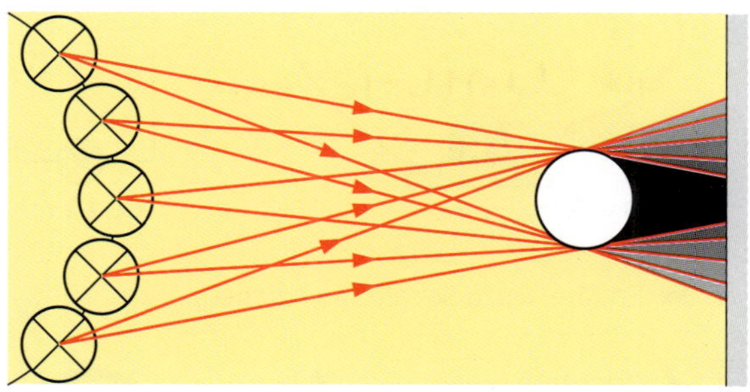

4. Spiegelungen

Licht wird an glatten Oberflächen nach dem **Reflexionsgesetz** reflektiert: Einfallender und reflektierter Lichtstrahl liegen mit dem **Einfallslot** in einer Ebene. **Einfalls-** und **Reflexionswinkel** sind gleich groß.

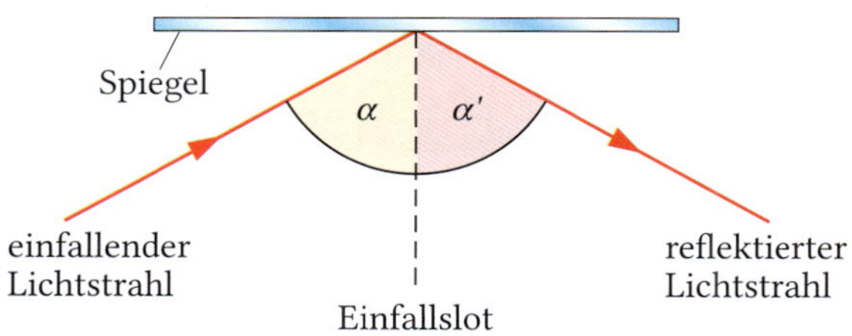

Ein Spiegel vertauscht vorn und hinten.

W

Aufgaben zur Wiederholung – Elektrik

1

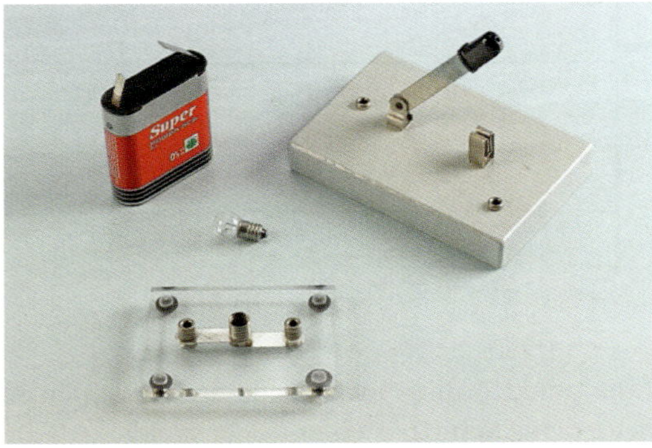

➡ Schalte diese Bauteile zu einem Stromkreis zusammen. Dokumentiere dies mit einem Schaltplan.

2

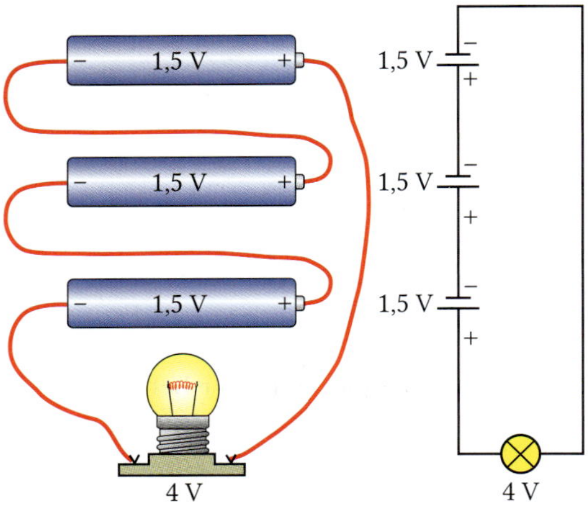

➡ Erkläre, wozu Schaltpläne dienen.

3

↗ Erläutere die Analogie zwischen dem Stromkreis und einer Fahrradkette. Erstelle zuerst eine Vergleichstabelle mit Stichworten und formuliere dann einen Text.

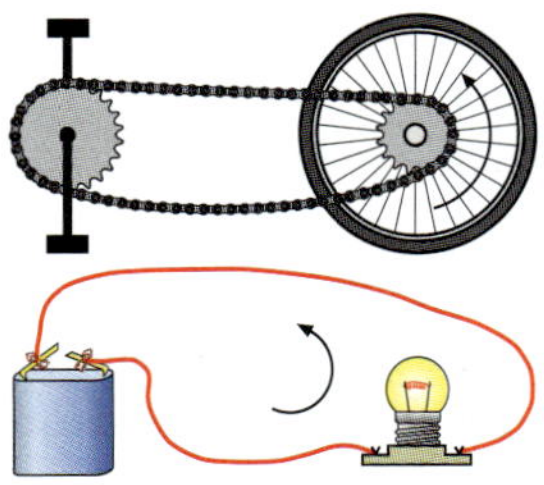

4

➡ Erläutere, warum die Lampe in den beiden Bildern nicht leuchtet.
Beschreibe, wie die Schaltung verbessert werden kann.

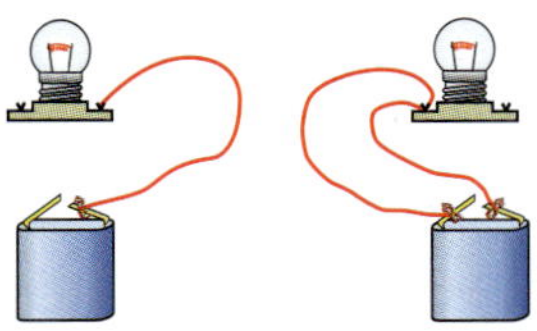

5

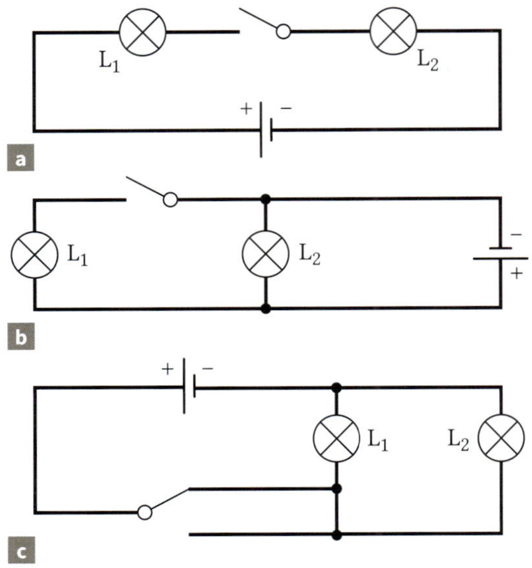

⬆ Der Schalter wird betätigt. Beschreibe und begründe, was in den Fällen a), b) und c) passieren wird.

6

↗ Das obige Bild zeigt jeweils eine 4,5-V-Glühlampe mit 4,5 V Nennspannung, die mit einer 9-V-Batterie, einer 4,5-V-Batterie und mit einer 1,5-V-Batterie verbunden waren.

a) Ordne die Bilder den Batterien zu und begründe deine Zuordnung.

b) Bei Bild c) ist das Glas innen schmutzig. Erkläre, warum.

7

↗ Vor einer längeren Wanderung bemerkst du, dass du vergessen hast, deine Powerbank aufzuladen. Diese ist nun leer. In einem Laden kaufst du daher einen 8er-Pack Batterien mit je 1,5 V, um deine Powerbank unterwegs aufladen zu können.
Entwickle eine Schaltung mit der du deine Powerbank wieder aufladen kannst.

Wiederholung – Elektrik

W

1. Elektrische Stromkreise

Eine Batterie und eine Lampe bilden einen Stromkreis, wenn beide Anschlüsse der Lampe mit einem Anschluss der Batterie leitend verbunden sind.

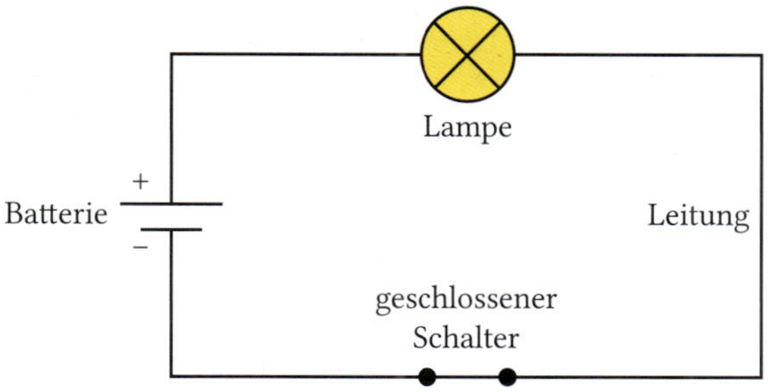

Die Batterie treibt die **Elektronen** im Stromkreis an. In jedem Teil eines einfachen Stromkreises ist der Strom gleich stark. Mit elektrischem Strom kann man Geräte mit Energie versorgen.

2. Elektronen im Stromkreis

Metalle und Kohlestäbe sind gute **Leiter.** Fast alle anderen Stoffe, auch destilliertes Wasser, leiten den Strom schlecht. Sie sind **Isolatoren.**
In einer Kupferleitung bewegen sich nicht die Kupferatome selbst. Im Kupfer gibt es zwischen den Atomen Elektronen, die sich frei bewegen können. Die Bewegung dieser Elektronen ist der Strom.

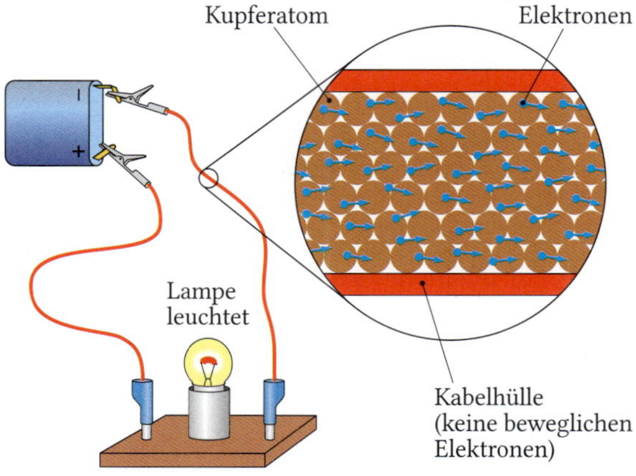

3. Elektrische Spannung

Die **Spannung** einer Spannungsquelle bestimmt, wie stark die Quelle die Elektronen durch den Stromkreis treibt.
Wenn man Batterien in Reihe schaltet, dann erhöht sich die Spannung.

4. Schaltpläne

Stromkreise werden durch **Schaltpläne** dargestellt. Sie sind übersichtlicher als reale Schaltungen. Die Teile der Schaltung werden dabei durch vereinfachte Schaltzeichen dargestellt.

Bezeichnung	Schaltzeichen	Bezeichnung	Schaltzeichen
Batterie	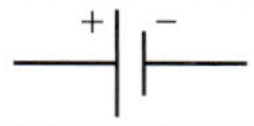	**Umschalter**	
Netzgerät		**Lampe**	
Schalter geöffnet geschlossen	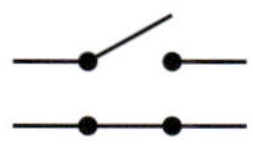	**Leucht-diode**	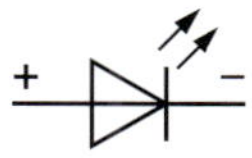

5. Modelle des Stromkreises

Im **Kreislauf** einer Zentralheizung wird Wasser erhitzt. Das warme Wasser fließt durch die Heizkörper und erwärmt das Zimmer. Dabei wird kein Wasser verbraucht. Es läuft immer wieder durch den Heizkreislauf. Dabei transportiert das Wasser Energie vom Heizkessel in die Zimmer.

Im elektrischen Stromkreis bewegen sich die Elektronen im Leiter. Dabei werden keine Elektronen verbraucht. Mit Hilfe des elektrischen Stromkreises wird Energie zum Beispiel von einer Batterie zur Lampe übertragen.

6. Wärmewirkung

Wenn Strom durch einen Draht fließt, dann erwärmt er sich. Je mehr Strom fließt, desto heißer wird der Draht. Dies führt zu einer Erwärmung der Umgebung. Die ist meist so gering, dass man sie nicht spüren kann. Die Energie ist zwar noch vorhanden, sie kann man aber nicht weiter nutzen. Die Energie ist **entwertet.**

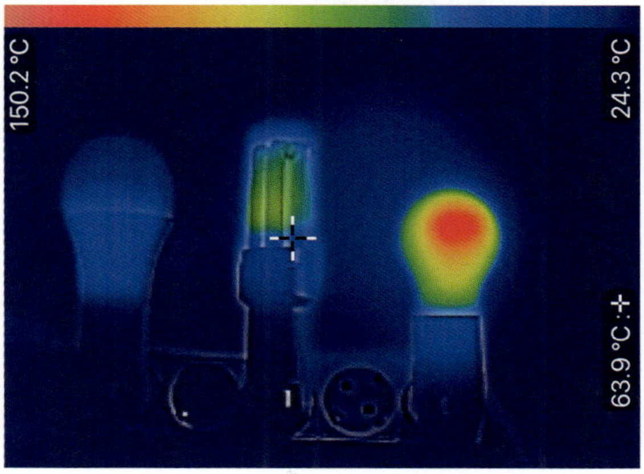

W Aufgaben zur Wiederholung – Temperatur

1 ➡ Begründe, weshalb man sich bei der Temperaturmessung nicht auf sein Temperaturempfinden verlassen kann. Gib Argumente für die Notwendigkeit genauer Messungen und nenne Beispiele für den Einsatz von Thermometern.

2 ➡ Erläutere die Celsius-Skala: Beschreibe dazu, wie die Werte 0 °C und 100 °C, die „Fixpunkte" der Skala, festgelegt werden und wie man damit die Einheit 1 °C definiert.

3

↗ Erläutere anhand des Bildes den unterschiedlichen Informationsgehalt eines Fotos (links) und eines Wärmebildes (rechts). Verwende dabei den Begriff „Farbcodierung".

4

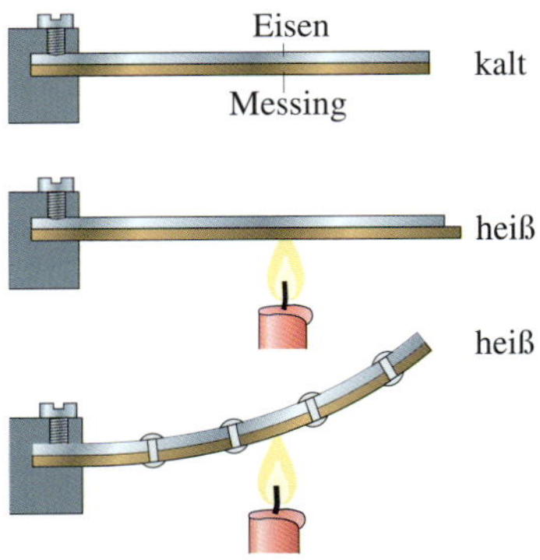

➡ Erkläre anhand des Bildes die Funktion eines Bimetallstreifens.

5 ➡ Nenne zehn Geräte im Haushalt, die nur funktionieren, wenn man ihnen Energie zuführt.

6 ➡ Erläutere die Begriffe Wärmestrahlung, Wärmeleitung und Wärmemitführung. Gib jeweils zwei Beispiele an.

7

↗ Das Foto zeigt eine Vorrichtung, die unter dem rechten Rand einer Brücke angebracht ist. Die Brücke kann sich auf den Zylindern nach beiden Seiten verschieben. Nimm an, dass bei einer Lufttemperatur von 20 °C die Vertiefungen in den beiden Zylindern genau senkrecht stehen. War es zum Zeitpunkt des Fotos wärmer oder kälter als 20 °C? Erläutere.

8

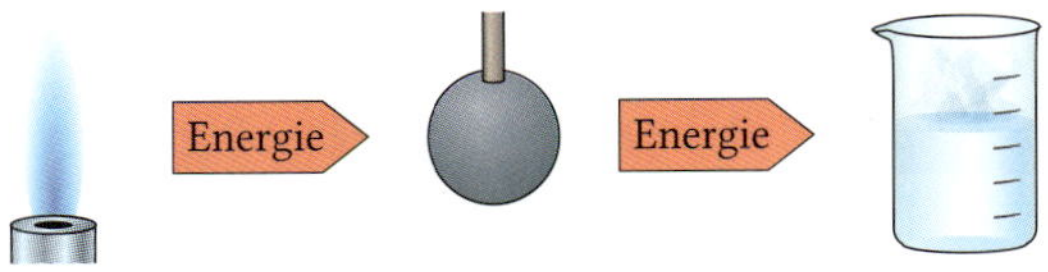

↗ Das Diagramm unten zeigt die Energieübertragungsvorgänge, die beim Versuch oben stattfinden. Beschreibe den Versuch. Gib an, zwischen welchen Körpern dabei Energie übertragen wird.

9

↗ Die Bilder illustrieren die Aggregatzustände im Teilchenmodell. Erläutere.

Wiederholung – Temperatur

1. Temperatur kann man fühlen und messen

Die Empfindung von heiß und kalt ist **subjektiv.** Mit Thermometern kann man die Temperatur **objektiv** messen.

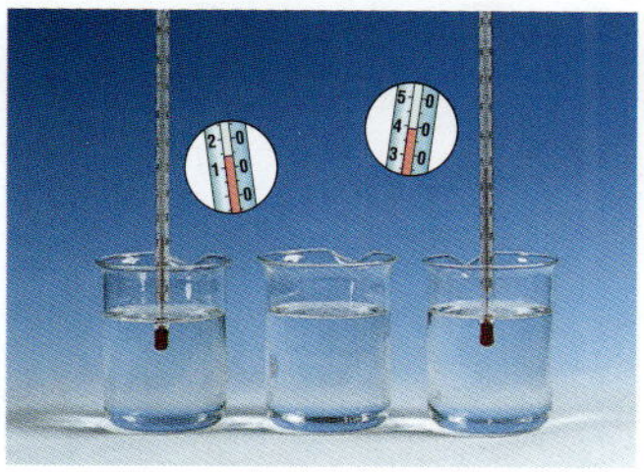

Uhrzeit	Temp. in °C
03:00	2,5
07:00	3,0
11:00	6,3
15:00	8,9
usw.	usw.

2. Thermometer und die Celsius-Skala

Viele Thermomete, zum Beispiel Flüssigkeits- und Bimetall-Thermometer, nutzen das Ausdehnungsverhalten eines Stoffes aus.

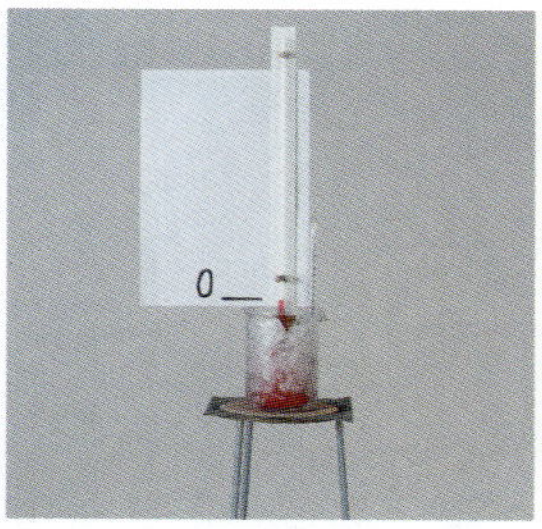

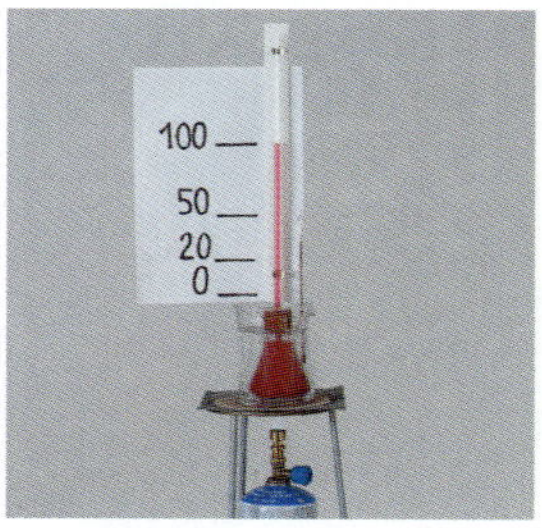

Die **Celsius-Skala** verwendet die Temperatur des schmelzenden Eises (0 °C) und die Temperatur des siedenden Wassers (100 °C) als **Fixpunkte.** Der Abstand zwischen den beiden Punkten ist in 100 gleiche Teile unterteilt.

3. Volumenänderung bei Temperaturänderung

Festkörper dehnen sich bei Temperaturerhöhung aus. Bei Abkühlung ziehen sie sich zusammen. Je mehr man einen festen Gegenstand erwärmt, desto mehr dehnt er sich aus. Je nach Material, dehnen sich Festköper bei gleicher Temperaturänderung unterschiedlich aus.

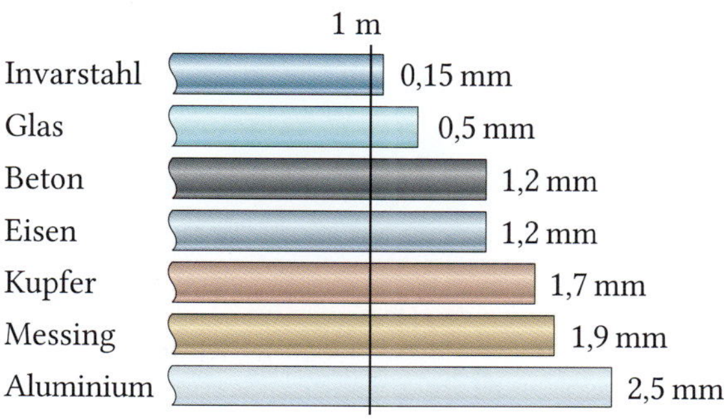

Auch die meisten **Flüssigkeiten** nehmen bei Temperaturerhöhung ein größeres Volumen ein. Verschiedene Flüssigkeiten dehnen sich bei gleicher Temperaturänderung unterschiedlich stark aus.

4. Kelvin-Skala und absoluter Nullpunkt

Körper können nicht auf beliebig tiefe Temperaturen abgekühlt werden. Es gibt eine Grenze für die niedrigste mögliche Temperatur. Sie liegt bei −273,16 °C und wird als absoluter Nullpunkt der Temperatur bezeichnet.

Der absolute Nullpunkt der Temperatur ist der Nullpunkt der Kelvin-Skala (0 K). Der Gefrierpunkt von Wasser bei 0 °C entspricht 273,16 K.

5. Eigenschaften der Energie

Viele Geräte, Maschinen und natürliche Vorgänge funktionieren nur, wenn man Energie zuführt. Die Energiezufuhr kann zum Beispiel durch Treibstoff, Strom, Nahrung oder Sonnenlicht erfolgen.

Wichtige Eigenschaften der Energie sind:
- Energie kann gespeichert werden.
- Energie kann übertragen werden.
- Energie tritt in verschiedenen Energieformen auf.
- Energie kann von einer Energieform in eine andere umgewandelt werden.

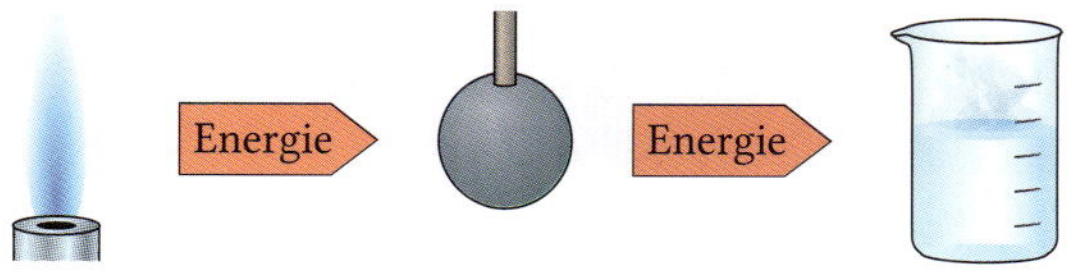

Die **thermische Energie** ist eine Energieform, die mit der Temperatur von Körpern verknüpft ist. Thermische Energie und Temperatur kann man unterscheiden: Die thermische Energie von 2 Liter Wasser ist doppelt so groß wie diejenige von 1 Liter Wasser. Die Temperatur ist jedoch in beiden Fällen gleich.

6. Wärmeübertragung

In der Physik benutzt man das Wort **Wärme** immer dann, wenn Energie zwischen einem heißeren und einem kälteren Körper übertragen wird. Das kann durch **Wärmeleitung, Wärmestrahlung** oder **Wärmemitführung** geschehen.

Optische Instrumente

Nicht immer kannst du den Augen trauen. Du lernst, wie Licht reflektiert und gebrochen wird und dabei spannende Effekte entstehen. **Linsen überall.** Du erfährst, wie Linsen Bilder erzeugen – auch in deinen Augen. In Versuchen zu Brille, Lupe und Mikroskop zeigst du, wie Linsen zu optischen Instrumenten werden können. **Versteckte Farben aufdecken.** Du lernst, wie Farbeindrücke entstehen und wie sie dich beeinflussen. In Experimenten erkennst du, dass es eine für Menschen unsichtbare Welt gibt. Du erfährst, wie Instrumente unsichtbares Licht nutzen und wie wir so auch etwas über den Weltraum erfahren können.

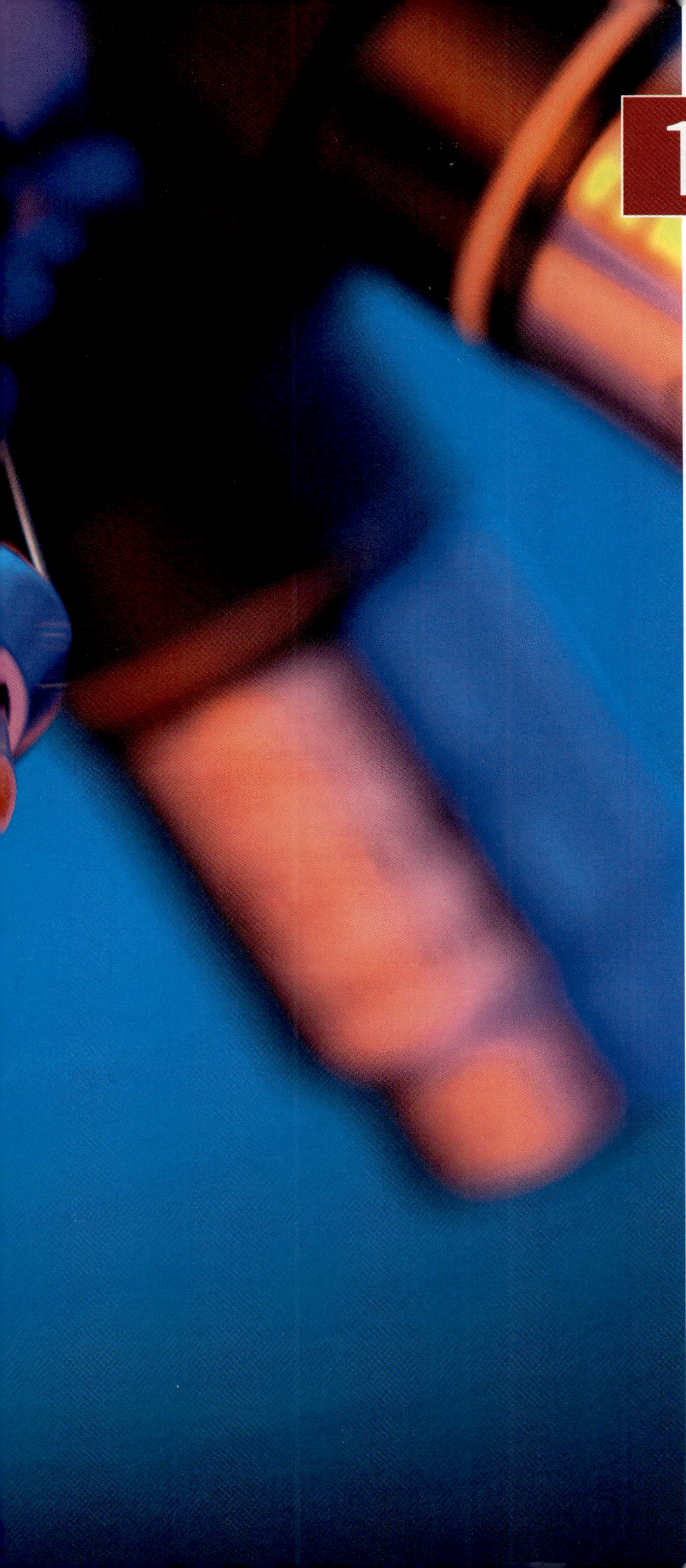

1

Das kannst du in diesem Kapitel erreichen:

- Du kannst das Reflexionsgesetz nutzen und dazu mit dem Lichtstrahlenmodell Skizzen konstruieren.
- Du kannst erklären, unter welchen Bedingungen und auf welche Art Licht gebrochen werden kann und wann es zur Totalreflexion kommt.
- Du lernst, wie Sammellinsen Licht bündeln und wie sich mit ihrer Hilfe Bilder erzeugen lassen.
- Du kannst erklären, wie das Auge funktioniert und wie Brillen Sehfehler korrigieren.
- Du kannst erklären, wie das Auge durch optische Instrumente unterstützt wird und so der Bereich des Sichtbaren vergrößert wird.
- Du lernst, dass sich weißes Licht aus Spektralfarben zusammensetzt und wie du sie sichtbar machen kannst. In Versuchen kannst du infrarotes und ultraviolettes Licht nachweisen und lernst etwas über die besonderen Eigenschaften und Einsatzmöglichkeiten in der Technik.
- Du lernst, wie das Farbensehen beim Menschen funktioniert. Mit Hilfe des RGB- und des CMY-Farbmodells kannst du erklären, wie Farben dargestellt werden.

1.1 Lichtreflexion

B1 *Das Publikum sieht „Peppers Geist" auf der Bühne.*

B3 *Hologramm-Effekt mit Smartphone und CD-Hülle*

Spiegelillusionen. Bereits vor der Erfindung des Films hat man an Theatern mit einfallsreicher Technik Spezialeffekte erzeugt. In Bild **B1** siehst du einen Spiegeltrick, der von dem Wissenschaftler und Erfinder John Henry Pepper im 19. Jahrhundert entwickelt wurde. Durch den Einsatz einer Glasplatte als Spiegel entstand für das Publikum der Eindruck, dass ein Geist auf der Bühne schwebt und den Schauspieler heimsucht.

Auch der aus Science-Fiction-Filmen bekannte Hologramm-Effekt lässt sich so erzeugen. Im einfachsten Fall reichen dazu eine CD-Hülle und ein Smartphone in einer dunklen Umgebung (Bild **B3**). Das Licht vom Bildschirm des Smartphones wird dabei von der CD-Hülle reflektiert und gelangt in unsere Augen. Gleichzeitig lässt die CD-Hülle aber auch Licht hindurch, sodass man die Spiegelebene fast nicht wahrnimmt. Das Bild scheint ebenso wie der Geist in der Luft zu schweben. So verschieden die Einsatzmöglichkeiten erscheinen – sie nutzen alle das **Reflexionsgesetz** (Bild **B2**).

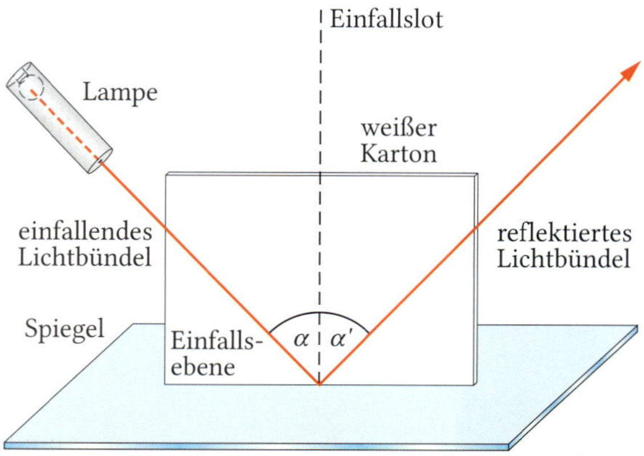

B2 *Reflexion eines Lichtbündels am ebenen Spiegel*

! Merksatz

Reflexionsgesetz: Einfallender und reflektierter Lichtstrahl liegen mit dem Einfallslot in einer Ebene. Einfalls- und Reflexionswinkel sind gleich groß.

Die Erfahrung täuscht. Aus Gewohnheit gehen wir davon aus, dass Licht auf direktem Weg in unsere Augen gelangt. Das erklärt die Täuschung bei „Peppers Geist". Ob das Licht auf seinem Weg reflektiert wurde und wir in Wirklichkeit in einen Spiegel schauen, können wir nur erkennen, wenn zum Beispiel die Spiegelränder sichtbar sind, etwa bei der CD-Hülle in Bild **B3**. Ansonsten lassen sich unsere Augen leicht täuschen.

Das Spiegelbild liegt hinter dem Spiegel. In Bild **B4** wird mit dem **Lichtstrahlenmodell** erklärt, wie diese Illusion entsteht: Licht von einer Lampe am Punkt P wird reflektiert und gelangt in unser Auge. Für unse-

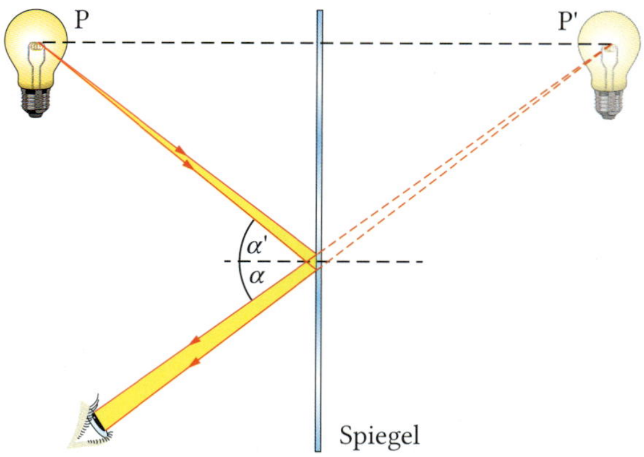

B4 *So wird das Auge getäuscht.*

a

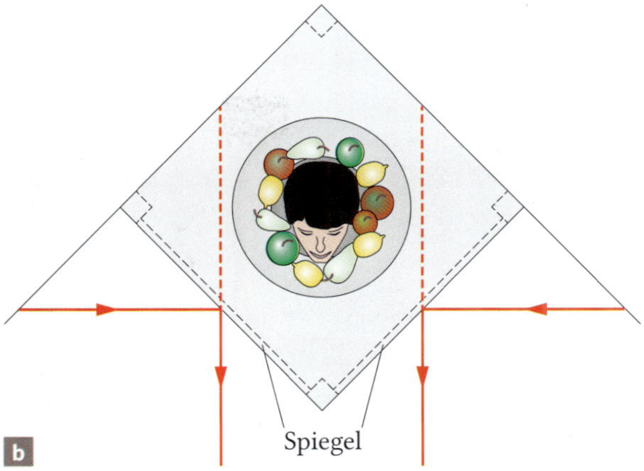

b

B5 *a) Ein „sprechender Kopf", b) Erklärung des „sprechenden Kopfes" mit dem Lichtstrahlenmodell*

ren Sehvorgang gibt es dabei keinerlei Unterschied zu einem Lichtbündel, das auf direktem Weg von einem gedachten Punkt P' ins Auge gelangt wäre.

Glas als Spiegel. Wenn man eine Glasplatte als Spiegel benutzt, dann sieht man nicht nur das Spiegelbild, sondern zusätzlich auch Licht, das von Gegenständen hinter der Glasplatte stammt. Das siehst du in Versuch **V1**. Dort kannst du selbst Peppers Geist erscheinen lassen und herausfinden, wie die Anordnung von Spiegel, Publikum und Schauspielern sein muss, damit der Trick gelingt.

V1 Einen Geist erscheinen lassen

Stelle eine CD-Hülle aufgeklappt auf den Tisch. Stelle nun einen Gegenstand hinter den Deckel und einen davor – wie im Bild oben.
Achte darauf, dass der untere Teil der CD-Hülle einen dunklen Hintergrund hat und dass der „Geist" gut beleuchtet ist.
Beide Gegenstände scheinen jetzt hinter der aufgeklappten Hülle zu stehen.

Illusionen mit mehreren Spiegeln. Mit mehreren Spiegeln kann man noch beeindruckendere Illusionen erzeugen. Bei Zaubershows kann man häufig einen „sprechenden Kopf" wie in Bild **B5a** bestaunen. Eine andere Version des Tricks ist die „Dame ohne Unterleib". Wie dieser Trick funktioniert, ist in Bild **B5b** dargestellt: Das Licht, das in unsere Augen fällt, kommt von den beiden Seitenwänden. Zwei schräg angebrachte Spiegel reflektieren das Licht so, dass wir glauben, es käme auf direktem Weg von den Wänden hinter dem Tisch.

Löse selbst

1 ➡ Erkläre: Wenn du jemanden im Spiegel in die Augen schaust, dann kann diese Person auch deine Augen sehen.

2 ↗ Recherchiere, wie ein Fahrradreflektor (auch Katzenauge genannt) funktioniert und fertige mit Hilfe des Lichtstrahlenmodells eine Skizze dazu an.

3

⬆ Erkläre, wie die Täuschung in dem Bild entsteht.

1.2 Lichtbrechung

B1 *Bogenfischer beim Jagen*

B2 *Knick im Lichtbündel am Übergang Wasser – Luft*

Geknicktes Licht. In Bild **B1** siehst du einen Bogenfischer beim Jagen. Er versucht Fische mit einem Pfeil zu erlegen. Diese Art des Fischens wird noch heute von Indianern im Amazonas praktiziert. Die erfahrenen Jäger lehren die jungen Männer, nicht auf den Fisch zu zielen, wenn sie ihn treffen wollen. In Versuch **V1** kannst du überprüfen, was von diesem Ratschlag zu halten ist. Um zu verstehen, wie es zu diesem überraschenden Effekt kommt, musst du den Weg des Lichts vom Fisch in das Auge des Jägers genauer untersuchen. In Bild **B2** siehst du, was mit dem Licht geschieht, wenn es vom Wasser an die Luft gelangt. Es entsteht ein Knick, man sagt: Das Licht wird gebrochen.

Täuschung durch Brechung. Genau wie bei den Spiegelillusionen nimmt unser Gehirn aber grundsätzlich an, dass Licht sich geradlinig ausbreitet. Dadurch meinen wir, der Fisch im Versuch **V1** befände sich an der geraden Verlängerung des Lichtweges (Bild **B4**). Der Ratschlag, am Fisch vorbei zu zielen, ist also begründet. Durch die Brechung des Lichts scheint sich der Fisch weiter oben im Wasser zu befinden, als er in Wirklichkeit ist. Man sollte daher tiefer zielen. In Bild **B3** ist dieser Effekt gut zu erkennen: Das Metallrohr scheint sich höher zu befinden, als es in Wirklichkeit ist.

Unterschiedliche Lichtgeschwindigkeit. In Bild **B3** ist nur am Übergang von Wasser zu Luft ein Knick zu sehen. Die Ursache liegt in der unterschiedlichen Ausbreitungsgeschwindigkeit von Licht in Wasser und Luft. Stoffe, in denen sich Licht ausbreitet, nennt man **Medien.**

Im Medium Luft bewegt sich Licht fast so schnell wie im Vakuum, nämlich mit 300 000 $\frac{\text{km}}{\text{s}}$. In Wasser ist es deutlich langsamer (225 000 $\frac{\text{km}}{\text{s}}$).

V1 Bogenfischen

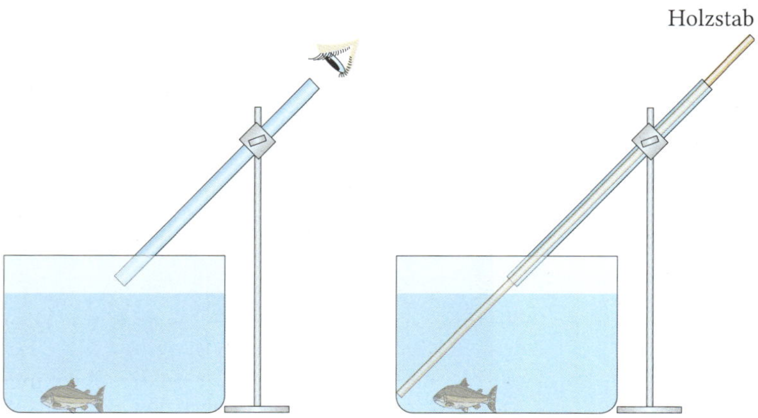

Fülle ein Glasbecken mit Wasser und lege einen Spielzeugfisch hinein.
Befestige nun vorsichtig ein Glasrohr an einem Stativ und ziele durch das Rohr auf den „Fisch“. Befestige das Glasrohr in dieser Position und „schieße“ nun deinen Pfeil ab: Stecke dazu einen dünnen Holzstab oder einen geraden Draht durch das Glasrohr.
Der „Pfeil“ trifft nicht. Du hättest am Fisch vorbei tiefer zielen müssen.

B3 *Brechung im Alltag*

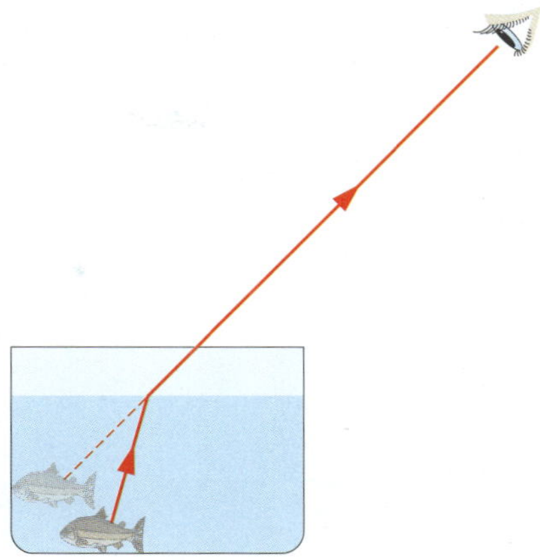

B4 *So wird das Auge getäuscht.*

Ähnlichkeiten helfen beim Verstehen. Das **Analogieexperiment** in Versuch **V2** zeigt, wie unterschiedliche Geschwindigkeiten zu einer Änderung der Ausbreitungsrichtung führen können. Eine Analogie (von *analogia*, griechisch: Entsprechung) wird in der Physik häufig genutzt, um ein schwieriges Phänomen zu veranschaulichen. Dazu wählt man ähnliche Situationen, die sich leichter verstehen lassen.

In Versuch **V2** stehen die Bauarbeiter für das Licht. Die Richtung, in die sie laufen, entspricht der Richtung, in der sich das Licht ausbreitet. Mit Hilfe des Lichtstrahlenmodells können die Erkenntnisse auf die Brechung des Lichts übertragen werden. Dabei zeichnet man Strahlen, die zwar die Richtung von Lichtbündeln abbilden, aber selbst keine Dicke haben (Bild **B4**).

! Merksatz

Wenn Licht in zwei Medien unterschiedliche Ausbreitungsgeschwindigkeiten hat, wird es beim Übergang von einem Medium ins andere gebrochen. Wenn es senkrecht auftrifft, entsteht kein Knick.

Medien, in denen das Licht eine geringe Ausbreitungsgeschwindigkeit hat, nennt man **optisch dichter**. Medien, in denen das Licht eine größere Ausbreitungsgeschwindigkeit hat, nennt man **optisch dünner**.

V2 Brechung auf der Baustelle

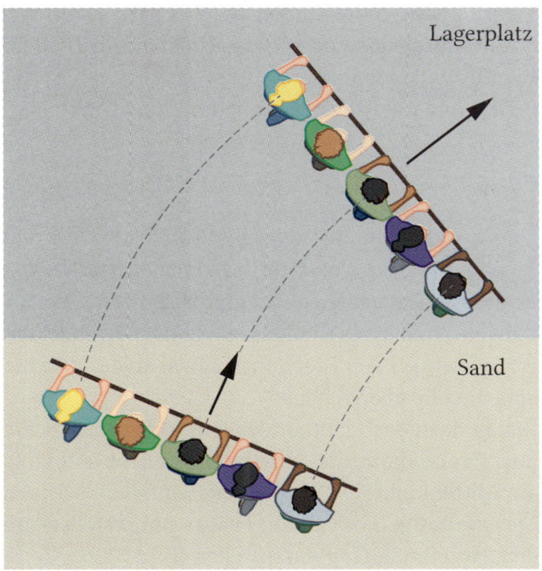

Stellt euch vor, ihr seid Bauarbeiter und müsst auf einer sandigen Baustelle einen schweren Stahlträger auf einen asphaltierten Lagerplatz tragen. Auf dem Sand der Baustelle kommt ihr nur langsam voran, auf dem Lagerplatz dagegen schnell.
Zeichnet auf dem Pausenhof mit Kreide einen geraden Strich, der den Übergang von der Baustelle auf den Lagerplatz darstellt. Als Stahlträger könnt ihr einen Besenstiel oder Ähnliches nehmen.
Lauft wie in der Abbildung links schräg auf den Übergang zu. Für jede Person gilt dabei: Solange sie noch auf der „Baustelle" ist, muss sie langsam laufen. Sobald sie die Linie zum „Lagerplatz" überschreitet, läuft sie schnell. So gibt es einen Zeitpunkt, an dem einige bereits schnell laufen, während andere noch langsam laufen müssen. Es entsteht ein „Knick" in der Laufrichtung. Wenn ihr senkrecht auf den Übergang zugeht, entsteht kein Knick.

1.2 Lichtbrechung

B1 *Schützenfisch beim Jagen*

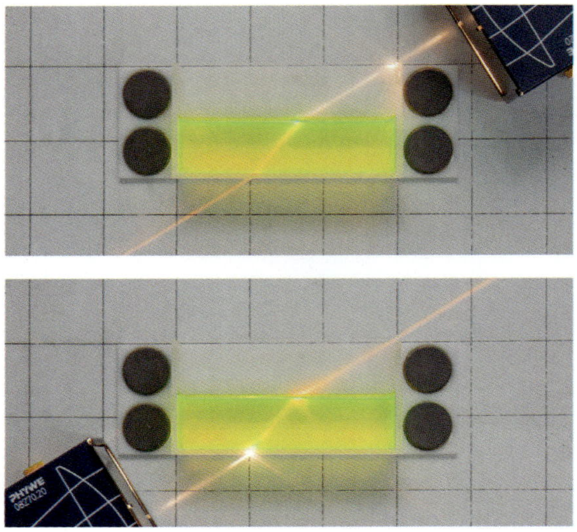

B2 *Der Lichtweg ist umkehrbar.*

Umkehrung des Lichtwegs. In Bild **B1** siehst du einen Schützenfisch auf Beutefang. Bei seiner Jagdtechnik schießt er einen Wasserstrahl auf Insekten. Wenn diese getroffen werden, fallen sie ins Wasser und der Fisch kann sie fressen. Das Licht, das von der Beute kommt, muss hier von der optisch dünnen Luft in das optisch dichtere Wasser übergehen – anders als beim Bogenfischer. In Bild **B2** siehst du, dass dies für die Brechung jedoch keinen Unterschied macht. Man sagt: Der **Lichtweg** ist umkehrbar. Im unteren Bild ist gut zu erkennen, dass ein Teil des einfallenden Lichts an der Wasseroberfläche reflektiert wird. Wie beim Reflexionsgesetz liegen hier alle Lichtstrahlen in einer Ebene.

! Merksatz

Einfallender, reflektierter und gebrochener Lichtstrahl liegen mit dem Einfallslot in einer Ebene.

Geringe Brechung. Für Schützenfisch und Bogenfischer wäre eine Position senkrecht zur Beute optimal, da in diesem Fall keine Brechung auftritt und man nicht „vorbeizielen" müsste. In der Praxis ist dies aber selten möglich. Beide können nur versuchen, einen möglichst steilen Winkel zur Wasseroberfläche einzunehmen.

In Versuch **V1** kannst du beobachten, wieso das eine gute Strategie ist. Der **Brechungswinkel** ist nicht immer gleich, sondern ändert sich mit dem **Einfallswinkel**. Wenn du deine Messwerte in ein Diagramm überträgst (Bild **B3**), dann siehst du:
Je flacher das Licht von der Luft in das optisch dichtere Medium fällt, desto stärker wird es gebrochen. Wenn Schützenfisch und Bogenfischer einen möglichst kleinen Einfallswinkel wählen, dann ist der Brechungswinkel gering und die Abweichung beim Zielen ist klein.

V1 Brechung messen

Den Zusammenhang zwischen Einfallswinkel und Brechungswinkel kannst du auch mit anderen Medien als Wasser untersuchen. Mit einem Halbzylinder aus Plexiglas und einer Winkelskala kannst du zu jedem Einfallswinkel den Brechungswinkel ablesen und in eine Tabelle übertragen.
Richte dazu das Lichtbündel senkrecht zur Scheibe aus. Drehe dann die Scheibe. Das Licht soll stets am Mittelpunkt der Winkelskala einfallen. Mit den Messwerten kannst du ein Diagramm erstellen um den Zusammenhang darzustellen (Bild **B3**).

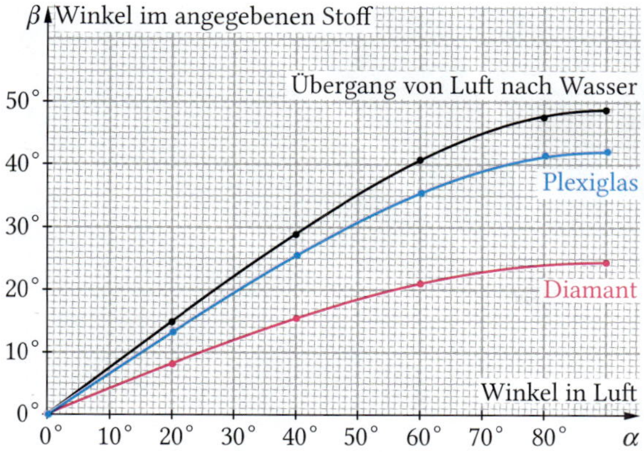

B3 *Der Brechungswinkel ist vom Einfallswinkel abhängig.*

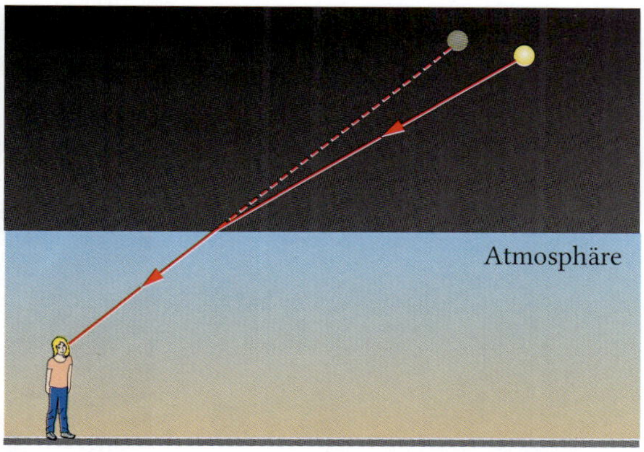

B4 *Brechung von Sternenlicht an der Lufthülle der Erde*

Brechung vergleichen. Je mehr sich die Ausbreitungsgeschwindigkeiten des Lichts in zwei Medien unterscheiden, desto stärker ist die Brechung. Um die Brechung zu beschreiben, vergleicht man deshalb die Ausbreitungsgeschwindigkeit in einem Medium mit der im Vakuum. Das Verhältnis nennt man **Brechungsindex.**

Für Wasser gilt: $300\,000\ \frac{\text{km}}{\text{s}} : 225\,000\ \frac{\text{km}}{\text{s}} \approx 1{,}33$.

Luft hat einen Brechungsindex von 1,0003, weil Licht sich darin fast genauso schnell ausbreitet wie im Vakuum. Aber auch hier findet Brechung statt.

Brechung in der Atmosphäre. In der vereinfachten Darstellung von Bild **B4** siehst du, dass sich Sterne nicht unbedingt dort befinden, wo wir sie sehen. Wir Menschen betrachten das Licht der Sterne vom Boden eines „Meeres aus Luft“. Dieses Licht wird beim Eintritt in die Atmosphäre gebrochen. Der Brechungsindex von Luft hängt allerdings auch vom Luftdruck, von der Temperatur und der Luftfeuchtigkeit ab. Diese Größen sind in der Atmosphäre nicht konstant. Dadurch wird das Licht der Sterne in jedem Moment anders gebrochen. Das nehmen wir als Funkeln wahr.

Löse selbst

1 ➡ 1999 konnte ein Forscherteam um die dänische Physikerin Lene Hau ein Medium herstellen, das einen Brechungsindex von ca. 17,6 Millionen hat. Bestimme die Ausbreitungsgeschwindigkeit von Licht in dem Material.

2

➡ Erkläre den Trick im Bild.

3 ↗ Leonie behauptet: „Die Sonne steht zwar flach über dem Horizont, sie ist aber in Wirklichkeit schon untergegangen.“ Paul entgegnet: „Das ist nicht möglich, ich kann sie ja noch sehen!“ Erkläre mit Hilfe der Skizze in Bild **B4**, warum Leonie recht hat.

4 Bei Versuch **V2** „Brechung auf der Baustelle“ entsteht kein Knick, wenn nur eine Person vom Sand auf das Pflaster läuft. Diskutiert, ob auch hier eine Analogie zum Licht besteht.
Hinweis: Ein Lichtstrahl hat keine Ausdehnung, ein Lichtbündel hingegen schon.

5

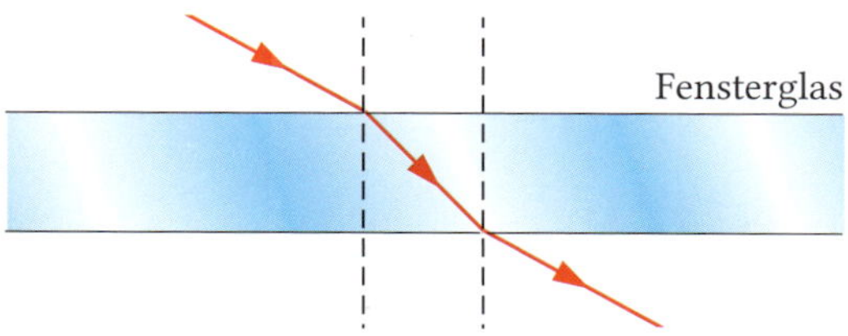

↗ Wenn ein Lichtbündel schräg auf ein Fensterglas trifft und es durchdringt, wird es parallel versetzt. Wir sehen Objekte, die verschoben sind. Erkläre dies mit Hilfe der Skizze. Schätze die maximale Ablenkung ab.

6 ⬆ In Bild **B3** liegen alle Kurven unterhalb der Winkelhalbierenden. Erkläre, was ein Verlauf oberhalb der Winkelhalbierenden bedeuten würde.

1.3 Totalreflexion

B1 *Spiegelillusion unter Wasser*

B3 *Übergang von der Brechung zur Totalreflexion*

Von der Brechung zum Spiegel. In Bild **B1** scheint das Mädchen vor einer Art flüssigem Spiegel zu schweben. Wenn du das Buch allerdings gegen den Uhrzeigersinn drehst, löst sich die Illusion auf. Das Mädchen schwebt knapp unter der Wasseroberfläche in einem Schwimmbad. Die Wasseroberfläche wirkt dabei wie ein Spiegel.

Um dieses Phänomen zu verstehen, führst du den Versuch **V2** „Brechung auf der Baustelle“ im vorherigen Abschnitt mit einem großen Einfallswinkel durch. Dabei kannst du etwas Erstaunliches feststellen: Anstatt mit einem Knick die Baustelle zu verlassen, ändert sich die Laufrichtung der Gruppe so stark, dass sie sich wieder weg von der Grenzlinie bewegt (Bild **B2a**).

Auch bei Lichtbündeln kann man dieses Phänomen beobachten (Bild **B2b**). Wenn der Winkel, unter dem das Licht auf die Wasseroberfläche fällt, flacher ist als ein bestimmter **Grenzwinkel,** dann kann das Licht das Wasser nicht mehr verlassen. Stattdessen wird das Licht an der Oberfläche vollständig reflektiert. Man spricht von **Totalreflexion.** Wenn der Einfallswinkel kleiner als der Grenzwinkel ist, dann wird ein Teil des Lichts gebrochen und ein Teil reflektiert (Bild **B3**).

! Merksatz

Licht, das von einem optisch dichten Medium auf ein optisch dünnes Medium trifft, kann Totalreflexion erfahren. Dazu muss der Einfallswinkel größer sein als der Grenzwinkel.

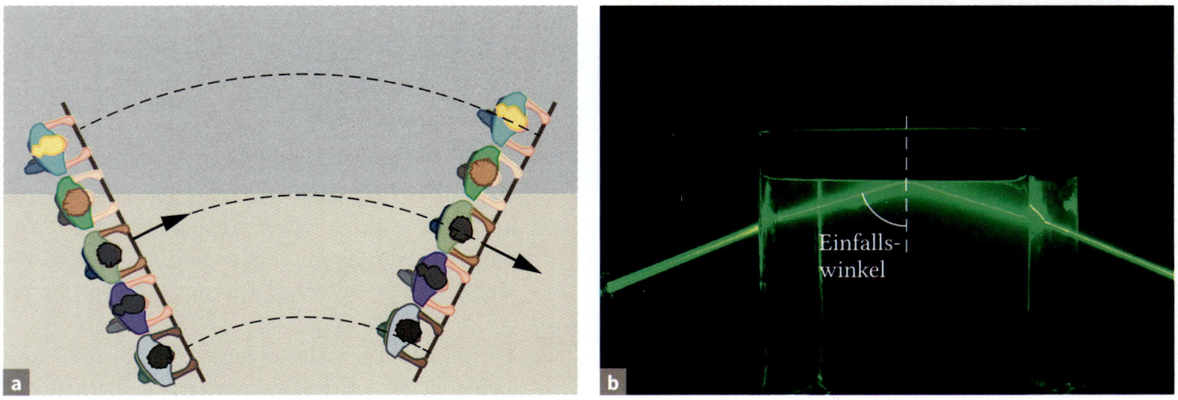

B2 *a) Laufweg und b) Lichtweg bei großem Einfallswinkel*

So erklärt sich auch der Effekt in Bild **B1**: Die Kamera ist in einem flachen Winkel zur Wasseroberfläche ausgerichtet, sodass der Grenzwinkel für das vom Mädchen ausgehende Licht überschritten wird. Die Wasseroberfläche wird durch die Totalreflexion zum Spiegel.

Gefangenes Licht. Bei geschicktem Aufbau lässt sich sogar eine mehrfache Totalreflexion erzwingen. So wird Licht für eine bestimmte Zeit „gefangen" und kann in beliebige Richtungen gelenkt werden (Bild **B4**). Auch bei anderen optisch dichten Medien wie Glas oder Plexiglas kann Totalreflexion stattfinden (Bild **B5**). Dieses Prinzip macht man sich bei der Glasfasertechnik zunutze. Dabei werden haarfeine Glasfasern zu Kabeln gebündelt und als **Lichtleiter** genutzt. Die Anwendungszwecke reichen von bloßer Dekoration (Bild **B6**) über Informationsübertragung bis hin zu medizinischen Untersuchungen.

Lichtleiter in der Technik. Immer häufiger liest man von „Hochgeschwindigkeitsinternet dank Glasfasertechnik". Dabei liegt es nicht an der großen Ausbreitungsgeschwindigkeit von Licht, dass in kurzer Zeit enorme Datenmengen übertragen werden können. Stattdessen können sehr viele Signale in kurzen zeitlichen Abständen gesendet werden. Die Informationen werden zunächst in elektrische Signale und im Anschluss in Lichtsignale umgewandelt. Diese Lichtsignale durchlaufen das Glasfaserkabel und werden am Ende der Strecke wieder in elektrische Signale umgewandelt.

Bei den herkömmlichen Kupferkabeln wird das Signal durch elektrischen Strom übertragen. Die Signalgeschwindigkeit ist dabei ähnlich groß wie bei Licht in Glasfaserkabeln. Allerdings können die Signale nicht in so kurzen Abständen gesendet werden, ohne sich gegenseitig zu stören. Das „Glasfaserinternet" ist also schneller.

Lichtleiter in der Medizin. Auch in der Medizin nutzt man die Totalreflexion. Der Begriff **Endoskop** stammt aus dem Griechischen und bedeutet „innen beobachten". Damit ist auch schon die Funktion dieses Geräts erklärt. Da Glasfasern dünn und flexibel sind, kann man damit schwer zugängliche Stellen erreichen und beleuchten. Mit einem Kamerachip kann man dann das gestreute Licht auffangen, um es an einem Bildschirm zu beobachten. Auf diese Weise können innere Organe schonend untersucht werden (Bild **B7**).

B4 *Licht gefangen im Wasserstrahl*

B5 *Ein Lichtbündel in einem massiven Plexiglasstab*

B6 *Glasfasern als dekorative Beleuchtung*

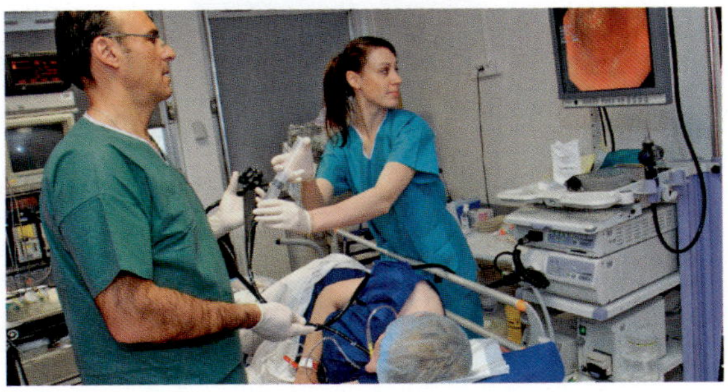

B7 *Endoskopische Untersuchung des Magens*

1.3 Totalreflexion

B1 *Hitzeflimmern hinter den Triebwerken eines Flugzeugs*

B2 *Unter den Autos sind Spiegelbilder zu sehen.*

Lufttemperatur und Brechung. An besonders heißen Tagen flimmert die Luft. Damit meint man das sichtbare Zittern in der Nähe von Wärmequellen wie zum Beispiel über einem Lagerfeuer oder hinter den Triebwerken eines Flugzeugs (Bild **B1**). Warme Luft hat eine kleinere optische Dichte als kalte Luft, sodass Licht beim Hindurchgehen gebrochen wird. Da sich Luft unterschiedlicher Temperatur normalerweise schnell vermischt, wird ein Lichtbündel in viele verschiedene Richtungen abgelenkt. Das nehmen wir dann als **Hitzeflimmern** oder flirrende Luft wahr.

Luft als Spiegel. Unter bestimmten Bedingungen vermischen sich heiße und kalte Luft jedoch kaum: Wenn eine Asphaltfläche an heißen Tagen von der Sonne beschienen wird, dann steigt die Temperatur der Luftschicht direkt darüber. Weiter oberhalb der Fläche ist der Effekt kleiner, sodass die Temperatur der Luft wieder niedriger ist. In Bild **B3** siehst du, welche Auswirkungen das auf die Ausbreitung eines Lichtbündels hat.

Man sieht dann das auf dem Kopf stehende Spiegelbild des Gegenstandes auf der Fläche darunter (Bild **B2**). Die Ursache dieser Spiegelungen ist Brechung an mehreren unterschiedlich warmen Luftschichten. Der Effekt tritt nur auf, wenn die Temperaturen der Schichten sehr verschieden sind. Dann unterscheiden sich auch die optischen Dichten stark genug. Der Übergang zwischen den Luftschichten erfolgt kontinuierlich. Ein Lichtstrahl erfährt deshalb keinen Knick, sondern wird gebogen. Im Alltag spricht man häufig von einer **Fata Morgana**.

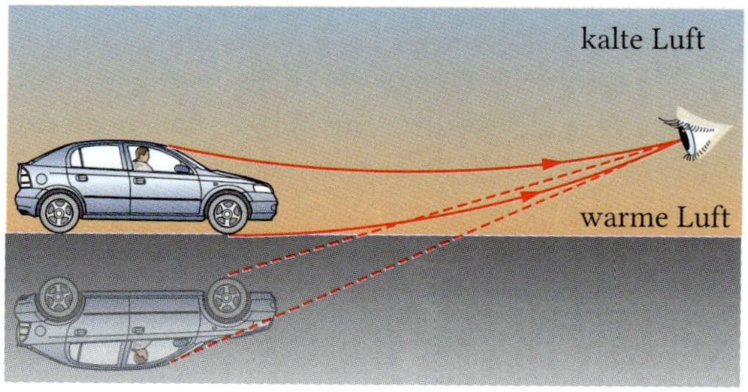

B3 *Erklärung zur Fata Morgana auf der Straße*

Beispielaufgabe

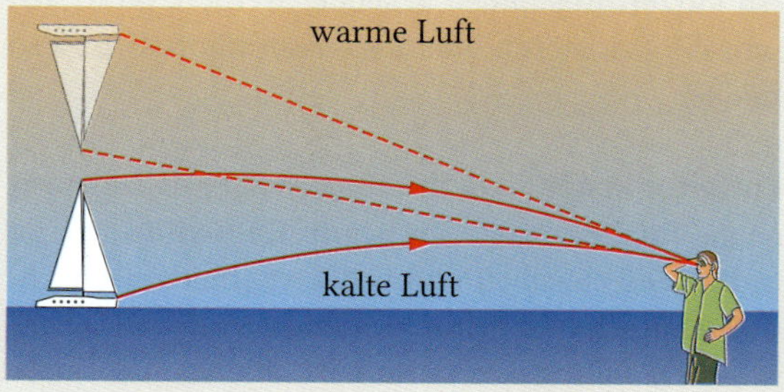

Trugbild: Das Bild zeigt ein Schiff an einem sonnigen Tag bei ruhiger See. Erkläre, warum das Schiff noch einmal auf dem Kopf stehend darüber schwebend zu sehen ist.

Lösung: Die Luft über der Wasseroberfläche ist kälter als die Luft darüber. Daher findet Brechung umgekehrt wie bei der Fata Morgana statt. Das Spiegelbild scheint in der Luft zu schweben. Es steht auf dem Kopf.

Löse selbst

1

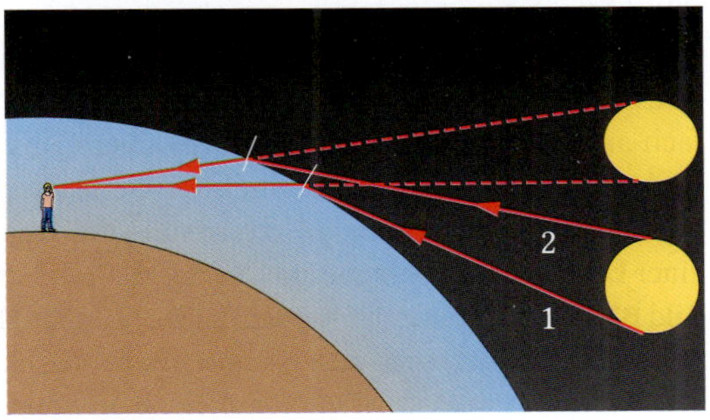

Die untergehende Sonne erscheint nicht kreisrund, sondern abgeplattet.
Erkläre anhand der Skizze, wieso dieser Eindruck entsteht.

2 In Sternwarten ist im Winter viel Betrieb: Die langen und klaren Nächte bieten gute Voraussetzungen zur Beobachtung des Himmels. Leider gibt es in einer Sternwarte keine Heizung. Eine Heizung würde die Beobachtungen stören. Erkläre, warum.

3

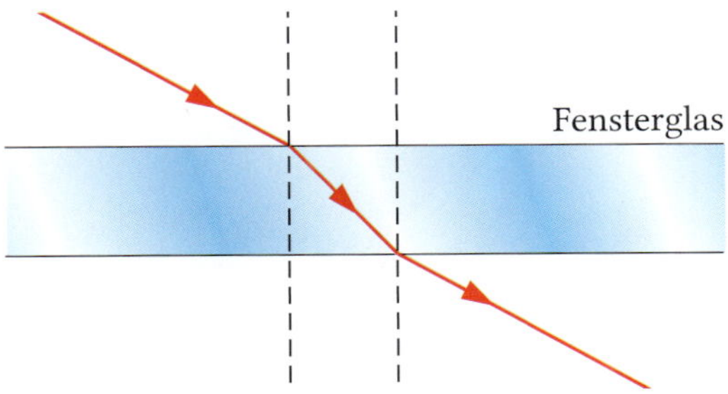

Wenn du durch ein Fenster schaust, fällt Licht in deine Augen, das zweimal gebrochen wurde: Einmal beim Übergang von der optisch dünnen Luft ins optisch dichte Glas und anschließend wieder vom Glas in die Luft. Erkläre, wieso es beim zweiten Übergang nicht zur Totalreflexion kommen kann. Fertige dazu eine Skizze wie abgebildet an.

4

Wenn man mit einem Laserpointer in eine mit Wasser gefüllte Schale leuchtet, entsteht ein heller Ring. Erstelle mit dem Lichtstrahlenmodell eine Skizze in der Seitenansicht.
Erkläre, wie der Effekt zustande kommt.

5 Das Internet verbindet Europa und Nordamerika über ein 6600 Kilometer langes Glasfaserkabel (Brechungsindex etwa 1,5).
a) Erkläre, warum ein Glasfaserkabel benutzt wird.
b) Berechne die Ausbreitungsgeschwindigkeit des Lichts im Kabel.
c) Schätze die Laufzeit eines Signals ab.

6

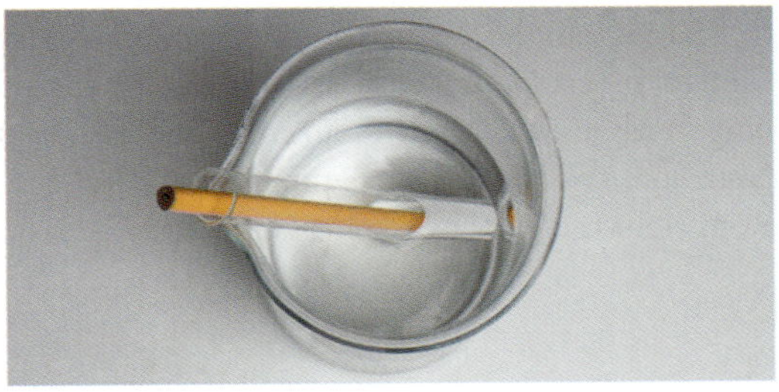

Wenn man ein Reagenzglas in ein mit Wasser gefülltes Becherglas eintaucht, dann scheint es an der Oberfläche versilbert zu sein.
Erkläre, wie dieser Eindruck entsteht.

7

An der Wasseroberfläche spiegelt sich der Schwimmbadboden. Gleichzeitig gibt es aber auch einen Bereich, in dem die Wasseroberfläche durchsichtig ist. Erkläre, wie es dazu kommt.

1.4 Linsen erzeugen Bilder

B1 *Nautilus mit Lochauge*

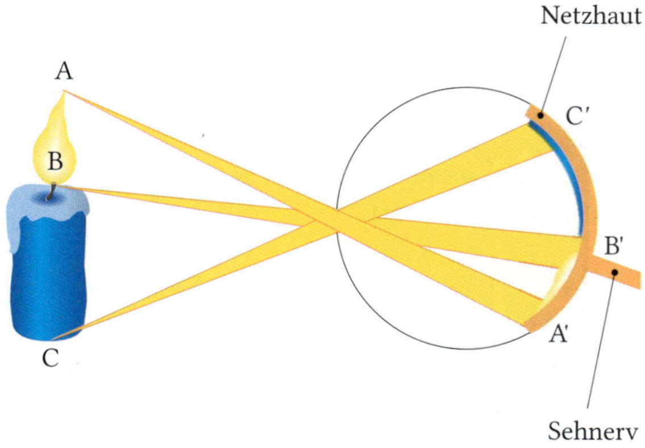

B3 *Bildentstehung beim Lochauge*

Das Lochauge des Nautilus. Die Augen des Nautilus (Bild **B1**) sind Lochaugen. Diese Augen sind sehr einfach aufgebaut: Sie bestehen nur aus einer Hohlkammer, die mit der Netzhaut ausgekleidet ist, und einem Loch, durch das Licht ins Auge gelangen kann.

Das Lochauge des Nautilus funktioniert nach dem Prinzip der **Lochkamera**. Die Netzhaut entspricht dabei dem Schirm (Bild **B3**). Durch das Sehloch fallen Lichtbündel in das Lochauge. Das Lichtbündel, das in Bild **B3** von der Spitze der Kerzenflamme ausgeht, fällt auf eine andere Stelle der Netzhaut als das andere eingezeichnete Lichtbündel. So entsteht ein Bild auf der Netzhaut, das im Vergleich zum Gegenstand auf dem Kopf steht und seitenverkehrt ist.

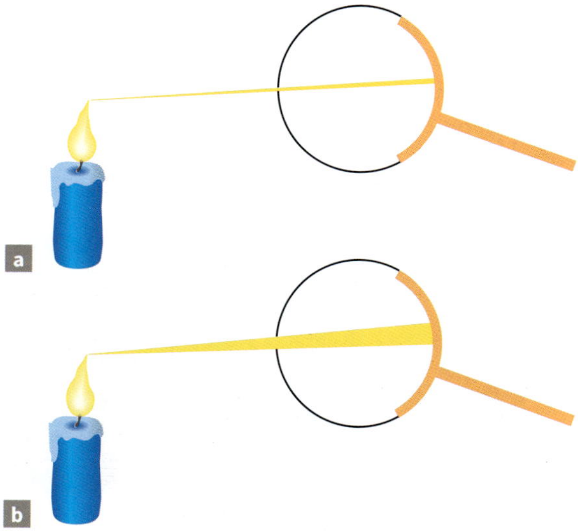

B2 *Licht von der Spitze einer Kerzenflamme gelangt in ein a) wenig geöffnetes Lochauge, b) weit geöffnetes Lochauge und trifft auf die Netzhaut.*

Die Probleme der Lochkamera. Obwohl es so einfach aufgebaut ist, hat sich das Lochkamera-Auge im Verlauf der Evolution bei den meisten Tierarten nicht durchgesetzt. Das liegt daran, dass jede Abbildung mit einer Lochkamera Nachteile hat: Das Lichtbündel, das in Bild **B3** von der Spitze der Kerzenflamme zur Netzhaut läuft, erzeugt dort einen ausgedehnten Leuchtfleck (A'). Ein einzelner Punkt wird somit auf einen breiten Fleck abgebildet: Die Abbildung ist unscharf. Eine schärfere Abbildung erhält man mit einem kleineren Loch (Bild **B2a**). Durch ein kleines Loch gelangt aber nur wenig Licht: Das Bild bleibt dunkel. Man muss sich bei der Lochkamera daher entscheiden, ob man ein scharfes, dafür aber dunkles Bild haben möchte, oder ein helles, dafür aber unscharfes Bild (Versuch **V1**).

V1 Abbildung mit einer Lochkamera

a) Wir stellen eine Kerze vor eine Lochblende. Im verdunkelten Physiksaal sehen wir auf dem Schirm das Bild der Flamme. Das Bild ist ziemlich dunkel.
b) Wir benutzen eine größere Blendenöffnung. Das Bild der Kerze wird jetzt heller, aber auch unschärfer.

Abbildung mit einer Linse. Linsen können die Probleme der Lochkamera beseitigen. Versuch **V2** zeigt, dass es mit einer Linse möglich ist, scharfe und helle Bilder zu erzeugen. Das mit der Linse erzeugte Bild ist selbst bei Tageslicht deutlich zu erkennen. Wie bei der Lochkamera ist das Bild höhen- und seitenverkehrt. Aber es ist diesmal gleichzeitig hell und scharf.

In Bild **B4** ist dargestellt, was es bedeutet, wenn ein scharfes Bild auf dem Schirm zustande kommt. In Gedanken teilen wir den abgebildeten Gegenstand, z. B. die Kerzenflamme in Versuch **V2**, in viele einzelne leuchtende Punkte auf. Von einem Leuchtpunkt A geht Licht in alle Richtungen aus. Ein Teil davon gelangt zur Linse. Wie der Versuch **V2** zeigt, bündelt die Linse dieses Licht in einem bestimmten Punkt A' auf dem Schirm. Man spricht von einer **Punkt-zu-Punkt-Abbildung.** Jeder Punkt des Gegenstands wird von der Sammellinse auf einen anderen Punkt abgebildet. So kommt das Bild auf dem Schirm zustande.

Damit können wir die Entstehung von Linsenbildern beschreiben: Von jedem Punkt des Gegenstandes gelangt ein Lichtbündel durch die Linse. Auf dem Schirm erzeugt jedes dieser Lichtbündel jeweils einen hellen Punkt. Alle diese Punkte setzen sich zum Bild zusammen. Um zu verstehen, wie das im Einzelnen geschieht, beschäftigen wir uns mit den Eigenschaften von Linsen. Entscheidend ist, dass sich mit Linsen der Weg des Lichts kontrolliert verändern lässt.

Die Form von Linsen. Beim Blick durch eine Glasscheibe erscheinen die Dinge dahinter unverändert. Von der Lichtbrechung an den Glasoberflächen bemerkst du nichts. Wenn du dagegen durch eine mit Wasser gefüllte Vase schaust (Bild **B5**), erscheinen die Dinge vergrößert, verkleinert oder auch verzerrt, je nachdem, wie du beobachtest. Ähnliche Beobachtungen kannst du mit einer Lupe machen. Sie besteht aus einem Glaskörper, der anders als Glasscheiben nicht überall gleich dick ist. Das ist das Merkmal von Linsen. Man findet sie in Brillen, Fotoapparaten, und anderen optischen Geräten.

Sammellinsen. Sammellinsen sind Linsen, die in der Mitte dicker sind als am Rand. Sie sind nach außen gewölbt (*convexus,* lateinisch) und heißen deshalb auch **Konvexlinsen**. Eine Lupe ist ein Beispiel für eine Sammellinse. Mit ihr kannst du das Sonnenlicht auf einen kleinen Fleck konzentrieren (Bild **B6**).

V2 Abbildung mit einer Linse

Die Lochblende aus Versuch **V1** ersetzen wir durch eine Linse. Bei richtig gewählten Abständen wird ein helles und scharfes Bild der Kerze auf dem Schirm sichtbar.

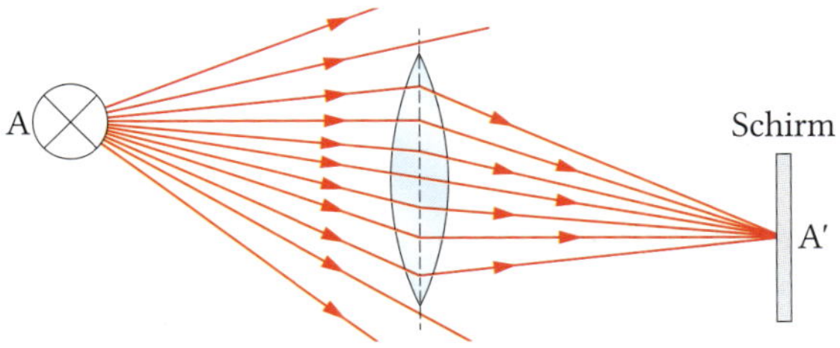

B4 *Punkt-zu-Punkt-Abbildung bei der Sammellinse*

B5 *Blick durch eine Vase*

B6 *Ein Feuer anzünden mit einer Lupe*

1.4 Linsen erzeugen Bilder

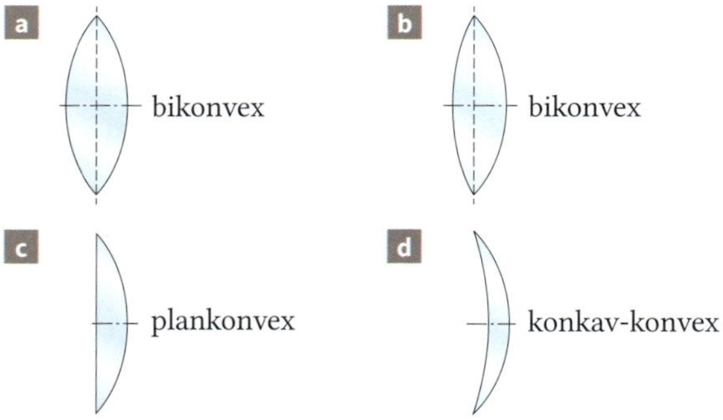

B1 *Formen von Sammellinsen;*
- - - - Mittelebene; – · – · – optische Achse

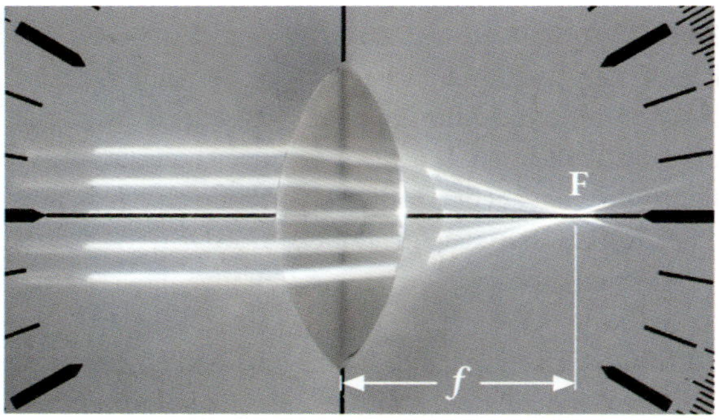

B2 *Parallel zur optischen Achse einfallendes Licht wird im Brennpunkt gebündelt.*

Formen von Sammellinsen. In Bild **B1** sind verschiedene Formen von Sammellinsen dargestellt. Alle haben dieselben optischen Eigenschaften. Daher genügt es, wenn wir uns auf die Linsenform in Bild **B1a** beschränken. Eingezeichnet ist jeweils auch die **Mittelebene** der Linse und die darauf senkrecht stehende **optische Achse.** Die optische Achse ist die Symmetrieachse der Linse.

Brennpunkte und Brennweite. Licht, das parallel zur optischen Achse durch eine Sammellinse fällt, wird gebündelt und trifft sich in einem Punkt, dem **Brennpunkt F** (Bild **B2**). Da es keine Rolle spielt, von welcher Seite das Licht durch die Linse fällt, gibt es einen zweiten Brennpunkt auf der anderen Seite der Linse. Beide Brennpunkte liegen auf der optischen Achse. Der Abstand der beiden Brennpunkte zur Linsenmitte ist in beiden Fällen gleich. Diesen Abstand bezeichnet man als **Brennweite** f der Linse.

Modell der idealen optischen Abbildung. Wenn man in Bild **B2** genau hinsieht, bemerkt man, dass sich das Licht nicht komplett im Brennpunkt trifft. Je näher es an der optischen Achse verläuft, desto besser ist die Bündelung im Brennpunkt. Eine vollständige Bündelung in einem Punkt ist mit einzelnen Linsen nicht möglich. In Fotokameras und Mikroskopen werden daher mehrere Linsen kombiniert, um eine bessere Bündelung zu erreichen. Auch gute Lupen bestehen manchmal aus einer Kombination von zwei Linsen.

Den Lichtweg durch reale Linsen und Linsensysteme zu verfolgen ist so kompliziert, dass spezielle Optik-Computerprogramme dafür verwendet werden. Für viele praktische Zwecke ist es jedoch ausreichend, ein Modell zu verwenden, das reale Linsenabbildungen zwar nur näherungsweise wiedergibt, dafür aber einfach anzuwenden ist. Dem Modell der idealen optischen Abbildung liegen zwei Annahmen zugrunde:

1. Anstatt ausgedehnte Lichtbündel zu betrachten, gehen wir zum Lichtstrahlenmodell über.
2. Wir gehen von idealen Linsen aus, bei denen sich alle parallel zur optischen Achse einfallenden Strahlen exakt im Brennpunkt treffen.

Vom Gegenstand zum Bild. Mit dem Modell der idealen optischen Abbildung können wir erklären, wie die Sammellinse ein Bild erzeugt – insbesondere warum der Schirm an einer ganz bestimmten Stelle stehen muss, damit ein scharfes Bild entsteht (Versuch **V1**).

V1 Bildentstehung und Schirmabstand

Bilde mit einer Sammellinse das Bild einer Kerzenflamme auf einen Schirm scharf ab.
Schiebe den Schirm näher an die Linse. Das Bild ist nun unscharf. Auch wenn du den Schirm weiter von der Linse wegschiebst, wird es unscharf. Nur an einer Stelle entsteht ein scharfes Bild.
Verändere nun die Position der Kerze und versuche, wieder ein scharfes Bild zu erhalten. Beobachte dabei auch die Bildgröße.

Von jedem Punkt eines Gegenstandes gehen Lichtstrahlen in alle möglichen Richtungen aus (Bild **B4**). Alle Lichtstrahlen, die vom Punkt A ausgehen und durch die Linse gehen, treffen sich hinter der Linse in einem Punkt A'. An dieser Stelle muss der Schirm stehen, damit A scharf abgebildet wird.

Merksatz

Ein scharfes Bild entsteht dort, wo sich Lichtstrahlen, die von einem Punkt kommen, wieder treffen.

Konstruktionsstrahlen. Alle Lichtstrahlen des Lichtbündels aus Bild **B4** treffen sich im Bildpunkt. Unter diesen vielen Strahlen gibt es drei besondere, deren Verlauf sich leicht verfolgen lässt. Mit ihnen kannst du konstruieren, wo der Bildpunkt eines Gegenstandspunkts liegt.

1. Lichtstrahlen, die parallel zur optischen Achse verlaufen, nennt man **Parallelstrahlen.** Sie werden von der Linse so abgelenkt, dass sie den Brennpunkt durchlaufen (Bild **B3**, **B4**).
2. Lichtstrahlen, die vor dem Erreichen der Linse einen Brennpunkt durchlaufen, nennt man **Brennpunktstrahlen**. Sie werden so abgelenkt, dass sie zu Parallelstrahlen werden (Bild **B3**). Das folgt daraus, dass der Lichtweg umkehrbar ist. Deshalb kann man z. B. Bild **B3** einfach „von rechts nach links lesen".
3. Lichtstrahlen, die genau durch die Mitte der Linse verlaufen, nennt man **Mittelpunktstrahlen.** Sie werden nicht abgelenkt und gehen auf geradem Weg durch die Linse (Bild **B3**).

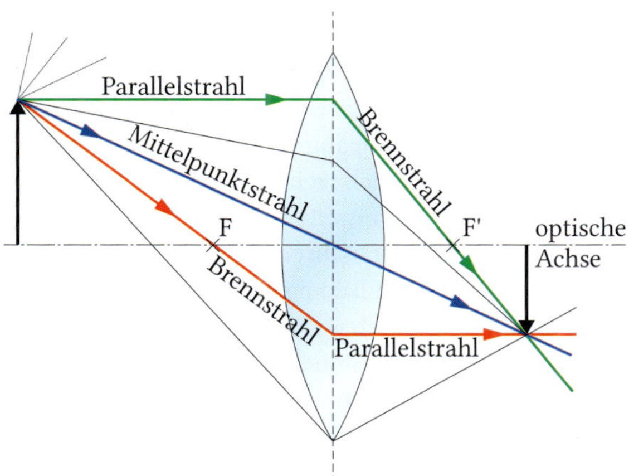

B3 *Ausgezeichnete Lichtstrahlen*

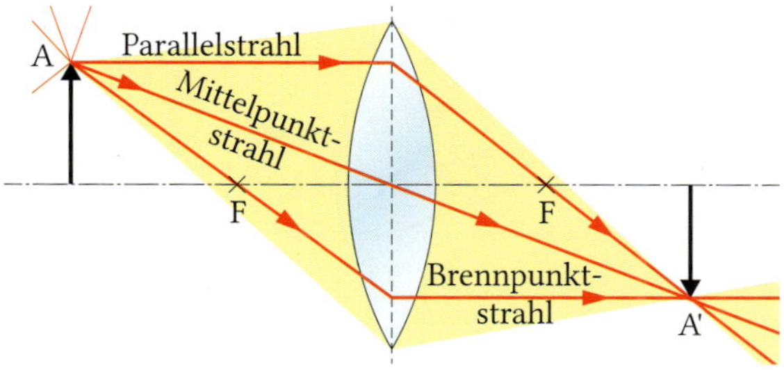

B4 *Lichtbündel bei der Bildentstehung*

Merksatz

An der Sammellinse werden:
a) Parallelstrahlen zu Brennpunktstrahlen,
b) Brennpunktstrahlen zu Parallelstrahlen,
c) Mittelpunktstrahlen nicht abgelenkt.

Bildkonstruktion. Oft verwendet man nur einen Pfeil als Symbol für den Gegenstand. In Bild **B3** ist für einen Punkt eines solchen Pfeiles der Bildpunkt mit Hilfe der Konstruktionsstrahlen konstruiert. Für andere Punkte des Gegenstands funktioniert die Konstruktion gleich.

Versuch **V1** zeigt, dass die Abstände Gegenstand-Linse und Linse-Schirm voneinander abhängen und nicht frei wählbar sind. Auch die Größe des scharfen Bildes verändert sich, wenn man die Position der Kerze verändert. Daher erfasst man auch diese Größen: Den Abstand Linsenebene-Bildebene bezeichnet man als **Bildweite *b*.** Entsprechend nennt man den Abstand Gegenstand-Linsenebene die **Gegenstandsweite *g*.** Die **Gegenstandsgröße** nennt man ***G*** und die **Bildgröße *B*.** Bild **B5** zeigt eine Übersicht, die alle Punkte, Strahlen und Bezeichnungen zur Bildkonstruktion enthält.

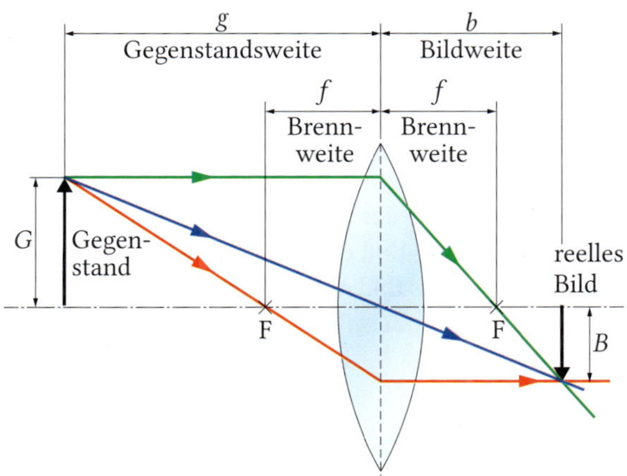

B5 *Vollständige Konstruktionszeichnung*

1.4 Linsen erzeugen Bilder

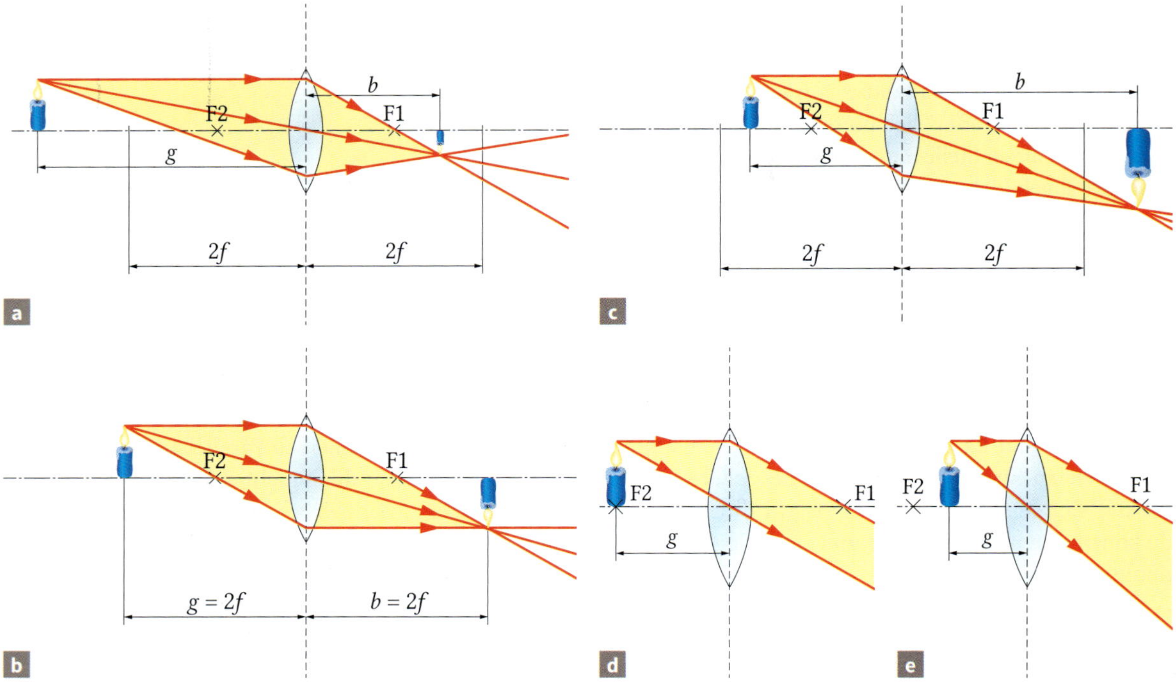

B1 *Eine Kerze wird näher an den Gegenstand geschoben: a) $g > 2f$, b) $g = 2f$, c) $2f > g > f$, d) $g = f$, e) $g < f$*

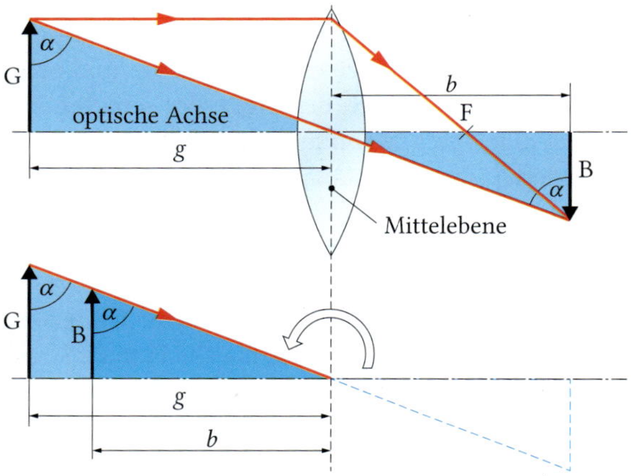

B2 *An der Linse entstehen ähnliche Dreiecke.*

Die Abbildungsgleichung. Wenn man eine Kerze immer näher an die Linse heranschiebt, muss der Schirm immer weiter von der Linse weggeschoben werden, damit ein scharfes Bild entsteht (Bild **B1**). Gleichzeitig wird aber auch das Bild auf dem Schirm immer größer. Zwischen den Größen B, G, b und g besteht also ein Zusammenhang.

In Bild **B2** kannst du erkennen, dass in beiden markierten Dreiecken die gleichen Winkel auftauchen. Unabhängig von der Größe der Dreiecke bleiben die Winkel immer gleich. Daher gelten in den beiden Dreiecken feste Größenverhältnisse:

$$\frac{G}{g} = \frac{B}{b}.$$

Diese Gleichung nennt man **Abbildungsgleichung**.

Wenn *g* immer kleiner wird. In Bild **B1** sieht man, wie die Lichtstrahlen verlaufen, wenn man die Kerze immer weiter an die Linse heranrückt. Du kannst die entsprechenden Phänomene im Experiment oder mit Simulationen erkunden (siehe Methodenkasten rechts).

Die Gegenstandsweite g soll dabei zunächst größer als die Brennweite f sein ($g > f$). Je näher die Kerze an der Linse steht, desto weniger stark werden die Lichtstrahlen nach dem Linsendurchgang gebündelt. Der Bildpunkt rückt immer weiter nach rechts. Wenn der Gegenstand schließlich in der Brennweite steht ($g = f$), verlaufen die Lichtstrahlen nach dem Linsendurchgang parallel (Bild **B1d**). Es entsteht kein Bild mehr.

Wenn man den Gegenstand noch näher an die Linse rückt ($g < f$), dann laufen die Lichtstrahlen auch nach dem Linsendurchgang noch auseinander (Bild **B1e**). Da sich die Lichtstrahlen nicht treffen, entsteht rechts der Linse auch kein Bild.

Methode: Bildentstehung an der Sammellinse mit Hilfe von Simulationen

Mit den Schlagwörtern *Sammellinse*, *Bildentstehung* und *Simulation* findest du im Internet einige Seiten, die Simulationen bereitstellen, die dir beim Lernen helfen können. Dazu ist kein Download oder Account nötig.

In den meisten Simulationen lassen sich die Größen Brennweite, Gegenstandsweite und Gegenstandsgröße frei variieren.
Bei manchen Simulationen gibt man die gewünschten Werte ein und die Simulation zeigt, wo und in welcher Größe ein Bild entsteht.
Bei anderen Simulationen kannst du zusätzlich auswählen, was eingeblendet oder ausgeblendet werden soll.
Wieder andere Simulationen sind dynamisch. Hier kannst du die Größen durch einfaches Ziehen der Objekte verändern (Bild **B3**):

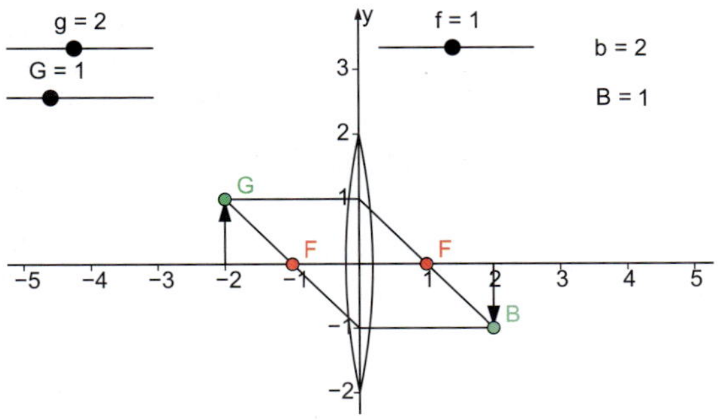

B3 *Screenshot aus einer Simulation*

In allen Simulationen wird der Gegenstand als Pfeil dargestellt. Mit Hilfe der Simulationen kannst du erforschen, wie sich Veränderungen der Brennweite, der Gegenstandsgröße oder der Gegenstandsweite direkt auf Bildgröße und Bildweite auswirken, oder ob überhaupt ein Bild entsteht.

Löse selbst

1

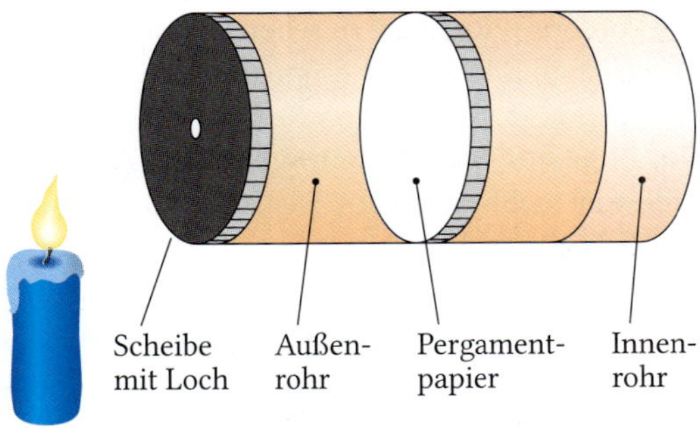

Manche Bastelanleitungen für Lochkameras sehen vor, dass man zwei Pappröhren ineinander schiebt. So kann man den Abstand zwischen Loch und Schirm verändern. Erkläre, was mit dem Bild auf dem Schirm passiert, wenn du den Abstand vergrößerst oder verkleinerst.

2 Erläutere, wie man mit einer Glühlampe und einer Sammellinse ein paralleles Lichtbündel erzeugen kann.

3 Bei Fußballspielen sieht man oft Reporter mit Teleobjektiven. Mit ihnen kann man den Torwart auf der anderen Seite des Spielfelds gut fotografieren. Erkläre, weshalb die Teleobjektive so lang sind.

4 Berechne die fehlenden Werte:

G	*g*	*B*	*b*
2 m	5 m	0,15 m	
0,3 m	0,5 m		0,2 m
324 m		0,12 m	0,4 m
	15 m	0,003 m	0,0028 m

5 a) Nimm eine Sammellinse und stelle dich in einem Raum an die Wand, die dem Fenster gegenüberliegt. Halte die Linse vor die Wand und variiere den Abstand der Linse zur Wand so lange, bis du ein Bild an der Wand siehst.
b) Ein Freund stellt sich an das Fenster und winkt zuerst mit der rechten Hand, dann mit der linken Hand. Beschreibe, welche Unterschiede du erkennen kannst.

6 Erzeuge mit der Linse aus Aufgabe 5 wieder das Bild des Fensters auf der gegenüberliegenden Wand. Überlege, was passiert, wenn du eine Hälfte der Linse mit einem Stück Karton abdeckst.
Was passiert, wenn du die Linse Stück für Stück immer weiter abdeckst?
Führe den Versuch erst durch, wenn du Vermutungen formuliert hast.

1.5 Aufbau und Funktion des Auges

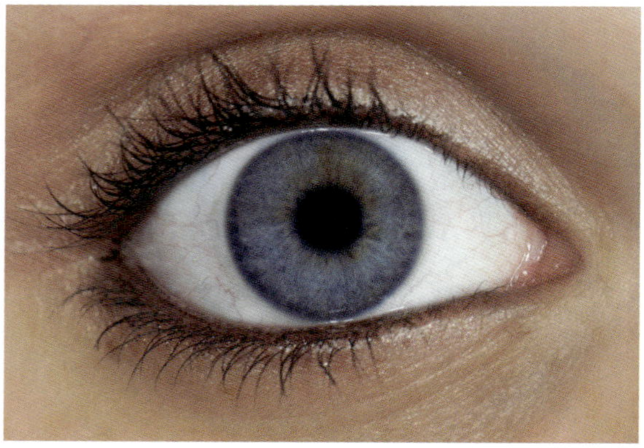

B1 *Menschliches Auge mit Hornhaut, Iris und Pupille*

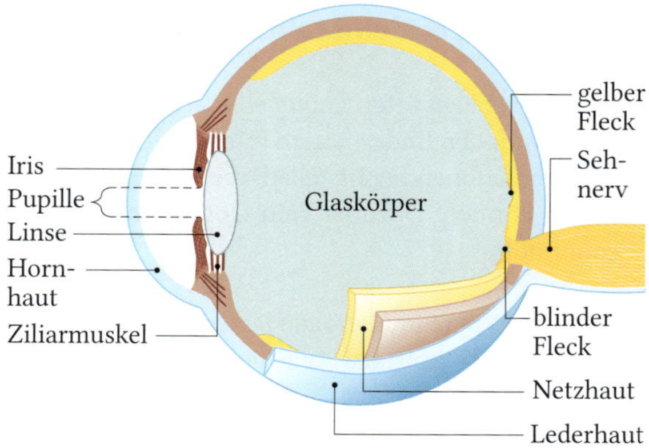

B3 *Querschnitt durch das menschliche Auge*

Das menschliche Auge. Das Auge hat annähernd Kugelgestalt. Von außen sieht man nur einen kleinen Teil des Auges (Bild **B1**): die weiße, von Blutgefäßen durchzogene Lederhaut, die farbige Iris und im Zentrum die **Pupille.** Die Iris regelt die Pupillengröße. So wird die Menge des einfallenden Lichts angepasst. Die Iris wird von der durchsichtigen Hornhaut geschützt. Bild **B3** zeigt den inneren Aufbau des Auges. Auf dem Weg ins Innere des Auges durchquert das Licht die Hornhaut, die Linse und den Glaskörper. Bei den verschiedenen Übergängen findet jeweils eine Brechung statt. Durch das Zusammenwirken von Hornhaut, Linse und Glaskörper entsteht ein Bild auf der **Netzhaut.** Die Netzhaut besteht aus lichtempfindlichen Sinneszellen, die die Reize über den Sehnerv zum Gehirn leiten.

Auge und Gehirn. Das auf der Netzhaut entstehende Bild muss vom Gehirn verarbeitet werden. Das Netzhautbild steht auf dem Kopf und ist seitenverkehrt. Im Gehirn wird das Bild „richtig“ gedreht. Zudem filtert das Gehirn unwichtige Daten heraus. Erst im Gehirn entsteht das, was wir „Sehen“ nennen.

Ein Bild muss scharf gestellt werden. Bei der Linsenabbildung besteht ein fester Zusammenhang zwischen Gegenstandsweite und Bildweite. Wenn man einen Gegenstand in einer anderen Entfernung fotografieren möchte, muss man dazu die Linse verschieben. So passt man die Bildweite entsprechend an. Auch in deinem Smartphone wird eine Linse bewegt, um das Bild scharf zu stellen. Gegenstände, die sich nicht in Bildweite befinden, erscheinen unscharf. In den Bildern **B2a** und **B2b** siehst du zweimal die gleiche Szene. In Bild **B2a** ist der Vordergrund scharf zu sehen und der Hintergrund unscharf, in Bild **B2b** ist es umgekehrt.

Das Auge ändert die Brennweite. Das Auge kann die Bildweite nicht verändern. Der Abstand von Linse und Netzhaut ist durch die Natur fest vorgegeben. Damit das Auge verschieden weit entfernte Gegenstände trotzdem scharf abbilden kann, verändert es seine Brechkraft. Dies geschieht durch eine Formänderung der Linse. So ist es möglich, dass das Auge weit entfernte und, bis zu einer gewissen Grenze, auch nahe Gegenstände auf der Netzhaut scharf abbilden kann.

B2 *a) Vordergrund scharf, Hintergrund unscharf; b) Vordergrund unscharf, Hintergrund scharf*

B4 *Kinder beim Abschreiben von der Tafel*

Akkommodation. Wenn du aus dem Fenster schaust, siehst du viele Gegenstände in unterschiedlicher Entfernung. Du kannst jeden Gegenstand anschauen und siehst ihn scharf. Es ist aber nicht möglich, dass du Gegenstände in unterschiedlicher Entfernung *gleichzeitig* scharf siehst. Du kannst das mit Versuch **V1** überprüfen. In diesem Versuch änderst du die Gegenstandsweite.

Die Linse des Auges ist elastisch und von einem Ringmuskel, dem **Ziliarmuskel**, umgeben (Bild **B3**). Wenn dieser Muskel sich zusammenzieht, dann wölbt sich die Linse. Dadurch wird ihre Brennweite kleiner. Du siehst nahe Gegenstände scharf. Wenn du wieder in die Ferne blickst, entspannt sich der Ziliarmuskel. Dabei zieht er die Linse etwas auseinander. Die Linse wird wieder flacher. Es braucht allerdings immer ein wenig Zeit, bis sich die Linsenkrümmung angepasst hat. Diese Anpassung des Auges geschieht unbewusst. Man nennt sie **Akkommodation** (von *accommodare*, lateinisch: anpassen).

Beim Abschreiben von der Tafel (Bild **B4**) schauen die Kinder abwechselnd von der Tafel in ihr Heft. Beim Blick zur Tafel ist ihr Auge fernakkommodiert, beim Schreiben nahakkommodiert.

Im Modellversuch **V2** kannst du untersuchen, wie sich durch unterschiedliche Linsenkrümmung die Brennweite ändert. So können unterschiedlich weit entfernte Gegenstände scharf abgebildet werden, ohne dass die Bildweite verändert wird.

Bild **B5** zeigt die Strahlengänge für ausgewählte Lichtstrahlen bei nah- und bei fernakkommodierter Linse.

V1 Nah- und Fernakkommodation

a) Strecke einen Arm aus und betrachte deinen Daumennagel mit einem Auge. Beschreibe, wie du den Hintergrund siehst.
b) Schaue dir den Hintergrund an. Beschreibe, wie du jetzt den Daumennagel siehst.

V2 Die Gummilinse

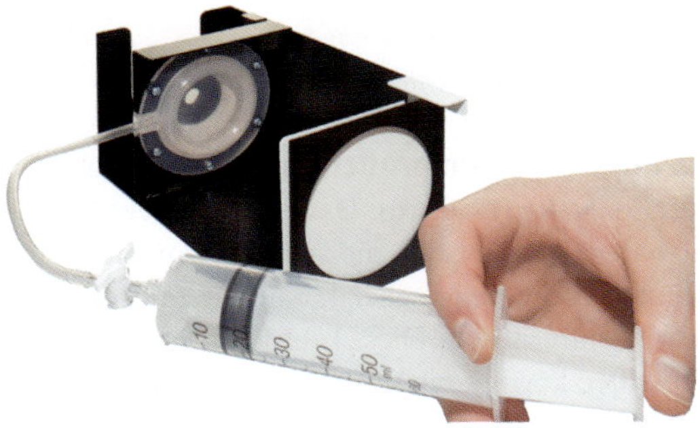

a) Bilde mit einer Gummilinse eine brennende Kerze auf einem Schirm scharf ab. Führe dann die Kerze etwas näher an die Linse heran: Das Bild wird unscharf.
Verschiebe den Schirm. Im richtigen Abstand wird das Bild wieder scharf.
b) Bilde die Kerze erneut scharf ab und schiebe sie wieder näher an die Linse, um ein unscharfes Bild zu erzeugen.
Drücke nun mit Hilfe der Wasserspritze vorsichtig etwas mehr Wasser in die Linse, bis sie so stark gewölbt ist, dass das Bild auf dem Schirm wieder scharf erscheint.

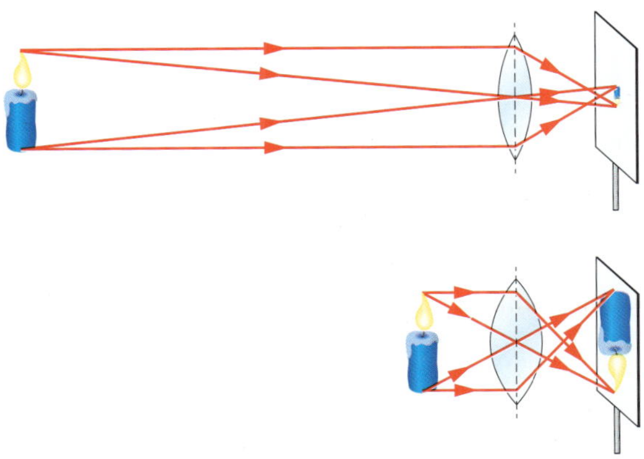

B5 *Die Linsenkrümmung sorgt für ein scharfes Bild.*

1.5 Aufbau und Funktion des Auges

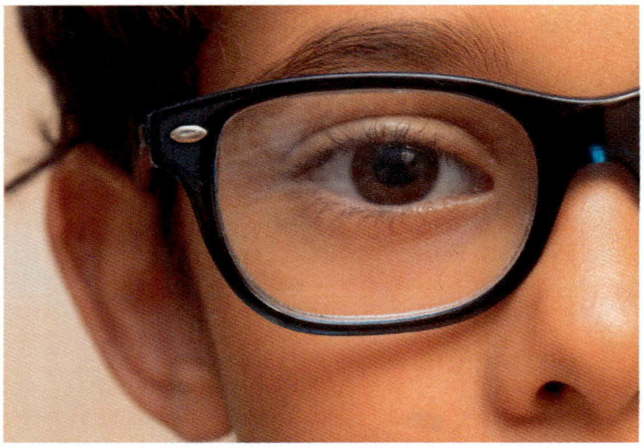

B1 *Brillen korrigieren Sehfelder.*

B3 *Altersweitsichtige lesen mit langen Armen.*

Warum wir Brillen brauchen. Viele Menschen sind **weit-** oder **kurzsichtig.** Damit ist gemeint, dass sie entweder Gegenstände, die sich nah vor ihren Augen befinden, nicht scharf sehen können, oder Gegenstände, die weit entfernt sind. Diese Fehlsichtigkeiten kann man mit Brillen korrigieren (Bild **B1**). Sie sorgen dafür, dass Kurzsichtige auch weit Entferntes und Weitsichtige auch nahe Gegenstände scharf sehen können.

Der Augapfel passt nicht. Kurz- und Weitsichtigkeit sind die häufigsten Fehlsichtigkeiten. In beiden Fällen passt die Länge des Augapfels nicht zur Brennweite des Auges.

Bei weitsichtigen Menschen ist der Augapfel zu kurz. Das scharfe Bild würde erst ein Stück hinter der Netzhaut entstehen (Bild **B2a**). Bei kurzsichtigen Menschen ist der Augapfel zu lang. Das scharfe Bild entsteht vor der Netzhaut. Auf der Netzhaut ist das Bild schon wieder unscharf (Bild **B2b**). In beiden Fällen ist die Abweichung so groß, dass die von der Natur gegebene Bildweite nicht von der Linse ausgeglichen werden kann.

Wenn die Linse nicht mehr flexibel ist. Mit zunehmendem Alter wird die Linse weniger flexibel. Die Linse kann sich dadurch nicht mehr so stark wölben. Die Brechkraft der Linse wird nicht stark genug, um nahe Gegenstände auf der Netzhaut scharf abzubilden.

Ältere Menschen sehen weit entfernte Gegenstände gut, müssen aber zum Beispiel zum Lesen eine Brille aufsetzen. Wenn keine Brille zur Hand ist, halten sie das Buch oft etwas weiter entfernt (Bild **B3**). Dadurch vergrößern sie die Gegenstandsweite und das Bild auf der Netzhaut wird etwas schärfer. Diese Form der Fehlsichtigkeit nennt man **Altersweitsichtigkeit.**

Hornhautverkrümmung. Bei einer Hornhautverkrümmung ist die Hornhaut nicht gleichmäßig gewölbt. Das Lichtbündel, das ins Auge fällt, wird dadurch unregelmäßig gebrochen. Es entsteht ein Bild auf der Netzhaut, das teilweise scharf und teilweise unscharf ist. Eine Hornhautverkrümmung kann zusätzlich zu Kurz- oder Weitsichtigkeit auftreten. Eine gut angepasste Brille kann die Hornhautverkrümmung ausgleichen.

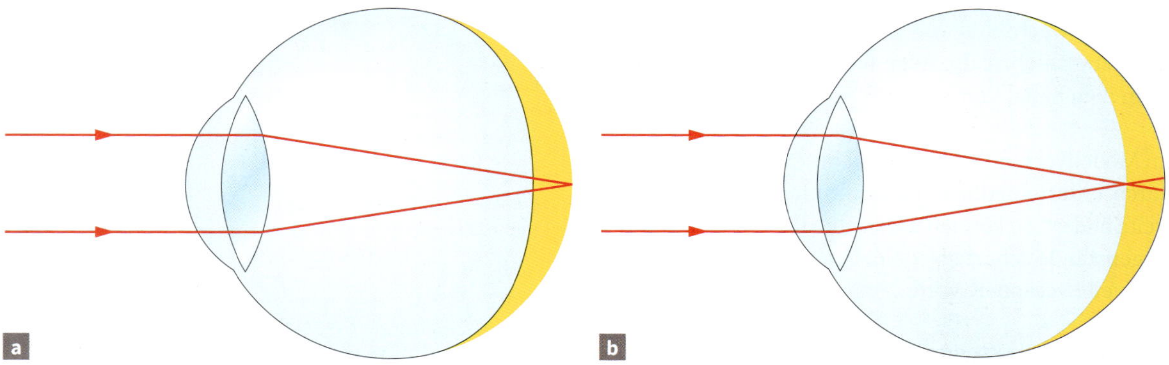

B2 *a) Bei Weitsichtigen ist der Augapfel zu kurz. b) Bei Kurzsichtigen ist der Augapfel zu lang.*

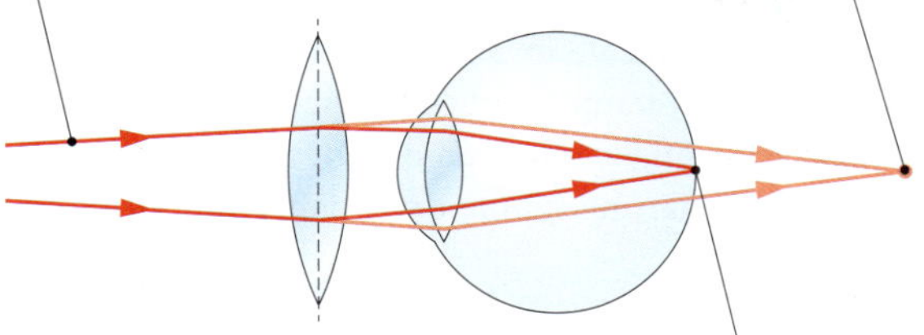

B4 *Sammellinsen korrigieren Weitsichtigkeit.*

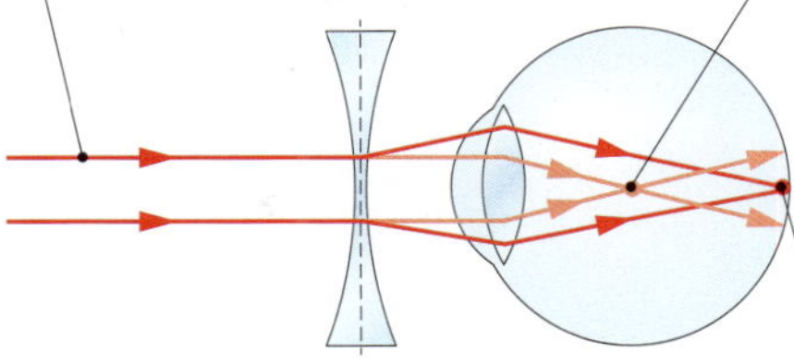

B6 *Zerstreuungslinsen korrigieren Kurzsichtigkeit.*

Brillen verschieben den Brennpunkt. Beim weitsichtigen Auge liegt der Brennpunkt des entspannten Auges hinter der Netzhaut. Das Auge muss bereits nahakkommodieren, um in der Ferne scharf zu sehen. Die Grenze der Nahakkomodation wird somit früher erreicht. Damit weitsichtige Menschen auch Nahes gut sehen können, müssen die Lichtbündel schon vor dem Auftreffen auf das Auge gebrochen werden. Das geschieht mit Sammellinsen. Die Lichtbündel verlaufen hinter der Brille so, als wäre der Gegenstand weiter weg (Bild **B4**).
Beim kurzsichtigen Auge ist die Situation genau anders: Der Brennpunkt des entspannten Auges liegt vor der Netzhaut. Kurzsichtige Menschen benötigen eine Brille, die das Gegenteil einer Brille für weitsichtige leistet. Diese Brille muss das Lichtbündel aufweiten. Dem Auge erscheint es so, als wäre der Gegenstand näher (Bild **B6**). Das leisten **Zerstreuungslinsen.**

Im Gegensatz zu Sammellinsen weiten Zerstreuungslinsen das Lichtbündel auf. Wenn man durch eine solche Linse blickt, sind alle Gegenstände verkleinert. Sie erscheinen aufrecht und seitenrichtig (Bild **B5**).

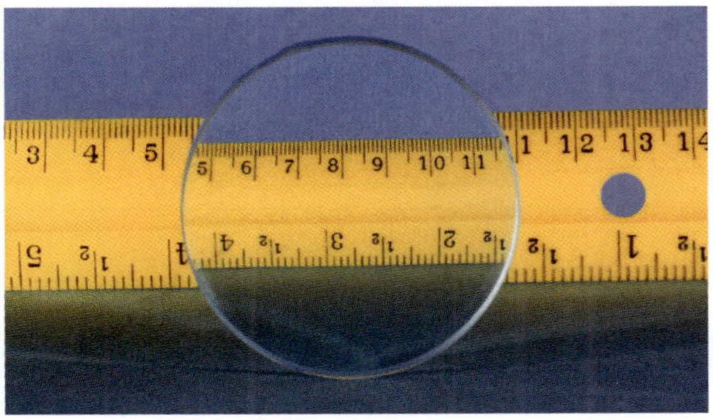

B5 *Blick durch eine Zersteuungslinse*

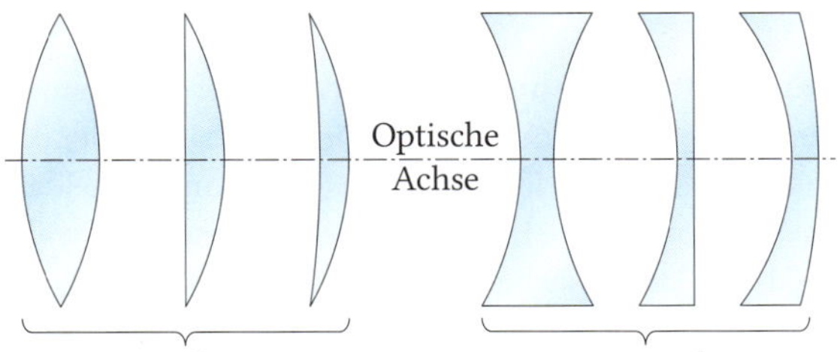

B7 *Verschiedene Sammel- und Zerstreuungslinsen*

Linsenformen. Ob eine Linse eine Sammel- oder eine Zerstreuungslinse ist, erkennt man an ihrer Form. Sammellinsen sind in der Mitte dicker als am Rand. Bei Zerstreuungslinsen ist es umgekehrt. Es gibt beide Linsenarten in verschiedenen Ausformungen (Bild **B7**).

Exkurs: LASIK

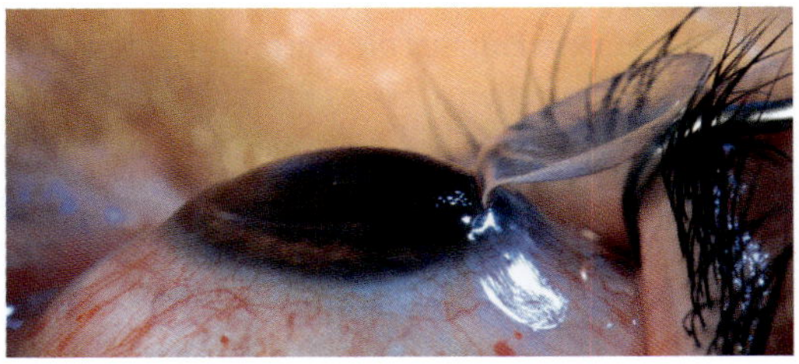

Man kann Fehlsichtigkeit auch korrigieren, indem man die Form der Hornhaut verändert. LASIK ist eine solche Methode. Dabei wird der äußere Teil der Hornhaut abgehoben und mit einem Laser werden Teile der inneren Hornhaut verdampft. Anschließend wird die äußere Hornhaut wieder über die Wunde gelegt. Mit LASIK können neben Weit- und Kurzsichtigkeit auch Hornhautverkrümmungen behandelt werden.

1.5 Aufbau und Funktion des Auges

B1 *Landschaft am Tag und in der Nacht (Fotomontage)*

Bei Nacht sind alle Katzen grau. Dieses bekannte Sprichwort hat seine Berechtigung. Bei zunehmender Dunkelheit kannst du kaum noch Farben unterscheiden. Du nimmst nur noch Hell-Dunkel-Unterschiede wahr (Bild **B1**). Die Ursache liegt in unserer Netzhaut.

Sie enthält zwei Arten von Sinneszellen. Die **Zapfen** genannten Sinneszellen vermitteln die Farbeindrücke. Sie funktionieren besonders tagsüber gut, denn sie benötigen viel Licht, um angeregt zu werden. Die **Stäbchen** nehmen hauptsächlich Helligkeitsunterschiede wahr. Sie benötigen sehr wenig Licht um anzusprechen. In der Dämmerung können wir daher nur Grautöne unterscheiden.

Zapfen und Stäbchen sind nicht gleichmäßig auf der Netzhaut verteilt. Im Zentrum ist eine kleine Vertiefung, die wegen ihrer Färbung **gelber Fleck** heißt. Dort findet man fast nur Zapfen. Hier sehen wir scharf und farbig, wenn viel Licht vorhanden ist. Am Rand der Netzhaut findet man hauptsächlich Stäbchen. Dort sieht man weniger scharf und weniger farbig, dafür aber auch bei geringen Lichtstärken.
Das machen sich Astronomen zu Nutze, wenn sie mit bloßem Auge sehr lichtschwache Sterne beobachten (Versuch **V1**).

V1 Knapp vorbei ist besser

Wenn bei klarem Himmel die Sterne gut zu sehen sind, kannst du feststellen, dass es Sterne gibt, die heller erscheinen und manche, die dunkler erscheinen. Ein auffälliges Sternbild, das das ganze Jahr über zu sehen ist, ist der große Wagen. Dieses Sternbild besteht aus sieben hellen Sternen. Direkt neben dem mittleren Deichselstern – genau an der Pfeilspitze – steht ein weiterer Stern, den du schlechter erkennen kannst, weil er viel weniger hell ist. Im Volksmund wird dieser Stern das Reiterlein genannt.

a) Fixiere das Reiterlein zunächst genau. Du wirst feststellen, dass du es nicht sehen kannst. Das Bild des Sterns auf der Netzhaut entsteht auf dem weniger für Licht empfindlichen gelben Fleck, der Stern verschwindet. Seine Helligkeit reicht nicht aus, um die Zapfen anzuregen.

b) Schaue nun etwas an dem Reiterlein vorbei. Nun solltest du den Stern sehen können. Das Bild erscheint jetzt am Rand der Netzhaut, wo die sehr lichtempfindlichen Stäbchen sind.

Falls du das Reiterlein auch sehen kannst, wenn du es direkt anschaust, dann sind deine Augen noch sehr gut. Suche dir in diesem Fall einen anderen, dunkleren Stern und probiere es mit diesem.

V2 Das Auflösungsvermögen des Auges

Betrachte das Streifenmuster links aus drei Metern Abstand.
Kannst du die einzelnen Streifen jetzt noch wahrnehmen?

Der Sehwinkel. Wie groß ein Gegenstand auf der Netzhaut abgebildet wird, hängt vom **Sehwinkel** ab, unter dem wir den Gegenstand erblicken. Gegenstände werden gleich groß abgebildet, wenn sie unter dem gleichen Sehwinkel erscheinen (Bild **B2** und Bild **B3**). Der Sehwinkel hängt von der Gegenstandsgröße und von der Gegenstandsweite ab.

Das Auflösungsvermögen des Auges. In Versuch **V2** kannst du ausprobieren, welche Strukturen du noch mit den Augen erkennen kannst. In drei Metern Abstand kannst du die einzelnen Streifen in dem Bild nicht mehr wahrnehmen. Das Bild erscheint nur noch als graue Fläche. Das Bild des Streifenmusters auf der Netzhaut ist so klein, dass benachbarte Streifen nicht mehr auf verschiedene Sehzellen abgebildet werden. Im Bereich des schärfsten Sehens, dem gelben Fleck, ist der Abstand benachbarter Sehzellen etwa 0,007 Millimeter. Wenn zwei Bildpunkte enger zusammenliegen, so werden sie als ein Punkt wahrgenommen.

Die Bildweite des Auges beträgt etwa 20 Millimeter. Man sieht zwei Streifen nur noch getrennt, wenn ihr Abstand mindestens ein Millimeter beträgt. Das entspricht einem Sehwinkel von $\frac{1}{60}$ Grad. Man sagt, das Auflösungsvermögen des Auges beträgt etwa $\frac{1}{60}$ Grad.

B2 *Auto und Modell*

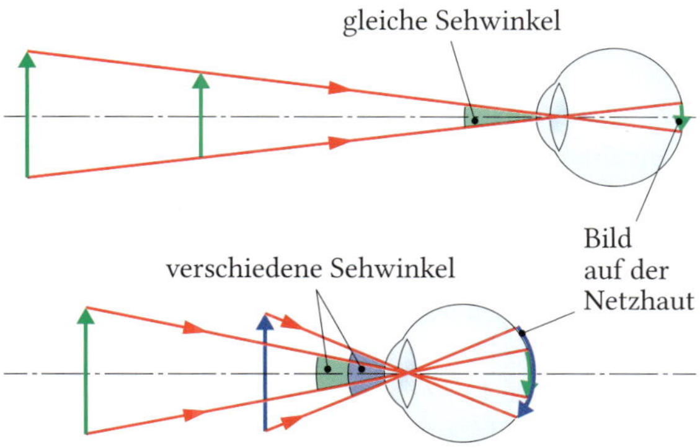

B3 *Sehwinkel und Größe des Bildes auf der Netzhaut*

Löse selbst

1 ➡ Manche Smartphones benutzen zwei Kameras, um ein Bild zu machen. Mit solchen Geräten ist es möglich, Bilder aufzunehmen, bei denen der Vordergrund und der Hintergrund scharf sind. Erkläre.

2

➡ Erkläre, warum Brillenträger oft über ihre Brille hinwegsehen.

3 ➡ Rotkäppchen fragte den bösen Wolf, der die Brille der Großmutter trug: „Großmutter, warum hast du so große Augen?". Erläutere, ob die Großmutter weit- oder kurzsichtig war.

4 ↗ Ein Mensch ist 1,8 m groß und steht in 10 m Entfernung. Die Bildweite beträgt etwa 20 mm. Berechne die Größe des Bildes auf der Netzhaut.

5

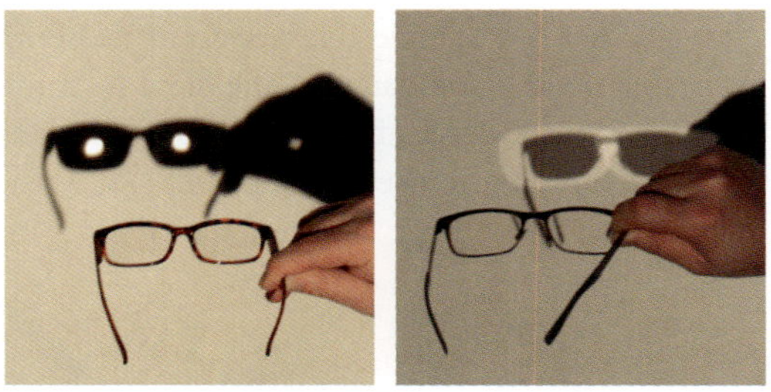

➡ Erläutere, welche Brille Zerstreuungslinsen und welche Sammellinsen hat.

6 ⬆ Ein kurzsichtiger Mann kauft eine Taucherbrille mit passenden Linsen. Als er sie im Geschäft ausprobiert, stellt er fest, dass sie viel zu stark ist. Der Verkäufer sagt: „Das muss so sein!". Erkläre, wieso der Verkäufer recht hat.

1.6 Lupe, Mikroskop und Fernrohr

B1 *Ein Uhrmacher benutzt eine Sehhilfe.*

B3 *Eine Lupe lässt die betrachteten Dinge größer erscheinen.*

Auch dem gesunden Auge kann man helfen. Brillen und Kontaktlinsen helfen Sehfehler zu korrigieren. Doch auch Menschen mit gesunden Augen verwenden manchmal Sehhilfen. Der Uhrmacher in Bild **B1** trägt eine solche Sehhilfe. Sie unterstützt sein gesundes Auge beim Erkennen der kleinen Bauteile einer Uhr.

Durch Sehhilfen kann man kleine und sehr kleine Gegenstände betrachten. Ebenso können sie helfen, etwas weit Entferntes besser zu sehen. Mit ihrer Hilfe ist es möglich, ein Bild auf der Netzhaut zu erzeugen, das größer und detailreicher ist als ohne Sehhilfe. Sehhilfen für gesunde Augen bezeichnet man auch als optische Instrumente.

Optische Instrumente gibt es in vielen Ausführungen: Der Uhrmacher oben trägt seine Sehhilfe direkt am Auge, der Chirurg in Bild **B2** trägt neben der Sehhilfe seine normale Brille. Bei der Jagd benutzt man Ferngläser und in der Astronomie Teleskope, um weit Entferntes besser sichtbar zu machen. Alle diese Instrumente funktionieren mit Linsen. Die einfachste Sehhilfe besteht sogar aus nur einer Linse – eine Lupe.

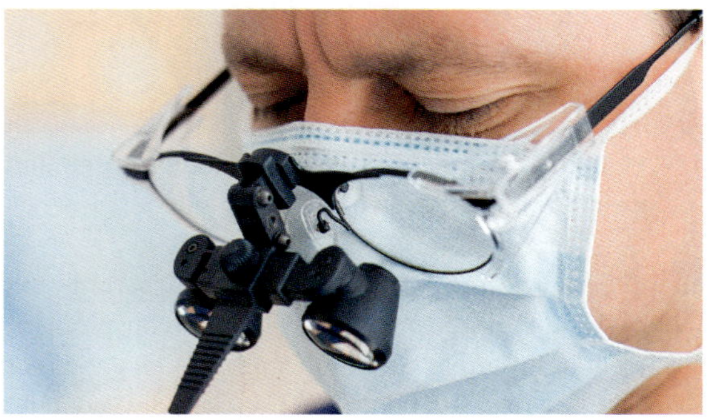

B2 *Der Chirurg trägt zwei Sehhilfen.*

Die Funktionsweise einer Lupe. Wenn man einen Gegenstand mit einer Lupe betrachten möchte, genügt es nicht, die Lupe irgendwo zwischen Gegenstand und Auge zu halten. Damit die Lupe ihre vergrößernde Wirkung entfaltet, muss man sie nah an den betrachteten Gegenstand halten (Bild **B3**). Wie dieser Eindruck zu Stande kommt, wird deutlich, wenn man die Brechung der Lichtbündel durch die Lupe betrachtet.

Wenn du durch eine Sammellinse der Brennweite 10 cm blickst, die sich etwa 5 cm vor dieser Buchseite befindet, dann siehst du ein aufrechtes, seitenrichtiges und vergrößertes Bild der Buchstaben. Der Gegenstand, hier die Buchseite, befindet sich innerhalb der Brennweite der Linse. Die von einem Punkt P ausgehenden Lichtbündel laufen also hinter der Linse auseinander.

Bild **B4** erklärt, warum eine Lupe ein vergrößertes Bild erzeugt: Die Lichtstrahlen vom Gegenstandspunkt P scheinen vom Schnittpunkt P' der nach rückwärts verlängerten Strahlen zu kommen. Ein Betrachter mit der Linse sieht ein vergrößertes, aufrechtes Bild des Gegenstands jenseits der Linse.

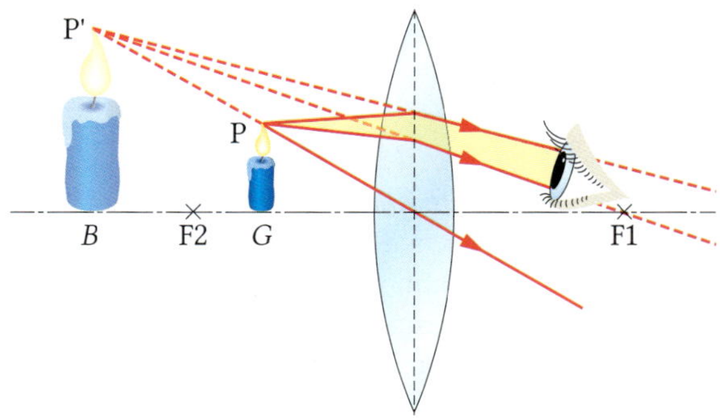

B4 *Die Sammellinse als Lupe*

Das Mikroskop. Lupen erreichen etwa 20-fache Vergrößerung. Für eine stärkere Vergrößerung müsste die Linse stark gewölbt sein. Das Bild wäre durch Abbildungsfehler sehr verzerrt. Sehr kleine Dinge wie z. B. pflanzliche Zellen kann man auch mit einer Lupe nicht erkennen.

Das Mikroskop (von *mikrós*, griechisch: klein, *skopeín*, griechisch: betrachten) ermöglicht stärkere Vergrößerungen und ist daher ein wichtiges Hilfsmittel in der Biologie und in der Medizin. Die Biologin in Bild **B5** benutzt ein Mikroskop, durch das sie mit beiden Augen schauen kann. Für sie ist es wichtig, auch durch das Mikroskop räumlich zu sehen. Mikroskope, durch die man nur mit einem Auge sehen kann, ermöglichen kein räumliches Sehen. Die Funktionsweise unterscheidet sich aber nicht.

Die Funktionsweise des Mikroskops. Grundsätzlich muss man wie bei der Lupe dafür sorgen, dass ein möglichst großes Bild des Gegenstands auf der Netzhaut entsteht. Da der Vergrößerung der Lupe Grenzen gesetzt sind, hilft hier ein neuer Gedanke: Man betrachtet durch die Lupe nicht mehr den Gegenstand selbst, sondern sein vergrößertes Bild, das mit einer zweiten Sammellinse erzeugt wird.

Bild **B6** zeigt den grundsätzlichen Aufbau eines Mikroskops. Der durchsichtige Gegenstand, das Objekt, wird von unten beleuchtet. Er liegt dicht unter einer Sammellinse, dem **Objektiv.** Das Objektiv hat die Aufgabe, ein Bild vom Objekt zu erzeugen. Dieses Bild entsteht frei im Raum und könnte dort mit einem Schirm aufgefangen werden. Man nennt dieses Bild ein **Zwischenbild.** Eine zweite Sammellinse, das **Okular** (von *oculus*, lateinisch: Auge), wird nun als Lupe benutzt, um das Zwischenbild zu betrachten.

Das Zwischenbild, das das Objektiv erzeugt, kann zum Beispiel 20-mal größer sein als der Gegenstand. Wenn man das Zwischenbild mit einem Okular betrachtet, das 5-fach vergrößert, dann ist die Vergrößerung insgesamt $20 \cdot 5 = 100$. Aus Gründen, die in der Natur des Lichts und nicht in technischen Schwierigkeiten liegen, ist es nicht sinnvoll, Lichtmikroskope mit einer mehr als 1000-fachen Vergrößerung zu bauen.
Objektive können durch Drehen am so genannten Revolver getauscht werden, Okulare werden meistens einfach nur umgesteckt.

B5 *Für sehr kleine Dinge benutzt man ein Mikroskop.*

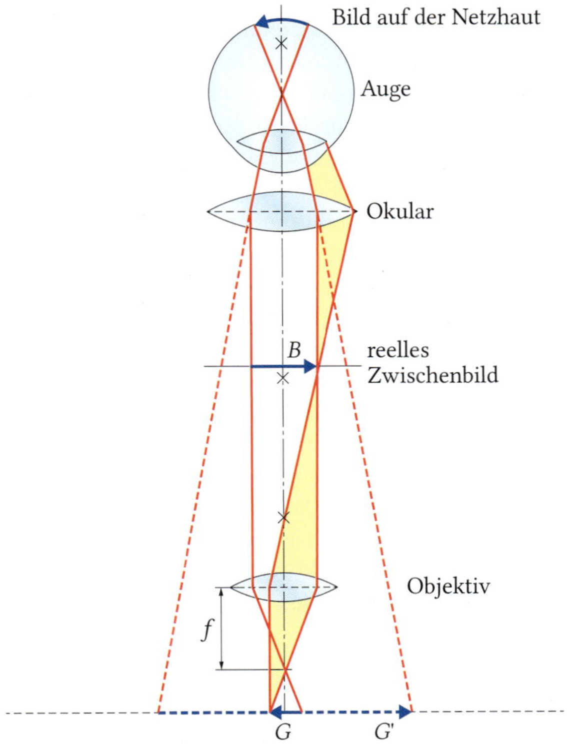

B6 *Strahlengang im Mikroskop*

B7 *Ein Wasserfloh unter dem Mikroskop*

1.6 Lupe, Mikroskop und Fernrohr

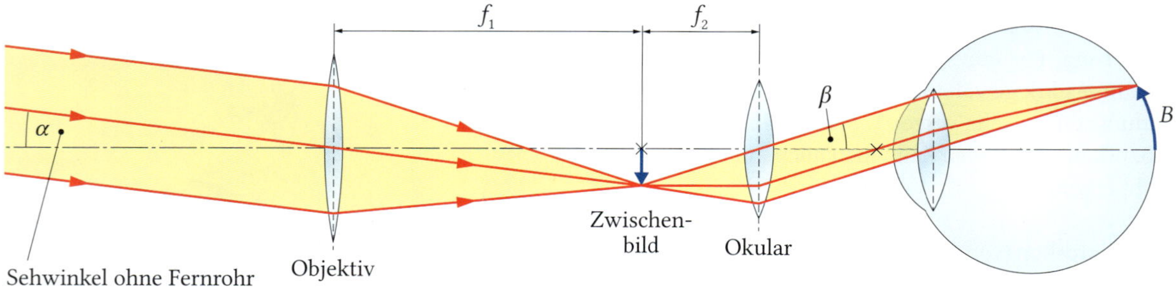

B1 *Der Strahlengang im astronomischen Fernrohr*

Teleskope sammeln Licht und vergrößern. Wenn du am Himmel einen Stern mit dem bloßen Auge betrachtest, siehst du nur einen Lichtpunkt. Wenn du ein Teleskop zur Hilfe nimmst, erscheint derselbe Stern heller, da das Teleskop Licht sammelt und ins Auge leitet. Du siehst aber trotzdem nur einen Lichtpunkt.

Der Grund dafür ist: Sterne sind sehr weit entfernt. Der Sehwinkel, unter dem sie erscheinen, ist trotz Vergrößerung immer noch so klein, dass er weit unter dem Auflösungsvermögen des Auges liegt. Die Andromeda-Galaxie hingegen erscheint unter einem größeren Sehwinkel als der Mond. Trotzdem ist sie als lichtschwaches Objekt schwer zu sehen. Auch hier muss man viel Licht sammeln, um den Himmelskörper zu untersuchen. Zur Beobachtung solcher Himmelskörper sind Teleskope geeignet, die große Objektive haben (Bild **B2**). Eine Vergrößerung ist dazu nicht nötig.

Manche Himmelskörper wie z. B. der Mond erscheinen bereits dem bloßen Auge als ausgedehnte, helle Körper. Andere Himmelskörper wie Jupiter oder Saturn sind so nah, dass sich eine Vergrößerung lohnt. Mit entsprechender Vergrößerung kann man bei Jupiter Monde erkennen oder die Ringe des Saturn sehen. Viele Sternhaufen und Nebel können durch Vergrößerung sichtbar gemacht werden. Teleskope, mit denen man solche Himmelsobjekte beobachtet, müssen vergrößern, aber nicht viel Licht sammeln.

Es gibt auch Teleskope, die beide Eigenschaften haben: Sie sammeln sehr viel Licht und können stark vergrößern. Mit ihnen kann man auch einzelne Sterne in Sternhaufen sehen oder weit entfernte Nebel. Solche Teleskope sind sehr teuer.

Unter Astronomen gilt daher die Regel: Jedes Teleskop hat seinen Himmel.

B2 *Ein lichtstarkes Teleskop*

Das astronomische Fernrohr. Das astronomische Fernrohr, auch Kepler-Fernrohr genannt, besteht aus zwei Sammellinsen. Versuch **V1** zeigt, dass ein solches Fernrohr Bilder erzeugt, die auf dem Kopf stehen und seitenverkehrt sind. Bei der Beobachtung von Himmelsobjekten ist die Seitenvertauschung egal.

Bild **B1** zeigt den Strahlenverlauf in einem solchen Fernrohr. Die Sammellinse des Objektivs erzeugt ein Zwischenbild, das man mit einem Schirm auffangen könnte. Dieses Bild betrachtet man mit dem Okular.

V1 Astronomisches Fernrohr

Bilde ein entferntes Objekt, z. B. eine Kirchturmspitze, mit einer Sammellinse (f_1 = 20 cm) auf einer Mattscheibe ab. Betrachte das Bild von hinten mit einer Lupe (f_2 = 5 cm). Entferne dann die Mattscheibe. Vergleiche die Eigenschaften des Bildes mit denen des betrachteten Objekts.

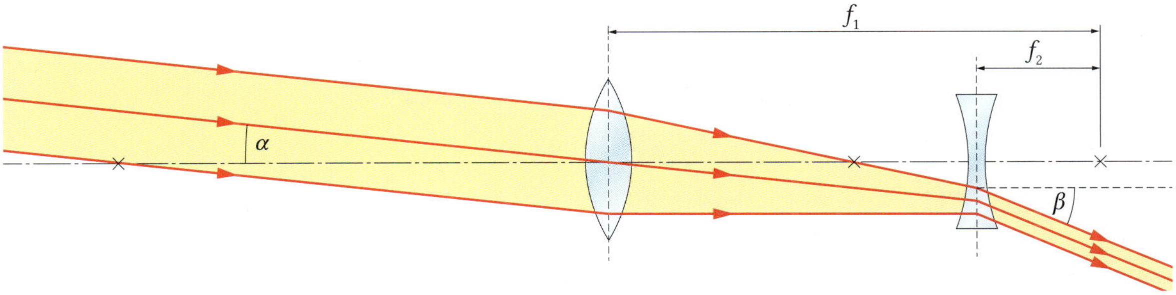

B3 *Der Strahlengang im Galilei-Fernrohr*

Das Galilei-Fernrohr. Für Beobachtungen auf der Erde stört es, dass das Bild beim astronomischen Fernrohr auf dem Kopf steht und seitenvertauscht ist. Das Galilei-Fernrohr ist so konstruiert, dass sich die Lichtstrahlen im Strahlengang nicht kreuzen. Dadurch entsteht ein aufrechtes und seitenrichtiges Bild.

Das Galilei-Fernrohr hat als Objektiv eine Sammellinse und als Okular eine Zerstreuungslinse (Bild **B3**). Die Zerstreuungslinse muss innerhalb der Brennweite der Sammellinse liegen, wo sich die Lichtstrahlen noch nicht gekreuzt haben. Die beiden Linsen werden so positioniert, dass ihre rechten Brennpunkte aufeinander fallen. Die Zerstreuungslinse weitet das Lichtbündel auf, sodass der betrachtete Gegenstand näher erscheint.

Mit dem Galilei-Fernrohr kann man nur kleine Ausschnitte betrachten, da das Sichtfeld stark begrenzt ist.

Löse selbst

1 ➡ Erläutere, unter welchen Bedingungen eine Sammellinse als Lupe wirkt.

2 ↗ Beschreibe einen einfachen Versuch, mit dem du die Brennweite einer Sammellinse ermitteln kannst.

3

↗ Mit einem Wassertropfen auf dem Objektiv einer Smartphone-Kamera (Bild oben) wurde das Bild eines Insektenflügels gemacht (Bild unten).
Erkläre, wieso der Wassertropfen ein vergrößertes Bild erzeugt.

4 ↗ Erläutere, warum man mit einem Mikroskop eine stärkere Vergrößerung erzielen kann als mit einer Lupe.

5 ↗ Auf der Verpackung eines Teleskops steht folgende Warnung: „Die Beobachtung der Sonne ohne geeigneten Schutz kann zu sofortiger Erblindung führen." Begründe, warum man diese Warnung sehr ernst nehmen sollte.

6

↗ Die rote Nase der Holzfigur ist auf dem Smartphone sehr groß. Nenne das optische Instrument, das hier modellhaft nachgebaut wurde. Erkläre, um welche Linsen es sich handelt, und worauf beim Abstand der beiden Brillen geachtet werden muss.

1.7 Das Farbspektrum

B1 *Regenbogen*

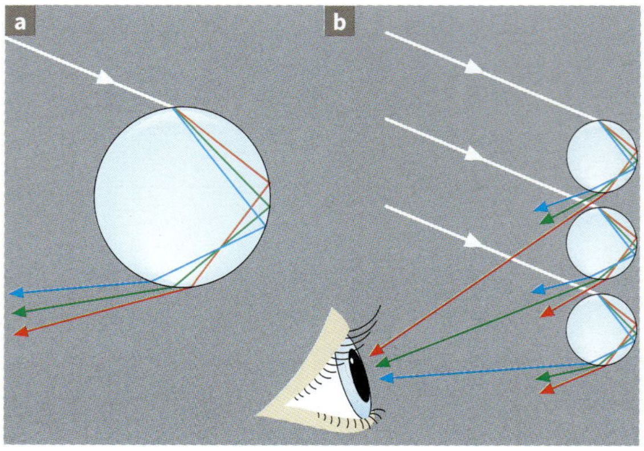

B3 *Lichtbrechung und Totalreflexion im Regentropfen*

Farben am Himmel. Wenn es an einem sonnigen Tag regnet, kann man unter bestimmten Bedingungen einen Regenbogen beobachten. Aus dem Nichts scheinen dabei Farben am Himmel zu entstehen (Bild **B1**). Da die Sonne die einzige Lichtquelle ist, muss dieses farbige Licht schon im weißen Sonnenlicht enthalten sein. In Versuch **V1** kannst du beobachten, wie das möglich ist: Weißes Licht setzt sich aus verschiedenen Lichtfarben zusammen. Man nennt sie **Spektralfarben**. Da die Spektralfarben unterschiedlich stark gebrochen werden, ergibt sich ein farbiges Band, das **Spektrum**.

Der Regenbogen. Wenn Sonnenlicht auf einen Regentropfen trifft, dann wird es zunächst in seine Spektralfarben zerlegt und erfährt anschließend Totalreflexion am Übergang von Wasser zu Luft. In Bild **B3a** siehst du eine Skizze dazu. Zur besseren Übersicht sind nur drei Spektralfarben eingezeichnet: Rot, Grün und Blau. Wenn die Lichtbündel aus dem Regentropfen austreten, werden sie nochmals gebrochen. Das Licht der unterschiedlichen Spektralfarben verläuft in verschiedene Richtungen weiter (Bild **B3a**). Da sehr viele Regentropfen in der Luft sind, gelangt nicht von jedem Tropfen Licht in der gleichen Spektralfarbe ins Auge (Bild **B3b**): Von Tropfen, die weiter oben sind, kommt rotes Licht, von den Tropfen, die weiter unten sind, kommt blaues Licht ins Auge. Von den vielen Tropfen, die dazwischen sind, kommt Licht in einer anderen Farbe, sodass sich insgesamt das bekannte Spektrum eines Regenbogens ergibt. Damit man einen Regenbogen beobachten kann, muss man mit dem Rücken zur Sonne und mit dem Gesicht zum Regen stehen.

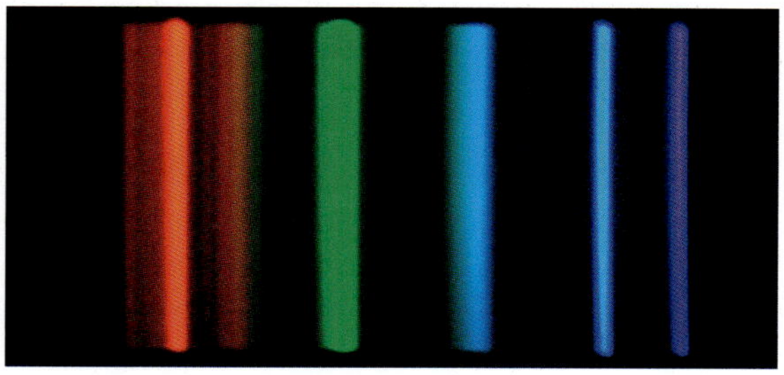

B2 *Spektrum einer Leuchtstoffröhre*

V1 Weißes Licht erzeugen

Erzeuge mit einer Experimentierlampe und einer Blende ein schmales Lichtbündel.
Lasse das Lichtbündel wie abgebildet auf ein Prisma fallen und beobachte das austretende Licht auf einem Schirm. Es entsteht ein Band aus Licht in den Farben eines Regenbogens. Blaues und rotes Licht sind an entgegengesetzten Enden des Bandes.

! Merksatz

Weißes Licht besteht aus Spektralfarben. Verschiedene Spektralfarben haben im selben Medium einen unterschiedlichen Brechungsindex: Rotes Licht wird schwach gebrochen, blaues Licht stark. So entsteht ein farbiges Spektrum.

B4 *a) Mit Projektor und Wasserbecken erzeugtes Spektrum b) Der Finger liegt auf dem Ende des sichtbaren Spektrums.*

Spektralanalyse. Wenn man verschiedene Lichtquellen mit einem Prisma untersucht, zeigen sich deutliche Unterschiede: Bei glühend heißen Lichtquellen wie z. B. der Sonne oder einer Glühlampe, entsteht das bekannte Spektrum. Beobachtet man dagegen Licht einer LED-Lampe oder einer Leuchtstoffröhre, ist das Spektrum nicht mehr kontinuierlich, sondern hat Lücken (Bild **B2**). Die Lücken im Spektrum geben Informationen über den leuchtenden Stoff. Indem der Physiker Gustav Robert Kirchhoff solche **Spektralanalysen** mit dem Licht von Sternen durchführte, gelang es ihm zu beweisen, dass die Sterne aus Elementen bestehen, die es auch auf der Erde gibt.

Unsichtbares Licht. Das Spektrum in Versuch **V1** hat keine scharf begrenzten Ränder. Stattdessen scheint es, als ob die Farben links und rechts „verlaufen". Wenn du das Spektrum mit einem Smartphone oder einer Digitalkamera betrachtest, dann erscheint es breiter: Neben dem roten Ende wird Licht sichtbar, das wir mit unseren Augen nicht wahrnehmen können (Bild **B4**). Diese unsichtbare Strahlung nennt man **infrarotes Licht (IR)**. Der Computerchip der Kamera ist dafür empfindlich. Jeder warme Körper strahlt solches Licht aus. Mit einer Infrarotkamera kann man es sichtbar machen und so z. B. schlecht gedämmte Stellen an Häusern entdecken (Bild **B5**). Manche Tiere wie die Klapperschlange können infrarotes Licht wahrnehmen und so warmblütige Beutetiere aufspüren.

IR-Licht in der Technik. In Gebäuden kommt infrarotes Licht in Rauchmeldern zum Einsatz. Dort sendet eine LED in regelmäßigen Abständen infrarotes Licht aus. Ein Sensor ist so angebracht, dass dieses Licht ihn im Normalfall nicht erreichen kann (Bild **B6**). Sobald Rauch in den Rauchmelder gelangt, wird das IR-Licht von den Rauchteilchen in alle Richtungen gestreut und trifft auch auf den Sensor. Dieser löst dann Alarm aus.

Das Prinzip funktioniert auch mit sichtbarem Licht – dann würde man allerdings ständig ein störendes Blinken durch die Öffnungen des Rauchmelders sehen. Mit dem unsichtbaren Infrarotlicht ist auch der Betrieb im Schlafzimmer kein Problem.

B5 *Infrarotaufnahme eines Hauses*

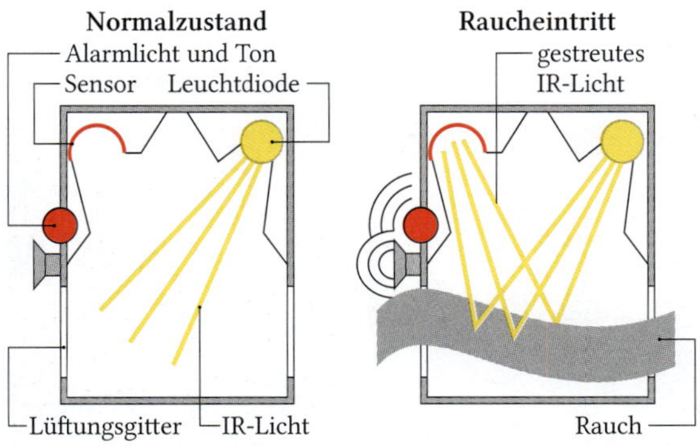

B6 *Infrarotes Licht im Rauchmelder*

1.7 Das Farbspektrum

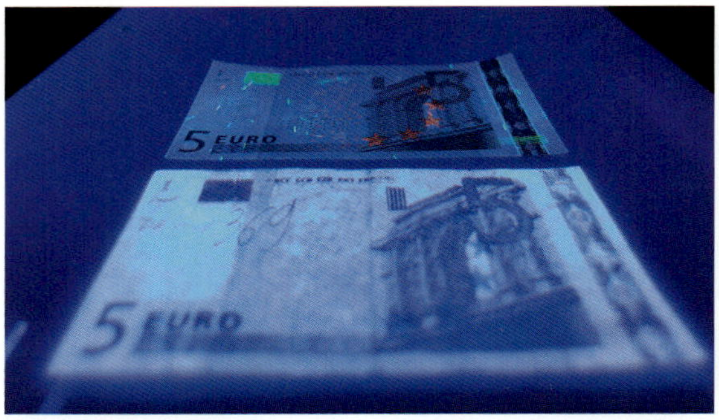

B1 *Geldscheine im UV-Licht; links echt, rechts Fälschung*

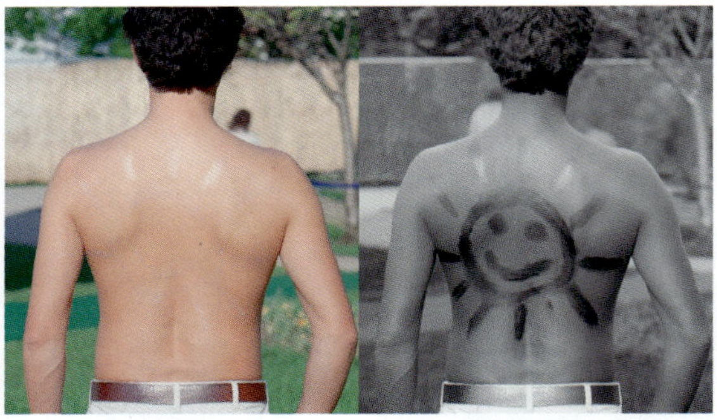

B3 *Eingecremte Haut im Sonnenlicht (rechts UV-Kamera)*

Ultraviolettes Licht. Auch neben dem blauen Ende des sichtbaren Spektrums gibt es unsichtbare Strahlung. Wenn man einen Geldschein in dieses Licht hält, beginnt er an manchen Stellen zu leuchten. Das liegt an speziellen Fasern, die dem Papier beigemischt werden. Diese Fasern reagieren auf das **ultraviolette Licht** (**UV-Licht**) durch helles Leuchten (Bild **B1** oben). Mit speziellen UV-Lampen kann man schnell die Echtheit eines Geldscheins prüfen. Auch in manche Waschmittel werden Stoffe hinzugefügt, die im UV-Licht hell aufleuchten. Da das Spektrum des Sonnenlichts UV-Licht enthält, erscheint die Kleidung „strahlend weiß".

Gefahren des UV-Lichts. Im Vergleich zu infrarotem Licht ist das UV-Licht sehr energiereich. Deshalb werden Hautzellen zerstört, wenn man der UV-Strahlung länger ausgesetzt ist, und es kann sich langfristig Hautkrebs bilden. Daher muss man sich gegen den ultravioletten Anteil des Sonnenlichts schützen, um keinen Sonnenbrand zu bekommen. Sonnencremes enthalten zwei verschiedene Stoffe, die unterschiedlich wirken: Zum einen reflektieren winzige Spiegel einen kleinen Teil des UV-Lichts. Zum anderen wird durch eine chemische Reaktion der Großteil des UV-Lichts in ungefährliches infrarotes Licht umgewandelt.

In Bild **B3** erscheint der eingecremte Teil des Rückens deutlich dunkler: Das meiste ultraviolette Licht wird durch die Sonnencreme in IR-Licht umgewandelt und ist mit der speziellen UV-Kamera nicht mehr sichtbar.

Die Augen vor UV-Licht schützen. Für die Augen ist ein guter UV-Schutz von besonderer Bedeutung. Ohne Sonnenbrille führt der Pupillenreflex dazu, dass die Pupillen ganz klein werden. Es gelangt nur wenig UV-Licht durch die Öffnung – die Netzhaut wird nicht geschädigt. Mit einer Sonnenbrille erreicht weniger Licht das Auge und die Pupillenöffnung vergrößert sich. Eine schlechte Sonnenbrille verdunkelt aber lediglich das sichtbare Licht und lässt das unsichtbare UV-Licht hindurch. Dieses erreicht jetzt in großen Mengen die Netzhaut. Gute Sonnenbrillen haben einen starken UV-Filter (Bild **B2**). Eine schlechte Sonnenbrille ist schädlicher als gar keine!

! Merksatz

Neben dem sichtbaren Spektrum gibt es IR-Licht und UV-Licht. IR-Licht wird von allen warmen Gegenständen ausgesandt. UV-Licht ist sehr energiereich. Man muss sich davor schützen.

B2 *Der UV-Filter der Sonnenbrille lässt kein UV-Licht hindurch.*

B4 *Im UV-Licht (rechts) sehen Bienen das dunkle Saftmal.*

B5 *Vor Laserlicht muss man die Augen schützen.*

UV-Licht lenkt Insekten. Im Gegensatz zu Menschen haben viele Insekten Augen, die für UV-Licht empfindlich sind. Für Bienen sieht daher eine Blume völlig anders aus als für uns: Als Saftmal bezeichnet man eine Stelle in der Blüte, die den Bienen den Weg zum Nektar zeigt. Das Saftmal absorbiert das UV-Licht und erscheint deshalb für die Bienen dunkel (Bild **B4**).

Schutz vor intensiver Strahlung. Manche Lichtquellen, zum Beispiel der Laser in Bild **B5,** aber auch sehr helle Leuchtdioden, senden sehr helles Licht aus. Wenn das intensive Licht dieser Lichtquellen ins Auge fällt, kann es zu schweren Schädigungen des Auges bis hin zur Erblindung kommen. Beim Umgang mit Laserpointern oder Laser-Wasserwaagen muss man daher sorgfältig darauf achten, niemals in Richtung anderer Personen zu zielen. Laserlicht ist stark gebündelt. Es kann daher sogar über größere Entfernungen schädlich wirken.

Löse selbst

1

Fertige eine Skizze an, um zu erklären, unter welchen Bedingungen ein Regenbogen wie oben abgebildet zu sehen ist.
Zeichne dazu die Position von Sonne, Wassertropfen und Beobachter ein.

2

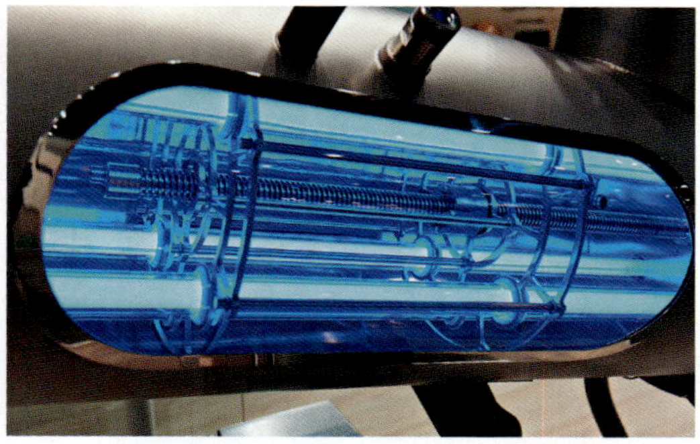

➡ Mit solchen UV-Lampen kann Wasser entkeimt werden. In Swimmingpools und Wasserwerken wird so ohne Zugabe von Chemikalien die Keimbelastung verringert.
Erkläre, wieso UV-Strahlung dazu besonders geeignet ist.

3 Yasha sagt: „Zwei Leute können nicht den gleichen Regenbogen sehen." Erkläre, was sie damit meint.

4

➡ Erkläre die Bedeutung der Einfärbung in der Infrarotaufnahme des Automotors.

5 Jannis möchte die Entstehung des Farbspektrums bei der Brechung von Licht erklären. Erkläre, warum die Analogie mit den Bauarbeitern, die einen Stahlträger tragen, dabei nicht anwendbar ist.

6 Rechts abgebildet ist das sichtbare Spektrum. Erkläre die Beschriftung an den beiden Rändern. Benutze dabei die folgenden Informationen: *infra* (lateinisch) bedeutet „darunter" oder „unterhalb"; *ultra* bedeutet „jenseits", „über … hinaus".

1.8 Die Welt der Farben

B1 *Es gibt kein magentafarbenes Licht im Spektrum.*

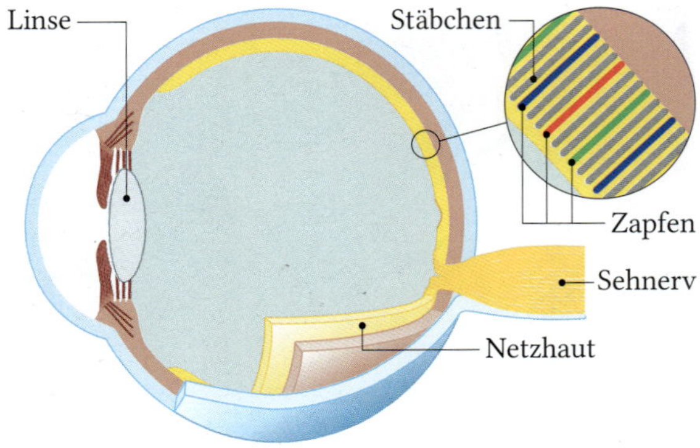

B3 *Die Zapfen der Netzhaut ermöglichen das Farbensehen.*

Farben sehen. In Bild **B1** siehst du das kontinuierliche Spektrum des sichtbaren Lichts. Es gibt darin kein magentafarbenes Licht. Trotzdem nehmen wir die Farbe Magenta wahr. Der Grund dafür liegt im Sehvorgang. Unsere Augen können nur drei Spektralfarben unterscheiden: rotes Licht, grünes Licht und blaues Licht. Für jede dieser Spektralfarben gibt es auf unserer Netzhaut so genannte **Zapfen,** die genau für dieses Licht empfindlich sind. Wenn zum Beispiel rotes Licht in unser Auge gelangt, werden die dafür empfindlichen Zapfen gereizt und melden unserem Gehirn „Rot". In Bild **B3** sind diese Zapfen in der jeweiligen Farbe eingezeichnet.

In Versuch **V1** erfährst du, wieso wir dennoch viel mehr Farben unterscheiden können: Je nachdem, welche Zapfen wie stark gereizt werden, entsteht ein anderer Farbeindruck, zum Beispiel Magenta. Bildschirme von Smartphones oder TV-Geräten können daher allein mit **r**oten, **g**rünen und **b**lauen Pixeln alle möglichen Farbeindrücke bei uns erzeugen. Wegen der Anfangsbuchstaben spricht man dabei vom **RGB-Farbmodell.**

Farben entstehen im Gehirn. In Versuch **V1** kannst du sehen, wie durch rotes und grünes Licht ein gelber Farbeindruck hervorgerufen wird. Der gleiche Farbeindruck kann auch durch gelbes Licht aus der Mitte des Spektrums erzeugt werden. Es ist nicht möglich, den Unterschied zu erkennen: Beides sieht für uns gleich aus. Viele Illusionen zum Farbensehen zeigen, wie sich unsere Augen täuschen lassen (Bild **B2**). Erst mit Messgeräten lässt sich sicher sagen, welches Licht gerade beobachtet wird. Farbe kann also keine Eigenschaft von Gegenständen sein, sondern entsteht in unserem Gehirn.

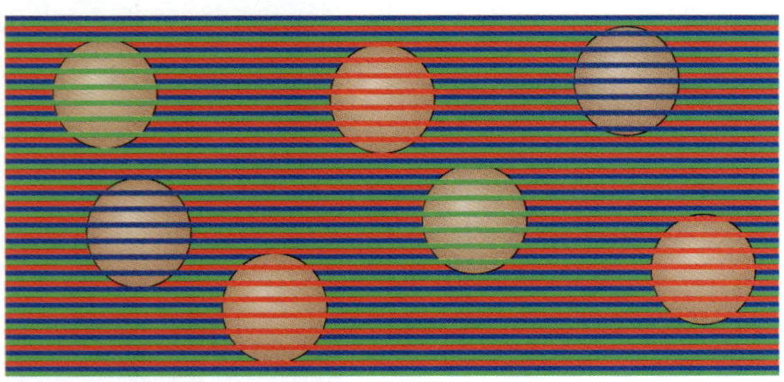

B2 *Farbillusion: Alle Kugeln haben die gleiche Farbe.*

! Merksatz

Die Farbe ist keine Eigenschaft eines Gegenstands, sondern ein Sinneseindruck wie zum Beispiel laut oder leise. Der Farbeindruck entsteht im Gehirn.

V1 Farbentstehung im Display

Fotografiere einen gelben Gegenstand mit einem Smartphone. Öffne das Foto, sodass es auf dem Display sichtbar ist.
Tropfe mit einer Pipette vorsichtig einen kleinen Wassertropfen auf eine Stelle des Displays, wo der gelbe Gegenstand zu sehen ist. Der Tropfen wirkt wie eine Lupe und du erkennst die Pixel (kleine Farbpunkte) des Bildschirms. Mit einer Lupe kannst du den Tropfen genauer untersuchen: Der gelbe Gegenstand wird auf dem Bildschirm durch rote und grüne Farbpunkte dargestellt.
Fotografiere Bild **B1** und untersuche die Farbpunkte, mit denen Magenta dargestellt wird.

B4 *Farbige Bildpunkte im gedruckten Bild*

Gedruckte Farben. Beim Bildschirm eines Smartphones wird der Farbeindruck durch das RGB-Farbmodell erzeugt. Im Gegensatz zu den selbstleuchtenden Farben beim Bildschirm leuchten auf Papier gedruckte Farben nicht selbst. Sie streuen Licht in ihrer Farbe zurück und absorbieren den restlichen Anteil des Spektrums. Wenn du Wasserfarben mischst, wird mit jeder neuen Farbe immer mehr Licht absorbiert und die entstehende Farbe wird immer dunkler. Wenn man die richtigen Farben benutzt, ist es trotzdem möglich, daraus alle anderen Farben zu mischen. In einem Drucker werden dazu drei Farbpatronen benutzt: **C**yan (Türkis), **M**agenta (Purpur) und Gelb. Weil Gelb auf Englisch **Y**ellow heißt, spricht man hier vom **CMY-Farbmodell.** Mit einer Lupe kannst du die einzelnen Farben und Farbmischungen eines gedruckten Bildes untersuchen (Bild **B4**).

Farben manipulieren. Farben beeinflussen unsere Stimmung. Rötliche Farben empfinden wir als „warm“. Sie sind im Winter häufig in Kaufhäusern zu sehen. Wenn man sich gemütlich und entspannt fühlt, wächst die Kaufbereitschaft. Firmen nutzen Farben in ihren Logos. So verwenden Banken oft blaue Farben. Sie nehmen wir als vertrauenswürdig wahr. Bild **B5** zeigt die Wirkung von rosafarbener Beleuchtung in der Fleischtheke: Das Fleisch sieht appetitlicher aus.

B5 *Farbiges Licht lässt Fleisch appetitlicher erscheinen.*

Löse selbst

1

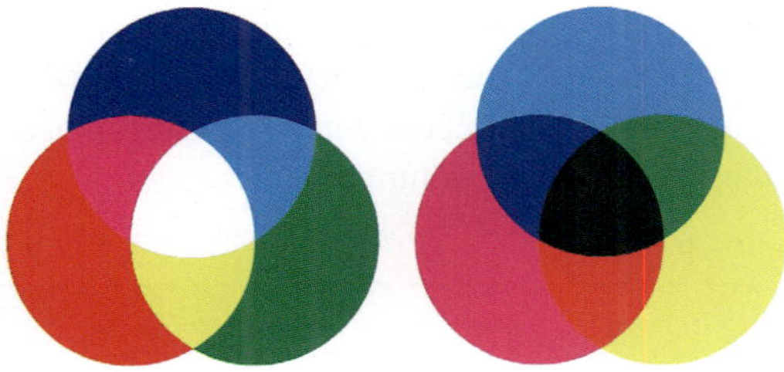

a) Erkläre den Unterschied zwischen dem RGB- und dem CMY-Farbmodell.
b) Erkläre, warum die Mischung von allen Farben beim RGB-Modell Weiß und beim CMY-Modell Schwarz ergibt.

2

Entwerft ein Logo für eine Firma mit einem Fantasienamen. Benutzt dafür zwei Farben.
a) Tauscht das Logo untereinander aus und beschreibt, zu welcher Art Firma das Logo passen könnte und welche Gefühle die Farben bei euch auslösen.
b) Diskutiert am Beispiel der Abbildung, welche Rolle die Schriftart bei der Wirkung spielt.

3 Die Hainschwebfliege nutzt Farben um sich vor Fressfeinden zu schützen. Recherchiere den Begriff Mimikry und erkläre die Funktion der Färbung.

4

Der Obststand rechts zeigt die Wahrnehmung eines Menschen mit starker Rot-Grün-Sehschwäche. Bei dieser Sehschwäche können rotes und grünes Licht durch die entsprechenden Zapfen nicht gut unterschieden werden. Erkläre, wie die abgebildeten Farben in diesem Fall entstehen.

Zusammenfassung

1. Lichtreflexion

Wenn Licht reflektiert wird, gilt das **Reflexionsgesetz:** Der **Einfallswinkel** ist gleich dem **Reflexionswinkel.** Der reflektierte Lichtstrahl liegt mit dem einfallenden Lichtstrahl in einer Ebene senkrecht zum Spiegel. Das Spiegelbild liegt dabei hinter dem Spiegel.

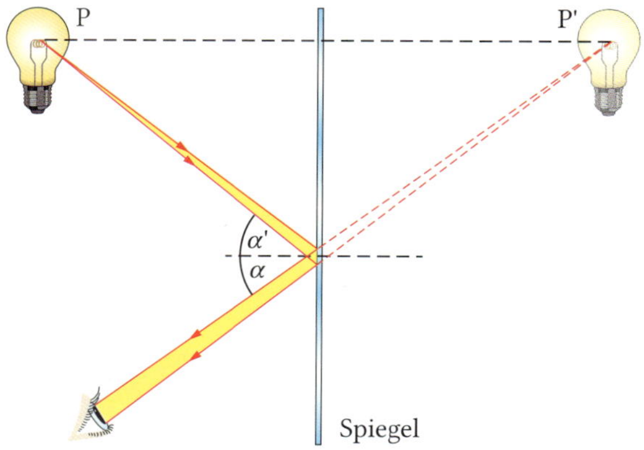

2. Lichtbrechung

Wenn Licht in zwei Medien unterschiedliche Ausbreitungsgeschwindigkeiten hat, dann wird es bei schrägem Übergang von einem Medium ins andere gebrochen. Ein Teil des Lichts wird bei der Brechung am Übergang reflektiert. Einfallender, reflektierter und gebrochener Strahl liegen mit dem Einfallslot in einer Ebene.

3. Totalreflexion

Wenn Licht von einem optisch dichten Medium in ein optisch dünnes Medium übergeht, kann **Totalreflexion** auftreten. Dazu muss der Einfallswinkel größer sein als der **Grenzwinkel.** Durch mehrfache Totalreflexion lässt sich Licht zur Signalübertragung weiterleiten.

4. Linsen erzeugen Bilder

Sammellinsen erzeugen scharfe und lichtstarke Bilder. Von jedem Punkt eines Gegenstandes fällt ein Lichtbündel durch die Linse. Das Lichtbündel wird so gebrochen, das sich das Licht des Bündels wieder in einem Punkt sammelt. An dieser Stelle kann man den Bildpunkt mit einem Schirm auffangen.
Mit den **Konstruktionsstrahlen** kann man den Bildpunkt eines Gegenstandspunktes konstruieren:

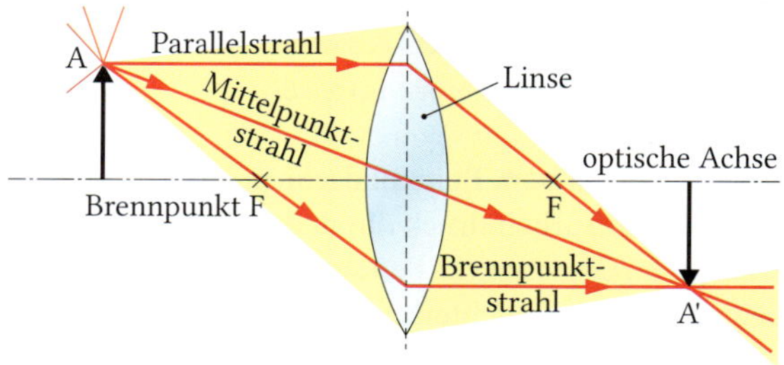

5. Aufbau und Funktion des Auges

Beim Auge ist die Bildweite vorgegeben. Es reagiert auf verschiedene Gegenstandsweiten mit einer Formveränderung der Linse. Das entspannte Auge hat eine flache Linse, es ist **fernakkommodiert.** Beim Betrachten naher Gegenstände ist die Linse stärker gewölbt, es ist dann **nahakkommodiert.**

Bei **Weitsichtigkeit** ist der Augapfel zu kurz, bei **Kurzsichtigkeit** zu lang. Dies kann man durch Brillen ausgleichen. Weitsichtige Menschen benötigen Brillen mit Sammellinsen (Bild links), Kurzsichtige benötigen **Zerstreuungslinsen** (Bild rechts).

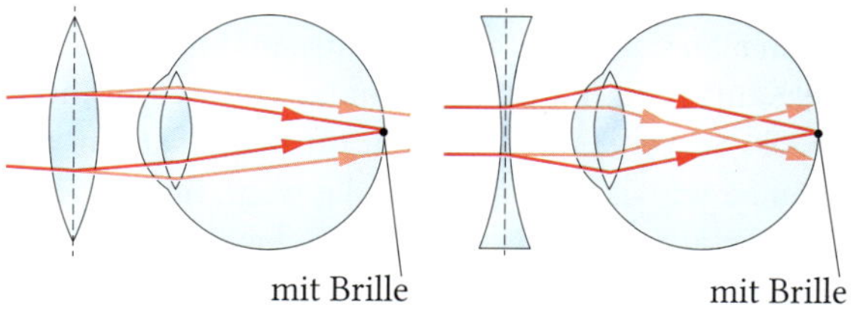

6. Lupe, Mikroskop und Fernrohr

Optische Instrumente vergrößern den **Sehwinkel,** unter dem ein Gegenstand erscheint, und die Lichtmenge, die ins Auge fällt.

Eine Sammellinse wird zur **Lupe,** wenn sich der Gegenstand innerhalb der Brennweite der Linse befindet. Gegenstände, die man durch eine Lupe betrachtet erscheinen aufrecht und seitenrichtig.

Ein **Mikroskop** besteht aus zwei Sammellinsen. Die Objektivlinse erzeugt ein frei im Raum stehendes Bild des Gegenstands. Die Okularlinse funktioniert wie eine Lupe, mit der man dieses Bild betrachtet. Die gesamte Vergrößerung eines Mikroskops ergibt sich durch Multiplikation der Vergrößerungen des Objektivs und des Okulars.

Teleskope helfen ferne Objekte zu beobachten. Teleskope, die viel Licht sammeln, haben große Öffnungen. Um lichtstarke, ausgedehnt erscheinende Himmelskörper zu beobachten, können Teleskope Objekte unter einem größeren Sehwinkel erscheinen lassen.
Das **astronomische Fernrohr** oder **Kepler-Fernrohr** besteht aus zwei Sammellinsen. Es erzeugt Bilder, die auf dem Kopf stehen und seitenvertauscht sind.
Das **Galilei-Fernrohr** hat eine Sammellinse als Objektiv und eine Zerstreuungslinse als Okular. Es erzeugt aufrechte, seitenrichtige Bilder.

7. Das Farbspektrum

Weißes Licht besteht aus **Spektralfarben.** Verschiedene Spektralfarben werden beim Übergang von einem optisch dünnen in ein optisch dichtes Medium unterschiedlich stark gebrochen. Rotes Licht wird schwach und blaues Licht wird stark gebrochen. So entsteht bei der Brechung ein farbiges **Spektrum,** wie zum Beispiel beim Regenbogen.

Bei der **Spektralanalyse** untersucht man Lücken im Spektrum und erhält so Informationen über den leuchtenden Stoff.

Neben dem sichtbaren Licht gibt es für Menschen unsichtbares Licht: **Infrarotes Licht** (IR) wird von jedem warmen Körper ausgesendet und kann mit speziellen Kameras sichtbar gemacht werden. **Ultraviolettes Licht** (UV) ist sehr energiereich und kann ohne Schutz Sonnenbrand verursachen.

8. Die Welt der Farben

Die Farbe ist keine Eigenschaft eines Gegenstands, sondern ein Sinneseindruck – ähnlich wie laut oder leise. Das Farbensehen entsteht im Gehirn.

Bei selbstleuchtenden Farben (Bildschirm) werden Farbeindrücke durch die Kombination von rotem, grünen und blauem Licht erzeugt: **RGB-Modell.**
Bei gedruckten Farben werden die Farben Cyan, Magenta und Gelb kombiniert: **CMY-Modell.**

Selbsteinschätzung

Schätze dich selbst ein: „kann ich schon gut (+)" oder „muss ich mir noch einmal anschauen (–)".

Ich kann ...
... das Reflexionsgesetz nennen;
... erklären, wo das Spiegelbild eines Gegenstands liegt;
... die Ursache für Brechung nennen und den Begriff Brechungsindex erklären;
... die Bedingungen für Totalreflexion nennen und Beispiele angeben, wo diese im Alltag auftritt;
... erklären, wozu optische Instrumente dienen;
... erklären, wie eine Lupe funktioniert und dass sie einen Gegenstand aufrecht und seitenrichtig erscheinen lässt;
... erklären, wie ein Mikroskop funktioniert;
... erklären, dass ein astronomisches Fernrohr Bilder erzeugt, die auf dem Kopf stehen und seitenvertauscht sind;
... den Unterschied zwischen einem astronomischen und einem Galilei-Fernrohr erklären.
... erklären, dass bei der Brechung von Sonnenlicht ein Spektrum entsteht;
... die Eigenschaften von IR- und UV-Licht und technische Anwendungen nennen;
... erklären, wie Farbensehen funktioniert;
... mit dem RGB-Modell erklären, wie ein Farbeindruck bei einem Bildschirm erzeugt wird;
... mit dem CMY-Modell erklären, wie ein Farbeindruck bei gedruckten Farben entsteht.

Aufgaben mit Lösungen

Reflexion und Brechung

1

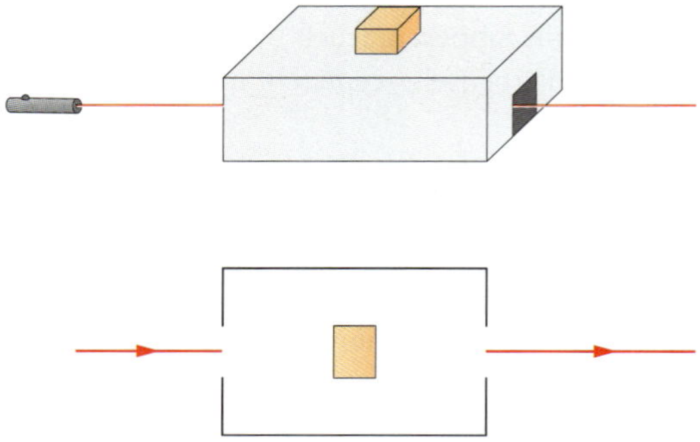

➡ Trotz des Hindernisses in der Box gelangt das Licht des Laserpointers hindurch.
Zeichne eine Skizze vom Inneren der Box in der Draufsicht. Nutze Spiegel um den Lichtweg zu erklären.

2

↗ In dem mit Öl gefüllten Becherglas ist ein Glasstab eingetaucht. Der Glasstab erscheint unsichtbar.
Erläutere, welche Eigenschaften der Stab und das Öl dazu haben müssen.

3

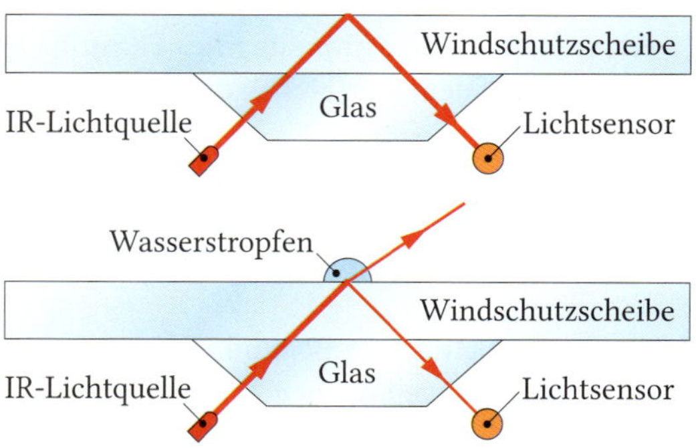

↗ Moderne Autos verfügen oft über einen Regensensor an der Windschutzscheibe. Dieser schaltet bei Regen automatisch die Scheibenwischer ein.
Erkläre die Funktionsweise anhand der Abbildung.

Optische Abbildung

4

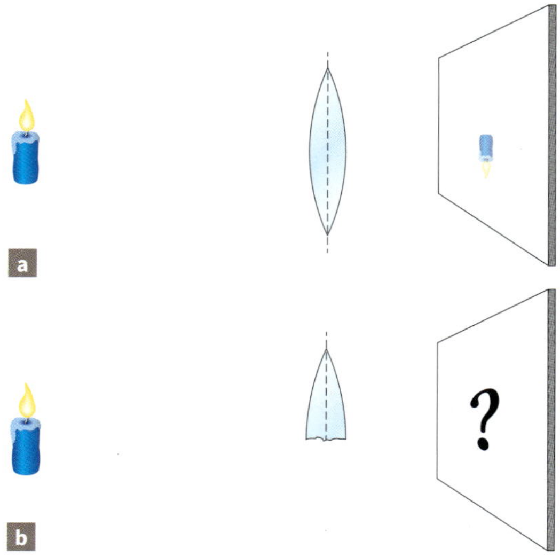

↗ a) Eine Kerze, die 2,5 cm groß ist, steht 5 cm vor einer Linse mit einer Brennweite von 3 cm.
Das Bild wird in etwa 7,5 cm hinter der Linse aufgefangen. Wie groß erscheint das Bild auf dem Schirm?
Löse zeichnerisch und rechnerisch.
b) Die Linse aus a) ist heruntergefallen und zerbrochen. Das größte Bruchstück ist eine halbe Linse.
Beschreibe, wie das Bild sich bei der halben Linse verändert. Erkläre, warum das so ist.

5

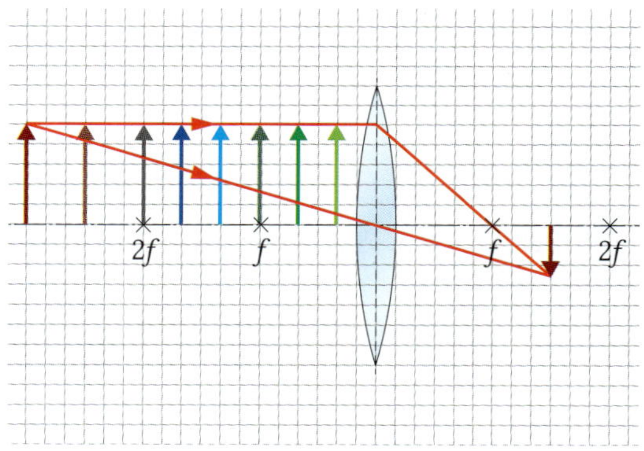

➡ Für unterschiedliche Gegenstandsweiten wird das Bild des Pfeils konstruiert. Löse zeichnerisch:
a) Ab welcher Entfernung wird das Bild des Pfeils größer als der Gegenstandspfeil?
b) Ab welcher Entfernung wird das Bild des Pfeils kleiner als der Gegenstandspfeil?
c) Ab welcher Entfernung entsteht kein Bild mehr?
Tipp: Wenn man geschickt vorgeht, benötigt man immer nur einen weiteren Konstruktionsstrahl.

Sehwinkel und Auflösungsvermögen

6

➡ Die Frau auf dem Bild scheint die Sphinx zu küssen. Dabei ist der Kopf der Sphinx etwa sechs Meter hoch. Erläutere, wie diese Illusion entsteht.

7

⬈ Die Große Mauer in China ist insgesamt über 20 000 Kilometer lang. Manchmal hört man, dass sie so groß sei, dass man sie auch vom Mond aus sehen könnte.

a) Erkläre, warum die Länge der Mauer nicht entscheidend ist.

b) Zeige mit einer Rechnung, dass die Behauptung nicht stimmen kann.

Hinweis: Der Mond hat einen mittleren Abstand zur Erde von etwa 380 000 km.

Optische Instrumente

8

⬈ Erläutere, warum das Fernrohr auch funktioniert, wenn es nicht von einer Röhre eingefasst ist.

Farben

9

⬈ Erkläre die Entstehung der Farben im Wasserglas.

10

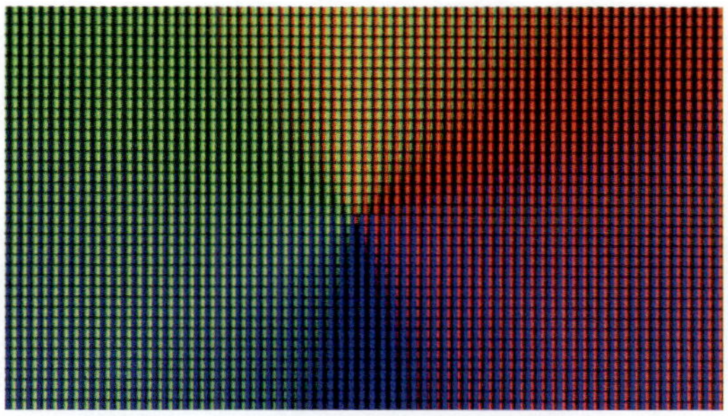

⬆ Auf Bildschirmen entstehen Farbeindrücke durch die Kombination von roten, grünen und blauen Pixeln (RGB-Farbmodell). Die einzelnen Pixel können dabei 256 unterschiedliche Helligkeitsstufen annehmen. Durch die Kombination verschieden heller Pixel können so Millionen verschiedener Farben dargestellt werden.

Berechne die genaue Anzahl der möglichen Kombinationen.

11

⬈ Mandarinen und Orangen werden meist in roten Netzen angeboten, Zitronen in gelben, Zucchini in grünen Netzen und so weiter. Erläutere, wieso das Obst und Gemüse dadurch appetitlicher wirkt.

Bewegung, Kraft und Energie

Bewegungen beschreiben. In der Mechanik werden Bewegungen mit Begriffen wie Weg und Geschwindigkeit beschrieben. Damit kann man zum Beispiel Bewegungsvorgänge aus dem Sport untersuchen.

Grundgesetz der Mechanik. Das Grundgesetz der Mechanik wurde von Isaac Newton gefunden: Kräfte verursachen Geschwindigkeitsänderungen. Es gilt für alle Bewegungen, vom Torschuss beim Fußball bis zum Start einer Rakete.

Energie und Leistung. Die Begriffe Energie und Leistung kannst du vielfältig anwenden: zur Leistungsbilanz eines Sportlers, zur Beurteilung einer Diät oder zur Erfassung des Klimawandels.

2

Das kannst du in diesem Kapitel erreichen:

- Du berechnest Geschwindigkeiten für verschiedene Arten von Bewegungen.
- Du erfährst, wie man aus einer Wertetabelle ein *t*-*s*-Diagramm erstellt.
- Du lernst, wie Kräfte zu einer Änderung des Bewegungszustands oder zur Verformung von Körpern führen können.
- Du verwendest Federkraftmesser, um Kräfte zu messen.
- Du erfährst, nach welchem Prinzip eine Rakete funktioniert.
- Du kannst erklären, warum Astronauten in einer Raumstation schwerelos sind.
- Du lernst Einsatzmöglichkeiten für Hebel oder Flaschenzüge kennen.
- Du kannst eines der wichtigsten Naturgesetze anwenden: den Energieerhaltungssatz. Mit ihm kannst du begründen, warum man nicht fünf Kilogramm in einer Woche abnehmen kann.
- Du lernst die Gründe für den natürlichen und den menschengemachten Treibhauseffekt kennen und erfährst, wie der Mensch zum Klimawandel beiträgt.

2.1 Bewegungen beschreiben

B1 *Am Helm des Mountainbikers befindet sich eine Stirnlampe. Während der Aufnahme wurde einmal geblitzt.*

Bewegung heißt den Ort verändern. In Bild **B1** wurde nachts ein Mountainbiker mit einer Kamera aufgenommen. An seinem Helm befand sich eine Stirnlampe. Während der Langzeitaufnahme wurde das Gelände einmal kurz mit einer Blitzlampe beleuchtet. Die helle Linie im Bild zeigt, auf welchem Weg sich die Lampe während der gesamten Zeit der Aufnahme bewegte. Die Kamera hat das Licht der Stirnlampe von jedem Punkt dieser Linie registriert. An der Bahn der Stirnlampe können wir gut die Richtungen erkennen, in der die Bewegung erfolgte.

Ohne Blitz registriert die Kamera nur das Licht der Stirnlampe, während des Blitzes nimmt sie alle beleuchteten Dinge auf. Der Mountainbiker selbst wurde nur zum Zeitpunkt des Blitzes hell beleuchtet. Wir sehen ihn an dem Ort, an dem er sich zu diesem Zeitpunkt befand.

Das Beispiel erläutert die Begriffe, die in der Physik zur Beschreibung von Bewegungen verwendet werden, zum Beispiel der **Ort** eines Körpers. Viele Dinge in deiner Umgebung befinden sich immer am gleichen Ort: dein Zimmer, der Baum im Garten, der Kirchturm in der Ferne. Sie ändern ihren Ort nicht. Andererseits bewegt sich vieles auch mehr oder weniger schnell: Im Zimmer fliegt eine Fliege umher, die Blätter am Baum flattern im Wind, die Zeiger an der Kirchturmuhr drehen sich über das Zifferblatt. Du gehst morgens zur Schule, oder du treibst Sport. All diesen Vorgängen ist gemeinsam: Ein Gegenstand oder Teile davon ändern ihren Ort. In der Physik spricht man von einer **Bewegung,** wenn etwas seinen Ort ändert.

B2 *Basketballer beim Dribbeln*

Den Weg sichtbar machen. Das Bild **B2** zeigt mehrere übereinandergelegte Bilder eines dribbelnden Basketballers. Diese Bilder wurden in gleichen Zeitabständen aufgenommen. In einer solchen Stroboskopaufnahme erkennt man den Ort des Basketballs zu verschiedenen **Zeitpunkten.** Wenn man diese Orte mit einer Linie verbindet, kann man den **Weg** des Balls verfolgen.

! Merksatz

Um die Bewegung eines Körpers zu beschreiben, muss sein Ort zu verschiedenen Zeitpunkten bestimmt werden. Der Weg des Körpers ist die Linie, die alle durchlaufenen Orte verbindet.

Geradlinige und krummlinige Bewegungen. Verschiedene Arten von Bewegungen können wir anhand der Wege unterscheiden. Viele Bewegungen erfolgen auf unregelmäßigen krummlinigen Wegen, zum Beispiel der Weg des Mountainbikers in Bild **B1.** Sie sind schwer zu beschreiben. Einfacher ist es, wenn die Bewegung geradlinig erfolgt, wie zum Beispiel die Aufnahme einer fallenden Billardkugel in Bild **B4**. Es handelt sich um eine **geradlinige Bewegung:** Die Kugel bewegt sich nach unten, aber nicht nach links oder rechts.

Der zurückgelegte Weg. Die Länge von krummlinigen Wegen lässt sich nicht einfach dadurch bestimmen, dass man die Länge der **Luftlinie** misst: den kürzesten Abstand zwischen Anfangs- und Endpunkt (Bild **B3**). Es gibt spezielle Geräte zur Messung des zurückgelegten Wegs (Bild **B5**). Messräder werden auf Baustellen verwendet oder um die Weglängen von Briefzustellern zu ermitteln. Der Kilometerzähler in einem Auto misst die „Gesamtkilometerzahl", also den insgesamt zurückgelegten Weg. Beim Mountainbiker hält eine Smartphone-App den Ort zu jedem Zeitpunkt fest. Am Ende seiner Tour kann er ablesen, wie lang der zurückgelegte Weg war.

Schnelle und langsame Bewegungen. An dem Foto in Bild **B4** kannst du erkennen, dass die Kugel während des Fallens schneller geworden ist. Zwischen zwei Aufnahmen liegt nämlich immer die gleiche **Zeitspanne.** Unten im Bild hat die Kugel in dieser Zeitspanne einen größeren Weg zurückgelegt als oben. Sie war also unten schneller als oben. Ganz allgemein können wir auf diese Weise mit Stroboskopbildern schnelle und langsame Bewegungen unterscheiden.

! Merksatz

Wenn zwei Körper in der gleichen Zeitspanne verschieden lange Wege zurücklegen, so ist derjenige Körper schneller, der den längeren Weg zurückgelegt hat.

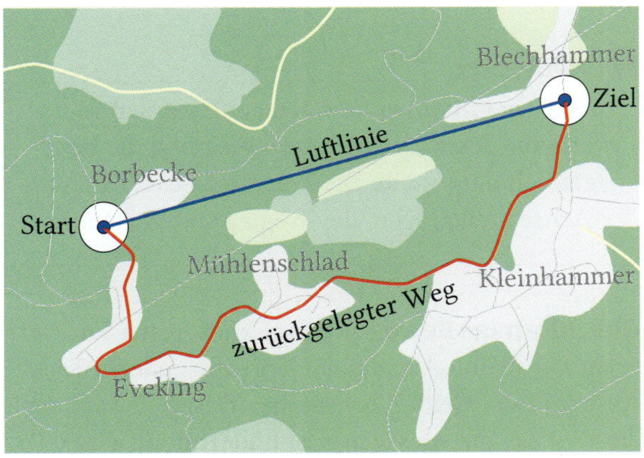

B3 *Luftlinie (blau) und zurückgelegter Weg (rot)*

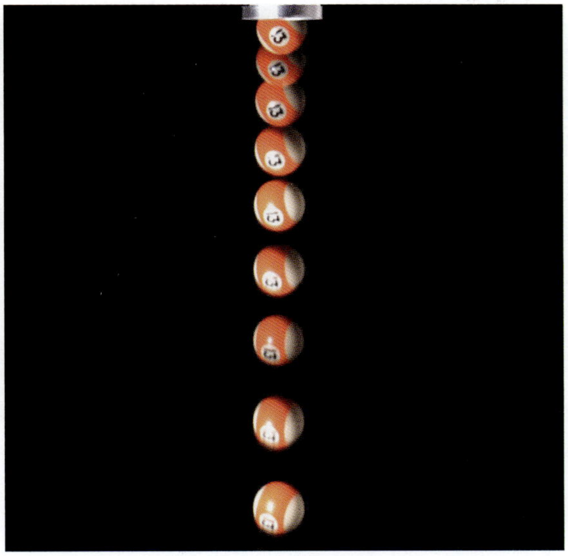

B4 *Stroboskopaufnahme einer fallenden Billardkugel*

B5 *Messrad zur Messung von zurückgelegten Wegen*

Löse selbst

1 ➡ Suche in deiner Umgebung je zwei Beispiele für die folgenden Bewegungstypen:
a) krummlinige Bewegungen,
b) geradlinige Bewegungen,
c) kreisförmige Bewegungen,
d) Bewegungen, die auf einem Kreisbogen hin- und hergehen,
e) Bewegungen, bei denen der Körper nach einer Zeitspanne zum Startpunkt zurückkehrt.

2 ➡ Recherchiere, nach welchem Prinzip eine Smartphone-App für Radfahrer seinen Weg aufzeichnet. Beschreibe ihre Funktionsweise. Verwende dabei die Begriffe Ort, Zeitpunkt, Zeitspanne, Weg.

2.2 Bewegungen im *t-s*-Diagramm darstellen

B1 *Die äthiopische Läuferin Almaz Ayana nach ihrem Weltrekord im 10 000-m-Lauf bei den Olympischen Spielen in Rio de Janeiro*

Weltrekord im 10 000-m-Lauf. Bei den Olympischen Spielen in Rio de Janeiro 2016 holte die Äthiopierin Almaz Ayana nicht nur die Goldmedaille, sondern stellte auch noch einen neuen Weltrekord auf (Bild **B1**). Sie unterbot den bisherigen Weltrekord, der 23 Jahre lang gegolten hatte, um 14 Sekunden. Auch die anderen Läuferinnen waren in diesem schnellen Rennen erfolgreich. Insgesamt wurden acht nationale Rekorde gebrochen.

Messwerte in einer Wertetabelle erfassen. Nach dem Rennen veröffentlichte der Leichtathletik-Verband IAAF die in Bild **B2a** angegebenen Zwischenzeiten. Nach jeweils 1000 m wurde die von Almaz Ayana benötigte Zeit notiert. Mit diesen Werten lässt sich der Rennverlauf genauer nachverfolgen.

Beispielaufgabe

Zwischenzeiten

Im Rennbericht des IAAF heißt es: „Nach dem Passieren der 5000-m-Marke setzte sich Ayana an die Spitze. Sie ... lief ihren schnellsten Kilometer zwischen 5000 m und 6000 m."
Überprüfe diese Angabe und vergleiche mit dem „Endspurt" auf dem letzten Kilometer.

Lösung:
In der Wertetabelle lesen wir ab:
Zwischen 5000 m und 6000 m benötigte Ayana
1056 s − 887 s = 169 s.
Für den letzten Kilometer benötigte sie
1757 s − 1582 s = 175 s.

Der letzte Kilometer war also tatsächlich nicht der schnellste.

Die Angaben des Leichtathletik-Verbands gleichen einer Wertetabelle, wie du sie selbst schon beim Experimentieren aufgestellt hast. In die Tabelle werden eingetragen: die Weglänge s (der **zurückgelegte Weg**) und die dazu gehörige Zeitspanne t (die **benötigte Zeit**). Um die Werte einfacher vergleichen zu können, sind die Zeitspannen in der rechten Spalte in Sekunden umgerechnet.

Ein *t-s*-Diagramm erstellen. Es ist mühsam, für alle Werte in der Wertetabelle einzeln zu überprüfen, ob der gesamte Weg gleichmäßig schnell gelaufen wurde. Eine viel anschaulichere Darstellung ergibt sich, wenn man die Messwerte der Tabelle in einem ***t-s*-Diagramm** darstellt (Bild **B2b**). Dazu trägt man die benötigte Zeit t auf der x-Achse und den zurückgelegten Weg s auf der y-Achse auf. Wenn du selbst ein t-s-Diagramm erstellen willst, überlegst du dir zuerst eine günstige Achseneinteilung, damit die Zeichnung nicht zu groß und nicht zu klein wird. Dann zeichnest du die Werte aus der Wertetabelle als Punkte ein.

Merksatz

Im t-s-Diagramm einer Bewegung werden Messwerte für den zurückgelegten Weg und die benötigte Zeit dargestellt. Die Zeit t wird dabei auf der x-Achse aufgetragen, der Weg s auf der y-Achse.

Gleichförmige Bewegungen. Almaz Ayana benötigte – bis auf kleine Abweichungen – für jeden 1000-m-Abschnitt die gleiche Zeitspanne. Das sieht man auch daran, dass die Messwerte annähernd auf einer Ursprungsgeraden liegen. Eine Bewegung, bei der das der

Zurückgelegter Weg *s* **in m**	**Benötigte Zeit** *t* **in min:s**	**Benötigte Zeit** *t* **in s**
0	0:00	0
1000	3:02	182
2000	5:56	356
3000	8:53	533
4000	11:50	710
5000	14:47	887
6000	17:36	1056
7000	20:29	1229
8000	23:25	1405
9000	26:22	1582
10 000	29:17	1757

a

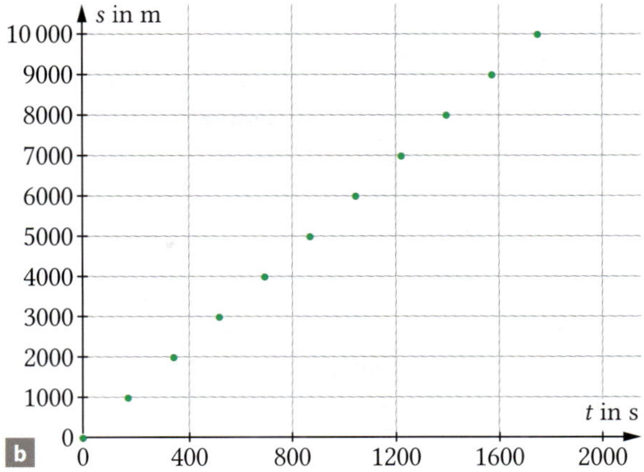

b

B2 *a) Wertetabelle und b) t-s-Diagramm für den 10 000-m-Lauf von Almaz Ayana*

Fall ist, heißt **gleichförmig.** Wir können die gleichförmige Bewegung als ein Modell ansehen, das Almaz Ayanas tatsächlichen Lauf näherungsweise beschreibt.

! Merksatz

Eine Bewegung heißt gleichförmig, wenn das *t*-*s*-Diagramm eine Gerade zeigt.

Untersuchung gleichförmiger Bewegungen. In Versuch **V1** kannst du eine gleichförmige Bewegung untersuchen. Mit Strichen markierst du den Ort der Lokomotive im Sekundenabstand. Die Striche folgen einander in nahezu gleichen Abständen. Das bedeutet: In jeder Sekunde legt die Lokomotive einen gleich langen Weg zurück. Dies ist ein Kennzeichen gleichförmiger Bewegungen. Bei der Wiederholung des Versuchs mit einer schnelleren Lokomotive haben die Striche einen größeren Abstand. Aus dem Abstand der Striche kannst du auf die Geschwindigkeit der Lokomotive zurückschließen.

! Merksatz

Bei einer gleichförmigen Bewegung legt ein Körper in jeder Sekunde einen gleich langen Weg zurück. Je schneller die Bewegung ist, desto länger ist der pro Sekunde zurückgelegte Weg.

Wenn man von einer gleichförmigen Bewegung in gleichen Zeitabständen Aufnahmen macht, dann haben die Teilbilder alle den gleichen Abstand. Dieser ist umso größer, je schneller die Bewegung ist. Die Bewegung einer fallenden Billardkugel ist also nicht gleichförmig.

V1 Gleichförmige Bewegung

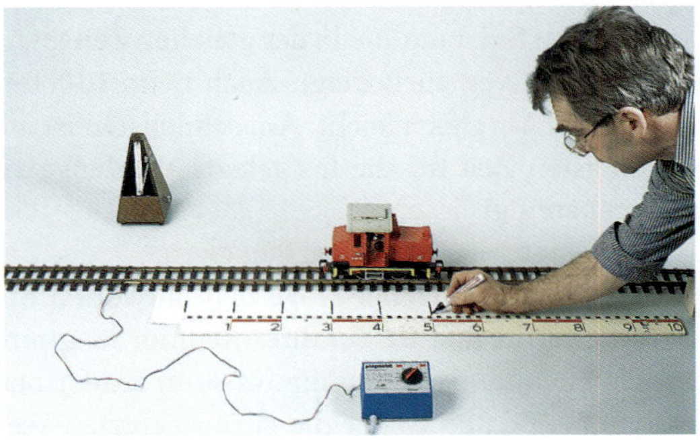

Lasse eine Modelleisenbahn fahren, die auf der Messstrecke weder langsamer noch schneller wird. Stelle ein Metronom so ein, dass die Taktschläge im Abstand von einer Sekunde erfolgen.
Markiere bei jedem Taktschlag den Ort der Lokomotive mit einem Strich.
Wiederhole anschließend den Versuch mit einer schnelleren Lokomotive.

Löse selbst

1 ➡ Erläutere, wie man vorgehen muss, um aus den Messwerten einer Wertetabelle ein *t*-*s*-Diagramm zu erstellen.

2 ➡ a) Führe Versuch **V1** durch und trage die Messergebnisse in eine Wertetabelle ein. Erstelle ein *t*-*s*-Diagramm. Beurteile anhand des Diagramms, ob die Bewegung der Lokomotive gleichförmig ist.
b) Erstelle eine Wertetabelle und ein *t*-*s*-Diagramm für eine schnellere Lokomotive. Vergleiche mit a).

2.3 Die Geschwindigkeit gleichförmiger Bewegungen

B1 *a) Almaz Ayana benötigte 29 min und 17 s für 10 000 m. b) Die Radfahrer schaffen ihre 26 km lange Tour in 85 min.*

Geschwindigkeit berechnen. Beim Vergleich unterschiedlich schneller Modell-Lokomotiven in Versuch **V1** auf der vorigen Seite konntest du erkennen, welche die schnellere ist: Es ist die, die in der gleichen Zeitspanne den längeren Weg zurücklegt. Auch beim 10 000-m-Lauf fällt der Vergleich leicht: Am schnellsten ist, wer am wenigsten Zeit für die festgelegte Weglänge von 10 000 m benötigt.

Schwieriger ist die folgende Frage zu beantworten. Sind die Radfahrer in Bild **B1** bei ihrer Radtour langsamer oder schneller unterwegs als die 10 000-m-Läuferinnen im Olympia-Finale? Weder die zurückgelegten Wege noch die Zeitspannen sind hier gleich.

Um solche Fragen zu beantworten, benutzt man in der Physik den Begriff **Geschwindigkeit**. Du kennst Geschwindigkeitsangaben von Verkehrsschildern oder dem Tachometer im Auto (Bild **B2**). Die Zahlenangaben erfolgen hier in der Einheit „km/h“, in Kilometern pro Stunde. Diese Einheit weist schon darauf hin, wie die physikalische Größe Geschwindigkeit definiert ist: „km“ steht für die Länge des zurückgelegten Wegs.

B2 *a) Höchstens 50 km/h sind erlaubt. b) Tachometer*

Der Schrägstrich steht für einen Bruchstrich. Dahinter steht „h“. h steht für Stunde und misst eine Zeitspanne. Das ist die für den zurückgelegten Weg benötigte Zeit. Damit ergibt sich die folgende Definition für die Geschwindigkeit einer gleichförmigen Bewegung:

$$\text{Geschwindigkeit} = \frac{\text{zurückgelegter Weg}}{\text{benötigte Zeit}} = \frac{\Delta s}{\Delta t}.$$

In Formeln wird die Geschwindigkeit mit dem Buchstaben v bezeichnet, der zurückgelegte Weg mit Δs (sprich: „Delta s“) und die benötigte Zeit mit Δt (sprich: „Delta t“). Damit lautet die Definition der Geschwindigkeit in Formelschreibweise:

$$v = \frac{\Delta s}{\Delta t}.$$

! Merksatz

Die Geschwindigkeit einer gleichförmigen Bewegung berechnet man mit der folgenden Formel: $v = \frac{\Delta s}{\Delta t}$.

Wenn zwei der drei Größen v, Δs und Δt bekannt sind, kann die dritte mit dieser Formel berechnet werden.

Methode: Das griechische Delta

Der griechische Großbuchstabe Δ („Delta“) wird immer dann verwendet, wenn man in einer Formel eine Differenz zweier Größen kennzeichnen will. *Beispiele:* Der zurückgelegte Weg bei einer einzelnen Runde im Stadion ist $\Delta s = 400$ m. Die Zeitdifferenz zwischen Anfang und Ende einer Schulstunde beträgt $\Delta t = 45$ min. Eine Zeitdifferenz wird auch als Zeitspanne bezeichnet. Der Begriff „benötigte Zeit“ bezeichnet eine Zeitspanne.

Umrechnung von Geschwindigkeitseinheiten. Aus der Definition der Geschwindigkeit als Quotient aus Weglänge und Zeitspanne kannst du ablesen, dass man sie sowohl in $\frac{\text{km}}{\text{h}}$ (Kilometer pro Stunde) als auch in $\frac{\text{m}}{\text{s}}$ (Meter pro Sekunde) angeben kann. Aus dem Alltag sind dir vor allem Geschwindigkeitsangaben in $\frac{\text{km}}{\text{h}}$ vertraut. In der Physik verwendet man eher $\frac{\text{m}}{\text{s}}$. Um zwischen den beiden Maßeinheiten umzurechnen, drücken wir eine Stunde in Sekunden aus: 1 h = 60 min = 60 · 60 s = 3600 s.

Wir führen die folgenden Umformungen durch:

$$10\,\frac{\text{m}}{\text{s}} = 10 \cdot \frac{\frac{1}{1000}\,\text{km}}{\frac{1}{3600}\,\text{h}} = 10 \cdot \frac{3600\,\text{km}}{1000\,\text{h}} = 36\,\frac{\text{km}}{\text{h}}.$$

Damit ist der Umrechnungsfaktor zwischen den Maßeinheiten $\frac{\text{m}}{\text{s}}$ und $\frac{\text{km}}{\text{h}}$ gefunden. Mit der Beziehung

$$10\,\frac{\text{m}}{\text{s}} = 36\,\frac{\text{km}}{\text{h}}$$

kannst du schnell von einer Maßeinheit in die andere umrechnen. 30 $\frac{\text{m}}{\text{s}}$ sind zum Beispiel $30 \cdot \frac{36}{10} \cdot \frac{\text{km}}{\text{h}} = 108\,\frac{\text{km}}{\text{h}}$. Bei der Umrechnung von $\frac{\text{km}}{\text{h}}$ in $\frac{\text{m}}{\text{s}}$ musst du den Zahlenwert mit $\frac{10}{36}$ multiplizieren. Die Angabe in $\frac{\text{m}}{\text{s}}$ hat immer den kleineren Zahlenwert.

Momentan- und Durchschnittsgeschwindigkeit. Bei einer Fahrradtour ändert sich die Geschwindigkeitsanzeige des Tachometers ständig – je nachdem, ob du langsamer oder schneller fährst. Die **momentane Geschwindigkeit** ändert sich ständig. Am Ende der Tour berechnest du deine **mittlere Geschwindigkeit,** indem du den zurückgelegten Weg durch die benötigte Zeit teilst. Nur bei gleichförmigen Bewegungen ändert sich die Geschwindigkeit nicht. In allen anderen Fällen muss man zwischen Momentan- und Durchschnittsgeschwindigkeit unterscheiden.

Beispielaufgabe

Umrechnung von Geschwindigkeiten

A. Ayana benötigte für ihren letzten Kilometer 175 s. Gib ihre Geschwindigkeit in $\frac{\text{m}}{\text{s}}$ und in $\frac{\text{km}}{\text{h}}$ an.

Lösung: Ihre Geschwindigkeit betrug:

$$v = \frac{\Delta s}{\Delta t} = \frac{1000\,\text{m}}{175\,\text{s}} = 5{,}7\,\frac{\text{m}}{\text{s}}.$$

Umgerechnet in $\frac{\text{km}}{\text{h}}$ ergibt sich:

$$v = 5{,}7\,\frac{\text{m}}{\text{s}} = 5{,}7 \cdot \frac{36}{10} \cdot \frac{\text{km}}{\text{h}} = 20{,}6\,\frac{\text{km}}{\text{h}}.$$

Methode: Physikalische Größen

Mit dem Begriff Geschwindigkeit lernst du eine neue physikalische (Mess-)Größe kennen. Es gibt dabei ein System, wie man physikalische Größen, ihre Einheiten sowie ihre Messwerte angibt. Dieses System verwendet man international bei allen naturwissenschaftlichen Größen. Es heißt **SI** (franz.: Système international d'unités). Zu jeder physikalischen Größe gehören vier Angaben. Die folgende Tabelle erläutert die Beispiele Weg und Zeitspanne:

Name der Größe	Weg	Zeitspanne
Formelzeichen	Δs	Δt
Grundeinheit	ein Meter	eine Sekunde
Abkürzung für die Grundeinheit	1 m	1 s

Man verwendet eine Kurzschreibweise, um anzudeuten, was die Grundeinheit einer Größe ist:

$$[\Delta s] = 1\,\text{m}.$$

Man liest das so: „Die Grundeinheit der physikalischen Größe Δs ist ein Meter."

Messwerte für eine physikalische Größe gibt man immer in der Form „Zahlenwert Einheit" an. Für Rechnungen kannst du dir zwischen Zahlenwert und Einheit einen Malpunkt denken.

$$\Delta s = 27{,}5\,\text{m} = 27{,}5 \cdot 1\,\text{m} = 27{,}5\,\text{m}$$

Zahlenwert Einheit

Für große oder kleine Werte hat man Zeichen eingeführt, die vor die Abkürzung für die Grundeinheit geschrieben werden (siehe auch im Anhang).

Vorsilbe	**Kürzel**	**Wert**	**Beispiel**
Hekto	h	· 100	5 hl = 500 l
Kilo	k	· 1000	6,3 km = 6300 m
Mega	M	· 1 000 000	3 MJ = 3 000 000 J
Zenti	c	· 0,01	5,7 cm = 0,057 m
Milli	m	· 0,001	8 ml = 0,008 l
Mikro	µ	· 0,000 001	67 µg = 0,000 067 g

2.3 Die Geschwindigkeit gleichförmiger Bewegungen

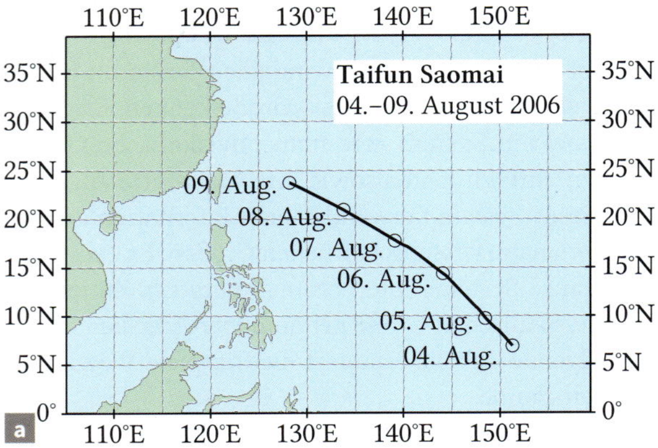

B1 *Der Taifun „Saomai" zog mit einer durchschnittlichen Geschwindigkeit von 28 $\frac{km}{h}$ auf das chinesische Festland zu.*

Vergleich zweier Geschwindigkeiten. Sind die Teilnehmerinnen des olympischen 10 000-m-Laufes schneller oder die Radfahrer der Fahrradtour (Bild **B1**, 2 Seiten zuvor)? Wir berechnen für beide Fälle die Geschwindigkeit. Dabei geben wir den zurückgelegten Weg in Meter an, die benötigte Zeit in Sekunden. Die Teilnehmer der Fahrradtour benötigen 85 min = 85 · 60 s = 5100 s für ihre 26 km lange Tour. Ihre Geschwindigkeit ist:

$$v = \frac{\Delta s}{\Delta t} = \frac{26\,000 \text{ m}}{5100 \text{ s}} = 5{,}1 \frac{\text{m}}{\text{s}}.$$

Für die Läuferinnen finden wir:

$$v = \frac{\Delta s}{\Delta t} = \frac{10\,000 \text{ m}}{1754 \text{ s}} = 5{,}7 \frac{\text{m}}{\text{s}}.$$

Beim 10 000-m-Lauf war die Geschwindigkeit also etwas höher als bei der Fahrradtour.

Berechnung von Weglängen und Zeitspannen. Wenn die Geschwindigkeit v und die benötigte Zeit Δt gegeben sind, lässt sich der zurückgelegte Weg Δs berechnen. Dazu multiplizieren wir die Definitionsgleichung der Geschwindigkeit auf beiden Seiten mit Δt und erhalten:

$$\Delta s = v \cdot \Delta t.$$

Wenn wir die Gleichung für die Geschwindigkeit nach Δt auflösen, können wir die benötigte Zeit aus Geschwindigkeit und zurückgelegtem Weg berechnen:

$$\Delta t = \frac{\Delta s}{v}.$$

Die Beispielaufgabe rechts zeigt, wie sich diese Gleichung für eine Katastrophenwarnung nutzen lässt.

Beispielaufgabe

Taifunwarnung

Taifune sind schwere Wirbelstürme im Pazifik mit extremen Regenfällen und Windgeschwindigkeiten bis zu 300 $\frac{\text{km}}{\text{h}}$. Jedes Jahr fordern Taifune in China und Japan viele Todesopfer und richten große Schäden an (Bild **B1**).

Die Wirbelstürme ziehen mehrere Tage über das Meer, bevor sie auf eine Küste treffen. Aus Satellitenbeobachtungen kann man vorhersagen, zu welchem Zeitpunkt der Taifun das Festland erreichen wird. Eine rechtzeitige Warnung kann viele Menschenleben retten.

Die Geschwindigkeit, mit der sich das Zentrum des Wirbelsturms voranbewegt, ist viel geringer als die Windgeschwindigkeit. Für den Taifun „Saomai" (Bild **B1**) betrug sie 28 $\frac{\text{km}}{\text{h}}$. Der letzte eingezeichnete Ort des Taifuns ist noch 1140 km von der Küste entfernt. Erstelle eine Vorhersage, wann der Taifun die Küste erreichen wird.

Lösung:

Gegeben sind die Geschwindigkeit des Taifuns, $v = 28 \frac{\text{km}}{\text{h}}$, und die Entfernung bis zur Küste. Daraus kannst du die Zeitspanne berechnen, die der Taifun noch bis zum Erreichen der Küste braucht:

$$\Delta t = \frac{\Delta s}{v} = \frac{1140 \text{ km}}{28 \frac{\text{km}}{\text{h}}} = 40{,}7 \text{ h}.$$

Es bleiben also noch etwa 41 Stunden, um die Bevölkerung zu warnen und Vorsorgemaßnahmen zu ergreifen.

Löse selbst

1

➡ Beim Berlin-Marathon 2018 legte der Sieger Eliud Kipchoge (Bild oben) den Weg von 42,195 Kilometer in 2 Stunden, 1 Minute und 39 Sekunden zurück. Er stellte damit einen neuen Marathon-Weltrekord auf. Berechne seine Geschwindigkeit zuerst in $\frac{\text{m}}{\text{s}}$, rechne dann in $\frac{\text{km}}{\text{h}}$ um.

2 ➡ Berechne jeweils die Geschwindigkeit in $\frac{\text{m}}{\text{s}}$ und in $\frac{\text{km}}{\text{h}}$:

a) Schall braucht in Luft für einen Kilometer etwa drei Sekunden.

b) Die Erde hat am Äquator einen Umfang von 40 000 Kilometer. Ein Punkt auf dem Äquator legt diesen Weg in 24 Stunden zurück.

c) Die Bahn der Erde um die Sonne hat eine Länge von etwa 940 Millionen Kilometer. Diesen Weg legt sie jedes Jahr zurück.

d) Weinbergschnecken brauchen für einen 500 Meter langen Weg etwa eine Woche.

e) Der Weltrekord beim 100-m-Sprint ist 9,58 s bei den Männern und 10,49 s bei den Frauen.

3 ➡ Recherchiere jeweils die maximale Geschwindigkeit und gib sie in der Einheit $\frac{\text{m}}{\text{s}}$ an:

a) Tempo-30-Zone;

b) Fahrzeuge in Ortschaften;

c) Autos auf Landstraßen;

d) Lastwagen bis 7,5 t auf Landstraßen;

e) Lastwagen über 7,5 t auf Landstraßen.

4 ↗ Berechne jeweils die Geschwindigkeiten:

a) Felix fährt um 7:30 Uhr mit seinem Rad los. Er erreicht die 3,6 Kilometer entfernte Schule um 7:42 Uhr.

b) Herr Ayvaz belädt seinen Lieferwagen an der Großmarkthalle um 5:30 Uhr und fährt 24 Kilometer zu seinem Laden. Dort kommt er um 5:48 Uhr an.

c) Frau Karnowski ist auf Geschäftsreise und legt auf der Autobahn den Weg zwischen Kilometer 47,5 und Kilometer 143,5 in 48 Minuten zurück.

5 ↗ Die Leitpfosten an der Autobahn haben einen Abstand von 50 m. Erläutere, wie du damit die Anzeige des Tachometers bei 100 $\frac{\text{km}}{\text{h}}$ überprüfen kannst.

6 ➡ Ein Modellauto fährt mit einer konstanten Geschwindigkeit von 0,30 $\frac{\text{m}}{\text{s}}$.

a) Berechne die Wege für t = 0 s, 1 s, 2 s, 3 s, 4 s und zeichne ein t-s-Diagramm.

b) Berechne die Weglänge Δs, die das Auto in 2,5 s zurücklegt, und die Zeitspanne Δt, die es für 0,5 m braucht. Bestätige die Ergebnisse anhand des Diagramms.

7

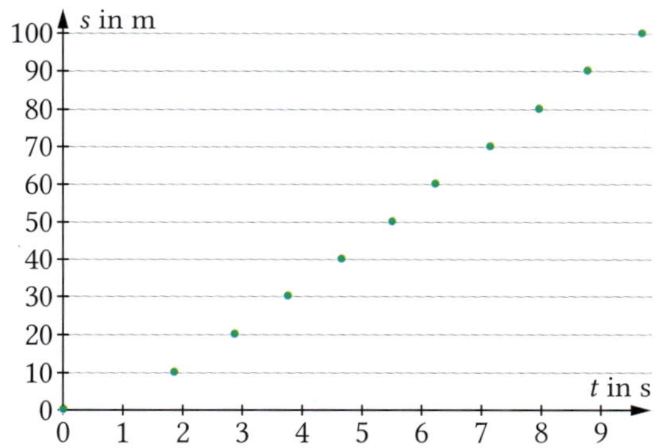

↗ Das Bild zeigt das t-s-Diagramm für Usain Bolts 100-m-Lauf bei den Olympischen Spielen 2008. Beurteile, wie gut das Modell der gleichförmigen Bewegung zur Beschreibung der Daten passt. Ändert sich deine Beurteilung, wenn du nur die zweite Hälfte des Laufes betrachtest? Diskutiere aus sportlicher Perspektive.

8 ↗ Ein Jogger läuft 60 s mit einer Geschwindigkeit von 2 $\frac{\text{m}}{\text{s}}$. 20 s später startet ein Radfahrer mit 5 $\frac{\text{m}}{\text{s}}$. Zeichne beide Bewegungen in ein t-s-Diagramm ein. Bestimme den Ort, an dem sich die beiden treffen.

9 ➡ Die Entfernung von Düsseldorf nach Berlin beträgt 480 km. Eine Autofahrerin fährt diesen Weg gleichförmig mit 80 $\frac{\text{km}}{\text{h}}$.
Bestimme die Entfernung von Düsseldorf nach einer Fahrzeit von 3 Stunden 45 Minuten.

2.3 Die Geschwindigkeit gleichförmiger Bewegungen

Methode: Umgang mit *t*-*s*-Diagrammen

B1 *Der Radfahrer wurde während der Fahrt aufgenommen. Aus der Aufnahme wurden vier Einzelbilder herausgenommen, zwischen denen jeweils eine Zeitspanne von 0,25 Sekunden lagen, und übereinandergelegt. Für den Zeitpunkt des ersten Bildes wurde t = 0,00 s festgelegt. Die Achse des Hinterrades befand sich zu diesem Zeitpunkt an der Position 0,00 m.*

Bild **B1** zeigt mehrere Aufnahmen eines Radfahrers, die in gleichen Zeitabständen aufgenommen wurden – ähnlich wie bei einer Stroboskopaufnahme. Du kannst die Daten für die Bewegung des Radfahrers dem Bild entnehmen und in einer Tabelle zusammenstellen.

Handelt es sich um eine gleichförmige Bewegung? Anhand der Wertetabelle **T1** ist das schwer zu entscheiden. Übersichtlicher ist die Darstellung in einem *t*-*s*-Diagramm (Bild **B2**). Die Punkte liegen näherungsweise auf einer Geraden. Es handelt sich also um eine gleichförmige Bewegung.

t in s	0	0,25	0,50	0,75
s in m	0	1,3	2,6	3,8

T1 *Wertetabelle für die Bewegung des Radfahrers (Bild **B1**)*

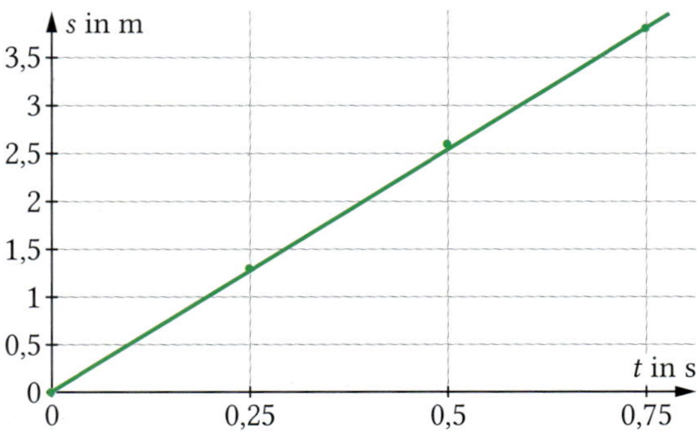

B2 *t-s-Diagramm mit Ausgleichsgerade*

Welchen Weg hatte der Radfahrer nach 0,4 s zurückgelegt? Solche **Zwischenwerte** lassen sich leichter ablesen, wenn du eine **Ausgleichsgerade** in das Diagramm einzeichnest. Das ist eine Gerade, die möglichst nahe an den Messpunkten vorbeiführt. Sie muss die Messpunkte aber nicht berühren. An der Ausgleichsgerade in Bild **B2** kannst du ablesen: Nach 0,4 s hat der Radfahrer einen Weg von etwa 2,0 m zurückgelegt.

Wahrscheinlich wundert es dich, dass die Messpunkte im *t*-*s*-Diagramm nicht genau auf der Ausgleichsgerade liegen. Das kann verschiedene Ursachen haben. Vielleicht hat der Radfahrer ungleichmäßig in die Pedale getreten, sodass seine Bewegung in Wirklichkeit nicht ganz gleichmäßig war.

Es kann sich aber auch um **Messfehler** handeln. Bei der vorliegenden Messung gibt es zum Beispiel immer eine kleine Unsicherheit beim Ablesen des Ortes der Hinterachse. Dies führt zu einem Messfehler. Der Messwert unterscheidet sich ein wenig vom tatsächlichen Wert. Fehlerfreie Messungen sind grundsätzlich nicht möglich; bei jeder Messung gibt es Messfehler. Deshalb beschreibt die Ausgleichsgerade die Bewegung besser als jeder einzelne Messpunkt. Generell gilt die Regel: Durch Messpunkte wird eine Ausgleichsgerade gelegt. Die Messpunkte werden nicht einfach verbunden.

Beispielaufgabe

Steigungsdreieck

Zeichne ein Steigungsdreieck für die Bewegung des Radfahrers und bestimme damit seine Geschwindigkeit.

Lösung:

Das Steigungsdreieck ist in Bild **B3** zu sehen. Du kannst daran ablesen:

$\Delta s = 3{,}0\ \text{m} - 1{,}0\ \text{m} = 2{,}0\ \text{m}$,

$\Delta t = 0{,}60\ \text{s} - 0{,}20\ \text{s} = 0{,}40\ \text{s}$.

Daraus ergibt sich die Geschwindigkeit:

$$v = \frac{\Delta s}{\Delta t} = \frac{2{,}0\ \text{m}}{0{,}4\ \text{s}} = 5{,}0\ \frac{\text{m}}{\text{s}}.$$

Die Geschwindigkeit des Radfahrers betrug also $5{,}0\ \frac{\text{m}}{\text{s}}$. Umgerechnet sind dies $18\ \frac{\text{km}}{\text{h}}$.

Mit dem **grafikfähigen Taschenrechner** oder einem **Tabellenkalkulationsprogramm** kannst du *t-s*-Diagramme erstellen und damit Ausgleichsgeraden ermitteln. Häufig begnügt man sich in der Physik aber auch mit einer Geraden, die nach Augenmaß eingezeichnet wird. Oft benutzt man die Faustregel: Die Hälfte der Messpunkte soll über der Ausgleichsgerade liegen, die andere Hälfte darunter.

Bei einer gleichförmigen Bewegung, die bei $s = 0$ m beginnt, ist der zurückgelegte Weg eine proportionale Funktion der Zeit. Im Mathematikunterricht wird dies durch die Gleichung $y = m \cdot x$ beschrieben. In der Physik haben die Variablen andere Namen, aber die Form ist die gleiche: $s = v \cdot t$. Beim Vergleich der beiden Formeln erkennst du: s entspricht y und t entspricht x. Die Geschwindigkeit v entspricht der Steigung m. Dies lässt sich im *t-s*-Diagramm nachvollziehen.

Die Steigung einer Geraden kannst du mit dem Steigungsdreieck (Bild **B3**) bestimmen. Suche dir zwei Punkte auf der Ausgleichsgeraden, deren Koordinaten du leicht ablesen kannst (nicht die Datenpunkte). Zeichne das Steigungsdreieck und bestimme seine Seitenlängen Δs und Δt.

Die Steigung der Geraden ist: $v = \frac{\Delta s}{\Delta t}$.

Dies entspricht der Definition der Geschwindigkeit.

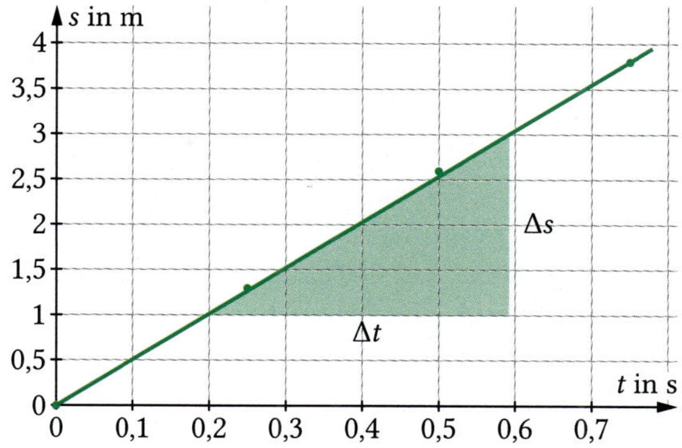

B3 *Steigungsdreieck zur Bestimmung der Geschwindigkeit*

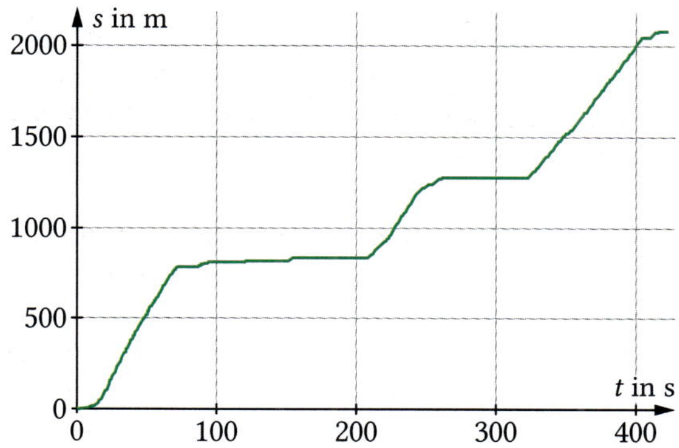

B4 *t-s-Diagramm einer Autofahrt*

Nicht jedes *t-s*-Diagramm zeigt eine Gerade. Gleichförmige Bewegungen sind nur eine ganz spezielle Bewegungsform. Ein Beispiel für eine andere Bewegungsform zeigt das Diagramm in Bild **B4**. Es stellt die Fahrt eines Autos dar, das zweimal an einer Ampel halten musste. Es besteht aus mehreren Abschnitten mit unterschiedlicher Steigung.

Löse selbst

1 ➡ Lies aus dem Diagramm in Bild **B4** ab, wann das Auto gefahren ist und wann es stehen musste.

2 ➡ Fasse zusammen, wie man von der Wertetabelle zur Geschwindigkeit einer gleichförmigen Bewegung gelangt.

3 ↗ Fertige aus der Wertetabelle auf S. 59 ein *t-s*-Diagramm für den Weltrekordlauf von Almaz Ayana an. Zeichne ein Steigungsdreieck ein und ermittle damit die Geschwindigkeit von Almaz Ayana.

2.4 Das Trägheitsgesetz

Sicherheitsgurt kann Leben retten
Bei landesweiten Kontrollen in NRW hat die Polizei wieder viele Autofahrer erwischt, die ohne Sicherheitsgurt unterwegs waren. Besonders besorgt waren die Beamten über die vielen nicht angeschnallten Kinder. Das Risiko, bei einem Unfall verletzt oder getötet zu werden, ist ohne Sicherheitsgurt sieben Mal höher als bei richtiger Sicherung. Die Polizeisprecherin erklärte: Ein ungeschützter Aufprall mit 35 km/h ist wie ein Sprung vom 5-m-Brett auf den harten Boden.

B1 *Zeitungsmeldung zum Fahren ohne Sicherheitsgurt*

B2 *Crashtest*

Autounfall ohne Sicherheitsgurt. Die Zeitungsmeldung in Bild **B1** beschreibt die Gefahren bei einem Autounfall ohne Sicherheitsgurt. Wenn ein Auto gegen einen Baum oder eine Wand fährt, dann wird es ruckartig abgebremst. Nicht angeschnallte Insassen prallen auf das Lenkrad oder die Windschutzscheibe und können schwere Verletzungen erleiden.

Die Entwicklungsabteilungen der Autohersteller simulieren Unfälle mit Crashtests. Dabei werden lebensgroße Puppen (Dummypuppen) eingesetzt, um mit Sensoren die möglichen Unfallfolgen zu untersuchen. Solche Tests helfen bei der Entwicklung von Sicherheitssystemen. Um dir die Abläufe zu veranschaulichen, kannst du in einem Videoportal nach Crashtest-Videos suchen (Suchbegriff: Crash test with and without safety belt).

Beschreibung eines Unfalls. Bild **B2** zeigt einen Crashtest, bei dem der Mitfahrer auf dem Rücksitz nicht angeschnallt ist. Mit dem Begriff der Geschwindigkeit beschreiben wir die Bewegung des Autos und des Mitfahrers beim Aufprall. Wir nehmen an, dass das Auto mit einer Geschwindigkeit von $35\,\frac{\text{km}}{\text{h}}$ gegen eine Wand prallt.

Es lassen sich drei Phasen unterscheiden:
1. Vor dem Aufprall bewegen sich das Auto und der Mitfahrer mit der Geschwindigkeit $v = 35\,\frac{\text{km}}{\text{h}}$.
2. Durch den Aufprall kommt das Auto zum Stehen, $v = 0\,\frac{\text{km}}{\text{h}}$. Der Mitfahrer bewegt sich nach dem Aufprall noch ungebremst weiter mit $v = 35\,\frac{\text{km}}{\text{h}}$.
3. Der Mitfahrer kommt erst dadurch zum Stillstand, dass er auf den Vordersitz prallt. Seine Geschwindigkeit ändert sich abrupt von $v = 35\,\frac{\text{km}}{\text{h}}$ auf $v = 0\,\frac{\text{km}}{\text{h}}$. Das entspricht einem Aufprall aus etwa 5 m Höhe. Bei einem wirklichen Unfall würde der Mitfahrer schwere Verletzungen davontragen.

Die Dummypuppe auf dem Vordersitz wird dagegen durch Sicherheitsgurt und Airbag deutlich sanfter abgebremst. Sicherheitsgurte schützen bei Unfällen vor schweren Verletzungen.

V1 Aufprall gegen ein Hindernis

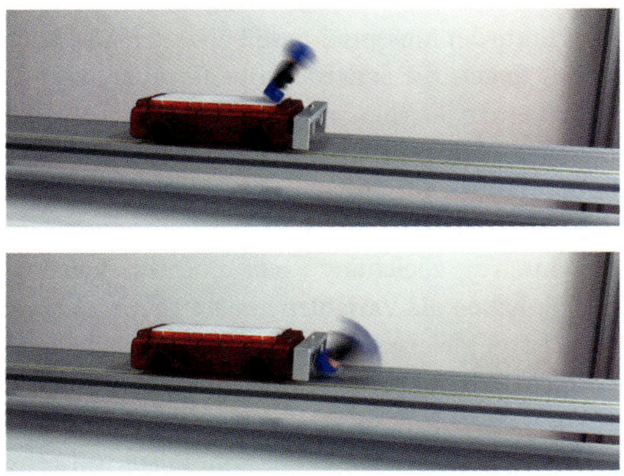

a) Nicht angeschnallter Mitfahrer: Stelle eine Spielzeugfigur auf einen Experimentierwagen. Setze den Wagen mit der Figur in Bewegung und lasse ihn gegen ein Hindernis prallen. Beobachte die Bewegung der Spielzeugfigur (Bilder oben).
b) Angeschnallter Mitfahrer: Befestige dieses Mal die Figur lose mit einem Gummiband, das mit Klebeband am Wagen fixiert ist. Das Gummiband soll den Sicherheitsgurt darstellen. Beobachte wieder die Bewegung der Spielzeugfigur.

Trägheit. In kleinerem Maßstab kannst du im Versuch **V1** nachvollziehen, was bei einem Unfall mit angeschnallten und nicht angeschnallten Insassen passiert. In **V1a** (nicht angeschnallter Mitfahrer) bewegt sich die Spielzeugfigur zuerst noch weiter und kippt nach vorne. In einem echten Auto würde die Figur unsanft von der Windschutzscheibe abgebremst. Auch in **V1b** (angeschnallter Mitfahrer) bewegt sich die Figur zuerst weiter. Sie wird jedoch zurückgehalten, sobald das Gummiband gestrafft ist.

Das Gummiband („Sicherheitsgurt") bremst die Figur ab. Von alleine, also ohne das Gummiband, ändert sich die Geschwindigkeit der Figur nicht. Dieses Verhalten nennt man **Trägheit.**

Bewegungsrichtung und Trägheit. Auch bei Richtungsänderungen macht sich die Trägheit bemerkbar. In Versuch **V2** wird die Schnur, die den Gummistopfen auf der Kreisbahn hält, plötzlich durchtrennt. Der Gummistopfen bewegt sich weiter, und zwar in seiner augenblicklichen Bewegungsrichtung. Wieder macht sich die Trägheit bemerkbar: Von alleine ändert sich die Geschwindigkeit des Gummistopfens nicht, und auch die Richtung der Geschwindigkeit bleibt gleich.

Trägheitsgesetz. In Versuch **V1b** ändert sich die Geschwindigkeit der Spielzeugfigur dadurch, dass das Gummiband sie abbremst. Man sagt: Das Gummiband übt eine **Kraft** auf die Spielzeugfigur auf. Immer wenn ein Körper beschleunigt oder abgebremst, in Bewegung gesetzt oder aus seiner Bewegungsrichtung abgelenkt wird, kann man dies auf Kräfte zurückführen.

V2 Wegfliegender Gummistopfen

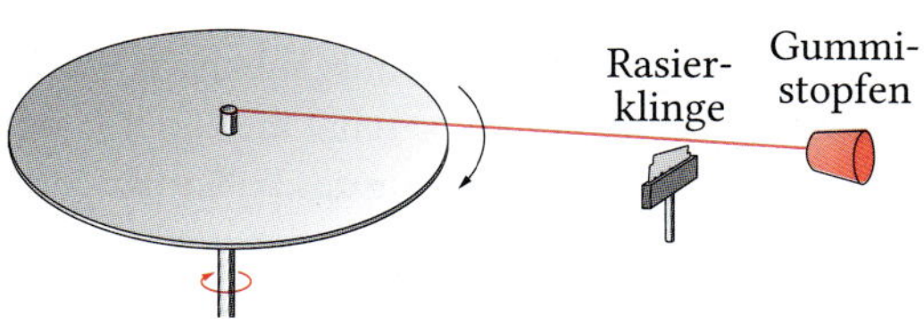

Ein Gummistopfen wird an einem Bindfaden an der Drehachse einer Scheibe befestigt, die von einem Motor in Bewegung gesetzt wird. Nach einigen Umdrehungen wird die Schnur mit einer Rasierklinge durchtrennt.
Filme den Versuch mit einem Smartphone und beobachte in Zeitlupe die Bewegung des Gummistopfens beim Wegfliegen.

Wenn dagegen keine Kraft auf einen Körper wirkt, dann bleiben seine Geschwindigkeit und Bewegungsrichtung unverändert. Diese Aussage ist der Inhalt des Trägheitsgesetzes.

! Merksatz

Trägheitsgesetz: Jeder Körper behält seine Geschwindigkeit und seine Bewegungsrichtung unverändert bei, solange keine Kraft auf ihn wirkt.

Beispielaufgabe

Sturz vom LKW

Der Lastwagenfahrer musste abrupt bremsen. Erkläre den Unfallhergang mit dem Trägheitsgesetz.

Lösung:
Vor dem Unfall stand der PKW auf der Ladefläche des LKW. Durch das Bremsen kam der LKW plötzlich zum Stehen. Der nicht ausreichend gesicherte PKW behielt gemäß dem Trägheitsgesetz seine Geschwindigkeit und Bewegungsrichtung zunächst bei und bewegte sich dadurch über die Ladefläche hinweg weiter nach vorn.

Löse selbst

1 ➡ Lege auf ein leeres Trinkglas eine Postkarte und darauf ein Geldstück. Ziehe die Postkarte schnell zur Seite weg. Beschreibe deine Beobachtungen. Erkläre.

2 ➡ Von staubiger Kleidung fällt der Staub durch Schütteln ab. Erkläre mit dem Trägheitsgesetz.

3 ➡ Wenn du mit dem Skateboard gegen eine Bordsteinkante fährst, kann es zu einem Sturz kommen. Beschreibe die Bewegung von Skateboard und Fahrer. Orientiere dich dabei an der Beschreibung des Crashtests auf der vorigen Seite.

2.5 Bewegungsänderung durch Kräfte

B1 *Der ruhende Ball wird durch einen Tritt in Bewegung versetzt.*

B2 *Die Spielerin lenkt den Ball in die gewünschte Richtung um.*

Kräfte ändern die Bewegung. Ein Elfmeterschütze muss kräftig gegen den Ball treten, um ihn in Bewegung zu versetzen (Bild **B1**). Mit dem Fuß übt er eine Kraft auf den Ball aus. Dadurch ändert sich die Geschwindigkeit des Balls. Die Volleyballspielerin in Bild **B2** baggert den Ball ihrer Mitspielerin zu. Sie übt eine Kraft auf den Ball aus und ändert damit die Bewegungsrichtung des Balls.

Versuch **V1** illustriert, wann man in der Physik von einer Kraft spricht: In **V1a** ist die Bahn der Kugel geradlinig und ihre Geschwindigkeit bleibt konstant. Das entspricht dem Trägheitsgesetz: Solange keine Kraft auf einen Körper wirkt, bleiben die Geschwindigkeit und die Bewegungsrichtung unverändert. Wenn die Kugel in die Nähe des Magneten kommt, wird sie zunächst etwas schneller. Sie folgt dann einer gekrümmten Bahn. Die Bewegungsrichtung ändert sich. Anschließend wird die Kugel wieder langsamer. Physikalisch kann man das wie folgt beschreiben: Der Magnet übt eine Kraft auf die Kugel aus. Durch diese Kraft ändern sich sowohl die Geschwindigkeit als auch die Bewegungsrichtung der Kugel. Allgemein gilt: Kräfte kann man an ihren Wirkungen erkennen.

V1 Magnetische Kraft

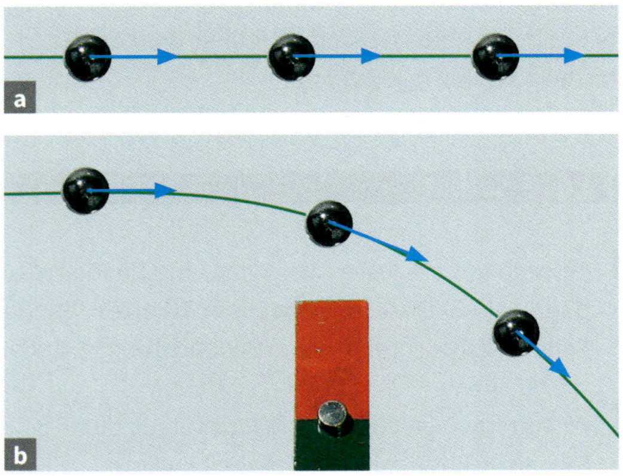

Filme die Versuche von oben mit dem Smartphone und beschreibe jeweils die Bahn der Kugeln.

a) Lege eine Glasplatte eben auf einen Tisch und rolle die Stahlkugel darüber.

b) Lege den Magneten unter die Glasplatte und rolle die Kugel daran vorbei.

! Merksatz

Immer wenn sich die Geschwindigkeit oder die Bewegungsrichtung eines Körpers ändert, kann man eine Ursache dafür finden. Es gibt dann einen anderen Körper, der auf den ersten Körper eine Kraft ausübt.

Im Alltag wird das Wort „Kraft" oft anders verwendet als in der Physik. Wenn der Fußball beim Elfmeter vom Pfosten abprallt, würde kaum jemand sagen, dass der Pfosten eine Kraft auf den Ball ausgeübt hat. Und doch ist das richtig, denn der Pfosten hat die Geschwindigkeit und die Bewegungsrichtung des Balls geändert. In der Physik gehören zum Gebrauch des Wortes „Kraft" immer zwei Angaben: Von welchem Körper wird die Kraft ausgeübt? Auf welchen Körper wird sie ausgeübt?

Die Beschleunigung. Wenn sich die Geschwindigkeit oder die Bewegungsrichtung eines Körpers ändert, spricht man von **Beschleunigung.** Mit diesem Begriff lautet die Aussage aus dem Merksatz: Immer wenn ein Körper beschleunigt wird, ist die Ursache dafür eine Kraft, die von einem anderen Körper ausgeübt wird.

Reibungskräfte. Oft ändert sich die Geschwindigkeit von Körpern, ohne dass du eine Ursache dafür siehst. Wenn du deinen Füller auf dem Tisch anstößt, kommt er bald wieder zur Ruhe. Der Tisch übt eine Kraft auf den Füller aus und bremst ihn ab. Eine solche Kraft nennt man **Reibungskraft.** Reibungskräfte begegnen dir im Alltag häufig. Auch Luft kann Kräfte auf andere Körper ausüben. So spürst du etwa auf dem Fahrrad die **Luftwiderstandskraft,** die dich abbremst.

Kräfte verformen Körper. Die Fotos in Bild **B3** wurden mit einer Hochgeschwindigkeitskamera aufgenommen. Ein Tennisball wird beim Auftreffen auf die Tischplatte stark verformt. Gleichzeitig ändert sich seine Geschwindigkeit. Um einen Gegenstand zu verformen, müssen Kräfte wirken. Im Alltag geschieht dies ständig. Ob wir ein Kleidungsstück anziehen, eine Seite in einem Buch umblättern oder uns die Zähne putzen: Stets werden Gegenstände verformt. Die Kräfte sind dabei oft so klein, dass wir sie nicht weiter beachten. Für manche Verformungen muss man aber große Kräfte ausüben, wie z. B. der Hufschmied in Bild **B4.**

Merksatz

Kräfte können Körper verformen.

B3 *Der Tennisball prallt auf eine Tischplatte.*

B4 *Mit dem Hammer verformt der Hufschmied das Eisen.*

Beispielaufgabe

Stabhochspringer

Ein Stabhochspringer landet am Ende des Sprungs auf der Matte. Auf welche Weise ändert sich seine Geschwindigkeit? Gib die Körper an, die eine Kraft auf ihn ausüben.

Lösung:

Nach dem Überqueren der Latte nimmt die Geschwindigkeit des Stabhochspringers während des Fallens zu. Ursache dafür ist die Schwerkraft der Erde.
Sobald der Stabhochspringer die Matte berührt, übt sie eine Kraft auf ihn aus. Diese Kraft ist seiner Bewegungsrichtung entgegengesetzt und bremst ihn deshalb ab. Seine Geschwindigkeit nimmt ab, bis er schließlich auf der Matte zur Ruhe kommt.

Methode: Geschwindigkeitspfeile

In Versuch **V1** und in Bild **B3** ist die Geschwindigkeit durch einen Pfeil dargestellt. Die Länge des Pfeils gibt an, wie schnell sich der Körper bewegt. Man nennt diese Angabe auch den **Betrag** der Geschwindigkeit. Die **Richtung** des Pfeils gibt an, in welche Richtung sich der Körper bewegt. In Versuch **V1b** ändert sich in jedem Moment die Richtung der Bewegung und deshalb auch die Richtung des Pfeils.

Allgemein ist die Geschwindigkeit durch Betrag und Richtung bestimmt. Die Pfeildarstellung ist deshalb praktisch, weil man mit ihr beides zugleich veranschaulichen kann.

Löse selbst

1 ➡ Die Erde und die anderen Planeten bewegen sich nicht geradlinig, sondern annähernd auf Kreisbahnen. Nenne den Körper, der eine Kraft auf sie ausübt.

2 ➡ Ein geworfener Stein bewegt sich nicht geradlinig. Gib den Körper an, der auf den Stein eine Kraft ausübt.

3 ➡ Ein angestoßenes Spielzeugauto kommt nach kurzer Zeit wieder zum Stehen. Nenne die Körper, die eine abbremsende Kraft auf das Auto ausüben.

2.5 Bewegungsänderung durch Kräfte

Projekt: Sicherheit im Straßenverkehr

B1 *Crashtest*

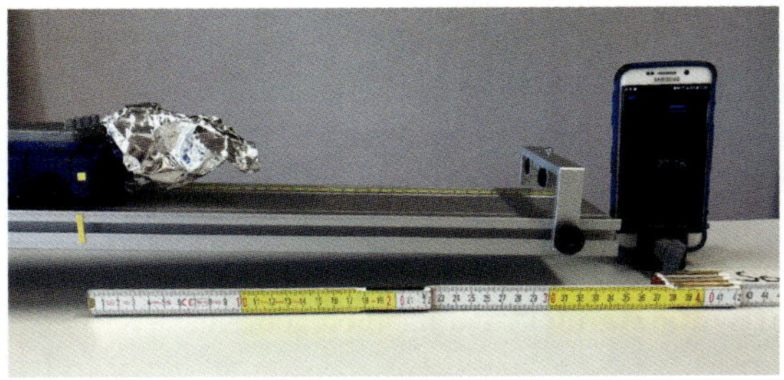

B2 *Experiment zur Knautschzone*

Blechfalten verlängern den Bremsweg. Die ersten Autos wurden noch sehr stabil gebaut. Das war bei Unfällen gefährlich für die Insassen, denn bei einem Zusammenprall kam das Auto fast augenblicklich zum Stillstand. Die Insassen bewegten sich nach dem Trägheitsgesetz zunächst ungebremst weiter und wurden erst von Lenkrad, Armaturenbrett und Windschutzscheibe schlagartig abgebremst. Dabei gilt aber: Je kürzer die Zeit bis zum Abbremsen ist, desto größer ist die Kraft, die auf den Körper wirkt.

Wenn vorausschauendes Bremsen nicht mehr möglich ist, hilft nur noch eingebaute, passive Sicherheit, z. B. die **Knautschzone.** Schon bei der Entwicklung einer Karosserie werden heute Blechfalten vorgeplant. Beim Unfall bewegt sich der stabile Fahrgastraum mit den Insassen weiter, während sich das Frontblech zusammenfaltet (Bild **B1**). Der Fahrgastraum wird dabei schon stark gebremst, viel stärker als bei einer normalen Bremsung.

Wenn die Insassen angeschnallt sind, werden sie ebenfalls von Anfang an mitgebremst. Der „Bremsweg" ist sehr kurz, gerade so lang wie die gesamte zur Verfügung stehende Knautschzone. Entsprechend groß ist die Kraft auf jeden Insassen. Trotzdem kann die Knautschzone lebensrettend sein: Ohne Knautschzone bliebe nur ein Bremsweg von vielleicht 5 cm Länge, mit Knautschzone sind es etwa 50 cm. Ohne Knautschzone wäre die Kraft also etwa zehnmal so groß. Entsprechend größer wären die Verletzungen.

Es gibt heute allerdings wieder Kleinwagen, die so kurz sind, dass für eine Knautschzone kaum mehr Platz ist. Deshalb baut man sie wie früher sehr stabil. Sie benutzen bei einem Unfall die Knautschzone der anderen Autos mit.

Experiment zur Knautschzone. Es gibt Firmen, die Unfälle analysieren. Du kannst dies in kleinerem Maßstab simulieren. Als PKW verwendest du einen Experimentierwagen mit „Insassen", z. B. zwei Batterien.

Arbeitsaufträge:

Filme den Unfall mit der Zeitlupenfunktion deines Smartphones. Lege einen Maßstab und eine Stoppuhr ins Bild, um Abstände und Zeitspannen bestimmen zu können. Werte die Videos mit einer Videoanalysesoftware aus und erstelle t-s-Diagramme.

a) Unfall ohne Knautschzone: Lasse das Auto eine schräggestellte Fahrbahn hinunterlaufen und gegen ein Hindernis prallen.

b) Rüste den Wagen mit einer Knautschzone nach. Geeignet ist z. B. ein Streifen Alu-Folie, den du leicht zusammenknüllst, sodass er sich noch verformen kann, und mit Doppelklebeband an den Wagen klebst.

Das Bild **B3** vergleicht die Ergebnisse. Beide Wagen beschleunigen zunächst auf der Rampe und werden dann abgebremst. Bei dem Wagen ohne Knautschzone (rote Kurve) ist die Bremszeit so klein, dass wir sie nicht messen können. Der Wagen mit Knautschzone (blaue Kurve) wird viel sanfter abgebremst.

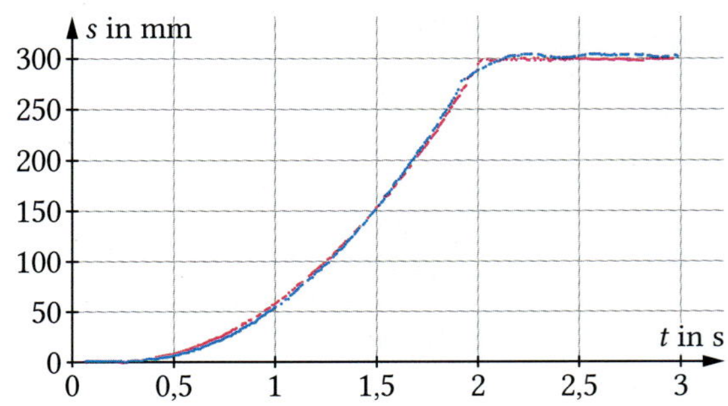

B3 *t-s-Diagramme zu den Experimenten zur Knautschzone*

Der Sicherheitsgurt – Bremse für den Körper. Wahrscheinlich denkst du gar nicht darüber nach, wenn du nach dem Einsteigen ins Auto den Sicherheitsgurt anlegst. Bis in die 70er-Jahre des letzten Jahrhunderts gab es ihn bei uns noch gar nicht. In der Anfangszeit setzte er sich kaum durch. Erst als das Anlegen gesetzlich vorgeschrieben wurde, wurde sein Gebrauch selbstverständlich und rettete vielen Menschen das Leben.

Was ist die physikalische Aufgabe des Sicherheitsgurtes? Ohne Gurt wirkt bei einem Unfall keine Kraft auf die Insassen. Gemäß dem Trägheitsgesetz bewegen sie sich gleichförmig weiter nach vorn und prallen auf das Lenkrad, das Armaturenbrett oder die Windschutzscheibe – ohne mildernden Bremsweg. Das kann zu schweren, ja lebensbedrohlichen Verletzungen führen.

Der Sicherheitsgurt verhindert die ungebremste Weiterbewegung (Bild **B5**). Sobald die Fahrgastzelle gebremst wird, hält der Gurt die Insassen fest und übt auf sie die benötigte bremsende Kraft aus. Beim Abbremsen dehnt sich der Gurt etwas, sodass der Bremsweg noch einmal verlängert wird. Moderne Systeme spannen den Gurt zu Beginn des Crashs und lassen kurz vor dem Stillstand wieder etwas nach. So werden die Verletzungsfolgen etwas vermindert.

B4 *Schutzwirkung eines Fahrradhelms*

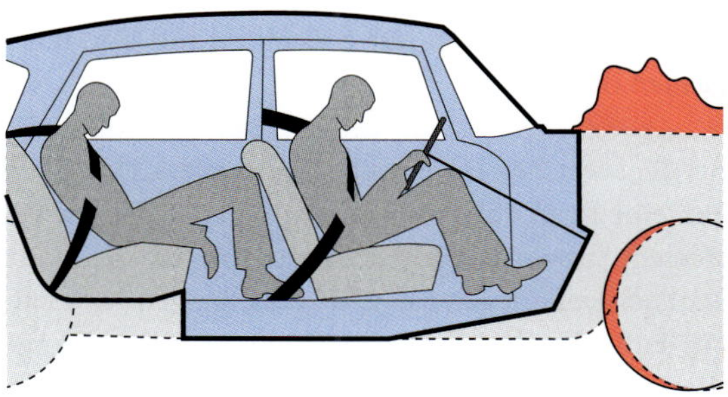

B5 *Der Sicherheitsgurt hält die Insassen zurück.*

Der Schutzhelm – Knautschzone für den Kopf. Dein Fahrrad hat keine starre Fahrgastzelle und auch keinen Sicherheitsgurt. Falls du einmal einen Unfall erleiden solltest, muss vor allem dein Kopf geschützt sein. In deinem Helm sind abpuffernde Materialien eingebaut, die vor Kopfverletzungen schützen. Physikalisch wirkt der Helm ähnlich wie eine Knautschzone, die deinem Kopf den nötigen Bremsweg gibt.

Arbeitsaufträge „Melonenfalltest“:

a) Legt zunächst eine Melone in einen alten, nicht mehr benötigten Fahrradhelm und zurrt sie mit dem Kinngurt fest. Lasst sie dann aus etwa 1,5 m Höhe mit dem Helm nach unten fallen (Bild **B4**).
b) Wiederholt den Versuch ohne schützenden Helm.
c) Führt eine Internetrecherche zum Thema „Nie ohne Helm“ durch. Notiert wichtige Erkenntnisse.
d) Beschreibt die Funktion des Helms physikalisch.

Arbeitsaufträge „Rohes Ei mit Sicherheitsgurt“: Baut einen „Sitz“ für das Ei, z. B. aus einem Stück Eierkarton, und befestigt ihn auf einem Wagen mit „Knautschzone“ und Haltepfosten (Bild **B6**). Schnallt das Ei mit Klebestreifen am Haltepfosten an. Lasst nun das „Auto“ gegen die Wand prallen. Beschreibt das – hoffentlich geglückte – Ergebnis physikalisch. Probiert es danach ohne Sicherheitsvorkehrungen.

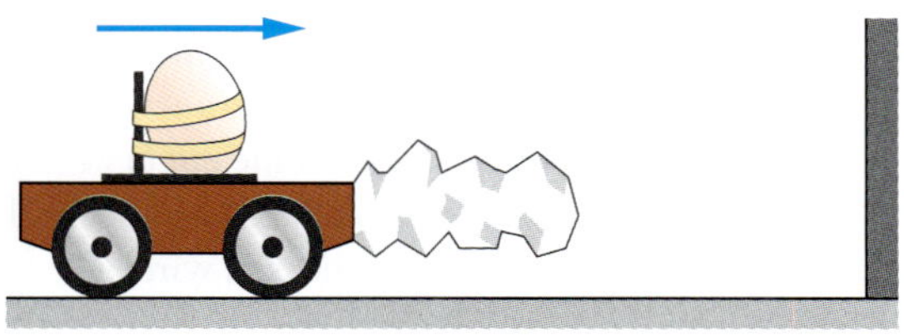

B6 *Rohes Ei mit Sicherheitsgurt*

B7 *Unbedingt anschnallen*

2.6 Kraftrichtung und Zusatzgeschwindigkeit

B1 *Champions-League-Finale 2017: Ronaldo trifft zum 3:1.*

Torschuss mit bewegtem und ruhendem Ball. Champions-League-Finale 2017, Real Madrid gegen Juventus Turin, 64. Minute: Christiano Ronaldo verwandelt eine flache Hereingabe von Luka Modrić direkt zum 3:1 (Bild **B1**). Das Spiel ist entschieden. Ronaldos Treffer sieht einfach aus, aber Stürmer schießen Bälle, die von der Seite zu ihnen gespielt werden, oft auch mal neben das Tor. Anders beim Elfmeter: Hier treffen die allermeisten Schützen zumindest das Tor.

In Versuch **V1** werden die beiden Situationen „Elfmeter" und „Direktannahme nach seitlicher Hereingabe" in einem Experiment nachgeahmt. In beiden Fällen wird die rollende Kugel mit einem Holzblock gestoßen. Durch die seitliche Führung des Holzblocks wird sichergestellt, dass er auf die Kugel eine Kraft ausübt, die exakt in Richtung Tor gerichtet ist.

Der Unterschied zwischen den beiden Situationen besteht darin, dass beim Elfmeter der *ruhende* Ball geschossen wird, bei der Direktannahme ein *bewegter* Ball. Direktannahme bedeutet im Fußball, dass der Ball ohne Abstoppen direkt weitergeschossen wird.

Das Versuchsergebnis entspricht den unterschiedlichen Schwierigkeiten in den anfangs geschilderten Fußball-

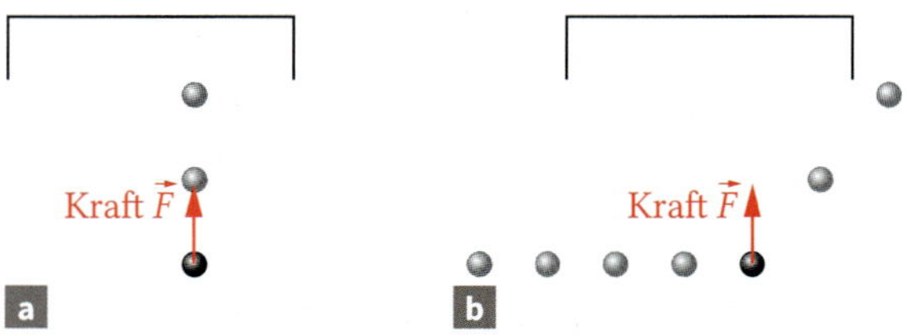

B2 *Beobachtung a) beim Elfmeter, b) beim Torschuss per Direktannahme nach Zuspiel*

V1 Elfmeter und Direktannahme

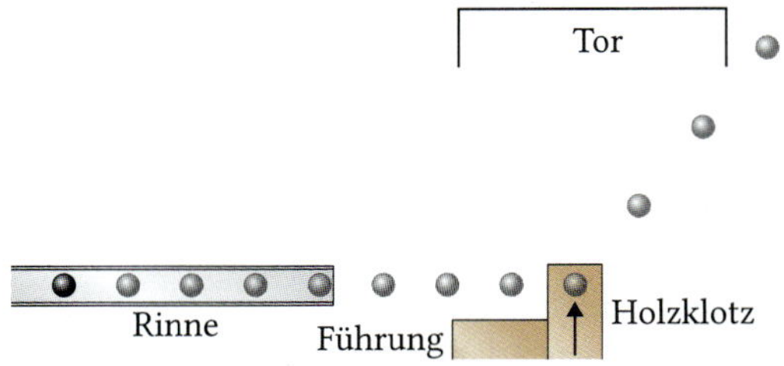

Zur Nachahmung der beiden im Text beschriebenen Fußballsituationen bauen wir der Versuch nach dem Bild oben auf. Ein eingespannter Holzblock dient als Führung. Mit einem zweiten Holzblock üben wir auf die Stahlkugel eine Kraft in Richtung Tor aus. Es gibt zwei Versuchsteile:
a) Die Stahlkugel ruht zu Beginn („Elfmeter").
b) Die Stahlkugel erhält durch eine schräge Rinne eine Anfangsgeschwindigkeit parallel zum Tor („Direktannahme nach seitlicher Hereingabe").

Situationen: Beim „Elfmeter" rollt die Kugel ins Tor, bei der „Direktannahme nach seitlicher Hereingabe" rollt die Kugel schräg am Tor vorbei.

Alltagsvorstellung und tatsächliche Bewegung. Auch bei genauerem Hinsehen verblüfft das Ergebnis von Versuch **V1b**: Auf die Kugel wirkt eine Kraft, die genau in Richtung Tor gerichtet ist. Trotzdem geht die Kugel am Tor vorbei. Warum bewegt sie sich nach dem Stoß nicht in die richtige Richtung?

Bei diesem Versuch spielen uns unsere physikalischen Vorstellungen einen Streich. Aus dem Alltag glauben wir zu wissen: Wenn wir auf einen Körper eine Kraft ausüben, dann bewegt er sich anschließend in die Richtung der Kraft. Versuch **V1b** zeigt, dass diese Vermutung nicht immer richtig ist. Unsere Vorstellung beruht auf Erfahrungen mit ruhenden Körpern: Beim Elfmeterschießen übt der Fuß eine Kraft auf den *ruhenden* Ball aus.

Bei der seitlichen Hereingabe ist es anders. Hier übt der Fuß eine Kraft auf den *bewegten* Ball aus. Weil wir mit solchen Situationen nur selten zu tun haben, konnten wir auch keine angemessenen Vorstellungen entwickeln. Für Fußballer hat das ganz konkrete Auswirkungen: Wer den Ball nach einer seitlichen Hereingabe genau in Richtung Tor schießt, wird das Tor verfehlen.

V2 Kraft auf eine rollende Kugel

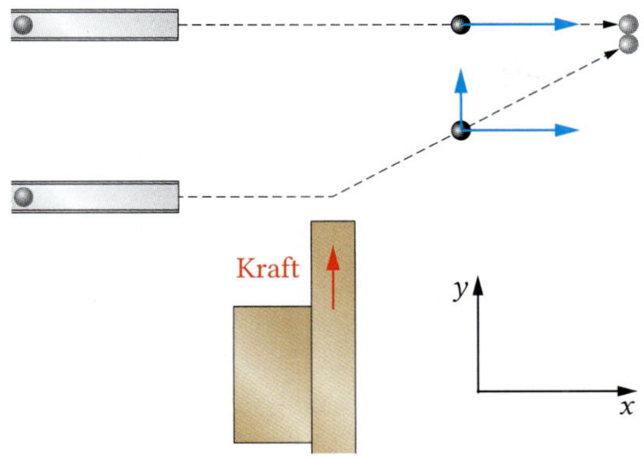

Neben der ersten Kugel aus Versuch **V1b** läuft eine zweite Kugel. Sie wird in einer zweiten Rinne aus gleicher Höhe und gleichzeitig mit der ersten losgelassen. Sie läuft aber ungestört weiter.
Die gestoßene Kugel wird durch den Stoß abgelenkt und trifft die ungestört weiterlaufende Kugel.

Das macht die seitliche Hereingabe so schwierig. Warum der Ball nicht ins Tor geht, wird aus Versuch **V1** deutlich: Egal, wie stark man senkrecht schießt, die seitliche Bewegung verschwindet nicht. Das ist ein wichtiges physikalisches Ergebnis, das in Versuch **V2** weiter verfolgt wird.

Krafteinwirkung und Zusatzgeschwindigkeit. Versuch **V2** untersucht die Wirkung einer Kraft auf einen bewegten Körper. Der Versuch zeigt: In Richtung der x-Achse („in x-Richtung") läuft die Kugel nach dem Stoß immer noch mit der gleichen Geschwindigkeit weiter wie vorher. Wenn sie schneller oder langsamer wäre, würde sie die zweite Kugel verfehlen.

Das Trägheitsgesetz macht dies plausibel: In x-Richtung wirkt auf die Kugel keine Kraft, also ändert sich die Geschwindigkeit in x-Richtung auch nicht.

In y-Richtung übt der Holzblock eine Kraft auf die Kugel aus. Die Kraft verursacht eine **Zusatzgeschwindigkeit** in y-Richtung, also in Kraftrichtung (Bild **B3**). Die Zusatzgeschwindigkeit ist in Bild **B3** mit Δv bezeichnet. Allgemein gilt:

! Merksatz

Eine Kraft, die auf einen Körper wirkt, verursacht eine Zusatzgeschwindigkeit in Kraftrichtung.

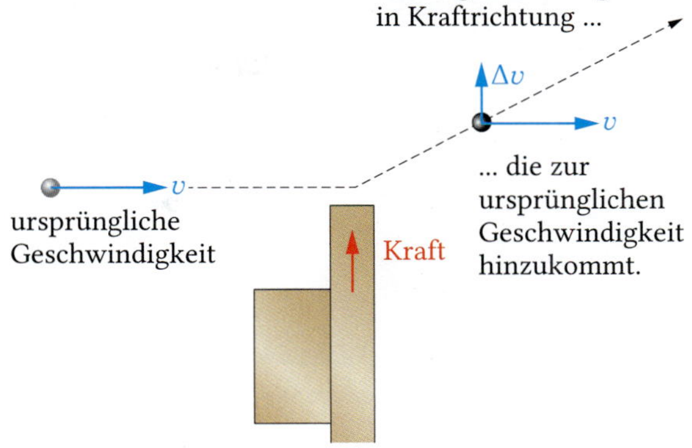

B3 *Die Geschwindigkeit in x-Richtung bleibt erhalten; eine Zusatzgeschwindigkeit in Kraftrichtung kommt hinzu.*

Die Zusatzgeschwindigkeit kommt zur bereits vorhandenen Geschwindigkeit des Körpers hinzu. Je nach Kraftrichtung kann die Zusatzgeschwindigkeit die gleiche oder eine andere Richtung haben als die vorhandene Geschwindigkeit.

Wir können nun erklären, welche falsche Vorstellung dazu führt, dass beim Fußball so viele Bälle nach einer Direktannahme nicht ins Tor gehen: Körper bewegen sich nämlich nicht immer in Richtung der einwirkenden Kraft. Wenn der Körper – wie bei der Direktannahme – schon in Bewegung ist, führt eine Krafteinwirkung nur zu einer Zusatzgeschwindigkeit in Richtung Tor. Das heißt aber nicht, dass der Ball am Ende im Netz landet.

Löse selbst

1 ➡ Erläutere den Zusammenhang zwischen Kraftrichtung und Zusatzgeschwindigkeit.

2 ➡ In Versuch **V1a** stimmt die Bewegungsrichtung mit der Kraftrichtung überein. Handelt es sich um einen Widerspruch zum Merksatz? Begründe.

3 ➡ Erkläre, warum es einfacher ist, einen Ball erst zu stoppen und dann zu schießen, anstatt ihn „volley" aufs Tor zu schießen.

4 ↗ Basketballspieler bleiben bei Distanzwürfen stehen, bevor sie werfen. Erkläre, warum es schwierig ist, aus dem Laufen in den Korb zu treffen.

2.7 Kraftmessung und Wechselwirkungsprinzip

B1 *Das Mädchen dehnt einen Expander.*

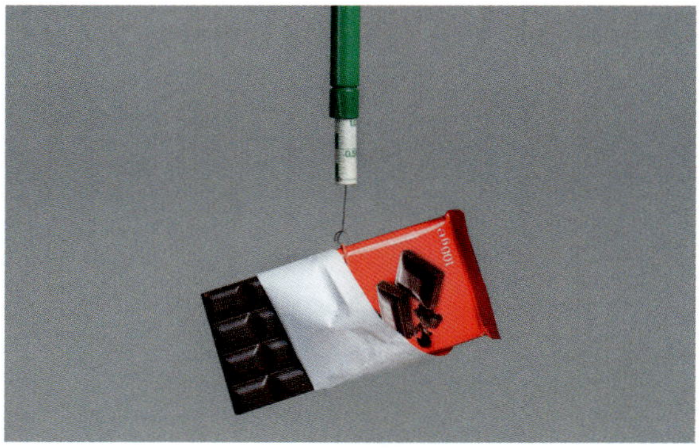

B2 *1 Newton ist die Gewichtskraft einer Tafel Schokolade.*

Messen von Kräften. Beim Training mit einem Expander dehnst du mit deiner Muskelkraft elastische Seile (Bild **B1**). Je größer die Kraft ist, die deine Arme auf den Expander ausüben, desto weiter kannst du die Seile dehnen. Auf diese Weise lässt sich schon eine einfache Aussage über die Größe einer Kraft treffen. Um eine wirkliche Messung der physikalischen Größe „Kraft“ durchführen zu können, muss man aber ein Messverfahren festlegen und eine Einheit angeben.

Jede physikalische Größe wird durch ihre Wirkungen gemessen. Zum Festlegen eines Messverfahrens für Kräfte eignen sich daher alle Wirkungen einer Kraft:

1. Mit Kräften kann man Körper beschleunigen. Daher könnte man die Größe einer Kraft durch ihre Beschleunigungswirkung festlegen.
2. Jeder Körper wird durch die Erde angezogen und erfährt eine **Gewichtskraft.** Das könnte man zur Kraftmessung ausnutzen.
3. Eine dritte Möglichkeit besteht darin, die verformende Wirkung von Kräften auszunutzen, die sich z. B. am Expander zeigt.

Alle drei Möglichkeiten sind physikalisch sinnvoll.

Die Einheit Newton. Um die Einheit der Kraft, das **Newton,** zu definieren, hat man sich auf die beschleunigende Wirkung geeinigt. Man hat festgelegt:

Merksatz

Wenn ein Körper von 1 kg Masse in einer Sekunde aus dem Stand auf 1 $\frac{m}{s}$ beschleunigt wird, dann wirkt auf diesen Körper die Kraft 1 Newton.

Die Einheit 1 Newton, kurz: 1 N, ist nach dem englischen Physiker Isaac Newton benannt, der im 17. Jahrhundert als Erster die Gesetze der Mechanik formuliert hat. Die Größe der Einheit Newton kannst du dir am einfachsten durch Vergleich mit der Gewichtskraft veranschaulichen (Bild **B2**). Als Faustregel kannst du dir merken: Ein Newton entspricht ungefähr der Gewichtskraft einer 100-g-Tafel Schokolade.

Federkraftmesser. Für praktische Messungen von Kräften ist die verformende Wirkung am besten geeignet. Ein Federkraftmesser misst die Kraft durch Dehnung einer elastischen Stahlfeder. Wie du bei der Kraftmessung vorgehst, ist im Methodenkasten beschrieben.

Methode: Umgang mit Federkraftmessern

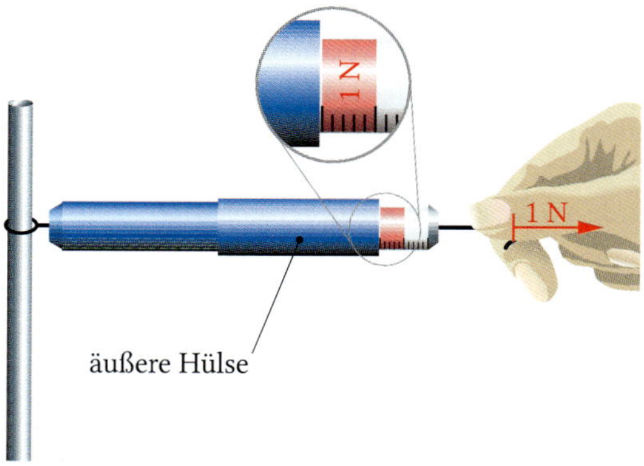

1. Stelle die äußere Hülse so ein, dass der untere Rand mit dem Wert null zusammenfällt.
2. Belaste den Federkraftmesser. Die Feder wird gedehnt.
3. Lies den Wert der Kraft am unteren Rand der äußeren Hülse ab.
4. Den Federkraftmesser darfst du niemals überdehnen!

Wer zieht, der wird gezogen. Den Versuch in Bild **B3a** könnt ihr im Unterricht selbst ausprobieren. Achtet dabei darauf, dass ihr euch nicht selbst gefährdet. Wenn ihr gleichzeitig am Seil zieht, bewegt ihr euch aufeinander zu. Markiert den Ort, wo ihr euch trefft.

Als nächstes soll nur noch einer von euch am Seil ziehen. Der andere wird gezogen (Bild **B3b**). Überraschenderweise trefft ihr euch wieder an der gleichen Stelle wie zuvor. Wer am Seil zieht, übt eine Kraft auf den anderen aus und setzt ihn dadurch in Bewegung. Aber auch der Ziehende wird selbst in Bewegung versetzt. Auch auf ihn wirkt eine Kraft. Die Kraftwirkung über das Seil erfolgt also stets wechselseitig.

Man spricht hier von **Kraft** und **Gegenkraft** und von **Wechselwirkung.** Immer, wenn du eine Kraft auf einen Körper ausübst, dann übt dieser auch eine Kraft auf dich aus. Versuch **V1** zeigt, dass diese Gegenkraft immer gleich groß und entgegengesetzt gerichtet ist.

! Merksatz

Wechselwirkungsgesetz: Wenn ein Körper A eine Kraft auf einen Körper B ausübt, dann übt auch Körper B auf Körper A eine gleich große und entgegengesetzt gerichtete Kraft aus.

V1 Kraft und Gegenkraft

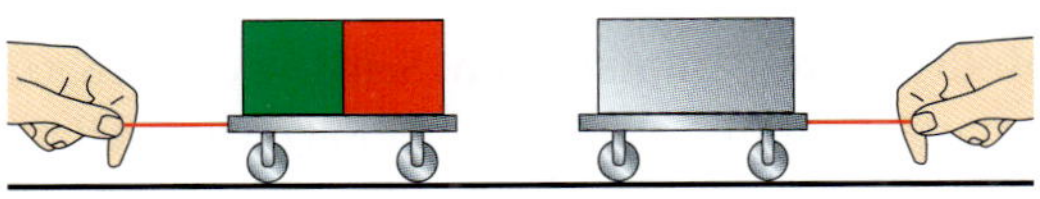

a) Befestige einen Magneten und ein Eisenstück jeweils auf einem Wagen. Stelle sie so auf, dass sie sich in einem gewissen Abstand gegenüberstehen. Wenn du die Wagen loslässt, bewegen sie sich aufeinander zu.
b) Halte die beiden Wagen nun mit Kraftmessern fest. Die Kraftmesser zeigen gleich große, entgegengesetzt gerichtete Kräfte an.
Statt der Kraftmesser kannst du auch Gummiringe nehmen. Die Gummiringe werden gleich weit gedehnt.

B3 *a) Beide ziehen am Seil. b) Nur eine Person zieht am Seil.*

Löse selbst

1 ➡ Mit der Fingerspitze übst du eine Kraft auf ein Stück Knetmasse aus und verformst es.
Nenne den Körper, auf den die Gegenkraft wirkt.

2 ➡ Ein Auto fährt von hinten auf ein anderes auf. Erörtere, auf welche Körper Kraft und Gegenkraft wirken. Gib ihre jeweiligen Wirkungen an.

3 ↗ Ein losgelassener Stein fällt aufgrund der Erdanziehung nach unten. Gib an, zwischen welchen Körpern hier Kraft und Gegenkraft wirken.

4 ↗ Baue einen möglichst empfindlichen Kraftmesser mit einer geeigneten Skala. Verwende folgende Materialien: Büroklammern, Trinkhalme, Lineal, Pappstreifen, Wäscheklammern, Papier, Klebstoff, Wägestücke, Bindfaden, Gummibänder.
Schätze ab, wie genau deine Messergebnisse sind.

2.8 Raketen und Satelliten

B1 *Start einer Rakete*

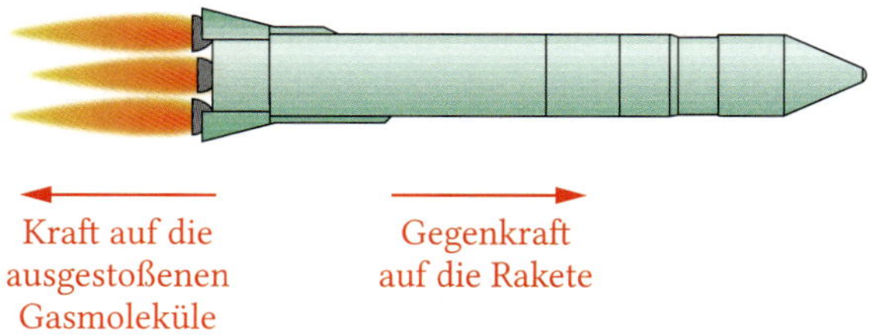

B2 *Kraft und Gegenkraft bei einer Rakete*

Rückstoß und Wechselwirkungsprinzip. Ein Raketenstart ist ein beeindruckendes Ereignis, das von riesigen Feuerschweifen und ohrenbetäubendem Lärm begleitet wird (Bild **B1**). Versuch **V1** zeigt das Prinzip, das dem Raketenantrieb zugrunde liegt: Wenn du auf dem Skateboard einen Ball wegwirfst, wirst du in die entgegengesetzte Richtung beschleunigt. Diesen Effekt nennt man **Rückstoß.** Die Erklärung gelingt mit dem Wechselwirkungsgesetz. Beim Wegwerfen des Balls übst du eine Kraft auf den Ball aus und beschleunigst ihn. Nach dem Wechselwirkungsprinzip übt der Ball auch eine Kraft auf dich aus. Durch diese Kraft wirst du mit dem Skateboard in die entgegengesetzte Richtung beschleunigt.

Der Raketenantrieb. Der Raketenantrieb funktioniert nach dem gleichen Prinzip. Statt eines großen Gegenstands stößt die Rakete viele kleine Gegenstände aus, nämlich die Moleküle der Verbrennungsgase. Das macht keinen Unterschied. In Versuch **V1** kannst du auch eine entsprechende Menge an Sand wegschleudern. Durch die Gegenkraft, den Rückstoß, wird die Rakete vorangetrieben (Bild **B2**).

V1 Rückstoß

Stelle dich mit einem Medizinball auf ein Skateboard und stoße den Ball weg. Das Skateboard wird in die entgegengesetzte Richtung in Bewegung gesetzt.

Im Gegensatz zu Flugzeugtriebwerken, die ebenfalls nach dem Rückstoßprinzip funktionieren, muss eine Rakete auch den zur Verbrennung benötigten Sauerstoff mitführen. Die Treibstoffe werden im Raketentriebwerk nach und nach verbrannt und die gasförmigen Reaktionsprodukte werden nach hinten ausgestoßen. Nach dem Wechselwirkungsprinzip wird die Rakete dadurch nach vorne beschleunigt.

Die Kraft, mit der die Rakete beschleunigt wird, ist umso größer, je größer die Masse der ausgestoßenen Gase und je höher ihre Ausstoßgeschwindigkeit ist. Raketentriebwerke werden daher so konstruiert, dass die Verbrennungsgase beim Verlassen des Triebwerks eine sehr hohe Geschwindigkeit von bis zu 4000 $\frac{m}{s}$ haben.

Satelliten und Raumsonden. Seit dem ersten Satellitenstart („Sputnik“, 1957) sind mit Raketen und Raumfähren Tausende von Satelliten in Erdumlaufbahnen gebracht worden. Sie strahlen Fernsehprogramme aus, beobachten Wetter und Klima und erforschen den Ursprung des Universums. Zahlreiche Satelliten werden auch zur Spionage eingesetzt.

Satelliten umkreisen die Erde. Dagegen entfernen sich Raumsonden von der Erde, um das Sonnensystem zu erforschen (Bild **B3**). Bisher sind nur fünf Raumsonden so stark beschleunigt worden, dass sie trotz der gewaltigen Anziehungskraft der Sonne das Sonnensystem verlassen können. Es sind die Raumsonden Pioneer 10 und 11 und Voyager 1 und 2, die zwischen 1972 und 1977 starteten, sowie New Horizons (2006). Auf ihrer

Reise durch das Sonnensystem gelangen ihnen spektakuläre Fotografien der äußeren Planeten (Bild **B4**). Voyager 1 hat inzwischen eine Entfernung von 22 Milliarden Kilometern von der Sonne erreicht.

Raumsonden und das Trägheitsgesetz. Brauchen die Raumsonden zum Weiterflug noch einen Antrieb, nachdem sie das Sonnensystem verlassen haben? Diese Frage lässt sich mit dem Trägheitsgesetz beantworten: Die Anziehungskraft der Sonne ist in dieser großen Entfernung so schwach, dass sie vernachlässigt werden kann. Es gibt dort auch keine Luftreibung, die die Bewegung der Raumsonde abbremsen würde. Auf Voyager wirken also keine Kräfte. Nach dem Trägheitsgesetz bewegt sich die Sonde daher geradlinig-gleichförmig immer weiter (in Richtung des Sternbilds Schlangenträger). Ein Antrieb wird dazu nicht benötigt; die Sonde wird keinen Treibstoff mehr brauchen. Selbst in Millionen von Jahren wird ihre Geschwindigkeit immer noch den gleichen Wert wie heute besitzen, nämlich 17 $\frac{\text{km}}{\text{s}}$.

Astronauten und das Trägheitsgesetz. Das Trägheitsgesetz ist für Astronauten auch in Erdnähe wichtig. Astronauten sind bei ihren „Weltraumspaziergängen" angeseilt (Bild **B5**). Das geschieht nicht, um sie vor dem Herunterfallen zu bewahren.

Das Anleinen ist lebenswichtig. Das lässt sich mit dem Trägheitsgesetz erklären: Stelle dir vor, ein Astronaut stößt sich versehentlich vom Raumschiff ab und entfernt sich nun langsam davon. Er möchte wieder umkehren. Aber das gelingt ihm nicht. Um nämlich die Geschwindigkeit eines Körpers zu ändern, muss eine Kraft auf ihn wirken. In der Nähe des Astronauten befindet sich jedoch kein anderer Körper, der eine Kraft auf ihn ausüben könnte. Es ist nichts zum „Abstoßen" da. Ohne das rettende Seil driftet er daher unaufhaltsam vom Raumschiff weg.

B3 *Die Raumsonde Voyager 1*

B4 *Saturn mit seinen Ringen, fotografiert von Voyager 2*

B5 *Ein Astronaut beim „Weltraumspaziergang"*

Löse selbst

1 ➡ Erläutere den Begriff Rückstoß. Stelle eine Verbindung zum Wechselwirkungsprinzip her.

2 ➡ Begründe, warum sich die Geschwindigkeit der Raumsonde Voyager 1 nicht mehr ändert.

3 ↗ Manchmal hört man den Einwand: Eine Rakete stößt sich an der Luft ab. Im luftleeren Raum kann sie daher nicht funktionieren. Erläutere noch einmal das Funktionsprinzip eines Raketenantriebs und prüfe bei jedem Argumentationsschritt, ob die Umgebungsluft eine Rolle spielt.

4 ↗ Kann der wegdriftende Astronaut sich doch noch retten? Über Funk sagt man ihm: „Wirf den Schraubenschlüssel weg!" Begründe den Sinn dieser Anweisung mit einem physikalischen Gesetz. Lies dazu noch einmal die Erklärung zu Versuch **V1**. Erläutere, in welche Richtung der Astronaut den Schraubenschlüssel wegwerfen muss.

2.9 Die Gewichtskraft

B1 *Ein Flugzeug wird von einem Kran angehoben.*

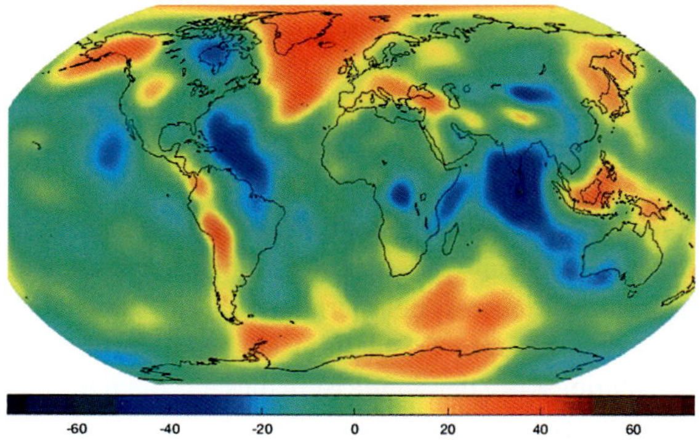

B3 *Gravimetrische Karte der Erde*

Schwerkraft und Gewichtskraft. In Bild **B1** hebt ein Kran ein ausgedientes Flugzeug an, um es zu einer Ausstellungsfläche zu transportieren. Zum Heben des Flugzeugs ist eine große Kraft erforderlich. Umgangssprachlich sagt man: Das Flugzeug hat ein hohes Gewicht, es ist schwer. In der Physik spricht man von **Gewichtskraft,** auch von Schwerkraft oder Gravitation (*gravis*, lat.: schwer). Die Gewichtskraft wird von der Erde auf das Flugzeug ausgeübt. Jeder losgelassene Körper fällt nach unten, weil die Gewichtskraft ihn beschleunigt.

Die Gravitation ist eine Grundkraft der Natur. Alle Körper ziehen sich gegenseitig an. Die gegenseitige Anziehungskraft zwischen den „leichten" Körpern, mit denen wir täglich umgehen, ist aber unmerklich klein. Deshalb ist die Gewichtskraft, die einen Körper nach unten fallen lässt, die einzige Wirkung der Gravitation, die wir im Alltag wahrnehmen.

Die Gewichtskraft ist stets zur Erdmitte gerichtet und vermittelt uns die Vorstellung von „oben" und „unten". Auch für die Bewohner auf der Südhalbkugel ist „unten" dort, wohin ein Stein fällt (Bild **B2**).

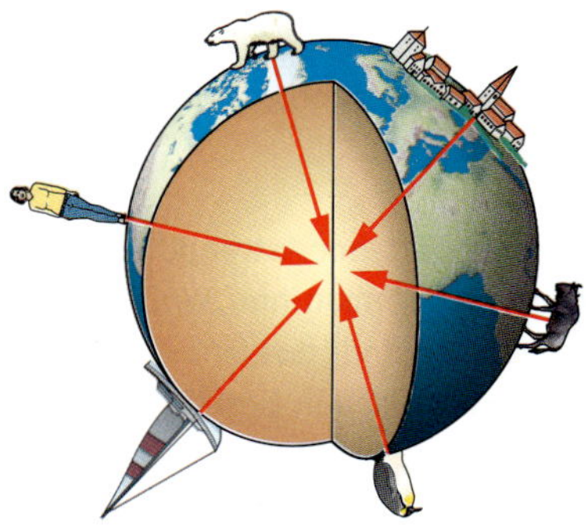

B2 *Die Gewichtskraft ist stets zum Mittelpunkt der Erde gerichtet.*

Gravimetrie. Mit empfindlichen Geräten kann man auch schwache Gravitationswirkungen nachweisen. Jeder einzelne Erdklumpen und Gesteinsbrocken im Erdinneren trägt mit seiner Anziehung zur Gewichtskraft bei, die auf einen Körper wirkt. Wenn an einer Stelle in der Erde „ein Stück fehlt", weil dort ein Hohlraum im Gestein ist, wird die Gewichtskraft eines Körpers an der Erdoberfläche schwächer (Bild **B4**). Ein Stein wiegt dort weniger. Hochpräzise Waagen müssen deshalb auf den jeweiligen Ort eingestellt (kalibriert) werden.

Die Gravimetrie ist eine Messmethode, die dies ausnutzt: Man wiegt einen Körper an verschiedenen Stellen mit einer sehr empfindlichen Waage. Über Hohlräumen zeigt die Waage einen geringeren Wert der Gewichtskraft an. Damit kann man z. B. verborgene Schächte alter Bergwerke oder vergessene Kellergewölbe aufspüren. Archäologen haben mit gravimetrischen Messungen nach Hohlräume in Pyramiden gesucht. Auch Öl- oder Gasvorkommen kann man mit Schweremessungen entdecken. Man hat sogar für die gesamte Erde gravimetrische Karten erstellt. Bild **B3** zeigt die Abweichungen in Millionstel des Normalwerts.

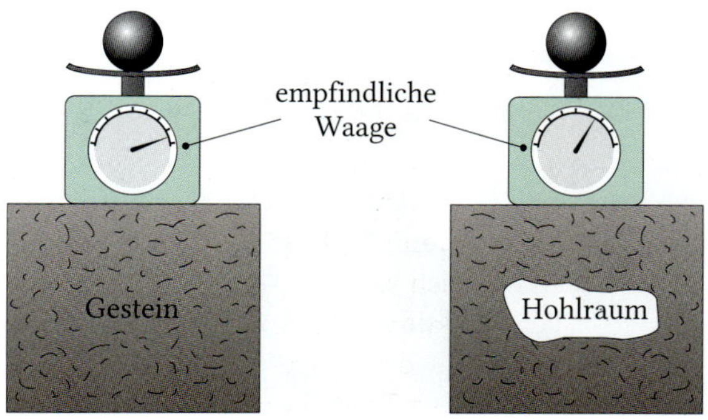

B4 *Prinzip der Gravimetrie*

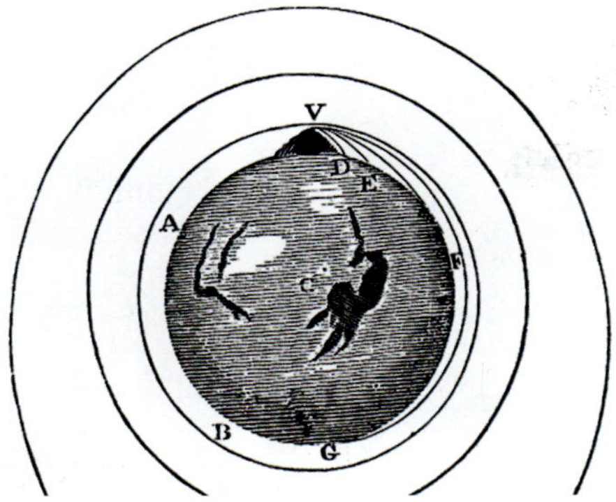

B5 *Newtons „Wurf um die Erde" (Originalabbildung)*

Wurf um die Erde. Die Schwerkraft bewirkt auf der Erde das Fallen eines Steins. Sie hält aber auch den Mond auf seiner Bahn um die Erde. Diese Erkenntnis verdanken wir ISAAC NEWTON (1643–1727), der nicht nur die Grundgesetze der Bewegung gefunden, sondern auch eine Theorie der Gravitation entwickelt hat. NEWTON überlegte sich: Der Mond bewegt sich auf seiner nahezu kreisförmigen Bahn um die Erde, weil er infolge der Schwerkraft ständig zur Erde hin „fällt". Um dies zu veranschaulichen, betrachtete er ein Wurfgeschoss, das vom Gipfel eines hohen Berges horizontal zur Erdoberfläche weggeschleudert wird (Bild **B5**). Ohne die Schwerkraft würde das Geschoss aufgrund seiner Trägheit geradeaus weiterfliegen. Da aber die Schwerkraft auf das Geschoss wirkt, wird es ständig aus seiner Flugrichtung in Richtung Erdmittelpunkt abgelenkt. Ein langsames Geschoss trifft deshalb bald wieder auf die Erde auf. Je schneller das Geschoss ist, desto weiter fliegt es. Schließlich kann es so schnell sein, dass es auf einer Kreisbahn um die Erde fliegt – wie es der Mond tut. Bei noch größerer Geschwindigkeit würde das Geschoss die Erde ganz verlassen.

Schwerelosigkeit. Die Astronauten schweben in der Raumstation ISS schwerelos umher, obwohl die Schwerkraft der Erde in 400 km Höhe noch vorhanden ist. In Versuch **V1** kannst du schwereloses Wasser beobachten: Während des Fallens fließt es nicht aus dem Loch im Joghurtbecher. Wie lässt sich das erklären? Normalerweise ist der Boden nötig, um das Wasser am Auslaufen zu hindern. Aber wenn Joghurtbecher und Wasser gemeinsam und gleich schnell nach unten fallen, hat der Boden diese Funktion nicht mehr. Es kann ruhig ein Loch im Boden sein – das Wasser fällt trotzdem nicht schneller als der Becher. Es wird vom Boden nicht mehr getragen; es ist „schwerelos".

V1 Schwerelosigkeit

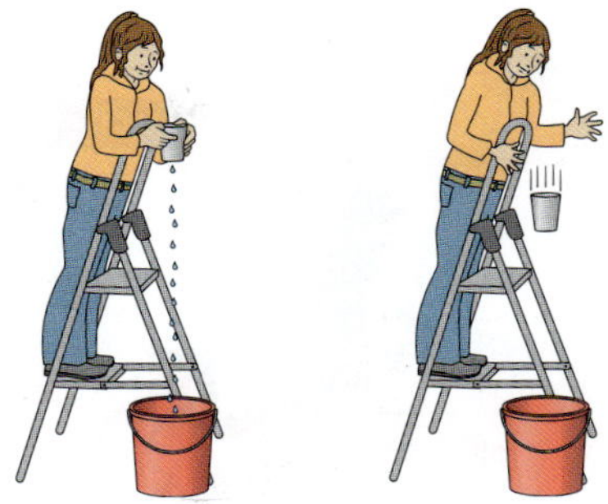

Bohre ein Loch in den Boden eines Joghurtbechers. Verschließe das Loch mit dem Finger und fülle Wasser hinein. Lasse den Becher von einer Leiter in ein Auffanggefäß fallen. Beobachte dabei das ausfließende Wasser.

Das Wasser im Becher ist auch schwerelos, wenn man den Becher nach oben oder schräg wirft. Sobald der Becher die Hand verlassen hat, hört das Wasser zu fließen auf. Schwerelosigkeit tritt immer dann auf, wenn ein Körper unter dem Einfluss der Gravitation frei fällt. Auch die Astronauten befinden sich zusammen mit dem Raumschiff im freien Fall um die Erde. Wie das Wasser im Joghurtbecher sind sie schwerelos.

! Merksatz

Körper im freien Fall sind schwerelos.

Löse selbst

1 Erkläre, warum die Menschen auf der „anderen Seite" der Erde nicht hinunterfallen.

2 Erläutere, was man unter „oben" und „unten" versteht.

3 In Versuch **V1** wirkt die Gewichtskraft auf das Wasser, trotzdem ist es schwerelos. Nimm zu diesem scheinbaren Widerspruch Stellung.

4 a) Recherchiere im Internet nach den Begriffen „microgravimetry" und „pyramid". Tausche deine Ergebnisse mit deinen Mitschülern aus.
b) Erörtere am Beispiel der in a) gefundenen Texte, welche Merkmale einen ernsthaften Fachtext von einem „unseriösen" Text unterscheiden.

2.10 Masse und Gewichtskraft

B1 *Je größer die Masse ist, desto länger ist der Bremsweg.*

B2 *Auf dem Mond trägt man leichter.*

Die Masse. Mit einem Fußball kannst du bequem aufs Tor schießen. Seine Geschwindigkeit zu ändern, fällt dir leicht. Ganz anders sieht es aus, wenn du einen Medizinball schießen sollst. Um seine Geschwindigkeit zu ändern, benötigst du eine viel größere Kraft.

Versuch **V1** zeigt, dass der Bremsweg eines beladenen Lastenfahrrads bei gleicher Kraft länger ist als der Bremsweg des unbeladenen Fahrrads. Die Geschwindigkeitsänderung fällt beim beladenen Fahrrad schwerer als beim unbeladenen. Dieser Zusammenhang zwischen Kraft und Geschwindigkeitsänderung wird physikalisch mit dem Begriff der **Masse** beschrieben.

! Merksatz

Je größer die Masse eines Körpers ist, desto größer ist die für eine bestimmte Geschwindigkeitsänderung nötige Kraft.

Das Formelzeichen für die Masse ist m. Ihre Einheit, ein Kilogramm, kurz: 1 kg, ist dir aus dem Alltag vertraut.

V1 Masse und Geschwindigkeitsänderung

Verwende möglichst ein Lastenfahrrad wie in Bild **B1**. Ziehe mit Kreide eine Linie auf dem Schulhof.
a) Fahre mit dem unbeladenen Fahrrad mit einer konstanten Geschwindigkeit von $15\,\frac{\text{km}}{\text{h}}$ auf die Linie zu. Wenn du die Linie erreicht hast, beginnst du, gleichmäßig zu bremsen. Markiere mit Kreide die Stelle, an der das Vorderrad zum Stillstand kommt.
b) Belade das Fahrrad mit einem schweren Gegenstand und wiederhole den Versuch. Bremse möglichst genauso wie mit dem unbeladenen Fahrrad.
c) Vergleiche die beiden Bremswege.

Die Gewichtskraft hängt vom Ort ab. Der Astronaut in Bild **B2** konnte auf dem Mond große Sprünge machen, obwohl allein seine Ausrüstung eine Masse von 85 kg hatte. Auf dem Mond ist die Gewichtskraft eines Körpers kleiner als auf der Erde. Wie lässt sich das verstehen?

Die Gewichtskraft eines Körpers an der Erdoberfläche ist eine Folge der gegenseitigen Anziehung zwischen Körper und Erde. Wenn sich unter dem Körper wegen eines Hohlraums etwas weniger Gestein befindet, dann ist seine Gewichtskraft geringer. Seine Masse bleibt dagegen gleich, unabhängig von der Beschaffenheit des Erdbodens unter ihm.

Der Mond hat eine viel geringere Masse als die Erde. Unter einem Körper auf der Mondoberfläche befindet sich daher im Vergleich zur Erde viel weniger Gestein (Bild **B3**). Die Gewichtskraft des Körpers auf dem Mond ist daher auch geringer als auf der Erde, nur ca. ein Sechstel. Allerdings hat die Masse des Körpers auf dem Mond den gleichen Wert wie auf der Erde. Der Astronaut kann eine schwere Last leicht heben. Wenn er einen Körper aber beschleunigt, das heißt seine Geschwindigkeit ändert, dann fällt dies genauso schwer wie auf der Erde.

! Merksatz

Die Gewichtskraft eines Körpers hat auf dem Mond einen kleineren Wert als auf der Erde. Die Masse des Körpers ist dagegen genauso groß.

Die Gewichtskraft hängt davon ab, wo sich der Körper befindet, z. B. auf der Erde oder auf dem Mond. Die Masse eines Körpers ist unabhängig vom Ort.

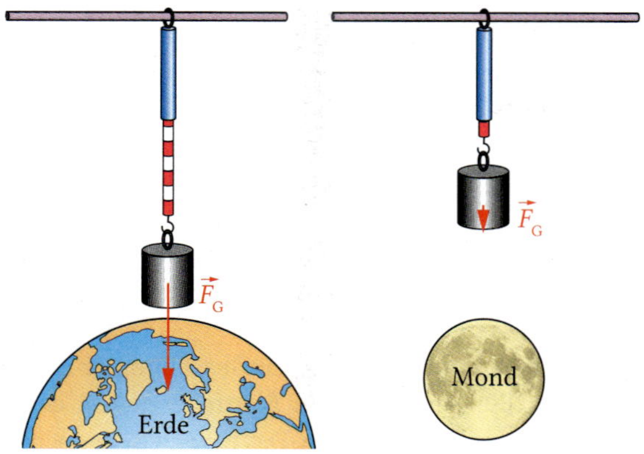

B3 *Die größere Masse der Erde erzeugt die größere Gewichtskraft.*

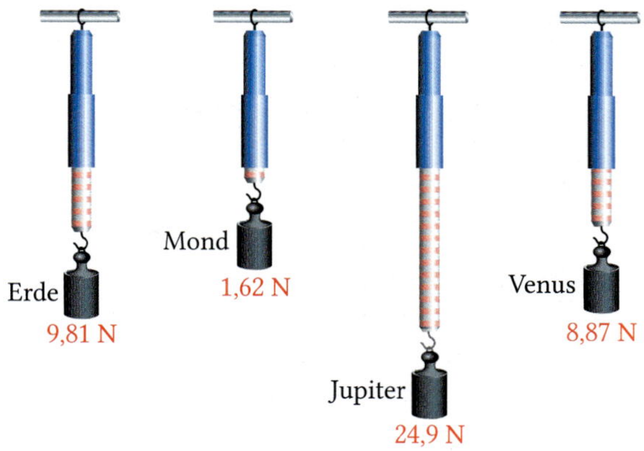

B4 *Die Gewichtskraft auf denselben Körper hängt vom Ort ab.*

Der Ortsfaktor. Mit Versuch **V2** kannst du die Beziehung zwischen Masse und Gewichtskraft ermitteln. Die Masse wird dabei in Kilogramm gemessen, die Gewichtskraft in Newton. Der Versuch zeigt: Die Gewichtskraft F_G und die Masse m sind zueinander proportional. Genauere Messungen für die Proportionalitätskonstante $\frac{F_G}{m}$ ergeben den Wert 9,81 $\frac{\text{N}}{\text{kg}}$. Diese Konstante bezeichnet man mit g.

! Merksatz

Die Gewichtskraft F_G und die Masse m eines Körpers sind am gleichen Ort zueinander proportional. Es gilt: $F_G = m \cdot g$.

Für Überschlagsrechnungen kannst du dir merken: Auf einen Körper der Masse 1 kg wirkt auf der Erdoberfläche ungefähr eine Gewichtskraft von 10 N.

Wenn man Versuch **V2** auf dem Mond durchführen würde, dann ergäbe sich ein geringerer Wert für die Konstante g. Noch andere Werte erhielte man auf anderen Planeten (Bild **B4**). Man nennt g deshalb auch **Ortsfaktor.** Tabelle **T1** zeigt einige Werte.

V2 Ortsfaktor

Masse m in kg	Gewichtskraft F_G in N	$g = \frac{F_G}{m}$ in $\frac{\text{N}}{\text{kg}}$
0,10	0,98	9,8
0,20	1,96	9,8
0,50	4,90	9,8
1,0	9,8	9,8

Hänge an einen Kraftmesser Körper bekannter Masse und miss jeweils die Gewichtskraft. Mögliche Messwerte zeigt obige Tabelle.

Ort	g in $\frac{\text{N}}{\text{kg}}$
Erde	9,81
Mond	1,62
Mars	3,77
Venus	8,87
Jupiter	24,9
Saturn	11,1
Sonne	274

T1 *Ortsfaktoren im Sonnensystem*

Löse selbst

1 ➡ a) Die Ausrüstung eines Astronauten hat eine Masse von 85 kg. Bestimme den Wert der Gewichtskraft auf der Erde, auf dem Mond und auf dem Mars.
b) Bestimme den prozentualen Fehler, wenn man den genauen Wert 9,81 $\frac{\text{N}}{\text{kg}}$ durch 10 $\frac{\text{N}}{\text{kg}}$ ersetzt.

2 ➡ Eine Sonde landet auf einem Planeten des Sonnensystems. Sie bestimmt dort die Gewichtskraft eines Körpers der Masse 20 kg zu 74 N. Nenne den Planeten, auf dem die Sonde gelandet ist.

3 ➡ Der Wert von g variiert sogar auf der Erde. Am Äquator beträgt er nur 9,78 $\frac{\text{N}}{\text{kg}}$, am Nordpol 9,86 $\frac{\text{N}}{\text{kg}}$. Recherchiere, woran das liegt.

4 ➚ Ein Goldbarren mit der Masse von 1 kg wird sorgfältig gewogen und in einem verschlossenen und versiegelten Paket von Kinshasa (Afrika) nach Oslo geschickt. Nach der Ankunft wird der Goldbarren auf der mitgereisten Waage abermals gewogen. Er wiegt nun 8 g mehr – obwohl das Siegel unversehrt war. Erkläre, wie das möglich ist.

2.11 Mehrere Kräfte

V1 Betrag, Richtung und Angriffspunkt einer Kraft

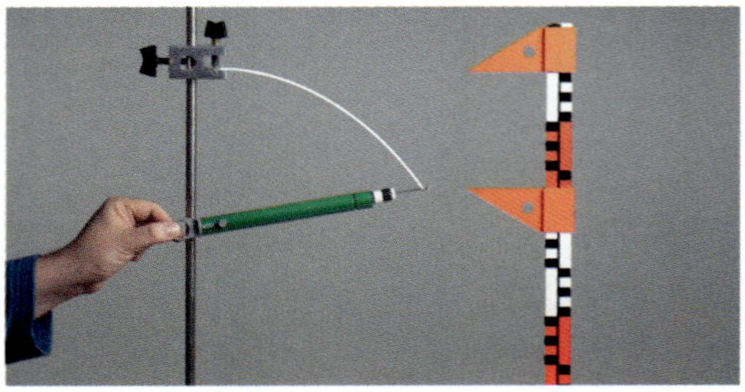

Spanne eine Blattfeder mit Hilfe von Stativmaterial ein. Ziehe an der Blattfeder mit einem Kraftmesser und verändere dabei nacheinander:
- die Richtung der Kraft,
- den Angriffspunkt der Kraft an der Blattfeder,
- den Betrag der Kraft.

Beobachte jeweils die Wirkung der Kraft auf die Blattfeder.

B1 *Entstehung von Regentropfen bei blauem Himmel*

V2 Die Wirkung zweier Kräfte

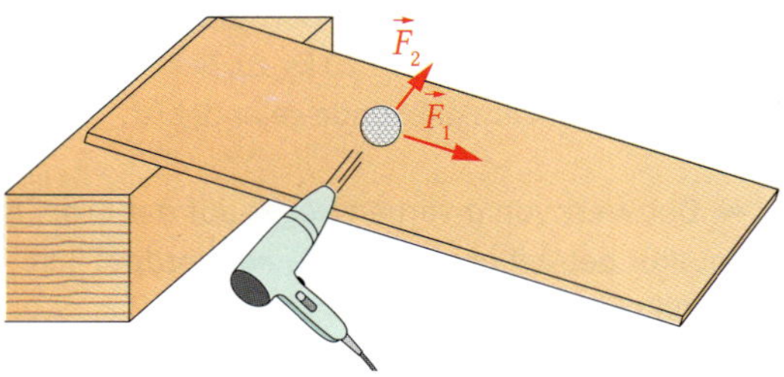

a) Setze eine Kugel auf eine schiefe Ebene und lasse sie los. Durch die Schwerkraft wird die Kugel die Schräge hinab beschleunigt.
b) Übe nun mit Hilfe eines Haartrockners eine zweite Kraft auf die Kugel aus und beobachte, wie sich verschiedene Kraftrichtungen auf die Bewegung der Kugel auswirken.

Kraftrichtung und Angriffspunkt. Mit dem Federkraftmesser misst du die Größe einer Kraft, ihren **Betrag.** Kräfte sind aber nicht nur durch ihren Betrag gekennzeichnet. Die Blattfeder in Versuch **V1** biegt sich unterschiedlich weit, wenn du bei gleichem Betrag der Kraft in verschiedene Richtungen ziehst. Die Wirkung der Kraft hängt nicht nur von ihrem Betrag ab, sondern auch von der **Richtung,** in der die Kraft wirkt.

Es gibt noch einen weiteren Einflussfaktor. Je näher du an der Einspannstelle der Blattfeder ziehst, desto geringer ist die Durchbiegung. Das bedeutet, dass neben Betrag und Kraftrichtung noch ein drittes Merkmal die Wirkung einer Kraft bestimmt: der Punkt, an dem die Kraft angreift, der **Angriffspunkt.**

! Merksatz

Die Wirkung einer Kraft hängt von Richtung, Betrag und Angriffspunkt der Kraft ab.

Kraftpfeile. Gerichtete Größen wie die Kraft nennt man **Vektoren.** Man stellt sie durch Pfeile dar. Dem Fußpunkt des Pfeils entspricht der Angriffspunkt der Kraft, die Richtung des Pfeils entspricht der Kraftrichtung. Die Länge des Pfeils zeigt den Betrag der Kraft an. Über das Formelzeichen F wird ein Pfeil gesetzt: $\vec{F}$.

Vom Wind abgetrieben. Manchmal wirst du von Regen nass, obwohl direkt über dir der Himmel blau ist (Bild **B1**). Die Regentropfen stammen aus einer Wolke, die schräg über dir steht. Sie sind vom Wind abgetrieben worden. Bei Windstille fallen die Regentropfen senkrecht herunter. Die Schwerkraft wirkt nach unten, und dadurch werden sie in diese Richtung in Bewegung gesetzt. Wenn der Wind weht, dann wirkt noch eine zweite Kraft auf die Regentropfen. Zur Schwerkraft tritt die Kraft hinzu, die der Wind auf die Tropfen ausübt. Sie hat eine andere Richtung als die Schwerkraft und lenkt die Tropfen seitlich ab. Eine solche Ablenkung kannst du in Versuch **V2** erkunden.

Eine Kraft als Ersatz für zwei. Wenn eine Kraft auf einen Körper wirkt, dann verursacht sie eine Zusatzgeschwindigkeit in Kraftrichtung. Versuch **V2** zeigt, dass es bei zwei Kräften komplizierter ist. Um die Wirkung zweier Kräfte zu beschreiben, können wir sie zu einer Gesamtkraft addieren. Die **Gesamtkraft** hat die gleiche Wirkung wie die beiden einzelnen Kräfte gemeinsam.

Zwei Kräfte $\vec{F}_1$ und $\vec{F}_2$ kannst du folgendermaßen zu der Gesamtkraft $\vec{F}_{\text{Gesamt}}$ addieren (Bild **B2**):

- Zeichne $\vec{F}_1$.
- Lege $\vec{F}_2$ so, dass der Anfangspunkt von $\vec{F}_2$ mit der Spitze von $\vec{F}_1$ zusammenfällt.
- Zeichne den Pfeil vom Anfangspunkt von $\vec{F}_1$ bis zur Spitze von $\vec{F}_2$. Dieser Pfeil entspricht der Gesamtkraft $\vec{F}_{\text{Gesamt}} = \vec{F}_1 + \vec{F}_2$.

Zwei Kräfte, die an einem Punkt eines Körpers angreifen, kannst so durch eine Gesamtkraft ersetzen.

Kräftegleichgewicht. Ein wichtiger Fall liegt vor, wenn zwei Kräfte auf einen Körper wirken, die gleich groß und entgegengesetzt gerichtet sind. Das ist in Versuch **V3** immer dann der Fall, wenn sich die Walze mit konstanter Geschwindigkeit bewegt, wenn sich ihre Geschwindigkeit also nicht ändert. Man sagt dann: Die beiden Kräfte befinden sich im **Kräftegleichgewicht.** Sie addieren sich zur Gesamtkraft null.
Das gilt ganz allgemein: Wenn Kräftegleichgewicht an einem Körper herrscht, dann bewegt er sich mit konstanter Geschwindigkeit. Die Ruhe, $v = 0\,\frac{\text{m}}{\text{s}}$, ist ein spezieller Fall davon.

! Merksatz

Kräftegleichgewicht: Wenn an einem Körper zwei Kräfte angreifen, die gleich groß und entgegengesetzt gerichtet sind, dann ändert sich die Geschwindigkeit des Körpers nicht.

Kräftegleichgewicht und Wechselwirkungsgesetz kann man leicht verwechseln. Du kannst sie aber folgendermaßen unterscheiden:

- Beim Wechselwirkungsgesetz greifen Kraft und Gegenkraft immer an zwei verschiedenen Körpern an.
- Beim Kräftegleichgewicht greifen dagegen zwei Kräfte an einem Körper an.

Löse selbst

1 ➡ Erläutere den Begriff des Kräftegleichgewichts.

2 ↗ Eine Straßenlampe hängt zwischen Hauswänden an zwei Drahtseilen, die einen Winkel von 140° einschließen. An jedem Seil wirkt eine Kraft von 205 N.
Fertige eine Skizze an und bestimme die Gesamtkraft.

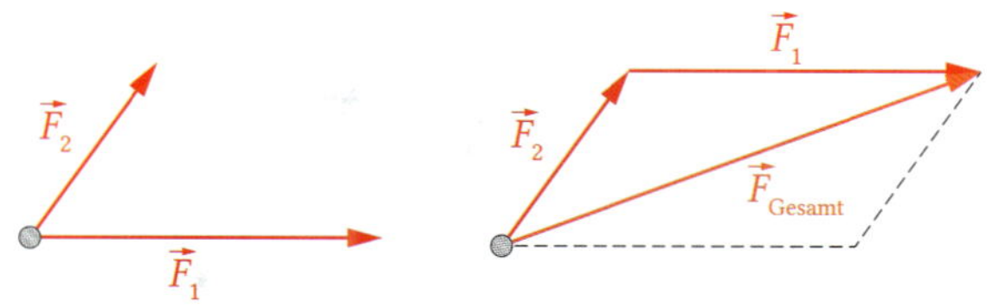

B2 *Konstruktion der Gesamtkraft*

V3 Bewegung im Kräftegleichgewicht

Befestige zwei Kraftmesser an einer Walze. Ziehe an beiden Kraftmessern so, dass sich die Walze mit konstanter Geschwindigkeit von links nach rechts bewegt. Vergleiche die Anzeigen der Kraftmesser.

Beispielaufgabe

Mehrere Kräfte

Das Bild zeigt zwei Pferde, die in entgegengesetzte Richtung an einer Hose ziehen. Finde im Bild
a) ein Beispiel für Kräftegleichgewicht,
b) ein Beispiel für Kraft und Gegenkraft.

Lösung:
a) Beide Pferde ziehen mit gleicher Kraft an der Hose. Es greifen also zwei Kräfte am gleichen Körper an. Es herrscht **Kräftegleichgewicht.** Die Hose bleibt in Ruhe; sie ändert ihre Geschwindigkeit nicht. Sie wird nur durch Dehnung verformt.
b) Das linke Pferd übt eine Kraft auf die Hose aus. Gleichzeitig übt aber auch die Hose über das Geschirr eine Kraft auf das Pferd aus. Dies ist ein Beispiel für **Kraft** und **Gegenkraft.**

2.11 Mehrere Kräfte

Methode: Genauigkeit von Messungen

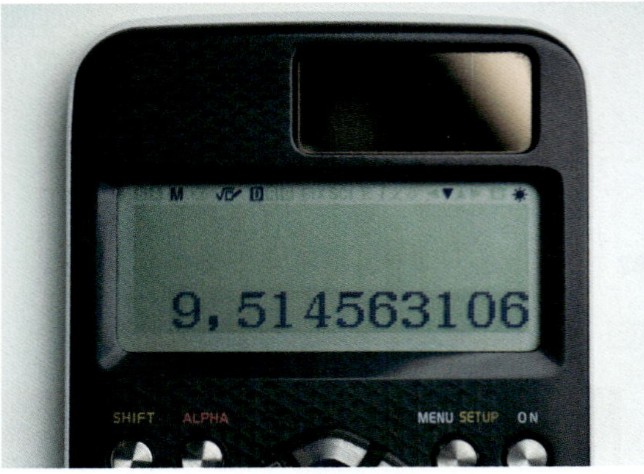

B1 *Der Taschenrechner zeigt „krumme" Zahlen an.*

B2 *Messung der Sprungweite mit dem Maßband*

„Krumme" Zahlen im Taschenrechner. Wenn du den Versuch zur Bestimmung des Ortsfaktors auf den vorigen Seiten durchgeführt und eine Wertetabelle angelegt hast, musstest du den Quotienten der Messwerte von F und m bilden. Falls du keine Massenstücke mit ganz „glatten" Werten der Masse verwendet hast, hat dein Taschenrechner wahrscheinlich „krumme" Zahlen wie 9,514563106 angezeigt (Bild **B1**). Es ist nicht sinnvoll, im Ergebnis alle diese Stellen anzugeben. In der Physik gibt es eine Regel, wie viele Stellen man sinnvollerweise angibt. Es ist eine Frage der Ablesegenauigkeit und des Messfehlers.

Ablesegenauigkeit. Mit dem Federkraftmesser kannst du die Kraft vielleicht bis auf 0,1 N genau ablesen. Dein Messwert lautet z. B. $F = 2{,}7$ N. Das sind zwei Ziffern. Genauer kannst du den Messwert nicht angeben. Der „wahre" Wert könnte 2,68 N oder 2,74 N lauten, aber das ist durch die Messung nicht zu entscheiden. Deshalb ist es auch nicht sinnvoll, mehr Ziffern für die Angabe der Kraft aufzuschreiben. Die Angabe $F = 2{,}7000$ N würde eine Genauigkeit vorgaukeln, die deine Messung gar nicht hat.

Geltende Stellen. Um bei der Angabe eines Messergebnisses keine größere Ablesegenauigkeit vorzutäuschen, als die Messung tatsächlich zulässt, achtet man auf die Anzahl der **geltenden Stellen.** Damit ist die Anzahl der „sicheren" Stellen gemeint, die man durch Ablesen am Messgerät zuverlässig bestimmen kann. Die Angabe $F = 2$ N hat zum Beispiel eine geltende Stelle, $F = 2{,}1$ N hat zwei geltende Stellen und $F = 2{,}10$ N drei geltende Stellen.

Bei analogen Messgeräten mit Zeigern oder Skalen ist die Ablesegenauigkeit durch die Abstände zwischen den Skalenstrichen begrenzt. Bei Messgeräten mit Digitalanzeige gibt es das Problem der begrenzten Ablesegenauigkeit nicht. Aber auch digitale Messgeräte haben nur eine begrenzte Messgenauigkeit. Sie ist auf dem Messgerät entweder aufgedruckt oder man kann sie der Anleitung entnehmen. Für analoge wie auch für digitale Messgeräte gilt die Regel:

Messergebnisse werden so angegeben, dass die Anzahl der gültigen Stellen der Messgenauigkeit entspricht.

Messfehler. Beim Wiederholen einer Messung wirst du meistens nicht das gleiche Messergebnis wie beim ersten Versuch erhalten. Obwohl man bei der Messung gar nicht unbedingt etwas falsch gemacht hat, spricht man von **Messfehlern.**

Messfehler treten aus unterschiedlichen Gründen auf. Ein Beispiel aus dem Sport kann das verdeutlichen: Das Messen von Sprung- oder Wurfweiten mit dem Maßband kennst du vom Weitsprung (Bild **B2**). Bevor die Weitenmessung mit einem Laser eingeführt wurde, hat man auch die wesentlich größeren Weiten beim Hammerwurf mit Maßbändern bestimmt. Diese Maßbänder sind 100 m lang. Die Herstellerfirmen der Maßbänder können wegen nicht vermeidbarer Ungleichmäßigkeiten beim Fertigen der Maßbänder nur bestimmte Fehlergrenzen einhalten. Ein Maßband kann in Wirklichkeit bis zu 10 mm länger oder kürzer sein als 100 m. Man schreibt deshalb auch ±10 mm.

Der damalige Weltrekord im Hammerwurf lag bei 86,74 m. Bei einer mit dem Maßband gemessenen Wurfweite von 86,74 m könnte die wirkliche Wurfweite demnach auch 86,75 m (neuer Weltrekord) oder 86,73 m (kein neuer Weltrekord) betragen. Heute verwendet man im Sport Lasermessgeräte oder führt Videoauswertungen durch. Dies ist teurer und aufwändiger, aber auch genauer.

Genaugenommen müsste man bei der Angabe der Wurfweiten die Messunsicherheit nennen. Doch dann gäbe es häufiger als bisher mehrere Sieger. Denn selbst bei etwas ungleichen Weiten müsste man die Leistungen im Rahmen der Messunsicherheiten als gleich bewerten.
Es ist grundsätzlich unmöglich, ohne Fehler zu messen. Die Fehler werden hervorgerufen durch Veränderungen der Messgeräte, z. B. durch Verschleiß, der Umwelt, z. B. der Temperatur, und durch den Beobachter.

Zufällige Messfehler. Von den gerätebedingten Messfehlern muss man die zufälligen Messfehler unterscheiden. Damit beschreibt man, dass die Messwerte immer etwas schwanken, wenn man die gleiche Messung mehrfach wiederholt.

Wenn du mit dem Lineal mehrmals die Breite deines Buches misst (Bild **B3**), wirst du feststellen, dass die einzelnen Messwerte voneinander abweichen. In Tabelle **T1** sind Länge und Breite eines Buches angegeben, die fünfmal mit einem Lineal gemessen wurden: Den dritten Messwert für die Länge kannst du ausschließen, da er sich deutlich von allen anderen unterscheidet (grober Ablesefehler). Alle anderen aber sind unter vergleichbaren Bedingungen mit gleicher Sorgfalt gewonnen worden, also gleichberechtigt.

Nr.	Länge in cm	Breite in cm
1	26,5	19,6
2	26,4	19,4
3	(28,5)	19,5
4	26,3	19,4
5	26,3	19,3
Mittelwert	26,4	19,4

T1 *Messwerte beim Ausmessen des Buches*

B3 *Längenmessung mit dem Lineal*

Welchen Wert soll man verwenden? Vielleicht denjenige, der dem richtigen Wert am nächsten kommt? Ihn kennen wir aber nicht. Es ist deshalb üblich, den **Mittelwert** der Messwerte zu berechnen und anzugeben.

Produkte von Messwerten. Wenn du die Mittelwerte in Tabelle **T1** multiplizierst, um die Fläche des Buches zu bestimmen, erhältst du im Taschenrechner die eingangs erwähnten „krummen" Zahlen, nämlich $A = 26{,}4\ \text{cm} \cdot 19{,}4\ \text{cm} = 512{,}16\ \text{cm}^2$. Ist es sinnvoll, alle Stellen anzugeben?

Das Ergebnis kann nicht genauer sein als die Messgrößen, die in seine Berechnung eingehen. Die Länge mit 26,4 cm und die Breite mit 19,4 cm haben jeweils drei geltende Stellen. Man rundet daher den aus den Mittelwerten errechneten Wert für die Fläche ebenfalls auf drei geltende Stellen und erhält $A = 512\ \text{cm}^2$. Es gilt die folgende Regel:

Wenn mehrere Messwerte in eine Rechnung eingehen, dann rundet man das Ergebnis so, dass es höchstens so viele geltende Stellen hat wie das Messergebnis mit den wenigsten geltenden Stellen.

Das folgende Beispiel erläutert diese Vorgehensweise: Ein Fußballtor ist 2,44 m hoch und 7,32 m breit. Wie groß ist die Fläche, durch die der Ball fliegen kann? Genau gerechnet sind es: $A = 2{,}44\ \text{m} \cdot 7{,}32\ \text{m} = 17{,}8608\ \text{m}^2$. Sinnvoll sind aber nur drei geltende Ziffern. Das Ergebnis lautet also $A = 17{,}9\ \text{m}^2$.

2.12 Hebel und Flaschenzug

B1 *Die Saftpresse ist ein einseitiger Hebel.*

B2 *Die Wippe ist ein zweiseitiger Hebel.*

Ein- und zweiseitiger Hebel. Mit einer Saftpresse lassen sich Orangen leichter auspressen als mit der Hand. Das Mädchen in Bild **B1** greift außen am Hebel der Presse an, sodass auf die Orange ein Vielfaches der Handkraft wirkt. Das liegt daran, dass der Griff der Saftpresse ein **Hebel** ist. In der Physik versteht man unter einem Hebel eine starre Stange, die drehbar gelagert ist. Bei der Saftpresse im Bild wird die Stange nach unten bewegt und damit die Orange ausgepresst.

Der **Hebelarm** ist der Abstand der Drehachse vom Angriffspunkt der Kraft. Mit verschieden langen Hebelarmen kann man unterschiedlich große Kräfte ins Gleichgewicht bringen. Bei der Wippe auf dem Spielplatz setzen sich Vater und Sohn so hin, dass die Wippe im Gleichgewicht ist (Bild **B2**). Der Sohn sitzt in größerem Abstand von der Drehachse. Sein längerer Hebelarm gleicht seine geringere Gewichtskraft aus.

V1 Kraft und Hebelarm

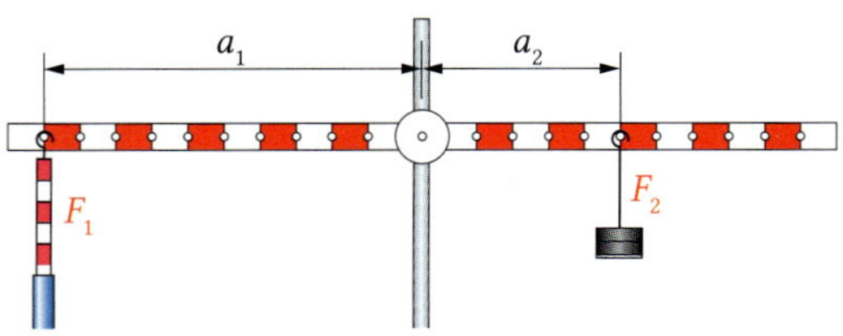

Eine gerade Hebelstange ist in ihrem Schwerpunkt drehbar gelagert. Hänge an die rechte Seite des Hebels ein Massestück (Gewichtskraft F_2) im Abstand $a_2 = 5{,}0$ cm von der Drehachse. Miss mit einem Kraftmesser auf der linken Seite an verschiedenen Stellen die Kraft F_1, die den Hebel im Gleichgewicht hält, und trage die Werte in eine Tabelle ein.

Linker Hebelarm			Rechter Hebelarm		
F_1 in N	a_1 in cm	$F_1 \cdot a_1$ in N·cm	F_2 in N	a_2 in cm	$F_2 \cdot a_2$ in N·cm
1,10	5,0	5,5	1,10	5,0	5,5
0,55	10,0	5,5	1,10	5,0	5,5
0,37	15,0	5,5	1,10	5,0	5,5

Merksatz

Beim Hebel gilt: Mit einem längeren Hebelarm benötigt man eine kleinere Kraft.

Wenn du eine Flasche mit einem Flaschenöffner öffnest, nutzt du den langen Hebelarm, um dies mit geringer Kraft zu schaffen. Die Beispiele zeigen: Es gibt zwei verschiedene Möglichkeiten, wie Kräfte an einem Hebel angreifen können:

1. Die Kräfte greifen auf beiden Seiten der Drehachse am Hebel an. Das nennt man einen **zweiseitigen Hebel.**
2. Die Kräfte greifen nur auf einer Seite der Drehachse an. Das nennt man einen **einseitigen Hebel.**

Der Versuch **V1** erklärt das Funktionsprinzip eines zweiseitigen Hebels. Im Gleichgewicht ist das Produkt aus Kraft F und Hebelarm a für beide Seiten gleich groß.

Merksatz

Hebelgesetz: Der Hebel ist im Gleichgewicht, wenn die Produkte aus Kraft und zugehörigem Hebelarm gleich groß sind:

$$F_1 \cdot a_1 = F_2 \cdot a_2.$$

Warum der Esel in der Luft hängt. Wenn man das Hebelgesetz nicht beachtet, kann es schnell zu überraschenden Unfällen kommen (Bild **B3**).

Der Esel in Bild **B3a** wird von der **Last** des Karrens hochgehoben. Offenbar ist das Produkt aus Gewichtskraft und Hebelarm für den Esel geringer als für die Last.

Wie man diese Hebelarme bestimmt, erklärt die Zeichnung in Bild **B3b:** Man stellt sich vor, dass die gesamte Gewichtskraft des Esels in dessen Schwerpunkt angreift – und ebenso beim Karren. Der Hebelarm ist dann der senkrechte Abstand zwischen Drehachse und Kraftpfeil. Anschaulich ist klar, dass der direkte, schräge Abstand zwischen dem Schwerpunkt der Last und der Drehachse nicht entscheidend ist. Wie hoch die Last gestapelt ist, ist für das Anheben des Esels ohne Bedeutung. Was zählt, ist die Kraft, die auf den Boden des Karrens wirkt. Sie „dreht" den Hebel.

Mit der Beispielaufgabe kannst du prüfen, ob du das verstanden hast. Der Exkurs auf der nächsten Seite erklärt dir den Begriff **Schwerpunkt** ausführlicher.

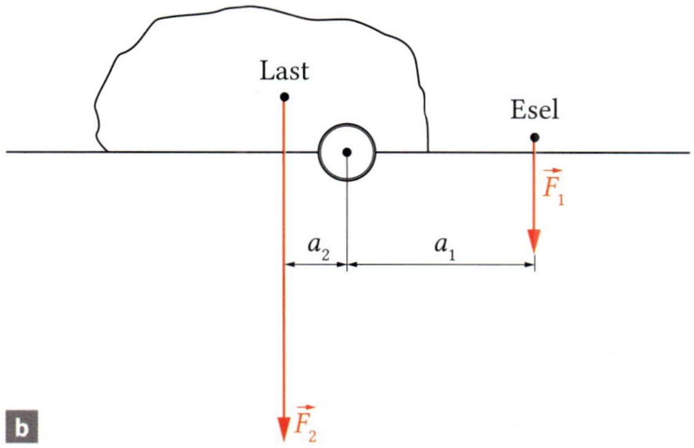

B3 *Unfall mit dem Eselskarren*

Beispielaufgabe

Unfall mit dem Abschleppkran

Erkläre den Unfall mit dem Abschleppkran in Bild **B4**, indem du die Schwerpunkte und die Drehachse benennst.

Lösung: In Bild **B4a** mit dem Kranwagen erkennt man, dass er über die Räder auf der Beifahrerseite ins Wasser kippt. Die Drehachse verläuft also dort, wo die Räder der Beifahrerseite den Boden berühren. Kran und Auto bilden einen zweiseitigen Hebel mit dieser Drehachse. Betrachte die beiden Seiten des Hebels:

a) Auf der Seite des Kranwagens wirkt die Gewichtskraft des Kranwagens nach unten. Der Hebelarm ist der Abstand von der Drehachse zum Mittelpunkt des Kranwagens. Dort liegt der Schwerpunkt des Fahrzeugs.

b) Auf der Seite des Autos ist der Hebelarm der Abstand von der Drehachse bis zu dem Aufhängepunkt des Autos. Dieser Abstand ist deutlich größer, sodass hier ein größerer Hebelarm wirkt. Deshalb kippt das System aus Kran und Auto über die Drehachse ins Wasser.

B4 *Unfall mit dem Abschleppkran*

2.12 Hebel und Flaschenzug

B1 *In dieser Position der Pedale ist das Anfahren schwer.*

B4 *Der Radfahrer tritt aus der Waagerechten in die Pedale.*

Senkrecht zum Hebelarm geht es leichter. Wenn du mit dem Fahrrad an der Ampel hältst, richtest du – bevor die Ampel auf Grün schaltet – die Pedale waagerecht aus. Also gerade nicht so wie in Bild **B1** zu sehen. Dann kommst du beim Losfahren am schnellsten voran.

Grund dafür ist die Hebelwirkung der Pedale. Sie ist am größten, wenn man senkrecht zu den Pedalarmen in die Pedale tritt. Wenn die Pedalarme fast aufrecht stehen, ist die Hebelwirkung der Pedale geringer. Bild **B1** veranschaulicht, warum das so ist: Du trittst von oben auf die Pedale. Der Hebelarm ist daher der Abstand zwischen Pedal und Pedalachse, so wie du ihn in der Draufsicht von Bild **B1** siehst – also relativ kurz. Wenn die Pedale waagerecht stehen, ist dieser Abstand, und damit der Hebelarm, am größten. So fällt das Anfahren leicht.

Bei einem Liegefahrrad wie in Bild **B4** ist es genau andersherum: Hier tritt man aus der Waagerechten in die Pedale. Der Hebelarm ist daher am größten, wenn die Pedale senkrecht stehen.

Exkurs: Der Schwerpunkt

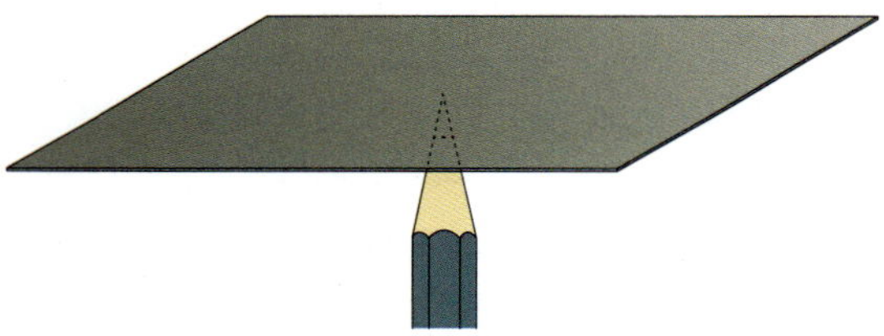

B2 *Die Pappscheibe fällt nicht herunter.*

B3 *Der Schwerpunkt liegt außerhalb des Körpers.*

Was der Begriff Schwerpunkt bedeutet, veranschaulicht folgender Handversuch: Lege eine dünne Pappscheibe so auf eine Bleistiftspitze, dass sie nicht herunterkippt (Bild **B2**). Der Schwerpunkt kann durchaus außerhalb eines Körpers liegen (Bild **B3**).

Du findest genau eine Stelle, an der die Pappscheibe nicht von der Bleistiftspitze fällt. Es ist so, als ob dort die gesamte Masse der Scheibe konzentriert wäre. Dieser Punkt heißt **Schwerpunkt.** Er liegt im Innern der Scheibe. Obwohl die Gewichtskraft auf alle Teile der Pappscheibe wirkt, kann man den Schwerpunkt als Angriffspunkt der Gewichtskraft betrachten.

Ein Körper ist im Gleichgewicht, wenn er im Schwerpunkt unterstützt wird. Was andernfalls passiert, kannst du selbst ausprobieren:

Führe deine Hände mit gestreckten Beinen an die Fußspitzen. Versuche das anschließend noch einmal, wobei du nun mit dem Rücken an der Wand stehst, sodass die Fersen die Wand berühren. Jetzt kippst du um, weil der Schwerpunkt des menschlichen Körpers etwa in der Höhe des Bauchnabels liegt. Um nicht umzufallen, musst du den Schwerpunkt über deinen Füßen halten. An der Wand geht das nicht. Wenn du den Schwerpunkt zu weit nach vorn verlagerst, verlierst du das Gleichgewicht.

Beispielaufgabe

Hebel am Menschen

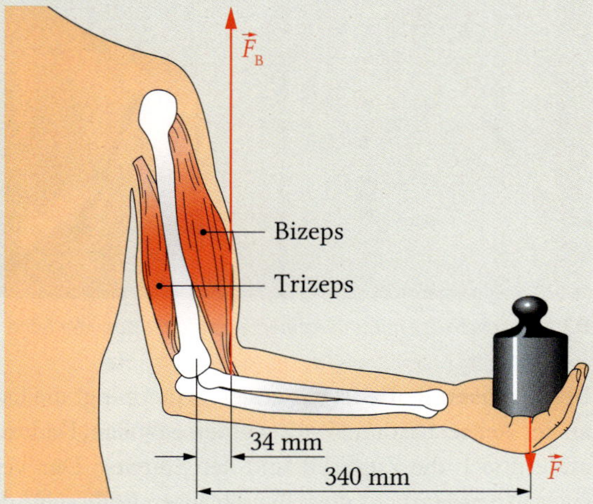

Auch am menschlichen Körper gibt es Hebel. Ein Beispiel ist der Unterarm. Die Skizze zeigt die Funktionsweise des Bizeps-Muskels.

a) Begründe anhand der Skizze, warum der Bizeps den Unterarm nach oben bewegt.
b) Welche Kraft muss der Bizeps aufwenden, um ein Massestück von fünf Kilogramm zu halten? Berechne.

Lösung:

a) Der Bizeps zieht den Unterarm nach oben, da er rechts der Drehachse, also rechts des Ellenbogengelenks, eine Kraft nach oben ausübt. Damit ist der Unterarm ein einseitiger Hebel.
b) Um das 5-kg-Massestück halten zu können, beträgt die benötigte Kraft an der Hand:

$$F_1 = m \cdot g = 5\ \text{kg} \cdot 9{,}81\ \frac{\text{N}}{\text{kg}} = 49{,}5\ \text{N}.$$

Der Abstand der Hand von der Drehachse beträgt 340 mm, der Abstand des Angriffspunktes des Bizeps von der Drehachse ist aber nur 34 mm. Das Hebelgesetz besagt für ein Kräftegleichgewicht:

$F_1 \cdot a_1 = F_2 \cdot a_2$, also gilt:
$49{,}5\ \text{N} \cdot 340\ \text{mm} = F_2 \cdot 34\ \text{mm}.$

Nach F_2 auflösen ergibt:

$$F_2 = 49{,}5\ \text{N} \cdot \frac{340\ \text{mm}}{34\ \text{mm}} = 495\ \text{N}.$$

Der Bizeps muss aufgrund des kürzeren Hebelarms eine Kraft von 495 N aufbringen.

Alternativen zum Hebel. Ein Kran wie der in Bild **B5** hebt schwere Lasten an einem langen Metallarm, dem Ausleger. Dabei wirkt am Ausleger eine große Kraft an einem sehr langen Hebelarm. Nach dem Hebelgesetz fällt es sehr schwer, durch Bewegen des langen Hebelarms die Last anzuheben.

Ein solcher Kran arbeitet daher anders: Der Ausleger wird in Position gebracht und festgestellt. Dann fährt der Kranführer Stützen seitlich am Fahrzeug aus. Sie verhindern, dass der Kran umkippt. Erst danach hebt er die Last mit Drahtseilen an. Dabei handelt es sich um ein System aus mehreren Rollen und Drahtseilen. Ein solches System nennt man **Flaschenzug.**

Auf der nächsten Seite erfährst du, wie ein solcher Flaschenzug funktioniert. Das zugrunde liegende physikalische Prinzip ist das gleiche wie beim Hebel: Beim Heben einer schweren Last „erkauft“ man sich eine geringe Kraft durch einen längeren Weg, über den man diese Kraft aufwenden muss.

B5 *Mobile Kräne heben schwere Lasten.*

2.12 Hebel und Flaschenzug

B1 *Flaschenzug eines mobilen Krans*

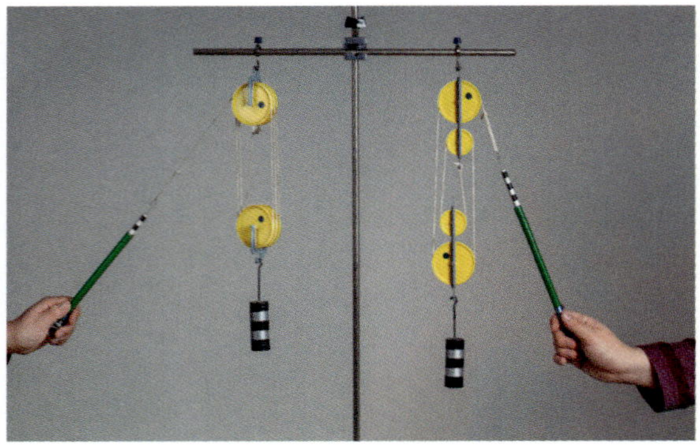

B2 *Flaschenzüge mit unterschiedlicher Zahl tragender Seile*

Feste und lose Rolle. Ein Kran verwendet Seile und Rollen (Bild **B1**). Damit werden Richtung und Betrag von Kräften geändert. Bei einer Rolle wird das Seil in einer Rille geführt. Sie kann in zwei verschiedenen Anordnungen verwendet werden: Bei einer **festen Rolle** ist die Achse an der Aufhängung befestigt. Eine feste Rolle lenkt die Kraft nur um, ändert ihren Betrag aber nicht. Die **Hubkraft,** also die Kraft, mit der man die Last hochzieht, ist gleich der **Zugkraft,** also der Kraft, mit der man am anderen Seilende zieht.

Die feste Rolle ändert auch nicht die durchlaufende Länge des Seils. Der **Hubweg,** um den die Last angehoben wird, ist gleich dem **Zugweg,** den man am Seilende ziehen muss.

V1 Die lose Rolle

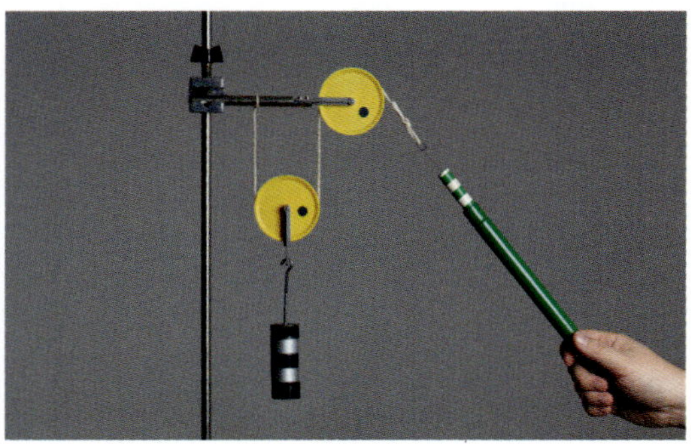

Hänge eine Last an eine lose Rolle. Das Zugseil wird über eine feste Rolle geführt.
Miss mit einem Kraftmesser die Zugkraft für verschiedene Belastungen. Trage die Werte in eine Tabelle ein.
Berücksichtige dabei die Gewichtskraft der losen Rolle.

Bei der **losen Rolle** ist das anders: Hier hängt die Last an der Achse; Last und Rolle werden gehoben. Dadurch ändern sich die Zugkraft und der Zugweg. Der Versuch **V1** verdeutlicht dies: Bei der losen Rolle wird die Hubkraft auf zwei Seilstücke verteilt. Beide Seilstücke werden verkürzt, wenn du am Seilende ziehst. Allerdings verdoppelt sich der Weg, den du ziehen musst.

! Merksatz

Eine lose Rolle halbiert die benötigte Zugkraft gegenüber der Hubkraft: $F_{\text{Zug}} = \frac{1}{2}\,F_{\text{Hub}}$.
Der Zugweg ist doppelt so groß wie der Hubweg.
Die Gewichtskraft der Rolle wird vernachlässigt.

Der Nachteil einer losen Rolle ist, dass stets von oben gezogen werden muss. Diesen Nachteil kann man durch eine feste Rolle wie in Versuch **V1** ausgleichen.

Der Flaschenzug. Eine Kombination von losen und festen Rollen nennt man **Flaschenzug.** Beim rechten Flaschenzug in Bild **B2** hängt die Last an vier Seilen. Die Hubkraft verteilt sich gleichmäßig auf diese vier Seile. Auf jedes Seil entfällt ein Viertel der Hubkraft. Die Kraft wird kleiner, dafür wird der Zugweg größer. Beim linken Flaschenzug in Bild **B2** verteilt sich die Hubkraft auf sechs Seile, die beim Hochziehen verkürzt werden.

! Merksatz

Bei einem Flaschenzug mit n tragenden Seilen beträgt die Zugkraft ein n-tel der Hubkraft:

$$F_{\text{Zug}} = \frac{1}{n} \cdot F_{\text{Hub}}.$$

Der Zugweg ist das n-Fache des Hubweges.

Löse selbst

1

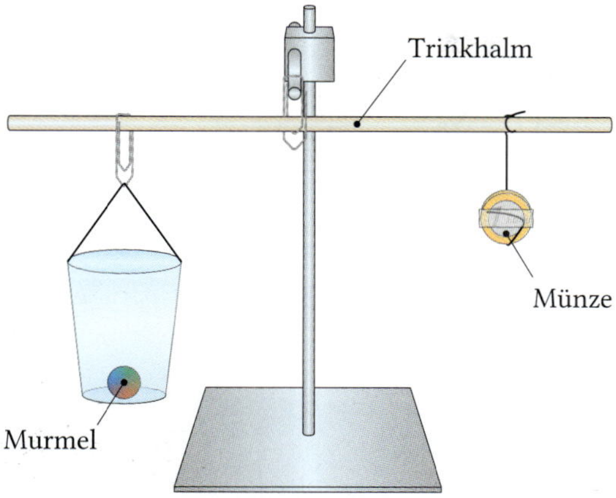

Eine Strohhalmwaage ist ein empfindliches Messinstrument. Die Skizze oben zeigt ihren Aufbau, bestehend aus Stativ, Strohhalm (oder einem anderen leichten, dünnen Rohr, etwa einem Bambustrinkröhrchen) und Heftklammern.
Befestige eine Bindfadenschlaufe mit Klebeband an einer 1-€-Münze. Lege eine Murmel in den Plastikbecher.
a) Schiebe am anderen Arm die Euromünze (m = 7,50 g) hin und her, bis du das Gleichgewicht gefunden hast. Markiere die Stelle und miss den Abstand a_1 vom Aufhängepunkt.
b) Tausche nun die 1-€-Münze gegen eine 2-€-Münze. Entwickle ein Verfahren, um mithilfe des Hebelgesetzes ihre Masse möglichst genau zu bestimmen.

2

a) Erkläre, warum der linke Flaschenöffner ein einseitiger Hebel ist.
b) Zeichne eine Skizze für beide Flaschenöffner. Die Skizze soll Drehpunkt, Hebelarme und Kräfte enthalten. Erkläre damit die Funktionsweise der Öffner.
c) Der rechte Flaschenöffner kann als einseitiger oder zweiseitiger Hebel betrachtet werden. Erkläre.

3 Mit dem Gebiss kann der Mensch eine Kraft von bis zu 4000 N ausüben. Mit dem Unterarm gelingt dies bei weitem nicht. Beurteile physikalisch: Ist der Kaumuskel wirklich so viel stärker als der Bizeps?

4 Auszubildende mussten früher die folgende Regel lernen: „Gewaltig ist des Schlossers Kraft, wenn er mit dem Hebel schafft.“ Begründe.

5

Korkenzieher nutzen Hebel, um einen Korken aus einer Flasche zu ziehen.
a) Skizziere den Aufbau des Korkenziehers so, dass Hebelarme, Drehpunkte und Kräfte sichtbar werden.
b) Schätze ab, um welchen Faktor der Korkenzieher die Handkraft beim Herausziehen des Korkens vergrößert.

6 Berechne die Kraft, die erforderlich ist, um eine Last von 500 N mit einer losen Rolle (F_G = 20 N) zu heben. Überlege dir, was sich ändert, wenn du nicht senkrecht nach oben, sondern schräg ziehst.

7 Mit einem Flaschenzug mit zwei losen Rollen wird ein Sandsack (m = 240 kg) gehoben. Berechne die erforderliche Zugkraft, wenn der untere Teil des Flaschenzuges eine Masse von 8 kg hat.

8 Diskutiere, inwiefern die Schnürung eines Schuhs Parallelen zum Flaschenzug aufweist.

9 Flaschenzüge mit zu vielen Rollen funktionieren nicht mehr. Erkläre, warum – die Theorie besagt doch, dass die Zugkraft bei n tragenden Seilen um den Faktor n verringert wird.

2.13 Energie, eine physikalische Größe

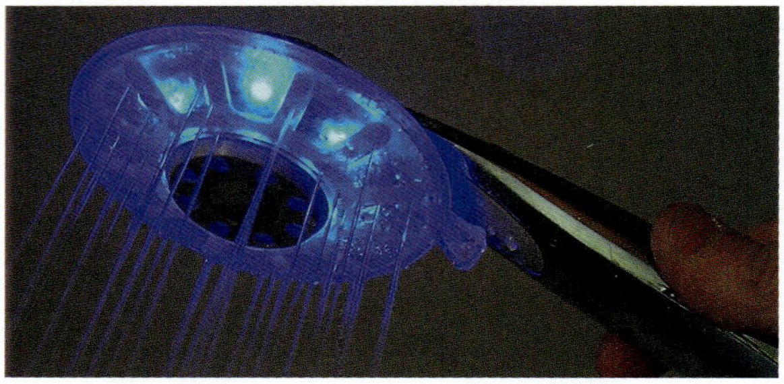

B1 *Für viele Vorgänge im Alltag benötigt man Energie.*

Der Begriff Energie im Alltag. Das Bild **B1** zeigt Beispiele, bei deren Beschreibung der Begriff Energie hilft. Ein Autofahrer tankt z. B. Benzin, weil das Auto zur Fortbewegung Energie benötigt. Dein Smartphone schließt du regelmäßig an die Steckdose an, um es „aufzuladen“, also um es mit Energie zu versorgen. Wenn das Duschwasser erhitzt werden soll, ein Raum beleuchtet oder geheizt werden soll, benötigt man Energie.

„Energie sparen“ und „Energieverbrauch senken“ sind bekannte Schlagworte. Um das Klima zu schützen, müssen wir Energie effizient nutzen. Mit den Nahrungsmitteln, die du zu dir nimmst, „tankst“ du Energie. Regelmäßig hört man den Energiebegriff in den Nachrichten aus Politik und Wirtschaft: So soll z. B. die Politik für eine sichere, preisgünstige und umweltverträgliche Energieversorgung der Bevölkerung sorgen oder „die Energiewende muss erfolgreich sein“.

B2 *Thomas Young (1773–1829)*

Wenn von Klimawandel die Rede ist, hörst du von erneuerbaren Energiequellen, die gegenüber Erdöl und Erdgas den Vorteil haben, dass sie nicht zum Anstieg des CO_2-Gehalts in der Atmosphäre führen.

Der Begriff Energie. Er taucht also an ganz unterschiedlichen Stellen im Alltag auf. Er wurde erst 1807 von dem englischen Augenarzt und Physiker Thomas Young (Bild **B2**) als naturwissenschaftlicher Begriff eingeführt. Young untersuchte die physikalischen Gesetze für die Bewegung von Körpern mathematisch. Dabei verwendete er das Wort „Energie“ ausschließlich für einen Term, den wir heute als Bewegungsenergie bezeichnen. Es dauerte noch über 100 Jahre, bis man sich in der Physik einig war, was man unter der physikalischen Größe Energie verstehen soll. Heute spielt die Energie in allen Naturwissenschaften eine zentrale Rolle. Die Gesetzmäßigkeiten, die für sie gelten, werden gleichermaßen in der Biologie, der Chemie, der Physik und in der Technik angewandt.

Den Energiebegriff verwenden. Energie kannst du nicht sehen, nicht fühlen und nicht anfassen. Es handelt sich nicht um einen greifbaren Stoff, sondern um einen abstrakten Begriff. Das macht es schwieriger zu verstehen, was mit Energie gemeint ist.

Den Umgang mit dem Begriff Energie lernt man am besten dadurch, dass man Beispiele betrachtet und sieht, wie in der Physik von Energie gesprochen wird.

Im Physikunterricht hast du Energie bisher vor allem als thermische Energie kennen gelernt – die Energie, die in heißen Körpern steckt. Daneben gibt es aber auch noch weitere Formen von Energie, die du im Folgenden kennen lernen wirst: Bewegungsenergie, Lageenergie oder chemische Energie. Bevor wir konkrete Beispiele für diese Energieformen näher betrachten, gibt der folgende Merksatz schon eine Orientierung über die Eigenschaften des physikalischen Energiebegriffs.

! Merksatz

Eigenschaften der Energie sind:
- Sie kann gespeichert werden.
- Sie kann von einem Körper auf einen anderen übertragen werden: Energieübertragung.
- Sie tritt in verschiedenen Formen auf.
- Sie kann von einer Energieform in eine andere umgewandelt werden.

Beispielaufgabe

Energie früher

Die Bilder in Bild **B3** sind Buchillustrationen, die einen Eindruck geben, wie Bauern im Jahr 1520 gelebt haben. Betrachte das oberste Bild und beschreibe, wofür hier Energie benötigt wird. Gib an, wie heutzutage die Energie für diese Tätigkeiten aufgebracht wird.

Lösung:

Das oberste Bild zeigt die Getreideernte. Mit der Sichel trennt der Bauer die Halme ab, die er mit dem gebogenen Stab festhält. Damit die Halme durchtrennt werden, muss die Sichel schnell geschwungen werden. Dazu braucht man Energie. Heute wird Getreide mit großen Mähdreschern geerntet, die mit Benzin betrieben werden.

Löse selbst

1 ➡ Beschreibe auch die Tätigkeiten in den anderen Bildern. Gib an, wofür Energie benötigt wird und wie die Energie heutzutage aufgebracht wird.

B3 *Bilder in alten Handschriften zeigen das Leben im Mittelalter.*

2.14 Energieformen und Energieumwandlungen

Energieformen. Kannst du einem Körper ansehen, wie viel Energie in ihm steckt? Das ist gar nicht so einfach. Energie kann nämlich in verschiedenen **Energieformen** auftreten. Ein Körper, der sich bewegt, hat **Bewegungsenergie.** Diese Energieform ist leicht zu erkennen, ebenso wie die thermische Energie, die mit der Temperatur des Körpers verbunden ist.

Das Benzin, das ein Auto antreibt, hat **chemische Energie.** Diese Energieform heißt so, weil sie im Zusammenhang mit einer chemischen Reaktion (Verbrennung) freigesetzt wird. Von außen ist dem Benzin seine chemische Energie nicht anzusehen. Manche Energieformen kann man nur erkennen, wenn sie in andere Energieformen umgewandelt werden.

Energieumwandlung in Bewegungsenergie. In Versuch **V1** fliegt der Deckel der Brausetablette plötzlich in die Höhe, während die Tablette sich auflöst. Der Deckel hat Bewegungsenergie. Wo kommt sie her? Sie ist vorher als chemische Energie in der Brausetablette gespeichert. Wenn die Brausetablette mit Wasser in Berührung kommt, findet eine chemische Reaktion statt. Dabei entsteht das Gas Kohlenstoffdioxid, das den Deckel in die Höhe schnellen lässt. Ein Teil der chemischen Energie der Tablette wird in Bewegungsenergie des Deckels umgewandelt.

In Versuch **V2** kannst du spüren, wie ein sich drehendes Rad beim Langsamerwerden Energie abgibt. Solange die Hand am Reifen reibt, nimmt die Bewegungsenergie des Rades ab und die Hand wird wärmer. Die Energie zum Erhitzen der Hand liefert das Rad.

V1 Bewegungsenergie aus Brausetabletten

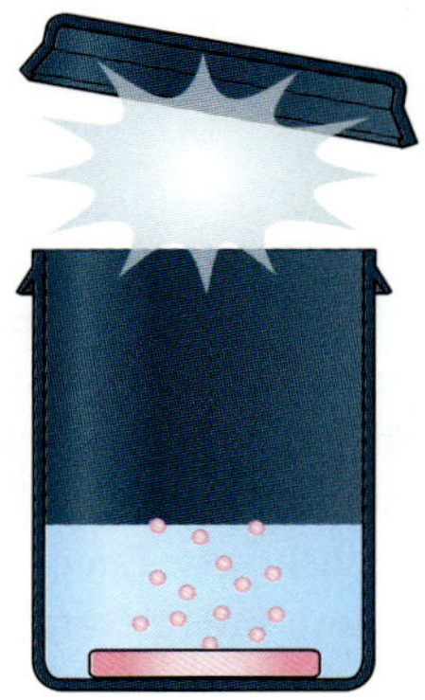

Brausetabletten sind oft in Dosen mit aufgestecktem Deckel verpackt. Fülle etwas Wasser in eine leere Tablettendose und gib eine Tablette hinzu. Verschließe die Dose rasch und beobachte.
Nach einer Weile schnellt der Deckel der Dose mit hoher Geschwindigkeit nach oben.

! Merksatz

Ein Körper in Bewegung hat Bewegungsenergie. Je schneller die Bewegung, desto größer ist die Bewegungsenergie.

Bewegungsenergie kann übertragen werden. In Versuch **V3** wird das Vorderrad langsamer, wenn die Reifen sich berühren; seine Bewegungsenergie nimmt ab. Wo bleibt jetzt die abgegebene Energie? Das lose Rad hat sich in Bewegung gesetzt. Es ist also Bewegungsenergie übertragen worden – von einem Rad auf das andere.

V2 Bewegungsenergie spüren

Stelle ein Fahrrad auf den Sattel und setze das Vorderrad in Bewegung. Ein gut gelagertes Rad dreht sich sehr lange weiter. Wenn du deine Hand an den Reifen hältst, wird das Rad langsamer. Dafür wird deine Hand wärmer.

V3 Übertragung von Bewegungsenergie

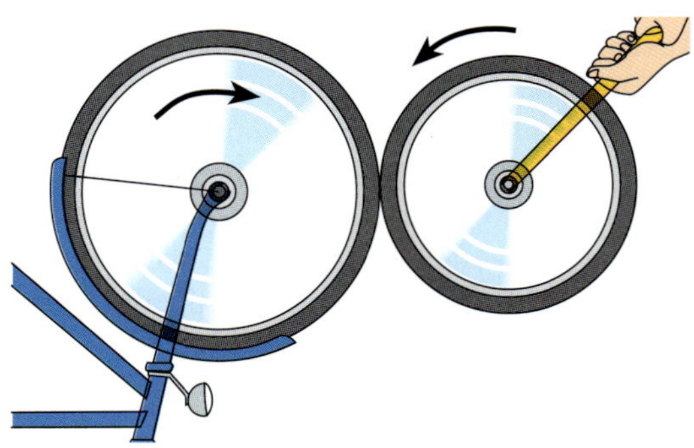

Das rechte Rad ist in einer Fahrradgabel gelagert. Nähere es vorsichtig dem in Schwung versetzten Vorderrad, bis sich die Reifen berühren. Das Vorderrad wird langsamer, während das zweite Rad sich zu drehen beginnt.

B1 *Die 30 m hohe „Half Pipe" im finnischen Tampere*

Lageenergie. Die größte Halfpipe der Welt steht in einem Vergnügungspark im finnischen Tampere (Bild **B1**). Wenn die Fahrgäste eingestiegen sind, wird der Wagen von einem Motor in die Höhe gezogen und dann losgelassen. Danach läuft der Wagen im Freilauf. Solange es bergab geht, wird der Wagen immer schneller, seine Bewegungsenergie nimmt zu. Am tiefsten Punkt ist die Bewegungsenergie des Wagens am größten. Bergauf wird der Wagen langsamer, die Bewegungsenergie nimmt ab.

Es scheint, als gäbe es einen Zusammenhang zwischen der Bewegungsenergie und der Höhe, in der sich der Wagen befindet. Wir prüfen diese Vermutung in Versuch **V4** mit dem Schlitten einer Luftkissenbahn. Er wird durch das Absinken eines Wägestücks in Bewegung gesetzt. Nach dem Loslassen verliert das Wägestück an Höhe. Dabei wird der Schlitten schneller – seine Bewegungsenergie nimmt zu. Diese Energie kann nur vom Wägestück stammen. Es liefert Energie, solange es an Höhe verliert.

Die Beobachtungen lassen sich verstehen, wenn wir die neue Energieform **Lageenergie** einführen. Angehobene Körper haben Lageenergie. Je höher man einen Gegenstand anhebt, desto größer ist seine Lageenergie. Wenn die Höhe des Körpers abnimmt, dann verringert sich seine Lageenergie.

! Merksatz

Die Lageenergie eines Körpers ist umso größer, je höher er sich befindet.

Mit dieser neuen Energieform können wir die Beobachtungen aus Versuch **V4** durch Energieumwandlungen beschreiben:

Beobachtung	Energie-Beschreibung
Das Wägestück wird losgelassen. Es sinkt ab, der Schlitten setzt sich in Bewegung und wird schneller.	Das Wägestück hat Lageenergie und gibt sie nach und nach ab. Die Bewegungsenergie des Schlittens nimmt zu.
Das Wägestück wird angehalten (am Boden oder mit der Hand). Es kann nicht weiter sinken, der Schlitten wird nicht mehr schneller.	Das Wägestück gibt keine Energie mehr ab. Die Bewegungsenergie des Schlittens bleibt konstant, sie nimmt nicht mehr zu.

Das Hin- und Herpendeln der „Half Pipe"-Achterbahn lässt sich auf diese Weise als eine fortwährende Abfolge von Energieumwandlungen auffassen: Lageenergie wird in Bewegungsenergie umgewandelt – und Bewegungsenergie wieder in Lageenergie.

V4 Bewegungsenergie und Lageenergie

Das angehobene Wägestück setzt über Faden und Rolle den Schlitten der Luftkissenbahn in Bewegung.
a) Wenn man das Wägestück loslässt, sinkt es ab. Dabei wird der Schlitten immer schneller. Wenn das Wägestück den Tisch erreicht hat, wird der Schlitten nicht mehr schneller, er bewegt sich dennoch weiter.
b) Wenn man das Wägestück auf halber Höhe abfängt, fährt der Schlitten weiter, aber nicht so schnell wie in a).

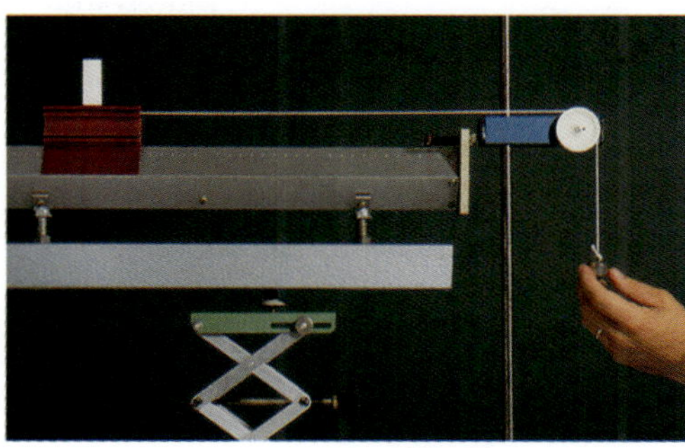

2.14 Energieformen und Energieumwandlungen

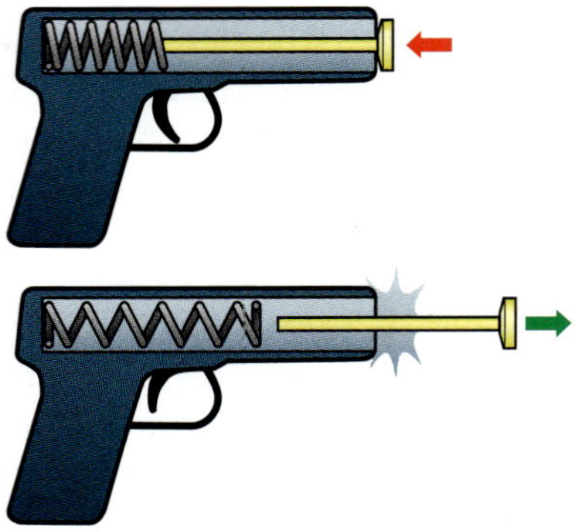

B1 *Spannenergie bei der Federpistole*

B2 *Pumpspeicherkraftwerk*

Energieformen beim Wurf. Bei jedem Wurf wird Bewegungsenergie in Lageenergie umgewandelt – und umgekehrt. Wirf einen Ball senkrecht nach oben. Beim Hochsteigen gewinnt er an Lageenergie. Dafür verliert er an Bewegungsenergie – bis er am höchsten Punkt für einen Moment zum Stillstand kommt. Fällt er dann nach unten, wird die Lageenergie wieder in Bewegungsenergie umgewandelt.

Beispielaufgabe

Bewegungs- und Lageenergie bei der Halfpipe: Betrachte die Bewegung des Wagens in der Halfpipe in Bild **B1** auf der vorigen Seite. Beschreibe die Energieumwandlungen, die dabei auftreten, mit den Begriffen Bewegungsenergie und Lageenergie.

Lösung: Am höchsten Punkt hat der Wagen die größte Lageenergie. Wenn er losgelassen wird, nimmt seine Bewegungsenergie zu. Seine Lageenergie nimmt gleichzeitig ab. Am tiefsten Punkt ist die Bewegungsenergie am größten. Wenn der Wagen auf der anderen Seite wieder nach oben steigt, nimmt seine Bewegungsenergie allmählich ab, seine Lageenergie nimmt zu.

Spannenergie. Der wegfliegende Stab in Bild **B1** hat Bewegungsenergie. Aber wo steckt die Energie vor dem Abschuss? Sie ist in der Feder gespeichert. Man nennt die in einer gespannten Feder gespeicherte Energie **Spannenergie.** Du hast sie der Feder vorher zugeführt, als du den Stab mit etwas Anstrengung in die Pistole hineingeschoben hast. Je stärker die Feder gespannt ist, desto mehr Spannenergie ist in ihr gespeichert. Beim Abschuss wird die Spannenergie in Bewegungsenergie des Stabs umgewandelt.

Oft ist auch die **elektrische Energie** an Energieumwandlungen beteiligt. Mit dem Elektromotor in einer Bohrmaschine kann man zum Beispiel elektrische Energie in Bewegungsenergie umwandeln.

Merksatz

Energie kommt in verschiedenen Formen vor, die ineinander umgewandelt werden können. Häufig vorkommende Energieformen sind: Bewegungsenergie, Lageenergie, Spannenergie, chemische Energie, thermische Energie und elektrische Energie.

Pumpspeicherkraftwerk. In einem Pumpspeicherkraftwerk nutzt man aus, dass sich Energie als Lageenergie leicht speichern lässt (Bild **B2**). In Zeiten geringer Stromnachfrage gibt es überschüssige elektrische Energie. Sie wird in Lageenergie umgewandelt, indem Wasser aus einem See in ein höher gelegenes Reservoir gepumpt wird. Wenn der Energiebedarf wieder höher ist, lässt man Wasser aus dem Reservoir zurück in den See fließen. Dabei wird die Lageenergie des Wassers

Beispielaufgabe

Energieformen: Erläutere die bisher besprochenen Energieformen, indem du zu jeder Energieform zwei Beispiele aus dem Alltag angibst.

Lösung:
- Bewegungsenergie: fahrendes Auto, zuschlagender Hammer
- Lageenergie: nach oben geworfener Ball, angehobene Hantel
- Spannenergie: gespanntes Gummiband, gebogenes Plastiklineal
- elektrische Energie: Fahrraddynamo, Gewitter
- chemische Energie: Nahrung, Benzin
- thermische Energie: Kerze, heißes Wasser

in Bewegungsenergie umgewandelt. Das Wasser treibt einen Generator an, der Strom erzeugt. Es findet eine weitere Energieumwandlung statt: von Bewegungsenergie in elektrische Energie.

Energie als Eigenschaft. Wenn wir sagen: „Die Brausetablette hat chemische Energie", so heißt das nicht, dass es einen Stoff „chemische Energie" gibt, der als Inhaltsstoff in der Brausetablette enthalten ist. Energie bezeichnet keinen Stoff, sondern eine Eigenschaft von Körpern – ähnlich wie die Temperatur. Einen solchen Sprachgebrauch kennst du bereits. Wenn du sagst: „Schokolade hat viele Kalorien", dann meinst du eine Eigenschaft der Schokolade, keinen Inhaltsstoff.

Löse selbst

1 ➡ Nenne Energieformen und Energieumwandlungen, die du heute auf deinem Weg zur Schule beobachten konntest.

2 ↗ Beschreibe die Energieumwandlungen, die beim Versuch „Bewegungsenergie aus Brausetabletten" (am Anfang des Kapitels) stattfinden. Betrachte dabei den Zeitraum vom Verschließen der Dose bis zur Landung des Deckels.

3

➡ Mit einem Plastiklineal schießt du deinen Radiergummi weg. Beschreibe die dabei auftretende Energieumwandlung.

4 ⬆ Die Höhe einer „Half Pipe" soll durch Verlängern der Fahrbahn verdoppelt werden. Sind dadurch Auswirkungen auf die Sicherheit der Fahrgäste zu befürchten? Schreibe ein kurzes Gutachten, in dem du die Begriffe Lageenergie und Bewegungsenergie verwendest.

5 ➡ Beschreibe ein Beispiel für die Umwandlung von chemischer Energie in Bewegungsenergie.

6 ↗ Im Versuch **V2** auf S. 94 wird deine Hand warm, wenn du den Reifen abbremst. Ist die Erwärmung ein Anzeichen dafür, dass auch hier eine Energieumwandlung stattfindet? Erläutere.

7 ↗ Miriam besitzt ein Spielzeugauto, das man mit einem Schlüssel „aufziehen" muss. Wenn man es auf den Boden setzt, fährt es los. Gib die Energieumwandlungen beim Aufziehen und nach dem Loslassen an.

8 ➡ Im Bild rechts ist eine Momentaufnahme eines Tennisaufschlags gezeigt. Vom Beginn des Aufschlags bis zum Wegfliegen des Balls finden mehrere Energieumwandlungen statt. Stelle sie in einer Liste zusammen.

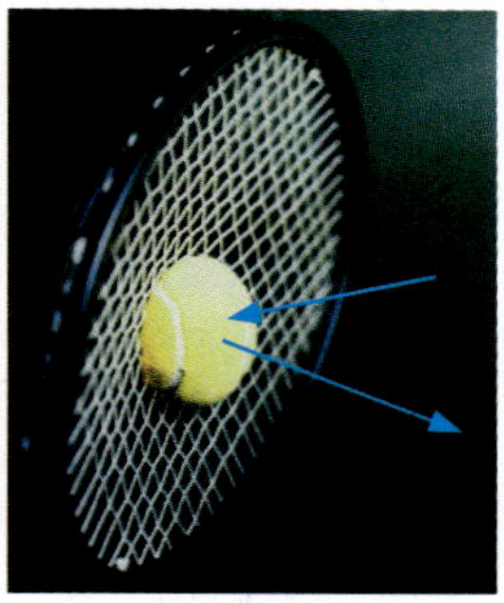

9

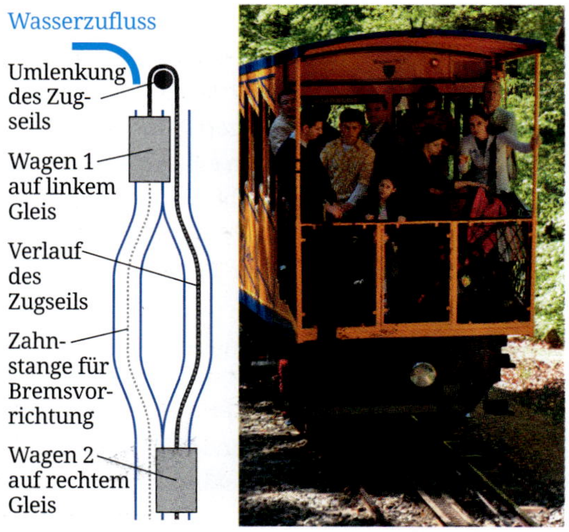

Die Energie, mit der die Seilbahn fährt, ist kostenlos. Recherchiert im Internet nach „Wasserballastbahnen". Erklärt auf einem Poster, wie sie funktionieren, und insbesondere, woher die Fahrgäste ihre Lageenergie bekommen.

10 ➡ Ergänze die Aufzählung in der Beispielaufgabe auf der vorherigen Seite um weitere Einträge.

2.15 Energiekonten

B1 *Energieumwandlungen beim Stabhochsprung*

Energieumwandlungen beim Stabhochsprung. Stabhochsprung ist eine technisch anspruchsvolle Sportart. Mit einem langen, elastischen Stab versuchen die Sportler eine Latte zu überqueren, ohne sie herunterzureißen. Mit dem Stab sind viel größere Höhen erreichbar als beim normalen Hochsprung: Im Hochsprung liegt der Weltrekord bei 2,45 m; beim Stabhochsprung sind es 6,16 m. Der Grund dafür liegt in der Energieumwandlung von Bewegungsenergie in Lageenergie, die durch den Stab ermöglicht wird.

Der Ablauf eines Sprungs ist in Bild **B1** gezeigt:
a) Der Anlauf soll möglichst schnell sein, damit die Bewegungsenergie des Springers groß ist. Kurz vor der Latte sticht er mit dem Stab in einen Kasten im Boden.
b) Der Stab biegt sich und hebt den Springer anschließend nach oben.
c) Nach dem Überqueren der Latte fällt der Springer nach unten und
d) landet auf einer weichen Matte.

Energieumwandlungen erfassen. Beim Stabhochsprung finden mehrere aufeinanderfolgende Energieumwandlungen statt. Um sie vollständig zu erfassen, muss man den Vorgang vom Anfang bis zum Ende verfolgen. Die Beispielaufgabe unten erläutert die Vorgehensweise.

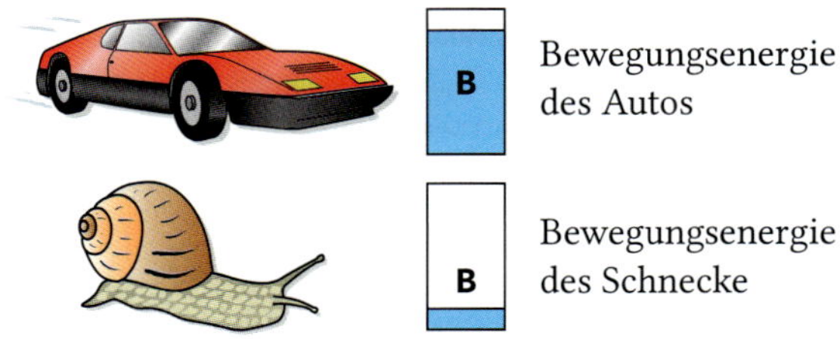

B2 *Hoher Kontostand bedeutet große Bewegungsenergie*

Energiekonten. Um über die Vielzahl von Energieumwandlungen einen Überblick zu behalten, führen wir einen hilfreichen Vergleich ein. Wir vergleichen die Energieformen mit Geldkonten. Jeder Energieform wird ein Energiekonto zugeordnet, auf dem mehr oder weniger Energie sein kann.

Bild **B2** verdeutlicht dies am Beispiel von Energiekonten für Bewegungsenergie. Der Sportwagen hat mehr Bewegungsenergie als die Schnecke; der Kontostand auf seinem Bewegungsenergie-Konto ist höher. Dies wird durch den eingezeichneten farbigen Balken angezeigt.

Beispielaufgabe

Energieumwandlungen beim Stabhochsprung: Nenne die Energieumwandlungen, die vom Anfang bis zum Ende eines Stabhochsprungs stattfinden.

Lösung: Vom Start bis zur Landung auf der Matte finden die folgenden Energieumwandlungen statt:
1. In den Muskeln gespeicherte chemische Energie in Bewegungsenergie des Springers,
2. Bewegungsenergie des Springers in Spannenergie des Stabes,
3. Spannenergie des Stabes in Lageenergie beim Aufstieg in Richtung Latte,
4. Lageenergie in Bewegungsenergie beim Abstieg (nach dem Überqueren der Latte).
5. Bei der Landung wird die Bewegungsenergie des Springers auf die Matte übertragen.

Merksatz

Ein Körper in Bewegung hat ein Konto für Bewegungsenergie. Je schneller die Bewegung ist, desto höher ist der Kontostand.

Jeder anderen Energieform eines Körpers ordnet man ebenfalls ein Energiekonto zu (z. B. Lageenergie, Spannenergie, elektrische oder chemische Energie). Die verschiedenen Konten kennzeichnet man durch unterschiedliche Farben (Bewegungsenergie: blau, Lageenergie: grün, Spannenergie: violett).

Energieumwandlungen im Kontomodell. Wenn Energie von einer Energieform in eine andere umgewandelt wird, wird Energie von einem auf das andere Energiekonto überführt. Auch hier können wir an Geldkonten denken: Wenn du dein Taschengeld bekommst, wird Geld übertragen – aus dem Portemonnaie deiner Eltern in deine Spardose. Wenn du mit deinen Eltern etwas in einem Online-Shop kaufst, wird bei der Bezahlung ebenfalls Geld übertragen – vom Bankkonto deiner Eltern auf das Konto des Online-Shops.

Energieumwandlungen im Kontomodell kannst du auf ähnliche Weise beschreiben. Betrachte zum Beispiel eine der Energieumwandlungen beim Stabhochsprung:

Nach dem Einstich des Stabes wird Bewegungsenergie des Springers in Spannenergie des Stabes umgewandelt. Die beiden Energiekonten sind in Bild **B3** dargestellt:

a) Am Anfang läuft der Springer mit hoher Geschwindigkeit an; der Stab ist entspannt. Das Konto mit der Bewegungsenergie ist voll, das Spannenergie-Konto dagegen leer.

b) Nach dem Einstich des Stabes vermindert sich die Bewegungsenergie (der Springer wird langsamer). Dafür wird der Stab gebogen, die Spannenergie des Stabes nimmt zu. Beides wird durch die entsprechenden Kontostände angezeigt.

Insgesamt wurde Bewegungsenergie des Springers in Spannenergie des Stabes umgewandelt. Die **Energieumwandlungskette** in Bild **B3c** drückt dies in einem einzigen Bild aus. Der blaue Pfeil verknüpft dabei vorher und nachher.

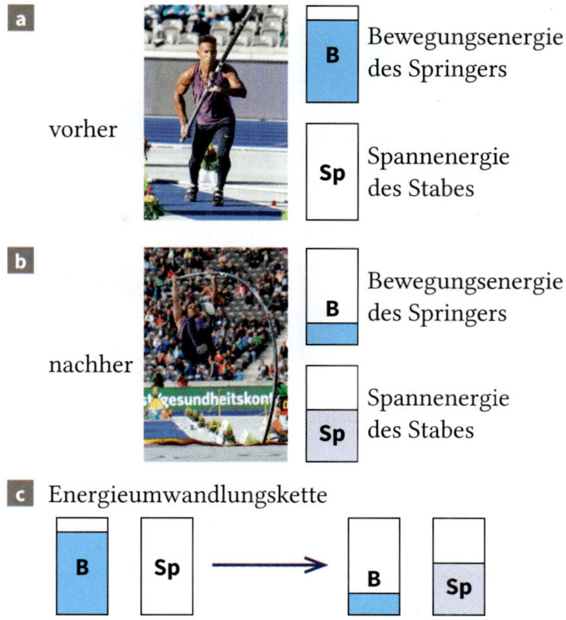

B3 *Vom Kontomodel zur Energieumwandlungskette*

Löse selbst

1 Mit einer Wäscheklammer kannst du dir ein Gummibärchen-Katapult bauen (Bild unten). Um die Feder der Wäscheklammer zu spannen, musst du die Muskeln deines Fingers ein wenig anstrengen. Wenn du die Klammer loslässt, dann fliegt das Gummibärchen in hohem Bogen davon.
a) Erstelle eine Tabelle, in der du die Energieumwandlungen aufführst, die vom Spannen der Feder bis zum Aufprall des Gummibärchens auf dem Boden stattfinden.
Orientiere dich dabei an der Beispielaufgabe zum Stabhochsprung.
b) Erläutere eine der Energieumwandlungen, die du gefunden hast, im Kontomodell.
Skizziere dabei Energiekonten und Kontostände wie in Bild **B3.**
c) Tragt eure Ergebnisse in der Klasse zusammen und vergleicht.

2.16 Energieerhaltung

B1 *Umwandlung von Lageenergie und Bewegungsenergie*

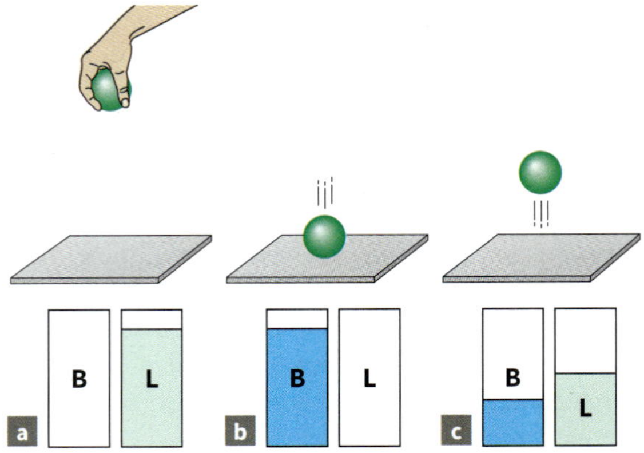

B2 *Beschreibung der Energieumwandlungen im Kontomodell*

Energieumwandlungen und Energieverluste. Beim Auf und Ab in der Achterbahn-Halfpipe werden Lage- und Bewegungsenergie ständig ineinander umgewandelt (Bild **B1**). Damit es der Wagen immer wieder ganz nach oben schafft, muss er jedes Mal angestoßen werden. Das geschieht am tiefsten Punkt mit einem Elektromagneten.

Ohne das Anstoßen würde sich die Energie des Achterbahnwagens ständig ein wenig verringern. Die Ursachen dafür sind die **Reibung** zwischen Rädern und Schienen sowie der **Luftwiderstand.** Nur bei einer idealen Achterbahn käme der Wagen ohne Anstoßen immer wieder bis nach oben.

V1 Springende Kugeln

Lasse aus etwa 50 cm Höhe einen Tennisball auf den Tisch fallen und beobachte, bis zu welcher Höhe er nach dem Aufprall wieder springt. Wiederhole dies mit einem Gummiball sowie einer Stahlkugel, die auf eine Stahlplatte fällt. Im Vergleich zu Tennisball und Gummiball verliert die Stahlkugel bei jedem Sprung am wenigsten an Höhe.

Wie man sich solchen idealen Bedingungen nähert, kannst du in Versuch **V1** untersuchen. Hier lässt du verschiedene Bälle und Stahlkugeln auf eine Unterlage fallen. Im Vergleich zu einem Tennisball und einem Gummiball verliert die Stahlkugel bei jedem Sprung am wenigsten an Höhe. Doch immer noch geht bei jedem Aufprall ein wenig Energie dadurch „verloren", dass sich die Stahlplatte und die Kugel etwas erwärmen. Wenn wir solche unerwünschten Energieumwandlungen („Energieverluste") verhindern könnten, käme die Kugel immer wieder bis zur ursprünglichen Höhe.

Bild **B2** zeigt die Beschreibung des Versuchs **V1** im Kontomodell. B2a: Vor dem Loslassen hat die Kugel nur Lageenergie. Das Konto der Bewegungsenergie ist leer, weil die Kugel in Ruhe ist. B2b: Am tiefsten Punkt ist die Bewegungsenergie am größten, der Kontostand ist entsprechend hoch. Dafür hat sich das Konto der Lageenergie geleert. Auffallend ist: Die Summe der Kontostände hat immer einen konstanten Wert. B2c: Das gilt auch in einer mittleren Position der Kugel.

Gesamtenergie und Energieerhaltung. Die Summe aller Energiewerte, hier Bewegungs- und Lageenergie, nennt man **Gesamtenergie.** Wenn man alle Energieformen berücksichtigt, also auch die Energieverluste an die Umgebung, bleibt die Gesamtenergie während der gesamten Bewegung unverändert. Jede Energieform ändert ihren Kontostand, aber die Gesamtenergie bleibt konstant.

! Merksatz

Energieerhaltungssatz: Die Gesamtenergie ist konstant, wenn alle bei einem Vorgang beteiligten Energieformen berücksichtigt werden.

Der Energieerhaltungssatz ist eines der wichtigsten Gesetze der Physik. Du kannst ihn dir im Kontomodell veranschaulichen. Stelle dir vor, du besitzt mehrere Sparkonten, auf die du dein Geld verteilen kannst. Du kannst dein Geld zwischen verschiedenen Konten hin und her überweisen. Der Gesamtbetrag bleibt aber immer gleich. Genauso kann die Energie zwischen verschiedenen Konten übertragen werden. Die Gesamtenergie bleibt dabei immer gleich.

Vorhersagen mit dem Energieerhaltungssatz. Der Energieerhaltungssatz erlaubt uns eine Vorhersage über den Ausgang eines gefährlich aussehenden Experiments. In Versuch **V2** wird eine Holzkugel, die an einem Seil von der Decke hängt, bis zum Kinn einer Versuchsperson gebracht und dann losgelassen. Wird die Kugel beim Zurückschwingen das Kinn treffen oder wird sie vorher wieder umkehren?

Mit dem Energieerhaltungssatz und dem Kontomodell kannst du den Vorgang analysieren (Bild **B3**). Wenn die Kugel schwingt, wird Lageenergie in Bewegungsenergie umgewandelt und umgekehrt. Die Gesamtenergie der Kugel bleibt konstant und wird zwischen den Konten der Bewegungsenergie und der Lageenergie hin und her „überwiesen".

Wenn keine Energie von außen zugeführt wird, z. B. durch Anstoßen, kann die Gesamtenergie nicht zunehmen. Das bedeutet: Höher als bis zu ihrer Ausgangshöhe kann es die Kugel nicht schaffen. Nach dem Hin- und Herschwingen kann die Lageenergie nicht größer sein als beim Start. Wer auf den Energieerhaltungssatz vertraut, kann die Mutprobe ohne Furcht bestehen.

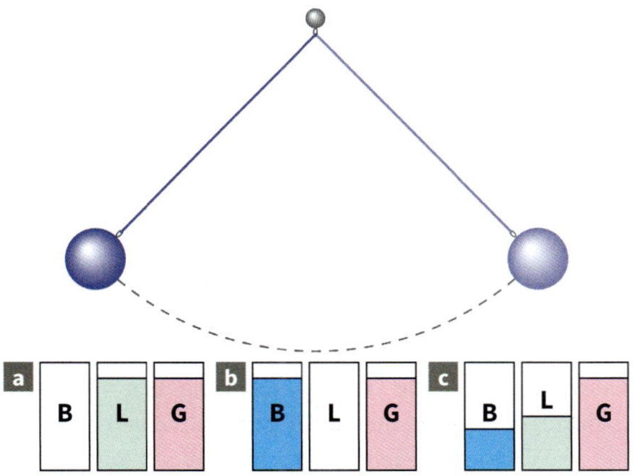

B3 *Energiekonten beim Pendelversuch*

V2 Mutprobe mit einer Holzkugel

Eine Holzkugel wird mit einem Seil an der Decke befestigt. Die Kugel wird ausgelenkt, bis sie fast das Kinn einer unbeweglich stehenden Versuchsperson berührt. Nachdem die Kugel – ohne Anschubsen – losgelassen wurde, schwingt sie hin und her. Sie erreicht dabei fast die Ausgangshöhe, aber an das Kinn der Versuchsperson stößt sie nicht an.

Beispielaufgabe

Energieerhaltung in der Achterbahn

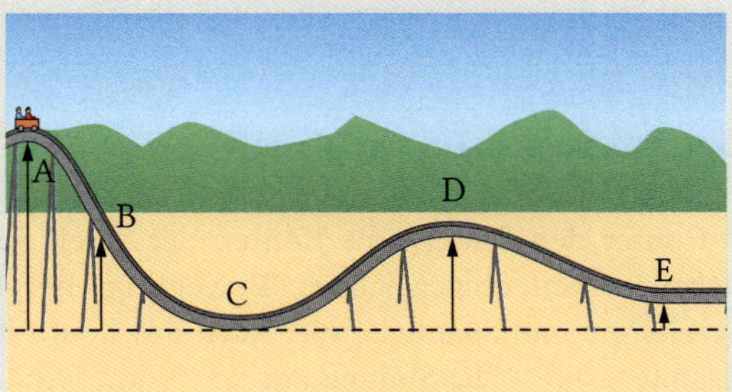

Erläutere den Energieerhaltungssatz am Beispiel der Achterbahn. Zeichne dazu die Energiekonten für Bewegungs-, Lage- und Gesamtenergie für den Wagen an den Positionen A, B und C.

Lösung: Die Kontostände für Bewegungs- und Lageenergie sind für die verschiedenen Positionen unterschiedlich. Der Kontostand der Gesamtenergie ist jedoch überall gleich. Das bedeutet: Die Gesamtenergie bleibt erhalten.

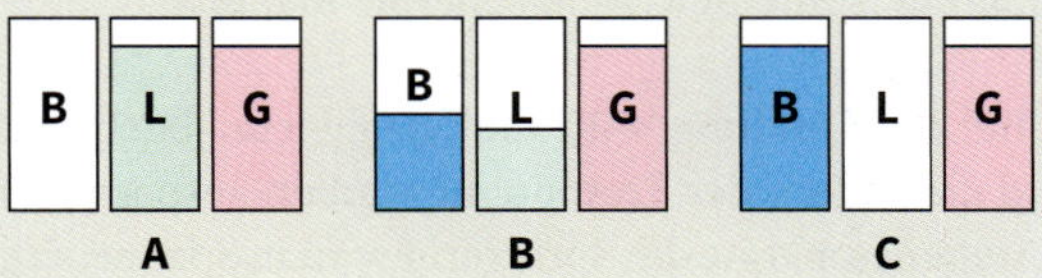

2.16 Energieerhaltung

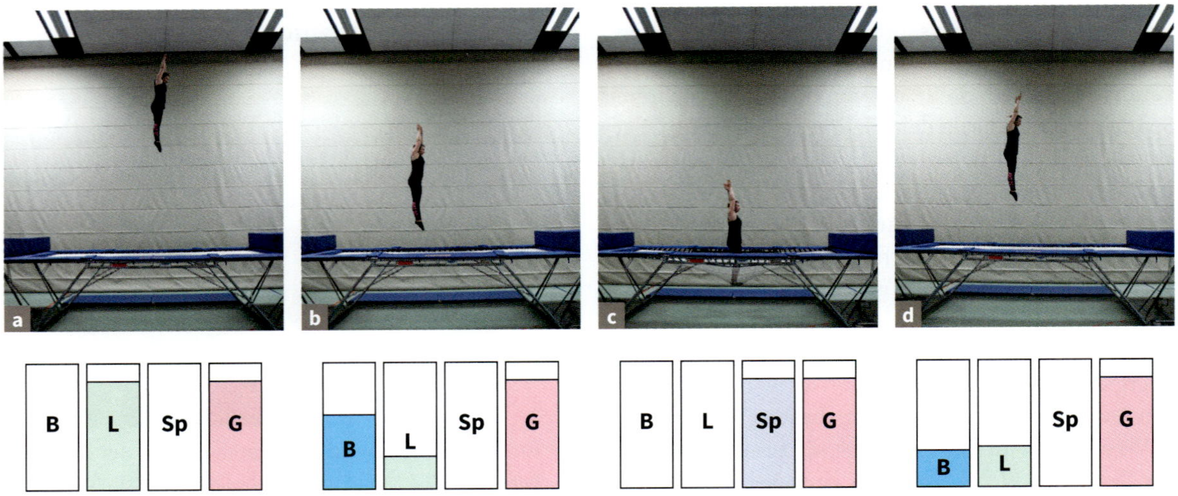

B1 *Phasen eines Trampolinsprungs mit den Energiekonten für Bewegungs-, Lage-, Spann- und Gesamtenergie*

Trampolinspringen: Energieerhaltung im Sport. Beim Trampolinspringen lässt sich der Energieerhaltungssatz am eigenen Körper erfahren. Oben und unten, langsam und schnell ändern sich während eines Sprungs ständig – und damit die Lage- und Bewegungsenergie (Bild **B1**). Das Trampolin bremst die Springerin ab und wird dabei verformt. Dadurch nimmt seine Spannenergie zu. Anschließend beschleunigt das Trampolin die Springerin wieder nach oben und gibt Energie ab.

Sprungphasen. Bei einem Sprung finden nacheinander mehrere Energieumwandlungen statt. In Bild **B1** sind unter den Bildern die Konten der beteiligten Energieformen eingezeichnet: Bewegungsenergie, Lageenergie und Spannenergie. Auch das Konto der Gesamtenergie – die Summe aus den Kontoständen – ist dargestellt. Im Bild sind verschiedene Phasen des Sprungs gezeigt:

a) Am höchsten Punkt ist die Springerin für kurze Zeit in Ruhe. Sie hat keine Bewegungsenergie. Die gesamte Energie liegt als Lageenergie vor.

b) Beim Fallen wird die Lageenergie in Bewegungsenergie umgewandelt. Für die Lageenergie nimmt der Kontostand ab, für die Bewegungsenergie nimmt er zu. Die Gesamtenergie bleibt dabei konstant. Bei der Landung ist die Bewegungsenergie maximal.

c) Bei der Landung wird die Springerin abgebremst, und die Federn des Trampolins werden gespannt. Die Bewegungsenergie der Springerin wird in Spannenergie des Trampolins umgewandelt. Am tiefsten Punkt kommt sie für kurze Zeit zur Ruhe. In diesem Moment liegt die gesamte Energie als Spannenergie vor.

d) Beim Absprung wird die Spannenergie wieder in Bewegungsenergie umgewandelt. Während die Springerin weiter aufsteigt, wird ihre Bewegungsenergie allmählich in Lageenergie umgewandelt. Auch hierbei bleibt die Gesamtenergie konstant.

Energieerhaltung und Energieverluste. Unsere Beschreibung eines Trampolinsprungs gibt die Realität nicht vollständig wieder. In Wirklichkeit muss sich die Springerin bei jedem Sprung mit den Beinen abstoßen, damit sie so hoch kommt wie beim ersten Mal. Bei jedem Sprung geht etwas Energie „verloren".

Der Energieerhaltungssatz gilt aber trotzdem. Die „verlorene" Energie geht nicht wirklich verloren. Es finden lediglich unerwünschte Energieumwandlungen statt. Beim Trampolin sind es der Luftwiderstand sowie die Reibung in den Federn und Aufhängungen, die zum „Energieverlust" führen. Auch das Pendel in Versuch **V2** auf der vorigen Seite verliert durch den Luftwiderstand Energie und schwingt nach einiger Zeit nicht mehr so hoch wie am Anfang.

Viele „Energieverluste" lassen sich darauf zurückführen, dass Energie an die Umgebung abgegeben wird und dadurch dem betrachteten Körper fehlt. Auch Energie, die als Wärme abgegeben wird, kann in der Regel nicht weiter genutzt werden.

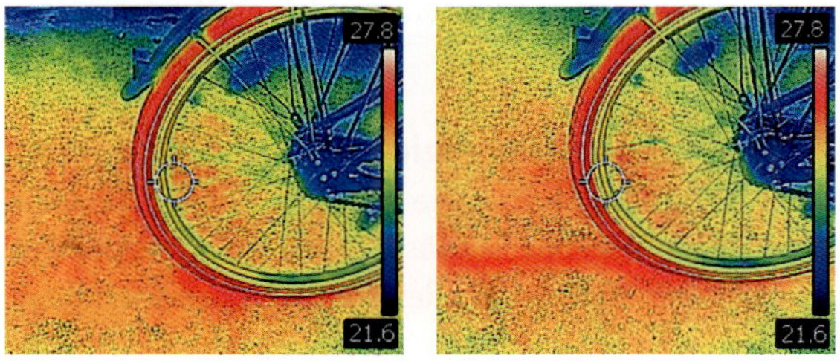

B2 *Wärmebildaufnahme einer Fahrrad-Vollbremsung*

Wo geht die verlorene Energie hin? Wenn einem Körper Energie verloren geht, kann man immer einen anderen Körper finden, auf den die Energie übergegangen ist. Immer wenn ein Körper durch Luftwiderstand abgebremst wird – z.B. die Kugel des Pendels, dann geht die fehlende Energie auf die umgebende Luft über: In der Luft werden Strömungen und Wirbel erzeugt. Wenn du auf dem Bahnsteig stehst und ein Zug vorbeifährt, kannst du den von ihm erzeugten Luftzug deutlich spüren.

Oft werden Körper leicht erwärmt, wenn Energie scheinbar verloren geht. Eine auf eine Stahlplatte fallende Stahlkugel springt nach dem Aufprall nicht mehr ganz bis zur ursprünglichen Höhe. Ein kleiner Teil ihrer Energie wird dadurch umgewandelt, dass sich Stahlplatte und Stahlkugel bei jedem Aufprall ein wenig erwärmen – ihre thermische Energie nimmt zu. Dass sich Körper bei Reibungsvorgängen erwärmen, kannst du spüren: Deine Hände werden warm, wenn du sie schnell aneinander reibst.

! Merksatz

Die Energie bleibt immer erhalten. Selbst wenn unerwünschte Energieumwandlungen z.B. durch Reibung oder Luftwiderstand auftreten, kann man immer andere Körper finden, auf die die „verlorene" Energie übergegangen ist.

Auch diese Aussage lässt sich im Kontomodell veranschaulichen: Wenn die Bank bei jedem Überweisungsvorgang eine Gebühr einbehält, dann hast du bald weniger Geld. Die gesamte Geldmenge bleibt aber konstant. Das Geld, das dir nach vielen Überweisungen fehlt, ist an die Bank geflossen.

Energieerhaltung beim Fahrradfahren. Besonders deutlich wird der Energieverlust durch Luftwiderstand beim Fahrradfahren. Du spürst den Fahrtwind, der dich abbremst. Es wird Energie an die umgebende Luft abgegeben, deine Bewegungsenergie nimmt ab und das Fahrrad wird immer langsamer. Um das zu verhindern, trittst du in die Pedale. Bei gleichmäßiger Geschwindigkeit führst du dem Fahrrad durch das Treten in die Pedale genauso viel Energie zu, wie es durch Luftwiderstand an die Luft abgibt.

Mit einer Wärmebildkamera kann man den Verbleib der Energie nach einer kurzen heftigen Vollbremsung sogar sichtbar machen (Bild **B2**): Entlang der Bremsspur steigt die Temperatur des Straßenbelags, und auch der Reifen erwärmt sich.

Löse selbst

1 ➡ Gib den Inhalt des Energieerhaltungssatzes mit eigenen Worten wieder.

2 ↗ Erläutere das Auftreten von Energieverlusten durch Reibung am Beispiel eines Pumpspeicherkraftwerks.

3

➡ Der Energieerhaltungssatz gilt auch für einen Skateboarder in der Halfpipe. Nenne die beteiligten Energieformen und verwende die Begriffe langsam, schnell, oben und unten. Beschreibe, wie in diesem Beispiel Energieverluste zustande kommen und wie sie sich bemerkbar machen.

2.17 Energieumsatz des menschlichen Körpers

B1 *Wenn du eine Tafel Schokolade isst, erhöht sich die chemische Energie deines Körpers um 2200 kJ.*

Lebensvorgänge brauchen Energie. Bisher haben wir zum Thema Energie hauptsächlich Beispiele aus der unbelebten Natur betrachtet. Aber auch für Pflanzen, Tiere und Menschen ist Energie wichtig. Ohne ständige Energiezufuhr und -abgabe ist Leben nicht möglich. In der Biologie werden diese Vorgänge als **Stoffwechsel** bezeichnet.

Menschen und Tiere nehmen Energie mit der Nahrung zu sich. Diese Energie braucht der Körper, um die Lebensvorgänge aufrechtzuerhalten. Obwohl die Nahrungsmittel aus ganz verschiedenen Inhaltsstoffen bestehen, lässt sich die Energie, die sie dem Körper zuführen, mit einer einzigen Zahl erfassen.

Wie viel Energie hat eine Tafel Schokolade? Zahlenangaben für physikalische Größen sind dir vertraut – etwa wenn du von „einem Meter" oder „24 Stunden" sprichst. Auch Energiebeträge kann man in Zahlen ausdrücken. Die Einheit der Energie ist ein Joule, kurz: 1 J (ausgesprochen [dʒu:l]). Sie ist nach dem englischen Physiker James Prescott Joule benannt, der im 19. Jahrhundert über Wärmelehre forschte.

Merksatz

Mit der Einheit Joule lassen sich Energiebeträge in Zahlen ausdrücken.

Das Wort „Joule" kennst du, im Gegensatz zu Meter oder Sekunde, bisher wahrscheinlich noch nicht. Es ist dir aber schon bei Nährwertangaben auf Lebensmitteln begegnet. Auf einer Tafel Schokolade steht z.B. „Energiegehalt 2200 kJ" (1 kJ = 1 Kilojoule = 1000 J). Diese Angabe besagt, dass du deinem Körper eine Energiemenge von 2200 kJ zuführst, wenn du die ganze Tafel isst (Bild **B1**). Früher benutzte man die Einheit „Kalorie" anstatt Joule (1 Kalorie = 4,2 Joule). Viele Menschen reden im Alltag immer noch von Speisen, die „viele Kalorien" enthalten. In Tabelle **T1** ist der Energiegehalt einiger Lebensmittel aufgeführt.

Wie gibt der Körper Energie ab? Die in den Nahrungsmitteln enthaltene Energie wird im Körper für viele Zwecke genutzt: Zuerst müssen die Körpertemperatur und die Grundfunktionen des Körpers aufrechterhalten werden (zum Beispiel Atmung, Herzschlag, Nerventätigkeit und Verdauung). Die dafür aufgewendete Energie bezeichnet man als den **Grundumsatz** des Körpers. Der Grundumsatz entspricht dem Energiebedarf des Menschen pro Tag unter absoluten Ruhebedingungen. Alles was darüber hinausgeht, nennt man den **Leistungsumsatz** des Körpers.

Nahrungsmittel	Energiegehalt pro 100 g
Tomaten	80 kJ
Möhren	140 kJ
Erdbeeren	150 kJ
Apfelsaft	200 kJ
Äpfel	230 kJ
Cola	240 kJ
Vollmilch	280 kJ
Kartoffeln	300 kJ
Rinderfilet	530 kJ
Ei	620 kJ
Schweineschnitzel	890 kJ
Pommes Frites	1220 kJ
Gummibärchen	1390 kJ
Chips	2300 kJ

T1 *Energiegehalt von Lebensmitteln*

Zum Leistungsumsatz zählt die Energie, die der Mensch für alle seine Tätigkeiten benötigt: Gehen, Stehen, Laufen, Schwimmen, Radfahren – für all das muss der Körper Energie aufwenden. Jeder Schritt und jede Bewegung bei der Arbeit, beim Sport und in der Freizeit tragen zum Leistungsumsatz bei.

Der Grundumsatz ist für jeden Menschen eine annähernd feststehende Größe. Er hängt von Alter, Körpergewicht und Geschlecht ab. Der Leistungsumsatz hängt dagegen sehr vom eigenen Verhalten ab. Je mehr man sich bewegt, desto höher ist der Leistungsumsatz. Wenn man Grundumsatz und Leistungsumsatz addiert, dann ergibt sich der **Gesamt-Energieumsatz** des menschlichen Körpers (Bild **B2**). Er gibt die Energiemenge an, die der Körper pro Tag aufnehmen muss. In Tabelle **T2** sind Durchschnittswerte für den Gesamt-Energieumsatz pro Tag für Jugendliche und Erwachsene zusammengestellt.

Wie speichert der Körper Energie? Der Stoffwechsel des Menschen ist ein kompliziertes Geschehen, das im Biologieunterricht ausführlich behandelt wird. Es gibt aber eine einfache Merkregel: Wenn dem Körper über einen längeren Zeitraum zu viel Energie mit der Nahrung zugeführt wird, speichert er die überschüssige Energie in Form von Körperfett. Sie wird für den Fall gespeichert, dass die Nahrung knapp wird. Heute gibt es in Europa aber keine Nahrungsknappheit mehr, und die im Körperfett gespeicherte Energie wird so gut wie nie abgerufen. Sie bleibt in Form von „Speckpolstern" am Körper erhalten. In 1 kg Körperfett speichert der Körper eine verwertbare Energiemenge von ungefähr 30 000 kJ.

Energieerhaltung beim menschlichen Körper. Der Energieerhaltungssatz gilt nicht nur in der Physik, sondern auch für alle Vorgänge in der Chemie und Biologie. Er ist ein grundlegendes Naturgesetz. Insbesondere gilt der Energieerhaltungssatz auch für den menschlichen Körper (Bild **B3**).

Mit der Nahrung wird dem Körper chemische Energie zugeführt. Durch Körperwärme (Grundumsatz) und anstrengende Tätigkeiten (Leistungsumsatz) gibt der Körper Energie ab. Wenn die Energiezufuhr genauso groß ist wie die Energieabgabe, bleibt die im Körper gespeicherte Energie unverändert. Man sagt: Die **Energiebilanz** ist ausgeglichen. Die im Körper gespeicherte Energie bleibt in diesem Fall konstant. Das Körperfett

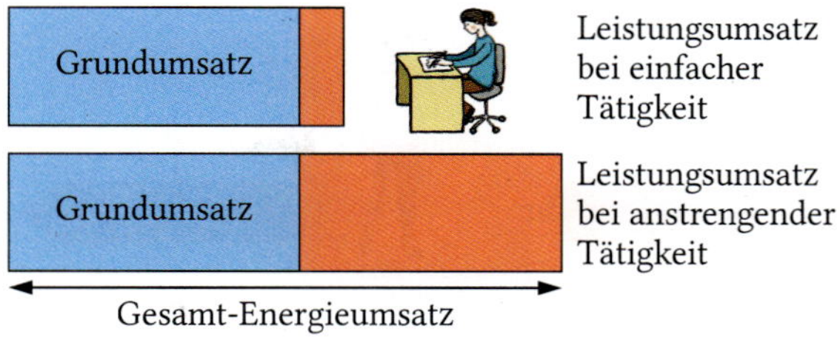

B2 *Grund- und Leistungsumsatz addieren sich zum Gesamt-Energieumsatz*

Alter	weiblich kJ	männlich kJ
7–9 Jahre	7100	7900
10–12 Jahre	8500	9600
13–14 Jahre	9200	11 200
Erwachsene	8400	9600

T2 *Gesamt-Energieumsatz pro Tag bei einfacher Tätigkeit für Jugendliche und Erwachsene*

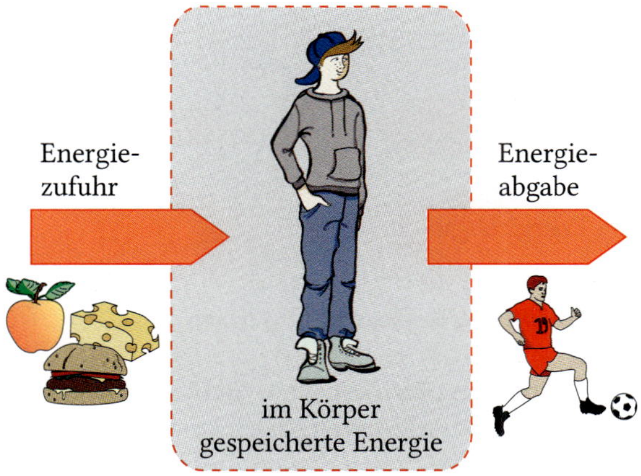

B3 *Energieerhaltung beim menschlichen Körper*

wird weder mehr noch weniger; die Person „hält ihr Gewicht". In Bild **B3** ist dies durch die gleich großen roten Pfeile für Energiezufuhr und Energieabgabe dargestellt.

Zu- und Abnehmen. Für eine nicht ausgeglichene Energiebilanz gibt es zwei Möglichkeiten:
a) Die Energiezufuhr durch Nahrung ist dauerhaft geringer als die Energieabgabe durch Körperwärme und Bewegung. Dann wird die im Körper gespeicherte Energie geringer, das Körperfett wird abgebaut. Der Mensch „nimmt ab" und wird dabei dünner.
b) Wenn umgekehrt die Energiezufuhr dauerhaft größer als die Energieabgabe ist, wird die im Körper gespeicherte Energie größer. Es wird Körperfett aufgebaut, der Mensch nimmt zu und wird dabei dicker.

2.17 Energieumsatz des menschlichen Körpers

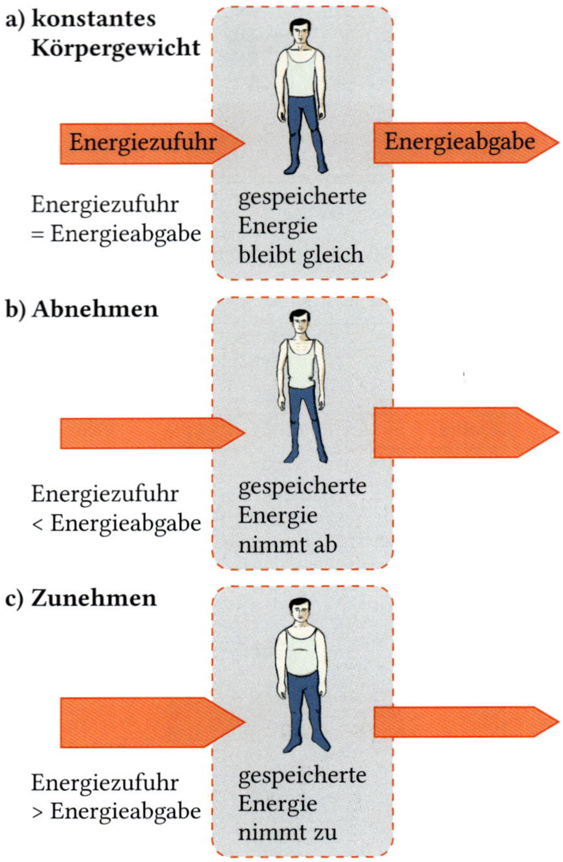

B1 *Energiebilanz des menschlichen Körpers*

Abnehmen aus physikalischer Sicht. Bild **B1** veranschaulicht die verschiedenen Fälle für die Energiebilanz des menschlichen Körpers. In unserer Gesellschaft ist bei vielen Menschen der dritte Fall eingetreten: Sie essen zu viel und bewegen sich zu wenig. Daher nehmen sie zu. In Deutschland ist etwa die Hälfte der erwachsenen Bevölkerung übergewichtig. 2017 waren es 62 % der Männer und 43 % der Frauen.

Bild **B1** zeigt aber auch, wie man dem Zunehmen entgegenwirken kann: Der Mensch nimmt ab, wenn die Energiezufuhr über einen längeren Zeitraum kleiner ist als die Energieabgabe. Es gibt zwei Möglichkeiten, das zu erreichen:

a) Man kann die **Energiezufuhr verringern.** Dies erreicht man, indem man weniger isst oder seine Ernährung auf energieärmere Kost umstellt: Man macht eine Diät.

b) Man kann die **Energieabgabe erhöhen,** indem man sich mehr bewegt – zum Beispiel beim Sport. Man kann aber auch die Bewegungen in seinen Alltag einbauen: mit dem Fahrrad zur Schule fahren oder Treppen steigen, anstatt den Aufzug zu benutzen.

Merksatz

Der Energiesatz gilt auch für die Vorgänge im menschlichen Körper. Mit einer Energiebilanz lässt sich erfassen, wie der Mensch zu- oder abnimmt.

Mit dem Energiesatz eine Diät beurteilen. In der Physik ist der Energiesatz eines der mächtigsten Werkzeuge, um wissenschaftlich begründete Vorhersagen zu treffen. Wie die folgende Beispielaufgabe zeigt, sind selbst für einen so komplizierten Vorgang wie das Abnehmen bei einer Diät Abschätzungen möglich, die das physikalisch Mögliche von unseriösen Versprechungen trennen.

Beispielaufgabe

5 kg in einer Woche abnehmen?

Oft werden Diäten angeboten, die unrealistische Erwartungen wecken. Überprüfe mit einer Energiebilanz, ob es möglich ist, 5 kg Körperfett zu verlieren, wenn man eine Woche lang gar keine „Kalorien“ zu sich nimmt und sich dabei normal bewegt. Verwende dabei die im Text gemachten Angaben zum Energieumsatz.

Lösung:

Für unsere Abschätzung gehen wir von Bild **B1a** aus. Bei einer Nulldiät beträgt die Energiezufuhr 0 kJ – dem Körper wird gar keine Energie zugeführt. Wir betrachten einen erwachsenen Mann, für den die normale Energieabgabe pro Tag 9600 kJ beträgt (Tabelle **T2**, vorige Seite). Die Energieabgabe in sieben Tagen beträgt also $7 \cdot 9600\ \text{kJ} = 67\,200\ \text{kJ}$.

Um diese Energieabgabe zu decken, werden die Energievorräte im Körper verwendet. Unter anderem wird Körperfett abgebaut. 1 kg Körperfett enthält einen Energievorrat von ca. 30 000 kJ. Um den Energiebedarf von 67 200 kJ zu decken, muss der Körper nicht mehr als 2,24 kg Körperfett abbauen, denn $67\,200\ \text{kJ} : 30\,000\ \text{kJ} = 2{,}24$.

Weil weniger als nichts essen nicht möglich ist, bedeutet das: 5 kg Körperfett in einer Woche abzubauen, ist mit einer Diät nicht möglich.

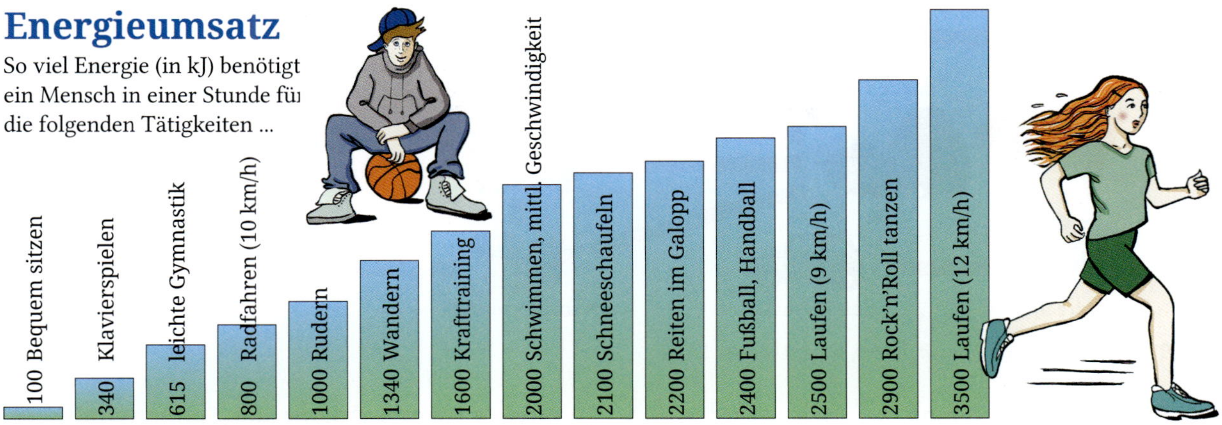

B2 *Verschiedene Tätigkeiten und die dabei pro Stunde umgesetzte Energie (Leistungsumsatz)*

Wirkung von Diäten. Wenn über große Gewichtsverluste in kurzer Zeit berichtet wird, ist es oft einfach Wasser, das dem Körper verloren geht – aber das ist nicht das Ziel einer Diät. In Wirklichkeit sind Diäten meist noch weniger effektiv, als das Ergebnis der Beispielaufgabe nahelegt. In Zeiten von Nahrungsmangel reduziert der Körper nämlich seinen Grundumsatz. Er kommt dann mit weniger Energie pro Tag aus, und es muss nicht so viel Körperfett wie errechnet abgebaut werden. Das führt zum sogenannten Jo-Jo-Effekt: Wenn die Diät abgebrochen wird und man wieder normal isst, nimmt man wieder zu, weil der Körper noch auf den reduzierten Energiebedarf eingestellt ist.

Es gibt angeborene und anerzogene Gründe für Unterschiede im Grundumsatz und in der Anfälligkeit verschiedener Menschen für übermäßige Nahrungszufuhr. Sie werden in Biologie und Medizin untersucht und spiegeln das unterschiedliche Ernährungsverhalten verschiedener Menschen wider. All diese Faktoren können allerdings den Energieerhaltungssatz nicht umgehen: Die Energiebilanz nach Bild **B1** bleibt für alle Menschen gültig. Der Energieerhaltungssatz ist ein Naturgesetz, das immer und überall gilt.

Energieabgabe durch Sport. Wesentlich gesünder als eine Diät ist die andere Möglichkeit, die Energiebilanz des Körpers zu verändern: durch Bewegung und Sport. Immer wenn man sich bewegt, wird die Energieabgabe des Körpers erhöht – der vergrößerte Energieabgabe-Pfeil in Bild **B1b** drückt dies aus.

In Bild **B2** kannst du ablesen, wie viel Energie für verschiedene körperliche Tätigkeiten benötigt wird.

Abnehmen durch Sport ist in jedem Fall anstrengend. Du kannst nachrechnen: Um 1 kg Körperfett abzubauen, muss man 12,5 Stunden Fußball spielen oder 15 Stunden schwimmen. Generell ist es sinnvoller, sich regelmäßig zu bewegen, als sich nur gelegentlich völlig zu verausgaben.

Es ist hilfreich, auch kleinere Gelegenheiten zur Bewegung zu nutzen – und dies möglichst oft. Wenn man die 14 Stunden Treppensteigen, die man benötigt, um 1 kg Körperfett abzubauen, auf ein Jahr verteilt, sind es täglich nur 2,3 Minuten: Das kann jeder bewältigen.

Löse selbst

1 ➡ Erläutere die Begriffe Grundumsatz und Leistungsumsatz.

2 ➡ Stelle den „Brennwert" (= Energiegehalt) von Schokolade fest: Zünde ein Stück Bitterschokolade vorsichtig über einem Teller an und beobachte. Gib vorher eine Schätzung ab, ob und wie lange das Stück Schokolade brennt. *Achtung:* Du darfst diesen Versuch nur unter Aufsicht eines Erwachsenen durchführen.

3 ➡ Ein großer Cheeseburger führt deinem Körper etwa 2100 kJ zu. Stelle dir ein Menü aus Hamburgern und Cola zusammen, das deinen Tagesbedarf vollständig deckt. Nutze die Tabellen in diesem Kapitel.

4 ↗ Ohne etwas an deiner Ernährung zu ändern, fährst du täglich eine halbe Stunde Fahrrad. Berechne, nach wie vielen Tagen 1 kg Körperfett abgebaut ist.

2.18 Energie von der Sonne

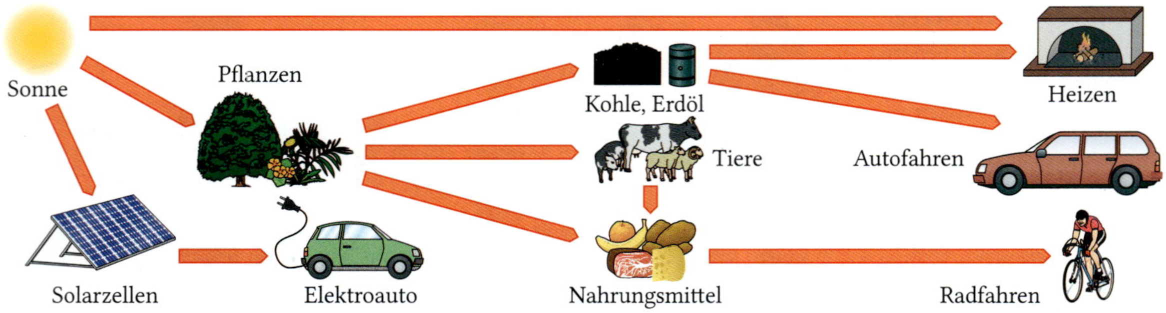

B1 *Fast alle Energie, die wir nutzen, kommt von der Sonne.*

Energielieferant Sonne. Der Energiebegriff erleichtert die Beschreibung von komplizierten Vorgängen oft erheblich. Zum Beispiel lässt sich die Energie für fast alle Abläufe in Alltag und Technik bis zur Sonne zurückverfolgen. Wenn du den Weg der Energie für irgendein Gerät, das du benutzt, bis an den Anfang zurückverfolgst, dann landest du fast immer bei der Sonne als ursprünglichen Energielieferanten.

In Bild **B1** sind einige Beispiele dargestellt, bei denen dies nicht auf den ersten Blick erkennbar ist: Die Energie zum Fahrradfahren nimmst du mit der Nahrung auf; die Energie des Autos kommt aus dem Benzin, mit dem es an der Tankstelle betankt wird. Die Energie zum Heizen der Wohnung stammt aus dem Erdöl oder dem Erdgas, mit dem die Heizung betrieben wird. Lässt sich all diese Energie wirklich bis zur Sonne zurückverfolgen?

V1 Wärmewirkung der Sonnenstrahlung

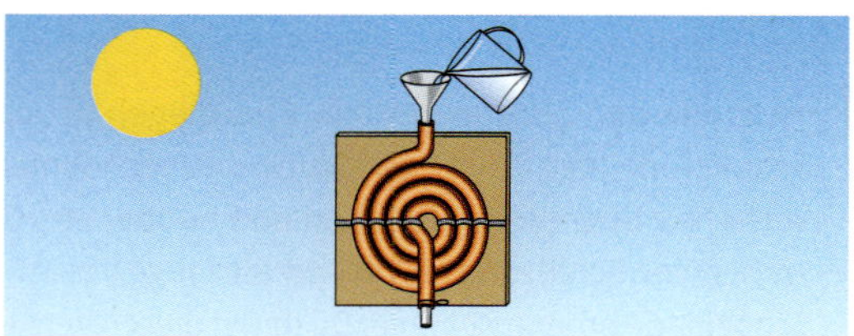

Ein Schlauch von etwa 2 Meter Länge ist als Spirale auf einem Brett befestigt und mit Wasser gefüllt. An einem sonnigen Tag stellt man die Schlauchspirale in die pralle Sonne. Alternativ kann man den Versuch mit einer Baustellen-Halogenleuchte durchführen. Nach zehn Minuten Bestrahlung öffnet man die Schlauchklemme und lässt das Wasser langsam in ein Gefäß abfließen.
Vergleiche dessen Temperatur mit der Temperatur des ursprünglich eingefüllten Wassers.

Direkte Wärmewirkung der Sonnenstrahlung. Dass die Strahlung der Sonne Energie transportiert, kennst du aus der Alltagserfahrung: Wenn du an einem sonnigen Tag barfuß über das heiße Straßenpflaster läufst, kannst du es vor Hitze kaum aushalten. Die Sonnenstrahlung hat das Straßenpflaster erwärmt und ihm dabei Energie zugeführt.

In Versuch **V1** wird Wasser dadurch erhitzt, dass der aufgewickelte Schlauch von der Sonne beleuchtet wird. Mit der Energie der Sonnenstrahlung wird z. B. auch Wasser für die Dusche oder das Schwimmbad erhitzt. Die direkte Wärmewirkung der Sonne ist in Bild **B1** als oberster Pfeil eingezeichnet.

Energie von Pflanzen und Tieren. Auch die Energie in der Nahrung lässt sich bis zur Sonne zurückverfolgen. Der Apfel in deiner Frühstücksdose ist an einem Baum gewachsen, der Energie direkt aus dem Sonnenlicht aufnimmt. Im Biologieunterricht lernst du, wie in den Blättern mit Hilfe von Sonnenlicht Nährstoffe aufgebaut werden. Dieser Vorgang heißt **Fotosynthese.**

Die Nährstoffe im Apfel sind durch Fotosynthese erzeugt worden. Die chemische Energie im Apfel stammt daher ursprünglich von der Sonne. Wenn du einen Apfel isst, führst du deinem Körper also gespeicherte Sonnenenergie zu (Pfeile unten in Bild **B1**).

Bei Lebensmitteln tierischen Ursprungs, wie Milch, Käse oder Fleisch, gibt es noch einen Zwischenschritt. Wie die Menschen sind auch Tiere für ihre Energiezufuhr auf Nahrung angewiesen. Eine Kuh muss Gras fressen – und damit Energie aufnehmen –, um Milch produzieren zu können. Die chemische Energie in der Milch oder im Käse lässt sich über das Gras und die Fotosynthese somit ebenfalls zur Sonne zurückverfolgen.

Merksatz

Die Strahlung der Sonne transportiert Energie von der Sonne zur Erde. Fast alle Energie, die wir nutzen, hat hier ihren Ursprung.

Fossile und erneuerbare Energiequellen. Kohle, Öl und Gas decken einen großen Teil unseres Energiebedarfs. Diese drei Energiequellen haben eines gemeinsam: Sie sind aus der Zersetzung von Pflanzen und Tieren entstanden, die vor vielen Millionen Jahren lebten. Genau wie heute haben die Pflanzen damals ihre Energie von der Sonne bekommen und als chemische Energie gespeichert. Kohle, Öl und Gas bezeichnet man als **fossile Energiequellen.**

Heute verwenden wir die damals in den Pflanzen gespeicherte Sonnenenergie. Fossile Energiequellen erneuern sich allerdings nicht, und die bekannten Ölvorkommen werden in einigen Jahrzehnten erschöpft sein. Man versucht daher, die Energieversorgung mehr und mehr auf **erneuerbare Energiequellen** umzustellen. Damit bezeichnet man diejenigen Energiequellen, die – direkt oder indirekt – das Licht der Sonne nutzen, das *derzeit* auf die Erde fällt: Man erzeugt Strom aus direkter Sonneneinstrahlung oder nutzt die Bewegungsenergie des Windes, um mit Windrädern Strom zu erzeugen.

Beispielaufgabe

Energie aus der Steckdose

Die meisten Haushaltsgeräte verwenden elektrische Energie aus der Steckdose. Die elektrische Energie wird in Kabeln vom Elektrizitätswerk zur Steckdose geführt. Begründe am Beispiel eines Wasserkraftwerks (Bild **B2**), dass auch hier die Energie ursprünglich von der Sonne kommt.

Lösung:

Im Wasserkreislauf der Natur verdunstet Wasser durch Sonneneinstrahlung. Beim Emporsteigen gewinnt der Wasserdampf Lageenergie. Wenn Wasser an einer hoch gelegenen Stelle abregnet, sammelt es sich in Bächen und Flüssen und fließt zu Tal. Ein Teil seiner Lageenergie wird dabei in Bewegungsenergie umgewandelt, die Strömung des Flusses. In einem Wasserkraftwerk wird die Bewegungsenergie des Wassers in elektrische Energie umgewandelt, die dann über elektrische Leitungen in die Haushalte verteilt wird.

Exkurs: Windenergie von der Sonne

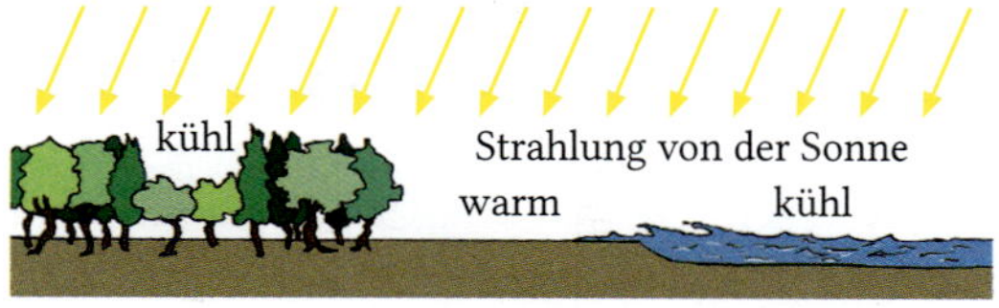

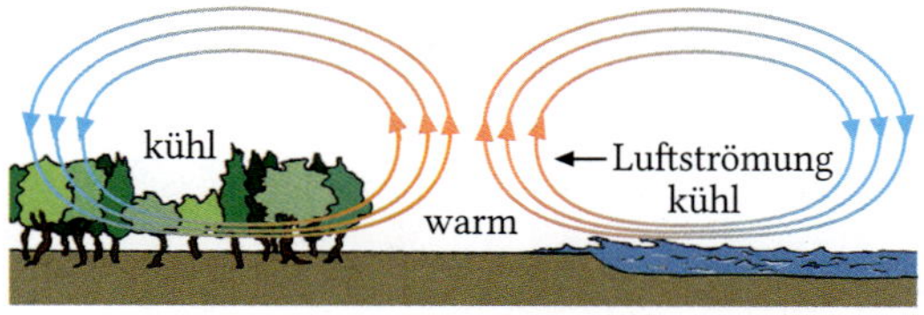

Die Erdoberfläche empfängt ständig Energie von der Sonne. Manche Stellen nehmen mehr Strahlung auf als andere, sodass sich die Erdoberfläche ungleichmäßig erwärmt (oberes Bild). An den warmen Stellen steigt die erwärmte Luft auf. So entsteht ein Kreislauf bewegter Luft (unteres Bild). Die an der Erdoberfläche strömende Luft nennen wir Wind. Weil die Bewegungsenergie des Windes von der ungleichmäßigen Erwärmung der Erdoberfläche herrührt, stammt auch diese Energie letztlich von der Sonne.

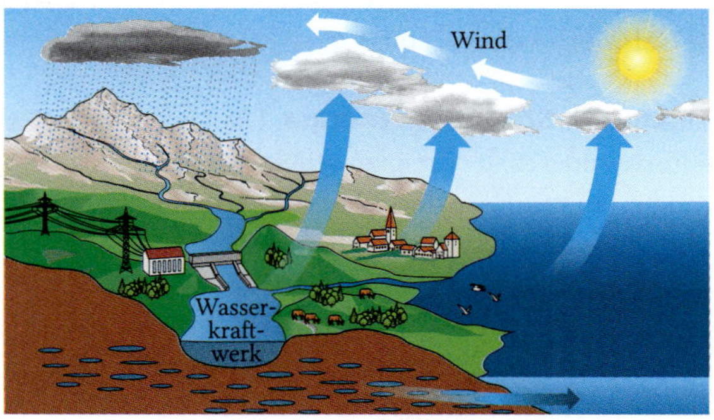

B2 *Von der Sonne angehobenes Wasser wird zur Stromerzeugung verwendet.*

Löse selbst

1 Verfolge die von Windrädern gelieferte Energie bis zur Sonne zurück.

2 Bildet Gruppen und gestaltet Poster zu den Energiequellen, die wir nutzen. Findet heraus: Wie sind eigentlich Kohle, Erdöl oder Erdgas entstanden? Wofür werden sie genutzt? Wie lange reichen die Vorräte noch? Welche erneuerbaren Energiequellen gibt es?

2.19 Klimawandel

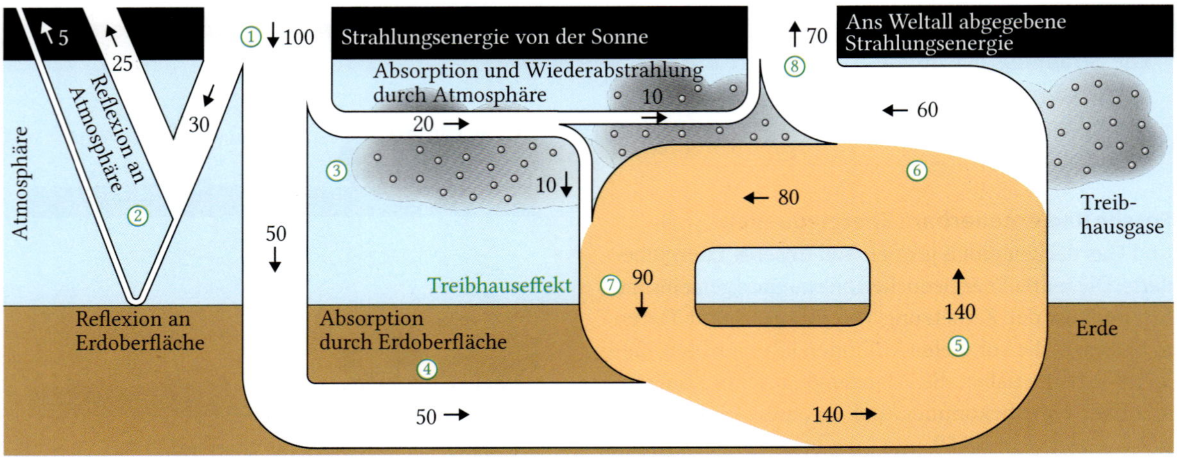

B1 *Strahlungsbilanz der Erde (Zahlenangaben in Prozent)*

Unser Planet erwärmt sich. Das Klima auf unserer Erde verändert sich. Die Folgen dieses Klimawandels machen sich bereits überall auf der Erde bemerkbar:

- Die Durchschnittstemperatur auf der Erdoberfläche steigt.
- Extreme Ereignisse wie Wirbelstürme, Überschwemmungen, Dürren und Waldbrände treten häufiger auf.
- Das arktische Meereis geht zurück.
- Gletscher und Eisschilde schmelzen.
- Der Meeresspiegel steigt.

Bilanz der Strahlungsenergie. Die Ursache für den Klimawandel ist der Treibhauseffekt. Man beschreibt ihn am besten mit Hilfe der Bilanz der Strahlungsenergie. Die Strahlung der Sonne durchquert die Atmosphäre unserer Erde. Die eintreffende Strahlungsenergie entspricht 100 % (Bild **B1**, ①). Etwa 30 % dieser Strahlung wird an der Atmosphäre, den Wolken und der Erdoberfläche reflektiert und gelangt wieder ins Weltall (②).

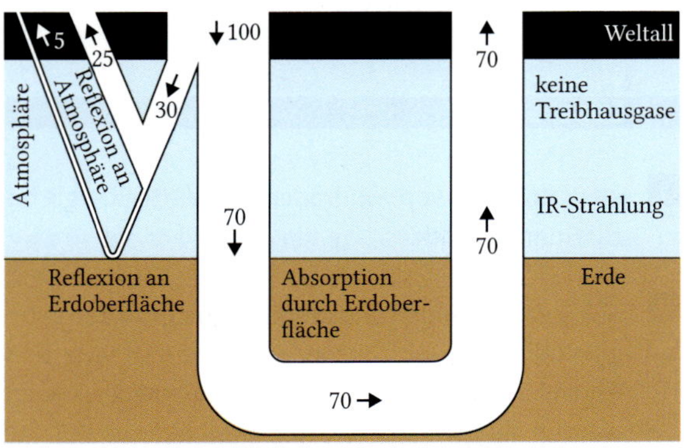

B2 *Strahlungsbilanz einer „Erde ohne Treibhausgase" (in %)*

Der Rest wird von der Atmosphäre (20 %) und der Erdoberfläche (50 %) absorbiert (③) und erwärmt diese (④). Die von der Erdoberfläche absorbierte Strahlungsenergie der Sonne wird in thermische Energie umgewandelt und als Infrarotstrahlung Richtung Weltall gesendet (⑤). Diese Infrarotstrahlung gelangt aber, anders als die Sonnenstrahlung, nicht ungehindert durch die Atmosphäre. Nur ein Teil entweicht ins Weltall (⑧). Der andere Teil wird von **Treibhausgasen** in der Atmosphäre absorbiert (⑥) und zurück zur Erde gesendet (⑦). Die Erde erwärmt sich dadurch noch mehr: Das ist der **Treibhauseffekt**.

Erde ohne Treibhauseffekt: Bild **B2** zeigt die Strahlungsbilanz einer gedachten Erde ohne Treibhausgase. Damit die auf die Erde einfallende Strahlung mit der von der Erde abgegebenen Strahlung im Gleichgewicht ist, muss die gesamte einfallende Sonnenstrahlung wieder als Infrarotstrahlung in das Weltall abgegeben werden. In diesem Fall stellt sich auf der Erdoberfläche eine Gleichgewichtstemperatur von −18 °C ein.

Erde mit Treibhauseffekt: Wenn die Erdatmosphäre mit Treibhausgasen „gefüllt" wird, stellt sich im Gleichgewicht die in Bild **B1** dargestellte Energiebilanz ein. Die von der Erde abgegebene Infrarotstrahlung wird von der Atmosphäre zurückgestrahlt und führt zu dem orange hervorgehobenen Energiekreislauf. Diese zusätzliche Energie bewirkt, dass die Gleichgewichtstemperatur auf der Erdoberfläche 15 °C beträgt – wenn man noch weitere Energietransporte wie Konvektion und Verdunstung berücksichtigt. Der Treibhauseffekt macht das Leben auf der Erde überhaupt erst möglich.

Merksatz

Die Treibhausgase in der Atmosphäre führen in der Strahlungsbilanz der Erde dazu, dass Energie zurück zur Erde gelangt. Damit lässt sich die beobachtete Gleichgewichtstemperatur erklären.

Von Menschen gemachter Treibhauseffekt. Ein Großteil der Treibhausgase befindet sich schon von Natur aus in der Atmosphäre. Sie verursachen den **natürlichen Treibhauseffekt.** Seit Beginn der industriellen Revolution in der zweiten Hälfte des 18. Jahrhunderts ist zu dem natürlichen Treibhauseffekt ein **menschengemachter Treibhauseffekt** hinzugekommen. Er rührt daher, dass die Menschen große Mengen an Treibhausgasen – insbesondere Kohlenstoffdioxid (CO_2), Methan und Lachgas – ausgestoßen haben und immer noch ausstoßen. Allein der CO_2-Anteil in der Atmosphäre ist von 280 ppm auf über 400 ppm angestiegen (Bild **B3**). Ein ppm (part per million) bedeutet ein Gasteilchen von 1 000 000 Gasteilchen.

Dieser zusätzliche Treibhauseffekt führt dazu, dass sich die Erdoberfläche seit etwa 1880 im Mittel um 1 °C erwärmt hat (Bild **B3**, rote Kurve). Bild **B3** zeigt auch: Mit dem Anstieg der CO_2-Konzentration (blaue Kurve) lässt sich die Erderwärmung erklären; mit der Sonnenaktivität (gelbe Kurve) dagegen nicht – sie verursacht nur kleine Schwankungen der Temperatur.

Treibhausgase und Klimaschutz. Wenn wir das Klima auf unserem Planeten schützen wollen, müssen wir unsere Treibhausgasemissionen reduzieren.

- **Kohlenstoffdioxid** (CO_2) entsteht bei der Verbrennung von fossilen Brennstoffen wie Kohle, Erdöl und Erdgas – also zum Beispiel beim Heizen unserer Häuser oder beim Autofahren.
- **Methan** (CH_4) entsteht zum Beispiel im Magen von Rindern und entweicht hauptsächlich durch Rülpsen. Methan entsteht auch beim Reisanbau und entweicht aus Lecks bei der Förderung von Erdgas.
- **Lachgas** (N_2O) entsteht hauptsächlich in der Landwirtschaft durch das Ausbringen von künstlichen Düngemitteln und Viehdung auf die Felder.

Treibhausgase bleiben bis zu einigen Jahrhunderten in der Atmosphäre. Selbst wenn wir den Ausstoß sofort stoppen, würde die globale Temperatur zwar nicht ansteigen, sie würde aber auch nicht sofort sinken.

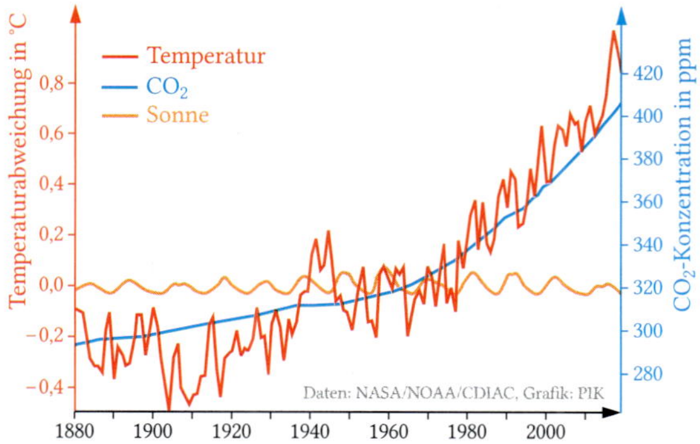

B3 *Rot: gemessene Erderwärmung, gelb: durch die Sonnenaktivität bedingte Erderwärmung bzw. -abkühlung, blau: CO_2-Konzentration in der Atmosphäre*

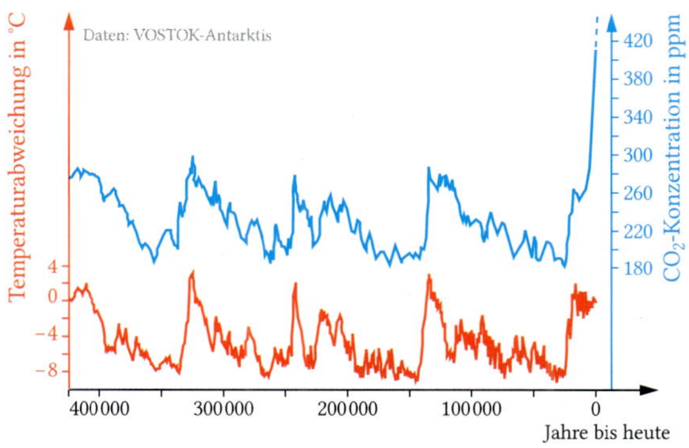

B4 *Temperaturabweichung (rot) und CO_2-Konzentration in der Atmosphäre (blau) in der Antarktis in den letzten 400 000 Jahren*

Anstieg des Meeresspiegels. Eine der bekanntesten Folgen der Erderwärmung ist der Anstieg des Meeresspiegels. Seit 1900 ist er um ca. 20 Zentimeter gestiegen. Hauptgrund für den Anstieg ist die Ausdehnung des Wassers in den Ozeanen, da die Atmosphäre nach und nach thermische Energie an die Ozeane abgibt. Ein kleiner Teil geht auf das Abschmelzen der antarktischen und grönländischen Eisschilde zurück.

Löse selbst

1 Erkläre einer anderen Person den Treibhauseffekt.

2 Erläutere Bild **B4**. Ein Klimaskeptiker behauptet: „Die CO_2-Konzentration in der Atmosphäre war früher auch schon höher." Nimm dazu Stellung.

3 Recherchiere, woher man weiß, wie groß die Temperatur bzw. die CO_2-Konzentration auf der Erde vor Jahrtausenden war. Stichwort: Eisbohrkerne.

2.20 Energieübertragung

B1 *Prinzip einer Energieübertragungskette*

! Merksatz

Energie kann von einem Körper auf einen anderen Körper übertragen werden. Dabei gilt der Energieerhaltungssatz.

Übertragung von Energie. Die Energie, die wir im Alltag nutzen, können wir bis zur Sonne zurückverfolgen. Auf S. 108 haben wir mehrere Beispiele aufgeführt, bei denen Energie von einem Körper zum anderen transportiert wird: von der Sonne auf das Wasser im Schlauch in Versuch **V1**, vom Wasserkraftwerk zur Steckdose oder von der Sonne zum Apfel am Baum.

Gemeinsam ist diesen Beispielen, dass Energie von einem Körper zu einem anderen transportiert wird. Man spricht von **Energieübertragung.** Im Unterschied zu Energieumwandlungen, wo wir zeitliche Abläufe betrachtet haben, geht es bei der Energieübertragung um den Transport der Energie von Körper zu Körper und damit auch von Ort zu Ort. Auch hierbei gilt der Energieerhaltungssatz. Die Energie, die ein Körper abgibt, nimmt ein anderer auf.

Energieübertragungsketten. Energieübertragungen stellen wir mit Energieübertragungsketten dar. Bild **B1** zeigt das Prinzip. Die beteiligten Körper werden als gelbe Kästen dargestellt. Mit einem breiten roten Pfeil wird die Energieübertragung von 1 nach 2 verdeutlicht.

Beispiel für eine Energieübertragungskette. Eine einfache Energieübertragungskette zeigt Bild **B2**. Der Gabelstapler hebt eine Last an. Die im Akku des Gabelstaplers gespeicherte Energie wird vom Gabelstapler auf die Last übertragen, indem sie angehoben wird. Der rote Pfeil symbolisiert dabei die Energie, die auf die Last übertragen wird. Wenn sich bei der Energieübertragung auch die Energieform ändert, spricht man von einem **Energiewandler.** Der Gabelstapler überträgt nicht nur Energie auf die Last, sondern wirkt auch als Energiewandler: Beim Anheben der Last wird chemische Energie in Lageenergie umgewandelt.

Methode: Energieumwandlung und Energieübertragung

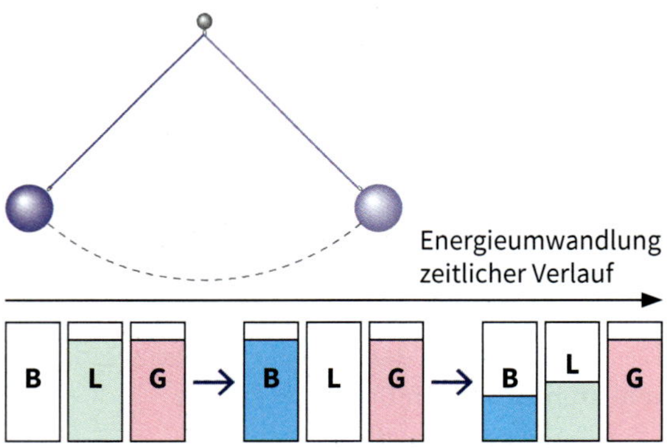

Bisher haben wir uns bei Energiebetrachtungen auf einen einzelnen Körper konzentriert und gelernt, dass die Gesamtenergie über die Zeit hinweg erhalten ist: Bei konstanter Gesamtenergie können Energieumwandlungen von einer Energieform in eine andere stattfinden. Beispiele dafür sind eine pendelnde Kugel oder eine Trampolinspringerin. Energieumwandlungen haben wir im Kontomodell und in Diagrammen wie im Bild oben dargestellt. **Energieumwandlungen** sind **zeitliche** Abläufe, die im Bild links durch blaue Pfeile dargestellt werden.

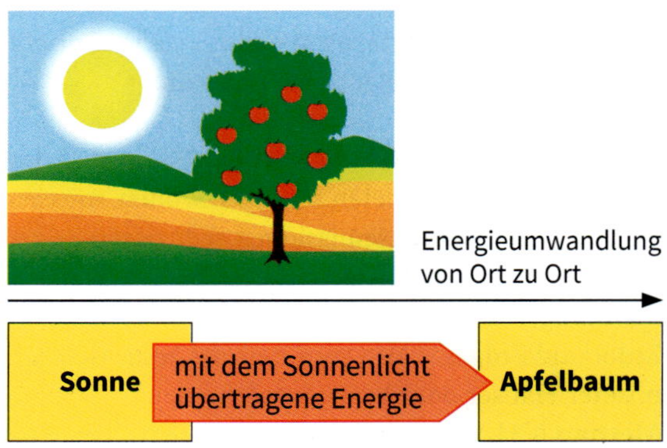

Im Gegensatz dazu wird bei der **Energieübertragung** die Energie **räumlich** transportiert – von einem Körper zu einem anderen. Wenn zum Beispiel die Sonnenstrahlung Energie von der Sonne zum Apfelbaum transportiert, wird die Energie räumlich übertragen (breiter roter Pfeil im Bild oben).
Oft findet auch beides gleichzeitig statt: Beim Stabhochsprung gibt es Energieumwandlungen, aber es wird auch Energie übertragen: vom Springer auf den Stab und wieder zurück. Der Stab wirkt als Energiewandler.

B2 *Beispiel für eine Energieübertragungskette*

B3 *Mensch und Eisbär geben unterschiedlich viel Energie an das kalte Wasser ab.*

Energieübertragung von warm nach kalt. Mit Energieübertragungsketten kannst du Zusammenhänge übersichtlich darstellen. Bild **B3** erläutert durch eine Energieübertragungskette, wie sich Tiere gegen das Auskühlen in kalten Umgebungen schützen.

Immer wenn zwei Körper verschiedener Temperatur sich berühren, wird Energie übertragen. Der wärmere Körper (Mensch, Eisbär) gibt Energie an den kälteren Körper (Wasser) ab. Das Mädchen im linken Bild hat aber, anders als der Eisbär, keine isolierende Speckschicht, die die Energieübertragung geringhält. Das Mädchen gibt mehr Energie an das Wasser ab als der Eisbär. Deshalb friert das Mädchen im kalten Wasser, der Eisbär dagegen nicht.

Eine längere Energieübertragungskette. Bild **B4** zeigt die Energieübertragungskette für den Flug eines Modellflugzeugs. Der Junge spannt zuerst das Gummiseil. Dazu verwendet er chemische Energie, die in seinen Muskeln gespeichert ist. Er überträgt diese Energie auf das Gummiseil.

Wenn der Junge das Modellflugzeug loslässt, wird die Energie vom Gummiseil auf das Flugzeug übertragen. Dessen Bewegungsenergie nimmt zu, und es steigt in die Höhe. In einer bestimmten Höhe wird das Gummiseil ausgeklinkt und das Flugzeug gleitet durch die Luft. Der Luftwiderstand sorgt schließlich dafür, dass das Modellflugzeug landen muss. Seine Energie wird auf die umgebende Luft übertragen.

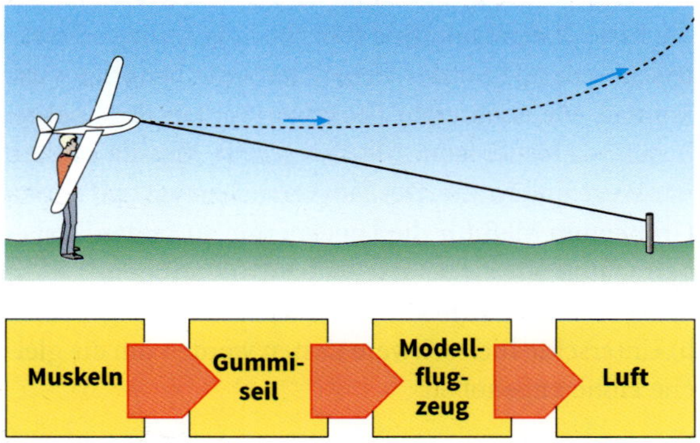

B4 *Energieübertragungskette für Start und Flug eines Modellflugzeugs*

Löse selbst

1 ➡ Erläutere den Begriff Energieübertragung und verdeutliche den Unterschied zum Begriff Energieumwandlung.

2 ➡ Zeichne eine Energieübertragungskette für eine „Fahrrad-Vollbremsung“, die vom startenden Fahrrad bis zur thermischen Energie des Bodens reicht.

3 ➡ Zeichne eine Energieübertragungskette für einen der auf den Seiten 92-93 besprochenen Vorgänge.

4 ↗ Bei der Energieübertragung von einem Körper auf einen anderen kann sich die Energieform ändern, sie muss es aber nicht. Überprüfe diese Aussage an den Beispielen auf dieser Seite.

2.21 Lageenergie messen

B1 *Ein Kran hebt einen schweren Behälter.*

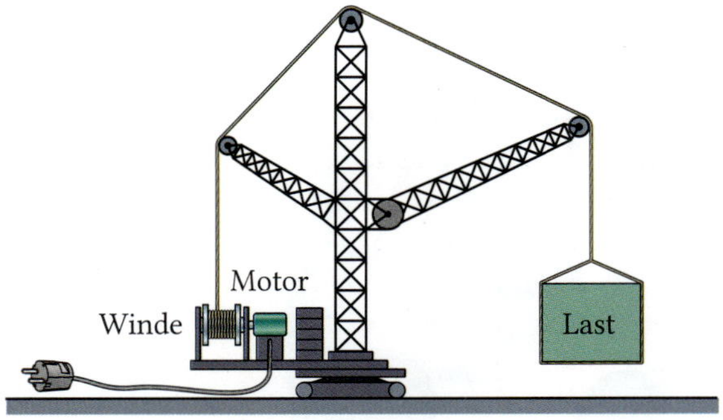

B3 *Schematische Darstellung der Funktionsweise eines Krans*

Lageenergie und das Heben von Lasten. Auf einer Baustelle hebt der Kran in Bild **B1** eine schwere Kiste vom Boden ins Dachgeschoss. Die Lageenergie der Kiste nimmt dabei zu. Die Frage „Wo kommt diese Energie her?“ lässt sich sofort beantworten: Elektrische Energie wird dem Kran zugeführt und über den Elektromotor auf die Kiste übertragen (Bild **B3**). Die Frage, wie viel elektrische Energie für das Heben der Kiste benötigt wird, können wir noch nicht beantworten. Für die Energie haben wir bisher keine Messvorschrift. Messen können wir Wege und Kräfte. Deshalb versuchen wir, mit diesen Größen ein Maß für die Lageenergie zu finden. Dabei betrachten wir zwei verschiedene Situationen:

a) Dieselbe Last wird auf verschiedene Höhen gehoben.

b) Unterschiedlich schwere Lasten werden um die gleiche Höhe angehoben.

Eine Last auf unterschiedliche Höhen heben. Der Kran in Bild **B2a** hebt eine Last in einer Sekunde drei Meter hoch. Der Elektromotor benötigt dafür eine bestimmte Menge elektrischer Energie und überträgt sie auf die Last. Wenn die gleiche Last zwölf Meter hoch gezogen wird, also viermal so hoch, dauert das viermal so lange und der Elektromotor benötigt die vierfache Menge an elektrischer Energie. Das bedeutet: Die Lageenergie der Last nimmt bei vierfachem Höhengewinn um das Vierfache zu. Ähnlich könnten wir die Energieübertragung für zweifachen oder dreifachen Höhengewinn angeben. Mit den Bezeichnungen E_{Lage} für die Lageenergie und h für den Höhengewinn können wir dies in einer Formel ausdrücken:

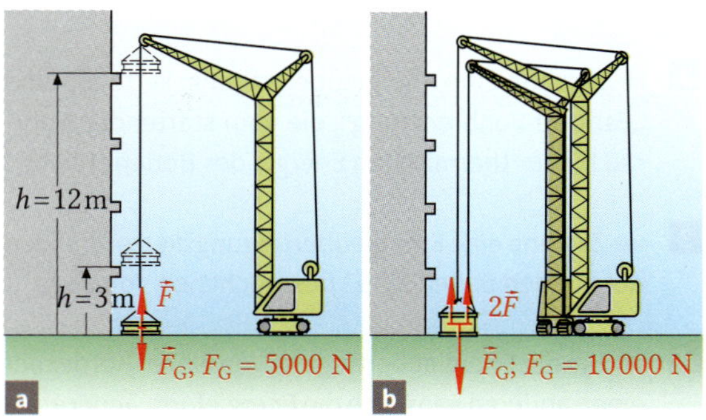

B2 *a) Ein Kran hebt eine Last an. b) Eine sehr schwere Last müssen zwei Kräne anheben.*

Merksatz

Die Zunahme der Lageenergie ist proportional zum Höhengewinn: $E_{\text{Lage}} \sim h$.

Unterschiedlich schwere Lasten haben. Die Gewichtskraft auf den Behälter in Bild **B2a** ist $F_G = m \cdot g = 5000\ \text{N}$. In Bild **B2b** wird eine doppelt so schwere Last mit $F_G = 10\,000\ \text{N}$ von zwei Kränen gehoben. Jeder Kran benötigt dafür so viel elektrische Energie wie zuvor. Die beiden Kräne benötigen deshalb zusammen die doppelte Menge an elektrischer Energie. Ähnlich können wir bei der dreifachen oder vierfachen Last argumentieren. Allgemein können wir sagen:

Merksatz

Die Zunahme der Lageenergie ist proportional zur Gewichtskraft auf die Last: $E_{\text{Lage}} \sim F_G$.

Eine Formel für die Lageenergie. Wir können noch einen Schritt weitergehen und uns vorstellen, dass nun beide Größen verändert werden, also Last und Höhengewinn gleichzeitig. Zum Beispiel soll die doppelte Last um die vierfache Höhe angehoben werden. Dafür braucht man die $2 \cdot 4$-fache = 8-fache Energiemenge.

Wenn also sowohl h als auch F_G vervielfacht werden, dann gilt: $E_{\text{Lage}} \sim F_G \cdot h$.

Die Maßeinheit der Energie. Mit dem Produkt aus Gewichtskraft und Höhengewinn können wir die Zunahme der Lageenergie in verschiedenen Fällen vergleichen. In der Praxis möchte man aber nicht nur Energien vergleichen, sondern einen genauen Wert für die Energieänderung bei einem bestimmen Vorgang berechnen. Das ist nur möglich, wenn man den fehlenden Proportionalitätsfaktor kennt. Im Prinzip könnte man diesen Proportionalitätsfaktor beliebig festlegen. Tatsächlich hat man ihn im internationalen Einheitensystem auf den Wert 1 festgelegt, sodass der Zusammenhang gilt:

$$E_{\text{Lage}} = F_G \cdot h = m \cdot g \cdot h.$$

Aus dieser Formel ergibt sich die Maßeinheit für die Lageenergie. Sie ist das Produkt aus der in Newton (N) gemessenen Gewichtskraft und dem in Meter (m) gemessenen Höhengewinn. Die Einheit der Höhenenergie ist also: 1 N · 1 m = 1 Nm.

Einen anderen Namen für diese zusammengesetzte Einheit hast du bereits kennen gelernt, ein **Joule,** kurz: 1 J, also ist 1 J = 1 Nm. Alle Energieformen werden in Joule gemessen, nicht nur die Lageenergie.

Bezugshöhe der Lageenergie. Die Aussage: „Der Ball hat die Lageenergie von 230 J" ist nicht ganz eindeutig. Stelle dir vor, du bist im ersten Stock eines Hauses (Bild **B4**). Du hebst einen Ball vom Fußboden auf und legst ihn auf den Tisch. Wie viel Lageenergie hat der Ball jetzt? Ist seine Lageenergie so groß wie die Energie, die du beim Heben vom Fußboden aufbringen musstest? Oder ist sie so groß wie die Energie, die er gewinnt, wenn man ihn aus dem Fenster wirft?

Das Beispiel zeigt: Es ist nicht möglich, von Lageenergie zu sprechen, ohne eine **Bezugshöhe** anzugeben. Im Physikunterricht sagen wir trotzdem oft vereinfachend: „Der Körper hat eine Lageenergie von 230 J". Wir gehen dann davon aus, dass die Bezugshöhe klar ist – meist ist es der Erdboden. In weniger deutlichen Fällen muss man die Bezugshöhe aber benennen.

! Merksatz

Die Lageenergie eines Körpers ist sowohl zur Höhe h als auch zur Gewichtskraft F_G proportional:

$$E_{\text{Lage}} = F_G \cdot h = m \cdot g \cdot h.$$

Die Einheit der Energie ist 1 Nm = 1 J (1 Joule).

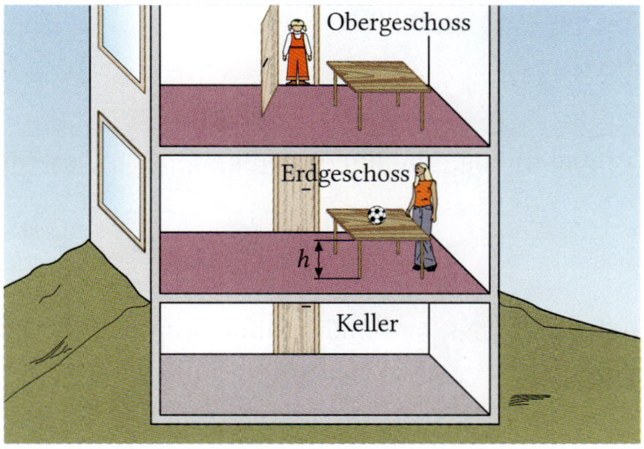

B4 *Zur Bezugshöhe der Lageenergie*

Goldene Regel. Das Prinzip der Energieerhaltung ermöglicht es uns, die Funktionsweise von Hebel und Flaschenzug besser zu verstehen. Als Beispiel betrachten wir den Flaschenzug in Bild **B5**. Die Last hängt an einer losen Rolle. Ein Ende des Seils ist an der Decke befestigt, das andere wird hochgezogen. Die Gewichtskraft von 10 N ist auf zwei Seilstücke verteilt. Zum Heben der Last reicht die halbe Gewichtskraft von 5 N.

Um die Last um 40 cm anzuheben, müssen wir das rechte Seilende um das Doppelte, also um 80 cm hochziehen, denn beide Seilstücke müssen jeweils um 40 cm kürzer werden. Das ist ein Beispiel für die goldene Regel der Mechanik: Eine kleine Kraft erfordert einen größeren Weg. Die lose Rolle hat zwar die Kraft verringert, an der zum Heben benötigten Energie aber nichts geändert. Der Energieerhaltungssatz gilt immer.

! Merksatz

Goldene Regel der Mechanik: Wenn man mit einem Flaschenzug oder Hebel Energie überträgt, ist bei einer kleineren Kraft ein größerer Weg erforderlich.

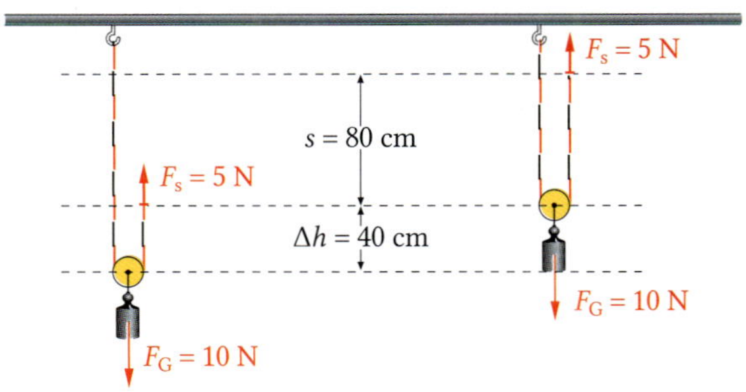

B5 *Beim Flaschenzug gilt: kleine Kraft, großer Weg.*

2.22 Energie und Leistung

B1 *Rennradfahrer beim Training*

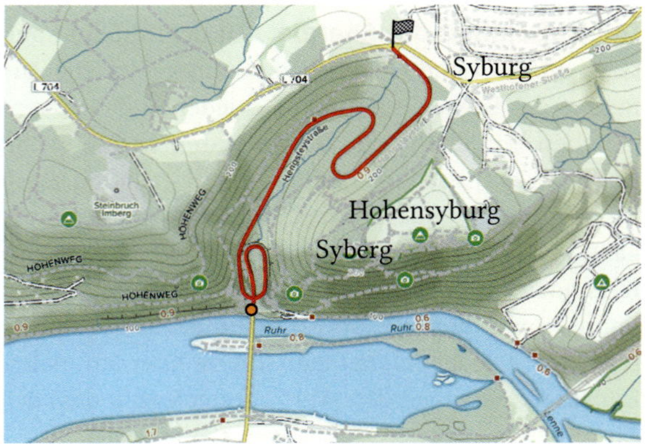

B2 *Karte der Teststrecke Serpentine Syburg*

Training mit dem Smartphone. Beim Rennradfahren (Bild **B1**) benutzt man im Training Smartphone-Apps, in denen sich Teststrecken auswählen lassen. Wenn man dort entlang fährt, dann zeichnet das Smartphone die benötigte Zeit und die Geschwindigkeit auf. Beim Vergleich der gemessenen Daten am Anfang und am Ende der Saison lässt sich der Trainingsfortschritt feststellen.

Energieumsatz bei einer Bergfahrt. Die Serpentine Syburg bei Dortmund ist eine solche Teststrecke (Bild **B2**). Sie hat 91 Höhenmeter, das heißt, die Höhendifferenz Δh zwischen Start und Ziel beträgt 91 Meter. Wenn ein Rennradfahrer mit einer Gesamtmasse von 75 kg diese Strecke fährt, dann beträgt die Zunahme der Lageenergie:

$$\begin{aligned}\Delta E_{\text{Lage}} &= m \cdot g \cdot \Delta h \\ &= 75\ \text{kg} \cdot 9{,}81\,\frac{\text{N}}{\text{kg}} \cdot 91\ \text{m} \\ &= 67\ \text{kJ}.\end{aligned}$$

Diese Energie muss der Rennradfahrer dadurch aufbringen, dass er in die Pedale tritt. Sie stammt aus der chemischen Energie, die in seinem Körper gespeichert ist. Der Energiebedarf ist dabei etwa viermal so groß, also ca. 270 kJ, weil die Muskeln generell nur etwa ein Viertel der im Körper umgesetzten chemischen Energie für die eigentliche Muskelarbeit nutzen können. Der Rest wird als Wärme nach außen abgegeben. Deshalb wird einem warm und man schwitzt beim Sport.

Leistung. Bei jeder Bergfahrt muss der Radfahrer die gleiche Energiemenge aufbringen, nämlich 67 kJ. Das ist am Anfang und am Ende der Saison gleich. Woran erkennt man dann den Trainingsfortschritt? Im Sport erkennt man ihn daran, dass man die Teststrecke in kürzerer Zeit zurücklegt – das wird von der Smartphone-App gemessen und gespeichert. Am Anfang der Saison benötigt man für die Teststrecke vielleicht sechs Minuten, am Ende nur noch fünf Minuten.

Zum Vergleich bildet man den Quotienten aus der übertragenen Energie und der dafür benötigten Zeit. Diesen Quotienten bezeichnet man in der Physik allgemein als **Leistung.**

! Merksatz

Der Quotient aus der übertragenen Energie ΔE und der dafür benötigten Zeit Δt ist die Leistung P:

$$P = \frac{\Delta E}{\Delta t}.$$

Die Einheit der Leistung ist $1\,\frac{\text{J}}{\text{s}} = 1\ \text{W}$ (Watt).

Mit dem Begriff der Leistung kann man den Trainingsfortschritt beurteilen. Der Vergleich der Leistung am Anfang und Ende der Saison ergibt:

$$\text{Saisonanfang: } P = \frac{\Delta E}{\Delta t} = \frac{67\,000\ \text{J}}{6 \cdot 60\ \text{s}} = 186\,\frac{\text{J}}{\text{s}} = 186\ \text{W}.$$

$$\text{Saisonende: } P = \frac{\Delta E}{\Delta t} = \frac{67\,000\ \text{J}}{5 \cdot 60\ \text{s}} = 223\,\frac{\text{J}}{\text{s}} = 223\ \text{W}.$$

Der Radfahrer hat im Verlauf der Saison seine Leistung von 186 W auf 223 W gesteigert – ein beachtlicher Zuwachs.

Leistungsvergleiche. Für einen bestimmten Berg könnte man natürlich einfach die gestoppten Zeiten vergleichen und so sein Training kontrollieren. Die Leistung physikalisch zu betrachten, hat den Vorteil, dass man damit verschiedene Fahrerinnen und Fahrer, verschiedene Berge und sogar verschiedene Trainingssituationen vergleichen kann. Jede Art der übertragenen Energie kann man zur Berechnung einer Leistung in die Formel $P = \frac{\Delta E}{\Delta t}$ einsetzen. Daher kann das Fahrradergometer im Fitnessstudio ebenfalls die Leistung in Watt anzeigen, auch wenn man dort nicht tritt, um die Lageenergie zu erhöhen, sondern um ein gebremstes Schwungrad anzutreiben (Bild **B3**). Anfänger beginnen hier mit einer Leistung von 100 W, also etwa der Hälfte der oben errechneten Leistung der Rennradfahrer am Berg.

Der Luftwiderstand. Bei der Fahrt in der Ebene kämpft man beim Radfahren gegen den Luftwiderstand an. Je schneller man fährt, desto größer ist die Luftwiderstandskraft und damit auch die Leistung. Tabelle **T1** zeigt den Zusammenhang zwischen Geschwindigkeit und Leistung für einen typischen Rennradfahrer bei Windstille. Die Luftwiderstandskraft hängt von der angeströmten Fläche ab. Deshalb kann man die benötigte Leistung verringern, indem man sich mit einem speziellen Lenker in eine „windschnittige" Sitzposition bringt, wie es zum Beispiel beim Triathlon üblich ist.

Leistungseinheiten. Die gesetzliche Einheit für die Leistung ist das Watt. Wegen der Anschaulichkeit und aus Gewohnheit ist jedoch bei Leistungsangaben von Automotoren die veraltete Einheit „Pferdestärke" (PS) weiterhin sehr gebräuchlich. Es gilt: 1 PS = 736 W.

Beispielaufgabe

Leistungsvergleich

Eine Radfahrerin (m = 65 kg) legt die Teststrecke am Kahlen Asten im Sauerland (67 Höhenmeter) in 225 s zurück. Eine andere Fahrerin (m = 60 kg) braucht 568 s für die 149 Höhenmeter zum Hermannsdenkmal bei Detmold. Vergleiche die Leistungen.

Lösung:

a) Am Kahlen Asten:

$$P = \frac{m \cdot g \cdot \Delta h}{\Delta t} = \frac{65\ \text{kg} \cdot 9{,}81\ \frac{\text{N}}{\text{kg}} \cdot 67\ \text{m}}{225\ \text{s}} = 190\ \text{W}$$

b) am Hermannsdenkmal:

$$P = \frac{m \cdot g \cdot \Delta h}{\Delta t} = \frac{60\ \text{kg} \cdot 9{,}81\ \frac{\text{N}}{\text{kg}} \cdot 149\ \text{m}}{568\ \text{s}} = 154\ \text{W}$$

Die Sportlerin am kahlen Asten hat somit eine höhere Leistung erbracht.

P in W	100	150	200	250	300
v in km/h	23	26,5	29,5	32	34

T1 *Leistung und Geschwindigkeit bei der Fahrt gegen Luftwiderstand (typische Werte bei Windstille)*

B3 *Das Display eines Fahrradergometers zeigt unter anderem die Leistung in Watt an.*

Die Einheit Watt sollte nicht mit der Einheit Kilowattstunde (kWh) verwechselt werden. Eine Kilowattstunde ist eine andere Einheit der Energie. Sie gibt an, wie viel Energie man umsetzt, wenn man eine Stunde lang die Leistung von 1 kW nutzt. Durch Umstellung der Definitionsgleichung für die Leistung kann man eine Kilowattstunde in Joule umrechnen:

$$E = \Delta P \cdot \Delta t$$
$$= 1\ \text{kW} \cdot 1\ \text{h} = 1000\ \tfrac{\text{J}}{\text{s}} \cdot 3600\ \text{s} = 3\,600\,000\ \text{J}.$$

Löse selbst

1 ➡ Erläutere, weshalb man bei der Berechnung der für eine Bergfahrt benötigten Energie die Gesamtmasse, also die Masse des Fahrers mitsamt Fahrrad, in die Formel für die Lageenergie einsetzt.

2 ➡ Berechne die durchschnittliche Leistung eines Bergsteigers, der für einen Höhenunterschied von 300 m eine Stunde benötigt.

3 ↗ Ein Profi-Radfahrer (70 kg) auf einer Bergetappe hat mit seinem 8 kg schweren Fahrrad innerhalb von 20 Minuten 660 Höhenmeter überwunden. Der Körper eines trainierten Radprofis kann ohne Doping 5,5 W pro Kilogramm Körpermasse leisten.
Beurteile mit einer Berechnung der Leistung, ob der Fahrer gedopt war.

Zusammenfassung

1. *t-s*-Diagramme

Im ***t-s*-Diagramm** einer Bewegung werden Messwerte für den zurückgelegten Weg und die benötigte Zeit dargestellt. Die Zeit t wird dabei auf der x-Achse aufgetragen, der Weg s auf der y-Achse.

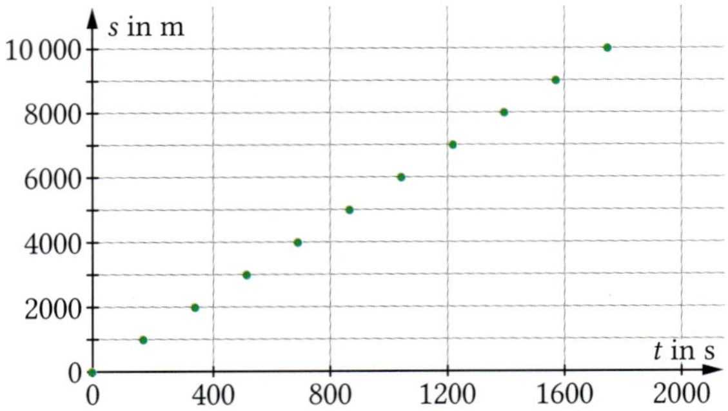

2. Gleichförmige Bewegungen

Eine Bewegung heißt **gleichförmig,** wenn das t-s-Diagramm eine Gerade zeigt.

Die physikalische Größe **Geschwindigkeit** beschreibt, wie schnell oder langsam sich ein Körper bewegt. Die Geschwindigkeit einer gleichförmigen Bewegung kann man wie folgt berechnen:

$$\text{Geschwindigkeit} = \frac{\text{zurückgelegter Weg}}{\text{benötigte Zeit}} = \frac{\Delta s}{\Delta t}.$$

Die Geschwindigkeit kann man in $\frac{\text{m}}{\text{s}}$ oder in $\frac{\text{km}}{\text{h}}$ angeben. Mit der Beziehung

$$10\ \frac{\text{m}}{\text{s}} = 36\ \frac{\text{km}}{\text{h}}$$

kannst du zwischen den Maßeinheiten umrechnen.

3. Trägheitsgesetz

Jeder Körper behält seine Geschwindigkeit und seine Bewegungsrichtung unverändert bei, solange keine Kraft auf ihn ausgeübt wird.

4. Kraft und Zusatzgeschwindigkeit

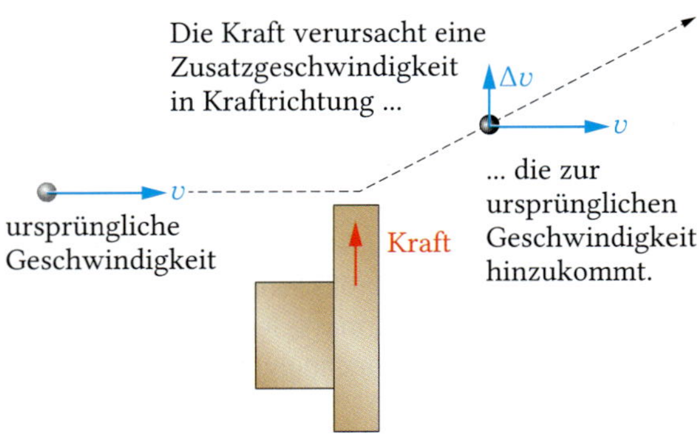

Eine Kraft, die auf einen Körper ausgeübt wird, verursacht eine Zusatzgeschwindigkeit in Kraftrichtung.

5. Einheit der Kraft

Die Einheit der Kraft ist das **Newton.** Wenn ein Körper von 1 kg Masse in einer Sekunde aus dem Stand auf $1\ \frac{\text{m}}{\text{s}}$ beschleunigt wird, dann wirkt auf diesen Körper die Kraft 1 Newton.

6. Kraftmessung

Zur Kraftmessung nutzt man die verformende Wirkung von Kräften. Ein **Federkraftmesser** misst die Kraft durch Dehnung einer elastischen Stahlfeder.

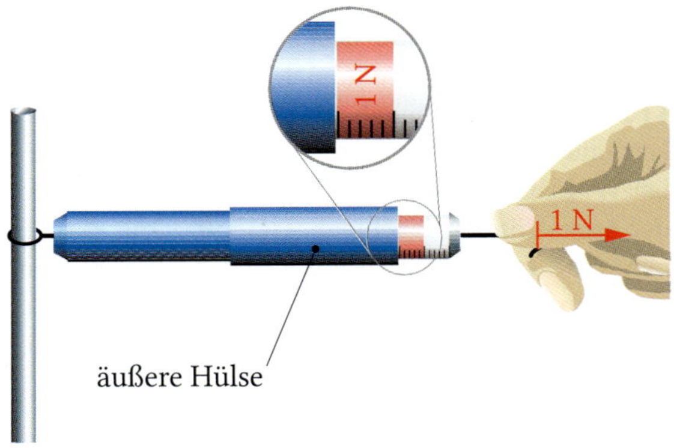

7. Wechselwirkungsgesetz

Wenn ein Körper A eine Kraft auf einen Körper B ausübt, dann übt auch Körper B auf Körper A eine gleich große und entgegengesetzt gerichtete Kraft aus.

8. Masse und Gewichtskraft

Die Gewichtskraft F_G und die Masse m eines Körpers sind am gleichen Ort zueinander proportional. Es gilt:

$$F_G = m \cdot g.$$

Der Proportionalitätsfaktor g heißt **Ortsfaktor.**

9. Kräftegleichgewicht

Wenn an einem Punkt eines Körpers zwei Kräfte angreifen, die gleich groß und entgegengesetzt gerichtet sind, bleibt die Geschwindigkeit des Körpers gleich.

Zusammenfassung

Kräftegleichgewicht und Wechselwirkungsgesetz kannst du folgendermaßen unterscheiden:

- Beim Wechselwirkungsgesetz greifen Kraft und Gegenkraft stets an *zwei verschiedenen Körpern* an.
- Beim Kräftegleichgewicht greifen dagegen zwei Kräfte *an einem Körper* an.

10. Hebel und Flaschenzug

Beim Hebel gilt: Mit einem längeren Hebelarm benötigt man eine kleinere Kraft. Der **Hebel** ist im Gleichgewicht, wenn die Produkte aus Kraft und zugehörigem Hebelarm gleich groß sind:

$$F_1 \cdot a_1 = F_2 \cdot a_2.$$

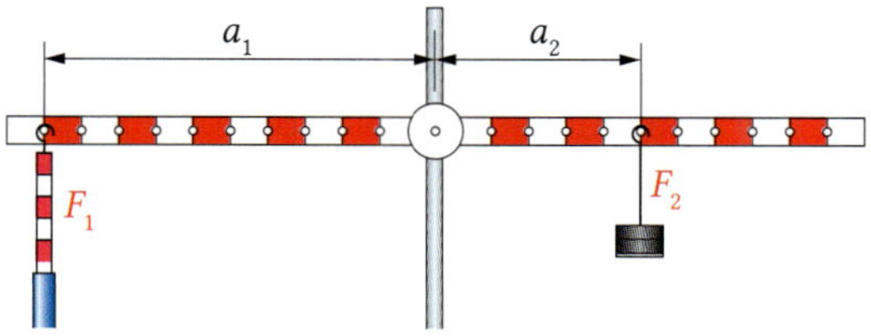

Bei einem **Flaschenzug** mit n tragenden Seilen beträgt die Zugkraft ein n-tel der Hubkraft:

$$F_{Zug} = \frac{1}{n} \cdot F_{Hub}.$$

Der Zugweg ist das n-Fache des Hubweges.

Goldene Regel der Mechanik: Wenn man mit einem Hebel oder einem Flaschenzug Energie überträgt, dann ist bei einer kleineren Kraft ein größerer Weg nötig.

11. Energie und Energieerhaltung

Energie kommt in verschiedenen **Formen** vor, die ineinander umgewandelt werden können, zum Beispiel: Bewegungsenergie, Lageenergie, Spannenergie, chemische Energie, thermische Energie und elektrische Energie.

Ein Körper in Bewegung hat **Bewegungsenergie.** Je schneller sich der Körper bewegt, desto größer seine Bewegungsenergie.
Die **Lageenergie** eines Körpers ist sowohl zur Höhe h als auch zur Gewichtskraft F_G proportional:

$$E_{Lage} = F_G \cdot h = m \cdot g \cdot h.$$

Die **Einheit der Energie** ist 1 Nm = 1 J (1 Joule).
Die **Gesamtenergie** ist konstant, wenn alle bei einem Vorgang beteiligten Energieformen berücksichtigt werden.

Mit Energieumwandlungsketten und dem Kontomodell lässt sich der Energieerhaltungssatz veranschaulichen.

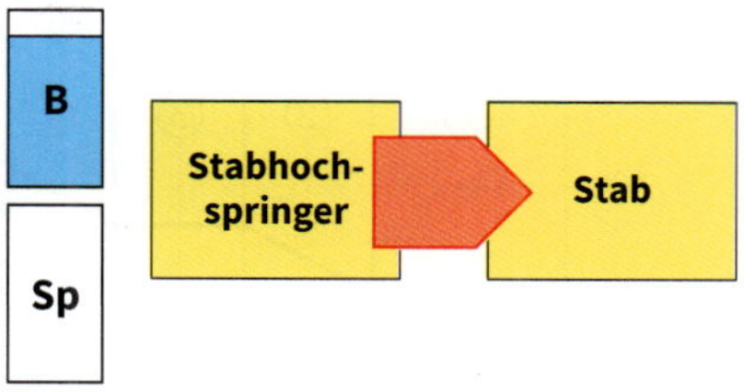

Die **Leistung** P ist der Quotient aus übertragener Energie ΔE und benötigter Zeit Δt:

$$P = \frac{\Delta E}{\Delta t}.$$

Die Einheit der Leistung ist $1\,\frac{J}{s} = 1$ W (Watt).

12. Treibhauseffekt und Klimawandel

Die Treibhausgase in der Atmosphäre führen in der Strahlungsbilanz zu einer Erwärmung der Erde. Der menschengemachte Treibhauseffekt (Klimawandel) geht auf die vom Menschen verursachten Treibhausgase (CO_2, Lachgas, Methan) zurück.

Selbsteinschätzung

Schätze dich selbst ein: „kann ich schon gut (+)" oder „muss ich mir noch einmal anschauen (–)".

Ich kann ...

... aus einer Wertetabelle ein t-s-Diagramm erstellen;
... Geschwindigkeiten aus Weglängen und Zeitspannen berechnen;
... zwischen den Einheiten $\frac{m}{s}$ und $\frac{km}{h}$ umrechnen;
... ein Experiment zum Zusammenhang von Kraft und Zusatzgeschwindigkeit beschreiben;
... Beispiele für die verformende Wirkung von Kräften nennen;
... Kräftegleichgewicht und Wechselwirkungsprinzip unterscheiden und an Beispielen erläutern;
... die goldene Regel der Mechanik erklären;
... Energieumwandlungsketten aufstellen und daran das Prinzip der Energieerhaltung erläutern;
... Spannenergie, Bewegungsenergie und Lageenergie bei physikalischen Vorgängen identifizieren;
... die Formel für die Lageenergie anwenden;
... den Zusammenhang zwischen Energie und Leistung erläutern;
... Leistungen berechnen und mit meiner eigenen Körperleistung vergleichen.

Aufgaben mit Lösungen

1

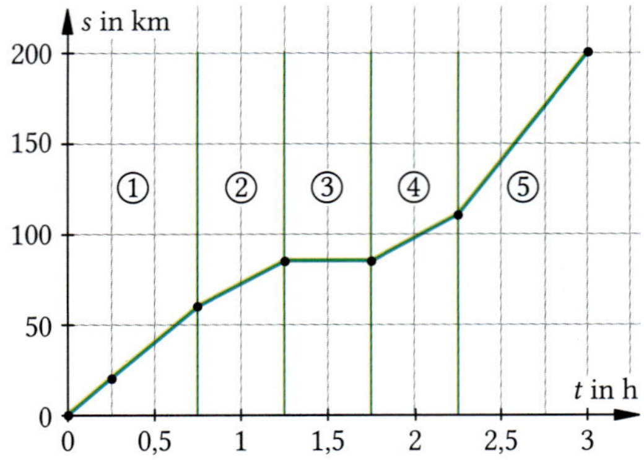

➡ Das Bild zeigt den Verlauf einer Autofahrt.

a) Beschreibe den Verlauf der Fahrt.

b) Welchen besonderen Wert hat die Geschwindigkeit des Autos im Abschnitt ③? Gib eine mögliche Ursache an.

c) Bestimme die Geschwindigkeiten für die Abschnitte ①, ②, ④ und ⑤.

d) Berechne die mittlere Geschwindigkeit, die über die ganze Fahrt erreicht wurde.

e) Übertrage das Diagramm ins Heft und zeichne das *t*-*s*-Diagramm für eine Fahrt, bei der man stets mit der Geschwindigkeit von Teilaufgabe d) unterwegs war. Vergleiche beide Kurven.

2

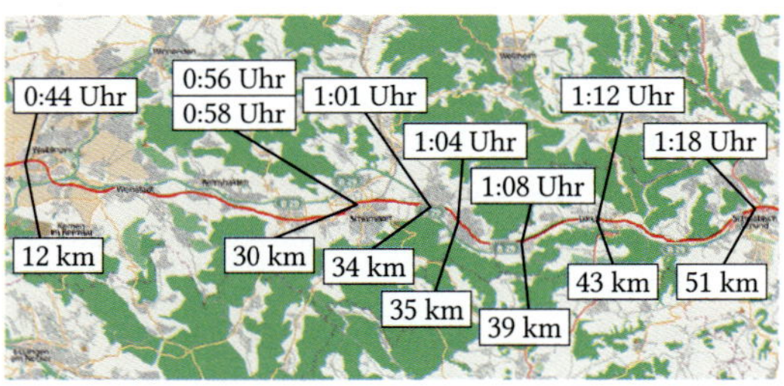

↗ Die Karte zeigt die Route eines Zuges. Unten sind Weglängen und oben die entsprechenden Zeitpunkte angegeben.

a) Übertrage die Angaben für Weglängen und Zeitpunkte in eine Tabelle. Berechne die mittleren Geschwindigkeiten des Zuges von einem Bahnhof zum nächsten.

b) Bei einem Bahnhof sind zwei Zeitpunkte vermerkt. Beschreibe, welche Bedeutung das hat. Bestimme den Wert der Geschwindigkeit des Zuges in der Zeitspanne zwischen den zwei angegeben Zeitpunkten.

c) Begründe: Die mittlere Geschwindigkeit auf der Gesamtstrecke liegt zwischen der kleinsten und der größten mittleren Geschwindigkeit, die der Zug zwischen zwei Bahnhöfen jeweils erreicht.

3 ➡ Julia hat den 50-m-Lauf ihrer Mitschülerin aufgenommen und die folgenden Daten gewonnen.

***t* in s**	0	2,5	4,3	5,9	7,5	9,0
***s* in m**	0	10	20	30	40	50

a) Zeichne das zugehörige *t*-*s*-Diagramm.

b) Ermittle, in welchem der fünf 10-m-Abschnitte die Läuferin die größte Geschwindigkeit erreichte.

4 ➡ Berechne jeweils die Geschwindigkeit in den Einheiten $\frac{\text{m}}{\text{s}}$ und $\frac{\text{km}}{\text{h}}$:

a) Hans fährt in 20 Minuten mit seinem Rad in die sechs Kilometer entfernte Schule.

b) Frau Maier fährt fünf Stunden zu ihrem Urlaubsziel. Dabei legt sie 360 Kilometer zurück.

c) Bei einem Umlauf legt die Spitze des Stundenzeigers einer Uhr eine Strecke von 90 cm Länge zurück.

5 ↗ Bei den Olympischen Sommerspielen 1972 wurden beim Schwimmen über 400 m für G. Larsson 4:31,981 min und für A. McKee 4:31,983 min gemessen.

a) Beurteile, ob die Goldmedaille für Larsson gerechtfertigt war: Berechne die Strecke, die einem Vorsprung von zwei Tausendstel Sekunden entspricht. Wie genau kann ein 50-m-Becken gemauert werden?

b) Bewerte die spätere, bis heute gültige Entscheidung, die Zeiten bei Schwimmwettbewerben nur noch auf eine Hundertstel Sekunde genau anzugeben.

6 ➡ Svenja und Lars planen eine Radtour, die einen halben Tag dauern soll. Sie haben eine Route von 26 km Länge ausgesucht. Lars hat gehört, dass man beim Radfahren eine durchschnittliche Geschwindigkeit von 15 $\frac{\text{km}}{\text{h}}$ annehmen kann. Bewerte die ausgesuchte Route.

7 ↗ Um auf gerader, ebener Strecke die Geschwindigkeit beizubehalten, sorgst du beim Radfahren durch Treten für eine Antriebskraft. Sonst wirst du langsamer. Begründe, dass dies kein Widerspruch zum Trägheitsprinzip ist.

8 ➡ Bestimme den Schwerpunkt von Deutschland. Übertrage dazu eine Deutschlandkarte auf Pappe und schneide entlang der Grenzen aus.

9 → Erkläre, warum man einen dicken Karton nicht mit der Spitze einer Schere durchschneiden kann.

10

↗ Auf den beiden Bildern ist jeweils ein Hebel dargestellt.

a) Skizziere beide Situationen in dein Heft und zeichne die Drehachse, den Kraftarm und den Lastarm ein.

b) Erläutere, welcher Hebel ein zweiseitiger und welcher ein einseitiger Hebel ist.

c) Zeichne jeweils die wirkenden Kräfte ein.

11

→ Ein Tennisball fällt aus 50 cm Höhe auf eine dicke Glasplatte. Das Bild zeigt die anschließende Bewegung. Erläutere den Bewegungsvorgang mit Hilfe von Energieumwandlungen.

12

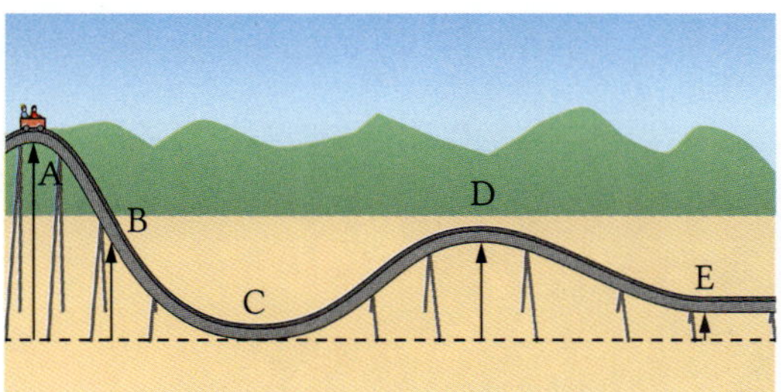

→ Auf einer Achterbahn startet der Wagen bei A.

a) Zunächst vernachlässigen wir die Reibung. Zeichne die Energiekonten am Anfangspunkt A der Bewegung, im tiefsten Punkt C und im Punkt D, der halb so hoch liegt wie A.

b) Mit Reibung kommt der Wagen bis zum Punkt E, wo er stehen bleibt. E liegt etwas höher als C. Zeichne die Energiekonten in A, C, D und E.

13 → Dein Herz pumpt jede Minute etwa fünf Liter Blut ($m \approx 5$ kg) durch deinen Körper. Es muss dabei so viel Energie umwandeln, als ob es das Blut einen Meter hoch heben würde. Berechne die in einem Tag umgewandelte Energie.

14

↗ Für Rollstuhlfahrer sind Rampen wichtig, um Höhenunterschiede zu überwinden. Die Steigung darf maximal 6 % (das ist das Verhältnis Höhe h zu Breite b) sein.

a) Nenne die Goldene Regel der Mechanik.

b) Die Masse des Rollstuhlfahrers mit Rollstuhl beträgt 70 Kilogramm und die Höhe ist $h = 80$ cm. Berechne die Änderung der Lageenergie.

c) Die Änderung der Lageenergie des Rollstuhlfahrers hängt nicht von der Neigung der Rampe ab. Begründe mit der Goldenen Regel, warum es trotzdem sinnvoll ist, flachere Rampen zu bauen.

15 → Morgens aufstehen ist mühsam: Im Körper gespeicherte chemische Energie muss in Lageenergie umgewandelt werden. Gehe von einer Höhendifferenz des Schwerpunkts von 60 cm und der Masse 45 kg aus.

a) Berechne deine Lageenergie, wenn du stehst.

b) Du hast verschlafen und springst mit einem Satz aus dem Bett ($\Delta t = 0{,}5$ s). Bestimme deine Leistung.

16

→ In einem Schiffshebewerk in Lüneburg werden Schiffe in einem riesigen Wassertank (Gesamtmasse 5800 t) in 3 min um 38 m gehoben. Berechne die Energie, die dafür aufgebracht werden muss, und die Leistung beim Anheben.

Sterne und Weltall

Das Universum zum Staunen. Du lernst, welche Himmelskörper es in unserem Sonnensystem und darüber hinaus gibt.

Mit Experimenten die Welt verstehen. In Versuchen zeigst du, wie Jahreszeiten und Finsternisse entstehen. Du erfährst, wieso der Mond sein Aussehen ändert.

Fremde Welten entdecken. Du lernst Methoden kennen, mit denen Forschende das Universums untersuchen und neue Planeten finden.

Das Universum entsteht. Du erfährst, wie durch die Untersuchung von Sternenlicht die Urknalltheorie zur Entstehung der Welt begründet wurde.

3

- Du kannst erklären, wie Sonnensysteme entstehen und erläutern, woher die Energie für das Leuchten der Sterne kommt.
- Du kannst beschreiben, wie die Lage der Erde zur Sonne die Jahreszeiten verursacht. Damit kannst du erklären, wie es zu Polartag und Polarnacht kommt. Mit einem Versuch kannst du darstellen, wie unterschiedliches Klima auf der Erde entsteht.
- Du lernst Sonnen- und Mondfinsternisse kennen und kannst sie mit dem Lichtstrahlenmodell darstellen. Mit einem Versuch kannst du erklären, weshalb Sonnenuntergänge rot erscheinen.
- Du kannst erklären, mit welchen Methoden Astronomen das Universum untersuchen und vermessen. Du kannst beschreiben, wie Exoplaneten gefunden werden, und erklären, warum sie für Menschen nicht erreichbar sind.
- Du kannst wissenschaftliche und andere Vorstellungen über die Welt und ihre Entstehung kritisch vergleichen und begründet bewerten. Du kannst erklären, wie durch Spektralanalysen die Ausdehnung des Weltalls belegt werden kann. Damit kannst du die Entwicklung der Urknalltheorie nachvollziehen.

3.1 Himmelskörper

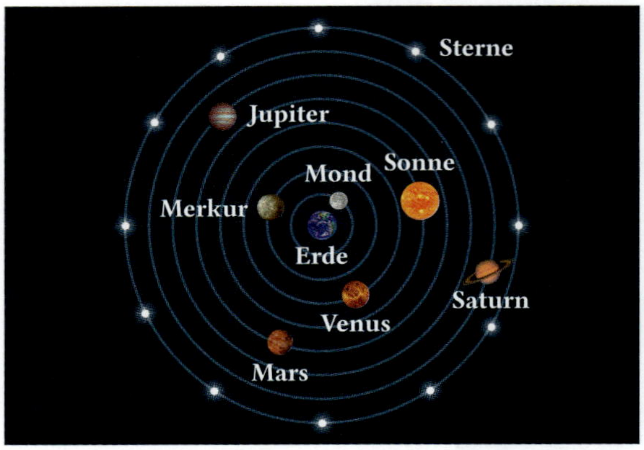

B1 *Die Erde im Mittelpunkt – das geozentrische Weltbild*

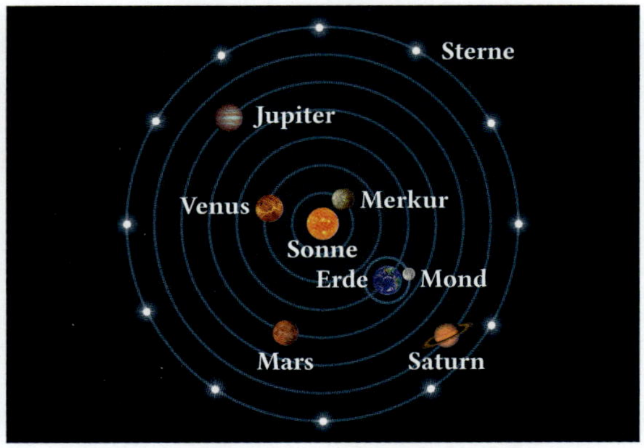

B3 *Die Sonne im Mittelpunkt – das heliozentrische Weltbild*

Das geozentrische Weltbild. Man sagt: „Der Mond geht auf" oder „Die Sonne geht unter". Die Himmelskörper scheinen sich jeden Tag einmal um die Erde zu drehen. Aus dieser Beobachtung folgerte CLAUDIUS PTOLEMÄUS vor fast 2000 Jahren, dass die Erde im Mittelpunkt des Universums stehen muss. Diese Folgerung stand später auch im Einklang mit der christlichen Lehre, nach der Gott die Welt geschaffen hat, mit dem Menschen als Krone und Mittelpunkt der Schöpfung.

Dass sich die Himmelskörper um die Erde drehen, ist aber eine Illusion. Die Rotation der Erde um ihre eigene Achse ist dafür verantwortlich, dass man diese Scheinbewegung wahrnimmt. Da man diese Rotation nicht direkt spürt, ist es verständlich, dass man bis ins Mittelalter glaubte, die Erde wäre der Mittelpunkt aller Himmelskörper, und dass alle Deutungen diese Annahme zu Grunde legten. Diese Interpretation heißt **geozentrisches Weltbild** (von *geo*, griechisch: Erde). Bild **B1** zeigt eine Darstellung dieses Weltbildes.

Manches konnte im geozentrischen Weltbild nur mit komplizierten Annahmen erklärt werden.

B2 *Die scheinbare Bahn eines Planeten*

Das heliozentrische Weltbild. Die meisten Himmelskörper scheinen sich am Himmel relativ zueinander gar nicht zu bewegen. Diese Himmelskörper heißen **Fixsterne.** Andere Himmelskörper bewegen sich scheinbar auf seltsamen Bahnen: erst vorwärts in eine Richtung, dann bleiben sie stehen, bewegen sich anschließend sogar rückwärts, um danach ihre ursprüngliche Bahn weiter zu verfolgen (Bild **B2**).

Solche Himmelskörper wurden als Wandersterne bezeichnet. Heute wissen wir, dass es keine Sterne sind, sondern **Planeten.** Man nahm an, sie würden auf ihrer Kreisbahn um die Erde noch eine weitere Kreisbahn durchlaufen, die sogenannten Epizykel (Bild **B4**).

NIKOLAUS KOPERNIKUS verfolgte im 16. Jahrhundert einen anderen Denkansatz. Er setzte statt der Erde die Sonne in den Mittelpunkt. Man nennt dies das **heliozentrische Weltbild** (von *helios*, griechisch: Sonne). Bild **B3** zeigt eine Darstellung dieses Weltbildes. Die Planeten drehen sich hier um die Sonne. Die scheinbar rückläufige Bewegung der Planeten wurde leicht verständlich. Die Erde ist ein Planet unter anderen.

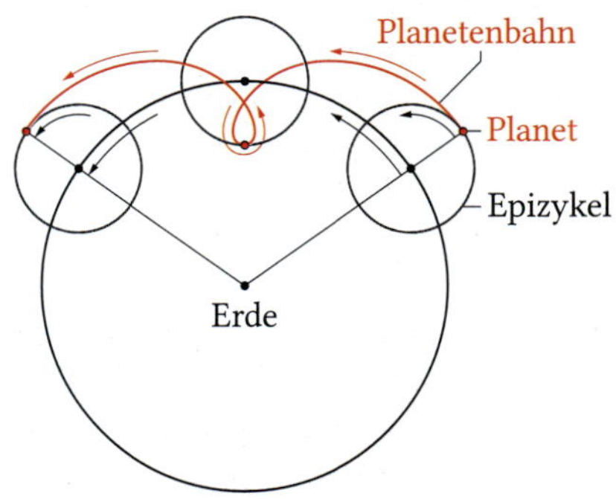

B4 *Die Epizykel der Wandersterne*

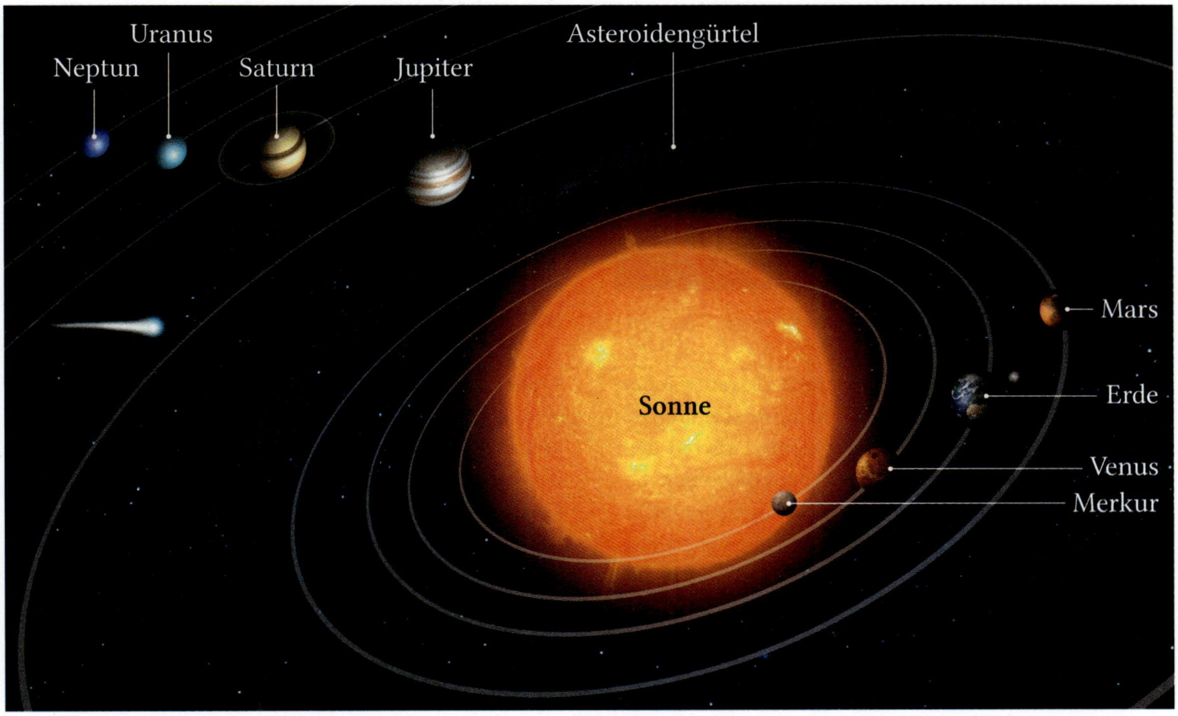

B5 *Unser Sonnensystem besteht im Wesentlichen aus der Sonne und acht Planeten.*

Die Maßstäbe stimmen nicht. Du hast sicher noch kein Foto unseres Sonnensystems gesehen, immer nur Zeichnungen wie z. B. Bild **B1**. Warum eigentlich?

Ein solches Foto wäre ziemlich enttäuschend. Dafür gibt es einen Grund: Die Größenverhältnisse der Himmelskörper und ihre Abstände würden ein solches Foto ziemlich leer erscheinen lassen. Die Sonne wäre zwar gut zu sehen, weil sie selbst leuchtet und sehr groß ist, aber die Planeten wären auf dem Bild nicht zu erkennen.

Wenn man in der Zeichnung die Planeten maßstabsgerecht zur Sonne abbilden würde, wäre Jupiter nur noch ein kleiner Punkt. Merkur könnte man kaum noch erkennen. Ähnlich ist es mit den Abständen: Wenn man wieder die Sonne als Maßstab nehmen würde, so müsste man Neptun in einer Entfernung von etwa 140 Metern zeichnen. Er hätte dann einen Durchmesser von 1,5 Millimetern.

Jede bildliche Darstellung des Sonnensystems verzerrt die Maßstäbe. Man zeichnet immer so, dass das, was man darstellen möchte, hervorgehoben und deutlich wird. In der Zeichnung oben ist es der Aufbau des Sonnensystems.

Unsere Sonne hält die Planeten auf ihrer Bahn. Die acht Planeten unseres Sonnensystems umkreisen die Sonne auf elliptischen Bahnen. Normalerweise bleibt ein bewegter Körper auf einer geradlinigen Bahn, wenn keine Kraft auf ihn ausgeübt wird. Es muss also eine Kraft wirken, die die Planeten dauerhaft auf eine gekrümmte Bahn zwingt. Bei dieser Kraft handelt es sich um die Schwerkraft der Sonne.

Die Sonne ist das Zentrum unseres Sonnensystems und besteht zum allergrößten Teil aus den Gasen Wasserstoff und Helium. Sie ist eine glühend heiße Gaskugel mit einem Durchmesser von 1,4 Millionen Kilometern. Sie ist fast 1000-mal so schwer wie alle acht Planeten zusammen. Aufgrund ihrer großen Masse besitzt die Sonne eine große Schwerkraft. Sie hält die Planeten auf ihrer Bahn.

Die Namen und Reihenfolge der Planeten von innen nach außen kannst du dir mit folgendem Spruch merken:

! Merksatz

Mein **V**ater **e**rklärt **m**ir **j**eden **S**onntag **u**nseren **N**achthimmel.

3.1 Himmelskörper

B1 *Die Größenverhältnisse stimmen, die Abstände nicht.*

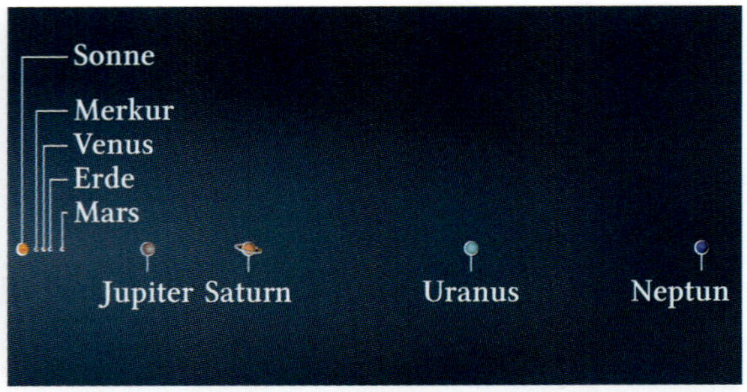

B3 *Die Abstandsverhältnisse stimmen, die Größen nicht.*

Unser Sonnensystem. Mit dem heliozentrischen Weltbild von KOPERNIKUS ließen sich die Beobachtungen der Himmelsbewegungen leichter deuten als mit dem geozentrischen. Planeten, die weiter innen stehen, benötigen weniger Zeit für einen Umlauf um die Sonne als weiter außen stehende. Die inneren Planeten überholen die äußeren. Dadurch entsteht der Eindruck, ein weiter außen gelegener Planet würde vor dem Hintergrund rückwärts laufen. Heute wissen wir, dass KOPERNIKUS mit seiner Vermutung recht hatte. Die Sonne steht im Zentrum und wird von acht Planeten umkreist (Bild **B1** und Bild **B3**). Dabei bewegen sich alle Planeten in einer Ebene und in die gleiche Richtung.

Himmelskörper im Sonnensystem. Zwischen den vier inneren und den vier äußeren Planeten des Sonnensystems gibt es weitere Unterschiede. Merkur, Venus, Erde und Mars sind recht klein. Sie haben eine feste Oberfläche, da sie fast vollständig aus Gestein und Metallen bestehen (Bild **B2**). Man bezeichnet sie als **Gesteinsplaneten.** Sie bilden das innere Sonnensystem.

Zwischen Mars und Jupiter liegt der **Asteroidengürtel.** Dort finden sich Millionen von Brocken, die aus Gestein und Eis bestehen. Ihre Größe geht von staubkorngroß bis zu einem Durchmesser von fast tausend Kilometer.

Jupiter, Saturn, Uranus und Neptun sind hingegen sehr groß und bestehen hauptsächlich aus Gasen. Sie haben keine feste Oberfläche, auf der man herumlaufen oder einen Roboter fahren lassen könnte. Sie nennt man **Gasriesen** und sie bilden das äußere Sonnensystem.

Die Entstehung des Sonnensystems. Die großen Unterschiede der Planeten im inneren und äußeren Sonnensystem lassen sich durch die Entstehungsgeschichte des Sonnensystems erklären. Im Weltraum findet man nicht nur Sterne und Planeten. Man kann auch riesige Ansammlungen von Gasen und Staub beobachten (Bild **B4**). Sie nennt man Nebel. Die Teilchen des Nebels ziehen sich aufgrund ihrer Schwerkraft gegenseitig an.

Eine neue Sonne entsteht, wenn ein Nebel unter seiner eigenen Schwerkraft in sich zusammenfällt. Der Nebel dreht sich immer schneller, im Zentrum steigen Druck und Temperatur. Durch die Rotation bildet sich eine Scheibe um die entstehende Sonne. Wenn Druck und Temperatur im Zentrum hoch genug sind, werden Kernfusionsprozesse in Gang gesetzt, die sehr viel Energie freisetzen. Die Sonne wird immer heißer und beginnt zu leuchten. Aus dem Material der Scheibe bilden sich, ebenfalls durch Schwerkraft, Planeten.

B2 *Rover Curiosity auf der Marsoberfläche*

B4 *Nebel aus Gas und Staub*

B5 *Unser Mond*

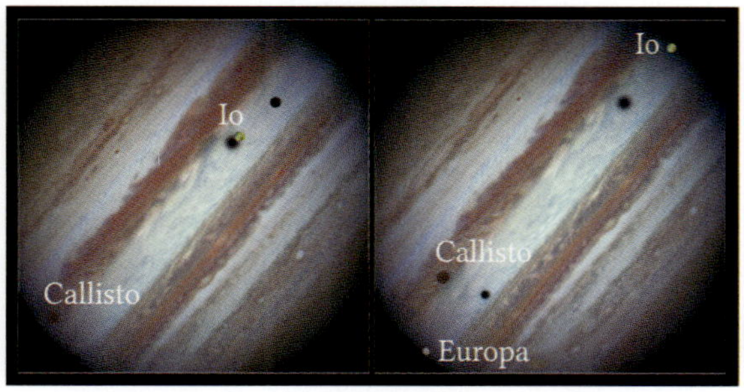

B7 *Jupiter und drei seiner Monde*

Als die Sonne begann, Wärme abzustrahlen, wurden die Planeten, die ihr am nächsten standen, am stärksten erwärmt. Die Gase der inneren Planeten wurden dabei so stark erhitzt, dass sie in den Weltraum getrieben wurden. Übrig blieben Staub, Gestein und Metalle. Die äußeren Planeten befanden sich bereits in einem so großen Abstand zur Sonne, dass die Strahlungsleistung der Sonne nicht ausreichte, um dort die Gase deutlich zu erwärmen. Sie behielten ihre Gashülle über dem festen Kern. So erklärt sich der unterschiedliche Aufbau von inneren und äußeren Planeten.

Der Mond der Erde. Nach der Sonne ist unser Mond der Himmelskörper, der uns am größten und am hellsten erscheint (Bild **B5**). Er dreht sich in etwa 28 Tagen einmal um die Erde und begleitet so die Erde auf ihrem Weg um die Sonne. Bereits mit bloßem Auge kann man erkennen, dass der Mond von einer Vielzahl von Kratern übersät ist (Bild **B6**). Da der Mond klein ist, ist auch seine Schwerkraft gering. Sie reicht nicht, um eine Atmosphäre zu halten. Gesteinsbrocken aller Größe können deshalb ungehindert auf der Oberfläche einschlagen.

Untersuchungen des Mondgesteins, das die Apollo-Astronauten vom Mond mitbrachten, zeigten, dass der Mond aus dem gleichen Gestein besteht wie der Erdmantel. Der Mond entstand, als in der Entstehungsphase ein Körper mit der Erde kollidierte und Material des Erdmantels in eine Umlaufbahn um die Erde geschleudert hat. Aus diesem Erdgestein hat sich der Mond gebildet.

Die Rotation des Mondes zeigt eine Besonderheit: Während er sich einmal um sich selbst dreht, umkreist er auch einmal die Erde. Dadurch zeigt uns der Mond immer dieselbe Seite. Man nennt diese Form der Rotation eine gebundene Rotation.

Auch andere Planeten haben Monde. Der Forscher Galileo Galilei richtete als Erster ein Fernrohr auf den Jupiter und entdeckte vier große Monde, die den Jupiter umkreisen. In Bild **B7** siehst du drei dieser Monde sowie den Schatten, den zwei Monde auf die Oberfläche Jupiters werfen.

Der Mond Io wird durch die Schwerkraft Jupiters ständig verformt. Dadurch heizt er sich so stark auf, dass sein Inneres flüssig ist. Es gibt sogar Vulkane auf Io (Bild **B8**). Mittlerweile kennt man 79 Monde, die den Jupiter umkreisen. Auch bei den anderen Planeten hat man viele Monde entdeckt. Nur Merkur und Venus sind ohne Begleiter.

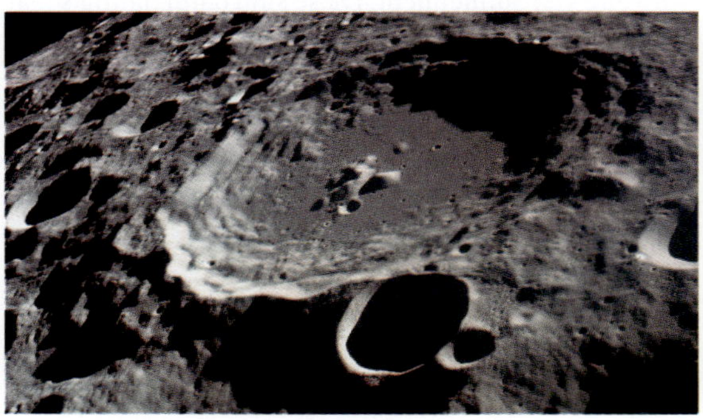

B6 *Krater auf der Mondoberfläche*

B8 *Auf dem Jupitermond Io gibt es Vulkane.*

3.1 Himmelskörper

B1 *Der Barringer-Krater: ein Meteoritenkrater in Arizona*

B3 *Eine Sternschnuppe*

Die Erde wird bombardiert. Die Mondoberfläche ist von großen und kleinen Einschlagskratern überzogen. Auf der Erde findet man fast nur große Krater. Wie groß der Krater in Bild **B1** ist, erkennst du, wenn du dir den Parkplatz und die Gebäude am Rand des Kraters ansiehst. Es gibt sogar weitaus größere Krater. Das Nördlinger Ries in Deutschland ist ein Einschlagskrater, der etwa 20 Kilometer Durchmesser hat. Fast 20 Ortschaften liegen im Inneren des Kraters. Der Einschlagskrater auf der mexikanischen Halbinsel Yucatán hat sogar einen Durchmesser von 180 Kilometern. Wird die Erde etwa nur von großen Brocken getroffen?

Die Gefahr aus dem Asteroidengürtel. Im Asteroidengürtel zwischen Mars und Jupiter können Stöße zwischen den Asteroiden dazu führen, dass sie ihre Umlaufbahn verlassen und auf die Sonne zustürzen. Auf diesem Weg können sie mit der Erde kollidieren. Asteroiden, die durch die Schwerkraft der Erde eingefangen werden und zu Boden stürzen, bezeichnet man als **Meteoriten.** Sie können einen Durchmesser von wenigen Zentimetern bis zu einigen Kilometern haben. Der Meteorit, der den Barringer-Krater verursachte (Bild **B2**), hatte einen Durchmesser von etwa 45 Metern. Der Yucatán-Meteorit maß im Durchmesser etwa 10 Kilometer. So große Krater bleiben über Millionen von Jahren sichtbar, während kleine Krater durch den Einfluss von Wind und Wasser eingeebnet werden.

B2 *Bruchstück des Barringer-Meteoriten*

Nicht alle Asteroiden erreichen den Boden. Asteroiden dringen mit einer Geschwindigkeit von bis zu 70 Kilometern pro Sekunde in die Atmosphäre ein. Dabei entsteht bereits in den oberen Schichten der Atmosphäre eine enorme Reibungshitze. Größere Brocken schaffen den Weg zum Boden und werden damit zu Meteoriten. Asteroiden, die kleiner als etwa ein Zentimeter sind, erhitzen sich so stark, dass sie hell aufleuchten: Wir sehen dann eine Sternschnuppe (Bild **B3**). Die Temperatur der Sternschnuppe ist so hoch, dass das Material des Asteroiden noch in der Atmosphäre verdampft.

Kometen. Kometen sind einige Kilometer große Objekte, die die Sonne umkreisen. Sie kommen meist von weit außerhalb der Neptunbahn und nähern sich der Sonne an. In Sonnennähe werden sie stark abgelenkt und kehren wieder ins äußere Sonnensystem zurück. Ein Umlauf kann viele tausend Jahre dauern.

Oft werden Kometen als „schmutzige Schneebälle" beschrieben. Wenn Kometen in Sonnennähe kommen, werden sie stark aufgeheizt und die erhitzten Gase treten aus. Die Schweife entstehen durch den Einfluss der Sonne und nicht etwa durch die Bewegung des Kometen. Durch die große Oberfläche reflektieren die Schweife viel Sonnenlicht. Diese sind dann häufig sogar mit bloßem Auge zu erkennen. (Bild **B4**).

B4 *Der Komet Hale-Bopp, aufgenommen 1997*

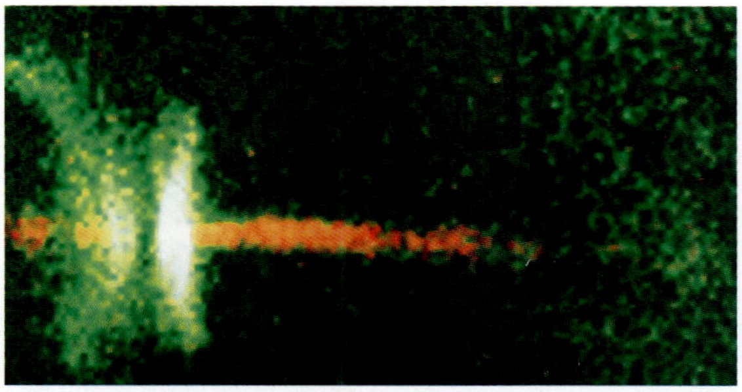

B5 *Eine sich zu einem Stern kontrahierenden Staubscheibe*

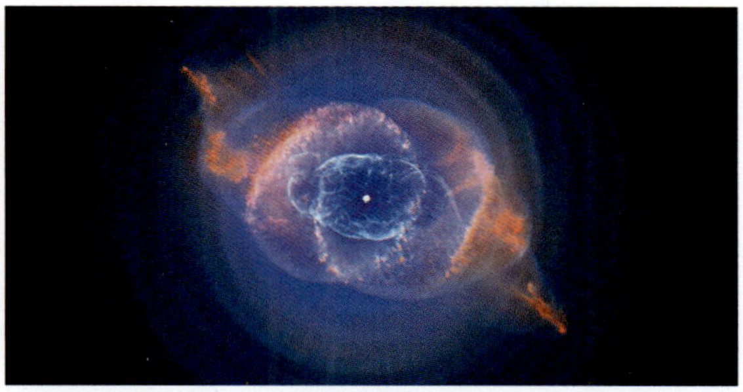

B7 *Ein roter Riese hat seine Hülle Stück für Stück abgestoßen.*

Sterne und Sonnen. Bild **B5** wurde vom Weltraumteleskop Hubble aufgenommen. Es zeigt, wie ein Sonnensystem, ähnlich unserem, gerade entsteht. In einigen Millionen Jahren wird dort eine Sonne leuchten, die von Planeten umkreist wird. Die Planeten werden dann von uns aus nicht zu sehen sein, denn sie leuchten ja nicht selbst. Der Blick auf die neue Sonne wird dann nicht mehr durch die Staubscheibe verstellt sein.

Eine Sonne in einer so großen Entfernung können wir mit dem bloßen Auge nur noch als kleines Lichtpünktchen am Himmel wahrnehmen. Wir bezeichnen weit entfernte Sonnen als Sterne. Auch unsere Sonne ist ein ganz normaler Stern. Wir nehmen sie so groß und wärmespendend wahr, weil sie relativ nah ist.

! Merksatz

Sterne sind Sonnen, genau wie unsere Sonne. Unsere Sonne ist der Stern, der uns am nächsten ist.

Die Sonne altert. Die Sonne ist etwa 4,7 Milliarden Jahre alt und hat damit etwa die Hälfte ihrer „Lebensdauer" erreicht. Bei Ihrer Entstehung bestand sie fast vollständig aus Wasserstoff. Im Inneren wird der Wasserstoff durch **Kernfusion** in Helium umgewandelt (Bild **B6**). Aus diesem Prozess bezieht die Sonne ihre Energie, mit der sie viele Milliarden Jahre lang leuchten kann. Wenn die Sonne den Wasserstoff in ihrem Zentrum in Helium umgewandelt hat, dann verlagert sich die Wasserstoff-Fusion in immer weiter außen gelegene Schichten der Sonne. Im Zentrum steigen dabei Druck und Temperatur, sodass schließlich auch das Helium fusioniert. Dabei entstehen zum Beispiel Sauerstoff, Kohlenstoff oder Stickstoff.

Es finden dann Fusionen in zwei Bereichen statt: Wasserstoff-Fusion in der Schale und Helium-Fusion im Kern (Bild **B8**). Dadurch wird mehr Energie frei und die Sonne bläht sich auf. Sie wird sich dann so sehr ausdehnen, dass sie größer wird als der Durchmesser der Venusbahn. Zu dieser Zeit wird Leben auf der Erde nicht mehr möglich sein. Während dieser Ausdehnung kühlt die Sonne sich soweit ab, dass sie deutlich rot leuchtet. Sie wird zu einem **roten Riesen.**

Durch die sich ständig ändernden Fusionsprozesse variiert die freigesetzte Energiemenge. Die Sonne dehnt sich ständig aus und schrumpft wieder; sie pulsiert. Bei diesem Vorgang stößt sie Stück für Stück ihre äußere Hülle ab, bis schließlich nur noch der nackte, extrem heiße, kleine Kern übrig bleibt (Bild **B7**). Die Sonne wird dann ein **weißer Zwerg** sein, der langsam auskühlt.

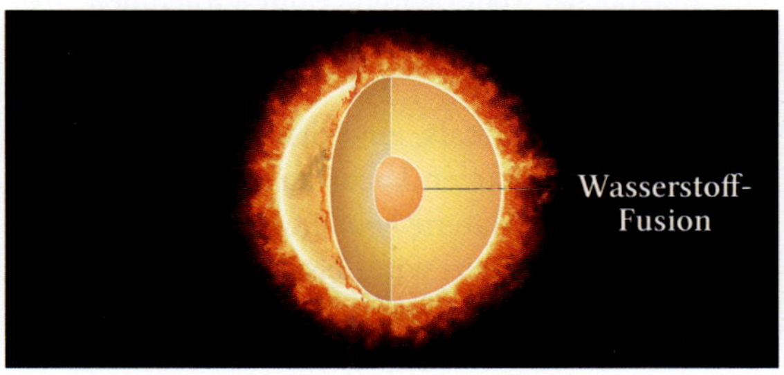

B6 *Junger Stern: Im Zentrum Fusion von Wasserstoff*

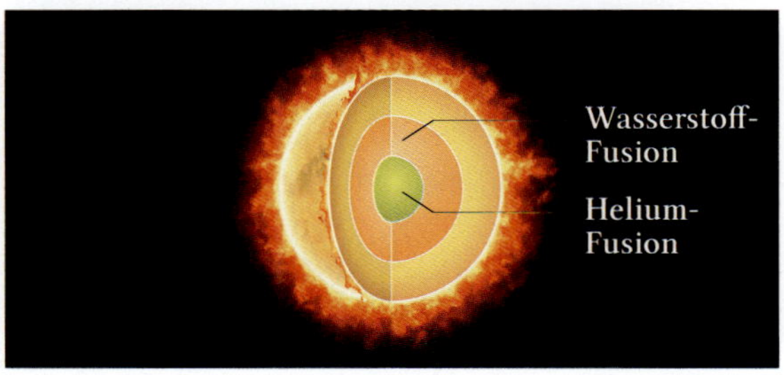

B8 *Gealterter Stern: Fusion im Zentrum und in der Schale*

3.1 Himmelskörper

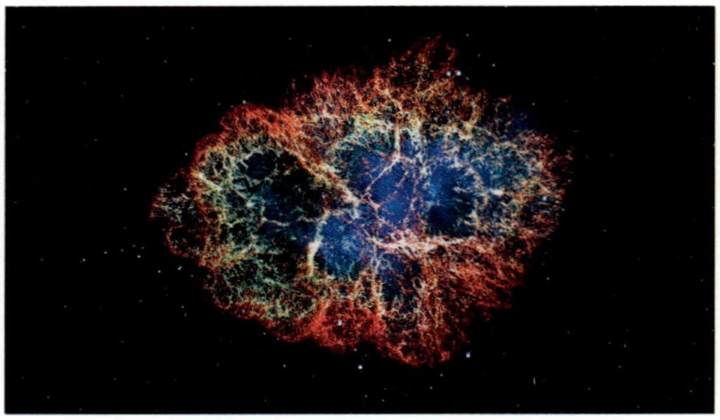

B1 *Der Krebs-Nebel: Überreste einer Supernova*

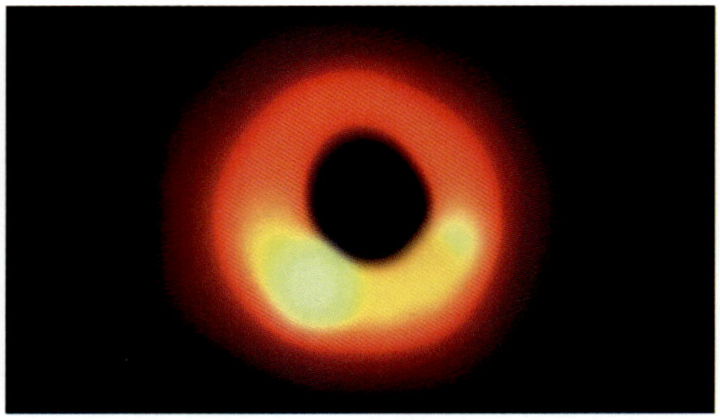

B3 *Ein schwarzes Loch mit 6,5 Milliarden Sonnenmassen.*

Massereiche Sterne leben kürzer. Das Ende eines Sterns hängt maßgeblich von seiner Masse ab. Je schwerer ein Stern ist, desto größer ist seine Schwerkraft. Durch die größere Schwerkraft sind der Druck und die Temperatur im Inneren des Sterns ebenfalls höher. Bei massereichen Sternen laufen die Kernfusionsprozesse dadurch schneller ab. Ein Riesenstern verbraucht seinen gesamten Brennstoff in wenigen Millionen Jahren. Kleine Sterne dagegen können viele Milliarden Jahre leuchten.

Supernovae, Neutronensterne und Pulsare. Sterne, die schwerer sind als unsere Sonne, entwickeln sich zunächst wie andere Sterne. Wenn der Brennstoff im Zentrum verbraucht ist, wird kein Druck mehr aufgebaut. Dann gewinnt die Schwerkraft die Oberhand. Der Kern kollabiert unter seiner eigenen Schwerkraft in Bruchteilen einer Sekunde zu einer Kugel, die nur noch wenige Kilometer Durchmesser hat und sehr dicht ist. Das Material dieser Kugel bezeichnet man als Neutronenmaterie, den Stern entsprechend als **Neutronenstern.** Ein zuckerwürfelgroßes Stück Neutronenmaterie wiegt über 100 Millionen Tonnen.

B2 *Ein Neutronenstern kann ein Pulsar sein. (Illustration)*

Beim Kernkollaps wird blitzartig eine große Menge Energie frei, die die äußere Hülle ins All sprengt. Dabei leuchtet der Stern für einige Tage oder Wochen so hell wie viele Milliarden Sonnen zusammen. Eine **Supernova** ist entstanden. Bild **B1** zeigt die Überreste einer Supernova, die im Jahr 1054 von der Erde aus sogar am Tag sichtbar war. Nach der Sonne war sie für einige Tage das hellste Objekt am Himmel.

Neutronensterne rotieren sehr schnell. Oft geben sie Strahlung in zwei Richtungen ab (Bild **B2**). Wenn die Erde vom Strahlungskegel erfasst wird, empfangen wir in regelmäßigen Abständen Signale, wie bei einem Leuchtturm. Man spricht dann von einem **Pulsar.**

Schwarze Löcher. Sterne, die noch schwerer sind, enden ebenfalls mit einer Supernova. Hier geht der Kollaps aber weiter als bis zum Neutronenstern. Man stellt sich vor, dass die gesamte Sternmaterie in einem Punkt versammelt wird. Je weiter man sich diesem Punkt annähert, desto größer wird die Schwerkraft. Ab einer gewissen Grenze, dem **Ereignishorizont,** wird die Schwerkraft so groß, dass man ihr nicht mehr entkommen kann. Alles, sogar das Licht, wird dann von diesem Punkt angezogen und kann nie wieder entkommen. Daher erreicht uns auch kein Licht von dort. Man nennt dieses Endstadium deshalb **schwarzes Loch.** Da schwarze Löcher Materie immer nur aufnehmen, aber nicht abgeben können, werden sie oft sehr massereich.

2019 gelang es erstmals, ein Foto der direkten Umgebung eines schwarzen Lochs zu machen (Bild **B3**). Man erkennt, wie Materie beim Sturz in das schwarze Loch so stark aufgeheizt wird, dass sie hell aufleuchtet. Wenn die Materie den Ereignishorizont überschritten hat, nimmt man nichts mehr von ihr wahr. Das Zentrum bleibt dunkel.

B4 *Die Milchstraße*

Galaxien. In einer dunklen Nacht kannst du ein helles Band sehen, das sich über den Himmel zieht: die Milchstraße (Bild **B4**). Wenn man mit einem Teleskop genauer nachsieht, stellt man fest, dass dieses Band aus sehr vielen lichtschwachen Sternen besteht.

Der Eindruck, dass fast alle sichtbaren Sterne in einer Richtung stehen, täuscht nicht. Gase und Staub haben sich durch ihre Schwerkraft versammelt und es hat sich, wie bei der Entstehung von Sonnensystemen, eine Scheibe gebildet. In dieser Scheibe sind unsere Sonne und Milliarden weiterer Sterne entstanden. Diese Scheibe bezeichnen wir als Milchstraße oder Galaxis. In Richtung der Scheibenebene sehen wir deshalb besonders viele Sterne. Da sie sehr weit entfernt sind, erscheinen sie als milchig leuchtendes Band. Neben unserer Milchstraße gibt es viele weitere Galaxien. Die Andromeda-Galaxie ist unserer Milchstraße ähnlich (Bild **B5**). Sie ist scheibenförmig und besteht aus einigen hundert Milliarden Sternen. Durch Zusammenstöße von Galaxien können unregelmäßige Galaxienformen entstehen.

Mittlerweile wissen wir, dass es viele Milliarden Galaxien gibt, jede davon mit vielen Milliarden Sternen.

B5 *Die Andromeda-Galaxie*

B6 *Das Sternbild des Orion, im Bild rechts*

Löse selbst

1 ➡ Beteigeuze im Orion hat sich bereits zu einem roten Riesen entwickelt. Sieh dir Orion am Himmel an und finde anhand der Farbe heraus, welcher Stern Beteigeuze ist.

2 ↗ Wenn du den drei Gürtelsternen des Orion nach links folgst, findest du einen hellen Stern: Sirius (Bild **B6**). Er hat mehr als das Doppelte der Masse der Sonne. Seine Fusionsprozesse laufen daher sehr schnell ab. Sirius ist dadurch sehr heiß. Sirius ist der hellste Stern, den man von der nördlichen Erdhalbkugel aus sehen kann.
a) Vergleiche die Farben von Beteigeuze und Sirius.
b) Stelle eine Vermutung an, wie Sirius enden wird. Begründe.

3

↗ Wenn du den drei Gürtelsternen nach rechts folgst, findest du die Plejaden, einen so genannten Sternhaufen. Sie sind alle etwa gleich alt. Mit bloßem Auge sind etwa sieben Sterne erkennbar.
Gib an, welcher von ihnen der massereichste ist. Begründe deine Wahl.

3.2 Die Jahreszeiten

B1 *Der gleiche Strand in Australien: a) im Dezember, b) im Juli*

Verkehrte Jahreszeiten. In Bild **B1a** siehst du ein Pärchen beim Feiern von Weihnachten an einem Strand in Australien. In Bild **B1b** sind Eltern abgebildet, die im Juni an diesem Strand mit ihren Kindern Eislaufen. Die Jahreszeiten scheinen in Australien genau anders herum zu sein. Um den Grund dafür zu verstehen, muss man zunächst untersuchen, wie Jahreszeiten überhaupt entstehen.

Geneigte Erdachse. Die Erde dreht sich einmal am Tag um ihre Achse. Gleichzeitig zieht die Erde ihre jährliche Bahn um die Sonne. Die Drehachse der Erde ist zu dieser Bahnebene geneigt (Bild **B2**). Durch diese Neigung werden Nord- und Südhalbkugel im Laufe eines Jahres unterschiedlich stark vom Sonnenlicht beschienen: Im Juni erreicht mehr Sonnenlicht die Nordhalbkugel, im Dezember trifft mehr Sonnenlicht auf die Südhalbkugel. Deshalb sind die Jahreszeiten auf der Nord- und Südhalbkugel vertauscht: Der australische Sommer ist im Dezember!

! Merksatz

Die Drehachse der Erde ist zur Bahnebene um die Sonne geneigt. An einem bestimmten Ort ändert sich dadurch im Laufe eines Jahres die Menge an Sonnenlicht und es entstehen Jahreszeiten.

Polartag und Polarnacht. In Bild **B2** siehst du, dass der Nordpol im Dezember gar nicht vom Sonnenlicht erreicht wird; es herrscht dauerhaft Nacht. Im Juni ist es umgekehrt: Der Nordpol wird durchgehend beschienen und es ist immer Tag. Sowohl der Polartag als auch die Polarnacht dauern sechs Monate. Am Nordpol geht Ende März die Sonne auf und erst ein halbes Jahr später wieder unter. Je weiter man vom Nordpol weggeht, desto kürzer dauern Polarnacht bzw. Polartag. In Kiruna, der nördlichsten Stadt Schwedens, scheint die Sonne im Dezember beispielsweise nur zwei Wochen nicht. In der Nähe des Äquators sind Tag und Nacht schließlich immer etwa gleich lang.

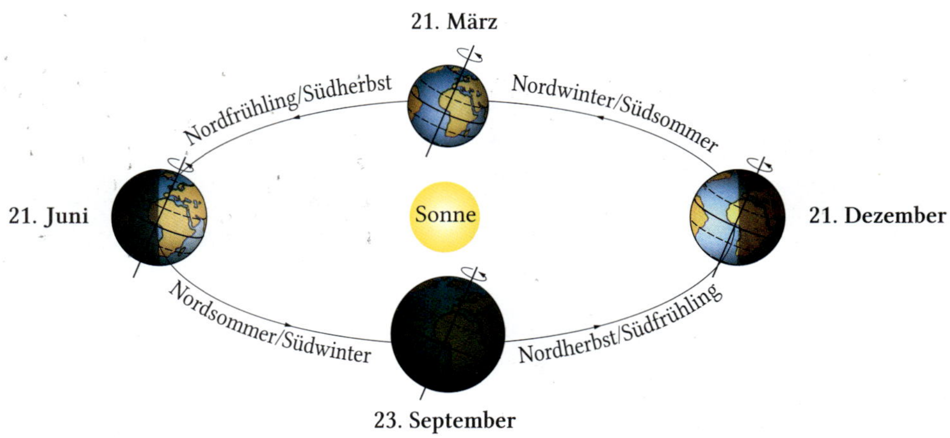

B2 *Die Drehachse der Erde ist zu ihrer Bahnebene geneigt.*

B3 *Ein in Assuan (Ägypten) senkrecht aufgestellter Bleistift wirft mittags keinen Schatten.*

Unterschiedliches Klima. Durch die Kugelform der Erde werden nicht alle Orte gleich stark vom Sonnenlicht beschienen. In Versuch **V1** kannst du untersuchen, welche Auswirkungen das auf das Klima hat: An den beiden Polen fällt das Licht stets in einem sehr flachen Winkel auf die Erde (Bild **B2**). Dadurch wird weniger Licht absorbiert und die Polargebiete erwärmen sich nur wenig: Hier ist es ganzjährig kalt. Bei uns in Europa hängt die Menge des einfallenden Sonnenlichts von der Jahreszeit ab: Im Winter ist der Einfallswinkel des Sonnenlichts flach, und im Sommer steil. Deshalb wird im Sommer mehr Licht absorbiert und es ist wärmer. In Äquatornähe fällt das Sonnenlicht das ganze Jahr in steilem Winkel auf die Erde, manchmal sogar senkrecht (Bild **B3**). Hier gibt es keine Jahreszeiten, es ist das ganze Jahr gleichmäßig warm bei Temperaturen um 25 °C.

V1 Schräge Schatten

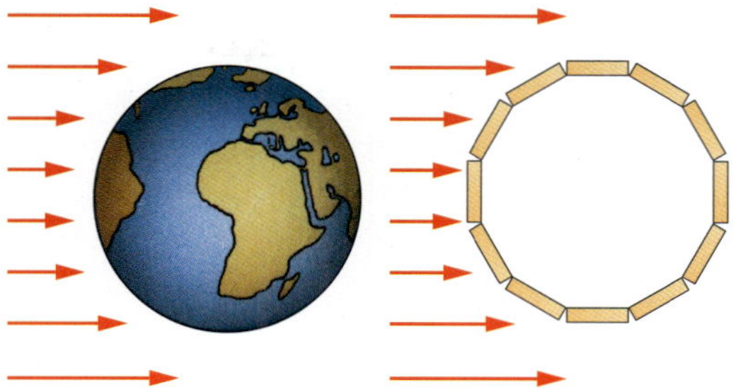

Du untersuchst, wie viel Sonnenlicht auf verschiedene Orte der Erde einfällt. Zur Vereinfachung stellst du dir dazu die Erde wie im Bild oben aus lauter gleich langen Strecken zusammengesetzt vor. Für das Experiment kannst du dazu z. B. gleich große Bauklötze benutzen.
Beleuchte die beiden Bauklötze mit einer Taschenlampe und beobachte die Schatten hinter den Bauklötzen. Sie sind umso kleiner, je größer der Einfallswinkel ist.
Je kleiner aber der Schatten ist, desto weniger Licht wird vom Bauklotz absorbiert.

Löse selbst

1

↗ Erkläre, wieso die Solarzellen nicht einfach flach auf dem Dach angebracht sind.

2 ↑ An den Polen ist es jeweils ein halbes Jahr Tag. Während dieser Zeit scheint dort durchgehend die Sonne. Erkläre, warum hier trotzdem das ganze Jahr über Temperaturen unter dem Gefrierpunkt herrschen.

3

↗ Das Bild zeigt den Lauf der Sonne. Erkläre, wo diese Bilderfolge entstanden sein könnte.

4 ➡ Erkläre: An welchen Tagen steht die Sonne …
a) in Deutschland am höchsten bzw. am niedrigsten?
b) die Sonne senkrecht über dem Äquator?
c) Recherchiere die Bedeutung dieser Tage im Kalenderjahr.

3.3 Besondere Ereignisse am Himmel

B1 *Sichelmond bei Sonnenuntergang*

B2 *Vollmond über den Dolomiten*

Licht und Schatten im All. Der Mond wird ebenso wie die Erde von der Sonne beleuchtet. Beide können somit einen Schatten erzeugen. Viele Leute glauben daher, die Mondphasen entstünden dadurch, dass der Schatten der Erde auf den Mond fällt. Ein genauer Blick auf den Mond bei Sonnenuntergang zeigt, dass das nicht stimmen kann (Bild **B1**). Die Sonne muss hier schräg unterhalb des Monds stehen. Die Erde kann sich also nicht zwischen Sonne und Mond befinden. Daher kann der Schatten der Erde nicht auf den Mond fallen.

Der Grund für das unterschiedliche Aussehen des Mondes liegt darin, dass wir einen Gegenstand nur dann sehen können, wenn Licht von ihm in unser Auge gelangt. Der Mond leuchtet selbst nicht. Er muss beleuchtet werden, damit wir ihn sehen können.

V1 Mondphasen

Beleuchte in einem abgedunkelten Raum einen Ball mit einer Lampe. In dem Versuch ist der Ball der Mond und der Junge rechts ist eine Beobachter auf der Erde. Der Junge sieht gerade einen Neumond. Führe den Versuch durch. Stelle Vollmond und Halbmond dar.

Die Sonne beleuchtet immer nur eine Hälfte des Mondes. Je nachdem, wie unser Blickwinkel auf den Mond ist, sehen wir verschieden große Teile dieser beleuchteten Hälfte (Versuch **V1**).

Wenn wir nur einen kleinen Teil der beleuchteten Hälfte sehen, dann sprechen wir von einem **Sichelmond** (Bild **B1**). Wenn wir nichts davon sehen, sagen wir, es ist **Neumond.** Wenn die gesamte beleuchtete Hälfte zu sehen ist, erscheint der Mond als volle Scheibe und heißt deshalb **Vollmond** (Bild **B2**). Wenn wir von der beleuchteten und unbeleuchteten Hälfte gleich viel sehen, sprechen wir von einem **Halbmond** (Bild **B3**).

! Merksatz

Nur eine Hälfte des Mondes wird von der Sonne beleuchtet. Mondphasen entstehen, weil wir auf der Erde nur einen Teil dieser beleuchteten Hälfte sehen.

B3 *Halbmond und Erde aus der Internationalen Raumstation fotografiert*

B4 *Mondphasen: 1–5 abnehmender, 5–8 zunehmender Mond*

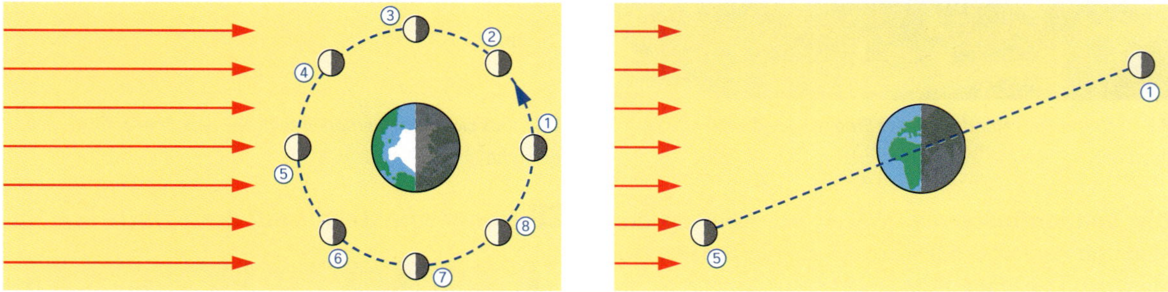

B5 *Bewegung des Mondes um die Erde: a) Draufsicht, b) Seitenansicht*

Bewegung des Mondes. In Bild **B5a** siehst du, wie sich der Mond auf seiner Bahn um die Erde bewegt. In etwa 29,5 Tagen umkreist der Mond die Erde einmal. Daher kommt die Bezeichnung Monat. Während dieser Zeit durchläuft der Mond alle Mondphasen (Bild **B4**). Diese Zeitspanne kann man in zwei Hälften unterteilen: Die Zeit von Neumond bis Vollmond heißt **zunehmender Mond,** die Zeit von Vollmond bis Neumond heißt **abnehmender Mond.** Mit einer Merkregel kann man schnell feststellen, welche Zeit gerade ist: Wenn die Mondsichel aussieht wie eine „Klammer **auf**", ist **a**bnehmender Mond. Wenn die Sichel wie eine „Klammer **zu**" erscheint, dann ist **z**unehmender Mond.

Merksatz

In einem Monat durchläuft der Mond alle Phasen.

Die Mondbahn ist geneigt. Wenn man die Mondbahn in Bild **B5a** betrachtet, dann dürfte es keinen Vollmond geben. In Position 1 steht die Erde zwischen Sonne und Mond, sodass kein Licht den Mond erreichen kann. In der Seitenansicht (Bild **B5b**) wird klar, wieso wir einen Vollmond beobachten können. Die Mondbahn liegt nicht in derselben Ebene wie die Bahn der Erde um die Sonne, sondern ist dazu geneigt. Das Licht der Sonne kann den Mond also ungehindert beleuchten (Position 1).

Beispielaufgabe

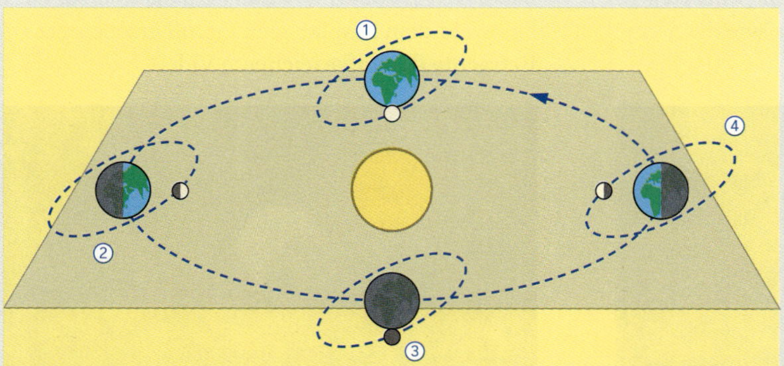

Mond im Erdschatten: Kann der Mond in den Schattenraum der Erde eintreten? Erkläre mit Hilfe der Abbildung.

Lösung: Die Erde und der Mond bewegen sich während eines Jahres einmal um die Sonne. Die Neigung der Mondbahn bleibt in dieser Zeit gleich. Dadurch kann es vorkommen, dass Sonne, Mond und Erde in einer Reihe stehen (Position 3). Der Mond ist hier im Schattenraum der Erde. Auch der umgekehrte Fall kann eintreten. In Position 1 läuft die Erde durch den Schattenraum des Mondes.

3.3 Besondere Ereignisse am Himmel

B1 *Schatten des Mondes auf der Erde während einer Sonnenfinsternis*

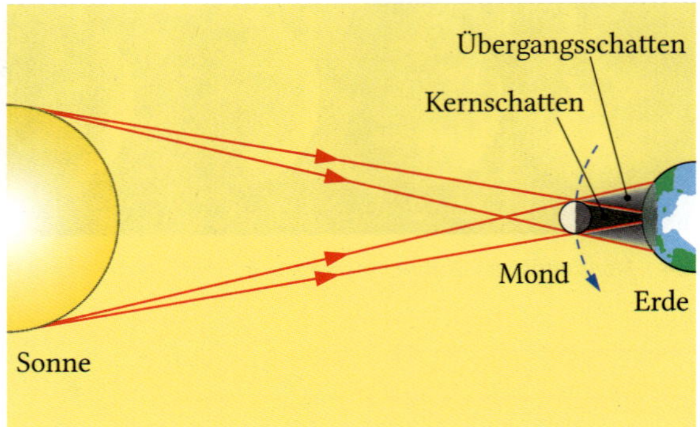

B3 *Das Lichtstrahlenmodell zeigt wie eine Sonnenfinsternis entsteht.*

Die Sonnenfinsternis. Wegen der Neigung der Mondbahn kommt es nur selten vor, dass der Schatten des Mondes auf die Erde fällt. In Bild **B1** siehst du ein Foto, das während einer Sonnenfinsternis von der Internationalen Raumstation ISS aus aufgenommen wurde. Du erkennst darauf auch den Übergangsschatten, der durch die ausgedehnte Lichtquelle Sonne entsteht. In Bild **B3** wird mit dem Lichtstrahlenmodell gezeigt, wie der Schatten entsteht. Wer sich auf der Erde innerhalb dieses Schattens befindet, kann eine Sonnenfinsternis beobachten. Man sieht dann eine vom Mond teilweise oder sogar ganz bedeckte Sonnenscheibe (Bild **B2**).

Finsternis trotz Größenunterschied. Der Mond kann die Sonne genau „überdecken", obwohl die Sonne viel größer ist als der Mond. Die Sonne ist zwar viel größer, aber auch viel weiter entfernt von der Erde als der Mond. Wenn du dich im Übergangsschatten des Mondes befindest, dann kannst du eine partielle Sonnenfinsternis beobachten (Bild **B2**). In Versuch **V1** kannst du selbst entdecken, wie die Sonne dabei aussieht.

B2 *Partielle Sonnenfinsternis*

V1 Sonnenfinsternis auf dem Tisch

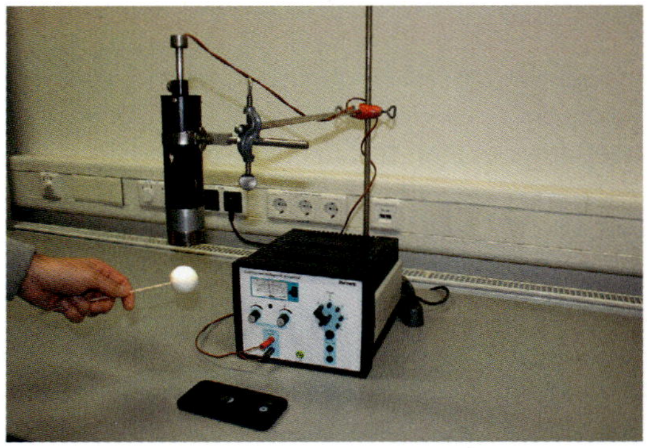

Stecke einen Styroporball auf einen Holzspieß. Lege ein Smartphone auf einen Tisch. Beleuchte mit einer Lampe das Smartphone von oben und starte eine Videoaufnahme mit der Frontkamera. Bewege den Styroporball langsam und gleichmäßig zwischen Kamera und Lampe hindurch. Wähle dabei den Abstand des Balls zur Lampe so, dass beide auf dem Display gleich groß erscheinen. Betrachte das aufgezeichnete Video.

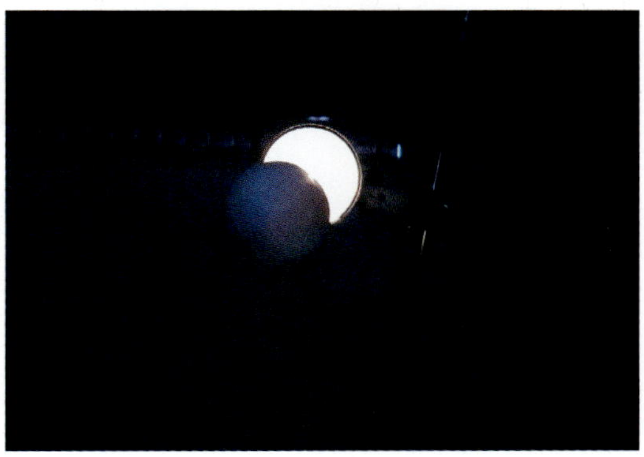

Blutmond und Sonnenuntergang. Wenn der Schatten der Erde auf den Mond fällt, dann entsteht eine **Mondfinsternis** (Bild **B4**). Der Mond erscheint dabei nicht völlig schwarz (Bild **B6**): Das Licht der Sonne durchdringt in einem sehr flachen Winkel die Atmosphäre, ähnlich wie bei einem Sonnenuntergang. Das rote Licht wird dabei schwach gebrochen und gelangt zum Mond (Bild **B5**). Von dort wird es zur Erde zurückgestreut. Dieses Licht lässt den Mond rötlich aussehen, man spricht deshalb von einem Blutmond. Das blaue Licht kann die Atmosphäre nicht ungehindert durchdringen. An den Luftteilchen wird es in alle Richtungen gestreut. Diese Streuung des blauen Lichts ist auch die Ursache für unseren blauen Himmel (Versuch **V2**). In Deutschland kommt eine Mondfinsternis etwa alle zwei Jahre vor. Totale Sonnenfinsternisse sind viel seltener, zuletzt 1999, das nächste Mal erst wieder 2081.

! Merksatz

Bei einer Sonnenfinsternis fällt der Schatten des Mondes auf die Erde.
Bei einer Mondfinsternis fällt der Schatten der Erde auf den Mond.

V2 Der Himmel im Milchglas

Fülle ein Glas mit Wasser und rühre wenige Tropfen Milch oder Kaffesahne hinein. Die Fettteilchen stehen für die Luftteilchen in unserer Atmosphäre. Beleuchte nun in einem dunklen Raum mit einer Taschenlampe die Wasser-Milch-Mischung. Die Taschenlampe steht für die Sonne.
Halte die Taschenlampe über das Glas: Mittagszeit, die Sonne steht hoch. Beobachte die Mischung von der Seite.
Beleuchte das Glas von der Rückseite und beobachte von der gegenüberliegenden Seite: Sonnenauf- und Sonnenuntergang, die Sonne steht tief.
Vergleiche deine Beobachtungen.

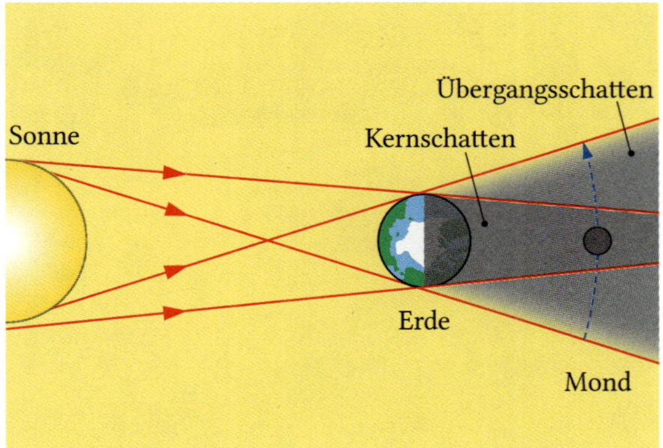

B4 *Das Lichtstrahlenmodell zeigt, wie eine Mondfinsternis entsteht.*

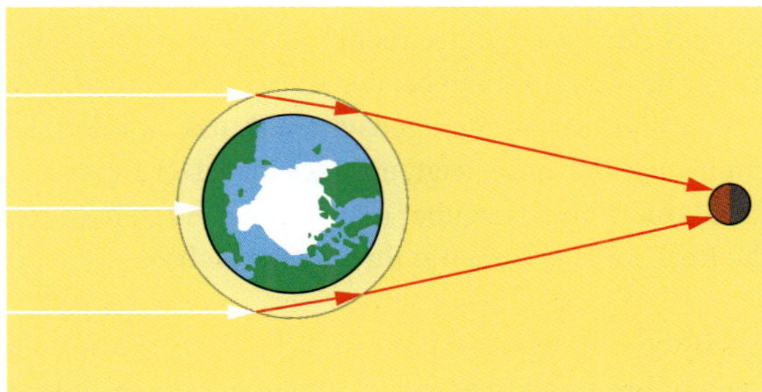

B5 *Rotes Licht wird in der Atmosphäre schwach gebrochen.*

B6 *Vollständige Mondfinsternis*

Löse selbst

1 Eine Mondfinsternis ist viel häufiger zu beobachten als eine Sonnenfinsternis. Erkläre anhand einer Skizze.

2 Manchmal sieht man nicht nur die Mondsichel, sondern auch ganz schwach den Teil des Mondes, der gerade nicht von der Sonne beleuchtet wird (Seite 134, Bild **B1**).
Erkläre, woher das dazu nötige Licht kommt.

3.4 Das Universum untersuchen

B1 *Langzeitbelichtung des Nordhimmels*

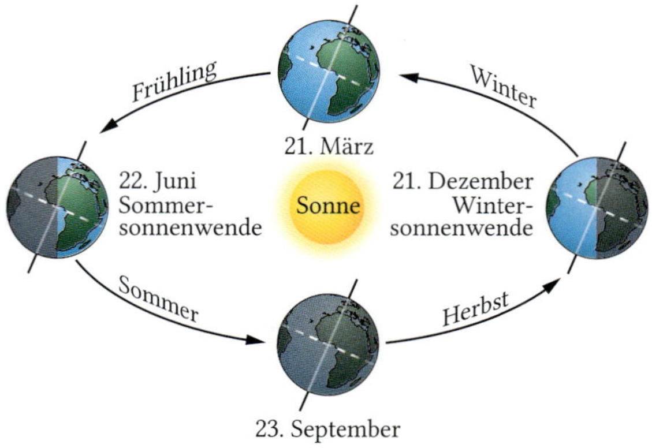

B3 *Erde im Jahresumlauf: Jahreszeiten auf der Nordhalbkugel*

Die älteste Wissenschaft der Menschheit. In Bild **B1** siehst du eine Langzeitbelichtung des Sternenhimmels. Die Kamera stand bei der Aufnahme fest auf dem Boden und war auf den gedachten Punkt, auf den die Drehachse der Erde zeigt, ausgerichtet. Der Eindruck, die Sterne wanderten über den Himmel entsteht durch die Rotation der Erde um ihre eigene Achse.

Auch die Sonne, der Mond und die Planeten ziehen täglich ihre Bahn über den Himmel. Neben solch täglichen Beobachtungen nimmt man auch andere Regelmäßigkeiten von Himmelserscheinungen wahr. Die Mondphasen z. B. wiederholen sich etwa alle 28 Tage. Die Sonne steht im Sommer höher am Himmel als im Winter. Dieser Eindruck entsteht dadurch, dass die Achse der Erde zu ihrer Bahn um die Sonne um 23,5° geneigt ist (Bild **B3**).

Kalender führen durch das Jahr. Mit regelmäßigen Messungen gelang es bereits sehr frühen Kulturen, Kalender zu berechnen und damit vorherzusagen, wann ein bestimmtes Himmelsereignis eintritt.

B2 *Maja-Kalender, ca. 500 nach Christus*

Solche Kalender konnten symbolhaft ausgeführt werden, wie z. B. der Maya-Kalender in Bild **B2**. Auch unsere Kalender in Papierform sind eine solche abstrakt-symbolhafte Darstellung des Jahresverlaufs.

Die Steine in Stonehenge (Bild **B4**) sind so aufgestellt, dass die Sonne und ihre Schattenwürfe anzeigen, an welchem Tag die Sonne am höchsten oder am tiefsten steht. Die Tage, an denen die Sonne ihre tiefste Bahn erreicht hat, bezeichnet man als Wintersonnenwende. Danach beginnt sie, wieder höhere Bahnen zu ziehen. Umgekehrt findet die Sommersonnenwende ein halbes Jahr später statt. Sonnenwenden werden auch heute noch oft mit Feierlichkeiten begangen. Sie ermöglichten früheren Kulturen eine Orientierung im Jahr und deuteten die besten Zeitpunkte für Aussaat und Ernte an.

Die **Astronomie** ist die Wissenschaft von Beobachtung, Messung, Dokumentation und Modellbildung (Kalender) und daraus folgender Vorhersage. Sie ist die älteste Wissenschaft der Menschheit.

B4 *Stonehenge in England, erbaut ca. 2000 vor Christus*

B5 *Hobbyastronomen*

Mit Teleskopen tief ins Universum blicken. Bereits mit kleinen Teleskopen wie in Bild **B5** kann man Objekte sehen, die man mit bloßem Auge nicht sehen kann. Mit einem der ersten Fernrohre entdeckte Galileo Galilei 1610 vier große Monde, die den Jupiter umkreisen. Er fand so zum ersten Mal Objekte, die sicher nicht die Erde umkreisen. Diese Beobachtung wurde als starke Unterstützung für das heliozentrische Weltbild angesehen. Saturn mit seinen Ringen oder Neptun sind weitere Objekte, die man bereits mit einem kleinen Hobbyteleskop sehen kann.

Riesenteleskope. Je größer ein Teleskop ist, desto mehr Licht kann es sammeln. So kann man auch sehr lichtschwache oder weit entfernte Objekte beobachten. Riesenteleskope verwenden meist gewölbte Spiegel statt Linsen, da man Spiegel leichter herstellen kann. Die Spiegel erzeugen ein Bild, das man durch ein Okular betrachtet. Oft setzt man statt der direkten Beobachtung Messgeräte ein. Bei modernen Riesenteleskopen setzt man mehrere Spiegel zu einem großen Spiegel zusammen. Das MAGIC-1-Teleskop auf der Insel La Palma besteht aus vielen rechteckigen Einzelspiegeln, die sich zu einem Spiegel mit 238 Quadratmeter Fläche ergänzen (Bild **B6**).

B6 *Spiegel des MAGIC-1-Teleskops*

B7 *Radioteleskop in Effelsberg*

Nicht nur Licht. Wenn man im Radio den Sender nicht genau einstellt, hört man nur ein Rauschen. Das Radio empfängt Radiostrahlung, die nicht vo einem Radiosender kommt. Diese Strahlung hat ihren Ursprung im Weltall, denn manche Himmelskörper senden Radiostrahlung aus. Das Teleskop in Effelsberg empfängt solche Radiostrahlung (Bild **B7**). Der Computer erzeugt anschließend ein Bild der beobachteten Himmelsregion.

Entsprechende Teleskope empfangen neben sichtbarem Licht und Radiostrahlung auch infrarotes Licht, UV-Licht oder Röntgenstrahlung. Solche Untersuchungen haben unser Wissen über Himmelskörper und das Universum stark erweitert.

Sonden. Vieles kann man von der Erde aus nicht sehen. Bis 1959 wusste niemand, wie die Rückseite des Mondes aussieht. Erst als russische Forscher eine Sonde in eine Umlaufbahn des Mondes brachten, gab es Bilder der Rückseite. Sonden schickt man zu ihrem Ziel, um genauere Bilder zu machen oder chemische Untersuchungen vorzunehmen. Manche Sonden landen dazu sogar auf fremden Himmelskörpern. So landete z. B. Philae, die Landeeinheit der Raumsonde Rosetta, 2014 auf dem Kometen Tschuri (Bild **B8**).

B8 *Philae auf dem Kometen Tschuri (Zeichnung)*

3.4 Das Universum untersuchen

B1 *Parallaxe durch den Augenabstand*

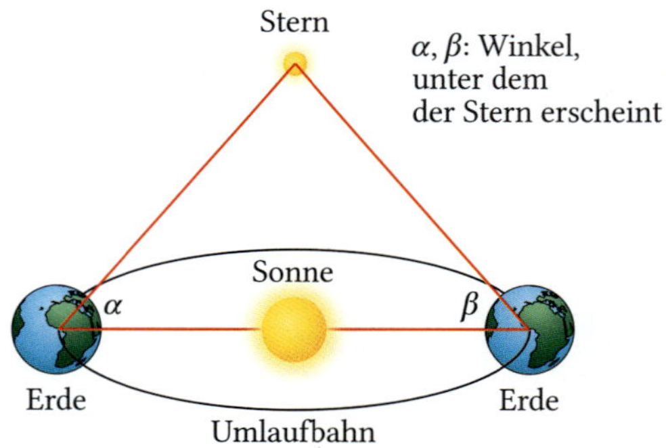

B2 *Parallaxe durch den Umlauf der Erde*

Der Kilometer ist zu kurz. Wenn du die Größe eines Gegenstands angeben möchtest, dann sagst du zum Beispiel: „Dieses Reiskorn ist sechs Millimeter lang", oder „Mein Weg zur Schule ist 13 Kilometer lang". Je nach Länge wählst du eine passende Größenordnung.

Wenn man die Abstände zu Objekten im Weltall angeben möchte, kommen mit der Angabe in Kilometern schnell sehr große Zahlen zustande: Bis zum Mond sind es schon 380 000 Kilometer. Der Abstand Erde-Sonne beträgt etwa 150 Millionen Kilometer. Wenn man den Abstand zu anderen Sternen angeben möchte, dann ist man im Bereich von Billionen oder sogar Billiarden von Kilometern. In der Astronomie verwendet man daher weitere Längenmaße, die sich für die Entfernungen im Weltall besser eignen.

Die astronomische Einheit. Die **Astronomische Einheit (kurz: AE)** bezieht sich auf den Abstand der Erde zur Sonne. Dieser Abstand von 150 Millionen Kilometer entspricht 1 AE. Der Abstand von Jupiter zur Sonne beträgt 5,2 AE, der von Neptun 30,1 AE.

Man kann mit dieser Einheit leicht erkennen, wie viel weiter etwas von der Sonne weg ist als die Erde. Diese Einheit wird vor allem genutzt, um Entfernungsangaben innerhalb unseres Sonnensystems zu machen.

Das Parsec. Wenn du einen Arm ausstreckst und abwechselnd mit dem linken und dem rechten Auge über den Daumen peilst, sieht es so aus, als würde der Daumen vor dem Hintergrund hin und her springen. (Bild **B1**). Da die Augen etwa einen Abstand von 6 bis 7 Zentimeter haben, betrachtet man den Daumen jeweils aus einem etwas anderen Winkel. Diese Winkeldifferenz nennt man **Parallaxe.** Sie macht man sich für die Entfernungsbestimmung im All zunutze (Bild **B2**).

Man misst den Winkel, unter dem ein Stern erscheint. Ein halbes Jahr später, wenn die Erde auf der anderen Seite der Sonne steht, wiederholt man die Messung. Man erhält einen zweiten Winkel. Mit diesen beiden Winkeln und der um 2 AE veränderten Position der Erde erhält man ein Dreieck, mit dessen Hilfe man die Entfernung des Sterns berechnen kann. Wenn der Unterschied des Winkels ein 3600stel eines Grades beträgt, dann beträgt der Abstand des Sterns ein **Parsec,** kurz: 1 pc. Im Kunstnamen Parsec steht *Par* für Parallaxe. 1 pc entspricht etwa 206 000 AE. Mit der Einheit Parsec gibt man Entfernungen zu nahen Sternen an. Der uns nächste Stern, Proxima Centauri, ist 1,3 pc entfernt.

Das Lichtjahr. Licht bewegt sich im Weltraum mit einer Geschwindigkeit von 300 000 Kilometer pro Sekunde. Von der Erde zum Mond benötigt es etwa 1,3 Sekunden. Weil die Lichtgeschwindigkeit immer gleich ist, kann man sagen, der Mond befindet sich in einer Entfernung von 1,3 Lichtsekunden zur Erde. Die Strecke, die das Licht in einem Jahr zurücklegt, bezeichnet man als ein **Lichtjahr,** kurz: **1 Lj.** Das Lichtjahr ist die gebräuchlichste Einheit in der Astronomie.

Beispielaufgabe

Lichtjahre in Kilometer

Rechne ein Lichtjahr in Kilometer um.

Lösung:

Mit der Lichtgeschwindigkeit und der Gleichung $s = v \cdot t$ ergibt sich:

$$s = 300\,000\,\frac{\text{km}}{\text{s}} \cdot 365\ \text{d} \cdot 24\,\frac{\text{h}}{\text{d}} \cdot 60\,\frac{\text{min}}{\text{h}} \cdot 60\,\frac{\text{s}}{\text{min}},$$

$$s = 300\,000\,\frac{\text{km}}{\text{s}} \cdot 31\,536\,000\ \text{s},$$

$$s = 9\,460\,800\,000\,000\ \text{km}.$$

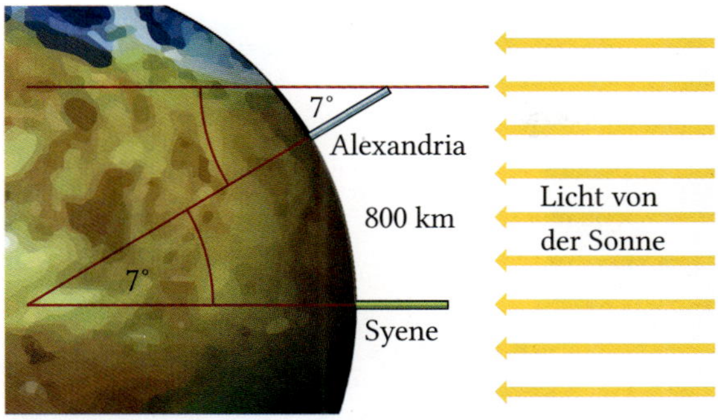

B3 *Erathostenes bestimmt den Erdumfang.*

B5 *Drei Flugzeuge im Landeanflug*

Große Entfernungen messen. Messen bedeutet immer, eine unbekannte Größe mit einer bekannten Größe zu vergleichen. Um im Weltall den Abstand von Objekten messen zu können, braucht man daher eine Vergleichsgröße. Da man kein Maßband zwischen die Planeten legen kann, werden solche Längenmaße indirekt bestimmt.

Den Anfang machte Erathostenes von Kyrene (284-202 v. Chr.). Bereits damals wusste man, dass die Erde eine Kugel ist. Er bestimmte den Umfang der Erde, indem er zur Mittagszeit den Schattenwurf eines senkrechten Stabes in Alexandria und in Syene bestimmte. Er kannte den Nord-Süd-Abstand der beiden Städte und konnte über die Schattenlänge den Winkelunterschied bestimmen (Bild **B3**). Er berechnete einen Erdumfang von 46 000 Kilometer. Damit verfehlte er den wahren Wert von etwa 40 000 Kilometer nur knapp.

Immer Dreiecke. Mit dem bekannten Umfang der Erde kann man auch den Abstand des Mondes zur Erde und den Monddurchmesser bestimmen. Man peilt von zwei verschiedenen Punkten der Erde einen Punkt auf dem Mond an und misst die entsprechenden Winkel. Ebenso kann man die Entfernung und die Größe der Sonne oder anderer Objekte bestimmen (Bild **B4**).

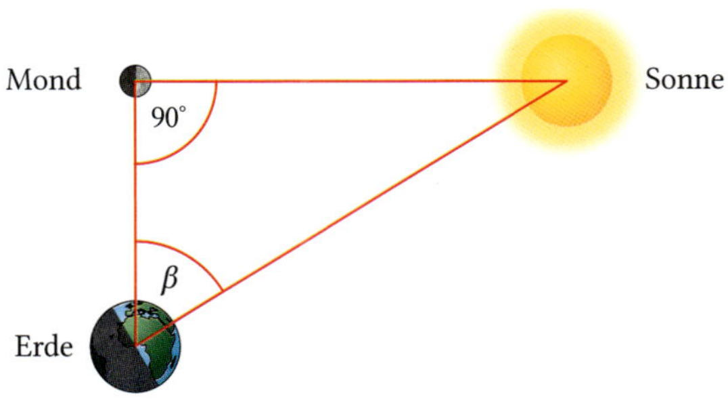

B4 *Aus dem Mondabstand folgt der Sonnenabstand.*

Grenzen der Winkelmessungen. Winkelmessungen funktionieren innerhalb unseres Sonnensystems gut, da die zu messenden Winkel groß sind. Anders ist es, wenn man Objekte außerhalb unseres Sonnensystems ausmessen möchte. Die dabei auftretenden Winkel sind zu klein. Die Messungenauigkeiten erlauben kein sicheres Ergebnis.

Standardkerzen. Je weiter eine Lichtquelle entfernt ist, desto weniger Licht erreicht das Auge (Bild **B5**). Wenn man weiß, welche Lichtmenge die Quelle insgesamt aussendet, kann man durch Vergleich mit der empfangenen Lichtmenge den Abstand berechnen. Solche Objekte dienen als **Standardkerzen.**

Manche Sterne denen sich innerhalb von Tagen aus und schrumpfen wieder (Bild **B6**). Die Art des Pulsierens verrät, um welchen Sternentyp es sich handelt und wie viel Licht der Stern in der jeweiligen Phase aussendet. Mit diesen pulsierenden Sternen lassen sich Entfernungen innerhalb unserer Galaxis bestimmen.

Eine Supernova erstrahlt kurz heller als alle Sterne einer Galaxie zusammen. Von manchen Supernovae weiß man, wie hell sie absolut sind. Mit ihnen lassen sich die Entfernungen zu nahen Galaxien bestimmen.

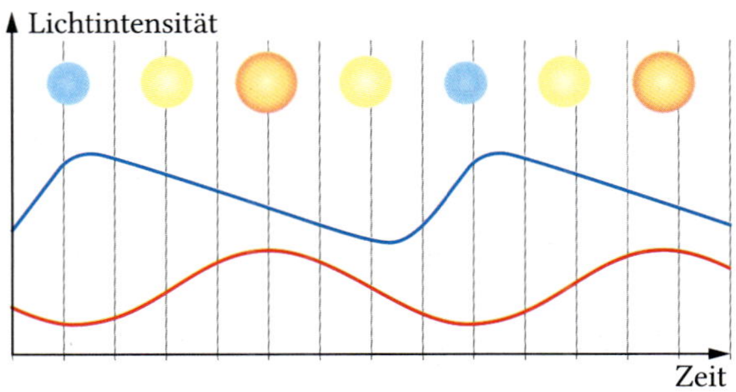

B6 *Lichtintensität eines pulsierenden Sterns*

3.4 Das Universum untersuchen

B1 *Illustration von außerirdischem Leben*

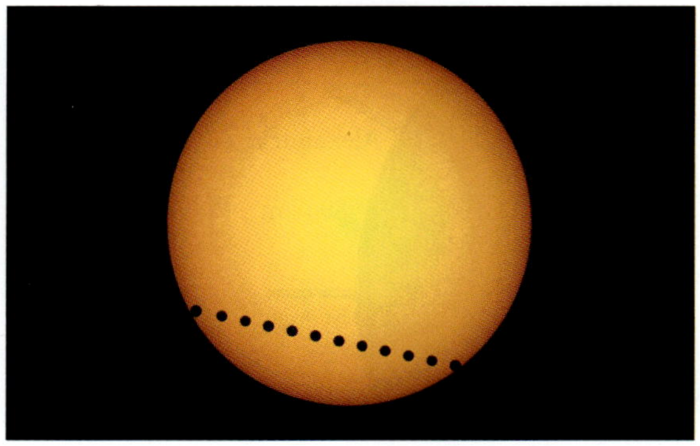

B3 *Die Venus zieht vor der Sonne vorbei.*

Gibt es Leben dort draußen? In Science-Fiction-Filmen wimmelt es von außerirdischen Lebewesen (Bild **B1**). Eines ist aber allen gemeinsam: Sie haben einen Heimatplaneten, auf dem sie leben. Keines lebt auf einem Stern. Dass dies so sein muss, lässt sich wissenschaftlich begründen.

Lebewesen besitzen einen Körper, in dem sich chemische Prozesse abspielen. Diese Prozesse erfordern eine Mindestmenge an komplexen Molekülen. Solche Moleküle werden bei höheren Temperaturen schnell zerstört. Deshalb ist bei hohen Temperaturen kein Leben möglich. Die Temperaturen auf Sternen betragen viele tausend Grad an der Oberfläche, im Inneren sind es viele Millionen Grad. Leben kann es nur auf kühleren Himmelskörpern wie Planeten geben.

Zu klein, zu dunkel, zu weit. Die Suche nach Planeten, die fremde Sterne umkreisen, so genannten **Exoplaneten** (von *exo*, griechisch: außen) war lange erfolglos. Exoplaneten sind im Vergleich zu ihren Sternen sehr klein, leuchten nicht selbst, werden von ihrer Sonne überstrahlt und sind noch dazu sehr weit entfernt. Die Suche gleicht dem Versuch, in 100 Kilometer Entfernung ein Glühwürmchen zu sehen, das neben einer Stadionbeleuchtung sitzt.

Der erste Exoplanet wird gefunden. Ein Planet wirkt mit seiner Schwerkraft auf seinen Stern. Dadurch bewegt sich der Stern vor und zurück (Bild **B2**). Dabei verändert sich die Farbe des Lichts, genau wie sich der Klang eines Autos verändert, wenn es an dir vorbeifährt. An dieser Lichtveränderung erkennt man, dass der Stern von einem Planeten umkreist wird. Mit dieser Methode fanden Wissenschaftler 1995 den ersten Exoplaneten. 2019 erhielten sie dafür den Nobelpreis.

Exoplaneten kann man auch finden, wenn sich der Planet bei seinem Umlauf vor seinen Stern schiebt und damit etwas abdunkelt. In Bild **B3** siehst du, wie die Venus 2004 vor der Sonnenscheibe vorbeigezogen ist. Der von dem Exoplaneten umkreiste Stern erscheint während der Bedeckung dunkler. Es entsteht eine charakteristische Lichtkurve (Bild **B4**).

Ende 2019 waren bereits mehr als 4000 Exoplaneten gefunden, obwohl „nur" etwa 200 000 Sterne untersucht wurden. Wenn man diese Ergebnisse hochrechnet, gibt es alleine in unserer Galaxis viele Milliarden Exoplaneten. Unter der Vielzahl der gefundenen Planeten sind auch viele, auf denen Leben existieren könnte. Menschen können solche Exoplaneten aber nicht nutzen, dazu sind sie viel zu weit entfernt.

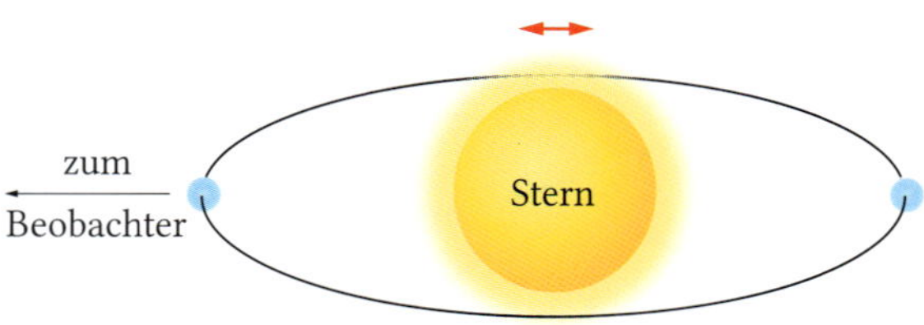

B2 *Exoplanet und Stern umkreisen sich.*

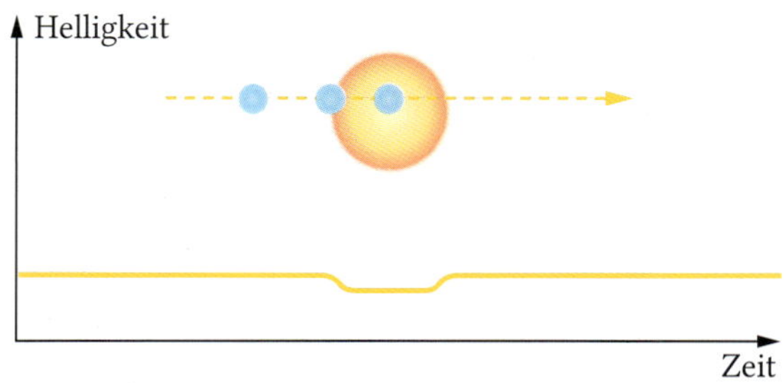

B4 *Lichtintensität bei einer Bedeckung*

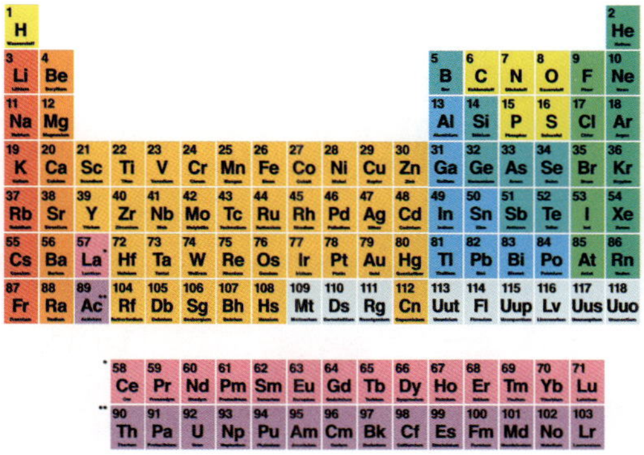

B5 *Das Periodensystem der Elemente*

Den Weltraum auf der Erde erforschen. In Sternen werden kleine Atome zu größeren Atomen verschmolzen. Bei diesem Prozess, der Kernfusion, werden große Mengen an Energie frei.

Sterne beziehen ihre Energie hauptsächlich aus der Fusion von Wasserstoff (H), dem kleinsten Atom, zu Helium (He), dem zweitkleinsten Atom. Helium und Wasserstoff können zu Lithium (Li), dem drittkleinsten Element verschmelzen. Bei allen Fusionen bis zum Element Nummer 26, Eisen (Fe), wird Energie frei.

Um größere Atome als Eisen zu erzeugen, muss Energie aufgewendet werden. Die Energie zur Erzeugung größerer Elemente wird bei Supernovae freigesetzt. Hier sind Temperatur und Druck so hoch, dass Elemente wie Kupfer (Cu), Gold (Au) oder Blei (Pb) entstehen. Alle Elemente, die größer sind als Eisen, wurden in Supernovae erzeugt.

Da man auf der Erde Elemente jenseits des Eisens findet, weiß man, dass das Material unseres Sonnensystems in einer Supernova freigesetzt wurde. Unser System hat sich also aus Überresten eines vergangenen Sterns gebildet. Die Sonne ist ein Stern der zweiten Generation.

B6 *Ohne Supernovae nicht möglich: moderne Technik*

Löse selbst

1

Schätze ab, wie lang die Belichtungsdauer bei der Aufnahme dieses Bildes war.

2

1977 startete die Raumsonde Voyager 1 in Richtung des äußeren Planetensystems. Mittlerweile befindet sie sich in einer Entfernung von etwa 150 AE. Damit ist sie das fernste von Menschen geschaffene Objekt. Berechne
a) ihre Entfernung in Kilometer,
b) wie lange ein Funksignal von Voyager zur Erde unterwegs ist.

3 Voyager 1 bewegt sich mit einer Geschwindigkeit von 63 Kilometer pro Sekunde auf den Stern Gliese 445 zu, der nur 17 Lichtjahre entfernt ist.
Berechne, wie lange es dauert, bis Voyager 1 diese Strecke zurückgelegt hat.

4 Finde heraus, wie man mit der „Daumensprungmethode" die Größe oder die Entfernung von Objekten abschätzen kann.

5 a) Diskutiert, welche Bedingungen ein Exoplanet erfüllen muss, damit Leben möglich ist.
b) Diskutiert, ob ein Planetensystem eines Sterns der ersten Generation Leben tragen kann.

3.5 Die Entstehung der Welt

B1 *Darstellungen von Schöpfern: a) Prajapati, b) Gott*

B3 *Fridays-for-Future-Plakat: „Es gibt keinen Planeten B"*

Ursache und Wirkung. In unserem Alltag sind wir es gewohnt, dass Dinge eine Ursache haben: Ein Apfel fällt von einem Baum, weil Wind den Ast bewegt. Ein Kind weint, weil es hingefallen ist. Dabei geht die Ursache der Wirkung immer voraus und niemals umgekehrt. Zum Beispiel zerbricht eine Tasse nicht zuerst und fällt dann vom Tisch. Diese Alltagserfahrung führt dazu, dass Menschen auch für die Existenz des Universums eine Ursache erwarten.

Schöpfungsmythen. Die Suche nach einer Ursache für das Universum ist der Ausgangspunkt zahlreicher Religionen. Oft wird versucht, die Entstehung der Welt durch einen Schöpfer zu erklären. In der germanischen Mythologie (*mythos,* altgriechisch: Erzählung, Rede) wird die Welt durch den Frostriesen Ymir (Bild **B2**) erschaffen: Aus seinem Schweiß entstehen seine Kinder. Deren Nachkommen töten den Riesen und bauen aus seinen Körperteilen die Welt. In der ältesten bekannten indischen Religion ist es Prajapati (Bild **B1a**), der als Schöpfergott durch das Aussprechen der Silben *Bhu, Bhuva* und *Svah* Erde, Luftraum und Himmel erschafft. Auch im christlichen Schöpfungsmythos erschafft ein Gott die Welt mit Wörtern (Bild **B1b**): *„Und Gott sprach: Es werde Licht!"* (Bibel, 1. Mose 1, 3).

Wissenschaft. Die meisten Schöpfungsmythen stammen aus einer vorwissenschaftlichen Zeit. Die Menschen akzeptierten die Erklärungen als unbegreifliches, göttliches Handeln. Meist wird der Mensch als „Krone der Schöpfung" bezeichnet und als Herrscher über die Welt dargestellt. Viele Politiker beziehen sich auf die Bibel (Bild **B4**) und fühlen sich so in ihren Entscheidungen bestärkt. Dort befiehlt der christliche Gott: *„Seid fruchtbar und mehret euch, füllt die Erde und unterwerft sie und waltet über die Fische des Meeres, über die Vögel des Himmels und über alle Tiere, die auf der Erde kriechen."* (1. Mose 1, 22). Angesichts der weltweit zunehmenden Umweltverschmutzung, dem Artensterben, dem Klimawandel und der Massentierhaltung wird eine solche Haltung mittlerweile kritisch hinterfragt (Bild **B3**). Auch die zugrundeliegenden Schöpfungsmythen können davon nicht ausgeschlossen werden.

Wissenschaftliche Untersuchungen zum Ursprung unseres Universums folgen dem Grundsatz, möglichst genau und wertfrei auf Basis überprüfbarer Fakten zu beschreiben. Die Urknalltheorie ist dabei in der Wissenschaft die allgemein akzeptierte Beschreibung zur Entstehung des Universums. Experimentelle Grundlage ist dabei die Spektralanalyse von Sternen.

B2 *Nordischer Schöpfer: Ymir, der Frostriese*

B4 *Der 44. US- Präsident schwört den Amtseid auf zwei Bibeln.*

Verschobene Spektren. Mit Spektralanalysen kann man untersuchen, aus welchen Elementen die Sterne bestehen. Die Elemente verursachen die Lücken im Spektrum und sind für jedes Element an einer ganz bestimmten Stelle. Im frühen 20. Jahrhundert hat man entdeckt, dass die Lücken der allermeisten Sternspektren „verschoben" sind (Bild **B6**). Einen ähnlichen Effekt kannst du im Straßenverkehr bei Schall beobachten: Wenn ein Krankenwagen mit Signalton auf dich zufährt, erscheint der Ton höher. Wenn er sich wieder entfernt, erscheint er tiefer. Mit Licht verhält es sich ähnlich: Bei Sternen, die sich auf uns zu bewegen, ist das Spektrum zum blauen Bereich verschoben. Sterne, die sich von uns entfernen, haben ein rotverschobenes Spektrum. Je schneller sich Sterne relativ zu uns bewegen, desto stärker ist die Verschiebung

Merksatz

Wenn sich eine Lichtquelle von uns entfernt, erscheint ihr Spektrum rotverschoben. Wenn sie sich uns annähert, erscheint das Spektrum blauverschoben. Je größer die Geschwindigkeit ist, desto stärker ist die Verschiebung.

Rotverschiebung. Die Beobachtungen zu Beginn des 20. Jahrhunderts zeigten, dass die Spektren der allermeisten Sterne eine Rotverschiebung haben. Das bedeutet, dass sich die Sterne fast alle von uns entfernen. Der belgische Priester und Astrophysiker Georges Lemaître entdeckte im Jahr 1927 einen bemerkenswerten Zusammenhang: Das Spektrum von weiter entfernten Sternen hat eine stärkere Rotverschiebung, sie entfernen sich also schneller von uns (Bild **B7**). Zwei Jahre später formulierte der amerikanische Astronom Edwin Hubble das **Hubble-Lemaître-Gesetz:**

Merksatz

Je weiter Sterne von uns entfernt sind, desto schneller bewegen sie sich von uns weg.

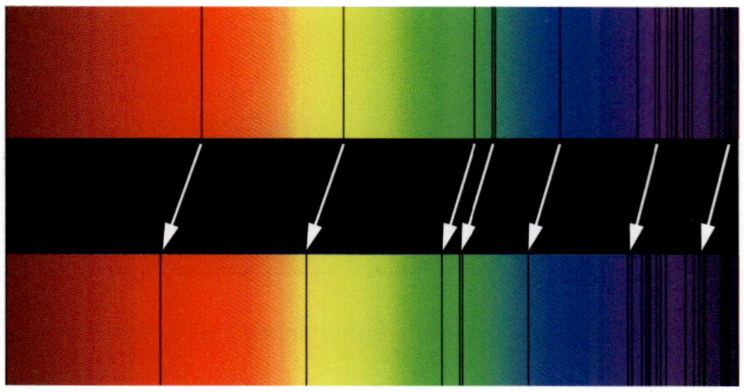

B6 *Rotverschiebung des Spektrums: oben Licht unserer Sonne, unten Licht eines sich entfernenden Sterns*

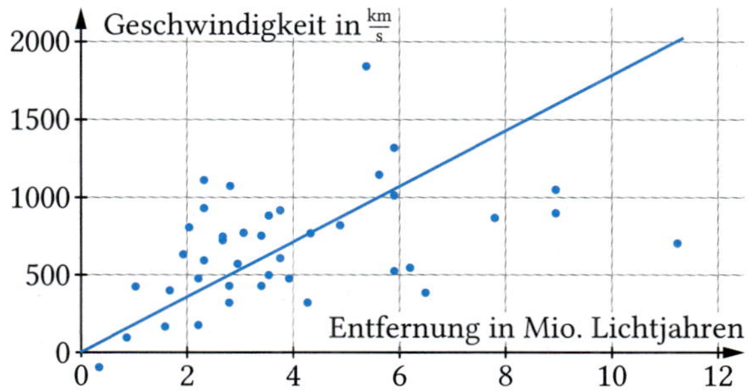

B7 *Lemaîtres Beobachtung; Punkte stehen für Sterne*

Der Raum dehnt sich aus. Lemaîtres Beobachtung lässt sich dadurch erklären, dass der Raum und damit das Universum sich ausdehnen. Eine Analogie zeigt Bild **B5**: Das Spielbrett steht für das Universum. Wenn es vergrößert wird, stehen die Figuren immer noch auf den gleichen Punkten und sind immer noch gleich groß. Trotzdem haben sich die Abstände zwischen den Figuren vergrößert. Egal, welche Figur man auswählt, alle machen die gleiche Beobachtung: Die anderen Figuren sind weiter entfernt. Wenn du mit einem Lineal misst, um wie viel sich der Abstand vergrößert hat, stellst du fest, dass sich der Abstand zwischen weiter entfernten Spielfiguren um einen größeren Betrag erhöht hat. Diese Analogie veranschaulicht, dass sich Sterne schneller entfernen, je weiter sie von uns weg sind. Außerdem wird klar, warum man von jedem Punkt im Universum die Beobachtung macht, dass die anderen Sterne sich von einem entfernen.

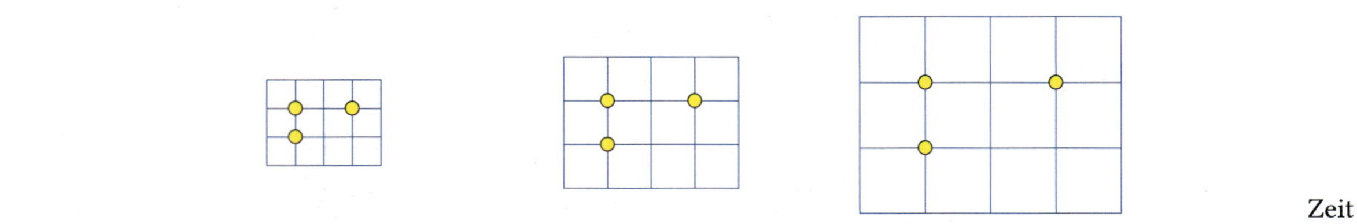

B5 *Ein vergrößertes Spielfeld als Analogie zum sich ausdehnenden Universum*

3.5 Die Entstehung der Welt

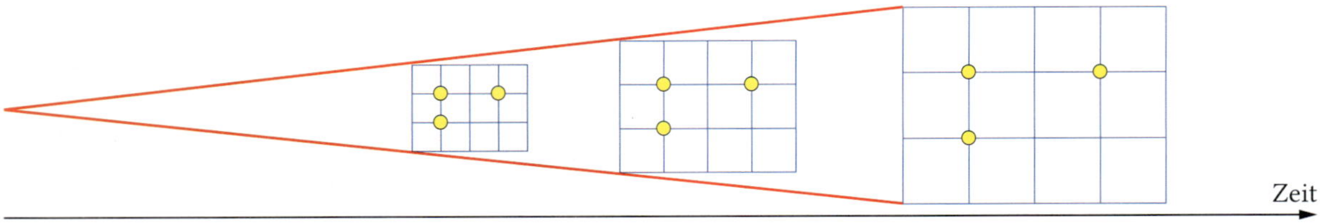

B1 *Das Spielfeld war in der Vergangenheit kleiner. Irgendwann muss es aus einem Punkt hervorgegangen sein.*

Die Ausdehnung messen. Hubbles und Lemaîtres Beobachtungen lassen sich heute mit besseren Instrumenten bestätigen und mit einer Zahl ausdrücken: Der **Hubble-Parameter** gibt an, wie schnell sich der Raum gegenwärtig ausdehnt – in jeder Sekunde um ca. 2,2 m pro 100 Lichtjahre oder als Formel:

$$H_0 = \frac{2{,}2\ \frac{\text{m}}{\text{s}}}{100\ \text{Lj}}.$$

Das bedeutet, dass sich ein Stern in 100 Lichtjahren Entfernung scheinbar mit einer Geschwindigkeit von $2{,}2\ \frac{\text{m}}{\text{s}}$ von uns entfernt. Sterne, die sich in einem Abstand von 10 000 Lichtjahren zu uns befinden, scheinen sich durch die Ausdehnung des Raums dann mit $220\ \frac{\text{m}}{\text{s}}$ zu entfernen.

Der Urknall. Daraus ergibt sich eine spannende Folgerung: Wenn das Universum immer mit dieser Ausdehnungsrate wächst, dann muss es früher kleiner gewesen sein. Es muss dann auch einen Zeitpunkt gegeben haben, an dem das Universum unendlich klein war (Bild **B1**). In diesem Punkt muss das gesamte Universum entstanden sein. Kritiker prägten die etwas abwertend gemeinte Bezeichnung **Big Bang Theory,** auf deutsch: **Urknalltheorie.** Diese Namen hatten sich schnell verbreitet. Sie wurden auch dann noch benutzt, als die Urknalltheorie durch viele Beobachtungen überprüft und anerkannt wurde (Bild **B2**).

B2 *Das Weltraumteleskop „Hubble" misst die Ausdehnungsrate.*

Kein Knall. Der Begriff Urknall ist zwar einprägsam, er weckt aber falsche Vorstellungen. Er bezeichnet keine Explosion, denn es gab noch gar keinen Raum, in dem etwas explodieren konnte. Mit dem Urknall ist der Raum selbst entstanden und damit auch die Zeit und die Materie, aus der wir und auch die Sterne bestehen.

Das Weltalter. Mit Hilfe des Hubble-Parameters rechnet man zurück, vor wie vielen Jahren der Urknall stattgefunden hat. Danach sind ungefähr 13,8 Milliarden Jahre seit der Entstehung des Universums vergangen.

! Merksatz

Das Universum existiert seit 13,8 Milliarden Jahren.

Manche Menschen legen die Schöpfungsgeschichte der Bibel wörtlich aus. Diese Menschen nennt man Junge-Erde-Kreationisten (*creatio,* lat.: Schöpfung). Sie bestimmen mit Zeitangaben aus der Bibel das Alter des Universums auf ca. 6000 Jahre. Junge-Erde-Kreationisten leugnen jeden widersprüchlichen Nachweis, wie zum Beispiel hunderte Millionen Jahre alte Fossilien (Bild **B3**). Häufig argumentieren sie, diese Funde seien eine von Gott erschaffene „Prüfung des Glaubens".

B3 *Trilobit-Fossilien – ca. 500 Millionen Jahre alt*

Tag ohne Gestern. Das Universum hat im Urknall seinen Anfang. Es drängt sich die Frage auf, was davor war, z.B. einen Tag vor dem Urknall. Wir sind es gewohnt, dass Zeit vergeht: Zu jedem Tag gibt es ein Gestern und ein Morgen. Die Zeit ist aber genauso wie der Raum erst mit dem Urknall entstanden. Deshalb ist die Frage: „Was war am Tag davor?" sinnlos: Eine Analogie dazu ist die Frage: „Was ist südlich vom Südpol?" Der Urknall war also ein Tag ohne Gestern.

Auch im christlichen Schöpfungsmythos entsteht dieses Problem: Der christliche Gelehrte AUGUSTINUS VON HIPPO (354–430 n. Chr.) wurde gefragt: *„Was tat Gott, bevor er Himmel und Erde erschuf?"* Er antwortete sinngemäß: *„Er schuf die Hölle für diejenigen, die solche Fragen stellen!"*

Nur eine Theorie. Religion ist für viele Menschen sehr wichtig und hat großen Einfluss auf ihr Leben. Bei der Konfrontation mit anderen Vorstellungen zur Entstehung der Welt ist eine ablehnende Haltung deswegen verständlich. In Bezug auf die Urknalltheorie wird daher oft argumentiert, es sei ja auch „nur eine Theorie". Dahinter steckt ein falsches Verständnis für den Begriff Theorie.

Im Unterschied zu religiösen Schöpfungsmythen muss eine wissenschaftliche Theorie zur Entstehung der Welt überprüfbar sein. Durch Experimente wird dann beständig versucht, Fehler in der Theorie zu finden, um anschließend eine noch bessere Theorie zu entwickeln. Schöpfungsmythen bleiben jedoch unverändert und sind oft so angelegt, dass sie gar nicht überprüft werden können. Kritisches Denken ist demnach ein wesentlicher Unterschied zwischen wissenschaftlichen und religiösen Überlegungen zur Welt und ihrer Entstehung.

B4 *a) Papst PIUS XII., b) Papst FRANZISKUS*

Löse selbst

1 Recherchiere zu Schöpfungsmythen verschiedener Religionen und stelle Gemeinsamkeiten und Unterschiede gegenüber. Vergleiche mit der Urknalltheorie und erkläre, welche Vorteile eine wissenschaftliche Theorie zur Erklärung der Entstehung der Welt bietet.

2 Erkläre, welche Rolle Sternspektren beim Nachweis der Ausdehnung des Universums haben.

3 In allen Kulturen gibt es Schöpfungsmythen. Begründe, wieso diese entstehen.

4 Leonie sagt: „Egal, in welche Richtung man schaut, die allermeisten Sterne bewegen sich von uns weg. Wir sind also im Mittelpunkt des Universums." Begründe, warum diese Schlussfolgerung falsch ist.

5

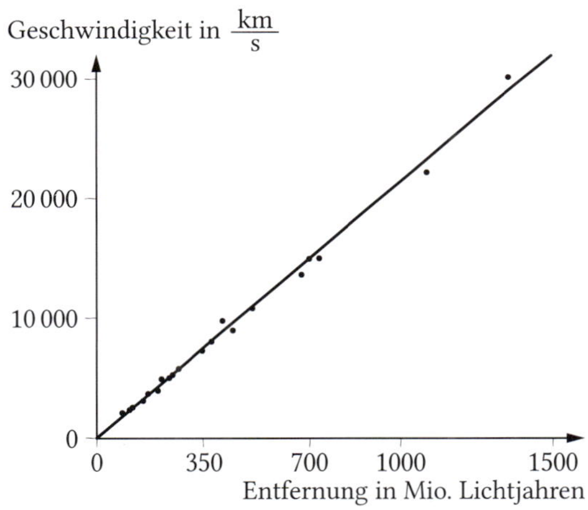

Die Abbildung zeigt eine Messreihe zu Geschwindigkeiten, mit denen sich Sterne in einem bestimmten Abstand von uns entfernen.
a) Erkläre, wozu eine Gerade eingezeichnet wurde.
b) Beschreibe, worauf beim Einzeichnen der Gerade zu achten ist.
c) Bestimme die Steigung der Geraden und vergleiche mit dem Hubble-Parameter.

6 1952 hat Papst PIUS XII. (Bild **B4a**) den Urknall als Gottesbeweis dargestellt. 2014 bestätigte Papst FRANZISKUS (Bild **B4b**) diese kirchliche Auffassung: *„Der Urknall, der heute als Anfang der Welt betrachtet wird, widerspricht nicht dem Eingriff des göttlichen Schöpfers, sondern er verlangt ihn."*
Diskutiert diese Aussage.

Zusammenfassung

1. Himmelskörper

Im **heliozentrischen Weltbild** steht die Sonne im Zentrum unseres **Sonnensystems.** Acht **Planeten** umkreisen sie. Die meisten Planeten haben **Monde.** Zwischen den Gesteinsplaneten und den Gasriesen ist der **Asteroidengürtel. Sterne** beziehen Energie aus der **Fusion** von Elementen. Ihre Entwicklung hängt von ihrer Masse ab. Unsere Sonne wird als **weißer Zwerg** enden. Größere Sterne enden als **Neutronenstern** oder **schwarzes Loch.** Die Sonne und 300 Milliarden andere Sternen bilden unsere **Galaxis,** die **Milchstraße.**

2. Jahreszeiten

Die **Drehachse** der Erde ist zur Bahnebene um die Sonne geneigt. Deshalb gelangt im Laufe eines Jahres unterschiedlich viel Sonnenlicht auf verschiedene Stellen der Erde – es entstehen **Jahreszeiten.** Durch die Kugelform der Erde ist außerdem der Einfallswinkel des Sonnenlichts nicht überall gleich und es gibt ganzjährig warme und kalte Gebiete.

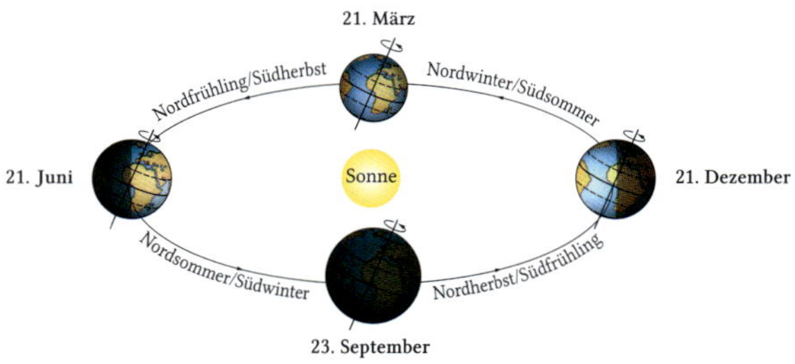

3. Besondere Ereignisse am Himmel

Die Sonne beleuchtet ständig eine Hälfte des Mondes. Wir sehen davon einen kleineren oder größeren Teil – die **Mondphasen.** Weil die Mondbahn geneigt ist, steht der Mond nur selten zwischen Erde und Sonne. Dann fällt der Mondschatten auf die Erde und man kann dort eine **Sonnenfinsternis** beobachten. Wenn der Schatten der Erde auf den Mond fällt, entsteht eine **Mondfinsternis.**

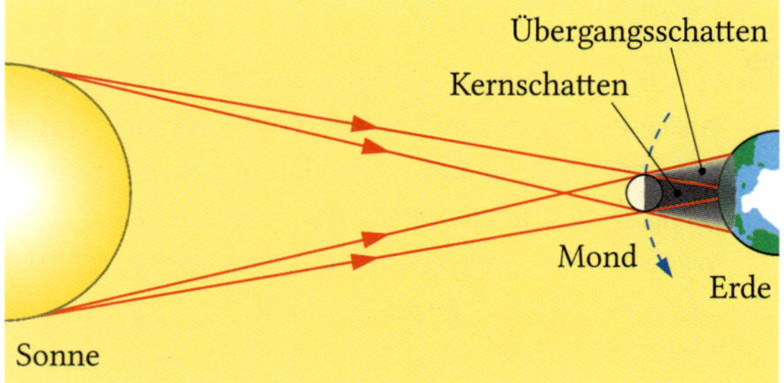

4. Das Universum untersuchen

Mit **Teleskopen** kann man weit entfernte Objekte beobachten. **Sonden** untersuchen Himmelskörper und funken die Ergebnisse zur Erde.
Die Abstände im Weltraum sind sehr groß. Man misst sie in **Lichtjahren:** 1 Lichtjahr = 9,46 Billionen Kilometer. **Exoplaneten** umkreisen andere Sonnen. In unserer Galaxis werden viele Milliarden Exoplaneten vermutet.

5. Die Entstehung der Welt

Menschen suchen Ursachen für Ereignisse, auch für das Universum. So entstanden viele **Schöpfungsmythen** und Religionen. **Wissenschaftliche Theorien** zur Entstehung der Welt müssen überprüfbar sein. Experimente helfen bei der Entwicklung besserer Theorien. Die **Urknalltheorie** hat ihren Ursprung in Spektralanalysen von Sternen: Je weiter Sterne von uns entfernt sind, desto stärker ist das Spektrum blauverschoben und desto schneller entfernen sie sich von uns. Der Grund ist die Ausdehnung des Universums selbst. Das Universum ist vor 13,8 Milliarden Jahren entstanden.

Selbsteinschätzung

Schätze dich selbst ein: „kann ich schon gut (+)“ oder „muss ich mir noch einmal anschauen (–)“.

Ich kann ...
... die acht Planeten unseres Sonnensystems in der richtigen Reihenfolge nennen;
... erklären, wie ein Sonnensystem entsteht;
... anhand der Masse eines Sterns erkennen, wie er endet;
... erklären, wie Jahreszeiten entstehen;
... beschreiben, welche Auswirkungen die Kugelform der Erde auf das Klima in verschiedenen Regionen hat;
... die Mondphasen in der richtigen Reihenfolge nennen und ihre Entstehung erklären;
... mit Hilfe von Skizzen die Entstehung von Sonnen- und Mondfinsternissen darstellen;
... astronomische Längeneinheiten umrechnen;
... verschiedene Methoden der Abstandsbestimmung im Universum erläutern;
... erklären, was ein Exoplanet ist und Bedingungen nennen, damit dieser Planet Leben tragen kann;
... Unterschiede zwischen Mythen und wissenschaftlichen Theorien zur Entstehung der Welt nennen;
... erklären, wie von Spektralanalysen von Sternen auf die Ausdehnung des Universums geschlossen wird;
... eine Begründung für die Urknalltheorie nennen.

Aufgaben mit Lösungen

1 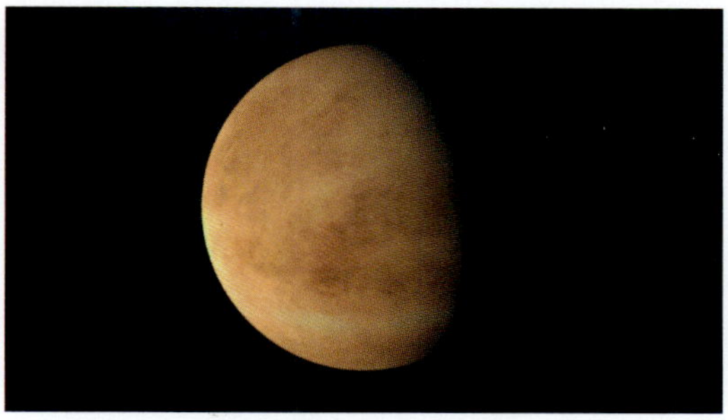

Die Venus ist nur während der Dämmerung zu sehen. Sie wird deshalb auch als Morgen- oder Abendstern bezeichnet. Zudem zeigt sie Phasen, in denen sie nur zum Teil beleuchtet erscheint, genau wie der Mond. Erkläre:
a) Die Venus ist nur zur Dämmerung zu sehen.
b) Die Venus zeigt Phasen.
c) Von der Erde aus sieht man niemals die „Vollvenus".

2 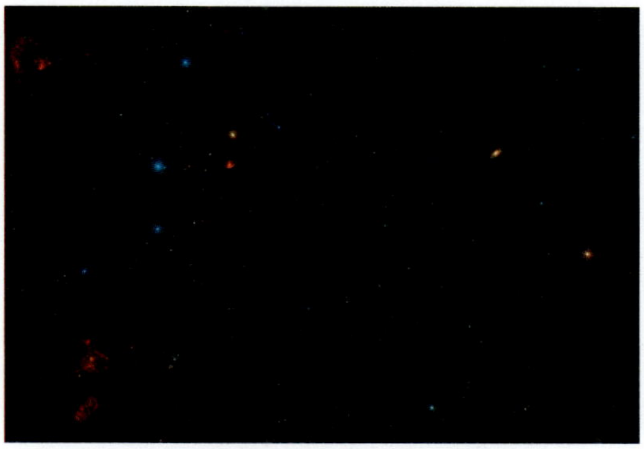

Cassiopeia ist ein M-förmiges Sternbild, das das ganze Jahr über zu sehen ist. Wenn du mit einem Fernglas der linken Spitze folgst, erscheint die Andromeda-Galaxie als heller Fleck, etwa so groß wie der Vollmond. Andromeda kann man trotz seiner Größe ohne Fernglas nicht sehen und auch keinen seiner Sterne einzeln wahrnehmen. Erkläre.

3 Cassiopeia liegt in dem Band der Milchstraße. Daher ist diese Region sehr sternenreich. Es gibt auch viele Sternhaufen. Untersuche in einer dunklen Nacht die Region um Cassiopeia mit einem Fernglas.
Gib an, wie viele Sternhaufen du findest.

4 Erläutere, welche Auswirkungen es auf die Jahreszeiten hätte, wenn die Drehachse der Erde senkrecht zur Bahnebene um die Sonne stehen würde.

5 

Wenn du den beiden hinteren Sternen des großen Wagens folgst, findest du den Polarstern. Man kann an ihm die Himmelsrichtungen ablesen, denn er steht immer an fast derselben Stelle im Norden. Schon vor Jahrtausenden haben sich Menschen an diesem Stern orientiert.
Erkläre, unter welcher Bedingung ein Stern immer an derselben Stelle beobachtet werden kann.

6 Der große Wagen und Cassiopeia sind Sternbilder, die das ganze Jahr über zu sehen sind. Orion sieht man nur in den Wintermonaten. Erkläre dies mit Hilfe einer Skizze.

7 Exoplaneten kann man unter bestimmten Bedingungen mit der Bedeckungsmethode finden. Florian sagt: „Das ist wie eine Sonnenfinsternis mit einer fremden Sonne!" Nimm Stellung zu dieser Aussage.

8 Wegen der Ausdehnung des Raums gilt: Je weiter Sterne von uns weg sind, desto schneller entfernen sie sich von uns.
a) Berechne mit dem Hubble-Parameter, in welcher Entfernung die Sterne sich mit Lichtgeschwindigkeit von uns entfernen.
b) Diskutiert, welche Bedeutung das Ergebnis für die Untersuchung des Universums hat.

9 Am 17. Februar 1600 wurde der Priester und Astronom GIORDANO BRUNO in Rom auf dem Scheiterhaufen für seine Weltanschauung verbrannt: „Lachhaft zu sagen, außerhalb des Himmels sei nichts. Es gibt nicht eine einzige Welt, eine einzige Erde, eine einzige Sonne, sondern so viele Welten, wie wir leuchtende Funken über uns sehen."
a) Beschreibe anhand des Zitats seine Weltanschauung.
b) Erläutere, warum diese – aus heutiger Sicht völlig richtige – Weltsicht für die katholische Kirche nicht hinnehmbar war.

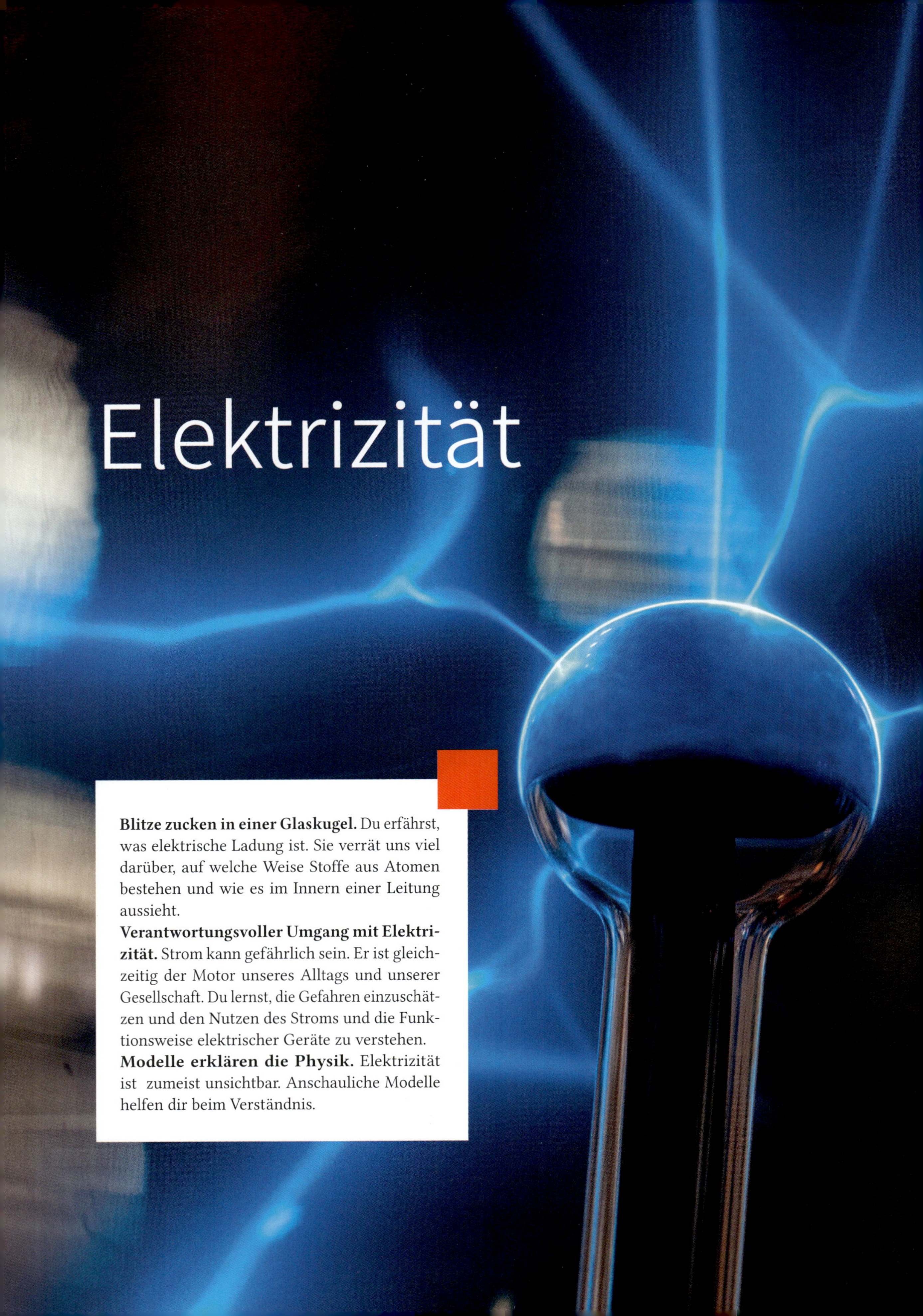

Elektrizität

Blitze zucken in einer Glaskugel. Du erfährst, was elektrische Ladung ist. Sie verrät uns viel darüber, auf welche Weise Stoffe aus Atomen bestehen und wie es im Innern einer Leitung aussieht.

Verantwortungsvoller Umgang mit Elektrizität. Strom kann gefährlich sein. Er ist gleichzeitig der Motor unseres Alltags und unserer Gesellschaft. Du lernst, die Gefahren einzuschätzen und den Nutzen des Stroms und die Funktionsweise elektrischer Geräte zu verstehen.

Modelle erklären die Physik. Elektrizität ist zumeist unsichtbar. Anschauliche Modelle helfen dir beim Verständnis.

4

Das kannst du in diesem Kapitel erreichen:

- Du kannst Versuche planen und durchführen, die zeigen, was elektrische Ladung ist.
- Du lernst, den Aufbau von Atomen zu beschreiben und zu erklären, warum elektrische Phänomene diesen Aufbau nahelegen.
- Du kannst in einer Schaltung Stromstärken, Widerstände und Spannungen messen und berechnen. Du lernst dabei, Kurzschlüsse und gefährliche Schaltungen zu vermeiden.
- Du kannst die Größen des elektrischen Stroms anschaulich mit Modellen erklären und dir so abstrakte Dinge greifbar machen.
- Du kannst Sicherheitsmaßnahmen im Haushalts-Stromnetz erkennen, erklären und mit diesem Wissen Gefahren realistisch einschätzen und vermeiden.

4.1 Elektrische Ladung und ihre Eigenschaften

B1 *Elektrische Ladung – die Haare stehen zu Berge.*

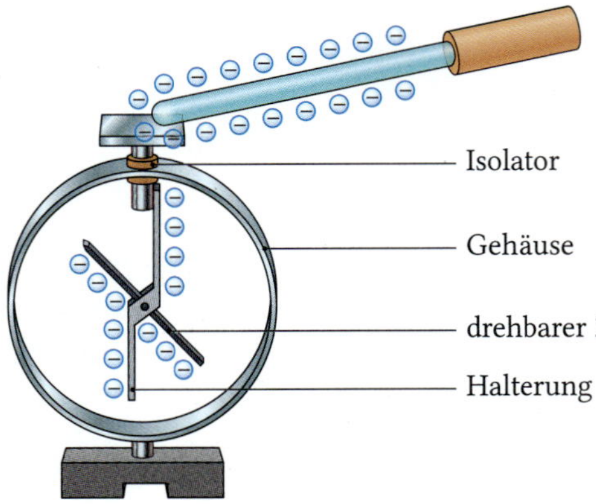

B2 *Der Aufbau eines Elektroskops*

Die elektrische Ladung. Wenn du in einem Kaufhaus mit Turnschuhen über Kunststoffböden gehst und dann einen metallischen Gegenstand berührst, bekommst du einen leichten Schlag. Auch beim Ausziehen von Kleidungsstücken kann es kribbeln und manchmal auch knistern. Besonders eindrucksvoll sieht es aus, wenn dir die Haare zu Berge stehen, nachdem du deinen Pullover ausgezogen hast (Bild **B1**). In all diesen Fällen hast du dich durch Reibung elektrisch aufgeladen. Man sagt: Dein Körper und deine Haare tragen **elektrische Ladung**.

V1 Lehrerversuch: Anziehung und Abstoßung

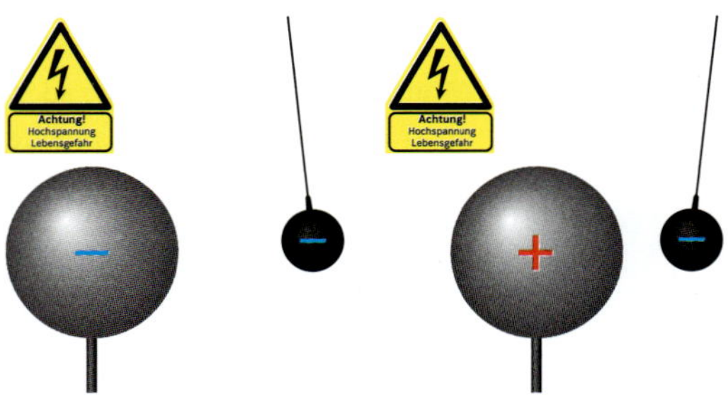

Da in diesem Versuch ein Hochspannungsnetzgerät verwendet wird, darf er nur von einer Lehrkraft durchgeführt werden!
Der schwarze Ball hängt an einem Faden am Arm eines Stativs. Er wird mit einem Hochspannungskabel am Minuspol des Netzgerätes aufgeladen.
a) Die Metallkugel wird ebenfalls am Minuspol des Netzgeräts aufgeladen. Der Ball wird abgestoßen, wenn die Kugel in seine Nähe gebracht wird.
b) Der Ball und die Metallkugel werden beide am Pluspol des Netzgerätes aufgeladen. Wieder beobachtet man, dass der Ball abgestoßen wird.
c) Der Ball und die Metallkugel werden an unterschiedlichen Polen des Netzgeräts aufgeladen. In diesem Fall ziehen sich der Ball und die Kugel gegenseitig an.

Ladungen und Ladungsarten. Es gibt außer der Reibung noch andere und besser kontrollierbare Möglichkeiten, Körper elektrisch aufzuladen. In Versuch **V1** werden der schwarze Ball und die Metallkugel an einem Pol eines Hochspannungsnetzgerätes aufgeladen. Der Versuch zeigt: Wenn man mit dem Ball und der Kugel den gleichen Pol des Netzgerätes berührt, dann werden sie gleich aufgeladen. Der Ball und die Kugel stoßen sich gegenseitig ab. Wenn man jedoch mit dem Ball und der Metallkugel verschiedene Pole berührt, dann werden sie ungleich aufgeladen. Der Ball und die Kugel ziehen sich jetzt gegenseitig an.

Die Ladungen an Plus- und Minuspol des Netzgerätes sind offenbar verschiedenartig. Es gibt zwei unterschiedliche Ladungsarten. Man nennt sie elektrisch **positive** bzw. elektrisch **negative Ladungen.** Ihre Eigenschaften untersuchen wir in Versuch **V1:**

- Zwei negativ geladene Körper stoßen sich ab,
- zwei positiv geladene Körper stoßen sich ab,
- ein positiv und ein negativ geladener Körper ziehen sich gegenseitig an.

Die Beobachtungen fassen wir zusammen: Gleichartige Ladungen stoßen sich ab, ungleichartige ziehen sich an.

! Merksatz

Es gibt positive und negative Ladungen. Gleichartige Ladungen stoßen sich ab, ungleichartige Ladungen ziehen sich an.

Das Elektroskop. Mit einem Elektroskop (Bild **B2**) kann man elektrische Ladungen nachweisen. Es besteht aus einem Metallring, durch den gut isoliert eine Halterung aus Metall geführt ist, die einen Aluminiumzeiger trägt. Wenn der Kopf der Halterung mit einem geladenen Stab berührt wird, dann dreht sich der Zeiger.

Wenn man mit dem erneut geladenen Stab das Elektroskop ein zweites Mal berührt, führt dies zu einem größeren Ausschlag. Mit einem Elektroskop lässt sich also nachweisen, wie stark ein Körper geladen ist.

Ladungen können sich ausgleichen. Was geschieht, wenn man positive und negative Ladungen zusammenführt? Dies untersuchen wir in Versuch **V2**. Wir verbinden die unterschiedlich geladenen Elektroskope mit einem Draht, sodass Ladungen von einem Elektroskop zum anderen fließen können. Der Ausschlag verschwindet bei beiden Geräten. Von den unterschiedlichen Ladungen geht keine Wirkung mehr aus. Man sagt: Die Ladungen haben sich **neutralisiert.**

! Merksatz

Wenn man gleich viel positive wie negative Ladung zusammenbringt, dann üben sie nach außen keine Wirkung mehr aus. Sie neutralisieren sich.

Die Glimmlampe. Die Art der Ladung, also positiv oder negativ, kann man mit einem Elektroskop nicht nachweisen. Dafür gibt es eine spezielle Lampe, die **Glimmlampe** (Bild **B3a**). Sie besteht aus zwei Drähten, den Elektroden, die in ein Glasrohr eingeschmolzen sind und sich nicht berühren. Das Glasrohr enthält Neongas.

Wenn man die beiden Elektroden mit einem Netzgerät verbindet, leuchtet die Glimmlampe. Bei genauerem Hinsehen stellt man fest, dass das Gas nur rund um diejenige Elektrode leuchtet, die mit dem Minuspol verbunden ist. Dadurch kann man mit einer Glimmlampe feststellen, welches der Minuspol einer Spannungsquelle ist. Ebenso kann man herausfinden, ob ein Körper positiv oder negativ geladen ist, und so zwischen den Ladungsarten unterscheiden.

Glimmlampen findet man oft in Mehrfachsteckdosen mit Schaltern (Bild **B3b**). Die Lampe im Schalter leuchtet bei eingeschalteter Steckdosenleiste.

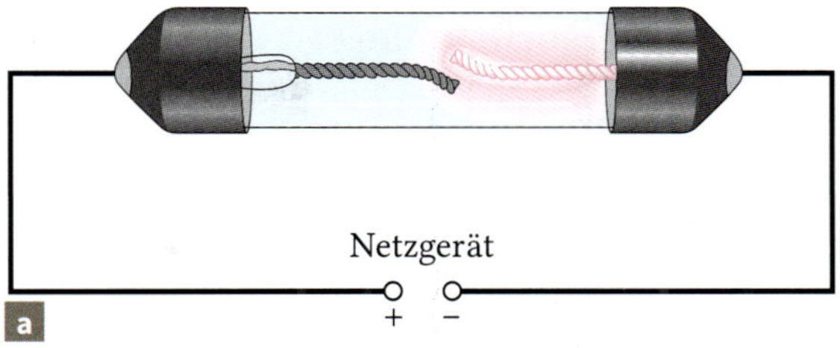

B3 *a) Glimmlampe und b) Schalter mit Glimmlampe*

Beispielaufgabe

Funktion des Elektroskops
Begründe mit Hilfe von Bild **B2**, weshalb sich der Zeiger des Elektroskops dreht, wenn Ladungen darauf gebracht werden.

Lösung: Wie ein Elektroskop funktioniert, kann man mit der Abstoßung gleicher Ladungen verstehen: Beim Aufladen wird die Ladung sowohl auf die Halterung als auch auf den Zeiger übertragen. Beide tragen daher gleiche Ladungen und stoßen sich gegenseitig ab. Deshalb dreht sich der Zeiger.

V2 Lehrerversuch: Ladungen neutralisieren

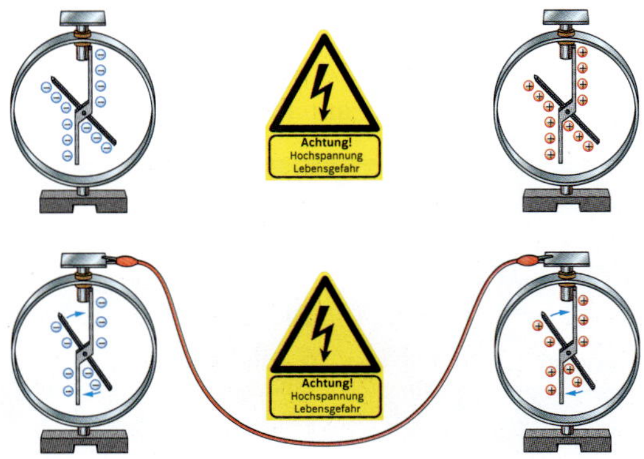

Wir laden das eine Elektroskop negativ auf, das andere gleich stark, aber positiv. Beide Elektroskope zeigen den gleichen Ausschlag an.
Wir verbinden nun die Köpfe der beiden Elektroskope leitend miteinander und beobachten den Ausschlag beider Zeiger.

4.1 Elektrische Ladung und ihre Eigenschaften

V1 Lehrerversuch: Influenz

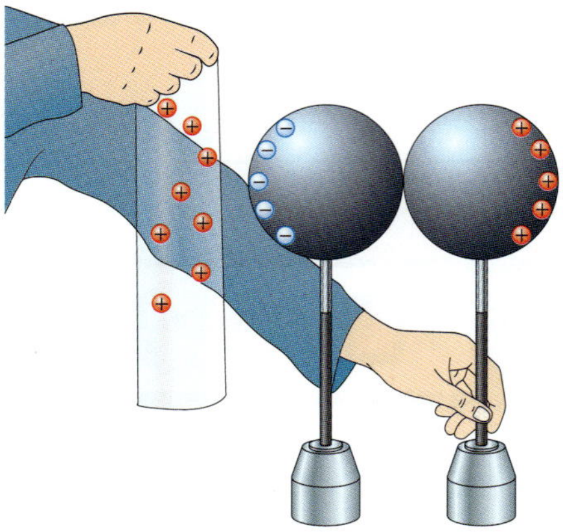

Die beiden Metallkugeln berühren sich und sind zunächst ungeladen. Wir nähern ihnen von links einen geladenen Gegenstand, z. B. eine Kunststofffolie, ohne die Kugeln damit zu berühren. Wenn wir die beiden Kugeln trennen, bevor wir die Folie wieder wegnehmen, so können wir mit einer Glimmlampe feststellen, dass beide Kugeln elektrisch geladen sind: die linke Kugel negativ, die rechte Kugel positiv.

Die Influenz. Im Versuch haben wir gesehen, dass sich positive und negative Ladungen ausgleichen können, wenn man sie zusammenführt. Lassen sie sich auch wieder trennen? Versuch **V1** zeigt, dass dies tatsächlich möglich ist. Zwei vorher ungeladene Metallkugeln lassen sich entgegengesetzt aufladen, wenn man eine geladene Kunststofffolie annähert.

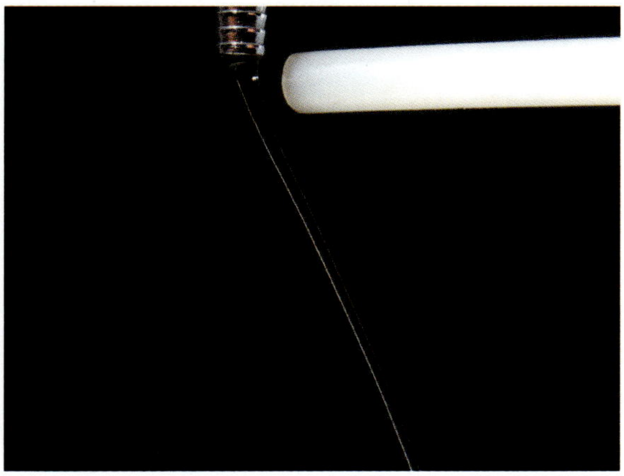

B1 *Ablenken eines Wasserstrahls*

Wir können das Versuchsergebnis mit der Anziehung und Abstoßung von Ladungen erklären: Wir nehmen an, dass ungeladene Körper aus gleich vielen positiven und negativen Ladungen bestehen. Im Normalfall neutralisieren sich diese elektrischen Ladungen.

Wenn man wie in Versuch **V1** von links einen positiv geladenen Körper nähert, dann wandern negative Ladungen in diese Richtung, denn ungleiche Ladungen ziehen sich an. Die linke Kugel wird dadurch negativ aufgeladen, die rechte positiv. Diese Verschiebung von Ladungen beim Annähern eines geladenen Körpers nennt man **Influenz.**

! Merksatz

Ungeladene Körper haben gleich viele positive und negative Ladungen. Beim Annähern einer Ladung von außen können die positiven und die negativen Ladungen des ungeladenen Körpers teilweise voneinander getrennt werden (Influenz).

Wenn man einen geladenen Kunststoffstab in die Nähe eines Wasserstahls bringt, dann wird der Wasserstrahl abgelenkt (Bild **B1**). Auch hier ist Influenz die Ursache. Der negativ geladene Stab verschiebt die Ladungen im ungeladenen Wasserstrahl. Er zieht die positiven Ladungen in seiner Nähe an und beeinflusst damit den Weg des Wasserstrahls, ohne ihn zu berühren.

Das elektrische Feld. Die Wirkung zwischen elektrischen Ladungen ohne Berührung ähnelt derjenigen zwischen einem Stück Eisen und einem Magneten. Ebenso wie ein Magnet von einem magnetischen Feld umgeben ist, so ist auch ein geladener Körper von einem Feld umgeben. Dieses Feld ist aber kein Magnetfeld, sondern eine neue Art von Feld, das durch elektrische Ladungen verursacht wird. Man nennt es **elektrisches Feld.**

Für elektrische Felder besitzen wir kein Sinnesorgan. Nur durch seine Wirkung auf andere Körper lässt sich das Vorhandensein eines elektrischen Feldes nachweisen. In Versuch **V2** wird dazu ein kleines Wattestück an einer positiv geladenen Kugel aufgeladen. Anschließend wird es von der positiven Ladung abgestoßen. Es erfährt eine Kraft im elektrischen Feld und bewegt sich auf gekrümmten Bahnen zu der negativ geladenen Kugel.

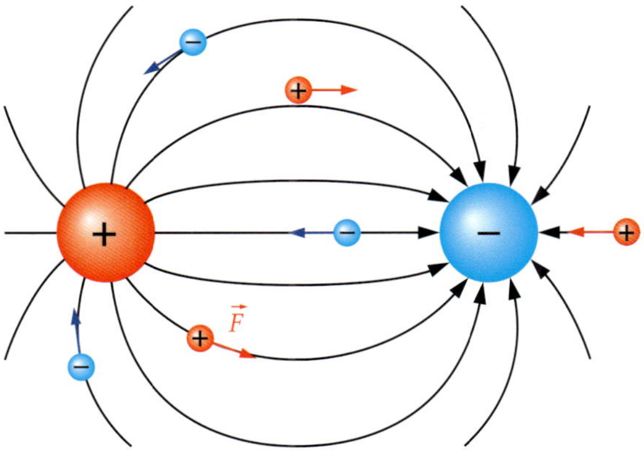

B2 *Feldlinien und Kräfte im elektrischen Feld*

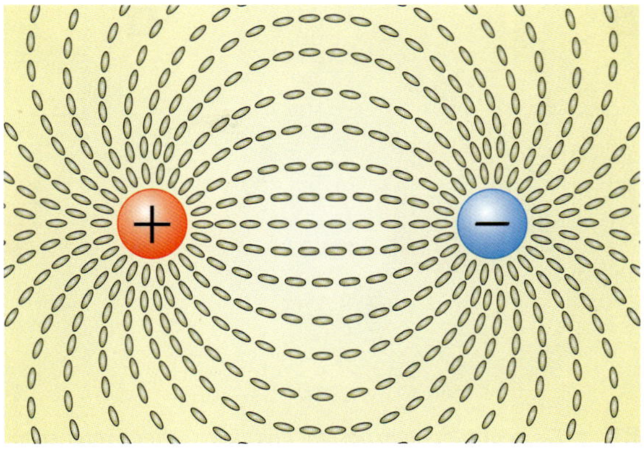

B3 *Grießkörner zeigen den Verlauf des Feldes.*

Elektrische Felder werden sichtbar. Die Struktur des elektrischen Feldes lässt sich mit Hilfe von Grießkörnern verdeutlichen (Bild **B3**). Die Grießkörner ordnen sich zwischen den Polen eines Hochspannungsnetzgeräts in Ketten an. Wir können die Grießkörner in Gedanken zu Linien verbinden. Die so konstruierten **Feldlinien** veranschaulichen das elektrische Feld (Bild **B2**).

! Merksatz

Jeder elektrisch geladene Körper ist von einem elektrischen Feld umgeben.

V2 Lehrerversuch: Das elektrische Feld

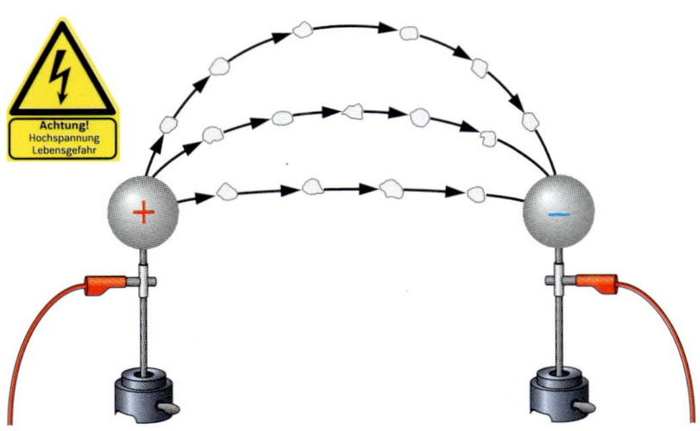

Zwei Metallkugeln werden im Abstand von etwa 20 Zentimetern auf Isolierstielen aufgestellt. Die eine Kugel wird mit dem Pluspol des Hochspannungsnetzgerätes verbunden, die andere mit dem Minuspol. Nun wird ein kleines Wattestück an die positiv geladene Metallkugel gebracht und anschließend losgelassen. Das Wattestück bewegt sich entlang einer gekrümmten Bahn zur negativ geladenen Kugel.

Löse selbst

1 ➡ Ein Kunststofflineal wird durch Reibung elektrisch aufgeladen. Das Lineal nähert man kleinen Papierschnipseln. Beschreibe das Phänomen und verwende dabei die Fachbegriffe Influenz, Ladungstrennung, anziehende und abstoßende Kraft, elektrisches Feld.

2 ➡ In einem Werbespot zu einem Reinigungstuch heißt es: „Ein magisches Tuch, das alle Haare ansaugt“ oder auch „Der Staubmagnet“. Erkläre, wie das Reinigungstuch dies leisten kann.

3 ➡ Beschreibe den Aufbau eines Elektroskops und einer Glimmlampe. Erkläre jeweils die Funktionsweise.

4 ➡ Anna behauptet, sie könne einen Luftballon an der Decke zum Haften bringen, ohne Kleber oder ein Seil zu verwenden. Wie könnte dies gelingen? Erkläre.

5 ↗ Eine Metallkugel ist elektrisch geladen. Beschreibe, wie du die Ladungsart feststellen kannst.

6 ↗ Du hast die Begriffe elektrisches Feld und Feldlinien kennen gelernt. Erläutere ihre Bedeutung.

7 ↗ Beschreibe, wie man einen Körper mit einem Kunststoffstab durch Influenz positiv aufladen kann.

8 ↗ Du hast einen Glasstab, der positiv aufgeladen ist, und zwei isoliert aufgestellte Metallkugeln.
a) Gib eine Möglichkeit an, wie man mit dem genannten Material eine Metallkugel positiv aufladen kann.
b) Gib eine Möglichkeit an, wie man mit dem genannten Material eine Metallkugel negativ aufladen kann.

4.2 Der Aufbau von Atomen

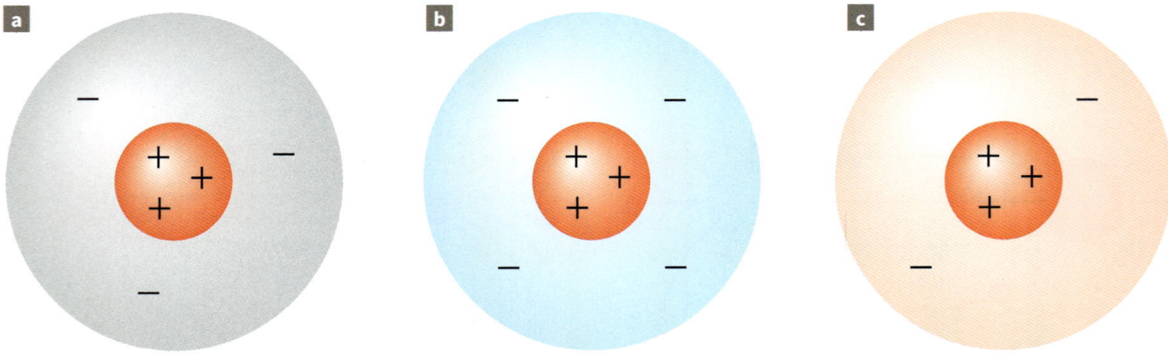

B1 *a) Ein neutrales Atom besteht aus gleich vielen Protonen im Kern und Elektronen in der Hülle. b) Negativ geladenes Atom, c) positiv geladenes Atom*

Das Elektronen-Atomrumpf-Modell. Alle Materialien bestehen aus kleinsten Teilchen, den **Atomen.** Das gilt auch für Metalle wie Kupfer, Silber oder Eisen. Wie wir bei der Erklärung der Influenz gesehen haben, brauchen wir ein Modell, das nicht nur den Aufbau elektrischer Leiter aus Atomen beschreibt, sondern auch erklärt, welche Rolle die elektrische Ladung dabei spielt.

Der Name atomos (ατομος) entstammt dem Altgriechischen und bedeutet unteilbar. Früher glaubte man, dass Atome die kleinsten Bausteine der Materie wären. Heute wissen wir, dass auch Atome eine innere Struktur haben: Es gibt einen sehr kleinen Kern, der aus positiv geladenen **Protonen** und neutralen **Neutronen** besteht. Dieser Kern wird umhüllt von negativ geladenen **Elektronen.**

Jedes Material ist aus einem oder mehreren der über 115 bisher entdeckten Atomsorten aufgebaut. Ein Atom ist immer elektrisch neutral. Es hat gleich viele Protonen und Elektronen (Bild **B1a**). Wenn man einem Atom ein Elektron wegnimmt, entsteht ein positiv geladenes **Ion** (Bild **B1c**). Wenn man der Hülle ein Elektron hinzufügt, entsteht ein negativ geladenes Ion (Bild **B1b**).

! Merksatz

Atome bestehen aus einem positiv geladenen Kern und einer negativ geladene Hülle. Der Atomkern besteht aus positiv geladenen Protonen und elektrisch neutralen Neutronen. In der Atomhülle befinden sich negativ geladene Elektronen.
Ein Atom ist elektrisch neutral. Es hat gleich viele Protonen und Elektronen. Ionen haben zusätzliche oder fehlende Elektronen.

Elektronen in Metallen. In festen Körpern haben die Atome einen festen Platz und wandern nicht hin und her. Die Bindung der Elektronen an den Kern ist für verschiedene Elemente unterschiedlich stark. Bei Metallen sind einige Elektronen so schwach an den Kern gebunden, dass sie ihr Atom leicht verlassen und sich frei innerhalb des Körpers bewegen können. Zurück bleibt ein positiv geladenes Ion an einem festen Platz, ein sogenannter **Atomrumpf.**

In Metallen bewegen sich die freien Elektronen zwischen den Atomrümpfen hindurch (Bild **B2**). Wenn die Temperatur des Materials steigt, schwingen die Atomrümpfe zunehmend um ihren festen Platz herum. Bei steigender Temperatur stoßen die frei beweglichen Elektronen immer häufiger mit den schwingenden Atomrümpfen zusammen und ihre Bewegung wird behindert.

! Merksatz

Die positiv geladenen Atomrümpfe sind in Metallen ortsfest. Negativ geladene Elektronen können sich dagegen frei im Metall bewegen.

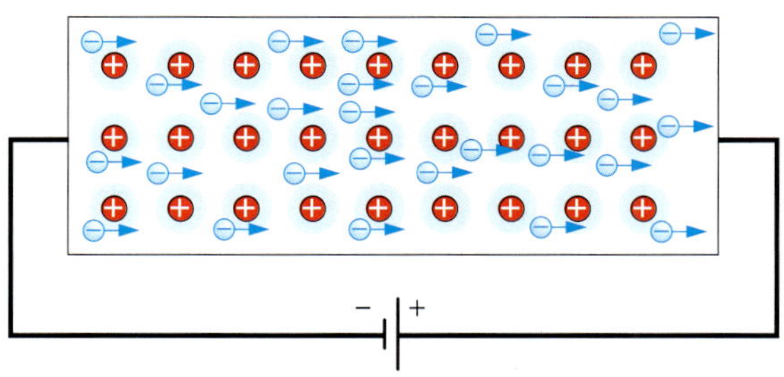

B2 *Freie Elektronen (blau) bewegen sich durch das Metall hindurch zum Pluspol der Spannungsquelle. Zurück bleiben die positiv geladenen Atomrümpfe an ihrem festen Platz (rot).*

V1 Experimente mit einem selbst gebauten Elektroskop

Material: Du benötigst ein Glas mit Kunststoffdeckel, eine Reißzwecke und Alufolie, einen dünnen Alustreifen, verschiedene Gegenstände zum Reiben Für einige der Arbeitsaufträge benötigst du außerdem: einen Tischtennisball, einen Trinkhalm, einen Gegenstand aus Kunststoff (z. B. einen Kugelschreiber, ein Lineal) und Heißkleber.

Bau eines Elektroskops: a) Lege ein Stück Alufolie auf den Deckel und drücke die Reißzwecke durch die Mitte des Deckels. Rolle die beiden Enden des Alustreifens locker zu zwei erbsengroßen Kugeln.
b) Biege die Spitze der Reißzwecke um, sodass im Deckel ein Haken entsteht, an dem du die Kugeln aufhängst (Bild **B3**).
c) Forme aus dem quadratischen Stück Alufolie eine Spitze.

Beachte: Eventuell muss der Deckel mit Spiritus gereinigt werden. Bitte dabei die Lehrkraft um Hilfe.

Arbeitsaufträge: a) Reibe verschiedene Gegenstände (Kugelschreiber, Lineal) mit Wolle oder anderen Stoffen und streife sie auf dem Elektroskop ab (Bild **B4**).
b) Nähere eine Fingerspitze langsam vom Rand des Deckels an die Spitze des geladenen Elektroskops. Beschreibe deine Beobachtungen und erkläre.
c) Mit einem negativ geladenen Gegenstand kann das Elektroskop auch positiv geladen werden. Du benötigst dafür eine „Metallkugel" an einem isolierten Stiel. Umwickle den Tischtennisball mit Alufolie und befestige ihn mit Heißkleber am Trinkhalm. Berühre die Alufolie mit einem Finger und nähere den Ball deinem negativ geladenen Gegenstand bis auf etwa 1,5 Zentimeter. Ziehe nun den Finger von der Alufolie ab und entferne den Gegenstand (Bild **B5**).

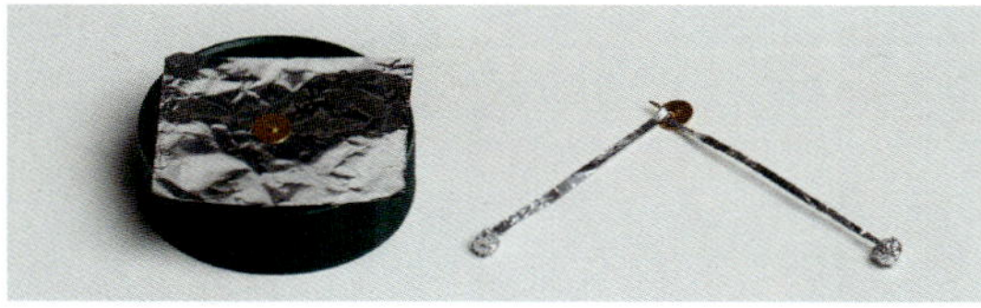

B3 *Elektroskop: Deckel und Ladungsanzeiger*

B4 *Fertiges Elektroskop*

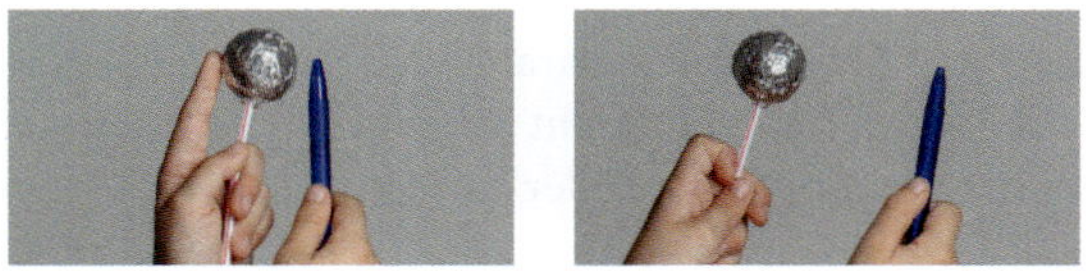

B5 *Zu Arbeitsauftrag c)*

Lade anschließend das Elektroskop mit dem Ball. Vergleiche seine Ladung mit der des Gegenstandes.
d) Fertige zu c) ein Protokoll an (Versuchsskizze, Durchführung, Beobachtung, Erklärung). Recherchiere für die Erklärungen im Internet oder in Büchern (Stichwort Influenz).
e) Arbeite eine Präsentation zu c) aus. Führe dazu die Versuche deiner Klasse vor. Präsentiere dein Protokoll. Verwende Skizzen, die die Verteilung der Elektronen zeigen. Am Ende solltest du das Phänomen „Influenz" erläutert haben. Formuliere dazu einen Merksatz. Überlege dir eine passende Hausaufgabe für deine Mitschülerinnen und Mitschüler.

Löse selbst

1 ➡ Beschreibe eine Modellvorstellung vom Aufbau eines Heliumatoms.

2 ↗ a) Zeichne den Aufbau eines doppelt negativ geladenen Sauerstoff-Ions.
b) Erkläre, wie die Protonenzahl und die Elektronenzahl eines Atoms verknüpft sind.

3 ➡ Ein Kohlenstoffatom hat in seiner Hülle sechs Elektronen. Gib die Ladung des Atomkerns an. Begründe.

4 ↗ Zwei Metallkugeln sind unterschiedlich stark negativ aufgeladen. Erkläre, wie du feststellen kannst, welche der beiden Kugeln stärker geladen ist als die andere.

4.3 Der elektrische Strom

B1 *Ein Wasserkanal unterbricht eine Straße. Der Kanal wird entweder mit a) einer Brücke oder b) einer Autofähre überbrückt.*

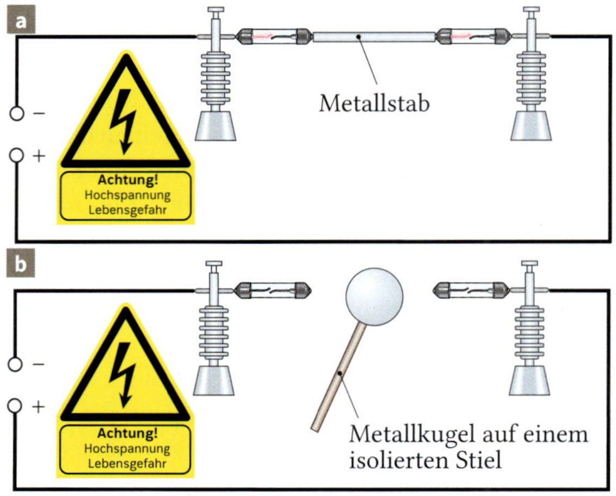

B2 *a) Ein Stromkreis wird über einen Metallstab geschlossen. b) Ladungen können auch portionsweise transportiert werden.*

Im Stromkreis fließt Ladung. Damit elektrische Geräte funktionieren, muss der Stromkreis geschlossen sein. Das ist ein Hinweis darauf, dass in einem Stromkreis etwas durch den Draht strömt – vom Netzgerät zum Elektrogerät und wieder zurück. Tatsächlich sind es die Elektronen, die im Metall frei beweglich sind. Sie tragen elektrische Ladung und transportieren sie bei ihrer Bewegung im Draht.

Um uns dies zu verdeutlichen, betrachten wir zum Vergleich eine Straße, die durch einen Wasserkanal unterbrochen ist. Man kann eine Brücke über den Kanal bauen, damit ein kontinuierlicher Verkehrsfluss möglich ist (Bild **B1a**). Oder man verwendet eine Fähre, die die Autos portionsweise über den Kanal transportiert (Bild **B1b**). Die Brücke entspricht im elektrischen Stromkreis einem leitenden Metallstab (Bild **B2a**). Er schließt die Lücke zwischen den beiden Glimmlampen. Wenn ein Strom fließt, leuchten die Glimmlampen ständig. Sobald wir den Metallstab entfernen, ist der Stromkreis unterbrochen und die Glimmlampen leuchten nicht mehr.

Kann man elektrische Ladung auch portionsweise mit einer Metallkugel über die Lücke transportieren (Bild **B2b**) – ähnlich wie die Autos mit einer Fähre über den Wasserkanal? Versuch **V1** zeigt, dass das möglich ist. Die Beobachtungen lassen sich erklären, wenn wir davon ausgehen, dass Elektronen im Draht strömen.

Das kurze Aufblitzen der linken Glimmlampe ist ein Hinweis darauf, dass Strom fließt und dabei Ladung übertragen wird. Die Elektronen fließen vom Minuspol durch die Glimmlampe auf die Metallkugel – ähnlich

V1 Lehrerversuch: Ladungstransport

Zwei Glimmlampen werden wie in den Bildern rechts mit den Polen einer Spannungsquelle verbunden. Sie leuchten nicht, da der Stromkreis zwischen den beiden Glimmlampen unterbrochen ist.
Das linke Lämpchen wird mit einer isoliert gehaltenen Metallkugel berührt. Das Lämpchen blitzt kurz am linken Draht auf.
Die Kugel wird an die rechte Glimmlampe gehalten. Auch diese leuchtet am linken Draht kurz auf.
Wenn der Versuch mit einer kleineren Kugel wiederholt wird, sind die Lichtblitze in der Glimmlampe schwächer.

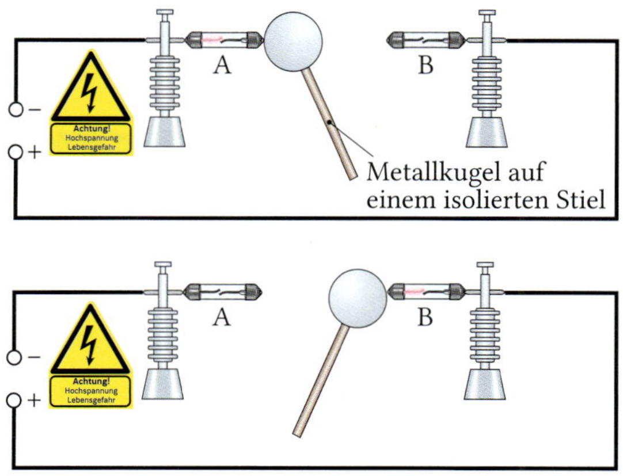

wie die Autos, die auf die Fähre fahren. Wenn man nun die rechte Glimmlampe mit der geladenen Kugel berührt, dann fließen die Elektronen von der Kugel herunter. Sie fließen über die Glimmlampe und das Kabel zum Pluspol der Spannungsquelle und bringen dabei die Glimmlampe zum Leuchten. Im Modell entspricht das den Autos, die von der Fähre herunterfahren und anschließend auf der Straße weiterfahren.

Mit den Metallkugeln werden also bestimmte Ladungsportionen transportiert. Beim Aufströmen der Elektronen auf eine Metallkugel wird diese geladen. Auf eine kleinere Metallkugel können weniger Elektronen aufströmen. Damit erhält die Kugel eine kleinere Ladungsmenge und die Glimmlampe leuchtet schwächer.

Auf einer isolierten geladenen Kugel ruhen die Ladungen. Es fließt kein Strom. Erst dann, wenn die Ladung von der Kugel abfließen kann, fließt wieder ein Strom. Das Fließen elektrischer Ladung bezeichnet man als **elektrischen Strom.**

Merksatz

Mit einer isolierten Metallkugel kann man elektrische Ladung portionsweise transportieren. Elektrischer Strom ist fließende elektrische Ladung.

Ladung bleibt erhalten. Beim Verkehrsstrom über eine Brücke geht kein Auto verloren. Wir werden nun untersuchen, ob dies auch für den Transport elektrischer Ladung gilt. Die Lücke zwischen den beiden Glimmlampen wird wie in Bild **B2a** durch einen Metallstab überbrückt. Beide Glimmlampen leuchten stets gleich hell. Im Draht geht also keine fließende Ladung verloren. Andernfalls würde eine der beiden Glimmlampen weniger hell leuchten. Das gilt allgemein in einem einfachen Stromkreis, der keine Verzweigungen hat.

Merksatz

In einem einfachen geschlossenen Stromkreis fließt überall in derselben Zeit gleich viel Ladung.

Der Wasserstromkreis als Modell. In einem geschlossenen Stromkreis fließt die elektrische Ladung in einem Kreislauf. Da wir die Ladung nicht sehen können, soll uns der Vergleich mit einem Wasserstromkreis helfen, die Vorgänge im elektrischen Stromkreis zu verstehen (Bild **B3**). In der Tabelle **T1** sind die einzelnen Bestandteile des Wasserstromkreises und die entsprechenden Bestandteile im elektrischen Stromkreis gegenübergestellt. In dieser Tabelle wird auch die Funktion der einzelnen Bestandteile im Stromkreis beschrieben.

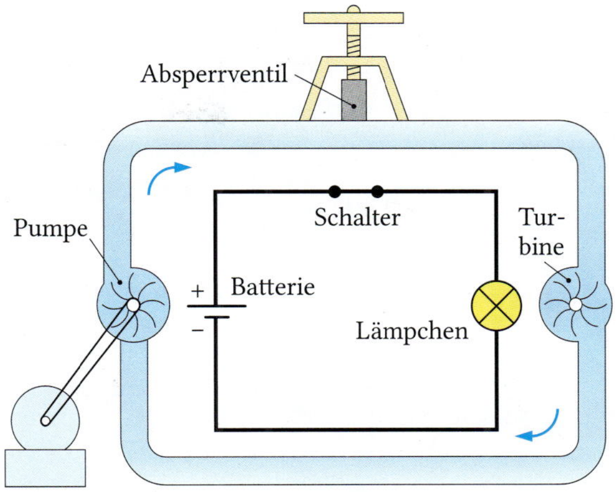

B3 *Der Wasserstromkreis als einfaches Modell des elektrischen Stromkreises*

Wasserstromkreis	Elektrischer Stromkreis
Pumpe: treibt Wasser in den Rohren an; pumpt nur so viel Wasser in die Rohre, wie am anderen Ende bei ihr wieder ankommt; kann kein Wasser erzeugen oder vernichten	*Batterie:* treibt Elektronen in den Leitungen an; pumpt nur so viel Elektronen in die Leitungen, wie am anderen Ende bei ihr wieder ankommen; kann kein Elektron erzeugen oder vernichten
Absperrventil: unterbricht Wasserstrom	*Schalter:* unterbricht elektr. Strom
Turbine: rotiert, wenn Wasser fließt	*Lämpchen:* leuchtet, wenn Strom fließt
Rohre: verbinden Bauteile und befördern Wasser	*Leitungen:* verbinden Bauteile und leiten Strom

T1 *Vergleich Wasserstromkreis und elektrischer Stromkreis*

Löse selbst

1 ➡ Vergleiche die Aussagen „Es fließt Strom" und „Der Wind weht". Was macht der Wind, wenn er nicht weht?

2 ↗ Beschreibe einen großen (kleinen) Autostrom über den Kanal. Übertrage dies auf den elektrischen Strom.

4.4 Die elektrische Stromstärke

B1 *Ein „Gänsestrom“*

B2 *Wasserfluss an einem Wasserfall auf Island*

Verschiedenartige Ströme. In Natur und Technik gibt es viele verschiedenartige Ströme. Bild **B1** zeigt einen Strom von Gänsen, Bild **B2** zeigt einen Wasserstrom. Ein einziger Blick verrät uns hier, ob ein Strom schwach oder stark ist. Beim elektrischen Strom ist dies nicht so leicht erkennbar.

Alle Gänse in Bild **B1** bewegen sich in eine Richtung. Deshalb kann man von einem Gänsestrom sprechen. Seine Stärke lässt sich leicht bestimmen: Man zählt einfach die Gänse, die in einer gewissen Zeitspanne an einer Stelle verbeilaufen, also zum Beispiel ein Tor passieren. Wenn in 10 Sekunden 20 Gänse das Tor passieren, dann beträgt die Stärke dieses Stromes zwei Gänse pro Sekunde.

Beim Wasserfall (Bild **B2**) ist die Messung der Wasserstromstärke nicht ganz so einfach. Wenn jedoch die Wassermenge bekannt ist, die in einer gewissen Zeitspanne den Wasserfall herunterstürzt, dann kann man auch hier die Stromstärke berechnen: Wenn z. B. in fünf Sekunden 6000 Kubikmeter Wasser den Wasserfall herunterstürzen, dann ergibt sich für die Wasserstromstärke:

$$\frac{6000\ \text{m}^3}{5\ \text{s}} = 1200\ \frac{\text{m}^3}{\text{s}}.$$

Das grundlegende Prinzip der Stromstärke. Einerlei, ob nun Gänsestrom, Wasserstrom oder eine ganz andere Art von Strom: Immer erfolgt die Berechnung der Stromstärke nach dem gleichen Prinzip. Wenn die Menge an Gänsen, Autos oder Wasser, die an einer bestimmten Stelle innerhalb einer Zeitspanne „durchfließt“, bekannt ist, dann erfolgt die Berechnung der Stromstärke nach der Formel:

$$\text{Stromstärke} = \frac{\text{geflossene Menge}}{\text{Zeitspanne}}.$$

Die elektrische Stromstärke. Wie wir beim Versuch mit der Kugel und den Glimmlampen gesehen haben, fließen in einem Stromkreis elektrisch geladene Elektronen. Es wird also Ladung transportiert. Die Elektronen sind jedoch zu klein, um sie direkt zählen zu können. Nur die empfindlichsten Messgeräte in wenigen Forschungslabors weltweit schaffen es, elektrische Ströme durch das Zählen von Elektronen zu messen.

Weil das Zählen einzelner Elektronen so schwierig ist, hat man eine gleichwertige Methode festgelegt, um die elektrische Stromstärke zu erfassen: Es wird die Menge der elektrischen Ladung bestimmt, die in einer gewissen Zeitspanne eine bestimmte Stelle im Stromkreis passiert.

Die **Ladungsmenge** wird mit dem Formelbuchstaben Q bezeichnet. Die Einheit dieser Größe ist das Coulomb, kurz 1 C. Damit lässt sich die elektrische Stromstärke erfassen: Wenn sich z. B. in der Zeitspanne $\Delta t = 5$ s eine Ladungsmenge von $\Delta Q = 10$ C durch den Leiter bewegt, dann ergibt sich für die elektrische Stromstärke I:

$$I = \frac{\Delta Q}{\Delta t} = \frac{10\ \text{C}}{5\ \text{s}} = 2\ \frac{\text{C}}{\text{s}} = 2\ \text{A}.$$

Die Einheit der Stromstärke ist das **Ampere:** $1\ \text{A} = 1\ \frac{\text{C}}{\text{s}}$.

Merksatz

Die Stromstärke I ergibt sich aus der Ladungsmenge ΔQ, die pro Zeitspanne Δt eine bestimmte Stelle im Stromkreis passiert:

$$I = \frac{\Delta Q}{\Delta t}$$

Die Einheit der Ladung Q ist das Coulomb:
$1\ \text{C} = 1\ \text{As}$.

Die Einheit der Stromstärke ist das Ampere:
$1\ \text{A} = 1\ \frac{\text{C}}{\text{s}}$.

Damit ein Strom von einem Ampere fließt, müssen 6 240 000 000 000 000 000 Elektronen (6,24 Trillionen) in einer Sekunde durch den Querschnitt des Leiters fließen. Typische Werte der elektrischen Stromstärke findest du in Tabelle **T1**.

Wodurch wird die Stromstärke beeinflusst? In Versuch **V1** kannst du untersuchen, ob die Lampen einen Einfluss auf die Stromstärke haben. Dazu misst du die Stromstärke durch zwei verschiedene Lampen. Bei gleicher Spannung leuchten die Lampen unterschiedlich hell. Im Stromkreis mit der helleren Lampe ist auch die gemessene Stromstärke größer als bei der dunkleren Lampe. Die Eigenschaften der Lampe beeinflussen also die Stromstärke.

Elektrische Stromstärken	
Glimmlampe	0,1 – 3 mA
Leuchtdiode (LED)	0,035 A
Notebook-Netzteil	0,3 A
Fernsehgerät	0,5 A
im Ladekabel eines Smartphones	0,5 – 2,4 A
Haartrockner (1800 W)	8 A
Waschmaschine	8 A
max. Belastung einer Steckdose	16 A
Straßenbahnmotor	150 A
Hochspannungsleitung	1 kA
Blitz	bis 100 kA

T1 *Typische Werte der elektrischen Stromstärke*

V1 Stromstärke bei verschiedenen Lämpchen

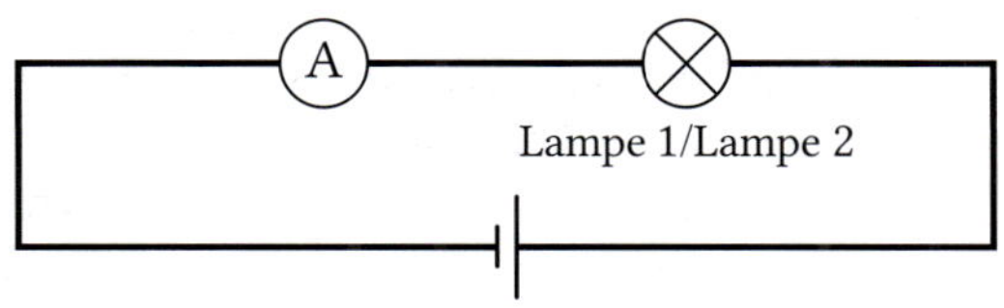

Baue den Stromkreis nach dem Schaltplan zuerst mit Lampe 1 und danach mit Lampe 2 auf.
Vergleiche die Helligkeiten der beiden Lampen und die gemessenen Stromstärken.
Erkläre deine Beobachtung.

Beispielaufgabe

Rechnen mit Stromstärke

a) In einem einfachen Stromkreis mit einer Batterie und einem Lämpchen wird eine Stromstärke von 125 mA gemessen. Berechne die Ladungsmenge, die pro Stunde durch den Leiterquerschnitt fließt.
b) Bestimme, welche der beiden Stromstärken größer ist:
1) Es fließen 6,9 C in 30 s.
2) Es fließen 19 C in 12 min.

Lösung:

a) Gegeben: $I = 125\ \text{mA} = 0{,}125\ \text{A}$ und
$\Delta t = 1\ \text{h} = 60 \cdot 60\ \text{s} = 3600\ \text{s}$.
Gesucht: ΔQ.

Aus $I = \frac{\Delta Q}{\Delta t}$ folgt

$$\Delta Q = I \cdot \Delta t.$$

Durch Einsetzen der Werte ergibt sich:

$$\Delta Q = 0{,}125\ \text{A} \cdot 3600\ \text{s} = 450\ \text{C}.$$

Pro Stunde fließen 450 C durch das Lämpchen.

a) Gegeben: 1) $\Delta Q = 6{,}9\ \text{C}$ und $\Delta t = 30\ \text{s}$.
2) $\Delta Q = 19\ \text{C}$ und
$\Delta t = 12\ \text{min} = 720\ \text{s}$.
Gesucht: I

Aus $I = \frac{\Delta Q}{\Delta t}$ folgt

1) $I = \frac{6{,}9\ \text{C}}{30\ \text{s}} = 0{,}23\ \text{A}$

2) $I = \frac{19\ \text{C}}{720\ \text{s}} = 0{,}03\ \text{A}$

Die Stromstärke in 1) ist größer als die Stromstärke in 2).

4.4 Die elektrische Stromstärke

Methode: Messen von Stromstärke

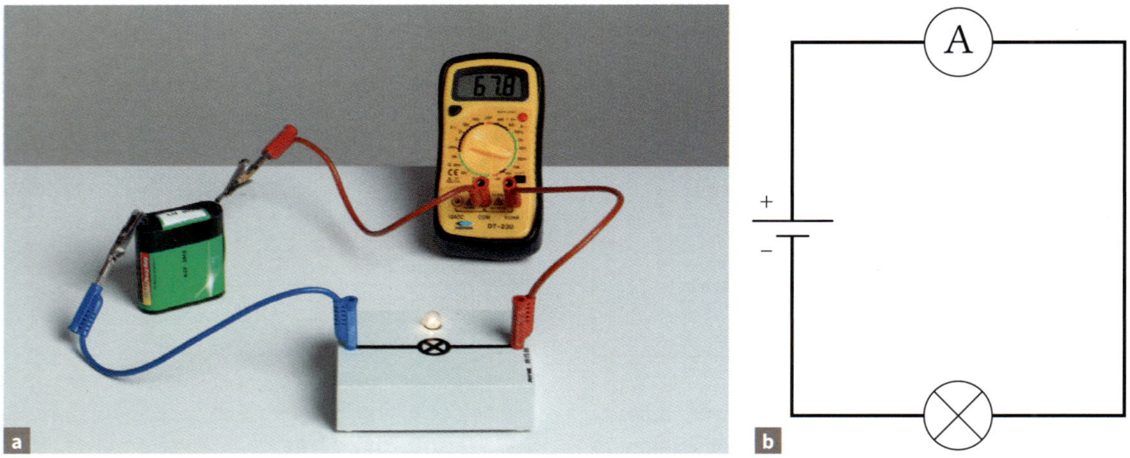

B1 *a) Das Amperemeter misst die Stromstärke. b) Das Amperemeter ist immer in Reihe mit Batterie und Lämpchen geschaltet.*

Stromstärke im einfachen Stromkreis messen: Mit einem **Amperemeter** misst du die Stromstärke in einem Stromkreis. Bild **B1a** zeigt einen einfachen Stromkreis mit einer Batterie und einem Lämpchen. Um die Stromstärke durch das Lämpchen zu messen, unterbrichst du den Stromkreis. Nun baust du das Amperemeter zwischen Batterie und Lämpchen ein. Zur Schaltung des Amperemeters muss der Stromkreis immer unterbrochen werden. Nur wenn der Strom durch das Amperemeter fließt, kann es die gesamte fließende Ladung bestimmen. In Bild **B1b** ist der entsprechende Schaltplan gezeichnet. Beachte dabei das Schaltsymbol Ⓐ für das Amperemeter.

Stromstärke überall im Stromkreis messen: Baue einen einfachen Stromkreis mit einer Batterie, einem Lämpchen und Kabeln auf (Bild **B2**).

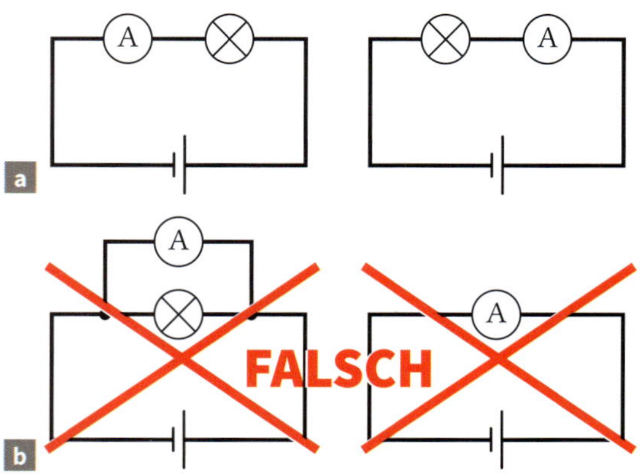

B2 *a) richtige, b) falsche Schaltung*

Bestimme mithilfe des Amperemeters die Stromstärke vor und hinter dem Lämpchen und notiere die Werte. Vergleiche die beiden gemessenen Werte. Du stellst dabei fest, dass es keinen Unterschied bei der gemessenen Stromstärke gibt, egal, ob du vor oder nach dem Lämpchen misst. Falls dein Amperemeter eine negative Stromstärke anzeigt, vertausche einfach die beiden Messkabel.

Beim Umgang mit einem Amperemeter sind folgende Regeln zu beachten:

- Schalte das Amperemeter nie allein zwischen die Pole eines Netzgerätes! Dann entsteht ein Kurzschluss, der das Messgerät zerstören kann. Daher solltest du zuerst den Stromkreis ohne Amperemeter aufbauen und ihn dann an einer Stelle öffnen, um das Amperemeter einzubauen. Hierdurch vermeidest du die in Bild **B2b** als FALSCH markierten Schaltungen.
- Das Kabel, das vom Pluspol der Batterie kommt, musst du mit der Buchse A (wie Ampere) und das Kabel vom Minuspol mit der Buchse COM verbinden.
- Auf dem Messgerät findest du mehrere Messbereiche. Wähle zunächst den größten, also unempfindlichsten Messbereich. Einige digitale Geräte stellen den Messbereich automatisch ein. Lies die Werte für die Stromstärke ab. Bei analogen Messgeräten musst du noch die richtige Skala beachten, 0–10 oder 0–3, und auf die richtige Einheit achten.

Löse selbst

1 ➡ Nenne zwei Situationen aus der Alltagswelt, bei denen Ströme vorkommen. Beschreibe, wie man die Stärke dieser Ströme messen könnte.

2 ➡ In einem einfachen Stromkreis wurden folgende Ladungsmengen und Zeitspannen ermittelt:

Elektrisches Bauteil	Ladung	Zeit
A	16 C	30 s
B	12 C	20 s
C	4 C	10 s

Bestimme, bei welchem elektrischen Bauteil die Stromstärke größer ist.

3 ↗ a) Nenne für den abgebildeten Akku für einen GPS-Empfänger die gespeicherte Ladung. Benenne weitere elektrische Größen, die noch auf dem Akku angegeben sind.

b) Ermittle, wie groß die Stromstärke des GPS-Empfängers höchstens sein kann. Der Hersteller gibt eine minimale Betriebsdauer von 48 Stunden an.

4 ↗ Eine Autobatterie gibt eine Ladung von 80 Ah ab. Berechne, wie lange man der Batterie einen Strom von 2 A entnehmen kann.

5 ↗ Du hast im Physikunterricht den elektrischen Stromkreis mit anderen Kreisläufen verglichen. Jetzt kannst du dies genauer tun: Diskutiere, ob der Blutkreislauf, der Wasserkreislauf und die Fahrradkette geeignete Modelle sind.

6 ➡ Informiere dich über die sogenannte technische Stromrichtung.

7 ➡ Häufig werden Stromstärken nicht in der Einheit A, sondern in mA und µA angegeben. Rechne um:
a) 165 mA in A, b) 2,13 A in mA,
c) 54 µA in mA, d) 0,005 A in mA und µA,
e) 32 mA in µA, f) 2015 µA in A und mA

8 ➡ Erkläre, was die elektrische Stromstärke in einem einfachen Stromkreis beeinflusst.

9

➡ Im Tiergarten Mönchengladbach wird die Zahl der Besucher am Eingang gezählt. Sie verlassen den Tiergarten später durch eine Drehkreuztür. Während der Öffnungszeiten von 9:00 Uhr bis 18:00 Uhr werden an einem Sommertag 1620 Besucher gezählt. Ermittle die durchschnittliche Besucherstromstärke.

10 ➡ Eine 12-Volt-Autobatterie kann beim Anlassen Ströme bis zu 600 A erzeugen. Ist es deshalb gefährlich, die Pole der Batterie zu berühren? Begründe.

11 ↗ a) Erläutere, welche Auswirkungen sich im Wassermodell ergeben, wenn man Leitungen mit einem größeren Querschnitt verwendet.
b) Auch im elektrischen Fall gibt es verschieden dicke Leitungen. Beschreibe die Auswirkungen, die sich ergeben, wenn man eine Glühlampe durch eine andere mit einer dickeren, aber gleich langen Glühwendel ersetzt.
c) Begründe, dass eine Batterie im Falle der dickeren Glühwendel schneller erschöpft ist.

12 ➡ a) Zeichne eine Schaltung, in der an einer Spannungsquelle eine Glühlampe und ein geschlossener Schalter angeschlossen sind.
b) Gib alle Stellen in der Schaltung an, an denen man die Stromstärke durch die Glühlampe messen kann.

13

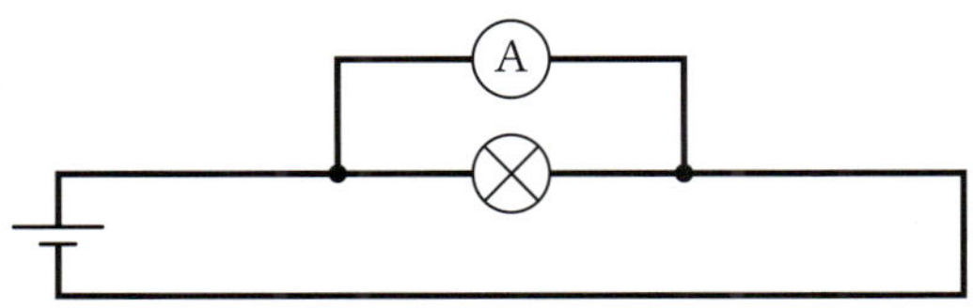

➡ In der abgebildeten Schaltung misst das Amperemeter nicht die Stromstärke durch die Glühlampe. Begründe.

4.5 Spannung und elektrisches Potenzial

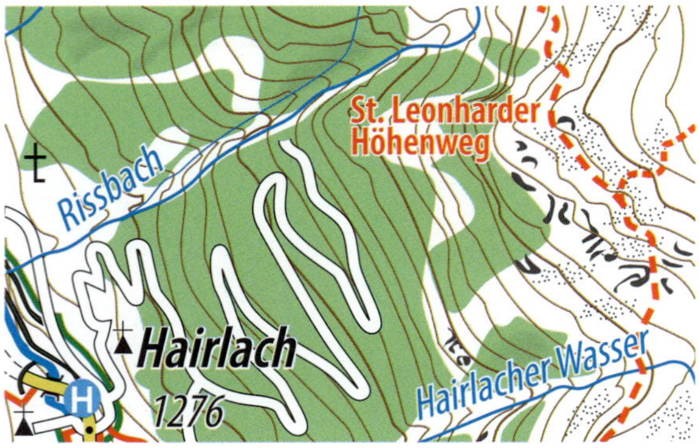

B1 *Höhenlinien auf einer Landkarte zeigen dir, ob ein Weg ansteigt, abfällt oder oben verläuft.*

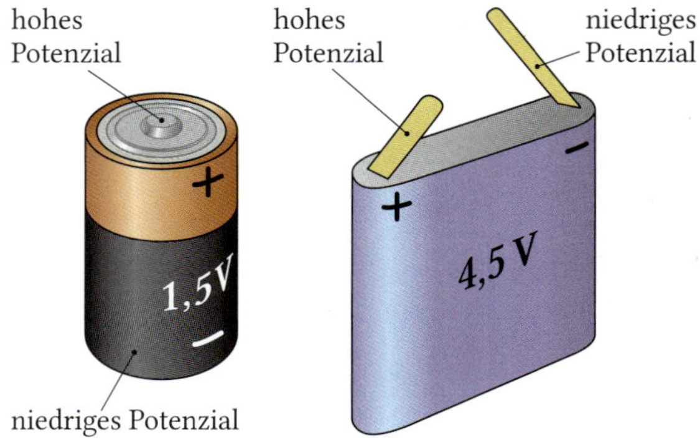

B2 *Am Pluspol einer Batterie ist das Potenzial höher als am Minuspol. Die Zahlenwerte geben den Potenzialunterschied an.*

Ohne Höhenunterschied kein Strom. In einem elektrischen Stromkreis braucht man eine Batterie, damit ein Strom fließen kann. Im Alltag hast du schon oft erlebt, dass kein Strom fließt, obwohl der Stromkreis geschlossen ist: Deine Taschenlampe leuchtet nicht mehr, wenn die Batterien „leer" sind. Dein Smartphone muss wieder an das Ladegerät angeschlossen werden, wenn der Akku „leer" ist. Erst wenn du die Batterien ausgetauscht oder den Akku aufgeladen hast, kannst du die Taschenlampe und das Smartphone wieder benutzen. Batterien und geladene Akkus sind der Antrieb im Stromkreis. Diesen Antrieb können wir uns vorstellen wie einen Höhenunterschied in der Landschaft. Eine solche ähnliche Vorstellung nennt man **Analogie.**

Betrachte die Karte in Bild **B1**: Mountainbiker können vom St. Leonharder Höhenweg ins Tal nach Hairlach rollen, ohne in die Pedale zu treten. Wenn nach der Abfahrt ein Bus oder ein Lift die Mountainbiker wieder auf den Höhenweg zurück bringt, dann können sie erneut ins Tal rollen. In beliebten Mountainbike-Revieren gibt es Bikeparks (Bild **B3**). Das sind angelegte Abfahrtsstrecken mit einem Lift direkt daneben. In Bikeparks kann man einen richtigen „Strom" von Mountainbikern beobachten.

Potenzial – können, wenn man will. Der Antrieb des Stroms der Mountainbiker ist der Höhenunterschied zwischen Berg und Tal. Dieser Höhenunterschied besteht auch dann, wenn kein Mountainbiker fährt – zum Beispiel, weil die Strecke gesperrt ist. Jeder Mountainbiker auf dem Berg weiß: Wenn die Strecke wieder offen ist, kann ich den Höhenunterschied zur Abfahrt nutzen.

Dieses „ich kann, wenn ich will" nennt man **Potenzial** – und zwar sowohl in der Alltagssprache als auch in der Physik. Es stammt vom lateinischen *potens* (mächtig, in der Lage seiend). Ohne den Potenzialunterschied zwischen Berg und Tal gibt es keinen Mountainbiker-Strom. Der Potenzialunterschied ist die Ursache für den Strom. Er bleibt auch bestehen, wenn kein Strom fließt, also kein Mountainbiker den Berg hinabfährt.

Elektrischer Strom nur bei Potenzialunterschied. Den elektrischen Stromkreis kannst du dir ähnlich vorstellen. Am Pluspol einer Batterie (Bild **B2**) ist das Potenzial höher als am Minuspol. Zwischen beiden besteht ein Potenzialunterschied. Wenn du die beiden Pole mit einem elektrischen Stromkreis verbindest, dann fließen Ladungen. Die Ladungen entsprechen den Mountainbikern, der Stromkreis dem Bikepark. Chemische Vorgänge in der Batterie „heben" die Ladungen wieder auf das höhere Potenzial. Sie entsprechen dem Bus oder dem Lift.

Den Potenzialunterschied zwischen den Polen der Batterie nennt man die **elektrische Spannung.** Sie wird mit dem Buchstaben U abgekürzt und in der Einheit 1 **Volt,** kurz 1 V, angegeben.

! Merksatz

Die Spannung U ist der Potenzialunterschied zwischen den Polen der Batterie. Sie wird in der Einheit Volt angegeben.
Bei einem geschlossenem Stromkreis bewirkt die Spannung den elektrischen Strom.
Man hat festgelegt, dass das Potenzial am Pluspol einer Batterie höher ist als am Minuspol.

Methode: Ein Modell und seine Grenzen

B3 *Ein Bikepark: Der Lift bringt die Mountainbiker auf den Berg. Anschließend fahren sie wieder hinunter.*

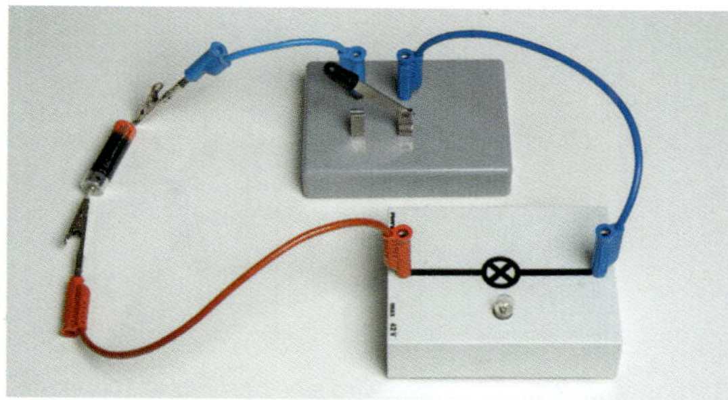

B4 *Der zum Modell in Bild* **B3** *passende elektrische Stromkreis mit einer Glühlampe und einem Schalter*

Bei Batterien und Leitungen können wir nicht direkt sehen, was sich im Inneren abspielt. Das Höhenlinienmodell hilft uns dabei, eine Vorstellung davon zu erhalten, was im elektrischen Stromkreis passiert. Im Höhenlinienmodell fahren die Mountainbiker nur dann, wenn erstens der Lift funktioniert und zweitens die Strecke nicht gesperrt ist. Ähnliches gilt für den elektrischen Stromkreis: Der Strom fließt nur, wenn die Batterie funktioniert und der Stromkreis geschlossen ist. Ohne den Höhenunterschied zwischen Berg- und Talstation des Liftes bzw. ohne den Potenzialunterschied zwischen den Polen der Batterie gibt es keinen Strom.
Damit kann man den Höhenunterschied im Gelände als Modell für die elektrische Spannung zwischen den Polen einer Batterie betrachten.

Im Höhenlinienmodell gilt (Bild B3):
a) Wenn die Strecke gesperrt ist, dann fahren keine Mountainbiker den Berg hinunter – trotz des Höhenunterschieds zwischen Berg und Tal.
b) Zwischen Punkten auf der gleichen Höhenlinie können Mountainbiker nicht rollen, ohne in die Pedale zu treten.
c) Wenn die Strecke geöffnet ist, werden die Mountainbiker ständig auf den Berg gebracht. So wird der Strom der Mountainbiker aufrechterhalten.
d) Der Lift muss Energie aufwenden, um die Mountainbiker auf den Berg zu bringen.

Im elektrischen Stromkreis gilt (Bild B4):
a) Wenn der Stromkreis durch den Schalter unterbrochen wird, dann fließen keine Ladungen, trotz des bestehenden Potenzialunterschieds.
b) Wenn der Potenzialunterschied null Volt ist, dann bewegen sich keine Ladungen.
c) Bei geschlossenem Schalter schafft die Batterie die Ladungen ständig vom Pluspol zum Minuspol. So wird der elektrische Strom aufrechterhalten.
d) Spannung entsteht, wenn Ladungen unter Energieaufwand zum höheren Potenzial transportiert werden. Die Batterie bringt diese Energie auf.

Ein wichtiger Unterschied ist zum Beispiel: Im elektrischen Stromkreis bewirkt eine hohe Spannung, dass eine Lampe im Stromkreis hell leuchtet. Bei geringer Spannung leuchtet sie weniger hell. Offenbar bewirkt die hohe Spannung, dass in einer bestimmten Zeit mehr Ladungen durch die Lampe fließen.

Im Höhenlinienmodell gilt das nicht: Ein großer Höhenunterschied bewirkt nicht, dass mehr Mountainbiker unterwegs sind oder diese schneller fahren.

Eine weitere Grenze des Modells ist: Wenn ein Hindernis die Strecke versperrt, dann stauen sich vor dem Hindernis die Mountainbiker. Die Ladungen im Stromkreis stauen sich nicht. Wenn der Stromkreis unterbrochen ist, dann stehen die Ladungen überall im Stromkreis still. Hier verhält sich das Modell anders als der Stromkreis.
Die Gemeinsamkeiten helfen, die Phänomene im Stromkreis leichter zu begreifen: Die Spannung im Stromkreis kann man leichter verstehen, wenn man sie sich als Höhenunterschied vorstellt.

4.5 Spannung und elektrisches Potenzial

B1 *Für den Betrieb der Lampe wird eine bestimmte Spannung benötigt. Sie ergibt sich, wenn man die Batterien richtig herum in das Batteriefach schiebt.*

B2 *In einer Flachbatterie sind drei Einzelzellen mit jeweils 1,5 V Spannung in Reihe geschaltet. Sie ergeben damit die Gesamtspannung von 4,5 V zwischen den äußeren Laschen.*

Batterien in Reihe schalten. Oft reicht die Spannung einer Batterie nicht aus, um etwa eine Fahrradlampe damit zu betreiben. Dann werden mehrere Batterien so miteinander verbunden, dass sich eine höhere Spannung ergibt (Bild **B1**). Wenn wir eine 4,5-V-Flachbatterie zerlegen, dann stellen wir fest, dass diese aus drei 1,5-V-Einzelzellen aufgebaut ist (Bild **B2**). In Versuch **V1** klären wir, wie die einzelnen Batterien miteinander verbunden werden müssen, um eine höhere Spannung zu erzeugen.

V1 Batterien miteinander verbinden

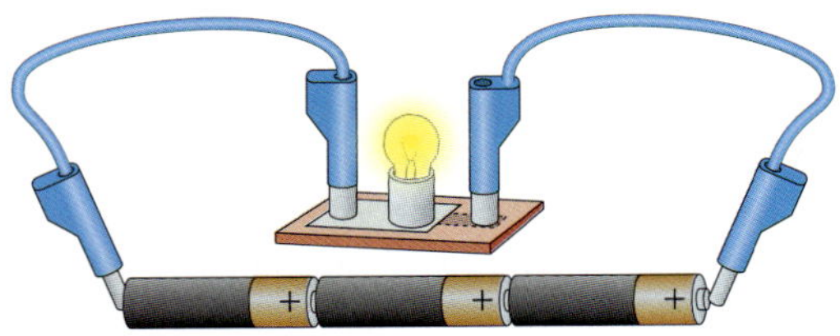

Baue einen Stromkreis mit einem 4-V-Lämpchen auf. Zum Betrieb stehen dir drei 1,5-V-Batterien sowie eine 4,5-V-Flachbatterie zur Verfügung.

a) Bringe das Lämpchen mit einer 1,5-V-Batterie zum Leuchten.

b) Tausche die Batterie gegen die Flachbatterie aus und bringe das Lämpchen zum Leuchten.

c) Verbinde die drei 1,5-V-Batterien so miteinander, dass jeweils der Pluspol der einen Batterie zum Minuspol der anderen zeigt. Vergleiche die Helligkeit des Lämpchens mit den Versuchen a) und b).

d) Drehe die mittlere 1,5-V-Batterie aus Versuchsteil c) um 180°. Auf welche Gesamtspannung kannst du aus der Helligkeit des Lämpchens schließen?

Ein 4-V-Lämpchen, das mit einer einzelnen 1,5-V-Batterie betrieben wird, leuchtet nur schwach. Mit einer Flachbatterie anstelle einer 1,5-V-Batterie leuchtet das Lämpchen hell auf. Die größere Spannung der 4,5-V-Flachbatterie lässt in der gleichen Zeit mehr Elektronen durch das Lämpchen fließen als die kleinere Spannung bei der 1,5-V-Batterie. Die größere Spannung führt zu einer größeren Stromstärke.

Wenn wir drei 1,5-V-Batterien so verbinden, dass der Pluspol einer Batterie jeweils den Minuspol der nächsten berührt, dann leuchtet das Lämpchen hell auf. Wenn wir die mittlere Batterie um 180° drehen, dann leuchtet das Lämpchen nur noch schwach auf, gerade so, als würde es nur mit einer einzelnen 1,5-V-Batterie betrieben. Wie lässt sich das erklären?

Entscheidend für die Helligkeit des Lämpchens ist der Potenzialunterschied zwischen seinen Anschlüssen. Das nennen wir die **angelegte Spannung.** In Bild **B3a** sind die Potenzialunterschiede an einer 1,5-V- und einer 4,5-V-Flachbatterie dargestellt. Die Bilder **B3b** und **B3c** zeigen, wie du mit einem solchen Diagramm die Gesamtspannung von drei in Reihe geschalteten Batterien ermitteln kannst. Beachte dabei, dass an der Verbindungsstelle zweier Batterien die Potenziale der anliegenden Pole jeweils gleich sind. Außerdem hat man festgelegt, dass das Potenzial am Pluspol einer Batterie stets höher ist als am Minuspol.

Wenn wir drei 1,5-V-Batterien wie in **B3b** verbinden, dann ergibt sich aus dem Diagramm eine Gesamtspannung von

$$U = U_1 + U_2 + U_3 = 1{,}5\ \mathrm{V} + 1{,}5\ \mathrm{V} + 1{,}5\ \mathrm{V} = 4{,}5\ \mathrm{V}.$$

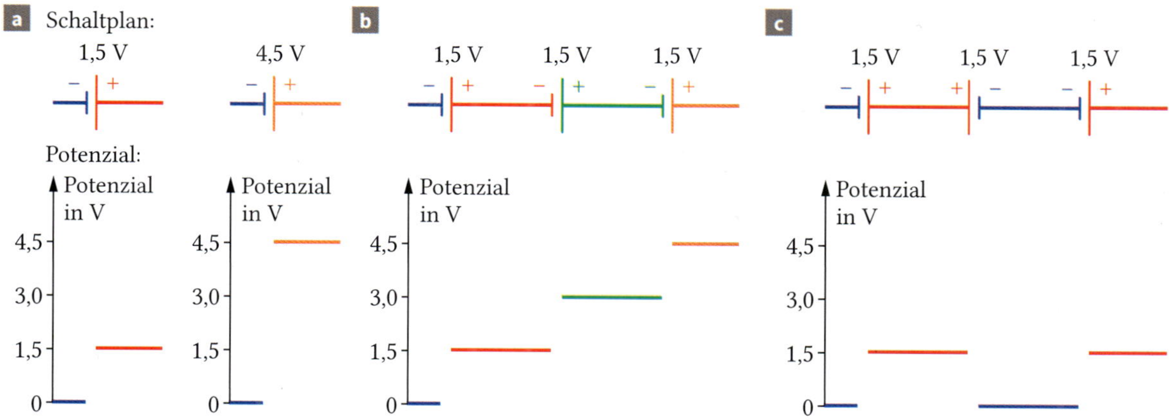

B3 *a) Der Potenzialunterschied zwischen Minus- und Pluspol ist bei einer 1,5-V-Batterie kleiner als bei einer 4,5-V-Batterie. b) Wenn du drei 1,5-V-Batterien in Reihe schaltest, dann ergibt sich ein Potenzialunterschied zwischen dem Minuspol der ersten und dem Pluspol der letzten Batterie von 4,5 V. c) Wenn du die Pole der mittleren Batterie vertauschst, dann reduziert sich die Gesamtspannung auf 1,5 V.*

Wenn wir die Pole der mittleren Batterie wie in Bild **B3c** vertauschen, dann verringert sich der Potenzialunterschied zwischen dem Minuspol der ersten und dem Pluspol der zweiten Batterie auf

$$U = U_1 - U_2 + U_3 = 1{,}5\ \text{V} - 1{,}5\ \text{V} + 1{,}5\ \text{V} = 1{,}5\ \text{V}.$$

Achtung: Lasse dich nicht von der Größe der Batteriegehäuse täuschen. Bei einer Batterie der Größe AA und einer Batterie der Größe C ist die elektrische Spannung jeweils 1,5 V – ein angeschlossenes Lämpchen leuchtet bei beiden gleich hell (Bild **B4**). Der Unterschied besteht darin, wie lange die jeweilige Batterie den elektrischen Strom im Stromkreis aufrechterhalten kann. In der größeren Batterie ist eine größere Menge von chemischen Stoffen vorhanden. Sie kann über einen längeren Zeitraum die Elektronen vom einen Pol zum anderen pumpen. Wie groß die elektrische Spannung ist, hängt jedoch nur davon ab, welche Stoffe in der Batterie miteinander reagieren.

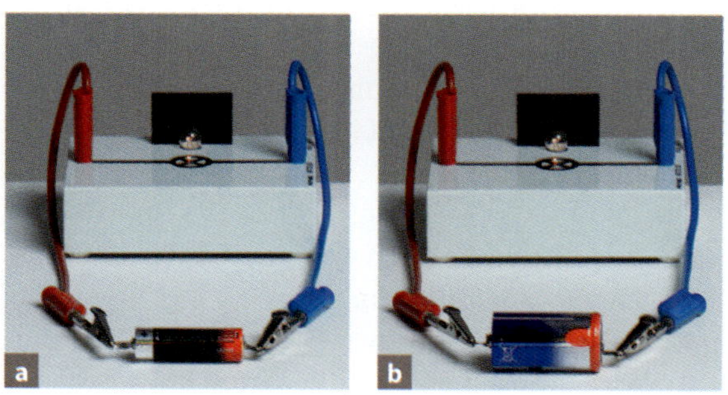

B4 *Batterien der Größe AA (a) und C (b) liefern die gleiche Spannung.*

Ins Modell übertragen. Das richtige In-Reihe-Schalten mehrerer Batterien zur Vergrößerung der Spannung können wir mit unserem Höhenlinienmodell veranschaulichen. Eine Verdopplung der Spannung mit zwei gleichen Batterien entspricht der Verdopplung des Höhenunterschieds zwischen Anfang und Ende einer Mountainbike-Strecke.

Beispielaufgabe

Potenzialdiagramme

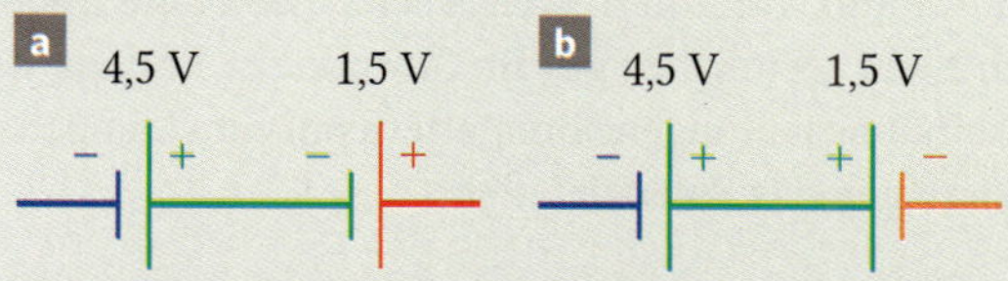

Zeichne zu den beiden Schaltskizzen die zugehörigen Potenzialdiagramme. Bestimme jeweils die Gesamtspannung.

Lösung:

a) Die Spannungen $U_1 = 4{,}5$ V und $U_2 = 1{,}5$ V der beiden Batterien addieren sich. Die Gesamtspannung beträgt $U_{ges} = 6{,}0$ V.

b) Beim Vertauschen der Pole der zweiten Batterie musst du die Spannungen subtrahieren. Es ergibt sich $U_{ges} = 3{,}0$ V.

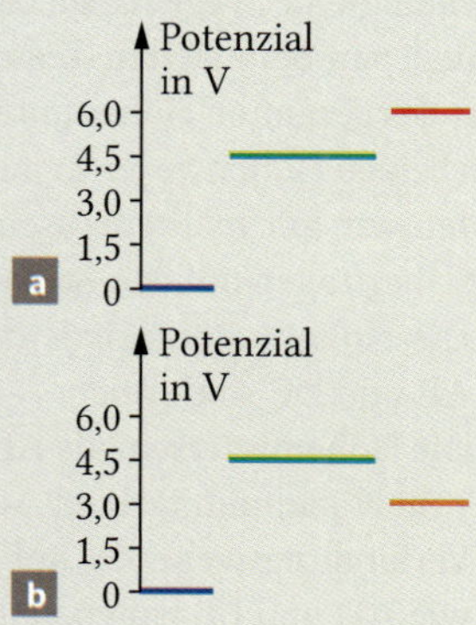

4.6 Spannungsabfall und Reihenschaltung

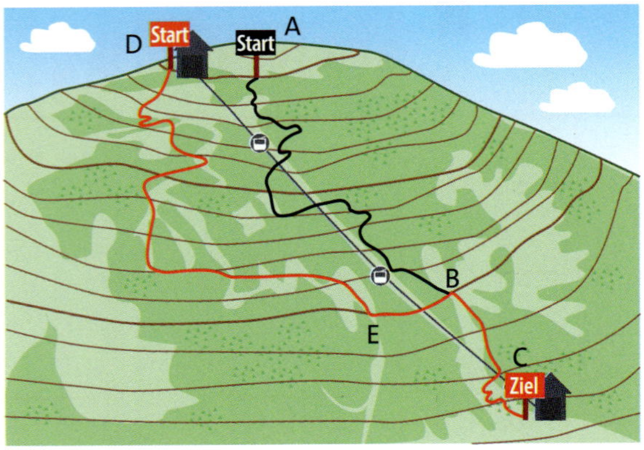

B1 *Mehrere Wege führen bei diesem Bikepark ins Tal. Der Höhenunterschied ist immer der gleiche.*

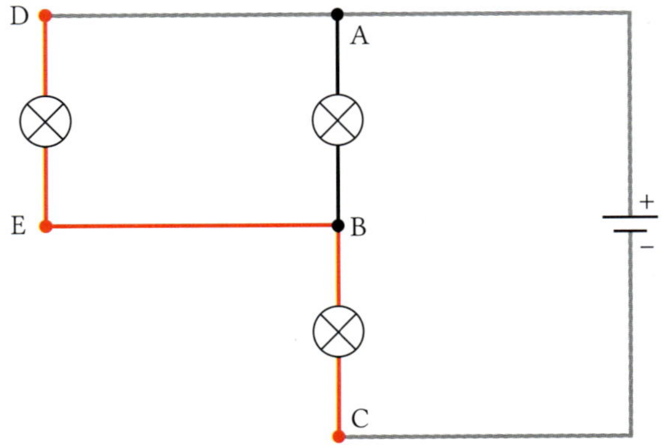

B2 *Der elektrische Stromkreis verzweigt sich genauso wie der Bikepark. Die Gesamtspannnung ist immer die gleiche.*

Ohne Spannungsabfall keine Wirkung. Der Bikepark in Bild **B1** liefert eine hilfreiche Modellvorstellung zur Spannung im Stromkreis. Der Höhenunterschied, über den der Lift die Mountainbiker nach oben bringt, entspricht der Spannung an der Batterie. Auf der Abfahrt findest du den gleichen Höhenunterschied wieder. Dieser Höhenunterschied entspricht im Stromkreis dem Potenzialunterschied zwischen den Anschlüssen des Lämpchens. Man nennt diesen Potenzialunterschied **Spannungsabfall** an dem Lämpchen.

Die Verbindungswege zwischen Bergstation und Beginn der Abfahrt verlaufen waagerecht. Die Höhe ändert sich nicht. Ähnliches gilt im Stromkreis: Entlang der Verbindungsleitungen vom Batteriepol zum Lämpchen ändert sich das Potenzial nicht.

Höhenverlust ist Spannungsabfall. Wir nutzen die Modellvorstellung des Bikeparks in Bild **B1** nun, um den Spannungsabfall in **verzweigten Stromkreisen** zu verstehen. Mountainbiker können auf dem Weg von A nach B zwischen dem roten und dem schwarzen Weg wählen. Beide Wege haben den gleichen Höhenunterschied. Auf dem letzten Teilstück BC ins Tal wird der Rest des gesamten Höhenunterschieds von Berg zu Tal von beiden Höhenwegen gemeinsam zurückgelegt. Das halten wir mit mathematischen Begriffen fest, damit das Übertragen auf den Stromkreis leichter fällt:

a) Die Höhenunterschiede der alternativen Strecken AB und DE sind gleich.
b) Die Höhenunterschiede AB und BC summieren sich zum Höhenunterschied AC.
c) Verbindungswege, die auf gleicher Höhe verlaufen wie AD und EB haben keinen Höhenunterschied.

V1 Spannungsabfall

Baue einen Stromkreis wie in Bild **B2** auf. Benutze dazu eine 4,5-Volt-Flachbatterie, drei unterschiedliche Lämpchen mit Fassung, elektrische Leitungen und ein Voltmeter. Achte bei den Lämpchen darauf, dass die jeweilige Nennspannung mindestens 4,5 Volt beträgt. Benenne die Messpunkte wie in Bild **B2**.

a) Miss mit dem Voltmeter die Batteriespannung U_0, die Spannung U_{AC} und die Spannungen U_{AB}, U_{BC} und U_{DE} zwischen den Anschlüssen der drei Lämpchen. Notiere die Beträge der Messwerte. *Hinweis:* Eventuelle Minuszeichen brauchst du nicht zu berücksichtigen.

b) Vertausche die Positionen der Lämpchen. Miss wieder die Spannungen U_0, U_{AC}, U_{AB}, U_{BC} und U_{DE}. Erkennst du eine Regel?

c) Überprüfe die Regel an weiteren Kombinationen der Lämpchenpositionen.

d) Welchen Spannungsabfall erwartest du zwischen den Knoten B und D bzw. zwischen C und E? Überprüfe deine Vermutung mit dem Voltmeter.

Alle drei Ergebnisse der Modellbetrachtung kannst du auf den elektrischen Stromkreis übertragen. Der Spannungsabfall tritt an die Stelle des Höhenunterschieds. Versuch **V1** leitet dich dabei an. Der Versuch zeigt:

a) Der Spannungsabfall an den parallel geschalteten Lämpchen zwischen A und B bzw. zwischen D und E ist gleich.
b) Der Spannungsabfall an den in Reihe geschalteten Lämpchen summiert sich zur Gesamtspannung der Batterie.
c) An den Verbindungsleitungen BD und CE fällt keine Spannung ab.

Wenn mehrere Lampen hintereinander geschaltet sind – wie die auf den Strecken AB und BC in Bild **B2** –, spricht man von einer **Reihenschaltung** (Bild **B3**). Der Strom fließt vom einen Pol der Batterie durch das erste Gerät, dann durch das zweite und eventuell weitere Geräte wieder zurück zum anderen Pol der Batterie. Der Strom, der durch die verschiedenen Geräte fließt, ist überall gleich groß. Der Spannungsabfall an den jeweiligen Geräten ist dagegen nicht gleich. Er hängt vom Gerät ab. Die Summe aller Spannungsabfälle in einer Reihenschaltung ergibt die angelegte Batteriespannung.

Merksatz

In einer Reihenschaltung gilt: Die Spannungsabfälle an den einzelnen Geräten summieren sich zur Spannung der Batterie.
In einer Parallelschaltung gilt: An den Anschlüssen der Geräte fällt jeweils die gleiche Spannung ab.

Warum man selten Reihenschaltungen nutzt. In Haushalt und Technik verwendet man fast nie Reihenschaltungen. Die einzige Ausnahme sind alte Lichterketten (Bild **B4**). Das hat drei Gründe:

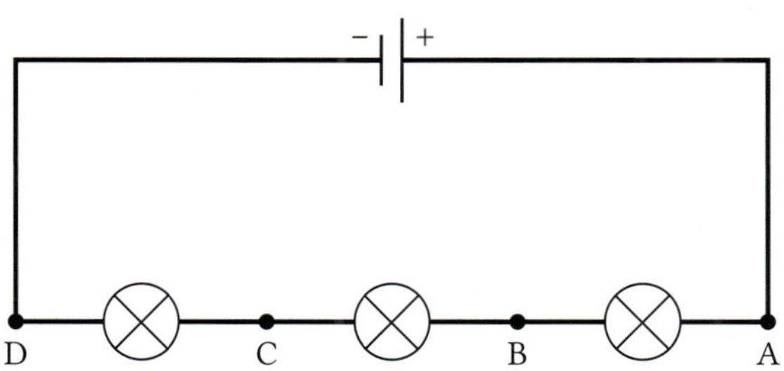

B3 *An A, B, C und D misst du die gleiche Stromstärke.*

1. Nicht jedes Gerät benötigt die gleiche Stromstärke. Die Stärke des Stroms durch einen Haartrockner ist deutlich größer als die Stärke des Stroms durch ein Radio.
2. Es müssten immer alle Geräte gleichzeitig betrieben werden. Wenn man ein Gerät in der Reihenschaltung ausschaltet, ist der gesamte Stromkreis unterbrochen.
3. Geräte sind für den Betrieb mit einer bestimmten **Nennspannung** ausgelegt: zum Beispiel 230 V bei Haushaltsgeräten oder 4,5 V bei vielen batteriebetriebenen Lämpchen. In der Reihenschaltung fällt an den einzelnen Geräten aber nur ein Bruchteil der angelegten Spannung ab.

Beispielaufgabe

Spannungsabfall und Potenzial

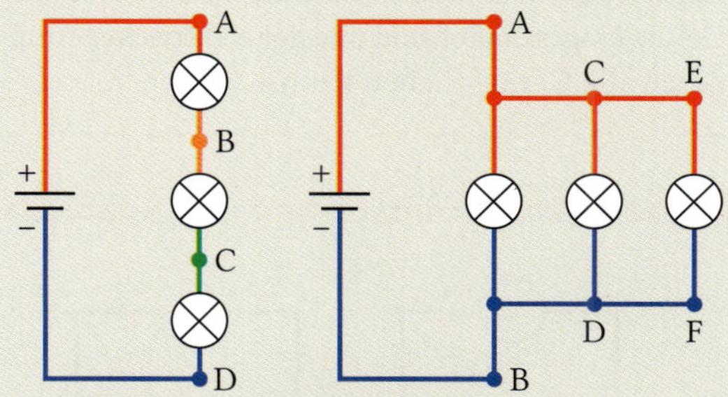

Leiter gleichen Potenzials sind hier mit gleichen Farben markiert. Vergleiche die Spannungen zwischen den Punkten C und D in der rechten und linken Schaltung: Sind sie gleich groß oder ist eine davon größer?

Lösung: Rechts: Zwischen C und D liegt die volle Batteriespannung an – beide Punkte sind jeweils direkt mit dem Plus- bzw. dem Minuspol der Batterie verbunden. Links: Zwischen C und D fällt nur ein Teil dieser Spannung ab. Das Lämpchen leuchtet schwächer.

B4 *Alte Lichterketten verwenden eine Reihenschaltung.*

4.6 Spannungsabfall und Reihenschaltung

Fehlersuche am Weihnachtsbaum. Früher hatten Lichterketten für Weihnachtsbäume eine Reihenschaltung. In einer Reihenschaltung fließt der Strom nacheinander durch die einzelnen Lämpchen. An jedem Lämpchen fällt der gleiche Bruchteil der angelegten Gesamtspannung ab. Eine typische Lichterkette hat 20 Lämpchen, die jeweils einen Spannungsabfall von etwa 12 V benötigen. Bei einer Gesamtspannung von 230 V passt das: 20 · 12 V = 240 V.

Bei einem durchgebrannten Lämpchen funktioniert die gesamte Lichterkette nicht mehr. Der Stromkreis ist unterbrochen. Man muss jedes Lämpchen genau ansehen, um das durchgebrannte zu finden.

! Merksatz

Eine Reihenschaltung funktioniert nur, wenn alle Geräte eingeschaltet sind und der elektrische Strom durch alle Geräte fließen kann.

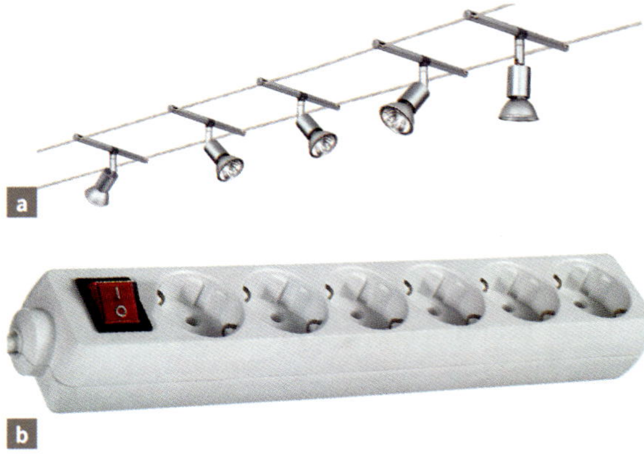

B1 *Parallelschaltungen im Haushalt*

Aus diesen Gründen werden im Haushalt fast ausschließlich Parallelschaltungen verwendet. Bild **B1** zeigt zwei Beispiele. Bei dem Lichtsystem in Bild **B1a** ist die Parallelschaltung direkt erkennbar, bei Bild **B1b** ist sie im Inneren der Steckdosenleiste verborgen.

Übersicht: Stromstärken und Spannungen in der Reihen- und Parallelschaltung

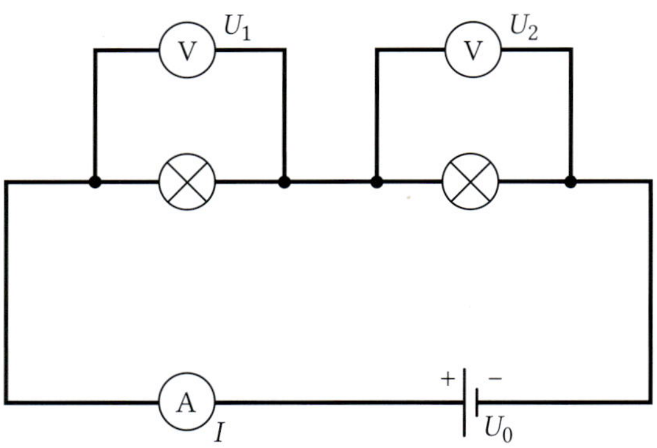

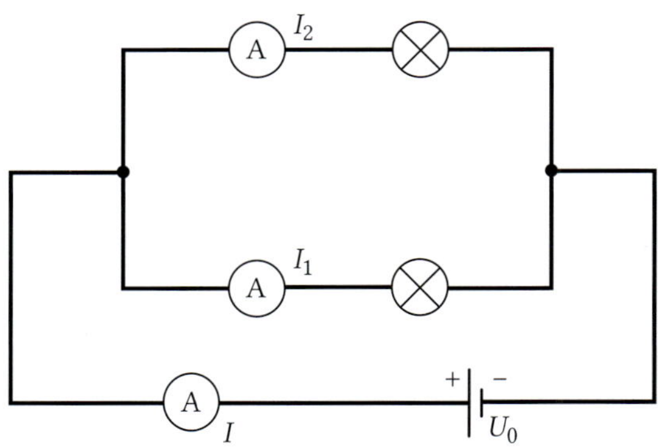

Reihenschaltung: In der Reihenschaltung gilt bei fester Batteriespannung U_0:

a) Die Stromstärke I ist an jeder Stelle gleich groß.

b) Durch Hinzufügen weiterer elektrischer Bauteile in Reihe verringert sich mit jedem neuen Bauteil die Stromstärke I.

c) Die Summe der Spannungen an den einzelnen Elektrogräten ist gleich der Spannung an der Batterie:

$$U_0 = U_1 + U_2 + \ldots$$

Parallelschaltung: In der Parallelschaltung gilt bei fester Batteriespannung U_0:

a) Die Spannung an allen Elektrogeräten ist gleich groß und entspricht der Batteriespannung U_0.

b) Durch Hinzufügen weiterer parallel geschalteter elektrischer Bauteile erhöht sich mit jedem neuen Bauteil die Stromstärke I in der Zuleitung.

c) Die Summe der Stromstärken durch die einzelnen Elektrogeräte ist gleich der Stromstärke I in der unverzweigten Zuleitung:

$$I = I_1 + I_2 + \ldots$$

Methode: Messen von Spannungen

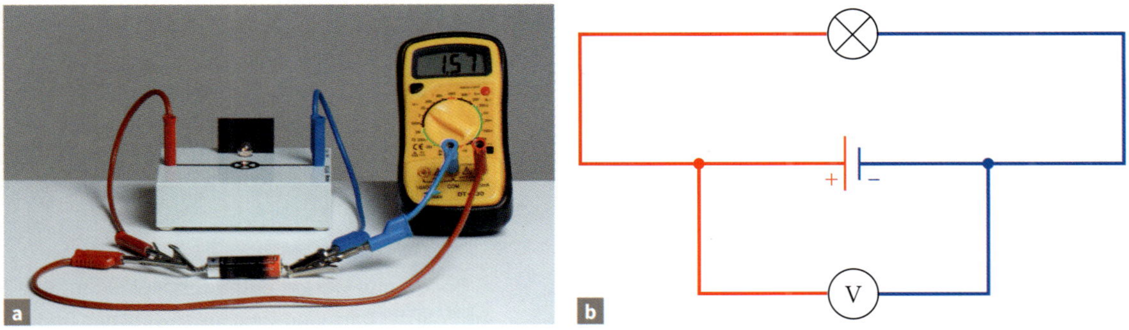

B2 *a) Das Voltmeter misst hier die Batteriespannung. b) Das Voltmeter ist immer parallel zur Batterie geschaltet.*

Batteriespannung messen
Bild **B2a** zeigt einen einfachen Stromkreis mit einem Lämpchen. Mit einem **Voltmeter** misst du die Spannung zwischen den Polen einer Batterie. Dazu schaltest du das Voltmeter parallel zur Batterie. Der Stromkreis wird dabei nicht wie bei der Messung der Stromstärke unterbrochen. Du greifst auf diese Weise die Potenziale an den Polen ab und stellst deren Unterschied fest. In Bild **B2b** ist der entsprechende Schaltplan gezeichnet. Beachte dabei das Schaltsymbol für das Voltmeter.
Bei mehreren in Reihe geschalteten Batterien kannst du mit einem Voltmeter die Spannungen jeder einzelnen Batterie ermitteln, aber auch die Spannung des gesamten Batteriepacks wie in Bild **B3**. Leiter gleichen Potenzials sind mit gleicher Farbe markiert.

Spannungen überall im Stromkreis messen
Baue einen einfachen Stromkreis mit einer Batterie, einem Lämpchen und Leitungen auf (Bild **B4**).

a) Bestimme mit dem Voltmeter die (positive) Spannung an der Batterie und notiere den Wert.
b) Verbinde das eine Messkabel mit einem Kontakt des Lämpchens, das andere Messkabel mit dem anderen Kontakt des Lämpchens.
   Hinweis: Wenn dein Voltmeter eine negative Spannung anzeigt, dann vertausche einfach die beiden Messkabel am Lämpchen. Vergleiche die gemessenen Spannungswerte mit der Batteriespannung.
c) Miss die Spannung zwischen einem Kontakt des Lämpchens und dem damit verbundenen Batteriepol.

Du stellst fest, dass zwischen den Anschlüssen des Lämpchens ein Potenzialunterschied besteht. Er ist so groß wie die Spannung zwischen den Polen der Batterie. Für die Spannung zwischen einem Lämpchen und dem damit verbundenen Batteriepol zeigt das Voltmeter den Wert 0 V an. Das ist korrekt, denn hier besteht kein Potenzialunterschied – genauso wie es auf einer Höhenlinie im Gelände keinen Höhenunterschied gibt.

Es gilt also: Spannungen lassen sich zwischen zwei beliebigen Punkten eines Stromkreises messen, indem man die Messkabel des Voltmeters mit diesen beiden Punkten verbindet.

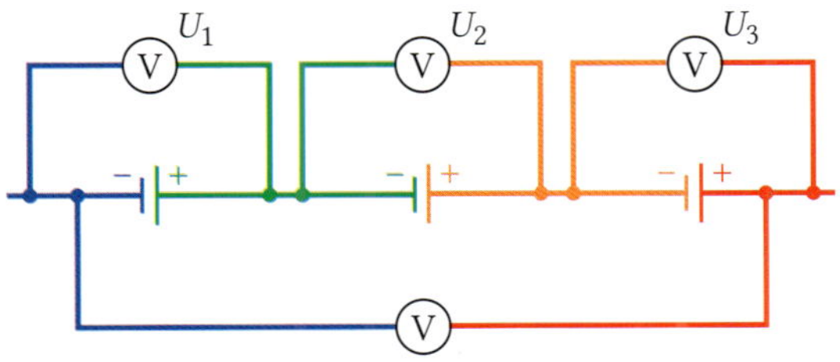

B3 *Spannungsmessung an mehreren Batterien*

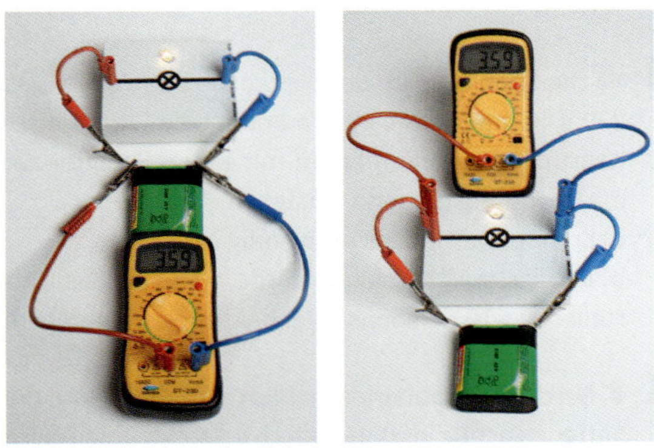

B4 *Spannungsmessung an verschiedenen Stellen im Stromkreis*

4.6 Spannungsabfall und Reihenschaltung

Löse selbst

Potenzial und Spannung

1 ➡ Häufig werden Spannungen nicht in der Einheit V, sondern in mV, kV und MV angegeben. Es gilt:
1 mV = 0,001 V = $\frac{1}{1000}$ V,
1 kV = 1000 V,
1 MV = 1000 kV = 1 000 000 V.
Rechne um:
a) 0,25 V in mV,
b) 120 V in kV,
c) 250 mV in V,
d) 15 kV in V,
e) 12 000 mV in V und kV,
f) 10,05 V in kV und mV,
g) 0,04 kV in V und mV,
h) 2,45 kV in V und MV.

2 ➡ Fasse die Ähnlichkeit zwischen Höhenlinienmodell und Stromkreis kurz zusammen.
Begründe damit die Aussagen: „Spannung gibt es auch ohne Strom“ und „Ohne Spannung kein Strom“.

3 ➡ Du hast zwei verschiedene Glühlämpchen und drei verschiedene Batterien.
a) Beschreibe, wie du erkennen kannst, welche Batterie die größte, welche die kleinste Spannung hat.
b) Erläutere, was du beobachten wirst, wenn du die Lämpchen hintereinander an die gleiche Batterie anschließt.

4 ➡ Deine Taschenlampe leuchtet immer schwächer. Erkläre, welche Rückschlüsse du daraus über die Spannung der Batterie und die Stromstärke im Stromkreis ziehen kannst.

5 ➡ Die Spannung an der Steckdose beträgt bei uns 230 V, in manchen Ländern beträgt sie 120 V. Reisehaartrockner kann man oft mit einem Schalter auf die Spannung passend einstellen.
a) Erkläre, warum das notwendig ist.
b) Erkläre, was passieren würde, wenn du das Umstellen vergisst. Bedenke hier beide Reiserichtungen.

6 ⬆ Bei der Fahrradlampe im Bild rechts oben sind die Batterien richtig ins Batteriefach gesteckt. Durch diese Anordnung der Batterien entsteht eine Reihenschaltung, die eine Spannung von 6 V bereitstellt.

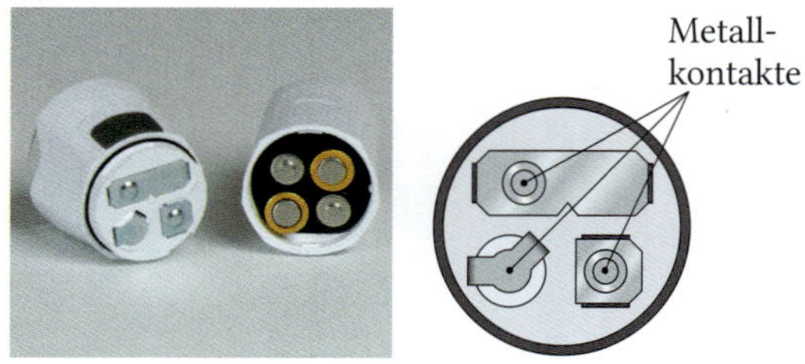

a) Boden und Deckel enthalten Metallkontakte für die Pole der Batterien. Zeichne sowohl den Boden als auch den Deckel nach der oben skizzierten Vorlage auf. Ergänze darin, welcher Pol welchen Metallkontakt berührt und wie die Kontakte verbunden sind.
b) Zeichne den Schaltplan und den zugehörigen Potenzialverlauf wie in Bild **B3** auf Seite 167.
c) Eine Batterie wurde falsch herum eingesetzt. Welche Gesamtspannung ergibt sich damit? Zeichne auch für diesen Fall den Schaltplan und das Potenzialdiagramm.

7 ↗ Erkläre und berechne: Wie viele verschiedene Spannungen kannst du durch Hintereinanderschalten von vier 1,5-V-Batterien erzeugen?
Fertige für jede mögliche Spannung einen Schaltplan und ein Potenzialdiagramm an.

8

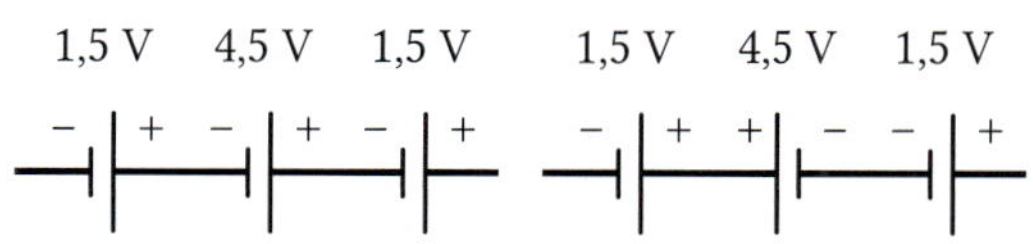

➡ Zeichne zu den beiden Schaltplänen im Bild oben die zugehörigen Potenzialdiagramme.

9 ↗ a) Übersetze die Potenzialdiagramme von Seite 167, Bild **B3b** und **B3c**, in das Höhenlinienmodell.
b) Beschreibe, welche Eigenschaften von zusammengeschalteten Batterien damit gut dargestellt werden können und welche weniger gut.

10 ↗ Recherchiere und präsentiere deine Ergebnisse:
a) Spannungswerte und Spannungsarten in den Stromnetzen verschiedener Länder,
b) Spannungen, die bei der Fahrradbeleuchtung, E-Bikes, Autos mit Benzinmotor und Elektroautos auftreten.

Löse selbst

Spannungsabfall und Reihenschaltung

11

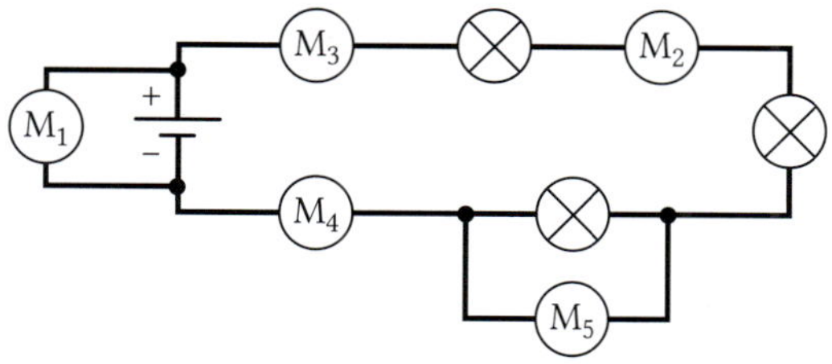

➡ Multimeter sind Geräte, die du als Amperemeter oder Voltmeter betreiben kannst. Die Messgröße muss zuvor am Gerät ausgewählt werden. Entscheide, welche der Multimeter M_1 bis M_5 sinnvoll eingebaut sind, um a) Stromstärken zu messen,
b) Spannungen zu messen.

12

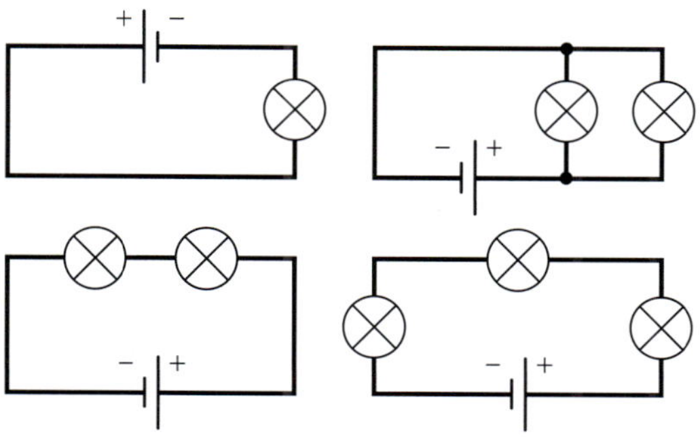

↗ Sortiere die Schaltungen nach Helligkeit der Lämpchen. Beachte, dass zwei Schaltungen auch gleich hell sein können. Begründe deine Antwort.

13

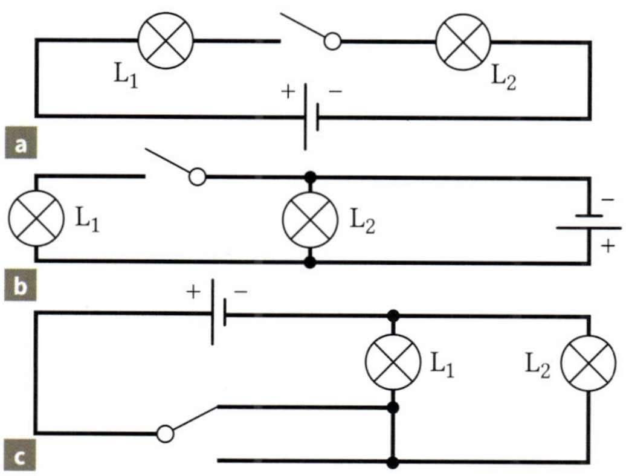

↗ Der Schalter wird betätigt. Erkläre, was in den Fällen a), b) und c) passieren wird.

14

↗ Auf einem Schulfest möchte eine Klasse Waffeln verkaufen. Dazu haben die Schüler insgesamt sechs Waffeleisen von zuhause mitgebracht. Mit sechs Waffeleisen im gleichzeitigen Betrieb – so ihre Überlegung – können lange Wartezeiten vermieden werden. Sie möchten diese sechs Waffeleisen an eine einzige Steckerleiste anschließen.
Bewerte diese Planung und empfehle ein geeignetes Vorgehen.

15

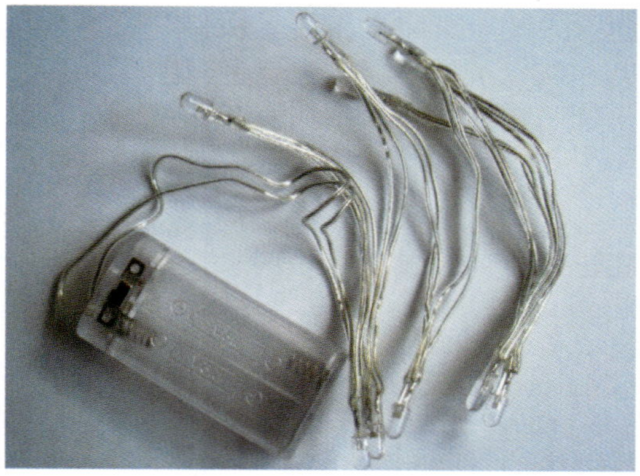

↗ Im Handel sind LED-Lichterketten erhältlich, die aus 10 oder 20 LED-Kerzen bestehen und mit nur zwei 1,5-V-Batterien betrieben werden. Wenn man genau hinschaut, so stellt man fest, dass jede LED mit vier Leitungen verbunden ist. Jeweils zwei Leitungen führen zur vorherigen und zwei zur darauf folgenden Kerze.
a) Welchen Schaltungstyp vermutest du hier? Begründe deine Vermutung aufgrund der Anzahl der Leitungen an jeder LED-Kerze. Zeichne einen Schaltplan für einige LED-Kerzen, bei der vor allem die Verdrahtung an den Kerzen deutlich hervorgeht.
b) Warum hat man sich bei dieser Lichterkette für diese Art der Schaltung entschieden? Wären andere Arten nicht mit weniger Leitungen zu realisieren? Begründe deine Antwort.
c) Du schneidest die Lichterkette irgendwo in der Mitte zwischen zwei LED-Kerzen durch. Entscheide und begründe, ob die mit der Batterie verbundene Restlichterkette weiterhin funktioniert.

4.7 Spannung, Stromstärke und Widerstand

B1 *Verschiedene Geräte an 230 V Netzspannung*

Eine Spannung für alle Geräte. In der Küche werden alle Geräte an die gleichen Steckdosen angeschlossen (Bild **B1**). Eine Steckdose stellt jedem Gerät die Netzspannung von 230 V zur Verfügung. Allerdings hat jedes Gerät einen anderen Strombedarf. Die Stromstärke durch einen Wasserkocher oder einen Backofen ist vermutlich höher als die Stromstärke durch einen kleinen Mixer. Wir untersuchen im Folgenden, welche Stromstärke durch die verschiedenen Geräte fließt.

In Versuch **V1** untersuchst du die Stromstärke, die durch zwei unterschiedliche Lampen fließt. Das Ergebnis überrascht nicht: Die Stromstärke ist bei der helleren Lampe höher als bei der dunkleren Lampe. Welche Stromstärke durch eine Lampe fließt, wenn man sie an eine bestimmte Spannung anschließt, ist offenbar durch die Lampen festgelegt. Das gilt auch für Haushaltsgeräte, wenn du sie an 230 V Netzspannung anschließt.

Der Widerstand bestimmt die Stromstärke. Die physikalische Größe, die die Stromstärke bei einer bestimmten Spannung festlegt, nennt man den **elektrischen Widerstand.** Die Einheit des elektrischen Widerstandes ist das Ohm, abgekürzt mit dem griechischen Buchstaben Ω (Omega). Die Einheit erinnert an den deutschen Physiker GEORG SIMON OHM (1789 – 1854). Das Formelzeichen des elektrischen Widerstandes ist *R* (von *resistance*, englisch: Widerstand).

Bei einem großen elektrischen Widerstand ist die Stromstärke gering, bei einem kleinen Widerstand hoch. Das gilt bei jeweils gleicher Spannung. Wenn man die Spannung erhöht, dann steigt die Stromstärke.

V1 Verschiedene Lampen

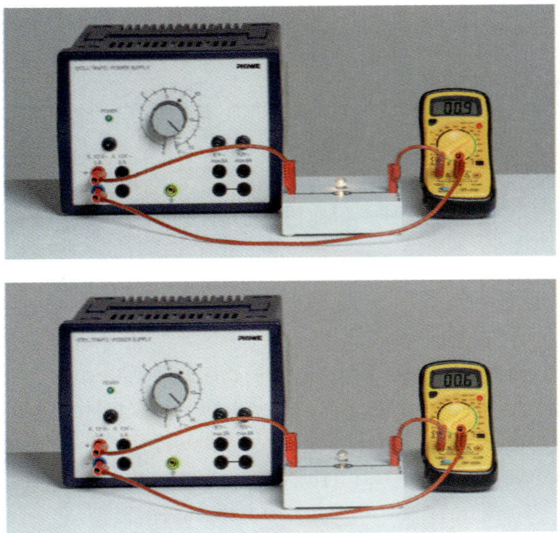

Schließe nacheinander zwei unterschiedlich helle Lampen mit Fassung an die gleiche Spannungsquelle (12 V) an und miss jeweils die Stromstärke.

Widerstand mathematisch formuliert. Der Widerstand legt fest, wie viel Strom bei einer bestimmten Spannung fließt. Oder umgekehrt formuliert: Er bestimmt, welche Spannung *U* man anlegen muss, um eine bestimmte Stromstärke *I* zu erreichen. Daher ist es sinnvoll, den Widerstand als Spannung pro Stromstärke zu definieren. Das drückt die folgende Formel aus:

$$R = \frac{U}{I}.$$

Für die Einheiten gilt entsprechend:

$$1\,\Omega = \frac{1\,\text{V}}{1\,\text{A}}.$$

In Worten bedeutet dies: Ein Gerät hat einen Widerstand von 1 Ω, wenn bei einer Spannung von einem 1 V ein Strom der Stärke 1 A fließt. Da 1 Ω ein sehr kleiner Widerstand ist, nutzt man oft die Einheiten kΩ und MΩ:

$$1\,\text{k}\Omega = 1000\,\Omega$$
$$1\,\text{M}\Omega = 1000\,\text{k}\Omega = 1\,000\,000\,\Omega.$$

Mit diesem Wissen kannst du den Widerstand der Lampen aus Versuch **V1** berechnen. Bei einer Lampe, durch die eine Stromstärke von 0,025 A fließt, beträgt

B2 *Ein Singletrail entspricht einem hohen Widerstand.*

B3 *Breite Wege entsprechen einem geringen Widerstand.*

der Widerstand der Lampe:

$$R = \frac{12\ \text{V}}{0{,}0025\ \text{A}} = 480\ \Omega.$$

Merksatz

Bei einer vorgegebenen Spannung U bestimmt der elektrische Widerstand R eines Geräts die Stromstärke I. Der Widerstand ist gleich

$$R = \frac{U}{I}.$$

Widerstand im Modell. Die in Versuch **V1** gewonnenen Erkenntnisse über den Widerstand eines elektrischen Geräts können wir mit Hilfe des Höhenlinienmodells des elektrischen Stromkreises besser verstehen.

Ein Gerät mit einem hohen elektrischen Widerstand kann man sich vorstellen als schmalen Mountainbike-Pfad, einen so genannten Singletrail. Bild **B2** zeigt einen solchen einspurigen Pfad. Hier müssen Mountainbiker hintereinander fahren. Daher können nur wenige Fahrer pro Minute eine Stelle des Pfads passieren: Die Stärke des Fahrerstroms ist gering. Im elektrischen Stromkreis entspricht das der geringen Stromstärke bei hohem Widerstand – also der dunklen Lampe in Versuch **V1**. Auf einem breiten Waldweg wie in Bild **B3** können mehrere Mountainbiker nebeneinander fahren. Viele Fahrer passieren pro Minute eine bestimmte Stelle der Strecke. Die Stärke des Fahrerstroms ist hoch. Im elektrischen Stromkreis entspricht das der hohen Stromstärke bei geringem Widerstand – also der hellen Lampe in Versuch **V1**.

Beispielaufgabe

Stromstärken berechnen: Du schließt eine Lampe an eine Experimentierspannung von 12 V an und misst eine Stromstärke von 9,1 mA.
Berechne, wie groß die Stromstärke durch diese Lampe wäre, wenn die Netzspannung von 230 V anläge. Du kannst voraussetzen, dass sich der Widerstand dieser Glühlampe mit zunehmender Stromstärke nicht ändert. Beachte, dass diese Annahme nur für bestimmte Materialien gültig ist.

Lösungsweg 1: Umrechnen der 9,1 mA auf die Standard-Einheit A ergibt: 9,1 mA = 0,0091 A. Damit rechnen wir weiter.
Der Widerstand der Lampe beträgt:

$$R = \frac{U}{I} = \frac{12\ \text{V}}{0{,}0091\ \text{A}} = 1319\ \Omega.$$

Bei einer Netzspannung von 230 V fließt dann eine deutlich höhere Stromstärke als beim Betrieb mit 12 V, nämlich:

$$I = \frac{U}{R} = \frac{230\ \text{V}}{1319\ \Omega} = 0{,}174\ \text{A}.$$

Das sind 174 mA.

Lösungsweg 2: Eine Dreisatzbetrachtung ergibt die Lösung. Ihr zugrunde liegt die Überlegung, dass die Stromstärke proportional zur Spannung zunimmt. Wenn man eine Spannung von 230 V statt von 12 V anlegt, erhöht man die Spannung auf das 19,17-Fache ($\frac{230}{12} = 19{,}17$). Somit erhöht sich auch die Stromstärke auf das 19,17-Fache:

$$9{,}1\ \text{mA} \cdot 19{,}17 = 174\ \text{mA}.$$

4.7 Spannung, Stromstärke und Widerstand

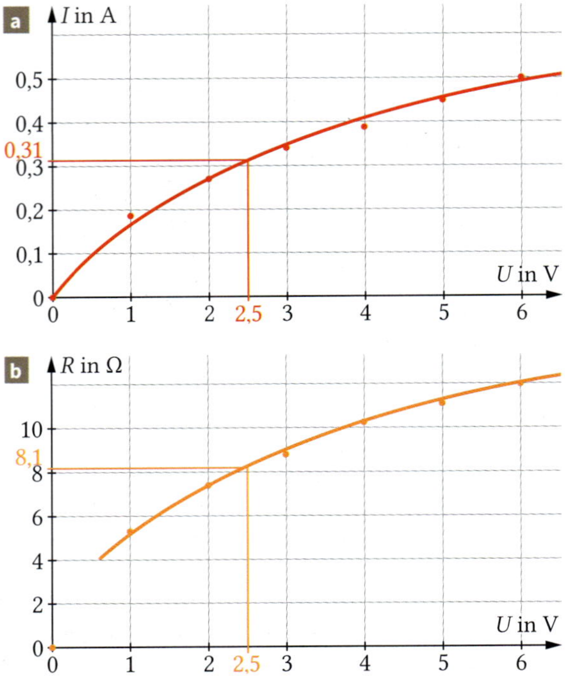

B1 *a) U-I- und b) U-R-Diagramm für das Lämpchen aus* ***V1***

V1 Kennlinie einer Glühlampe

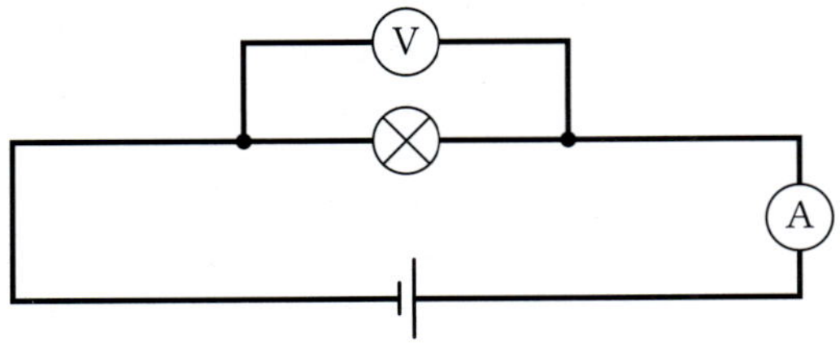

Schließe eine Glühlampe an ein Netzgerät an und miss dabei die Stromstärke und die Spannung. Erhöhe die Spannung, beginnend bei 0 V, schrittweise um 1 V und notiere in einer Tabelle die entsprechende Stromstärke.
Berechne zu jedem Wertepaar den Widerstand und trage diesen in eine dritte Spalte der Tabelle ein. Erstelle mit den Messwerten ein *U*-*I*-Diagramm. Dabei trägst du Werte der Spannung *U* auf der *x*-Achse und die Werte der zugehörigen Stromstärke *I* auf die *y*-Achse ein. Erstelle anschließend ebenso ein *U*-*R*-Diagramm.

Kennlinien. In der Beispielaufgabe auf der vorherigen Seite wurde angenommen, dass sich der Widerstand nicht ändert, also eine konstante Größe ist. Das ist jedoch in der Regel nicht der Fall. Wenn man die angelegte Spannung verändert, dann ändern sich die Stromstärke *und* der Widerstand. In Versuch **V1** kannst du das genauer untersuchen.

Tabelle **T1** zeigt mögliche Messwerte zum Versuch **V1**. Deine Werte werden je nach verwendeter Glühlampe von den hier gezeigten abweichen. Der grundlegende Zusammenhang zwischen *U* und *I* bleibt aber gleich.

Bei einem Blick auf die Tabelle **T1** fällt auf, dass sich die Stromstärke durch die Lampe mit zunehmender Spannung vergrößert. Dieser Zusammenhang ist dir bereits bekannt. Wenn man die Spannung an einem Lämpchen erhöht, dann vergrößert sich die Stromstärke. Das Lämpchen leuchtet heller.

***U* in V**	0,0	1,0	2,0	3,0	4,0	5,0	6,0
***I* in V**	0,00	0,19	0,27	0,34	0,39	0,45	0,5
***R* in Ω**	–	5,3	7,4	8,8	10,3	11,1	12,0

T1 *Messwerte zu Versuch* ***V1***

Von den Messpunkten zur Kennlinie. Das ***U*-*I*-Diagramm** in Bild **B1a** veranschaulicht die Abhängigkeit der Stromstärke durch das Lämpchen von der angelegten Spannung. Durch die Messpunkte legst du eine Ausgleichskurve – und zwar so, dass die Kurve den Verlauf der Punkte ohne Zacken und Biegungen abbildet. Damit kannst du auch Werte zwischen den Messpunkten ablesen. Bei einer Spannung von $U = 2{,}5$ V liest du 0,31 A ab. Eine solche Kurve kennzeichnet das untersuchte Glühlämpchen. Man nennt sie daher auch ***U*-*I*-Kennlinie** des Lämpchens.

Das ***U*-*R*-Diagramm** in Bild **B1b** zeigt, dass sich mit zunehmender Spannung auch der Widerstand des Glühlämpchens vergrößert. Auch hier kannst du an der Kurve Werte zwischen den Messpunkten ablesen: Bei einer Spannung von $U = 2{,}5$ V liest du einen Widerstand von $R \approx 8{,}1\ \Omega$ ab. Einsetzen in $I = \frac{U}{R}$ ergibt $I = 0{,}31$ A – wie beim direkten Ablesen in Bild **B1a**.

Merksatz

Die *U*-*I*-Kennlinie beschreibt den Zusammenhang zwischen Spannung und Stromstärke für ein Bauteil. Sie ist in der Regel keine Gerade.

Löse selbst

1 Erkläre verschiedene Bedeutungen des Begriffs Widerstand. Betrachte sowohl die physikalische Bedeutung als auch die Verwendung des Begriffs in der Alltagssprache und im Geschichtsunterricht. Stelle in diesem Zusammenhang Gemeinsamkeiten und Unterschiede zwischen den Begriffen heraus.

2 Für das deutsche Wort Widerstand gibt es in englisch-sprachigen Physikbüchern zwei Entsprechungen: *resistance* und *resistor*. Recherchiere und erkläre den Unterschied.

3 Erkläre die Bedeutung der folgenden drei Formeln in Worten. Verwende dazu Je-desto-Beziehungen:

a) $U = R \cdot I$, b) $R = \frac{U}{I}$, c) $I = \frac{U}{R}$.

4

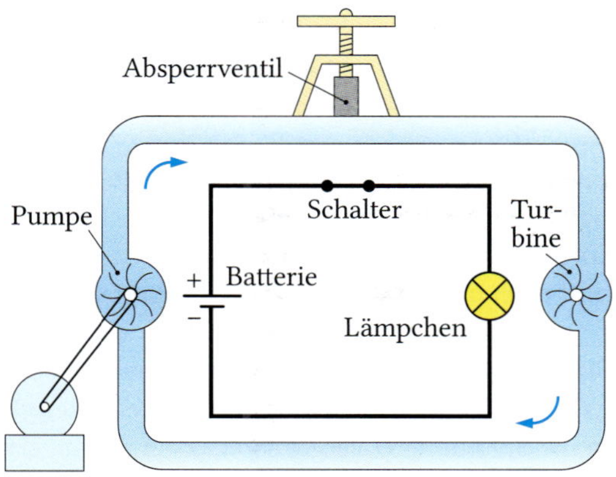

Betrachte diesen Wasserkreislauf, der eine Modellvorstellung des elektrischen Stromkreises darstellt. Erkläre, was in einem Wasserkreislauf der Größe des Widerstands im elektrischen Stromkreis entspricht.

5 Wandle in die angegebenen Einheiten um:
a) 46 Ω in kΩ, b) 0,47 kΩ in Ω,
c) 23,8 kΩ in MΩ, d) 1,23 kΩ in Ω,
e) 0,47 Ω in mΩ, f) 0,038 MΩ in kΩ.

6 Eine Spannungsquelle mit der Spannung U bewirkt, dass eine Stromstärke I durch ein elektrisches Bauteil mit dem Widerstand R fließt. Berechne jeweils die fehlende Größe:
a) U = 6,0 V, R = 100 Ω,
b) U = 12 V, I = 50 mA,
c) R = 2,2 kΩ, U = 230 V.

7 Auf dem Typenschild eines kleinen Elektromotors findest du folgende Angaben: MY6812 12 V DC 12.5 A. Berechne mit Hilfe dieser Angaben den Widerstand des Motors bei einer Betriebsspannung von 12 V.

8 Auf einem Glühlämpchen findest du folgende Aufschrift: 2,38 V / 0,50 A.
Erkläre die Bedeutung dieser Angaben.
Berechne den Widerstand.
Bewerte die Aussagekraft dieses Wertes.

9 In der folgenden Tabelle sind Messwerte für eine Glühlampe in einem Stromkreis wiedergegeben.

***U* in V**	0,0	1,0	2,0	3,0	4,0	5,0	6,0
***I* in A**	0,0	1,4	2,0	2,4	2,8	3,2	3,5

a) Zeichne die Messpunkte in ein *U-I*-Diagramm ein und verbinde diese „glatt" miteinander, um die *U-I*-Kennlinie der Lampe zu erhalten.
b) Berechne für jeden Spannungswert den jeweiligen Wert für den Widerstand und trage die Punkte in ein *U-R*-Diagramm ein.
c) Formuliere einen Satz, mit dem du den Zusammenhang zwischen der an einer Lampe anliegenden Spannung, der Stromstärke durch die Lampe und dem Widerstand der Lampe beschreibst.
d) Lies im *U-I*-Diagramm die Stromstärke I bei einer Spannung von U = 2,5 V ab.
Berechne für diese Spannung den Widerstand der Lampe.
Überprüfe diesen Wert durch Ablesen im *U-R*-Diagramm.

10 Die folgenden Aussagen enthalten Fehler. Finde die Fehler und korrigiere sie.
a) Auf einem Motor steht die Angabe 0,5 A. Das bedeutet, dass in einem Stromkreis mit diesem Motor die Stromstärke stets 0,5 A beträgt.
b) Eine Batterie liefert immer die gleiche Stromstärke, bis sie leer ist.
c) Eine 12-Volt-Batterie liefert doppelt so viel Strom wie eine 6-Volt-Batterie.

4.8 Ohmsches Gesetz

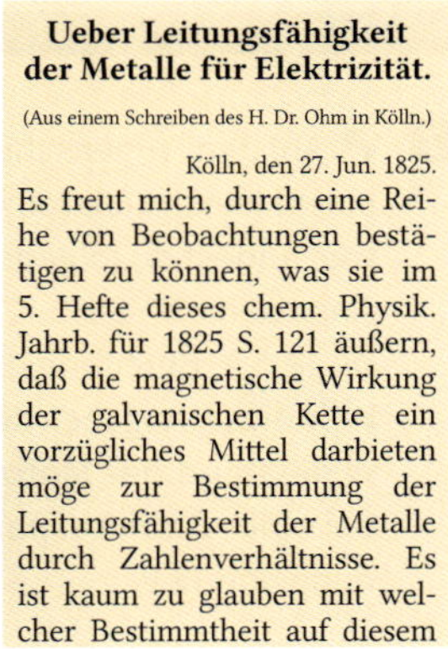

Ueber Leitungsfähigkeit der Metalle für Elektrizität.

(Aus einem Schreiben des H. Dr. Ohm in Kölln.)

Kölln, den 27. Jun. 1825.

Es freut mich, durch eine Reihe von Beobachtungen bestätigen zu können, was sie im 5. Hefte dieses chem. Physik. Jahrb. für 1825 S. 121 äußern, daß die magnetische Wirkung der galvanischen Kette ein vorzügliches Mittel darbieten möge zur Bestimmung der Leitungsfähigkeit der Metalle durch Zahlenverhältnisse. Es ist kaum zu glauben mit welcher Bestimmtheit auf diesem

B1 *GEORG SIMON OHM erkannte 1826 den Zusammenhang zwischen Stromstärke und Spannung.*

Das ohmsche Gesetz. In Versuch **V1** kannst du die Kennlinien verschiedener Materialien aufnehmen und den Zusammenhang zwischen der Spannung und der Stromstärke untersuchen. Dazu brauchst du einen Eisendraht, eine Bleistiftmine und einen Draht aus Konstantan, einer Mischung aus Kupfer, Nickel und Mangan.

Tabelle **T1** zeigt die Messwerte für die drei „Drähte". Deine Werte werden je nach verwendetem Draht bzw. je nach Bleistiftmine davon abweichen. In den dazugehörigen *U*-*I*- bzw. *U*-*R*-Diagrammen solltest du aber ähnlich aussehende Kurven erhalten (Bild **B2**).

Die Kennlinien in Bild **B2a** zeigen, dass die Stromstärke für alle drei Materialien mit der Spannung zunimmt. Ansonsten unterscheiden sich die Kurven aber erheblich.

	Eisen		Konstantan		Grafit	
U in V	*I* in A	*R* in Ω	*I* in A	*R* in Ω	*I* in A	*R* in Ω
0,0	0,00	–	0,00	–	0,00	–
1,0	0,16	6	0,07	14	0,08	13
2,0	0,24	8	0,13	15	0,16	13
3,0	0,30	10	0,20	15	0,24	13
4,0	0,35	11	0,27	15	0,32	13
5,0	0,37	13	0,33	15	0,41	12
6,0	0,40	15	0,40	15	0,50	12
7,0	0,42	17	0,47	15	0,61	11
8,0	0,42	19	0,53	15	0,74	11
9,0	0,45	20	0,60	15	0,90	10
10,0	0,45	22	0,67	15	1,1	9,1

T1 *Mess- und Rechenergebnisse zu Versuch **V1***

V1 Kennlinien

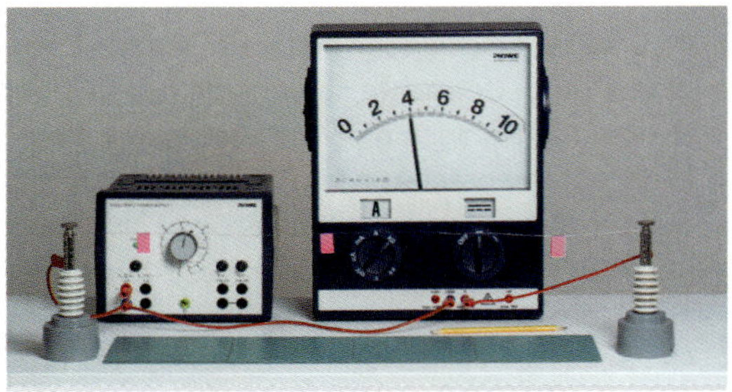

Ziel ist es, die Kennlinien des Eisendrahtes (Durchmesser $d = 0{,}1$ mm, Länge $l = 1{,}0$ m), der Bleistiftmine (Bleistift beidseitig anspitzen) und des Konstantandrahtes ($d = 0{,}2$ mm, $l = 1{,}0$ m) aufzunehmen. Erhöhe dazu die angelegte Spannung schrittweise von 0 V auf 11 V und miss die Stromstärke. Notiere die Werte in eine Tabelle und berechne jeweils den Widerstand.

Achtung: Die Drähte und die Bleistiftmine können heiß werden! Verwende eine feuerfeste Unterlage!

Ein Blick auf das *U*-*R*-Diagramm (Bild **B2b**) verdeutlicht den Unterschied noch genauer:

Eisendraht: Je größer die Spannung *U* ist, desto größer wird auch der Widerstand *R* des Eisendrahtes.

Bleistiftmine: Im Gegensatz zum Eisendraht beobachtest du hier gerade das umgekehrte Verhalten. Wenn du die Spannung *U* vergrößerst, dann verringert sich der Widerstand *R* der Bleistiftmine.

Konstantandraht: Konstantan spielt eine Sonderrolle: Die *U*-*I*-Kennlinie ist eine Gerade. Für dieses Material ist die Stromstärke *I* also proportional zur angelegten Spannung *U*, das heißt:
- Bei der doppelten (dreifachen, ...) Spannung *U* wird im Konstantandraht die Stromstärke *I* ebenfalls verdoppelt (verdreifacht, ...).
- Deshalb ist der Quotient $\frac{U}{I}$, also der Widerstand *R*, für alle Wertepaare von *U* und *I* konstant.

GEOR SIMON OHM (Bild **B1**) hat um 1825 entdeckt, dass es Materialien und Bauteile gibt, deren Widerstand über große Bereiche hinweg gleich bleibt. Nach ihm ist daher das **ohmsche Gesetz** benannt. Ein elektrisches Bauteil erfüllt das ohmsche Gesetz, wenn *I* und *U* zueinander proportional sind.

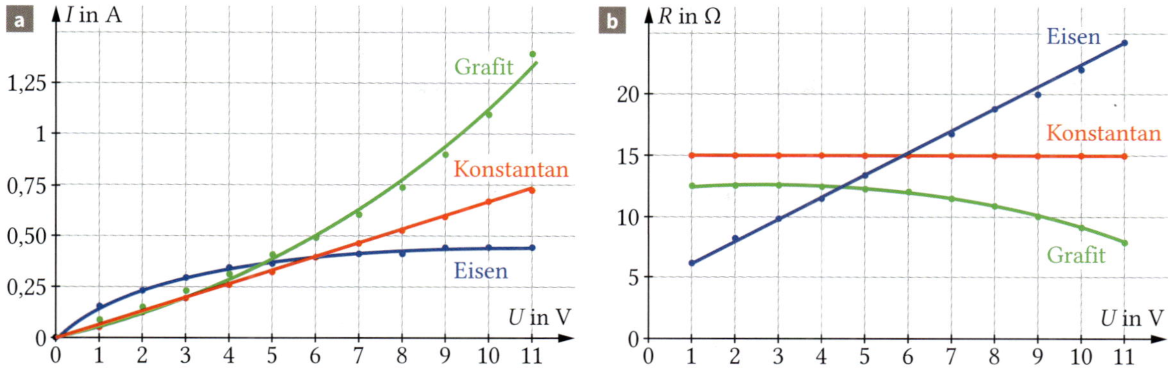

B2 *Drei in ihrer Art unterschiedliche Kennlinien: a) U-I- und b) U-R-Diagramm für die drei Bauteile Eisendraht, Konstantandraht und Grafit- bzw. Bleistiftmine aus Versuch **V1***

Für Drähte aus Konstantan ist das der Fall. Für andere Drähte in der Regel nicht.

! Merksatz

Wenn bei einem elektrischen Bauteil die Stromstärke I stets proportional zur Spannung U ist, dann gilt für dieses Bauteil das ohmsche Gesetz. Der Widerstand R des Bauteils ist dann konstant.

Die Temperatur bestimmt den Widerstand. Versuch **V2** zeigt den Grund für das unterschiedliche Verhalten der Materialien von Versuch **V1**. Wenn das Wasserbad den Eisendraht auf konstanter Temperatur hält, dann ist die U-I-Kennlinie eine Gerade (Bild **B3**). Der Widerstand des Eisendrahts ist konstant. Offenbar beeinflusst die Temperatur eines Drahts seinen Widerstand. Das gilt für alle Metalle. Je wärmer ein Metalldraht wird, desto höher ist sein Widerstand. Im Atommodell kann man sich das so erklären: Bei höherer Temperatur stoßen mehr Elektronen mit Atomrümpfen zusammen. Dies behindert den Fluss der Elektronen durch das Metall.

! Merksatz

Das ohmsche Gesetz gilt für alle Metalle, wenn man ihre Temperatur konstant hält.

Halbleiter. Die Bleistiftmine in Versuch **V1** ist ein Sonderfall. Sie besteht nicht aus Metall, sondern aus Grafit, einem sogenannten **Halbleiter.** Bei vielen Halbleitern wird der Widerstand kleiner, wenn sich die Temperatur erhöht.

V2 Widerstand bei konstanter Temperatur

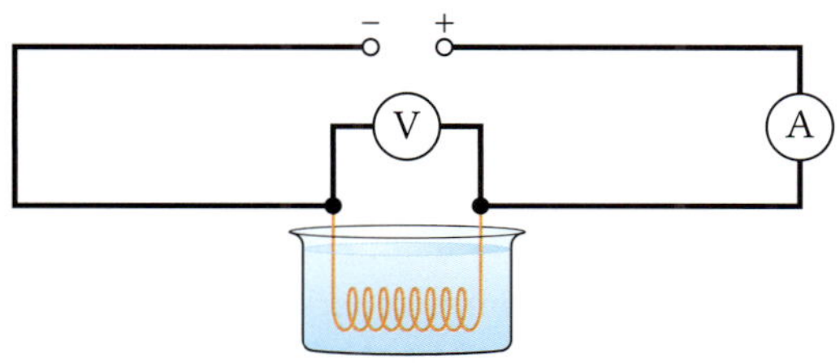

Nimm eine Kennlinie eines dünnen, isolierten Eisendrahts auf, der sich in einem Becherglas mit kühlem Wasser befindet.
Gehe dazu wie in Versuch **V1** vor und notiere Spannung und Stromstärke.
Trage die Kennlinie in einem U-I-Diagramm auf.

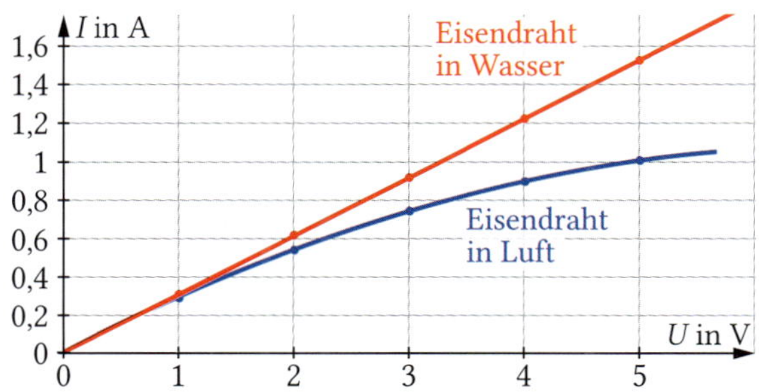

B3 *Für den Eisendraht in Wasser ergibt sich eine Ursprungsgerade im U-I-Diagramm, d. h. I ~ U bzw. R ist konstant.*

Halbleiter kommen daher oft in **Temperatursensoren** zum Einsatz. Man lässt einen Strom durch den Halbleiter fließen, berechnet aus der Spannung und der Stromstärke den Widerstand und ermittelt so die Temperatur der Umgebung.

4.8 Ohmsches Gesetz

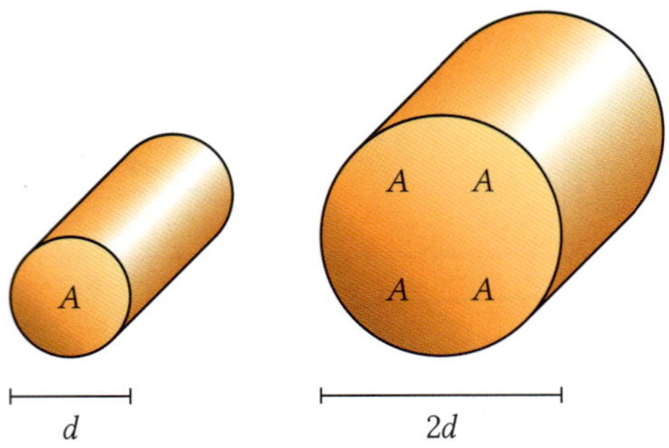

B1 *Ein Draht mit doppeltem Durchmesser hat die vierfache Querschnittsfläche.*

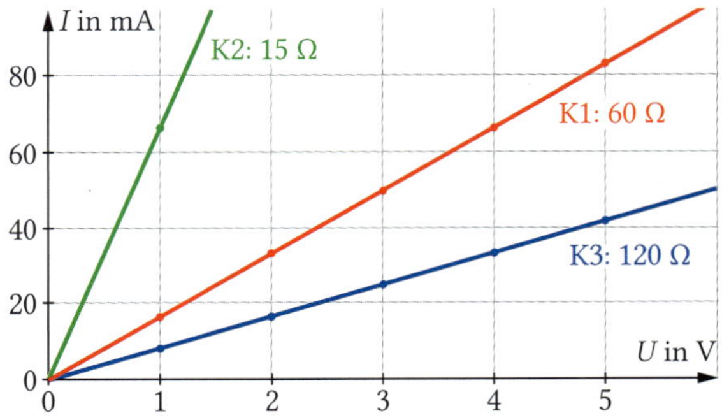

B2 *Kennlinien der drei Konstantandrähte aus Versuch* **V1**

Was den Widerstand beeinflusst. In den bisherigen Versuchen haben wir immer gleich lange und gleich dicke Drähte betrachtet. Das ist auch sinnvoll. Wenn man einen physikalischen Zusammenhang untersuchen will, muss man andere Einflussfaktoren möglichst konstant halten. Unser Modell des elektrischen Stromkreises als Bikepark mit Höhenunterschieden legt jedoch nahe: Länge und Durchmesser eines Drahtes beeinflussen seinen Widerstand – so wie Länge und Breite einer Singletrail-Engstelle im Bikepark beeinflussen, wie viele Mountainbiker pro Minute diese Stelle passieren.

Versuch **V1** zeigt diesen Zusammenhang. Das Ergebnis für K3 ist wenig überraschend. Ein doppelt so langer Draht hat den doppelten Widerstand. K2 hat den geringsten Widerstand. Der Widerstand von K2 beträgt nur ein Viertel des Widerstandes von K1. Beide Drähte sind gleich lang, K2 hat aber den doppelten Durchmesser und damit die vierfache Querschnittsfläche.

V1 Leitergeometrie und Widerstand

Bestimme die Kennlinie von drei Konstantandrähten K1, K2 und K3. Sie haben verschiedene Längen und Durchmesser (siehe Tabelle):
Erhöhe dazu schrittweise die angelegte Spannung U und miss die jeweils dazugehörige Stromstärke I. Stelle die Werte in einem U-I-Diagramm dar. So kannst du den Widerstand mit $R = \frac{U}{I}$ berechnen.
Die Kennlinien der drei Drähte zeigt Bild **B2.**

	Länge *l* in m	Durchmesser *d* in mm	Widerstand *R* in Ω
K1	1,0	0,1	60
K2	1,0	0,2	15
K3	2,0	0,1	120

Das veranschaulicht Bild **B1.** Der Widerstand ist umgekehrt proportional zur Querschnittsfläche des Drahtes.

! Merksatz

Der Widerstand R eines Metalldrahts ist proportional zu seiner Länge l und umgekehrt proportional zu seiner Querschnittsfläche A:

$$R \sim \frac{l}{A}.$$

Der Proportionalitätsfaktor zwischen R und $\frac{l}{A}$ ist der spezifische Widerstand ρ (griech. Buchstabe rho):

$$R = \rho \cdot \frac{l}{A}.$$

Der **spezifische Widerstand** ist eine Eigenschaft des Materials, aus dem der Draht besteht. Eine Tabelle im Anhang zeigt die Werte für einige Materialien.

Löse selbst

1 Das Bild **B3** (vorherige Seite) zeigt die U-I-Kennlinien eines Eisendrahts in Wasser und in Luft.
a) Beschreibe Gemeinsamkeiten und Unterschiede. Verwende die Begriffe „Spannung" und „Stromstärke".
b) Berechne für die beiden Leiter bei drei unterschiedlichen Spannungen jeweils den Widerstand. Vergleiche das Widerstandsverhalten der beiden Leiter.

2 Zu Beginn eines Lernvideos im Internet zum Thema „ohmsches Gesetz" wird die Formel $U = R \cdot I$ als ohmsches Gesetz bezeichnet.
a) Bewerte diese Aussage.
b) Suche im Internet ein Video, das das ohmsche Gesetz richtig erklärt. Zitiere durch Angabe des Links.

Methode: An Messwerten Zusammenhänge erkennen

Auf der vorherigen Seite haben wir aus der Messung von Widerständen verschiedener Drähte einen allgemeingültigen Zusammenhang entwickelt. Diese Seite erklärt, wie du solche Zusammenhänge selbst herausfinden kannst.

Die Tabelle **T2** zeigt die Widerstände R für verschiedene Drähte der Länge l und mit einem Durchmesser d.

l in m	d in mm	R in Ω
1,0	0,1	60
1,5	0,1	90
2,0	0,1	120
2,5	0,1	150
1,0	0,2	15
1,0	0,3	6,7
1,0	0,5	2,4

T2 *Messwerte von R für verschiedene Längen l und Durchmesser d der Drähte*

1. Hypothese aufstellen

Am Anfang steht eine begründete Vermutung. Der Fachbegriff dafür ist **Hypothese.** In unserem Fall lautet sie: Ein dicker Draht mit größerem Durchmesser hat einen geringeren Widerstand als ein dünner Draht, weil mehr Elektronen pro Sekunde durch die größere Fläche passen. Damit kennst du aber noch keine genaue Formel. Die Darstellung von R über d in Bild **B2** liefert dir ebenfalls keine Anhaltspunkte für eine Formel.

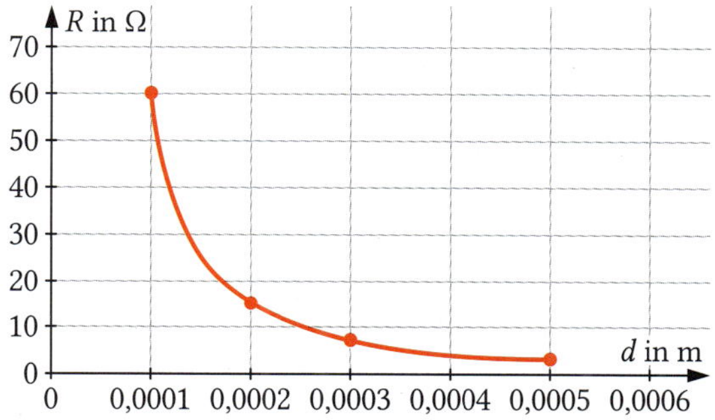

B2 *Die Darstellung von R über d sieht aus wie eine Hyperbel (R ~ 1/d), könnte aber auch R ~ 1/d² abbilden.*

2. Vermutete Formel aufstellen

Nach dem Verlauf des Graphen in Bild **B2** sind zwei Zusammenhänge wahrscheinlich: $R \sim \frac{1}{d}$ oder $R \sim \frac{1}{d^2}$. Einen Schritt weiter kommst du erst, wenn du den Teil der Formel, zu dem R voraussichtlich proportional ist, auf der x-Achse aufträgst. Hier also $\frac{1}{d}$ und $\frac{1}{d^2}$.

Bild **B3** zeigt das Ergebnis, das entsteht, wenn man R über $\frac{1}{d}$ aufträgt – hier nur die Messungen mit gleichem l. Offenbar besteht keine Proportionalität zwischen R und $\frac{1}{d}$.

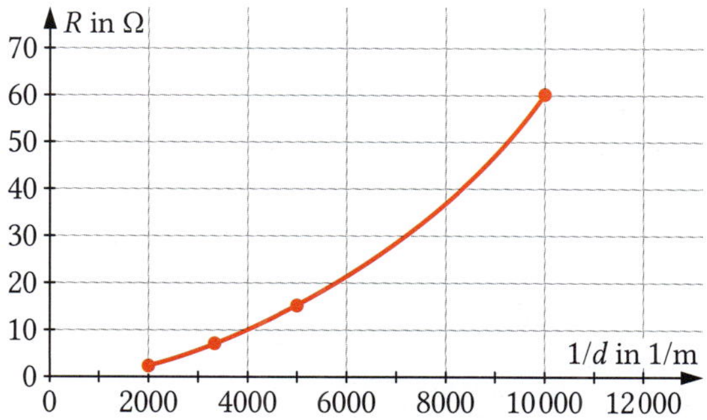

B3 *Es liegt keine Proportionalität vor.*

Die zweite Vermutung ist, das R proportional zu $\frac{1}{d^2}$ ist. Also trägst du R über $\frac{1}{d^2}$ auf und erhältst das Ergebnis in Bild **B4.**

Offenbar besteht ein proportionaler Zusammenhang zwischen R und $\frac{1}{d^2}$. Auf diese Weise kannst du die Vermutung $R \sim \frac{1}{d^2}$ bestätigen.

Der damit gefundene Zusammenhang ist plausibel, weil die Querschnittsfläche des Drahtes proportional zu d^2 ist. Nur durch das Auftragen der vermuteten Proportionalität ist es gelungen, den korrekten Zusammenhang mit den Messwerten zu bestätigen.

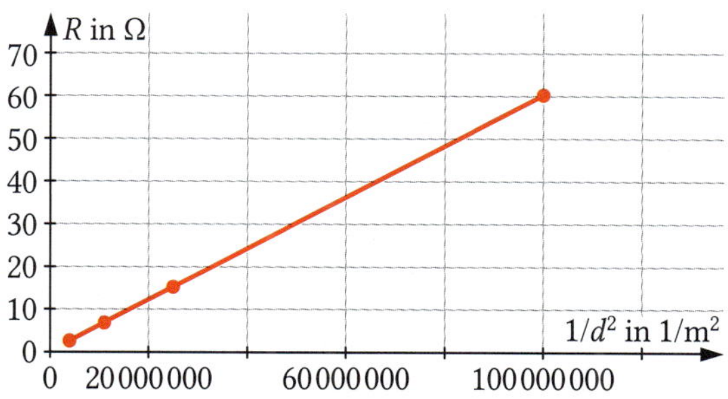

B4 *Die Gerade zeigt eine Proportionalität.*

4.9 Parallelschaltung und Kurzschluss

B1 *Die Ursache eines Wohnungsbrandes ist oft eine überlastete Steckerleiste.*

B2 *Diese Steckerleiste ist durch Überhitzung geschmolzen.*

Brandursache Steckerleiste. Bei Wohnungsbränden findet die Feuerwehr nach den Löscharbeiten häufig geschmolzene oder verschmorte Steckerleisten wie in Bild **B2**.

Bild **B3a** zeigt eine aufgeschraubte Steckerleiste mit dem Verlauf der Drähte. Jedes Modell sieht etwas anders aus – das Prinzip der Schaltung ist aber gleich. Die Steckerleiste ist so aufgebaut, dass der Strom durch jedes angeschlossene Gerät parallel fließt. Daher nennt man diese Art der Schaltung **Parallelschaltung.** Der zugehörige Schaltplan in Bild **B3b** zeigt: Es können drei Geräte parallel angeschlossen werden. Jedes Gerät erhält die volle Spannung, da es direkt mit der Spannungsquelle verbunden ist.

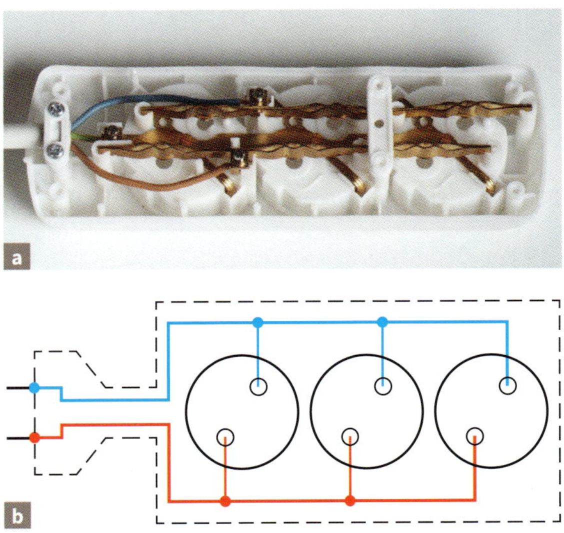

B3 *a) Eine aufgeschraubte Steckerleiste, b) Schaltplan*

V1 Stromstärke durch die Steckerleiste

Schließe ein Netzgerät an eine Steckerleiste an. Stelle die Spannung am Netzgerät auf 12 V ein. Schalte ein Amperemeter in den Stromkreis. Schließe zuerst eine Experimentierlampe mit 12 V Nennspannung an eine Dose der Leiste, danach weitere baugleiche Lampen an die anderen Dosen. Beobachte, wie sich die Stromstärke durch die Steckerleiste verändert.

Im Haushalt benutzt man Steckerleisten, wenn man mehrere Geräte an eine Steckdose in der Wand anschließen möchte.
In Versuch **V1** untersuchst du, warum eine Steckerleiste brennen kann. Dazu misst du die Stromstärke in der Zuleitung der Steckerleiste. Versuch **V1** zeigt: Je mehr Lämpchen du anschließt, desto höher ist die Stromstärke durch das Amperemeter. Bei drei Lämpchen misst du eine dreimal so hohe Stromstärke wie bei einem Lämpchen. Hier ist das nicht gefährlich, denn die Stromstärken durch die Lämpchen sind gering. Wenn du jedoch viele Geräte mit hohen Stromstärken parallel an eine Steckerleiste schaltest, kann das Zuleitungskabel überhitzen. In der Beispielaufgabe auf der nächsten Seite wird die entsprechende Stromstärke berechnet.

Nicht nur für die Steckerleiste, sondern für jede Parallelschaltung gilt: Je größer die Anzahl an parallel geschalteten Bauteilen ist, desto größer wird die Stromstärke in der jeweiligen Zuleitung. Für den elektrischen Widerstand der Parallelschaltung bedeutet das:

Zwei parallel geschaltete Bauteile bilden zusammen einen kleineren Widerstand als nur ein Bauteil. Der Widerstand von drei parallel geschalteten Bauteilen ist noch kleiner.

Vergleich von Reihen- und Parallelschaltung. Die Stromstärken sind in der Reihen- und Parallelschaltung verschieden, obwohl jeweils die gleichen Lampen verwendet werden. In der Reihenschaltung nimmt die Stromstärke durch Hinzufügen einer Lampe ab. In der Parallelschaltung wird die Stromstärke durch Hinzufügen einer Lampe größer. Im Modell der Mountainbiker bedeutet das: Über einen zweiten, parallelen Singletrail rollen zusätzliche Fahrer. Bild **B4** zeigt ein weiteres Modell, das die Zunahme der Stromstärke in der Parallelschaltung plausibel macht.

In Versuch **V1** kannst du dies messen. Du schaltest weitere Amperemeter in jeden Zweig der Parallelschaltung, also zwischen jedes Lämpchen und eines seiner Kabel zur Steckerleiste. Du vergleichst dann die Teil- und die Gesamtstromstärke. Du stellst fest, dass in der Zuleitung zur Steckerleiste alle Teilströme aus den einzelnen Zweigen zusammenkommen.

! Merksatz

Bei einer Parallelschaltung ist die Gesamtstromstärke im unverzweigten Teil gleich der Summe der Teilstromstärken in den einzelnen Zweigen.

$I_{ges} = I_1 + I_2 + I_3 + ...$

Sicherungen begrenzen die Stromstärke. Im Haushalt sind Steckdosen – und somit auch angeschlossene Elektrogeräte – parallel geschaltet (Bild **B5**). Mit jedem zugeschalteten und in Betrieb genommenen Elektrogerät steigt die Stromstärke in der Zuleitung. Wenn diese zu groß wird, sorgt eine Sicherung dafür, dass der Stromkreis unterbrochen und somit die Zuleitung nicht zu heiß wird. Das gilt auch, wenn Geräte über eine Steckerleiste angeschlossen sind. In der Regel greift also eine Sicherung ein, bevor eine Steckerleiste zu heiß wird und brennen kann.

Auf diese Sicherheit sollte man sich aber nicht verlassen: Wenn eine Steckerleiste beschädigt oder ihre Zuleitung eng aufgewickelt ist – etwa bei einer aufgewickelten Kabeltrommel –, kann sie in Brand geraten, noch bevor die Sicherung den Stromkreis unterbricht.

B4 *Modell zur Parallelschaltung: Wenn das Wasser aus zwei Hähnen fließt, muss es in der Zuleitung schneller nachfließen.*

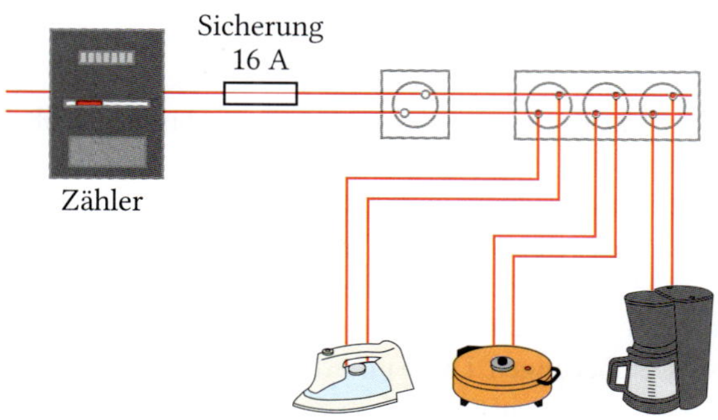

B5 *Steckdosen – und somit auch angeschlossene Elektrogeräte – sind im Hausstromnetz parallel geschaltet.*

Beispielaufgabe

Mehrfachsteckdose: Du möchtest prüfen, ob du ein Bügeleisen, ein Waffeleisen und eine Kaffeemaschine gleichzeitig an einer Mehrfachsteckdose betreiben kannst, ohne dass die Sicherung herausspringt (Bild **B5**). Die Steckdose ist mit einer 16-A-Sicherung abgesichert. An den drei Geräten treten folgende Stromstärken auf: Bügeleisen $I_1 = 8{,}7$ A, Waffeleisen $I_2 = 4{,}3$ A, Kaffemaschine $I_3 = 5{,}4$ A.

Lösung: Die Gesamtstromstärke darf aufgrund der Sicherung maximal 16 A betragen. Beim Anschließen an eine Mehrfachsteckdose sind diese drei Geräte parallel geschaltet. Die Summe der Stromstärken in den drei Zweigen würde betragen:

$$I_1 + I_2 + I_3 = 8{,}7\text{ A} + 4{,}3\text{ A} + 5{,}4\text{ A} = 18{,}4\text{ A}.$$

Die Gesamtstromstärke wäre mit 18,4 A zu groß. Die drei Geräte können nicht zusammen angeschlossen werden. Die 16-A-Sicherung würde den Stromkreis unterbrechen.

4.9 Parallelschaltung und Kurzschluss

Kurzschluss – Abkürzung für den Strom. Ein dicker Schlauch behindert den Wasserfluss nicht so stark wie ein dünner Schlauch. Genauso stellt ein dicker Draht für den elektrischen Strom einen kleineren Widerstand dar als der sehr dünne Glühlampendraht. Wenn man ein dickes Drahtstück parallel zur Glühlampe schaltet, dann findet der elektrische Strom einen zusätzlichen „bequemen" Nebenweg. Schlagartig steigt die Stromstärke im gesamten Stromkreis an.

Dieses „Überbrücken" der Glühlampe nennt man **Kurzschluss.** Ein solcher Kurzschluss kann zu einer Brandgefahr werden, wie du mit dem Versuch **V1** selbst herausfinden kannst. Wenn du einen Kurzschluss herstellst, beginnt das Papier über dem Eisendraht zu brennen.

Auch im Stromnetz zuhause können alte, brüchige Kabel und defekte Elektrogeräte Kurzschlüsse verursachen. Leitungskabel können dann so heiß werden, dass Isolierungen schmelzen und Tapeten und Vorhänge sich entzünden und so einen Wohnungsbrand auslösen. Um dies zu verhindern, gibt es im Hausstromnetz elektrische Sicherungen. Diese unterbrechen den Stromkreis, sobald die Stromstärke einen durch die Sicherung festgelegten Wert überschreitet. Das geschieht bei einem Kurzschluss immer. Dennoch kann durch Funken, die in dem kurzen Moment vor dem Herausspringen der Sicherung entstehen, ein Brand entstehen.

V1 Brandgefahr bei Kurzschluss

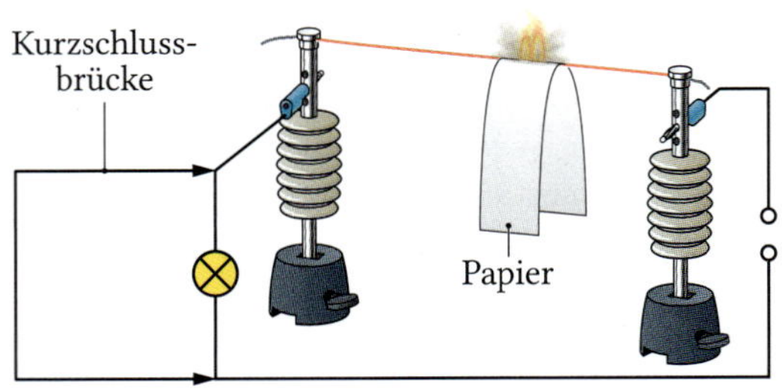

Achtung: Verwende bei diesem Versuch eine nicht brennbare Unterlage!

Schließe eine Lampe an ein Netzgerät an. Ein Teil des Stromkreises wird über einen dünnen Eisendraht geführt. Dieser steht für ein dünnes Kabel im Haushaltsstromnetz.
Regele die Spannung am Netzgerät so, dass die Lampe hell leuchtet.
Überbrücke die Lampe mit einem Kupferdraht.

Löse selbst

1

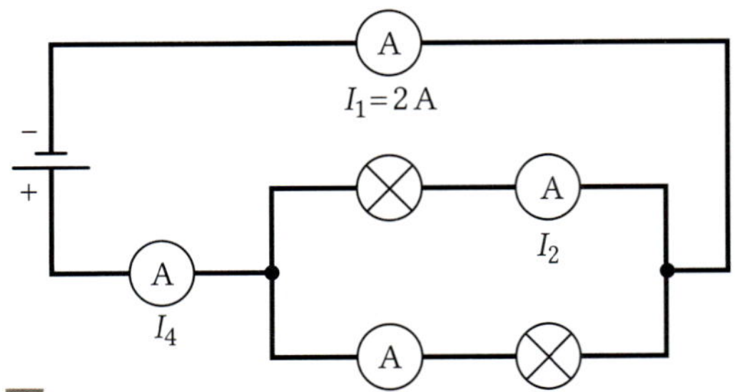

a

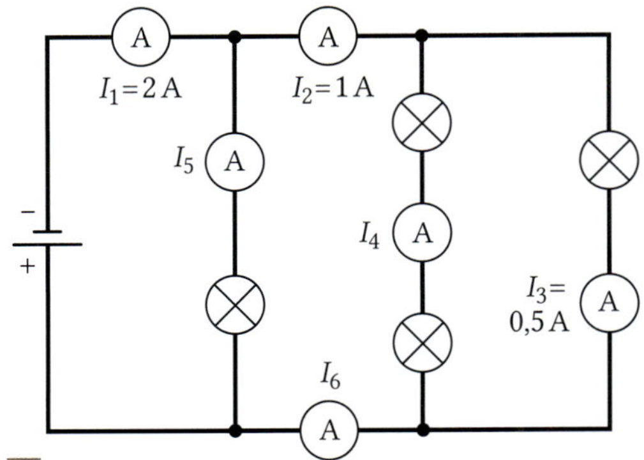

b

Bestimme in den Schaltungen oben die fehlenden Stromstärken.

2 In den beiden Zweigen einer Parallelschaltung befindet sich jeweils ein Amperemeter. Das eine zeigt 1,8 A an. Was zeigt das andere an, wenn man im unverzweigten Teil 2,4 A misst? Begründe.

3 Zähle einige Ursachen auf, die zu Kurzschlüssen führen können.

4 Beim letzten Fest waren zwei Racletteplatten in Betrieb. Max brachte noch eine mit. Als er sie anschloss, sprang die Sicherung heraus. Gib zwei mögliche Gründe an.

5 Auch Drähte haben wie Elektrogeräte einen elektrischen Widerstand. Meist ist er sehr klein. Begründe mit Hilfe deiner Kenntnisse über Reihen- und Parallelschaltungen folgenden Aussagen:
a) Je länger ein Draht ist, desto größer ist sein elektrischer Widerstand.
b) Je dicker ein Draht ist, desto kleiner ist sein elektrischer Widerstand.

Exkurs: Schutzmaßnahmen im Hausstromnetz

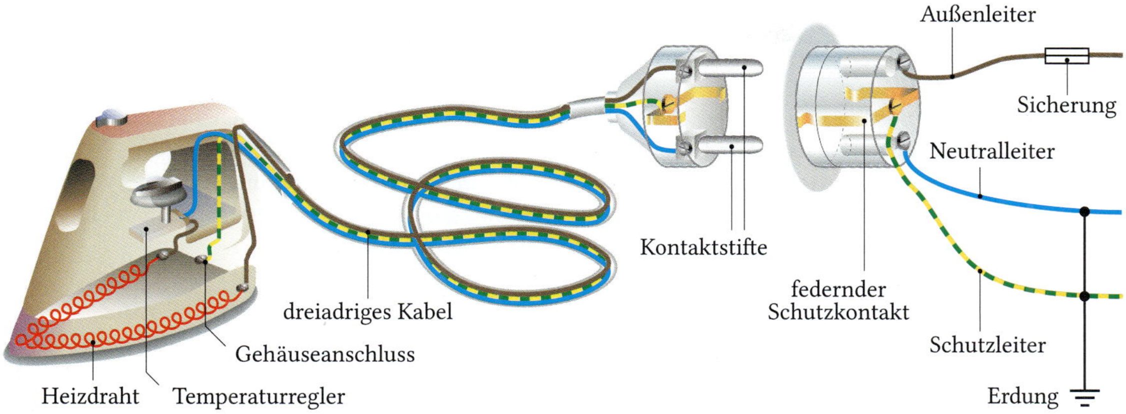

B1 *Stromanschluss eines Bügeleisens*

Schutzleiter sorgen für Sicherheit. Beim Betrieb eines Bügeleisens führen nur der blaue **Neutralleiter** und der braune **Außenleiter** Strom, nicht aber der grün-gelbe **Schutzleiter.** Dieser hat eine Sicherheitsfunktion im Gefahrenfall. Er verbindet das Metallgehäuse des Bügeleisens mit der Erdung am Hausanschluss. Das geschieht über die in Bild **B1** gelb gekennzeichneten Schutzkontakte im Schukostecker. Es spielt keine Rolle, wie herum man den Stecker in die Steckdose steckt, der grüngelbe Schutzstecker behält seine Funktion.

Der Neutralleiter der Steckdose ist wie der Schutzleiter geerdet, sodass die Erde praktisch einen Pol bildet. Ohne Schutzleiter könnte Folgendes passieren: Der Außenleiter bekommt Kontakt mit dem Metallgehäuse, z. B. durch eine defekte Isolation oder einen lockereren Kontakt des Außenleiters. Dann entsteht eine Spannung zwischen dem Metallgehäuse und der Erde. Die bügelnde Person berührt das Gehäuse und schließt damit den Stromkreis zwischen Gehäuse und Erde. Es kann zu einem gefährlichen Strom (einige mA) durch den Körper kommen. Die Sicherung springt dabei noch nicht heraus Das geschieht erst bei hohen Stromstärken über 16 A.

Ein Schutzleiter kann den Strom durch den Körper der Person verhindern: Durch den Kontakt des Außenleiters mit dem Gehäuse wird ein Stromkreis über Außenleiter, Gehäuse und Schutzleiter geschlossen. Es entsteht ein Kurzschluss und die Sicherung im Außenleiter spricht an.

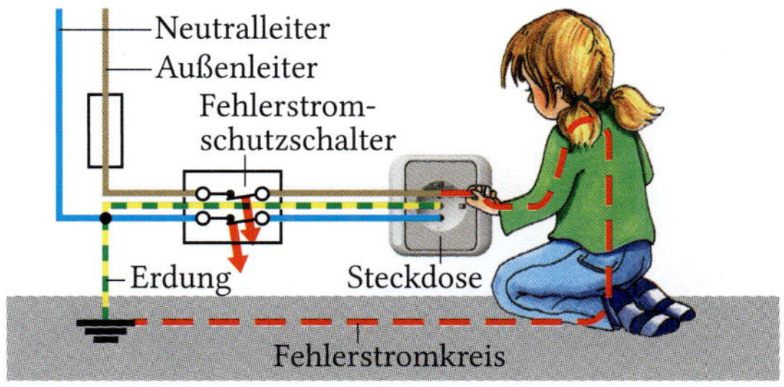

B2 *Zur Funktion des Fehlerstrom-Schutzschalters*

Fehlerstrom-Schutzschalter. Einen noch besseren Schutz bieten Fehlerstrom-Schutzschalter, auch FI-Schalter genannt. Sie prüfen, ob die Stromstärken im Außenleiter und im Neutralleiter gleich groß sind.

Das Kind in Bild **B2** begibt sich in Lebensgefahr! Es steckt einen Nagel in eine Steckdose. Der Stromkreis wird nun über Außenleiter-Kind-Erdung geschlossen. Der Außenleiter führt Strom, der Neutralleiter im Fehlerstrom-Schutzschalter jedoch nicht. Wenn sich die beiden Stromstärken um mindestens 30 mA („Fehlerstrom“) unterscheiden, wird der Stromkreis innerhalb von 30 ms vom Netz getrennt. Diese schnelle Reaktion des Fehlerstrom-Schutzschalters ist nötig, um Schäden vom menschlichen Körper abzuwenden. Der Fehlerstrom-Schutzschalter funktioniert jedoch nur, wenn das Kind den Stromkreis zwischen Außenleiter und Erde schließt, also nur einen Pol der Steckdose berührt. Wenn das Kind beide Pole der Steckdose berührt, schaltet es sich wie ein elektrisches Gerät in den Stromkreis. In diesem Fall reagiert der Schutzschalter nicht.

Zusammenfassung

1. Elektrische Ladung und ihre Eigenschaften

Es gibt elektrisch **positive** und **negative** Ladungen. Wenn die Ladungen gleichartig sind, stoßen sie sich ab, wenn sie ungleichartig sind, ziehen sie sich an.

Wenn man gleich viele positive und negative Ladungen zusammenbringt, dann üben sie nach außen hin keine Wirkung mehr aus. Sie **neutralisieren** sich.

Ein ungeladener Körper hat gleich viel positive wie negative Ladungen. Bei Annäherung einer Ladung von außen können die positiven und die negativen Ladungen teilweise voneinander getrennt werden (**Influenz**).

Ein elektrisch geladener Körper ist von einem **elektrischen Feld** umgeben. Dadurch wirkt der geladene Körper auf andere Körper. Das elektrische Feld kann man durch **Feldlinienbilder** veranschaulichen.

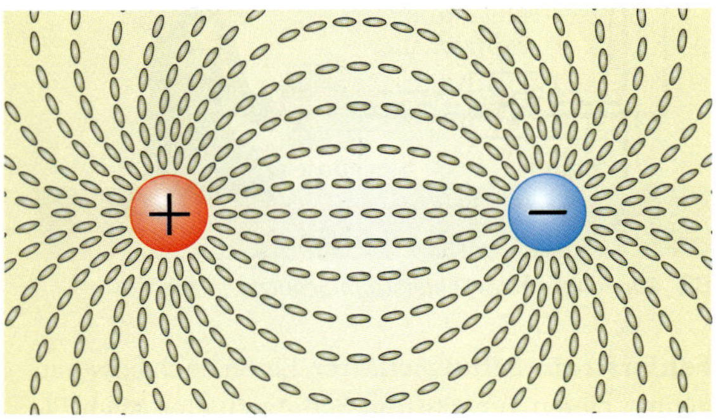

2. Der Aufbau von Atomen

Atome bestehen aus einem positiv geladenen Kern und einer negativ geladenen Hülle. Der **Atomkern** besteht aus positiv geladenen **Protonen** und elektrisch neutralen **Neutronen.** In der Atomhülle befinden sich negativ geladene **Elektronen.**

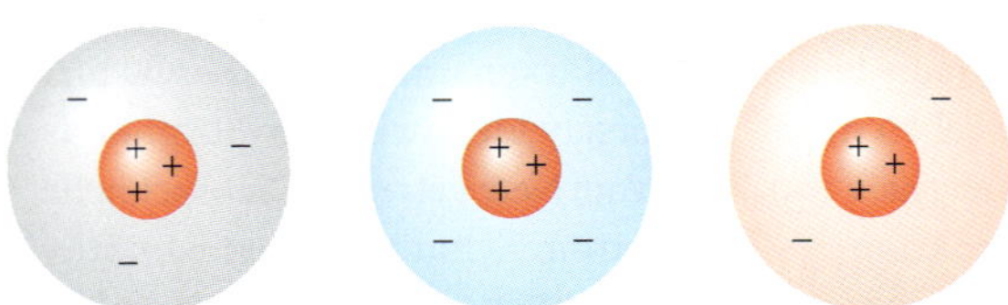

Ein neutrales Atom hat gleich viele Protonen und Elektronen. Bei Ionen unterscheidet sich die Zahl der Elektronen und der Protonen.
In **Metallen** sind die positiven Ladungen **ortsfest.** Negativ geladene Elektronen können sich dagegen frei im Metall bewegen.

3. Der elektrische Strom

Im elektrischen Stromkreis können Ladungen kontinuierlich oder portionsweise transportiert werden. Der elektrische Strom ist fließende elektrische Ladung. In einem einfachen geschlossenen Stromkreis fließt überall in derselben Zeit gleich viel Ladung.

Um eine bessere Vorstellung über die Vorgänge im Stromkreis zu erlangen, verwendet man ein **Wasserstromkreis-Modell.**

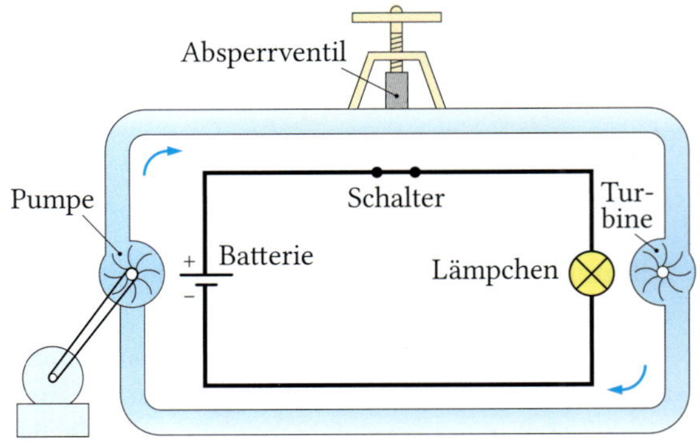

4. Die elektrische Stromstärke

Die Stromstärke I eines elektrischen Stroms ergibt sich aus der Ladungsmenge ΔQ, die in der Zeitspanne Δt eine bestimmte Stelle im Stromkreis passiert:

$$I = \frac{\Delta Q}{\Delta t}.$$

Die Einheit der elektrischen Stromstärke ist das **Ampere**, kurz 1 A.

5. Die elektrische Spannung

Die elektrische **Spannung** ist der **Potenzialunterschied** zwischen zwei Polen einer Batterie. Diesen Potenzialunterschied kann man sich in einem Modell vorstellen als Höhenunterschied im Gebirge.

In einem geschlossenen Stromkreis bewirkt die Spannung den elektrischen Strom. Die Spannung wird in **Volt** gemessen, kurz 1 V.

6. Reihenschaltung und Parallelschaltung

In der **Reihenschaltung** fließt der gleiche elektrische Strom durch hintereinander geschaltete Geräte. Die Stromstärke durch diese Geräte ist gleich. Die Spannungsabfälle an den einzelnen Geräten summieren sich zur **Gesamtspannung.**

In einer **Parallelschaltung** fließt der Strom durch mehrere Zweige der Schaltung, die zueinander parallel verlaufen.
Bei einer Parallelschaltung ist die **Gesamtstromstärke** im unverzweigten Teil gleich der Summe der Teilstromstärken in den einzelnen Zweigen. So können hohe Stromstärken entstehen.

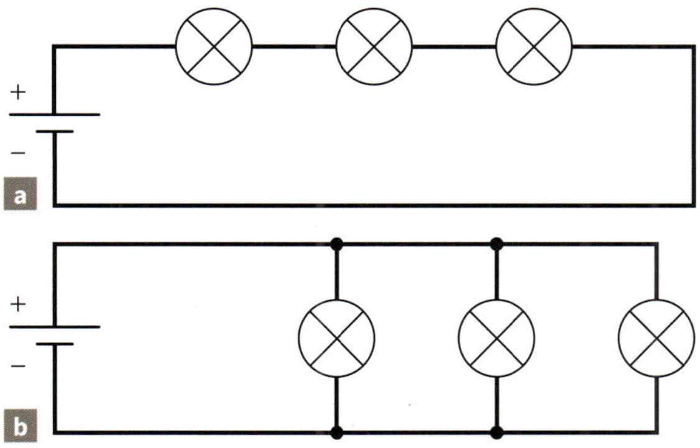

7. Der elektrische Widerstand

Bei einer vorgegebenen Spannung U bestimmt der elektrische Widerstand R die Stromstärke I. Es gilt:

$$I = \frac{U}{R}.$$

Das bedeutet: Je größer der Widerstand ist, desto geringer ist die Stromstärke bei einer bestimmten Spannung.

8. Das ohmsche Gesetz

Wenn bei einem elektrischen Bauteil die Stromstärke **proportional** zur Spannung ist, dann gilt für dieses Bauteil das **ohmsche Gesetz.** Der Widerstand des Bauteils ist dann konstant.

Das ohmsche Gesetz gilt für Metalldrähte in der Regel nicht. Eine Ausnahme ist Konstantan.

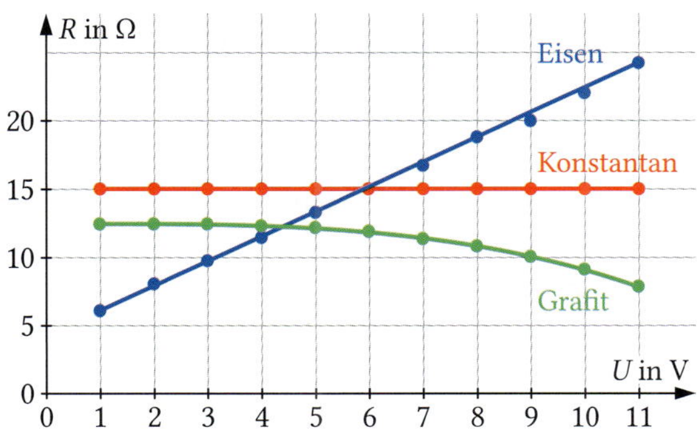

Selbsteinschätzung

Schätze dich selbst ein: „kann ich schon gut (+)“ oder „muss ich mir noch einmal anschauen (–)“.

Ich kann …

… die zwei Ladungsarten benennen;
… angeben, wie sich zwei gleich geladene Körper und zwei ungleich geladene Körper verhalten;
… den Aufbau eines Elektroskops und seine Funktion beschreiben;
… erklären, wie sich Ladungen neutralisieren können;
… den Aufbau einer Glimmlampe und ihre Funktion beschreiben;
… erklären, was Influenz ist und was passiert, wenn ein geladener Köper sich einem anderen Körper nähert;
… angeben, wie ein elektrisches Feld entsteht;
… einen Versuch benennen und erklären, mit dem man dieses Feld sichtbar macht;
… das Elektronen-Atomrumpfmodell erläutern;
… erläutern, warum im einfachen Stromkreis überall gleich viel Ladung fließt;
… erläutern, was das Wasserstromkreis-Modell ist;
… die Bauteile im Wasserstromkreis-Modell den entsprechenden Bauteilen im elektrischen Stromkreis zuordnen;
… erklären, wie man die Stromstärke berechnet;
… die Einheit der elektrischen Stromstärke und die Einheit der Ladung angeben;
… die elektrische Stromstärke mit einem Amperemeter messen und angeben wie dieses geschaltet wird;
… die Größen Spannung, Stromstärke und Widerstand erläutern;
… erklären, wie diese Größen zusammenhängen;
… die Vorstellung von Spannung in einem Modell erklären;
… begründen, warum das ohmsche Gesetz für die meisten Leiter nicht gilt;
… erklären, warum man im Haushalt selten Reihenschaltungen verwendet;
… die Gefahr bei der Benutzung von Steckerleisten erklären;
… berechnen, wie viele Geräte mit einer bestimmten Stromstärke an eine Steckerleiste angeschlossen werden dürfen;
… erklären, wie ein Kurzschluss entsteht und welche Gefahren von ihm ausgehen.

Aufgaben mit Lösungen

Elektrische Ladung und Feld

1 Ein geladenes Elektroskop wird mit einer Kugel aus Kunststoff oder Metall berührt. Beschreibe, was passiert. Erläutere den Unterschied.

2 Wenn du eine geladene Kugel in die Nähe eines Elektroskops bringst, dann schlägt dieses aus. Wenn du die Kugel wieder entfernst, dann geht der Ausschlag auf null zurück. Erkläre.

3 Wenn man ein Elektroskop mehrmals mit einer jeweils gleich stark geladenen Kugel berührt, nimmt der Zeigerausschlag zu. Bei jeder weiteren Berührung gibt die Kugel weniger Ladung ab. Erkläre dies.

4

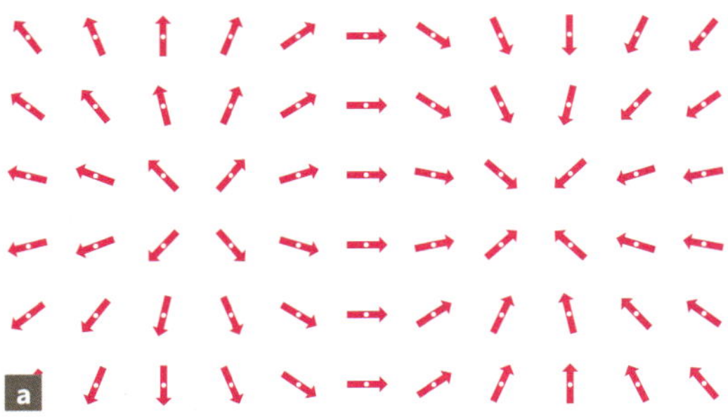

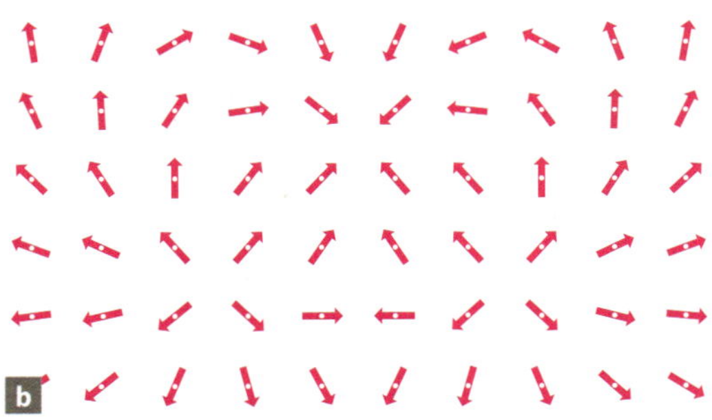

a) Das mit einer Simulation erzeugte Bild a) zeigt durch Pfeile den Verlauf von Feldlinien an. Bestimme mit Hilfe einer Simulation die Position und die Art der Ladung, damit sich das gezeigte Bild ergibt.
Hinweis: Die Simulation befindet sich in der *BiBox*.
b) Das Bild b) zeigt eine andere Situation. Bestimme mit Hilfe einer Simulation die Position und die Art der Ladung, damit sich das gezeigte Bild ergibt. Beschreibe die Unterschiede zu a).

5 Stelle die Gemeinsamkeiten und Unterschiede zwischen elektrischen und magnetischen Feldern übersichtlich zusammen.

Atombau

6 a) Beschreibe eine Modellvorstellung vom Aufbau eines Atoms.
b) Ein neutrales Atom nimmt in seiner Hülle ein weiteres Elektron auf. Gib an, wie man ein solches Objekt nennt und welche Ladung es hat.

7 Erkläre die Aussage „Ein Atom bzw. ein Körper ist elektrisch neutral“. Kann es mit unserem Atommodell auch „unelektrische“ Körper ganz ohne Ladungen geben? Begründe.

8 Eine Metallkugel wird an einer Spannungsquelle negativ geladen. Beschreibe, wie sich
a) die Anzahl der Elektronen der Kugel,
b) die Ladung der Atomkerne geändert hat.
c) Beschreibe, wie man sich metallische Leiter im Innern vorstellt.

9 Löse etwas Kochsalz in Wasser auf und lasse anschließend das Wasser wieder verdunsten.
a) Beschreibe deine Beobachtung.
b) Erläutere, inwiefern die Beobachtung die Existenz von Atomen nahelegt.

Stromstärke, Spannung, Widerstand

10 Beschreibe den Nachweis von
a) ruhender und b) bewegter Ladung.

11

Das Bild zeigt eine Pinguinrutsche. Die Pinguine werden über einen Hebemechanismus bis zum oberen Teil der Rutsche befördert. Dann rutschen sie entlang der orangen Bahn herunter. Vergleiche die Rutsche mit einem Stromkreis und finde die Entsprechungen für die Begriffe Ladungsträger, Batterie, Widerstand, Spannung und Stromstärke.

12

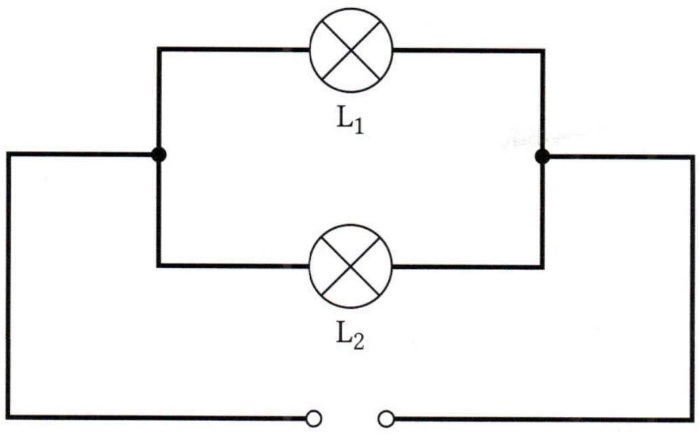

In der Schaltung oben soll die Stromstärke durch die Lampen L_1 und L_2 gemessen werden. Hierfür stehen die beiden Amperemeter A_1 und A_2 zur Verfügung. Übertrage die Schaltung in dein Heft und ergänze die beiden Amperemeter.

13

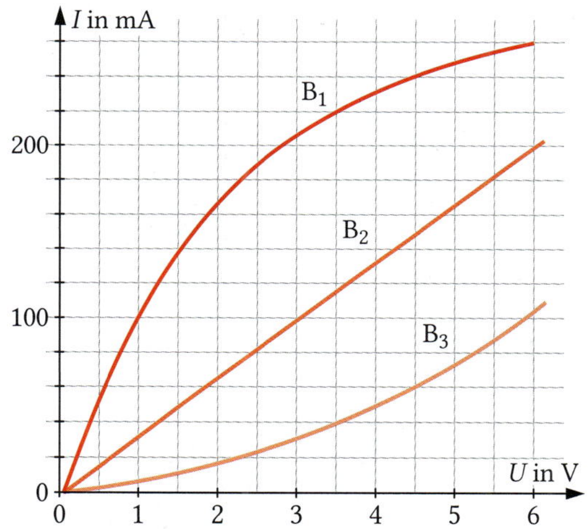

Das Bild zeigt die Kennlinien von drei elektrischen Bauteilen B_1, B_2 und B_3.

a) Beschreibe anhand der Kennlinien, wie sich jeweils der Widerstand mit zunehmender Spannung ändert. Begründe.

b) Erkläre, aus welchen Materialien die Bauteile bestehen könnten.

c) Skizziere den ungefähren Verlauf der drei zugehörigen *U-R*-Kennlinien in einem Diagramm.

14

a) Jemand bezeichnet die Gleichung $I = \frac{U}{R}$ als ohmsches Gesetz. Nimm dazu Stellung.

b) Formuliere das ohmsche Gesetz. Nenne die Bedingungen, unter denen das ohmsche Gesetz für Metalle gilt.

c) Skizziere die *U-I*-Kennlinie.

15

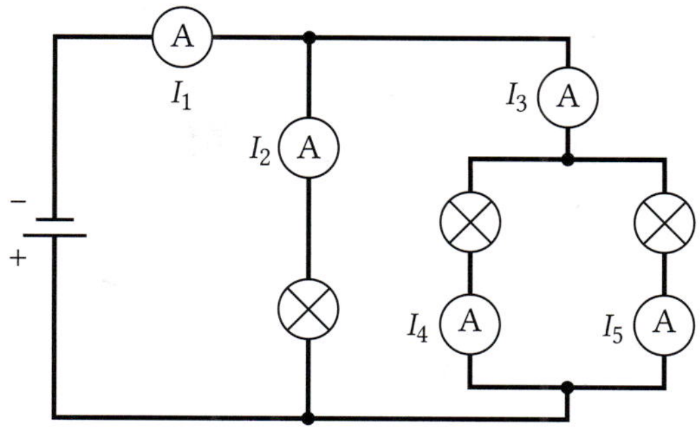

a) Im Schaltplan oben sind die folgenden Stromstärken bekannt: I_2 = 0,30 A, I_3 = 700 mA und I_4 = 0,200 A. Berechne die fehlenden Stromstärken I_1 und I_5.

b) Übertrage den Schaltplan in dein Heft. Kennzeichne alle Stellen gleichen Potenzials in derselben Farbe.

16

Auf einem Glühlämpchen steht, dass es für eine Spannung von 6 V geeignet ist. Dir stehen Batterien mit 1,5 V und 9 V Spannung zur Verfügung.

a) Beschreibe mindestens zwei verschiedene Arten, mit denen du erreichen kannst, dass das Glühlämpchen normal hell leuchtet.

b) Wie viele verschiedene Spannungen kannst du durch Reihenschaltung von zwei 1,5-V- und einer 9-V-Batterie erzeugen? Gib die Spannungswerte an.

c) Zeichne zu jedem möglichen Wert aus b) jeweils einen Schaltplan und eine grafische Darstellung des Potenzialverlaufs.

17

Die folgenden Aussagen enthalten Fehler. Gib an, was an den Aussagen nicht stimmt.

a) Auf einem Motor steht die Angabe 0,5 A; das bedeutet, dass in einem Stromkreis mit diesem Motor die Stromstärke stets 0,5 A beträgt.

b) Eine 12-V-Batterie liefert doppelt so viel Strom wie eine 6-V-Batterie.

c) Der Widerstand zweier Glühlampen ist stets größer als der Widerstand einer Glühlampe.

18

a) Beschreibe zwei Versuche, die die Widerstandsdefinition $R = \frac{U}{I}$ nahelegen. Halte beim ersten Versuch die Stromstärke und beim zweiten Versuch die Spannung konstant.

b) Erkläre, warum eine Widerstandsdefinition $R' = \frac{I}{U}$ nicht sehr sinnvoll wäre.

Druck und Auftrieb

Druck erfahren und verstehen. Wenn du im Schwimmbad tauchst oder schnell einen Berg hinabfährst, spürst du Druck auf deinen Ohren. In diesem Kapitel erfährst du, woher dieser Druck kommt und warum es ihn in Flüssigkeiten und Gasen gibt, nicht aber in festen Körpern.

Auftrieb im Wasser. Der Druck ist die Ursache des Auftriebs. Immer wenn Schiffe schwimmen, ist Auftrieb im Spiel. In diesem Kapitel lernst du, was nötig ist, damit Schiffe nicht untergehen.

Auftrieb mit Tragflächen. Mithilfe dieses Kapitels verstehst du, warum sich tonnenschwere Flugzeuge in die Luft erheben können.

5

Das kannst du in diesem Kapitel erreichen:

- Du verstehst, was Druck ist, und warum er nur in Gasen und Flüssigkeiten herrscht.
- Du kannst den Unterschied zwischen Kraft und Druck erklären.
- Du kannst den Druck in einer bestimmten Wassertiefe berechnen.
- Du kannst erklären und berechnen, wie Hydraulikbremsen beim Fahrrad funktionieren.
- Du erfährst, wie du Druckunterschiede mit einfachen Experimenten sichtbar machen kannst.
- Du lernst, wie du ein kleines Modell-U-Boot bauen kannst, das auf deinen Wunsch hin auf- und abtaucht.
- Du kannst erklären, warum Schiffe schwimmen.
- Du erfährst, warum Flugzeuge, Vögel und Drachenflieger vorwärts fliegen müssen, um in der Luft zu bleiben.

5.1 Druck in Flüssigkeiten und Gasen

B1 *Tauchschüler im Schwimmbecken*

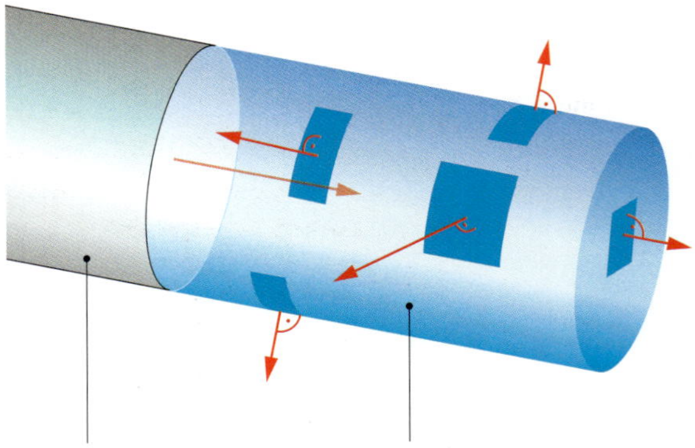

B2 *Begrenzungsflächen in einem Kolben, der unter Druck ist.*

Definition des Drucks. Die Tauchschüler in Bild **B1** atmen am Boden des Schwimmbeckens aus einer Druckluftflasche Luft ein. Die Druckluft aus der Flasche hilft ihnen, ihre Lungen gegen den Wasserdruck aufzupusten. Mit einem langen Schnorchel oder Schlauch, der bis zur Wasseroberfläche reichen würde, könnten sie am Schwimmbeckenboden nicht atmen. Der Wasserdruck, der die Lungen der Taucher von allen Seiten zusammenpresst, wäre zu groß.

V1 Handversuche zum Druck

a) Blase einen Luftballon auf. Der Luftballon bläht sich nach allen Seiten gleichmäßig auf.
b) Im Innern einer verschlossenen Plastikflasche befindet sich ein nur leicht aufgeblasener Luftballon (Bild oben). Wenn du die Flasche zusammendrückst, wird der Luftballon kleiner, er behält aber seine Form bei.
c) Fülle nun Wasser in die Plastikflasche. Wenn du die Flasche zusammendrückst, wird der Luftballon auch diesmal kleiner, genau wie in Versuch b).

Wenn du im Schwimmbad zum Boden des Beckens tauchst, kannst du diesen Druck auf deinen Ohren spüren. Sowohl bei Gasen wie Luft als auch bei Flüssigkeiten wie Wasser spricht man von Druck.

In Versuch **V1a** bläst du einen Luftballon auf. Er verformt sich in alle Richtungen gleichmäßig. Die Ursache für dieses Aufblähen in alle Richtungen nennt man **Druck.** Er ist auch die Ursache für das Kleinerwerden des Ballons in Versuch **V1b.** Druck ist der Zustand des Gepresstseins der Luft im Luftballon. Sein Formelzeichen ist p (von *pressure,* englisch). Druck kann man sich vorstellen, als würden gleichmäßig auf der Oberfläche verteilte Kräfte auf den Luftballon einwirken.

! Merksatz

Druck ist der Zustand des Gepresstseins von Flüssigkeiten und Gasen.

Messung des Drucks. Ein Zustand des Gepresstseins lässt sich nicht leicht messen. Daher misst man nicht den Druck direkt, sondern die Kraft, die er auf eine **Begrenzungsfläche** ausübt (Bild **B2**).

Der Versuch **V2** verdeutlicht, wie Kraft, Druck und Begrenzungsfläche zusammenhängen. In diesem Versuch ist der Querschnitt der Kolben die Begrenzungsfläche, auf die eine Kraft wirkt. Beide Kolben sind durch einen Schlauch verbunden. Deshalb herrscht in beiden Kolben der gleiche Druck. Er bewirkt, dass an der größeren Begrenzungsfläche des größeren Kolbens eine größere Kraft nach oben wirkt. Diese größere Kraft wird in dem Versuch durch die Gewichtskraft des aufgelegten Massestücks ausgeglichen.

Versuch **V2a** zeigt einen qualitativen Zusammenhang zwischen dem Druck p, der Kraft F und der Fläche A. In Versuch **V2b** wird dieser Zusammenhang genauer bestimmt und es wird der Druck gemessen. Der Tabelle **T1** mit den Versuchsergebnissen kannst du entnehmen, dass der Quotient $\frac{F}{A}$ konstant ist. Bei der ersten Versuchsreihe ergibt sich ein größerer Wert für $\frac{F}{A}$ als bei der zweiten. Hier wird die Luft stärker zusammengepresst. Es ist daher sinnvoll, den Quotienten $\frac{F}{A}$ als Maß für den Druck p zu betrachten.

Merksatz

Den Druck p bestimmt man aus der Kraft F, die senkrecht auf die Begrenzungsfläche A wirkt:

$$p = \frac{F}{A}.$$

Aus dieser Gleichung ergibt sich die Einheit des Drucks:

$$1\ \text{Pa} = 1\ \frac{\text{N}}{\text{m}^2}.$$

Sie wird zu Ehren des französischen Naturwissenschaftlers und Philosophen BLAISE PASCAL (1623–1662) als **Pascal,** kurz: 1 Pa, bezeichnet. Ein Pascal ist eine sehr kleine Einheit. Daher benutzt man meistens das **Hektopascal,** kurz 1 hPa. Es gilt: 1 hPa = 100 Pa. Den Luftdruck gibt man zum Beispiel in Hektopascal an.

Eine weitere gebräuchliche Einheit des Drucks ist das **Bar,** kurz: 1 bar:

$$1\ \text{bar} = 100\,000\ \frac{\text{N}}{\text{m}^2}.$$

1 bar entspricht etwa dem atmosphärischen Luftdruck auf Meereshöhe. Für die Umrechnung in Pascal und Hektopascal ergibt sich:

$$1\ \text{bar} = 100\,000\ \text{Pa} = 1000\ \text{hPa}.$$

A_1 in cm^2	F_1 in N	A_2 in cm^2	F_2 in N	$\frac{F_1}{A_1}$ in $\frac{\text{N}}{\text{cm}^2}$	$\frac{F_2}{A_2}$ in $\frac{\text{N}}{\text{cm}^2}$
8,0	10,0	1,6	2,0	1,25	1,25
		2,0	2,5	1,25	1,25
		4,0	5,0	1,25	1,25
8,0	4,0	1,6	0,8	0,5	0,5
		2,0	1,0	0,5	0,5
		4,0	2,0	0,5	0,5

T1 *Ergebnisse der Messung von Versuch* ***V2b***

V2 Gleicher Druck, unterschiedliche Kolben

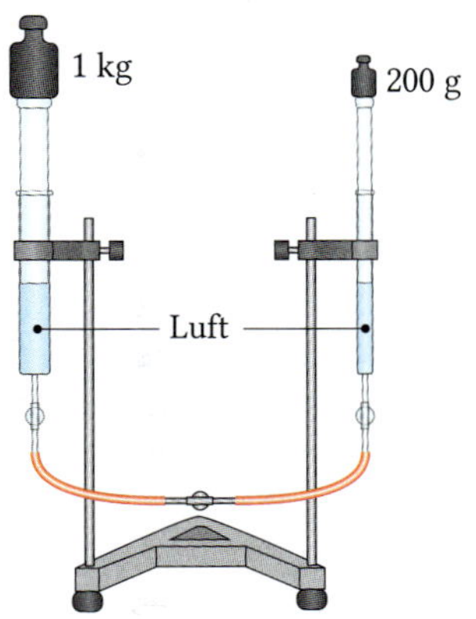

a) Zwei mit Luft gefüllte Kolbenprober mit verschiedener Querschnittsfläche sind mit einem Gummischlauch verbunden. Der Absperrhahn im Schlauch ist zunächst geschlossen. Die Luft in beiden Kolbenprobern wird durch die Kolben zusammengepresst: Der Druck steigt an.
Wenn man den Hahn öffnet, dann schiebt der größere Kolben den kleineren nach oben. Um dies zu verhindern, muss der kleinere Kolben mit einem Massestück belastet werden.
Belaste den größeren Kolben mit einem Massestück und stelle durch Auflegen von Massestücken auf den kleineren Kolben das Gleichgewicht wieder her. Der Kolben mit der kleineren Querschnittsfläche wird stets mit einem kleineren Massestück belastet.

b) Lege auf den großen Kolben, der eine Querschnittsfläche von 8 cm^2 hat, ein Massestück von 1 kg. Du kannst das Gleichgewicht wieder herstellen, wenn du auf den kleinen Kolben ein Massestück von 0,2 kg legst.
Ersetze den kleinen Kolbenprober der Reihe nach durch Kolbenprober mit den Querschnittsflächen 1,6 cm^2, 2,0 cm^2 und 4,0 cm^2. Stelle jeweils ein Gleichgewicht her. Belaste dann den großen Kolbenprober mit einem Massestück von 0,4 kg und wiederhole die Versuchsreihe.

5.1 Druck in Flüssigkeiten und Gasen

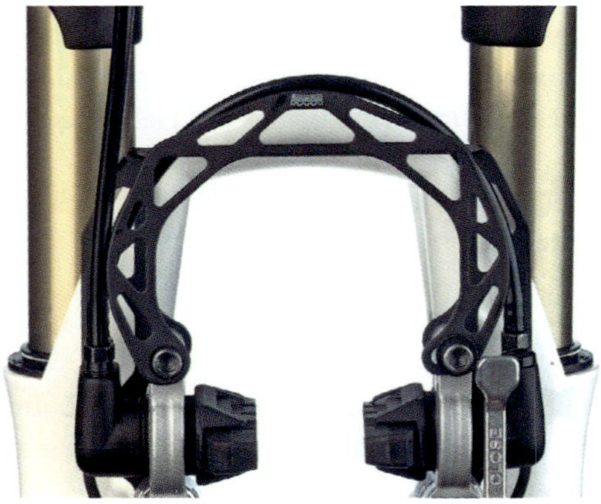

B1 *Die hydraulische Felgenbremse eines Fahrrads*

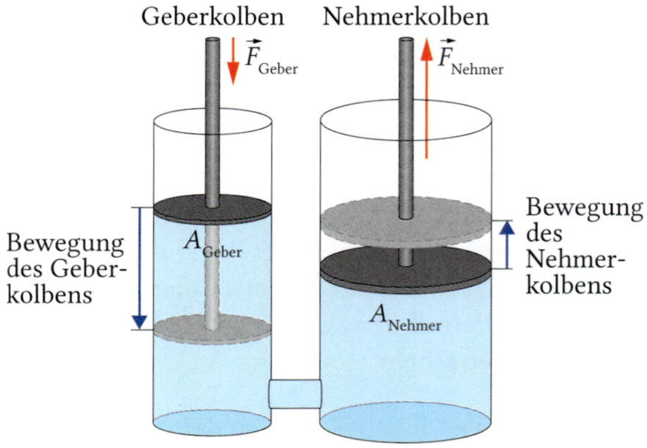

B2 *Funktionsweise einer hydraulischen Anlage*

Hydraulik – Kraftübertragung durch Flüssigkeit. Hydraulische Anlagen funktionieren mit dem Druck in Flüssigkeiten. Hydraulik kommt vom altgriechischen Wort *hydor* für Wasser. Bei der hydraulischen Fahrradbremse ersetzt eine Bremsflüssigkeit die Seilzüge einer einfachen Bremse (Bild **B1**). Die Bremsflüssigkeit wird durch Ziehen des Bremshebels am Lenker mit einem Kolben, dem sogenannten **Geberkolben,** unter Druck gesetzt. Dieser Druck wird über Schläuche, die vollständig mit Bremsflüssigkeit gefüllt sind, auf die beiden **Nehmerkolben** übertragen. Die Nehmerkolben pressen die Bremsbeläge gegen die Felge des Rades: Das Fahrrad bremst. Die unterschiedlichen Durchmesser von Geber- und Nehmerkolben bestimmen die Bremskraft an der Felge. Das wird in Versuch **V1** demonstriert.

V1 Wettdrücken mit Kolbenspritzen

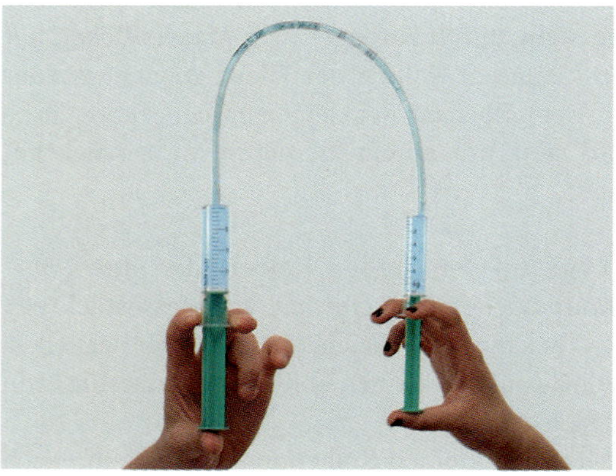

Verbinde zwei mit Wasser gefüllte Kolbenspritzen unterschiedlichen Durchmessers mit einem Schlauch. Nun können zwei Personen „gegeneinander" drücken.
Wer wird gewinnen? Erkläre.

Versuch **V1** zeigt: Mit wenig Kraft kann man am kleinen Kolben eine große Kraft am großen Kolben bewirken.

Kräfte berechnen. Bild **B2** verdeutlicht, wie ein hydraulisches System funktioniert. Wenn man mit der Kraft F_{Geber} an dem Bremshebel zieht, erzeugt der Geberkolben in der gesamten Bremsflüssigkeit den Druck $p = \frac{F_{\text{Geber}}}{A_{\text{Geber}}}$. Der Druck ist umso größer, je kleiner die Querschnittsfläche A_{Geber} des Geberkolbens ist.

Der gleiche Druck herrscht auch am Nehmerkolben mit der Querschnittsfläche A_{Nehmer}. Der Nehmerkolben presst die Bremsbeläge mit der Kraft $F_{\text{Nehmer}} = p \cdot A_{\text{Nehmer}}$ gegen die Felgen. Je größer die Querschnittsfläche A_{Nehmer} ist, desto größer ist die auf die Bremsbeläge ausgeübte Kraft. Wenn man in dieser Gleichung p durch $\frac{F_{\text{Geber}}}{A_{\text{Geber}}}$ ersetzt, erhält man für die am Nehmerkolben anliegende Kraft:

$$F_{\text{Nehmer}} = \frac{F_{\text{Geber}}}{A_{\text{Geber}}} \cdot A_{\text{Nehmer}}.$$

Das bedeutet: Mit einem schmalen Geberkolben und einem breiten Nehmerkolben kann man große Kräfte an den Bremsbelägen erzeugen. Der Geberkolben muss allerdings einen größeren Weg zurücklegen als der Nehmerkolben. Die Menge an Bremsflüssigkeit, die in den breiteren Nehmerkolben fließt, muss aus dem schmaleren Geberkolben herausgedrückt werden.

! Merksatz

Ein hydraulisches System wandelt Kräfte um, ähnlich wie ein Hebel oder ein Flaschenzug:

$$\frac{F_{\text{Geber}}}{F_{\text{Nehmer}}} = \frac{A_{\text{Geber}}}{A_{\text{Nehmer}}}.$$

B3 *Die Hydraulik hebt die Ladefläche des Kipplasters.*

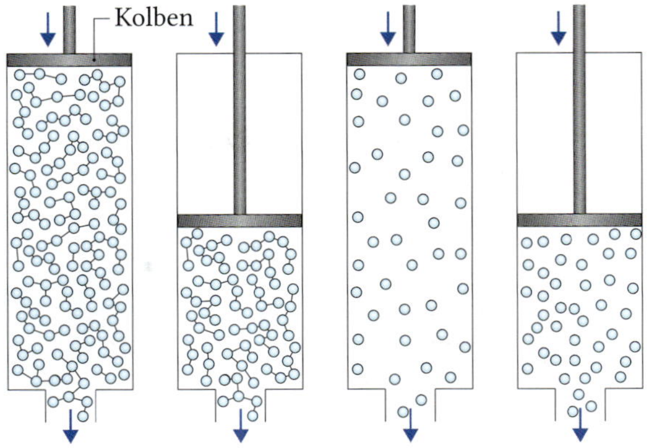

B4 *Vergleich von Hydraulik und Pneumatik in einem Modell*

Besser dosierbar, aber aufwendiger. Weil die Bremsflüssigkeit in einer hydraulischen Fahrradbremse nicht zusammengedrückt werden kann, das heißt inkompressibel ist, lässt sich eine solche Bremse sehr genau dosieren. Seilzüge dehnen sich bei Belastung aus, dafür sind sie günstiger und weniger fehleranfällig. Bei einer Hydraulikbremse kann es passieren, dass über undichte Stellen Luft in die Bremsleitungen gelangt. Diese Luft wird dann beim Bremsen zusammengedrückt, sodass die Bremsen verzögert und nicht mehr so gut bremsen.

In Kraftfahrzeugen werden fast ausschließlich Hydraulikbremsen verwendet. Auch Bagger, industrielle Pressen und zahlreiche andere Maschinen, die große Kräfte aufbringen müssen, nutzen Hydraulik, um Dinge in Bewegung zu setzen (Bild **B3**).

Pneumatik nutzt Luft. Pneumatische Systeme aus Kolben und Schläuchen funktionieren ähnlich wie hydraulische Systeme. Statt Flüssigkeit kommt Druckluft zum Einsatz (von *pneuma*, altgriechisch: der Atem). Pneumatik ermöglicht die sehr schnelle Bewegung großer Kolben. Die Arbeiten können jedoch weniger genau ausgeführt werden als bei einem hydraulischen System, weil die Luft zusammengedrückt wird. Bild **B4** verdeutlicht die Unterschiede zwischen Pneumatik und Hydraulik in einem Modell.

Löse selbst

1 Erkläre den Unterschied zwischen Druck und Kraft. Verwende Beispiele.

2 Finde heraus, wie der Luftballon aus Versuch **V1** auf Seite 192 in die Flasche gekommen ist. Führe den Versuch durch.

3 Auf eine Luftpumpe mit einer Querschnittsfläche von 2,00 cm^2 wirkt eine Kraft von 20 N. Berechne den Druck, der in der Luftpumpe herrscht.

4 In einer Haus-Wasserleitung herrscht ein Druck von 6 bar. Könntest du den Wasserhahn mit dem Daumen zuhalten? Ändert sich das, wenn der Wasserhahn stärker aufgedreht ist? Erkläre.

5 Hydraulische Fahrradbremsen müssen nach einigen Jahren der Benutzung entlüftet werden.
a) Begründe, warum das notwendig ist.
b) Recherchiere, wie eine solche Entlüftung funktioniert.

6

Verbinde einen kleinen und einen großen Getränkekarton (z. B. mit einem Fassungsvermögen von 0,2 l und 1,5 l) luftdicht mit einem Schlauch. Simuliere damit die Funktion einer pneumatischen Hebebühne und führe sie vor (siehe Bild oben).

5.2 Die Dichte

B1 *Messbecher mit Skalen*

B2 *Frischkäse in zwei Varianten: aufgeschäumt und kompakt*

Mehl braucht mehr Platz als Zucker. Mit einem Messbecher aus der Küche wie in Bild **B1** kannst du das Volumen von Flüssigkeiten messen: zum Beispiel von 1 l Milch oder 500 ml Wasser. Der Messbecher hat jedoch noch weitere Skalen. Mit diesen kannst du eine bestimmte Menge Mehl oder Zucker abmessen. Dabei zeigt die Skala für Mehl und Zucker kein Volumen an, sondern die Masse in Gramm. Du kannst am Messbecher ablesen: Einem Volumen von 500 ml entsprechen 367 g Mehl, aber 463 g Zucker. Zucker ist offenbar dichter „gepackt" als Mehl. Man sagt: Zucker hat eine höhere **Dichte** als Mehl.

Masse pro Volumen. Die Dichte eines Stoffes beschreibt, wie viel Masse des Stoffes in ein bestimmtes Volumen passt. Die Dichte hat das Formelzeichen ρ (sprich: rho, griechischer Buchstabe). Diese Festlegung als Masse pro Volumen ergibt in unserem Beispiel für die Dichte von Zucker und Mehl:

$$\rho_{\text{Zucker}} = \frac{463\text{ g}}{500\text{ ml}} = 0{,}93\,\frac{\text{g}}{\text{ml}}.$$

$$\rho_{\text{Mehl}} = \frac{367\text{ g}}{500\text{ ml}} = 0{,}73\,\frac{\text{g}}{\text{ml}}.$$

Die Einheit der Dichte ist $1\,\frac{\text{kg}}{\text{m}^3}$. Die Dichte von Zucker lässt sich folgendermaßen von $\frac{\text{g}}{\text{ml}}$ in $\frac{\text{kg}}{\text{m}^3}$ umrechnen:

$$\rho_{\text{Zucker}} = 0{,}93\,\frac{\text{g}}{\text{ml}} = 0{,}93\,\frac{\text{kg}}{\text{l}} = \frac{930\text{ kg}}{1000\text{ l}} = 930\,\frac{\text{kg}}{\text{m}^3}.$$

! Merksatz

Die Dichte ρ ist definiert als Masse m pro Volumen V:

$$\rho = \frac{m}{V}.$$

Die Dichte ist eine Stoffeigenschaft: Jeder Stoff hat eine bestimmte Dichte. Lebensmittel wie Zucker sind Stoffgemische. Die Skala auf dem Messbecher berücksichtigt, dass sich zwischen den Zuckerkörnern Luft befindet. Diese Luft ist Teil des Stoffgemisches aus Zucker und Luft. Genau genommen müsste man hier also von der **mittleren Dichte** des Stoffgemisches sprechen.

Viel Volumen, wenig Inhalt. Manche Lebensmittel wie Frischkäse (Bild **B2**) werden mit einem Gas aufgeschlagen, zum Beispiel Stickstoff. Das so entstandene Frischkäse-Gas-Gemisch hat eine geringere mittlere Dichte als der reine Frischkäse. Das sorgt für eine cremige Konsistenz im Mund, aber auch dafür, dass ein großer Becher relativ wenig Frischkäse enthält.

Um die Dichte eines Stoffes zu bestimmen, musst du Masse und Volumen messen (Versuch **V1**).

V1 Bestimmen der Dichte

Verwende Experimentierwürfel aus verschiedenen Stoffen.
Bestimme aus der Masse und dem Volumen der Würfel die Dichte des jeweiligen Stoffes.

Beispielaufgabe

Volumen von Sahne

Flüssige Schlagsahne hat je nach Fettgehalt eine mittlere Dichte von etwa $1{,}03\,\frac{\text{kg}}{\text{l}}$. Mit einem Rührbesen geschlagene Schlagsahne hat eine mittlere Dichte von etwa $450\,\frac{\text{g}}{\text{l}}$.

Die flüssige Sahne aus einem 200-g-Becher wird zu Schlagsahne verarbeitet. Bestimme ihr Volumen.

Lösung:

Um das Volumen einer bestimmten Stoffmenge zu berechnen, stellt man die Definitionsgleichung der Dichte nach V um:

Aus $\rho = \frac{m}{V}$ folgt $V = \frac{m}{\rho}$.

Das Volumen ist also umso größer, je geringer die Dichte ist. Für 200 g Schlagsahne berechnet man:

$$V = \frac{200\ \text{g}}{450\ \frac{\text{g}}{\text{l}}} = \frac{20}{45}\ \text{l} = 0{,}444\ \text{l} = 444\ \text{ml}.$$

B3 *Rettungswesten haben eine geringe mittlere Dichte.*

Geringe Dichte schwimmt. Im Alltag sagt man oft ungenau: Leichte Gegenstände schwimmen. Die genauere Formulierung ist: Gegenstände mit einer geringen mittleren Dichte schwimmen auf dem Wasser. Rettungswesten nutzen dieses Prinzip (Bild **B3**). Sie bestehen aus einem Schaumstoffkern, in dem sich viel Luft befindet – ähnlich wie beim aufgeschäumten Frischkäse in Bild **B2**. Daher ist die mittlere Dichte der Rettungsweste deutlich geringer als die Dichte von Wasser ($1000\,\frac{\text{kg}}{\text{m}^3}$). Warum die mittlere Dichte beim Schwimmen eine Rolle spielt, erklären die Seiten zum **Auftrieb.**

Löse selbst

1 Erläutere anhand eines Beispiels, warum es sinnvoll ist, die Dichte als Masse pro Volumen zu definieren und nicht etwa als Volumen pro Masse.

2

➡ Erkläre das Muster im oben abgebildeten Getränk.

3

Luft hat eine Dichte von $1{,}2\,\frac{\text{kg}}{\text{m}^3}$ bei Normaldruck. Pressluftflaschen für Feuerwehrleute und Taucher enthalten Luft, die 200-fach verdichtet ist.

a) Berechne die Masse der Luft in einer Pressluftflasche, die 12 l Pressluft enthält.

b) Spürt der Feuerwehrmann auf dem Bild, ob seine Pressluftflasche voll oder fast leer ist? Erkläre.

5.3 Das Teilchenmodell von Druck und Dichte

B1 *Beim Aufpumpen des Reifens wird die Luftpumpe warm.*

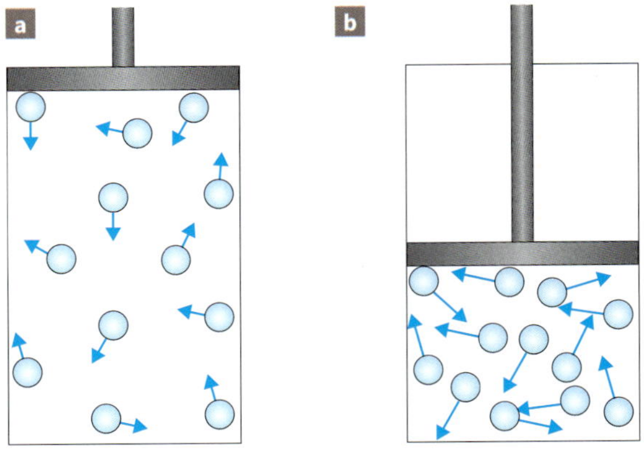

B3 *Im Teilchenmodell: a) unverdichtete und b) verdichtete Luft*

Das Teilchenmodell in Gasen. Kräfte kannst du mit der Hand spüren, die Geschwindigkeit eines Fahrrads kannst du mit dem Auge abschätzen. Deshalb hast du für diese physikalischen Größen ein intuitives Verständnis. Unser Körper hat aber kein Sinnesorgan für Druck und Dichte. Daher ist es schwieriger, eine anschauliche Vorstellung dieser Größen zu entwickeln.

Wenn du das Ventil einer Luftpumpe zuhältst, musst du zunehmend mehr Kraft ausüben, um den Kolben hineinzudrücken. Im Teilchenmodell lässt sich dieses Phänomen gut verstehen:
Die Luftteilchen sind in ständiger schneller und ungeordneter Bewegung. Dabei stoßen sie ständig an den Kolbenboden und prallen von ihm wieder ab. Dadurch üben sie eine Kraft auf den Kolbenboden aus. Diese Kraft musst du mindestens aufbringen, um den Kolben hineinzuschieben (Bild **B3a**). Je mehr du den Kolben hineinschiebst, desto weniger Raum haben die Teilchen, um sich zu bewegen. Die Dichte nimmt zu. Die Teilchen treffen daher im Mittel öfter auf den Kolbenboden – du musst eine größere Kraft ausüben, um den Kolben hineinzudrücken (Bild **B3b**).

B2 *Der Unterdruck über den Tragflächen dieses Flugzeugs führt zu einem Temperaturabfall und zu Kondensation.*

V1 Temperatur einer Luftpumpe

Schließe eine Luftpumpe an einen Reifen an (Bild **B1**). Betätige die Luftpumpe mehrfach schnell hintereinander, sodass Druck aufgebaut wird. Fühle mit der Hand die Temperatur am unteren Ende der Luftpumpe. Vergleiche die Temperaturen vor und nach dem Pumpen.

Versuch **V1** erweitert dieses Modell. Wenn du die Luftpumpe betätigst, wird sie unten warm. Das lässt sich im Teilchenmodell folgendermaßen erklären: Beim Zusammendrücken der Luft erhöht sich die mittlere Geschwindigkeit der ungeordneten Teilchenbewegung. Das bedeutet nach unserer Modellvorstellung eine höhere Temperatur.

Ein Modell für zwei Größen. Mit der Vorstellung der ungeordneten Teilchenbewegung in Gasen werden zwei physikalische Größen erklärt: Temperatur und Druck. Demnach müssen Temperatur und Druck eng zusammenhängen. Bild **B2** zeigt das: Über der Tragfläche eines Flugzeugs bildet sich oft ein sichtbarer Nebel. Das liegt daran, dass dort ein Unterdruck herrscht, einhergehend mit einem Temperaturabfall. Dieser Temperaturabfall führt dazu, dass Wasserdampf in der Luft kondensiert – es entsteht Nebel. Im Kapitel über den Auftrieb erfährst du mehr über die Funktionsweise einer Tragfläche.

! Merksatz

Das Teilchenmodell für Gase beschreibt Druck als schnelle, ungeordnete Bewegung der Teilchen. Je enger die Teilchen beieinander sind, desto höher ist die Dichte.

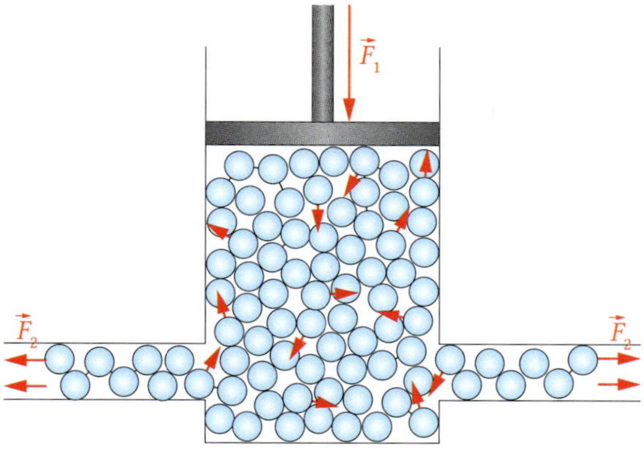

B4 *Im Teilchenmodell: Flüssigkeit in einem Hydraulikkolben*

B5 *Schneeschuhe verhindern ein tiefes Einsinken im Schnee.*

Das Teilchenmodell in Flüssigkeiten. Das Teilchenmodell für den Druck lässt sich nicht direkt von Gasen auf Flüssigkeiten übertragen, da Flüssigkeiten nicht kompressibel sind. Sie bestehen nicht aus Teilchen, die sich frei im leeren Raum bewegen und deren Bewegung als Druck aufgefasst werden kann.

Wir beobachten aber, dass sich der Druck in Flüssigkeiten in alle Richtungen gleichermaßen ausbreitet. Versuch **V2** zeigt, dass es in dem unter Druck gesetzten Glaskolben keine Richtung gibt, in der ein besonders hoher Druck herrscht. Das Wasser spritzt in alle Richtungen gleich stark heraus.

Das Teilchenmodell für Flüssigkeiten erklärt dies so: In einer Flüssigkeit liegen die Teilchen dicht aneinander. Sie sind aber frei beweglich, also nicht starr miteinander verbunden. Wenn du den Kolben in Versuch **V2** hineinschiebst, übst du eine Kraft auf die Wasserteilchen aus, die sich direkt am Kolben befinden.

V2 Flüssigkeit unter Druck

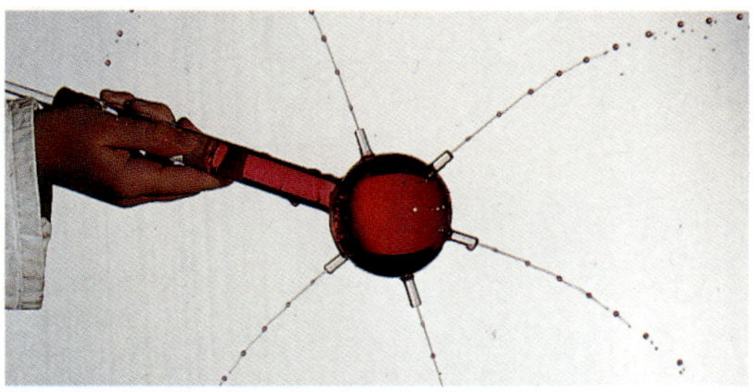

Setze die Flüssigkeit in einem Kolben wie im Bild gezeigt unter Druck.
Beobachte, wie stark das Wasser aus den verschiedenen Löchern austritt.

Diese Wasserteilchen drängen sich dann zwischen die benachbarten Wasserteilchen und schieben diese in alle Richtungen weg, auch seitlich. So überträgt sich die Krafteinwirkung auf die gesamte Flüssigkeit. Wir sagen: Es herrscht überall Druck. Wenn an einer Stelle des Kolbens ein Loch ist, dann werden die Wasserteilchen dort herausgedrückt. Auf diese Weise funktioniert auch die Kraftübertragung in der Hydraulik.

Löse selbst

1 Erkläre mithilfe des Teilchenmodells, warum man bei Festkörpern nicht von Druck sprechen kann, sondern nur bei Gasen und Flüssigkeiten.

2 In einer mit Luft gefüllten Plastikflasche erhöht sich der Druck, wenn man zusätzliche Luft (bei konstanter Temperatur) zuführt. Erkläre mit dem Teilchenmodell.

3 Eine Person erklärt die Funktionsweise eines Schneeschuhs (Bild **B5**) mit dem Druck: „Beim Schneeschuh lastet die Gewichtskraft des Körpers auf einer größeren Fläche als bei einem normalen Schuh. Nach $p = \frac{F}{A}$ wirkt daher ein geringerer Druck auf den Schnee. Daher sinkt man mit Schneeschuhen nicht so tief ein.“
a) Begründe mithilfe des Teilchenmodells, warum man hier nicht von Druck sprechen sollte.
b) Nimm zur Verwendung des Verbs „wirkt“ in der Aussage der Person Stellung und schlage ein besseres Verb vor.
c) Gilt das Umgekehrte für Stöckelschuhe auf einem empfindlichen Parkettboden? Nimm zur Verwendung des Druckbegriffs in diesem Zusammenhang Stellung.

5.4 Der Schweredruck

V1 Versuche mit dem Milchkarton im Wasser

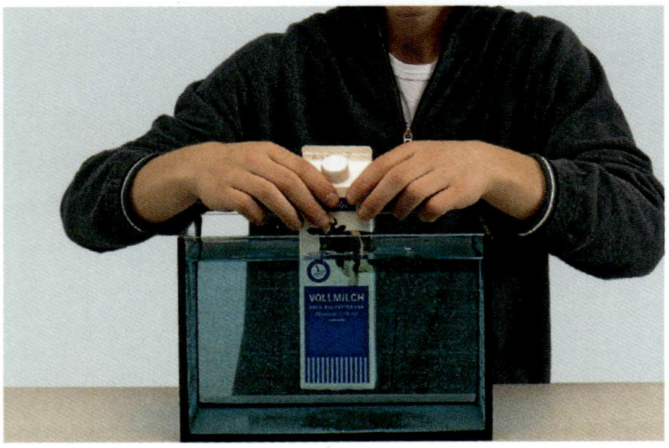

a) Nimm einen nur mit Luft gefüllten, geschlossenen Milchkarton und tauche ihn aufrecht ins Wasser, ohne ihn vollständig zu versenken (Bild links).
Beobachte, wie sich mit zunehmender Eintauchtiefe die Kraft verändert, mit der du den Karton nach unten drücken musst.
b) Lege den Milchkarton quer ins Wasser und tauche ihn wieder ein. Notiere die Unterschiede zu **V1a.**
c) Tauche den Milchkarton vollständig unter Wasser. Beschreibe, wie sich die Auftriebskraft ändert, wenn du ihn jetzt noch tiefer unter Wasser drückst.

Der Schweredruck erzeugt Auftrieb. Der Versuch **V1a** hilft uns zu verstehen, warum Schiffe nicht untergehen. Je tiefer du den Karton eintauchst, desto größer ist die Kraft, mit der du den Karton nach unten drücken musst. Wenn du den Karton loslässt, schnellt er wieder nach oben.

Die Kraft, die den Karton nach oben drückt, heißt **Auftriebskraft.** Sie nimmt mit der Eintauchtiefe zu und wirkt offenbar von unten auf den Milchkarton. Ihre Ursache ist der im Wasser herrschende **Schweredruck.** Das ist der Druck, der in einer bestimmten Wassertiefe aufgrund der Schwere des darüber liegenden Wassers besteht. Er nimmt mit der Tiefe zu.
Dieser Druck herrscht auch an der Unterseite des Kartons und erzeugt daher eine Kraft auf die Bodenfläche des Kartons. Sie ist nach oben gerichtet. Der Schweredruck besteht auch an den Seitenflächen des Kartons und erzeugt eine Kraft auf diese Flächen. Die Kräfte auf die linke und die rechte Seite des Kartons heben sich aber gegenseitig auf, sodass insgesamt nur eine Auftriebskraft $\vec{F}_A$ nach oben wirkt (Bild **B1**).

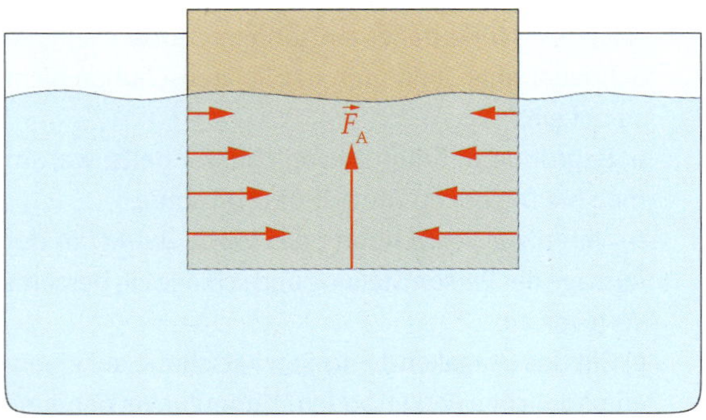

B1 *Kräfte durch den Schweredruck des Wassers*

Große Grundfläche, viel Auftrieb. Beim quer liegenden Karton in Versuch **V1b** stellst du schon bei geringer Eintauchtiefe eine große Auftriebskraft fest: Der gleiche Schweredruck erzeugt bei einer größeren Bodenfläche mehr Auftriebskraft. Das liegt daran, dass die Kraft, die ein bestimmter Druck auf eine Begrenzungsfläche ausübt, das Produkt aus Druck und Fläche ist: $F = p \cdot A$.

Die Versuche zeigen, dass die Auftriebskraft zunimmt, je größer die Eintauchtiefe und die Bodenfläche sind. Sie ist proportional zum Produkt aus Eintauchtiefe und Bodenfläche. Das entspricht bei einem Quader dem Volumen der verdrängten Wassermenge (Bild **B2**). Genaue Messungen zeigen, dass die Auftriebskraft immer proportional zum Volumen der verdrängten Wassermenge ist, auch bei anders geformten Körpern. Außerdem entspricht die Auftriebskraft exakt der Gewichtskraft der verdrängten Wassermenge. Da die Masse der verdrängten Wassermenge gleich dem Produkt aus ihrem Volumen und ihrer Dichte ist, gilt für die Auftriebskraft:

$$F_A = F_G = m \cdot g = \rho \cdot V \cdot g.$$

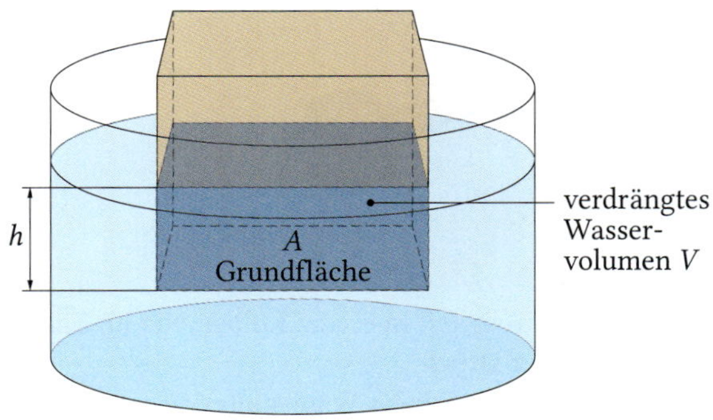

B2 *Zur Berechnung der verdrängten Wassermenge*

Diesen Zusammenhang nennt man nach seinem Entdecker ARCHIMEDES **archimedisches Gesetz.** In Flüssigkeiten mit einer großen Dichte (z. B. Salzwasser) führt das Verdrängen eines Kubikmeters Wasser zu einer größeren Auftriebskraft als in Flüssigkeiten mit einer kleineren Dichte.

! Merksatz

Die Auftriebskraft F_A, die ein Körper in einer Flüssigkeit erfährt, entspricht der Gewichtskraft F_G der verdrängten Flüssigkeitsmenge V:

$$F_A = F_G = m \cdot g = \rho \cdot V \cdot g.$$

Auftrieb eines komplett eingetauchten Körpers. In Versuch **V1c** kannst du Folgendes beobachten: Sobald der Karton komplett eingetaucht ist, ändert sich die Auftriebskraft nicht mehr, auch wenn du den Karton noch tiefer eintauchst. Die Auftriebskraft entspricht der Gewichtskraft des verdrängten Wasservolumens. Der Schweredruck, der an der Bodenfläche des Kartons eine Kraft nach oben erzeugt, nimmt mit zunehmender Tiefe zu. Gleichzeitig wirkt auf die obere Fläche des Kartons eine Kraft nach unten – sie wird vom dort herrschenden, geringeren Schweredruck verursacht. Beide Kräfte nehmen mit zunehmender Tiefe gleichermaßen zu. Die Auftriebskraft eines komplett eingetauchten Körpers entsteht also durch den unterschiedlichen Schweredruck an Ober- und Unterseite des Körpers (Bild **B3**). Das gilt auch für unregelmäßig geformte Körper.

Schweredruck: Die Ursache des Auftriebs. Den Schweredruck in einer bestimmten Wassertiefe kann man berechnen. In Versuch **V1b** hast du gespürt, dass der Schweredruck mit der Tiefe zunimmt. Und aus Versuch **V1c** weißt du, dass die Zunahme gleichmäßig ist, dass der Druck proportional zur Tiefe ist. Wenn du den Milchkarton mit der Grundfläche A aus Versuch **V1** bis zur Tiefe h ins Wasser tauchst, beträgt die Gewichtskraft der verdrängten Wassermenge und damit die Auftriebskraft $F_G = F_A = \rho \cdot V \cdot g$, mit dem Volumen $V = A \cdot h$ (Bild **B3**). Für die Auftriebskraft gilt also:

$$F_A = \rho \cdot A \cdot h \cdot g.$$

Den Druck an der Unterseite des Kartons berechnet man, indem man die dort angreifende Auftriebskraft F_A durch die Grundfläche A teilt:

$$p = \frac{F_A}{A} = \rho \cdot h \cdot g.$$

Zusammenfassend können wir festhalten: Der Schweredruck in einer Flüssigkeit nimmt mit der Tiefe zu und ist abhängig von der Dichte der Flüssigkeit. Versuch **V2** veranschaulicht diese Abhängigkeit von der Tiefe. Je höher der Schweredruck ist, desto stärker wird das Wasser aus den Löchern gepresst – beim untersten Loch am stärksten.

! Merksatz

Der Schweredruck in einer Flüssigkeit ist proportional zur Tiefe h und zur Dichte ρ der Flüssigkeit:

$$p = \rho \cdot g \cdot h.$$

Für Wasser ($\rho = 1000\,\frac{kg}{m^3}$) ergibt sich mit obiger Formel ein Schweredruck von etwa $p = 10\,000\,\frac{N}{m^3} \cdot h$. Mit jedem Meter Wassertiefe nimmt der Schweredruck des Wassers demnach um $10\,000\,\frac{N}{m^3} = 0{,}1$ bar zu.

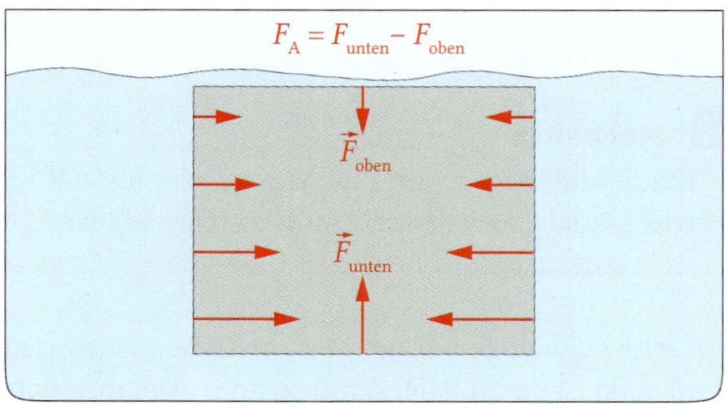

B3 *Kräfte beim komplett eingetauchten Milchkarton*

V2 Schweredruck in der Wasserflasche

Bohre z. B. mit einer heißen Nadel vier kleine Löcher in eine Plastikflasche, jeweils auf einer anderen Höhe. Fülle dann die Flasche vollständig mit Wasser und beobachte, was passiert.

5.4 Der Schweredruck

B1 *Das linke Schiff fährt beladen, das rechte leer.*

Warum Schiffe schwimmen. Wenn du eine Stahlplatte auf Wasser legst, geht sie unter. Schiffe aus Stahl schwimmen aber (Bild **B1**). Warum? Eine einfache Antwort wäre: Weil sie Luft enthalten. Doch diese Antwort genügt nicht – denn auch U-Boote enthalten Luft, sie können aber abtauchen. Außerdem gibt es Schiffe, die kaum Luft enthalten und trotzdem schwimmen – Öltanker zum Beispiel.

Versuch **V1** zeigt dir: Je größer die Gewichtskraft von Karton und Massestücken ist, desto tiefer taucht der Karton ein. Es herrscht ein **Gleichgewichtszustand:** Der Karton taucht so tief ein, bis Gewichtskraft und Auftriebskraft gleich groß sind – bis sie sich also gegenseitig aufheben. Wenn man weitere Massestücke hinzufügt, nimmt die Eintauchtiefe, bei Schiffen als Tiefgang bezeichnet, zu und es wird mehr Wasser verdrängt. Die Auftriebskraft nimmt ebenfalls zu – und zwar so lange, bis ein neuer Gleichgewichtszustand erreicht ist (Bild **B3**). Der Tiefgang eines Schiffes wird durch so einen Gleichgewichtszustand bestimmt.

Salzwasser trägt besser. In Versuch **V1b** hat das „Schiff" bei gleicher Gewichtskraft in Salzwasser weniger Tiefgang als in Süßwasser. Nach wie vor sind

B2 *Entspanntes Baden im Toten Meer*

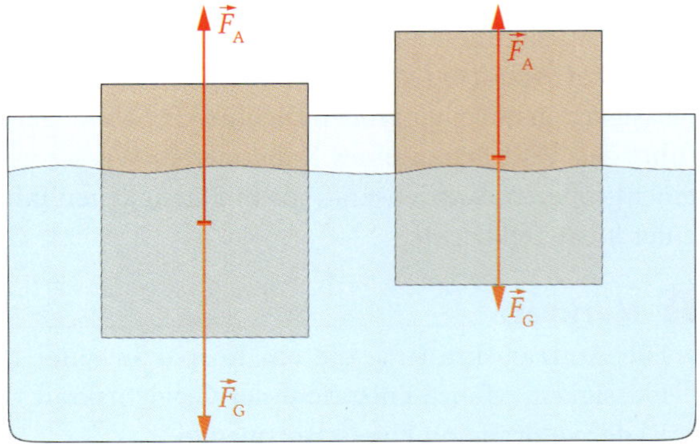

B3 *Auftriebskraft und Gewichtskraft sind im Gleichgewicht.*

V1 Eintauchtiefe eines Milchkartons

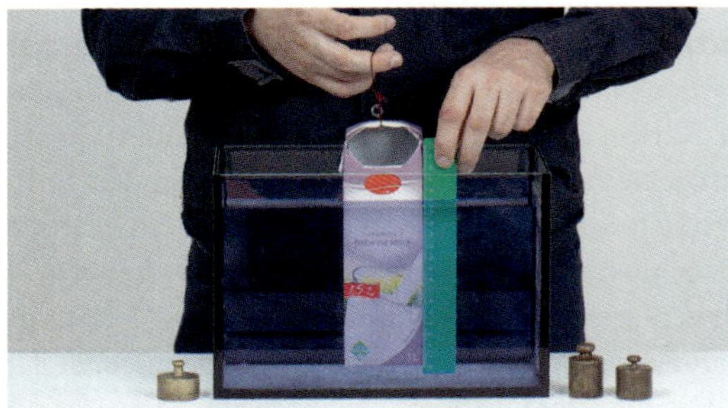

a) Lege verschiedene Massestücke auf einen leeren Milchkarton und miss jeweils, wie tief der Karton ins Wasser eintaucht. Stelle Eintauchtiefe und Gewichtskraft in einem Diagramm dar.
b) Gib eine große Portion Salz ins Wasser und rühre um, bis sich das Salz gelöst hat. Wiederhole den Versuch und vergleiche mit Versuch **V1a.**

Auftriebskraft und Gewichtskraft im Gleichgewicht, also beide so groß wie in Versuch **V1a.** Salzwasser hat eine größere Dichte als Süßwasser. So erzeugt das gleiche Volumen eine größere Auftriebskraft als in Süßwasser. Das „Schiff" sinkt weniger tief ein, bis ein Gleichgewicht zwischen Auftriebskraft und Gewichtskraft erreicht ist.

! Merksatz

Ein Schiff sinkt so stief im Wasser ein, bis Auftriebs- und Gewichtskraft im Gleichgewicht sind.

Im sehr salzhaltigen Toten Meer zwischen Israel und Jordanien ist die Auftriebskraft so groß, dass man entspannt auf dem Wasser liegen kann (Bild **B2**).

Exkurs: Der Freibord

Schiffe haben an der Außenwand sogenannte **Freibordmarken,** die den maximal zulässigen Tiefgang festlegen (Bild **B4**). Die Markierung darf nicht im Wasser verschwinden. Der Freibord wurde 1890 erstmals in England gesetzlich eingeführt. Er sollte verhindern, dass Schiffseigner ihre Schiffe überladen und damit die Besatzung gefährden.

Freibordmarken geben verschiedene zulässige Tiefgänge an: Frischwasser Tropen (TF), Frischwasser (F), Tropen (T), Sommer (S) und Winter (W). Die verschiedenen zulässigen Tiefgänge sind nicht nur wegen der Dichteunterschiede des Wassers, sondern auch wegen der Gefahren für die Schiffe, etwa durch Winterstürme mit starkem Seegang, notwendig.

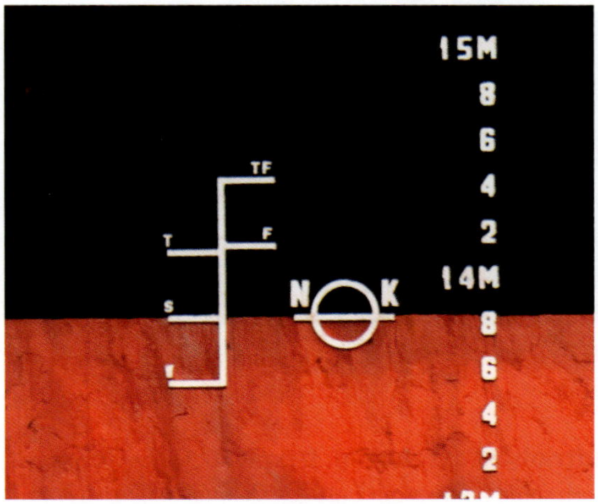

B4 *Freibordmarken an einer Schiffswand*

Beispielaufgabe

Bergung eines Flugzeugs

Am 15. Januar 2009 führte ein Flugzeug eine Notwasserung auf dem Hudson River bei New York durch. Die Triebwerke waren kurz nach dem Start wegen Vogelschlag ausgefallen. Das Flugzeug versank nach der Evakuierung fast völlig im Wasser. Zur Bergung musste es mit Kränen gehoben werden.

a) Erläutere, welchen Einfluss der Auftrieb im Wasser auf die Bergung mit dem Kran hatte.

b) Recherchiere über die Notwasserung und schätze das Volumen des Flugzeugs ab. Berechne damit die Auftriebskraft aus Aufgabenteil a).

Lösung:

a) Solange sich das Flugzeug größtenteils im Wasser befand, wirkte eine nach oben gerichtete Auftriebskraft, die der Gewichtskraft des verdrängten Wassers entsprach. Diese Auftriebskraft machte das Flugzeug scheinbar leichter. Sobald die Kräne es aus dem Wasser gehoben hatten, mussten sie jedoch die volle Gewichtskraft des Flugzeugs tragen.

b) Der Airbus A320 der US Airways hat einen Rumpfdurchmesser von etwa 4 m bei einer Länge von 37 m. Wir nehmen vereinfachend an, dass das Volumen des Rumpfes einem Zylinder entspricht; außerdem vernachlässigen wir die Tragflächen, Triebwerke und Leitwerke. Damit gilt:

$$V = \pi \cdot r^2 \cdot l = \pi \cdot 4\ \text{m}^2 \cdot 37\ \text{m} = 465\ \text{m}^3.$$

Damit folgt für die Auftriebskraft im Wasser:

$$F_A = \rho \cdot V \cdot g = 1000\ \frac{\text{kg}}{\text{m}^3} \cdot 465\ \text{m}^3 \cdot 9{,}81\ \frac{\text{N}}{\text{kg}} = 4562\ \text{kN}.$$

Das entspricht etwa einer Masse von 465 Tonnen.

5.4 Der Schweredruck

B1 *Taucher lassen zum Abtauchen Luft aus ihren Tarierwesten.*

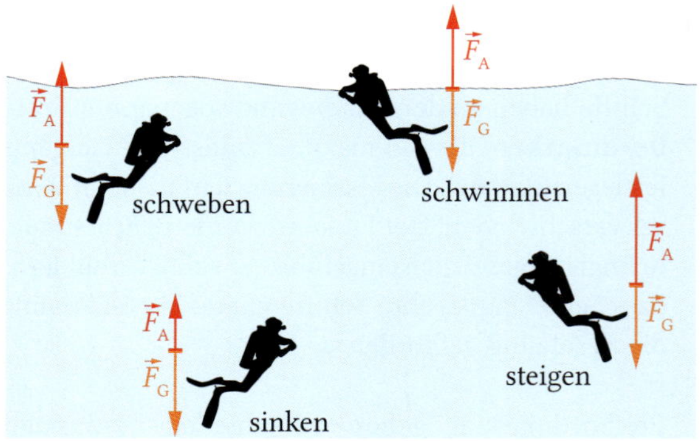

B2 *Durch Änderung der Auftriebskraft kontrolliert der Taucher seine Tiefe.*

Auftrieb beim Tauchen. Der menschliche Körper ist, wenn seine Lungen mit Luft gefüllt sind, im Durchschnitt leichter als Wasser. Das bedeutet: Seine Gewichtskraft ist geringer als die Gewichtskraft des verdrängten Wassers und damit geringer als die Auftriebskraft. Um zu tauchen, muss man daher entweder ganz ausatmen, also sein Volumen reduzieren, oder aktiv nach unten schwimmen – ansonsten steigt man wieder auf.

Damit Taucher nicht ständig nach unten schwimmen müssen, verwenden sie Bleigewichte am Gürtel. Um dennoch schnell auftauchen zu können, tragen sie eine aufblasbare **Tarierweste** (Bild **B1**). Der Versuch **V1** simuliert die Wirkung einer solchen Weste: Nur wenn Auftriebskraft und Gewichtskraft genau im Gleichgewicht sind, schwebt der kleine Taucher in der Plastikflasche. Ansonsten steigt oder sinkt er. Dieses Austarieren erreichst du durch passende Wahl von Luftballon und Nagel und durch gefühlvolles Drücken auf die Plastikflasche. Wenn du stärker drückst, verkleinert sich das Volumen des Luftballons, er verdrängt weniger Wasser, die Auftriebskraft nimmt ab. Der Taucher sinkt. Loslassen oder leichtes Drücken bewirkt ein Steigen, da das Volumen des Luftballons zunimmt und die Auftriebskraft größer wird als die Gewichtskraft.

Der Taucher erreicht diese Volumenveränderung, indem er Luft aus seiner Pressluftflasche in die Tarierweste gibt oder Luft ablässt. So steuert er, ob er steigt, sinkt oder schwebt (Bild **B2**).

V1 Kartesischer Taucher

Baue einen kartesischen Taucher aus einem Nagel und einem kleinen, mit etwas Luft gefüllten, aber nicht aufgeblasenen Luftballon.
Stecke den Luftballon in eine mit Wasser gefüllte Plastikflasche, die du anschließend verschließt.
Durch Drücken der Flasche kannst du den Taucher sinken lassen. Achte auf die richtige Austarierung.

Beispielaufgabe

Druck in der Tiefe
Veranschauliche den Druck in 600 m Wassertiefe, indem du die Kraft berechnest und bewertest, die auf die 0,3 m² große Einstiegsluke eines U-Bootes in dieser Tiefe wirkt.

Lösung:
Pro 1 m Wassertiefe nimmt der Schweredruck des Wassers um 0,1 bar zu. In 600 m Tiefe beträgt der Schweredruck 60 bar. Hinzu kommt der Luftdruck von 1 bar. Insgesamt herrscht also ein Druck von 61 bar.
Umstellen von $p = \frac{F}{A}$ liefert $F = p \cdot A$.
Daraus folgt:

$$F = 61\ \text{bar} \cdot 0{,}3\ \text{m}^2 = 6\,100\,000\ \text{Pa} \cdot 0{,}3\ \text{m}^2$$
$$= 1\,830\,000\ \text{N}.$$

Das entspricht der Gewichtskraft eines großen Verkehrsflugzeugs.

B3 *Beim Notauftauchen schießt das U-Boot aus dem Wasser.*

U-Boote. Nach einem ähnlichen Prinzip bewegen sich U-Boote im Wasser. Sie verfügen über spezielle Tanks, die mit Luft oder Wasser gefüllt werden können. Zum Abtauchen werden diese Tauchzellen mit Wasser geflutet. Zum Auftauchen werden die Tauchzellen durch Einblasen von Pressluft teilweise entleert.

Zum Notauftauchen kann ein U-Boot seine Tauchzellen komplett entleeren. Dann schießt es wie ein Pfeil aus dem Wasser (Bild **B3**). Im Gegensatz zum Taucher ändert das U-Boot nicht seine Auftriebskraft, sondern seine Gewichtskraft bei konstanter Auftriebskraft. Entscheidend ist aber immer die Differenz der beiden Kräfte.

! Merksatz

Taucher und U-Boote sinken, wenn ihre Gewichtskraft größer ist als die Auftriebskraft. Im umgekehrten Fall steigen sie auf. Im Kräftegleichgewicht schweben sie.

Löse selbst

1 ↗ Finde eine anschauliche Erklärung dafür, dass der Schweredruck mit der Tiefe zunimmt.
Begründe, warum der Begriff „Schweredruck" heißt und nicht einfach „Wasserdruck".

2 ↗ Aus einer Plastikflasche kannst du einen einfachen Tiefenmesser bauen, indem du den Boden der Flasche entfernst. Im Schwimmbad kannst du dann mit der oben verschlossenen Flasche, die du senkrecht hältst, abtauchen.
a) Beobachte, wie sich der Wasserstand in der Flasche ändert.
b) Bringe auf der Flasche eine Tiefenskala an. Vielleicht gelingt es dir sogar, deine durch Ausprobieren erhaltene Tiefenskala rechnerisch zu überprüfen.

3 ➡ Berechne den Druck in einer Wassertiefe von 2 m, d. h. am Boden eines Schwimmbeckens.

4

↗ In der Regel liegt man beim Schnorcheln flach auf dem Wasser – der Schnorchel dient vor allem dazu, dass man ohne Unterbrechung die Welt unter Wasser beobachten kann.
a) Beschreibe, was passiert, wenn man sich nicht flach aufs Wasser legt, sondern steil im Wasser eingetaucht „steht" und den Schnorchel zum Atmen verwendet. Du kannst das im Schwimmbad selbst ausprobieren und auf das Gefühl beim Atmen achten.
b) Finde eine Erklärung und erläutere, warum Taucher mit Pressluft tauchen.

5 ➡ Erkläre, warum der Schweredruck die Voraussetzung für das Entstehen von Auftrieb ist.

6 ↗ Gib einige Rosinen in ein Glas Mineralwasser mit Kohlensäure. Erkläre deine Beobachtung.

7 ↗ Ein Schwimmkran soll einen Eisenträger ($\rho = 7874\ \frac{kg}{m^3}$) aus einem Hafenbecken bergen. Beim ersten Anheben vom Grund muss der Kran 5400 N aufbringen. Berechne die Kraft, die der Kran aufbringen muss, sobald der Träger über der Wasseroberfläche ist.

8 ↗ Wenn ein Auto ins Wasser stürzt und sinkt, kann man die Türen erst öffnen, nachdem das Auto vollgelaufen ist. Erkläre.

9 ➡ Erkläre, warum ein voll beladenes Schiff mehr Tiefgang hat als ein unbeladenes.

10 ⬆ Ein Schiff fährt von einem Fluss aufs Meer. Berechne, wie sich der Tiefgang ändert.

5.4 Der Schweredruck

Exkurs: Warum kentern Schiffe?

B1 *a) Wegen ihres Kiels kentern Segelschiffe auch bei starker Krängung nicht. b) Bei formstabilen Schiffen erkennt man im Trockendock, wie klein der Teil des Schiffsrumpfes ist, der sich unter Wasser befindet.*

Stabilität durch einen tiefen Schwerpunkt

Segelschiffe können mit sehr großer seitlicher Schräglage (Krängung) fahren, ohne zu kentern (Bild **B1a**). Sie erreichen ihre Stabilität durch einen tief ins Wasser reichenden Kiel, an dem ein schweres Massestück befestigt ist. Dieses richtet das Schiff immer wieder auf, auch bei großer Schräglage. Das liegt daran, dass der Schwerpunkt des Schiffes unterhalb des Mittelpunkts des Auftriebs liegt – dem Schwerpunkt der verdrängten Wassermenge – und damit unterhalb des Punktes, an dem das Schiff gleichsam im Wasser „aufgehängt" ist (Bild **B2a**). Wie ein Pendel kehrt der Kiel nach einer Auslenkung stets in seine tiefste Position zurück. Ein Nachteil dieser Bauart ist: Schon kleine Schiffe haben einen hohen Tiefgang und können nicht in flachem Wasser fahren.

Stabilität durch Form

Bei den meisten Schiffen liegt der Schwerpunkt oberhalb des Auftriebsmittelpunkts (Bild **B2b**). Zum Vergleich: Ein Pendel, das sich oberhalb seiner Aufhängung befindet, kippt beim kleinsten Anstoß zur Seite weg.

Schiffe erreichen jedoch Stabilität durch ihre Form: Wenn sich das Schiff nach rechts neigt, taucht ein größerer Teil des rechten Schiffsrumpfes ein, verdrängt dort mehr Wasser und erzeugt somit auf der rechten Seite mehr Auftrieb (Bild **B2c**). Umgekehrt verringert sich der Auftrieb auf der linken Seite. Daher wandert der Auftriebsmittelpunkt nach rechts – und zwar schneller als der Schiffsschwerpunkt.

Wenn sich der Schiffsschwerpunkt seitlich über den Auftriebsmittelpunkt hinausbewegt, kentert das Schiff (Bild **B2d**). Masseverschiebungen innerhalb des Schiffes – etwa durch verrutschende Ladung oder Wassereinbruch – können den Schwerpunkt sehr schnell in Richtung der Krängung verschieben und so zum Kentern führen.

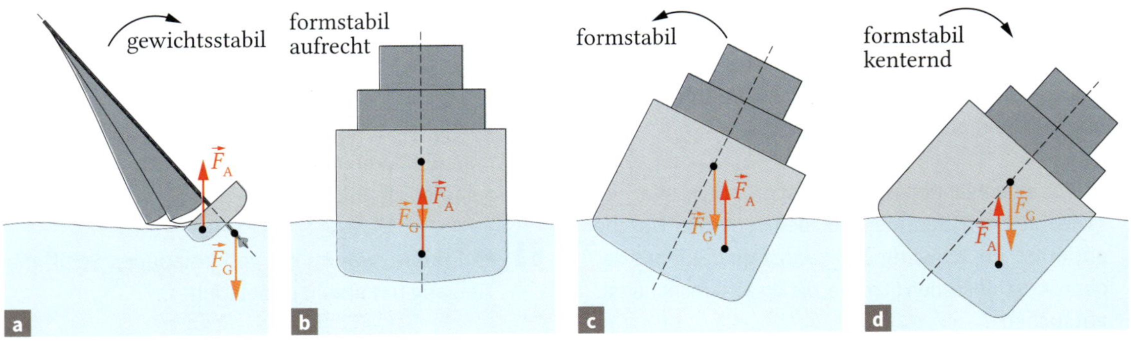

B2 *Stabilität bei Schiffen: a) tiefer Schwerpunkt durch den Kiel, b) Schwerpunkt oberhalb des Auftriebsmittelpunkts, c) Schräglage rechts: Auftriebsmittelpunkt rechts vom Schwerpunkt, d) Schräglage rechts: Auftriebsmittelpunkt links vom Schwerpunkt*

Exkurs: Der menschliche Körper beim Tauchen

B3 *Druckausgleich beim Tauchen durch Zuhalten der Nase*

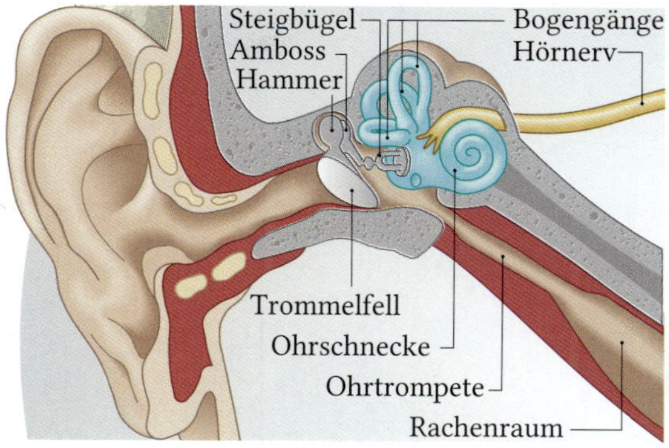

B4 *Die Ohrtrompete verbindet Innenohr und Rachenraum*

Im Schwimmbad spürst du beim Tauchen einen Druck auf den Ohren: den Schweredruck des Wassers. Dieser Druck wird schon ab einer Tiefe von 2 m sehr unangenehm. Beim Sporttauchen (Bild **B3**) ist es lebenswichtig, über die Auswirkungen des Schweredrucks Bescheid zu wissen.

Beim Tauchen in die Tiefe nimmt der Gesamtdruck wegen des Schweredrucks mit jedem Meter um 0,1 bar zu. Dieser erhöhte Druck wirkt auf den gesamten Körper. Für feste oder mit Flüssigkeit gefüllte Körperteile ist dies kein Problem.

Mit Luft gefüllte Körperteile werden dagegen durch den erhöhten Druck zusammengepresst. Dazu zählt auch das Innenohr. Das Trommelfell trennt das Innenohr vom beim Tauchen mit Wasser gefüllten Außenohr (Bild **B4**). Wenn der Außendruck zunimmt, kann das Trommelfell reißen. Beim Tauchen verhindert man dies, indem man einen **Druckausgleich** macht: Man hält sich die Nase zu und bläst kräftig bei geschlossenem Mund. So gelangt durch die Ohrtrompete, die innere Verbindung zwischen Rachen und Innenohr, Luft ins Innenohr. Das Trommelfell wird entlastet. Im Schwimmbad sollte man dies schon bei einer Wassertiefe von 2 m machen. Nach dem Druckausgleich hört man ein leichtes Knacken im Ohr, und der Druck auf das Trommelfell lässt spürbar nach.

Der erhöhte Druck wirkt auch auf die Lungen der tauchenden Person. In 10 m Tiefe herrscht ein Druck von 2 bar, das Doppelte des normalen Luftdrucks. Ohne Druckluftgerät wird der Brustkorb eines Menschen daher auf die Hälfte seines normalen Volumens zusammengedrückt. Über einen 10 m langen Schnorchel könnte man nicht einatmen, denn bereits auf einen Quadratdezimeter des Brustkorbs – das ist viel weniger als die gesamte Fläche des Brustkorbs – übt der Schweredruck des Wassers eine zusätzliche Kraft von 1000 N aus. Daher verwendet man beim Tauchen Druckluftatemgeräte. Deren Mundstücke enthalten einen Lungenautomaten (Bild **B5**), der den Druck der abgegebenen Atemluft an den Umgebungsdruck anpasst. So kann man beim Tauchen normal atmen.

Beim Auftauchen kann diese unter Druck eingeatmete Luft gefährlich werden: Der Umgebungsdruck im Wasser sinkt wieder, die Luft in den Lungen dehnt sich aus. Bei einem Aufstieg aus 20 m Tiefe (3 bar) an die Oberfläche (1 bar) verdreifacht die Luft in den Lungen ihr Volumen. Beim Auftauchen muss man daher entweder stetig mit dem Automaten weiter ein- und ausatmen oder – insbesondere bei einem schnellen Notaufstieg – den Mund öffnen, damit die Luft entweichen kann. Andernfalls drohen innere Verletzungen durch Überdehnung der Lunge.

B5 *Ein Lungenautomat mit Mundstück*

5.5 Der Luftdruck

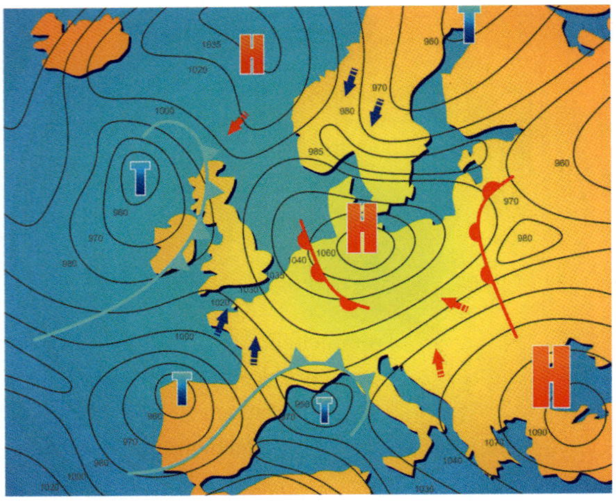

B1 *Ausschnitt aus einer Wetterkarte von Europa*

V1 Ziehen gegen den Luftdruck

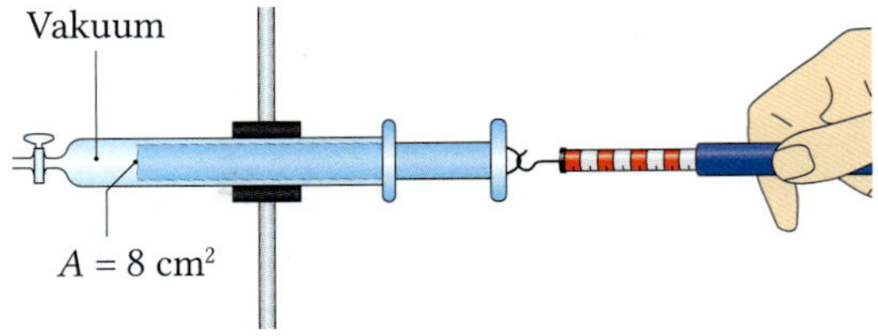

Schiebe aus der Glasspritze alle Luft hinaus und verschließe die Öffnung. Um den Kolben der Fläche $A = 8\ \text{cm}^2$ herauszuziehen, brauchst du eine Kraft von ca. 80 N. Im Innern der Spritze entsteht dabei ein luftleerer Raum, ein Vakuum.

V2 Wasserbarometer

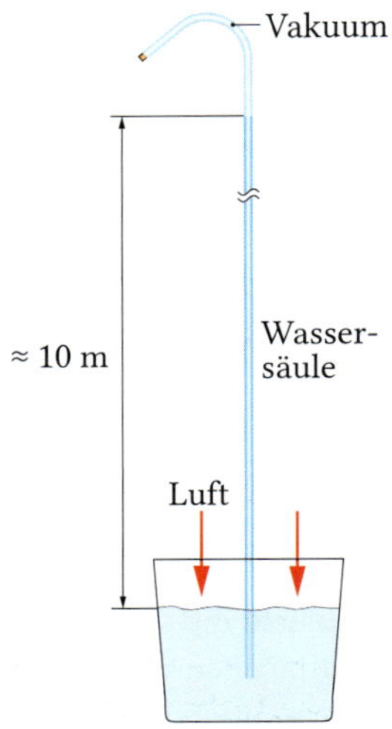

Fülle einen Eimer durch einen ca. 12 m langen, dickwandigen, durchsichtigen Plastikschlauch mit Wasser. Wenn der Eimer etwa halb voll ist, hebe ihn so weit an, bis das Schlauchende über dem Schlauchanfang liegt. Entferne nun den Schlauch vom Wasserhahn und verschließe ihn mit einem Gummistopfen. Es dürfen keine Luftblasen im Schlauch sein. Das untere Ende des Schlauchs bleibt im Wassereimer.
Eine Person steigt nun mit dem Schlauchanfang im Treppenhaus nach oben. Erst ziemlich weit oben sinkt der Wasserspiegel im Schlauch und bleibt bei etwa 10 m stehen.

Wir leben am Boden eines Luftmeeres. Wie das Wasser im Meer einen Schweredruck erzeugt, so erzeugt auch die Erdatmosphäre durch ihre Gewichtskraft einen Druck: den **Luftdruck.** Er verändert sich, wie man einer Wetterkarte entnehmen kann (Bild **B1**). Orte mit gleichem Luftdruck sind auf einer Wetterkarte durch Linien verbunden. So erkennt man Hoch- und Tiefdruckgebiete, die unser Wetter bestimmen. Die Größe des Luftdrucks kann man an diesen Linien ablesen (zum Beispiel 1020 hPa).

Die Größe des Luftdrucks an der Erdoberfläche kannst du messen. Sie lässt sich zunächst grob mit einer verschlossenen Glasspritze feststellen (Versuch **V1**). Im Innern der Glasspritze ist ein Vakuum, also keine Luft. Wenn du den Kolben herausziehst, spürst du eine starke Kraft. Sie rührt allein vom äußeren Luftdruck her. Diese Kraft hat den Betrag $F = 80$ N bei einer Querschnittsfläche von $A = 8\ \text{cm}^2$. Also ist der Luftdruck an der Erdoberfläche in Europa etwa

$$p = \frac{F}{A} = \frac{80\ \text{N}}{8\ \text{cm}^2} = 10\ \frac{\text{N}}{\text{cm}^2} = 1000\ \text{hPa}.$$

Druckmessgeräte zur Messung des Luftdrucks nennt man Barometer. Versuch **V2** beschreibt ein selbst gebautes „Wasserbarometer". Im Treppenhaus hängt ein Schlauch herunter. Die Wassersäule im Schlauch erzeugt einen gleich großen Schweredruck wie die gesamte Luftschicht über dem Wasserspiegel im Eimer. Im Versuch stellt sich dieser Druck ungefähr bei einer Höhe von $h = 987$ cm ein. Damit können wir den Luftdruck abschätzen:

$$p = \rho \cdot g \cdot h = 1\,\frac{\text{g}}{\text{cm}^3} \cdot 0{,}981\,\frac{\text{cN}}{\text{g}} \cdot 987\ \text{cm} = 968\ \text{hPa}.$$

Beide Messergebnisse kommen dem sogenannten Normdruck von 1013 hPa schon sehr nahe.

! Merksatz

Die Gewichtskraft der Luft erzeugt einen Schweredruck: den Luftdruck. Im Mittel beträgt er auf Meeresspiegelhöhe 1013 hPa ≈ 1 bar.

Messung von Druckunterschieden. Mit Barometern misst man den Druck im Vergleich zum Vakuum, den **absoluten Druck.** Wenn der Reifendruck deines Fahrrads beispielsweise 3 bar beträgt, so wird der Überdruck gegenüber dem äußeren Luftdruck angezeigt, also der **Druckunterschied.** Der absolute Druck beträgt 4 bar. Nur der Druckunterschied bestimmt die Härte des Reifens, nicht der absolute Druck.

Große Druckunterschiede können gefährlich sein, wenn z. B. ein Reifen oder eine Gaskartusche beschädigt werden und explodieren. Umherfliegende Splitter können schwere Verletzungen verursachen, vor allem am Auge. Die Tabelle **T1** zeigt typische Druckunterschiede.

Je höher, desto dünner die Luft. Der Luftdruck nimmt mit zunehmender Höhe ab. Wenn wir auf einen Berg fahren, tauchen wir vom Boden des Luftmeeres auf. Über uns liegt weniger Luft, die den Schweredruck erzeugt. Mit Versuch **V3** kannst du solch einen Druckunterschied bereits im Treppenhaus deiner Schule beobachten. Im oberen Stockwerk herrscht ein etwas geringerer Luftdruck als im Keller.

Anders als im Wasser nimmt der Schweredruck in Luft nicht linear mit der Höhe ab. Das kannst du dir so erklären: Luft wird beim Aufeinanderstapeln zusammengedrückt. Über dem Erdboden ist die Dichte der Luft daher größer als in der Höhe. Beim Aufsteigen von 0 m auf 1000 m Höhe befindet sich eine größere Luftmenge unter dir als beim Aufsteigen von 1000 m auf 2000 m. Die Luft unter dir ruft in deiner neuen Höhe keinen Schweredruck mehr hervor.

Je höher du aufsteigst, desto geringer ist die Dichte der Luft und desto geringer ist die Veränderung des Luftdrucks. Das Diagramm in Bild **B3** zeigt diese nichtlineare Abnahme des Luftdrucks.

Gegenstand	Druckunterschied
Fahrradreifen	1,5 bis 8 bar
Spraydosen	2 bis 20 bar
Autoreifen	2,2 bis 2,8 bar
Gaskartusche	10 bar
Pressluftflasche	200 bar

T1 *Typische Werte für Druckunterschiede*

V3 Druckabfall im Treppenhaus

Verwende die Phyphox-App deines Smartphones, um den Luftdruck zu messen. Miss den Luftdruck im Keller deines Schulgebäudes und in jedem Stockwerk bis zum obersten Stockwerk.
Trage die Ergebnisse in ein Diagramm ein.

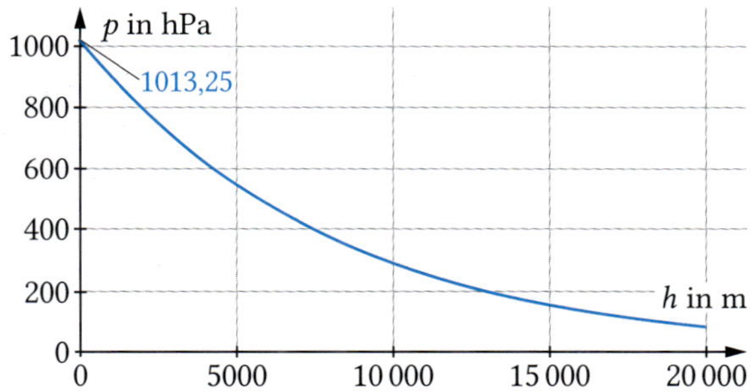

B3 *Abnahme des Luftdrucks mit der Höhe*

Löse selbst

1 a) Man sagt oft, man „sauge" mit einem Trinkhalm eine Flüssigkeit hoch. Finde eine bessere Erklärung.
b) Erkläre: Wie lang kann ein Trinkhalm maximal sein?

2 Eine Katze beißt in einen mit 8 bar aufgepumpten Rennradreifen. Diskutiere Sicherheitsaspekte.

3 Pressluftflaschen müssen im Auto speziell gesichert werden. Recherchiere und erkläre. Benenne deine Quellen und erkläre, warum du diesen Quellen vertraust.

4 Ein Fahrradfahrer startet zu einer Bergtour. Im Tal, 300 m über dem Meeresspiegel, pumpt er die Reifen seines Rades auf 3 bar Überdruck auf. Am höchsten Punkt seiner Tour befindet er sich auf 2700 m über dem Meeresspiegel.
Erkläre und schätze mithilfe des Diagramms in Bild **B3** ab, welchen Überdruck die Reifen in 2700 m Höhe haben.

5.6 Auftrieb mit Tragflächen

B1 *Ein Drachenflieger kurz nach dem Abheben*

B2 *Das Vorbild: Die Flügel eines Vogels*

Auftrieb durch Bewegung. Auf den vorherigen Seiten hast du gelernt, dass der Auftrieb eine nach oben gerichtete Kraft ist, die aufgrund des Schweredrucks in einer Flüssigkeit entsteht. In Luft gibt es ebenfalls einen Auftrieb. Daher fliegen Ballons und Zeppeline. Allen gemeinsam ist, dass Wasser bzw. Luft verdrängt wird, um einen Auftrieb zu erzeugen.

Es gibt jedoch eine andere Art des Auftriebs: eine Auftriebskraft, die an speziell geformten Tragflächen entsteht. In Bild **B1** erkennst du die gewölbte Form am Flügel eines Hängegleiters, in Bild **B2** bei den Flügeln eines Vogels. Die Auftriebskraft entsteht, wenn Luft schnell um den Flügel strömt. Damit das geschieht, muss sich der Flügel durch die Luft schnell nach vorn bewegen. Der Drachenflieger läuft einen Hang hinab und hebt ab, sobald er eine Geschwindigkeit von etwa 35 $\frac{\text{km}}{\text{h}}$ erreicht. Diese Art der Auftriebskraft nennt man **dynamischen Auftrieb.** Versuch **V1** zeigt, wovon der dynamische Auftrieb abhängt.

V1 Anstellwinkel einer Tragfläche

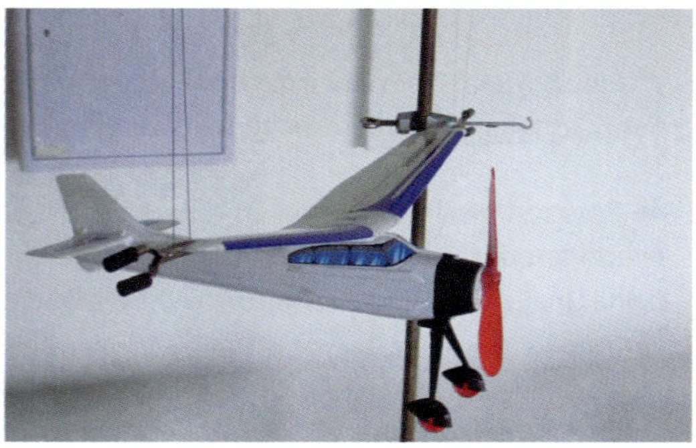

a) Befestige ein Modellflugzeug an einem Kraftmesser und blase mit einem Föhn Luft von vorn an die Tragfläche. Schreibe deine Beobachtungen auf.
b) Verändere den Anstellwinkel der Tragfläche. Das ist der Winkel, unter dem die Luft auf die Tragfläche strömt. Notiere die Veränderungen.

Sobald in Versuch **V1** Luft um die Tragfläche strömt, zeigt der Kraftmesser eine scheinbar geringere Gewichtskraft an. Es wirkt eine Auftriebskraft nach oben. Mit zunehmendem Winkel zwischen Tragfläche und Luftstrom, **Anstellwinkel** genannt, nimmt auch die Auftriebskraft zu. Bei einem Anstellwinkel von 0° tritt kein Auftrieb auf. Die Tragfläche muss geneigt werden (Bild **B4**), um Auftrieb zu erzeugen.

Zwei Gründe für den Auftrieb. Der Auftrieb an einer Tragfläche hat zwei Ursachen. Zum einen entsteht Auftrieb, weil die Tragfläche an ihrer Unterseite Luft nach unten umlenkt. Die Gegenkraft drückt die Tragfläche nach oben. Diesen Effekt spürst du, wenn du deine Hand aus dem Auto in den Fahrtwind hältst.

Zum anderen entsteht Auftrieb, weil die spezielle Form der Tragfläche bewirkt, dass die Luft eng an der Tragfläche vorbeiströmt und an ihrer Oberseite nach unten beschleunigt wird (Bild **B4**). So entsteht dort ein **Unterdruck.** Dies macht den größeren Teil des Auftriebs aus. Beide Effekte nehmen zu, je stärker die Fläche gegen den Luftstrom angestellt ist.

Wenn der Anstellwinkel zu groß wird, reißt der gleichmäßige, „enganliegende" Luftstrom oberhalb der Tragfläche ab. Das nennt man einen **Strömungsabriss,** ein gefährlicher Zustand für Flugzeuge. Dann entfällt der zweite Teil des dynamischen Auftriebs: Das Flugzeug gerät in einen Sackflug und verliert schnell an Höhe.

Sobald ein Flugzeug bei der Landung auf der Landebahn aufsetzt, ist der Auftrieb der Tragflächen nicht mehr erwünscht – ohne den Auftrieb kann das Flugzeug besser bremsen. Dann werden Störklappen auf der Oberseite der Tragfläche ausgefahren (Bild **B5**). Sie stören den Luftstrom an der Oberseite der Tragfläche und eliminieren einen großen Teil der Auftriebskraft.

Das Kräftegleichgewicht entscheidet. Ähnlich wie ein Taucher befindet sich auch ein Flugzeug in einem Kräftegleichgewicht – allerdings in vier Richtungen. Auftriebskraft, Gewichtskraft, Antrieb und Luftwiderstandskraft befinden sich in allen drei Teilbildern von Bild **B3** im Gleichgewicht.

Wenn der Pilot möchte, dass das Flugzeug an Höhe gewinnt, erhöht er den Anstellwinkel der Tragflächen und die Schubkraft für den Antrieb. Die Auftriebskraft nimmt zu, allerdings ist sie etwas nach hinten gerichtet. Ohne zusätzlichen Schub würde das Flugzeug langsamer werden (Bild **B3b**). Für den Sinkflug gilt das Umgekehrte: Die Nase des Flugzeugs neigt sich nach unten, ein Teil der Auftriebskraft der Tragflächen wirkt nach vorn (Bild **B3c**). Das Flugzeug beschleunigt jetzt, ähnlich wie ein Radfahrer, der einen Berg hinabfährt.

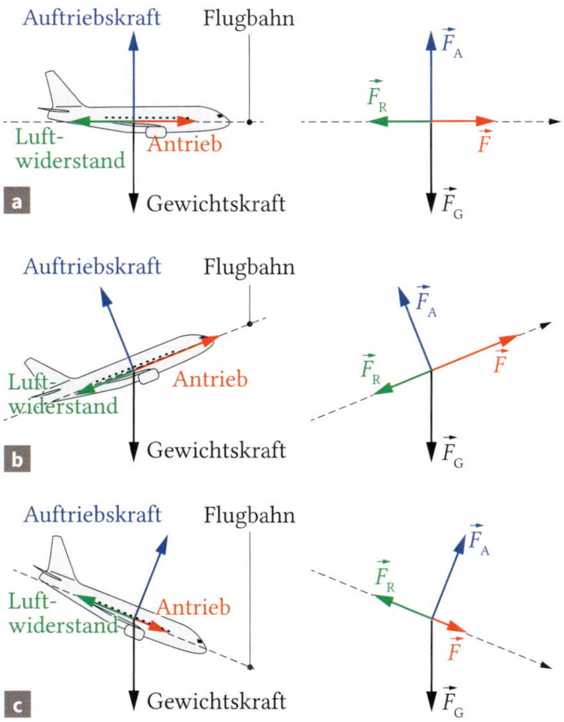

B3 *Horizontaler Flug, Steigflug und Sinkflug*

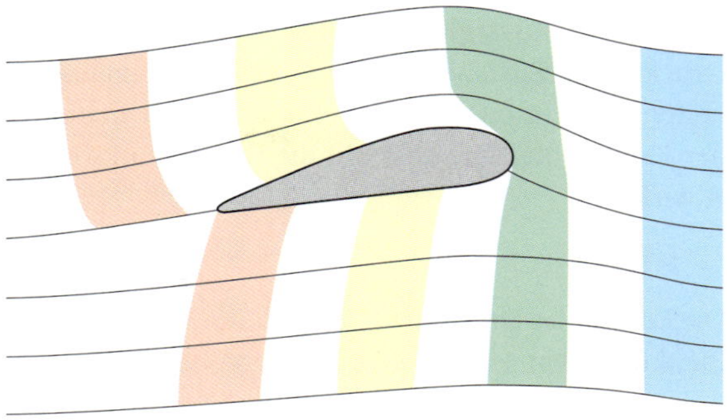

B4 *Strömung um eine Tragfläche. Gleichfarbige Luftpakete sind zuvor von rechts gleichzeitig auf die Tragfläche getroffen.*

B5 *Ausgefahrene Störklappen bei der Landung*

B6 *Das Flugzeug fliegt durch einen künstlich erzeugten Rauch.*

Löse selbst

1 Erkläre den Unterschied zwischen dem Auftrieb bei einem Flugzeug und bei einem U-Boot.

2 Erkläre das Phänomen in Bild **B6** mithilfe dessen, was du über den Auftrieb an einer Tragfläche gelernt hast.

Zusammenfassung

1. Druck in Flüssigkeiten und Gasen

Druck ist ein Zustand des **Gepresstseins** von Flüssigkeiten und Gasen. Den Druck p bestimmt man aus der Kraft F, die senkrecht auf die Begrenzungsfläche A wirkt:

$$p = \frac{F}{A}.$$

Die Einheit des Drucks ist 1 Pascal, kurz: 1 Pa. Auch das Bar, kurz: 1 bar, ist eine gebräuchliche Einheit.

Mithilfe des Drucks in einer Flüssigkeit kannst du über Kolben und Leitungen Kräfte übertragen. Ein solches System heißt **Hydraulik.** Ein hydraulisches System wandelt Kräfte um, ähnlich wie ein Hebel oder ein Flaschenzug:

$$\frac{F_{\text{Geber}}}{F_{\text{Nehmer}}} = \frac{A_{\text{Geber}}}{A_{\text{Nehmer}}}.$$

Eine **Pneumatik** funktioniert nach dem gleichen Prinzip, nutzt aber Luft zur Kraftübertragung.

2. Dichte

Die Dichte eines Körpers oder Stoffes ist definiert als Quotient aus seiner Masse m und seinem Volumen V:

$$\rho = \frac{m}{V}.$$

3. Das Teilchenmodell von Druck und Dichte

Das Teilchenmodell für Gase beschreibt Druck als schnelle, ungeordnete Bewegung der Teilchen. Je enger die Teilchen zusammen sind, desto höher ist die Dichte.

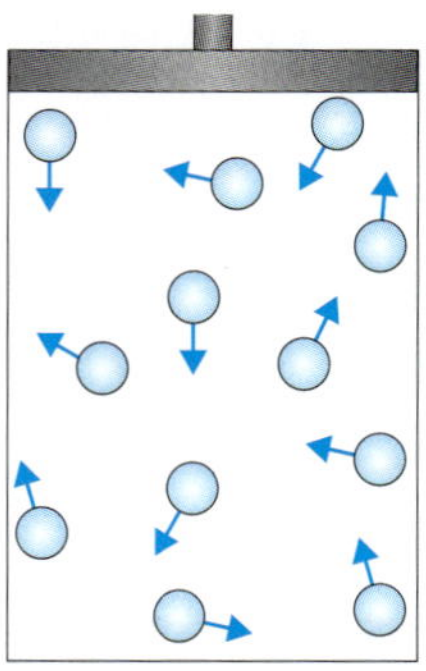

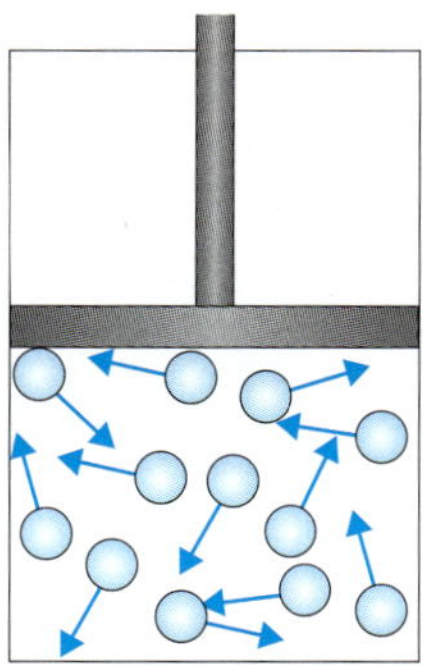

4. Auftrieb und Schweredruck

Der Schweredruck in einer Flüssigkeit ist die Ursache für den **Auftrieb,** den ein eingetauchter Körper erfährt. Die Auftriebskraft F_A, die ein Körper in einer Flüssigkeit erfährt, entspricht der Gewichtskraft der verdrängten Flüssigkeitsmenge:

$$F_A = m \cdot g = \rho \cdot V \cdot g.$$

Ein Schiff sinkt so tief im Wasser ein, bis Auftriebs- und Gewichtskraft im **Gleichgewicht** sind. Taucher und U-Boote sinken, wenn ihre Gewichtskraft größer ist als die Auftriebskraft. Im umgekehrten Fall steigen sie auf. Im Gleichgewicht schweben sie.
Flugzeuge erhalten Auftrieb durch die Bewegung ihrer Tragflächen durch die Luft.

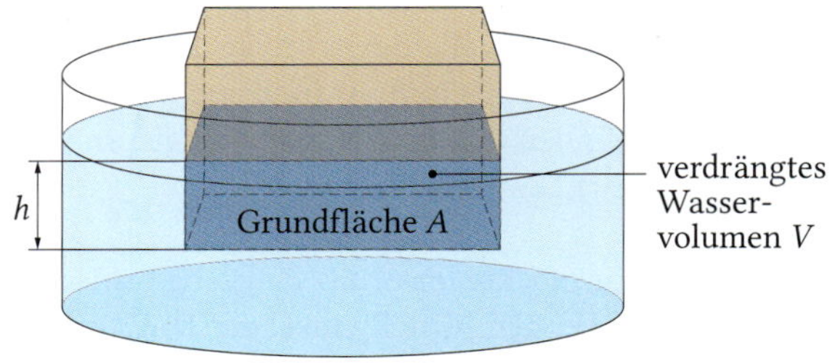

Der Schweredruck in einer Flüssigkeit ist proportional zur Tiefe h und zur Dichte ρ der Flüssigkeit:

$$p = \rho \cdot g \cdot h.$$

5. Der Luftdruck

Die Gewichtskraft der Luft erzeugt auch einen Schweredruck: den Luftdruck. Im Mittel beträgt er auf Meeresspiegelhöhe 1013 hPa ≈ 1 bar.

Selbsteinschätzung

Schätze dich selbst ein: „kann ich schon gut (+)“ oder „muss ich mir noch einmal anschauen (–)“.

Ich kann …
… erklären, was Druck ist;
… die Kraft berechnen, die ein bestimmter Druck auf eine Begrenzungsfläche ausübt;
… die Definition der Dichte benennen;
… mithilfe des Teilchenmodells veranschaulichen, was Druck und Dichte ist;
… die Kraftwandlung einer hydraulischen Fahrradbremse berechnen;
… erklären, warum sich der Auftrieb eines Körpers mit zunehmender Eintauchtiefe erhöht;
… erklären, warum Schiffe unterschiedlich tief im Wasser liegen;
… die Eintauchtiefe eines Kartons im Wasser anhand seiner Größe und seiner Masse berechnen;
… den Schweredruck in einer bestimmten Wassertiefe berechnen.

Aufgaben mit Lösungen

1 In der Physik sagt man: „Kraft wirkt, Druck herrscht". Erkläre, warum diese unterschiedlichen Verben verwendet werden. Sprich: Warum ist es nicht sinnvoll, „Druck wirkt" zu sagen?

2 Du misst den Druck auf einem Fahrradreifen mit einem Druckmesser, der nur die in den USA gebräuchliche Einheit psi (**p**ounds per **s**quare **i**nch) anzeigt. Sie zeigt 43,5 psi an.

a) Gib den Druck auf dem Reifen in zwei üblichen Standardeinheiten an.

b) Erkläre und berechne: Welcher absolute Druck herrscht in dem Reifen, welcher relative?

c) Berechne die Kraft, die auf einen Quadratzentimeter der Reifenoberfläche wirkt.

3

Bevor man mit dem Mountainbike über sandiges oder sehr rutschiges Gelände fährt, lässt man ein wenig Luft aus den Reifen.
Erkläre dies mithilfe der Formel $p = \frac{F}{A}$. Beschreibe dabei genau, welche Kraft F und welche Fläche A du betrachtest.

4 Die linke Kolbenspritze im Bild rechts oben hat eine Kolbenlänge von 10 cm und einen Durchmesser von 1,5 cm. Die rechte Spritze hat eine Länge von 8 cm und einen Durchmesser von 1 cm.

a) Berechne die Kraft, die der Schüler auf der linken Seite aufbringen muss, wenn die Schülerin auf der rechten Seite mit einer Kraft von 7 N drückt.

b) Bei den hier gezeigten Kolbenspritzen sind die Auslassöffnungen, auf denen der Verbindungsschlauch sitzt, gleich groß.

c) Diskutiere: Wie würde eine andere Querschnittsfläche der Auslassöffnungen die Wirkung dieses hydraulischen Systems verändern?

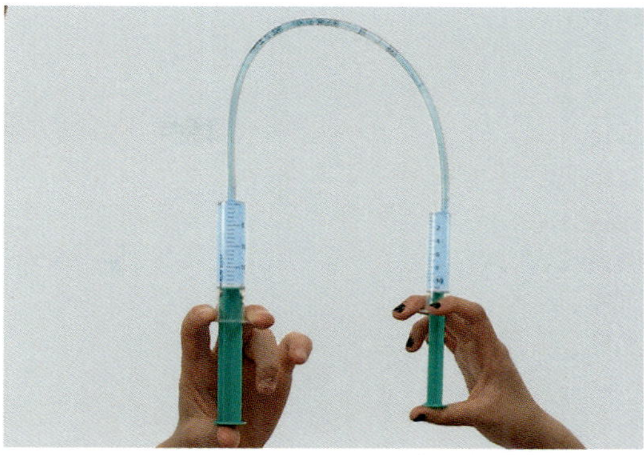

5

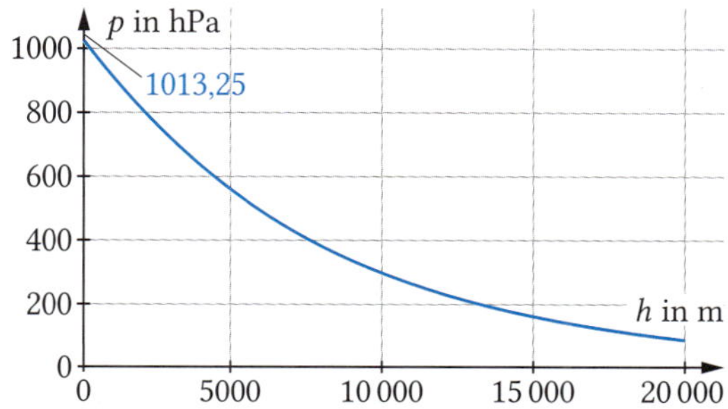

In Verkehrsflugzeugen herrscht ein Kabinendruck, der etwa dem Luftdruck in 2000 m Höhe über dem Meeresspiegel entspricht.

a) Das Flugzeug fliegt in 12 km Höhe. Berechne die Kraft, die auf ein Flugzeugfenster mit der Fläche 0,15 m^2 wirkt.
Entnimm die dazu nötigen Daten dem Diagramm.

b) Berechne die Kraft, die auf das Flugzeugfenster wirken würde, wenn im Flugzeug ein Luftdruck wie auf Meereshöhe herrschen würde.
Begründe mithilfe dieser Rechnung, warum in Flugzeugen ein geringerer Kabinendruck herrscht.

6

Das Bild zeigt zwei Arten von sichtbaren, nebelartigen Streifen an den Tragflächen eines Flugzeugs (siehe Pfeile). Erkläre beide mithilfe dessen, was du über den Auftrieb an Tragflächen weißt.
Tipp: Eine Recherche nach den Begriffen „Vortex" und „Wolkenscheibeneffekt" hilft dir eventuell.

Ionisierende Strahlung und Kernenergie

Ionisierende Strahlung und Radioaktivität. Du lernst, dass ionisierende Strahlung und Radioaktivität auch im Alltag vorkommen. Du erfährst, wie man natürliche Radioaktivität nutzt und warum man sich trotzdem davor schützen sollte. Du lernst, wie ionisierende Strahlung genutzt wird und wie du sie von anderen Strahlungsarten unterscheiden kannst.

Kernspaltung und Kernfusion. Du erfährst, wie Kernkraftwerke funktionieren und wie die Kettenreaktion gesteuert wird. Mit der Kernfusion lernst du eine mögliche Zukunft der Energieversorgung der Erde kennen.

6

Das kannst du in diesem Kapitel erreichen:

- Du kannst erklären, wie durch Kernreaktionen die verschiedenen Arten ionisierender Strahlung entstehen und wie man sich davor schützen kann. Du kannst erläutern, wie man radioaktive Zerfälle in Wissenschaft und Technik nutzt.
- Du kannst die Funktion von Kernwaffen und ihre politische Bedeutung erklären.
- Du kannst erklären, wie in Kernkraftwerken Atomkerne gespalten werden und wie die entstehende thermische Energie genutzt wird.
- Du kannst Argumente für und gegen die Kernenergie aufführen.
- Du kannst Gefahren und Nutzen von ionisierender Strahlung nennen.
- Mit der Kernfusion kannst du erklären, wie im Inneren von Sternen neue Elemente entstehen und wieso dabei Energie freigesetzt wird. Du lernst technische Anwendungen der Kernfusion kennen und kannst Energieabschätzungen mit der berühmten Einstein'schen Formel $E = m \cdot c^2$ durchführen.

6.1 Ionisierende Strahlung

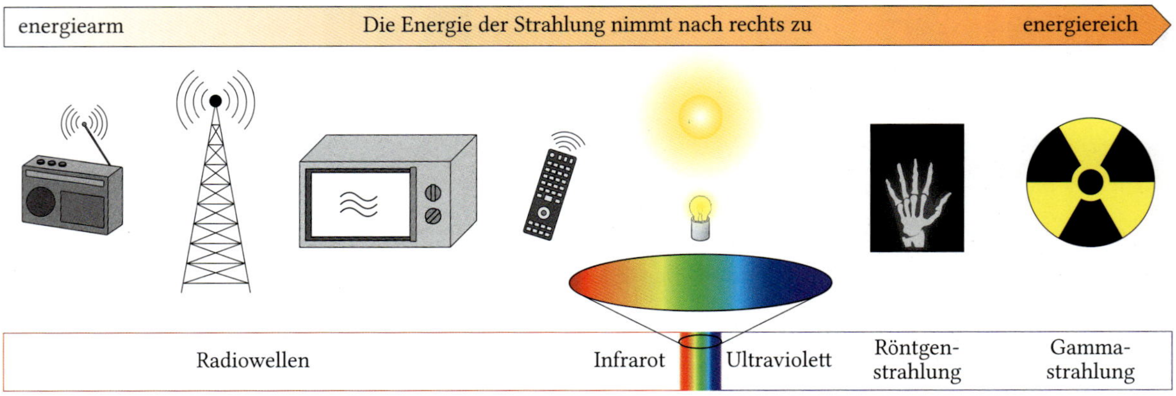

B1 *Das Spektrum – von den Radiowellen über das sichtbare Licht bis zur Gammastrahlung*

Strahlung. Wenn in den Nachrichten der Begriff Strahlung fällt, folgt meist eine Meldung über einen Strahlenunfall. Viele Menschen glauben daher, dass Strahlung etwas Unnatürliches oder Gefährliches ist. Es stimmt zwar, dass Strahlung künstlich erzeugt werden kann, und dass sie gefährlich sein kann. Aber es gibt auch natürliche Strahlung, die gefährlich ist, und künstliche Strahlung, die ungefährlich ist.

Wir sind ständig von natürlicher und künstlicher Strahlung umgeben. Licht zum Beispiel kann natürlich oder künstlich erzeugt sein. Ohne sichtbares Licht könnten wir nicht sehen; andererseits kann ultraviolettes Licht (UV-Licht) einen Sonnenbrand verursachen. Infrarotes Licht (IR-Licht) nehmen wir hingegen am Kamin oft als angenehme Wärmestrahlung wahr.

Ob Strahlung für unseren Körper schädlich ist, hängt von ihrem Energiegehalt ab.

Das Spektrum. Bild **B1** zeigt: Rotes Licht enthält weniger Energie als blaues Licht. UV-Licht ist energiereicher als violettes Licht. Noch energiereicher sind Röntgenstrahlen und Gammastrahlen. Sie sind sogar in der Lage, unseren Körper zu durchdringen.

Die physikalischen Begriffe Strahlung und Licht können hier gleichbedeutend verwendet werden. Meistens bezeichnet man die sichtbare Strahlung als Licht, die anderen Bereiche des Spektrums dagegen als Strahlung.

! Merksatz

Im Spektrum sind alle Strahlungsarten – von den Radiowellen bis zur Gammastrahlung – nach ihrem Energiegehalt geordnet.

Röntgenstrahlung. In der Medizin nutzt man Röntgenstrahlung, um den Körper bzw. einzelne Teile des Körpers zu durchleuchten.

Oft haben Menschen Bedenken, sich röntgen zu lassen. Sie befürchten, dass die hohe Energie der Röntgenstrahlung ihrem Körper schadet. Das tut sie in der Regel aber nicht, da der Körper beim Röntgen nur sehr kurz der Strahlung ausgesetzt ist – ähnlich, wie man auch nicht sofort einen Sonnenbrand bekommt, wenn man kurz in die Sonne geht, wenn man also der UV-Strahlung der Sonne nur kurz ausgesetzt ist.

Es stimmt allerdings, dass energiereiche Strahlung für Lebewesen schädlich sein kann. Je länger man der Strahlung ausgesetzt ist, desto größer ist die Wahrscheinlichkeit, dass es zu Schädigungen kommt.

! Merksatz

Je energiereicher die Strahlung ist, desto schädlicher kann sie für Lebewesen sein.
Je länger man schädlicher Strahlung ausgesetzt ist, desto größer können die Schäden sein.

Energiereiche und energiearme Strahlung. Man bezeichnet Strahlung, die energiereicher als Röntgenstrahlung ist, als **Gammastrahlung** (Bild **B1**). Sehr energiereiche Gammastrahlung wird als harte oder sogar als ultraharte Gammastrahlung bezeichnet.

Strahlung, die energieärmer als sichtbares Licht ist, wird oft nach ihrer Verwendung benannt: zum Beispiel Mikrowellenstrahlung, Radiostrahlung oder Funkstrahlung.

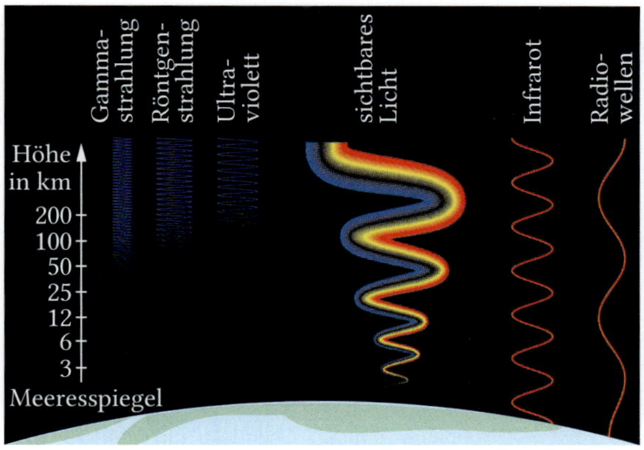

B2 *Die Atmosphäre absorbiert Strahlung.*

B4 *Astronaut ALEXANDER GERST an Bord der ISS*

Röntgen- und Gammastrahlung der Sonne. Gammastrahlung entsteht bei Kernreaktionen oder bei astronomischen Ereignissen, zum Beispiel bei einer Supernova-Explosion. Im Inneren der Sonne entsteht Gammastrahlung bei der Fusion von Wasserstoffkernen zu Heliumkernen. Auf ihrem Weg zur Oberfläche der Sonne wird die Gammastrahlung größtenteils in Röntgenstrahlung, sichtbares Licht und Infrarotstrahlung umgewandelt.

Ein Teil der von der Sonne zur Erde ausgesandten Gamma- und Röntgenstrahlung wird von der Erdatmosphäre absorbiert. Die Atmosphäre wirkt wie ein Schutzschild für die Erde. Wenn die Sonnenstrahlung auf den Erdboden trifft, enthält sie nur noch wenig Gamma- und Röntgenstrahlung (Bild **B2**).

Höhere Strahlenbelastung in größeren Höhen. Flugzeugbesatzungen, die sich lange in großen Höhen aufhalten, sind einer größeren Strahlenbelastung durch Röntgen- und Gammastrahlung ausgesetzt. Das liegt daran, dass die Schutzwirkung der Atmosphäre mit der Höhe abnimmt. Auch Bergsteiger müssen sich gut vor Strahlung schützen (Bild **B3**).

B3 *Ein Bergsteiger schützt sich vor Strahlung.*

Astronauten an Bord der Internationalen Raumstation (ISS) halten sich monatelang außerhalb der Erdatmosphäre auf (Bild **B4**). Sie sind der hochenergetischen Strahlung noch stärker ausgesetzt. Die Menge der Strahlung, die ein Astronaut „abbekommt", wird deshalb ständig gemessen. Wenn ein bestimmter Grenzwert überschritten ist, darf dieser Astronaut nicht mehr ins All fliegen – das Risiko zu erkranken, wäre zu groß.

Interplanetare Reisen. Auf einer Reise zum Mars wären Astronauten für eine lange Zeit sehr hohen Strahlungsmengen ausgesetzt, da An- und Abreise mehrere Monate dauern. Auch beim Aufenthalt auf dem Mars ist die Strahlenbelastung hoch, da der Mars nur eine sehr dünne Atmosphäre besitzt. Um die Astronauten vor der Strahlung abzuschirmen, müssten die Wände der Rakete und der Unterkunft auf dem Mars (Bild **B5**) sehr dick sein, was sie sehr schwer machen würde. Das wäre natürlich ein großer Nachteil, da man für den Flug zum Mars entsprechend mehr Treibstoff bräuchte. Die Forschung arbeitet derzeit noch an einer Lösung des Problems, wie man mit möglichst leichten Materialien die Astronauten vor einer inakzeptablen Strahlenbelastung schützen kann.

B5 *Astronauten auf dem Mars (Illustration)*

6.1 Ionisierende Strahlung

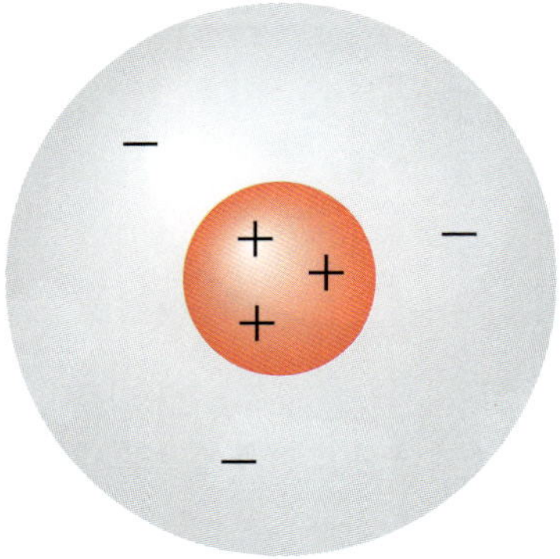

B1 *Kern-Hülle-Modell des Atoms*

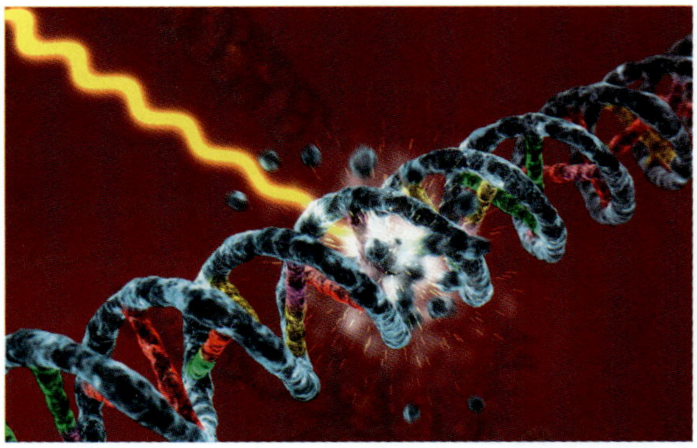

B3 *Ein DNS-Molekül wird durch Strahlung beschädigt.*

Ionisierende Strahlung und atomare Bausteine. Je nach Energiegehalt wirkt sich Strahlung unterschiedlich auf den Körper aus. Energiearme Strahlung, wie Radiowellen, Infrarotlicht oder sichtbares Licht, ist nicht schädlich, Röntgen- und Gammastrahlung dagegen schon. Wegen ihrer hohen Energie können sie Zellen im Körper zerstören. Warum hochenergetische Strahlung Zellen zerstören kann, lässt sich anhand der Prozesse erklären, die auf atomarer Ebene im Körper ablaufen.

Ein Atom besteht aus einem positiv geladenen Atomkern, der von einer Hülle aus negativ geladenen Elektronen umgeben ist (Bild **B1**). In einem Atom gibt es ebenso viele positive wie negative Ladungen, sodass ein Atom als Ganzes elektrisch neutral ist.

Wenn ein Atom durch äußeren Einfluss ein Elektron verliert oder wenn es ein zusätzliches Elektron in seiner Hülle aufnimmt, dann entsteht ein geladenes Teilchen (Bild **B2**). Das geladene Teilchen nennt man **Ion.** Ein Ion hat andere chemische Eigenschaften als das Atom, aus dem es entstanden ist.

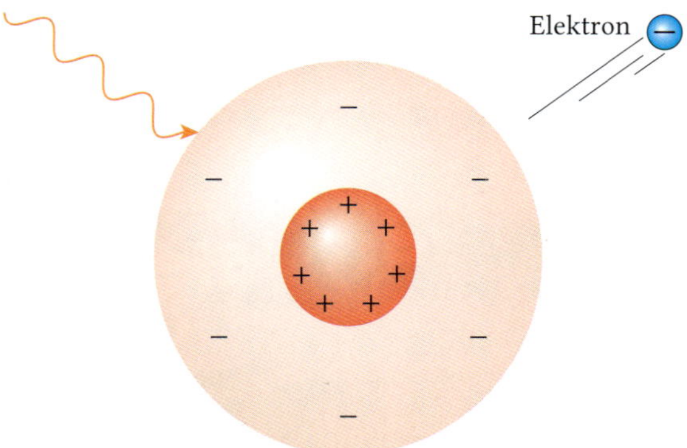

B2 *Ein Atom wird ionisiert.*

Die Energie von Röntgen- und Gammastrahlung reicht aus, um Elektronen aus der Atomhülle herauszuschlagen und damit ein Ion zu erzeugen. Man nennt diese Strahlungsarten daher **ionisierende Strahlung.** Durch die ionisierende Strahlung werden im Körper Moleküle zerstört oder beschädigt

! Merksatz

Röntgenstrahlung und Gammastrahlung sind ionisierende Strahlung.

Ionisierende Strahlung und Lebewesen. Lebewesen wachsen und vermehren sich durch Zellteilung. Dabei spielt unser Erbgut, die **DNS** (**D**esoxyribo**n**uklein**s**äure), eine wichtige Rolle. Die DNS ist ein Riesenmolekül, das aus Millionen miteinander verbundener Atome besteht. In der DNS sind die Erbinformationen gespeichert.

Wenn die DNS durch die ionisierende Strahlung verändert wird (Bild **B3**), kann es passieren, dass sich Zellen unkontrolliert immer wieder teilen. Das kann letztendlich zu einer **Krebserkrankung** führen. So erklärt sich, weshalb es umso wahrscheinlicher ist zu erkranken, je höher die Strahlenbelastung ist.

Wird der Körper einer sehr großen Menge ionisierender Strahlung ausgesetzt, dann werden die Schäden an den Zellen so groß, dass sie sich nicht mehr teilen können. Wenn sie absterben, können sie nicht mehr ersetzt werden. Gewebe, das aus kurzlebigen Zellen besteht, wie zum Beispiel Schleimhäute, Blutgefäße oder Blutzellen, sterben zuerst ab. Wenn sich nach einer Strahlenbelastung Symptome wie blutiger Stuhl oder Haarausfall zeigen, spricht man von **akuter Strahlenkrankheit.**

Atomkerne. Der Atomkern ist positiv geladen. Träger der positiven Ladung ist das **Proton.** Der Kern des Wasserstoffatoms enthält ein Proton. Der Wasserstoffkern ist damit einfach positiv geladen. Helium besitzt zwei Protonen, der Kern ist zweifach positiv geladen, Lithium hat drei Protonen und ist dreifach positiv geladen und so weiter. Da sich positive Ladungen gegenseitig abstoßen, müsste bereits der Heliumkern eigentlich zerfallen.

Um zu erklären, weshalb ein Kern von Atomen mit zwei oder mehr Protonen trotzdem stabil ist, sagte man ein elektrisch neutrales Teilchen im Kern voraus. Dieses Teilchen sollte dafür sorgen, dass zwischen allen Teilchen im Kern eine große Anziehungskraft besteht. Dieses Teilchen wurde tatsächlich nachgewiesen. Es besitzt fast die gleiche Masse wie ein Proton und wird **Neutron** genannt, weil es keine Ladung trägt (Bild **B4**). Protonen und Neutronen sind Kernteilchen. Sie werden auch als Nukleonen (von *nucleus*, lateinisch: Kern) bezeichnet.

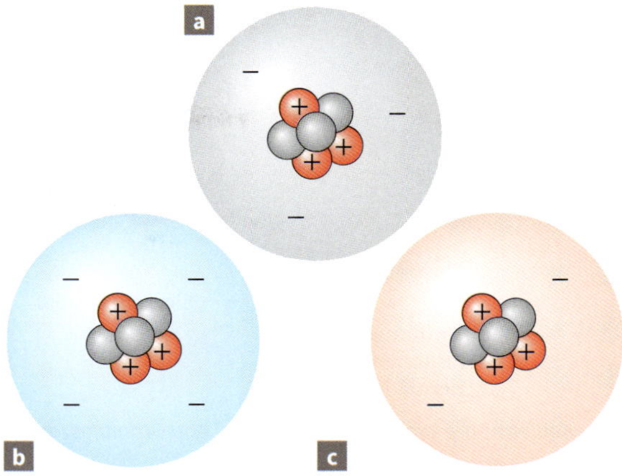

B4 *a) ein Atom, b) negativ und c) positiv geladenes Ion*

Die Masse eines Kernteilchens ist etwa 2000-mal größer als die Masse eines Elektrons. Der Atomkern enthält also fast die gesamte Masse des Atoms. Sein Durchmesser ist dagegen 100 000-mal kleiner als der Durchmesser des gesamten Atoms.

Merksatz

Atome bestehen aus einem Atomkern und einer Atomhülle.
Im Atomkern befinden sich die elektrisch positiv geladenen Protonen und die elektrisch neutralen Neutronen.
In der Atomhülle befinden sich die elektrisch negativ geladenen Elektronen.

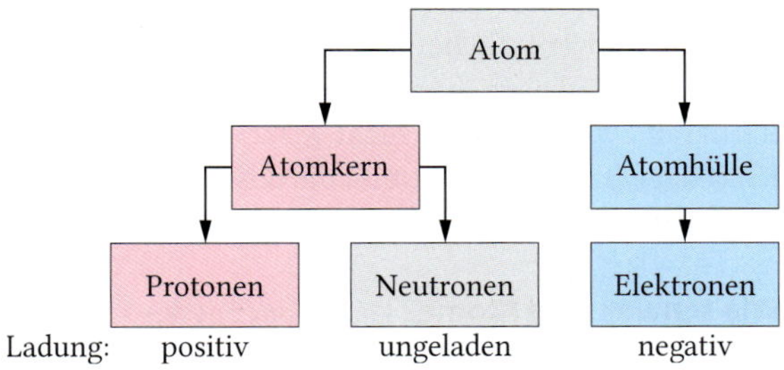

B5 *Der Merksatz als Bild*

Exkurs: Atommodelle

Das älteste Atommodell ist schon fast 2500 Jahre alt und stammt von DEMOKRIT, einem griechischen Philosophen. Er nahm an, dass Atome kleinste Teilchen sind, die sich in Form, Größe und Masse unterscheiden.
JOSEPH JOHN THOMSON konnte 1903 zeigen, dass in einem Atom positive und negative Ladungen enthalten sind.
ERNEST RUTHERFORD entwarf 1911 das nach ihm benannte Atommodell, in dem das Atom aus einem Atomkern und einer Atomhülle besteht. Dabei ist der Atomkern im Vergleich zum gesamten Atom sehr klein.
NIELS BOHR beschrieb 1913 in seinem Modell die Anordnung der Elektronen in der Atomhülle. Mit dem bohrschen Atommodell konnte man den Aufbau des Periodensystems erklären. Mit diesem Modell wurde auch die Grundlage für die moderne Quantenmechanik geschaffen.

Modelle sind kein Abbild der Wirklichkeit. Sie sind Denk- und Vorstellungshilfen. Man benutzt unterschiedliche Modelle, um unterschiedliche Sachverhalte zu beschreiben und Vorhersagen zu treffen.
Jedes Modell hat Grenzen: Es gibt Sachverhalte, die man innerhalb des Modells nicht beschreiben kann. Um diese trotzdem erklären zu können, muss man ein leistungsfähigeres Modell verwenden bzw. entwickeln. Für die Beschreibung oder Vorhersage eines Phänomens benutzt man nicht das leistungsfähigste Modell, sondern das einfachste Modell, das das beobachtete Phänomen erklären kann.

6.1 Ionisierende Strahlung

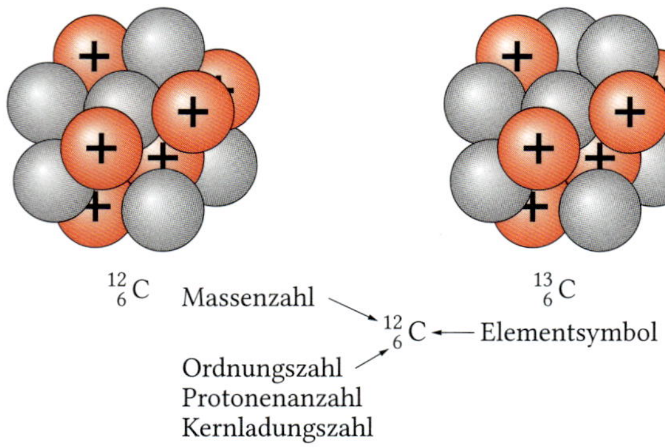

B1 *Kohlenstoff: Elementsymbol, Massen- und Ordnungszahl*

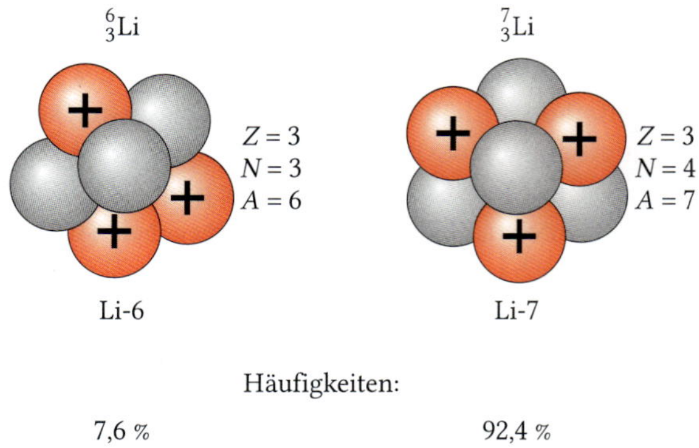

B2 *Isotope des Lithiums und natürliche Häufigkeit*

Die starke Kernkraft. Diese Kraft, auch **starke Kraft** genannt, wirkt zwischen allen Kernteilchen anziehend. Sie hat allerdings nur eine sehr kurze Reichweite. Da die Kernkraft sehr viel stärker ist als die abstoßend wirkende elektrische Kraft, sind Atomkerne stabil. Es gibt eine Obergrenze für die Anzahl der Protonen in einem stabilen Atomkern. Der Kern lässt sich dann auch nicht durch zusätzliche Neutronen stabilisieren, da es zunehmend Kernteilchen gibt, die weit voneinander entfernt sind. Wegen ihrer kurzen Reichweite kann die Kernkraft zwischen ihnen nicht wirken. Die elektrische Kraft dagegen schon: Sie treibt die positiven Ladungen auseinander und der Kern zerfällt.

Wie schwer sind Atome? Das Atom mit der kleinsten Masse ist das Wasserstoffatom. Seine Masse beträgt 0,000 000 000 000 000 000 000 001 674 g. Da diese Angabe umständlich ist, hat man eine neue Einheit eingeführt, die **Atommasseneinheit u** (von *unit,* englisch: Einheit). Etwas vereinfacht kann man sich merken: Protonen und Neutronen haben jeweils die Masse 1 u. Elektronen, die viel leichter sind als die Nukleonen, haben eine Masse von nahezu 0 u. Die Gesamtmasse eines Atoms in u steht links oben neben dem Elementsymbol. Man nennt diese Zahl die **Massenzahl *A*** (Bild **B1**).

Isotope. Die Anzahl der Protonen in einem Atomkern bestimmt, um welches Element es sich handelt und an welcher Stelle es im Periodensystem steht. Die **Ordnungszahl,** die links unten neben dem Elementsymbol steht, gibt die Anzahl der Protonen an (Bild **B1**). Die Ordnungszahl ist damit gleich der **Kernladungszahl *Z*.** Die Anzahl der Neutronen im Kern wird durch die **Neutronenzahl *N*** angegeben. Sie kann für ein bestimmtes Element leicht variieren. So kann z. B. Kohlenstoff (Ordnungszahl $Z = 6$) sechs oder sieben Neutronen besitzen (Bild **B1**). Beides sind Kohlenstoffatome. Man nennt sie **Isotope** des Kohlenstoffs (von *iso,* griechisch: gleich, *topos,* griechisch: Ort).

Die Anzahl der Neutronen berechnen. Das Element Sauerstoff hat die Ordnungszahl 8. Es besitzt daher acht Protonen, die insgesamt eine Masse von 8 u haben. Da die Massenzahl 16 u beträgt, verbleiben noch 8 u für die Masse der Neutronen. Das Atom hat also acht Neutronen. Es gilt:

$$N = A - Z.$$

Um anzugeben, welches Isotop man meint, findet man auch oft folgende vereinfachte Darstellung: Fe-56. Fe steht für Eisen, das die Ordnungszahl 26 hat. Es handelt sich hier also um das Eisenisotop mit 30 Neutronen.

Krumme Massenzahlen. In der Natur gibt es von fast allen Elementen Isotope. Der prozentuale Anteil der einzelnen Isotope kann sehr unterschiedlich sein. In der Chemie und der Physik arbeitet man daher oft mit einem Isotopengemisch, so wie es in der Natur vorkommt (Bild **B2**). Um experimentelle Ergebnisse richtig auszuwerten, ist es am besten, mit dem gewichteten Mittelwert der Atommasse der verschiedenen Isotope zu rechnen. Es ist dieser Mittelwert, der an den Elementsymbolen im Periodensystem steht. Die oft krummen Zahlen spiegeln die Anteile der verschiedenen Isotope im natürlichen Isotopengemisch wider. Ein Beispiel:

Natürliche Lithiumatome liegen etwa zu 7,6% als Li-6 und zu 92,4% als Li-7 vor. Das gewichtete Mittel der Atommasse ist dann:

$$0{,}076 \cdot 6\ \text{u} + 0{,}924 \cdot 7\ \text{u} = 6{,}924\ \text{u}.$$

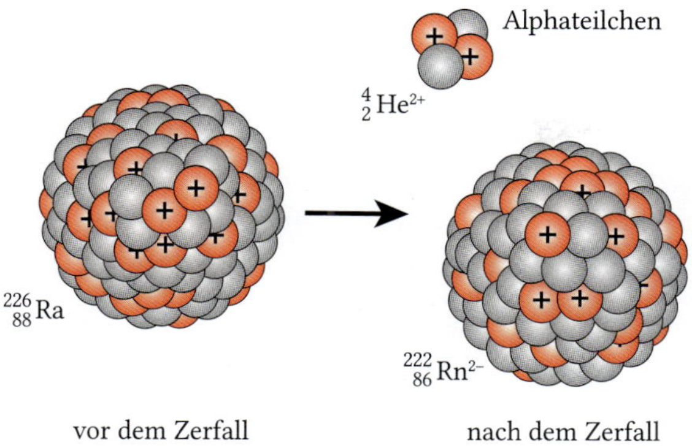

B3 *Alphazerfall und Alphastrahlung*

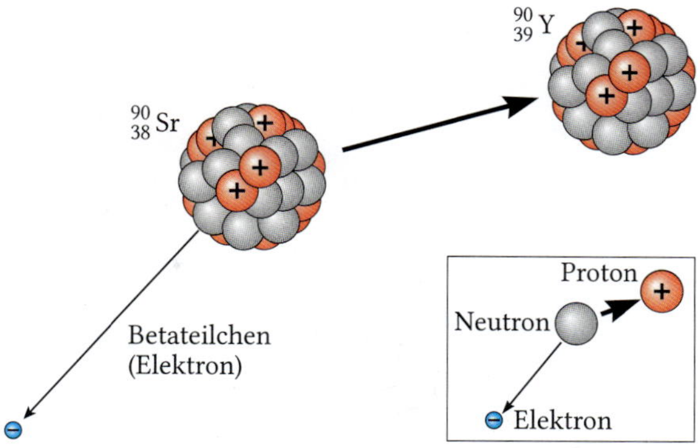

B4 *Betazerfall und Betastrahlung*

Teilchenstrahlung. Instabile Atomkerne können, je nach ihrer Größe und Neutronenzahl, auf verschiedene Weise zerfallen. Bei manchen Zerfällen werden Gammastrahlung und schnelle Teilchen ausgesandt. Diese schnellen Teilchen sind aufgrund ihrer hohen Energie in der Lage, Atome zu ionisieren. Man bezeichnet solche energiereiche Teilchen als **Teilchenstrahlung.** Es gibt unterschiedliche Arten von Teilchenstrahlung.

Alphastrahlung. Wenn schwere Atomkerne zerfallen, wird oft ein schneller Heliumkern ausgesandt (Bild **B3**). Ein Heliumkern besteht aus zwei Protonen und zwei Neutronen. Beim Zerfall entsteht ein Kern, der zwei Protonen weniger hat als der ursprüngliche Kern. Die Kernladungszahl des zerfallenden Atoms verringert sich daher um zwei. Die Ordnungszahl verringert sich ebenfalls um zwei, die Massenzahl um vier. Schnelle Heliumkerne bezeichnet man als **Alphastrahlung.**

Betastrahlung. Atomkerne, die über verhältnismäßig viele Neutronen verfügen, zerfallen bevorzugt unter Aussendung eines schnellen Elektrons (Bild **B4**). Im Kern wird dabei ein Neutron in ein Proton und ein Elektron umgewandelt. Die Kernladungszahl erhöht sich um eins, die Massenzahl bleibt gleich. Es entstehen Elemente, die ein Proton mehr haben als das ursprüngliche Element. Das Elektron verlässt den Kern mit hoher Geschwindigkeit. Diese schnellen Elektronen bezeichnet man als **Betastrahlung.**

! Merksatz

Alpha-, Beta- und Gammastrahlung sind hochenergetische Strahlung. Sie wirken ionisierend. Alpha- und Betastrahlung sind Teilchenstrahlung. Alphastrahlung besteht aus schnellen Heliumkernen, Betastrahlung aus schnellen Elektronen.

Löse selbst

1 ➡ Die Bedienungseinheit eines Röntgengeräts steht immer in einem anderen Raum als das Gerät selbst. Erkläre, warum das so ist.

2

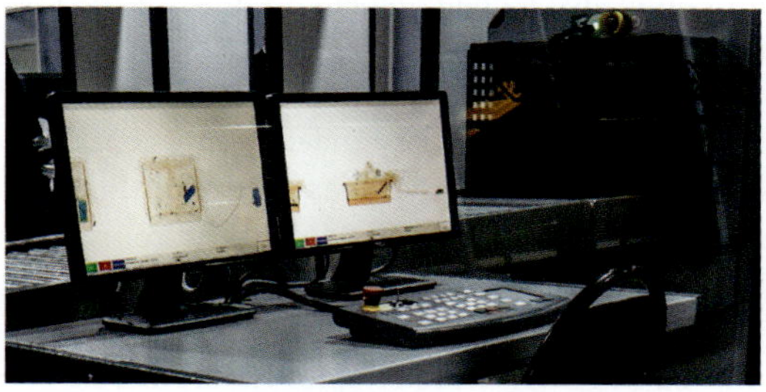

↗ Am Flughafen wird Handgepäck durch einen Scanner geschickt, um sicherzustellen, dass keine gefährlichen Gegenstände mit an Bord genommen werden. Stelle eine Vermutung auf, mit welcher Strahlung die Scanner arbeiten und begründe deine Vermutung.

3 ➡ Bergsteiger benötigen in großen Höhen besondere Ausrüstung. Beschreibe, was der Bergsteiger in Bild **B3** auf S. 217 trägt und welche Funktion die einzelnen Ausrüstungsgegenstände haben.

4 ➡ Ein Atom hat die Ordnungszahl 11 und die Massenzahl 23. Gib an, welches Element das ist. Bestimme, die Zahl der Protonen, Neutronen und der Elektronen.

5 ➡ Ein Elektroskop – egal, ob positiv oder negativ geladen – kann durch ionisierende Strahlung entladen werden. Erkläre, wie es zur Entladung kommt.

6 ↗ Die gewichtete Masse von Lithium wird mit 6,94 u angegeben (Literaturwert). Diskutiert die Abweichung von unserem berechneten Wert 6,924 u (S. 220).

6.2 Nachweis der Strahlungsarten

B1 *Ein Geiger-Müller-Zählrohr*

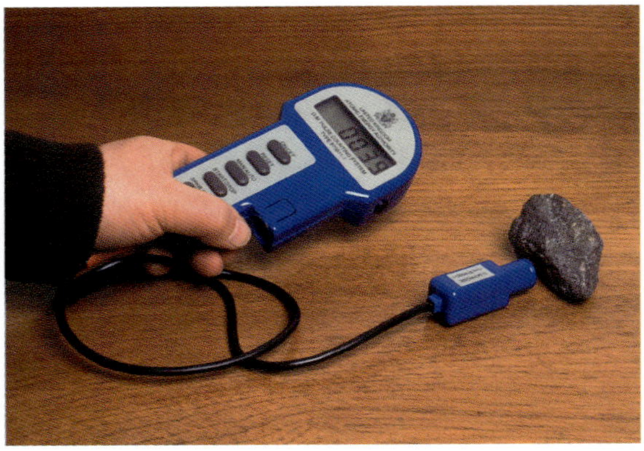

B3 *Manche natürlichen Gesteine geben ionisierende Strahlung ab.*

Ionisierende Strahlung nachweisen. Menschen besitzen kein Sinnesorgan, das für ionisierende Strahlung empfindlich ist. Um ionisierende Strahlung nachzuweisen, müssen wir daher Geräte verwenden, die auf solche Strahlung ansprechen und ein für uns wahrnehmbares Signal erzeugen.

Das Zählrohr. Ein oft verwendetes Gerät zum Nachweis ionisierender Strahlung ist das **Zählrohr** (Bild **B1**), das manchmal auch als Geiger-Müller-Zählrohr oder kurz als Geigerzähler bezeichnet wird.

Bild **B2** zeigt den Aufbau eines Zählrohrs. Es besteht aus einem zylinderförmigen Metallgehäuse, in dessen Zentrum sich ein Draht befindet. An der Vorderseite ist das Zählrohr mit einem dünnen Fenster aus Glimmer verschlossen. Im Rohr befindet sich ein Edelgas mit geringem Druck. Eine Spannungsquelle erzeugt eine Spannung von etwa 400 V zwischen dem Metallgehäuse und dem Draht.

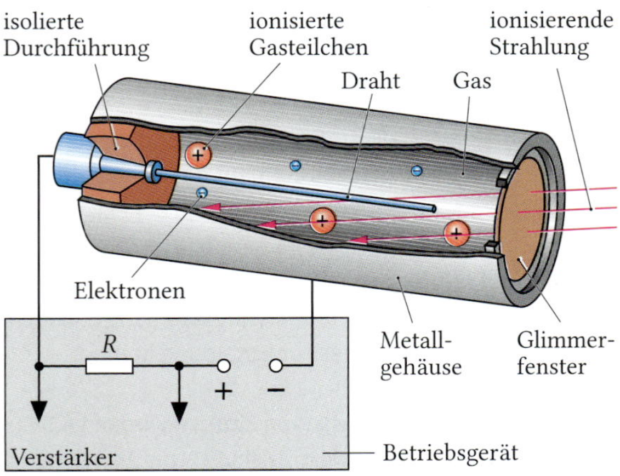

B2 *Aufbau eines Zählrohrs*

Wenn ionisierende Strahlung in das Zählrohr gelangt, wird ein Gasatom ionisiert. Das bei der Ionisation freiwerdende Elektron wird wegen der hohen Spannung so stark beschleunigt, dass es bei Stößen weitere Atome ionisieren kann. Es kommt zu einer Lawine von Elektronen, die beim Auftreffen auf den Draht einen Stromstoß erzeugen. Dieser Impuls wird im Betriebsgerät verstärkt und gezählt. Wenn man einen Lautsprecher anschließt, sind die typischen Knackgeräusche zu hören.

Man kann nun die einzelnen Impulse zählen. Wichtiger ist aber die **Zählrate,** die die Anzahl der Impulse pro Sekunde angibt.

Die Nullrate. Wenn man das Zählrohr einschaltet, hört man die Knackgeräusche, auch dann, wenn das Zählrohr nicht auf ein strahlendes Präparat ausgerichtet ist. Das Zählrohr spricht auch auf die in unserer Umwelt natürlich vorkommende ionisierende Strahlung an. Diese natürliche ionisierende Strahlung ist zum Beispiel bei verschiedenen Gesteinsarten nachweisbar (Bild **B3**).

Wenn man die Zählrate von einer Probe messen möchte, darf die Messung nicht durch die natürlich vorkommende Strahlung verfälscht werden. Daher ermittelt man zuerst die Zählrate der natürlichen Strahlung ohne Probe.

Diese Zählrate ist abhängig von dem Ort, an dem man sich befindet, oder auch von der aktuellen Aktivität der Sonne. Da diese Zählrate ohne den zu messenden Strahler ermittelt wird, bezeichnet man sie als **Nullrate.** Um die Zählrate der Probe zu bestimmen, muss die Nullrate von der gemessenen Zählrate mit der Probe abgezogen werden.

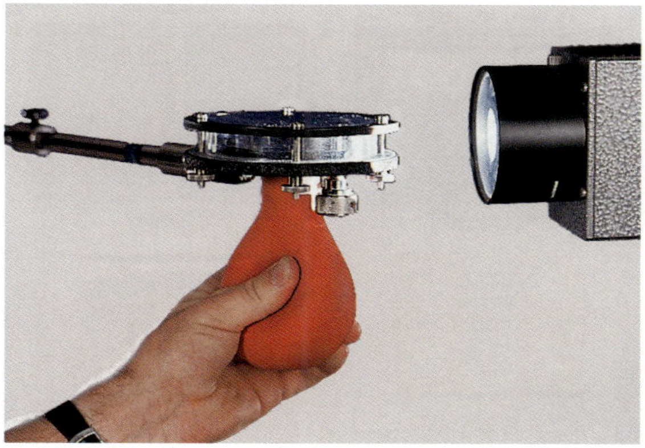

B4 *Nebelkammer nach Wilson*

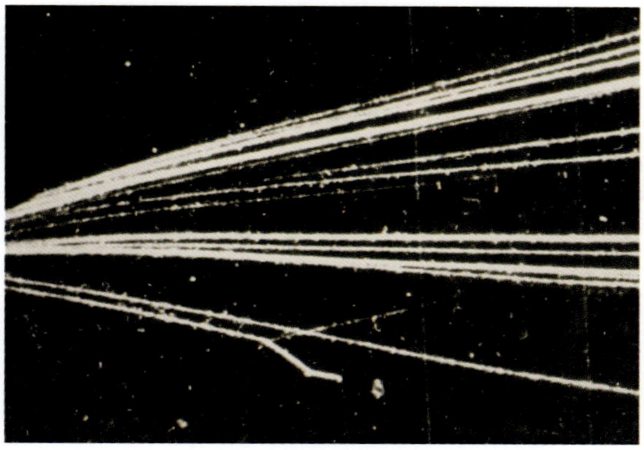

B5 *Nebelspuren in einer Nebelkammer*

Die Nebelkammer. Mit einer Nebelkammer wie in Bild **B4**, wie sie der englische Physiker Charles Wilson erstmals entwickelt hat, kann man ionisierende Strahlung sichtbar machen.

Man gibt Alkohol auf einen Schwamm und legt diesen in die Nebelkammer, die man anschließend luftdicht verschließt. Nach kurzer Wartezeit ist ein Teil des Alkohols verdampft. Nun verringert man mit Hilfe des Gummiballs den Druck in der Kammer. Dadurch sinkt die Temperatur und die Luft ist mit Alkoholdampf gesättigt. Jetzt braucht man nur noch Kondensationskeime, an denen der Alkohol kondensiert und in Form von Nebeltröpfchen sichtbar wird.

Wenn man einen Alpha- oder Betastrahler auf die Nebelkammer richtet, wirken die Alphateilchen und die Betateilchen als solche Kondensationskeime. Wo die Teilchen der ionisierenden Strahlung entlangfliegen, kondensiert der Alkoholdampf und es entsteht eine Nebelspur aus flüssigen Alkoholtröpfchen, die für das Auge gut sichtbar ist (Bild **B5**).

Gammastrahlung, die weder elektrische Ladung trägt, noch aus Teilchen besteht, regt den Alkohol nicht zur Kondensation an.

In Versuch **V1** ist beschrieben, wie du selbst eine Nebelkammer bauen kannst. Eine Skizze des Aufbaus zeigt das obere Bild. Die Sättigung der Luft mit Alkoholdampf wird hier durch eine dauerhafte Kühlung erreicht.

! Merksatz

Ionisierende Strahlung lässt sich mit einem Zählrohr oder in einer Nebelkammer nachweisen.

V1 Selbst gebaute Nebelkammer

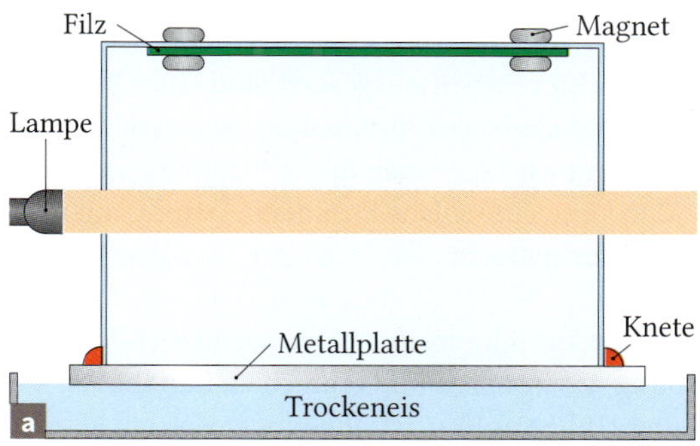

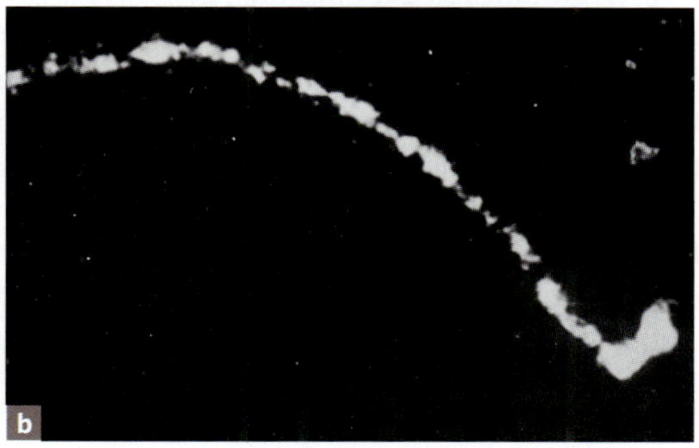

Drücke ein Stück Filz auf den Boden eines Glases und befestige ihn mit Magnetpaaren. Träufele Alkohol auf den Filz. Stelle das Glas umgekehrt auf eine schwarze Metallplatte und dichte mit Knetmasse ab. Kühle die Platte von unten mit Hilfe einer Kältemischung aus Eis und Kochsalz – noch besser ist Trockeneis – und warte etwa 10 Minuten. Beleuchte das Glas von der Seite mit einer Lampe. Du solltest einige Nebelstreifen pro Minute sehen. Diese werden zum Großteil von kosmischer Strahlung – ionisierender Strahlung aus dem Weltraum – verursacht.

6.2 Nachweis der Strahlungsarten

B1 *Röntgenärztin mit Dosimeter*

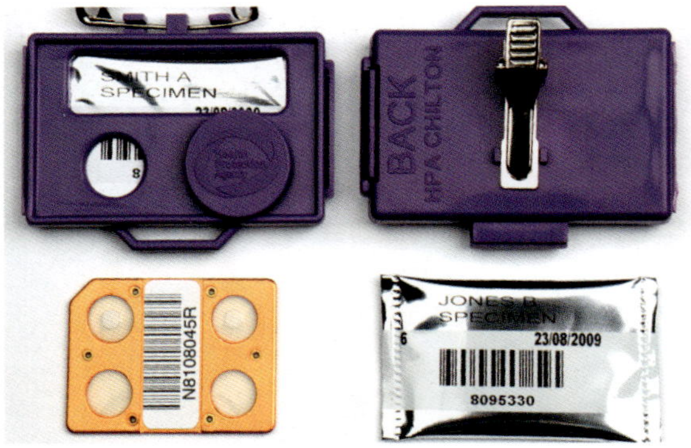

B3 *Persönliche Filmdosimeter*

Das Dosimeter. In vielen Fällen ist nicht der aktuelle Strahlungswert interessant, sondern vielmehr die Menge an ionisierender Strahlung, der zum Beispiel Beschäftigte eines Kernkraftwerks oder eine Röntgenärztin während ihrer Arbeit ausgesetzt sind (Bild **B1**). Diese Strahlungsdosis ist davon abhängig, wie stark die Strahlung ist und wie lange man dieser Strahlung ausgesetzt ist. Man kann eine solche Strahlenbelastung mit einem **Dosimeter** messen.

Meist werden Filmdosimeter verwendet (Bild **B3**), da sie billig herzustellen und einfach zu handhaben sind. In einer Hülle aus Kunststoff befindet sich ein Fotofilm, der durch die ionisierende Strahlung geschwärzt wird. Je größer die Strahlenbelastung ist, desto dunkler wird der Film. Über den Schwärzungsgrad kann man die Strahlungsdosis bestimmen und sicherstellen, dass die Strahlenbelastung nicht gesundheitsgefährdend ist.

Absorption. Es ist wichtig, das Dosimeter richtig herum über der Kleidung zu tragen (Bild **B1** und **B3**). In Versuch **V1** erfährst du, warum sonst ein falsches Messergebnis entstehen würde: Verschiedene Strahlungsarten werden unterschiedlich abgeschirmt.

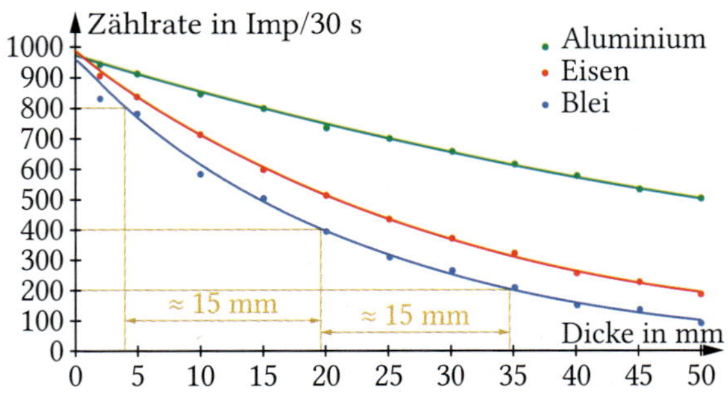

B2 *Zählrate eines Gammastrahlers, der durch unterschiedlich dicke Platten aus Aluminium, Eisen und Blei abgeschirmt wird.*

Versuch **V1a** zeigt, dass sich Alphastrahlung bereits mit einem Blatt Papier vollständig abschirmen lässt. Wenn man das Dosimeter mit der Rückseite nach vorne trägt, wird die Alphastrahlung nicht mehr gemessen.

Versuch **V1b** zeigt, dass sich Betastrahlung mit Metallen abschirmen lässt. Aber erst ab einer gewissen Dicke ist eine vollständige Absorption gewährleistet. Gammastrahlung hingegen lässt sich nie vollständig abschirmen. Sie wird nur umso stärker abgeschirmt, je dicker die Abschirmung ist (Bild **B2**).

V1 Absorption von Strahlung

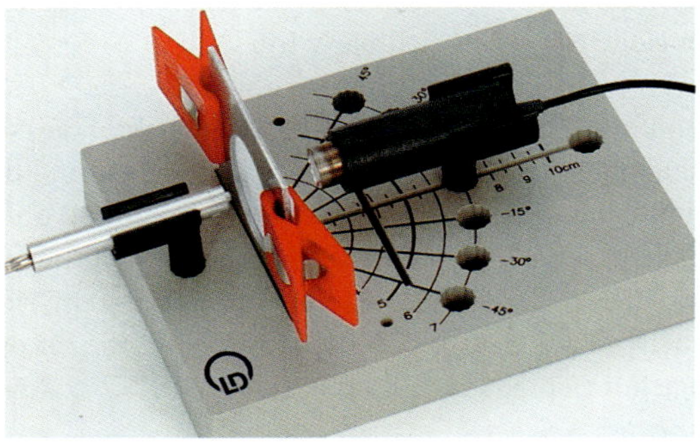

Im obigen Bild befinden sich links ein Mischstrahler in einem umschlossenen Schulpräparat und rechts ein Zählrohr. Dazwischen können zur Abschirmung der Strahlung Platten aus verschiedenen Materialien eingeschoben werden.

a) Bestimme zunächst die Nullrate. Schiebe ein Blatt Papier zwischen Strahler und Zählrohr. Die Zählrate sinkt deutlich.

b) Verwende als Abschirmung Platten aus 1, 2, 3, 4 und 5 mm dickem Aluminium. Bis zu einer Stärke von 3 mm sinkt die Zählrate deutlich, ab 4 mm nur noch langsam.

B4 *Polarlichter über Kanada*

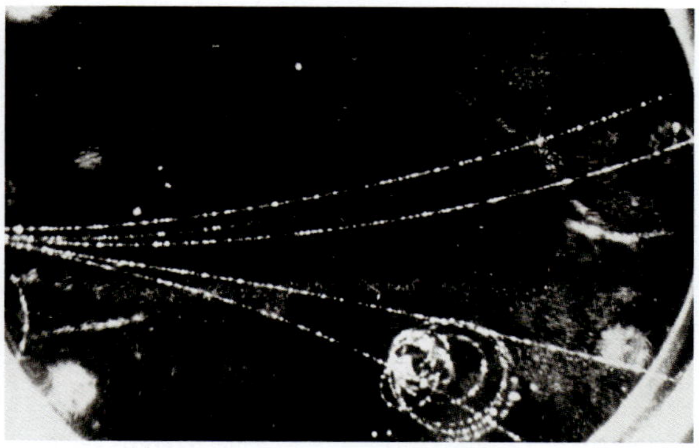

B5 *Die Lorentzkraft wirkt auf geladene Teilchen.*

Polarlichter. Die Leuchterscheinung in Bild **B4** wird durch ionisierende Strahlung verursacht. Hochenergetische, geladene Teilchen, die von der Sonne kommen, treten in die Atmosphäre ein und ionisieren die Teilchen der Luft – hauptsächlich Stickstoffatome und Sauerstoffatome. Wenn sich diese Atome wieder mit den zuvor herausgeschlagenen Elektronen verbinden, wird Energie in Form von Licht frei: Die Atmosphäre leuchtet. Grünliches Licht entsteht, wenn sich Sauerstoffionen wieder mit Elektronen verbinden (**Rekombination**). Bläuliches oder violettes Licht entsteht bei der Rekombination des Stickstoffs. Die Energie der ionisierenden Strahlung wird dabei in sichtbares Licht umgewandelt.

Obwohl die ganze Erde von der Sonne beschienen wird, ist dieses Leuchten der Atmosphäre nur in der Nähe der Pole zu beobachten. Man bezeichnet es daher als **Polarlicht.** Man könnte meinen, dass die Himmelslichter rund um den Äquator am stärksten sein müssten, denn dort trifft die Sonnenstrahlung senkrecht auf die Erde – das heißt die Strahlungsdosis ist hoch. Da das Polarlicht nur an den Polen entsteht, muss es etwas mit dem Magnetfeld der Erde zu tun haben.

Die Lorentzkraft. Wenn sich geladene Teilchen senkrecht zu den Feldlinien eines Magnetfeldes bewegen, werden sie von ihrer Bahn abgelenkt. Es wirkt eine Kraft auf sie, die **Lorentzkraft.** Positiv und negativ geladene Teilchen werden in entgegengesetzte Richtungen abgelenkt. In Bild **B5** kommen die Teilchen von links und das Magnetfeld steht senkrecht auf der Papierebene. Im Extremfall können die Teilchen sogar auf eine spiralförmige Bahn gezwungen werden. Das Magnetfeld der Erde bewirkt, dass die von der Sonne kommenden geladenen Teilchen durch die Lorentzkraft zu den Polen hin abgelenkt werden.

! Merksatz

Wenn sich geladene Teilchen senkrecht zu den Feldlinien eines Magnetfeldes bewegen, werden sie durch die Lorentzkraft senkrecht zu den Feldlinien und ihrer Bewegungsrichtung abgelenkt.

Die Drei-Finger-Regel. Wenn sich geladene Teilchen senkrecht zu den Feldlinien in einem Magnetfeld bewegen, kann man mit der **Drei-Finger-Regel** bestimmen, in welche Richtung die Lorentzkraft wirkt: Der Daumen zeigt die Bewegungsrichtung der geladenen Teilchen an. Der senkrecht zum Daumen abgespreizte Zeigefinger weist in Richtung der magnetischen Feldlinien. Der zu beiden Fingern senkrecht abgespreizte Mittelfinger zeigt die Richtung an, in die die Lorenzkraft wirkt.

Bei negativ geladenen Teilchen verwendet man die linke Hand, bei positiv geladenen Teilchen die rechte Hand (Bild **B6**).

Gammastrahlung wird durch Magnetfelder nicht beeinflusst, da hier keine elektrische Ladung vorhanden ist.

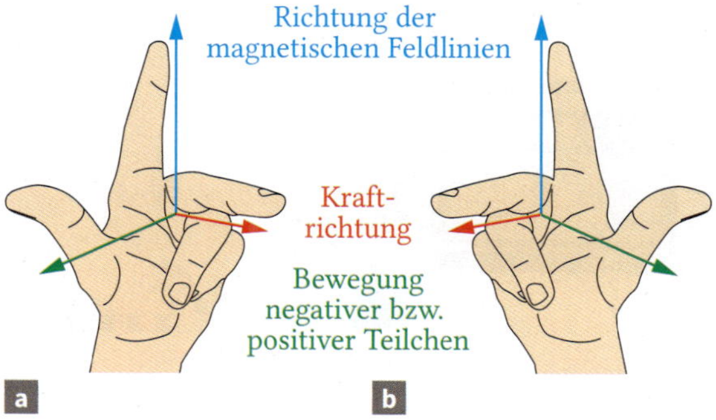

B6 *Die Drei-Finger-Regel a) der linken Hand, b) der rechten Hand*

6.2 Nachweis der Strahlungsarten

	Alphastrahlung	Betastrahlung	Gammastrahlung
Strahlungsart	Teilchenstrahlung	Teilchenstrahlung	Lichtartige Strahlung
Strahlungsteilchen	Heliumkerne	Elektronen	–
Reichweite in Luft	wenige Zentimeter	mehr als 10 Zentimeter	praktisch unbegrenzt
Abschirmbarkeit	ein Blatt Papier reicht	mehrere Millimeter Blei	nur abschwächbar
elektrische Ladung	zweifach positiv geladen	einfach negativ geladen	ohne Ladung, neutral
Ablenkbarkeit im Magnetfeld	Ja, Rechte-Hand-Regel	Ja, Linke-Hand-Regel	Nein, nicht ablenkbar

T1 *Eigenschaften der verschiedenen Arten ionisierender Strahlung*

Abstand reduziert die Strahlenbelastung. In Bild **B1** steht ein Radiumstrahler im Abstand von 5 cm vor einem Zählrohr. Radium gibt ionisierende Strahlung aller drei Arten ab, es ist ein **Mischstrahler.** Das Zählrohr zeigt eine Zählrate von 339 $\frac{1}{s}$ an. Wenn man den Abstand vergrößert, wird die Zählrate kleiner. Dies lässt sich damit erklären, dass Luft Alpha- und Betastrahlung umso mehr abschirmt, je dicker die Luftschicht ist.

Es gibt aber auch einen geometrischen Grund. Wenn man den Abstand von Strahler und Zählrohr verdoppelt, ist die von der Strahlung durchdrungene Fläche viermal so groß. Da sich die Öffnung des Zählrohrs aber nicht verändert, trifft nur noch ein Viertel der Strahlung auf das Zählrohr (Bild **B2**). Daraus wird ersichtlich, dass ein größerer Abstand eine Möglichkeit ist, sich vor Strahlung zu schützen. Um die Strahlenbelastung beim Umgang mit strahlenden Präparaten weiter zu reduzieren, kann man weitere Schutzmaßnahmen ergreifen.

Schutzmaßnahmen. Um sich vor ionisierender Strahlung möglichst gut zu schützen, macht man sich die Eigenschaften ionisierender Strahlung zunutze (Tabelle **T1**). Zudem gilt es, einige Verhaltensregeln zu beachten. Daraus entstand die **5-A-Regel** des Strahlenschutzes:

A wie **Abstand:** Man sollte einen möglichst großen Abstand zum Strahler einhalten.

A wie **Abschirmung:** Sie sollte möglichst effektiv sein.

A wie **Aufenthaltszeit:** Die Aufenthaltszeit mit der ionisierenden Strahlung sollte möglichst kurz sein.

A wie **Aktivität:** Es sollte ein Strahler verwendet werden, der ausreichend, aber möglichst schwach strahlt.

A wie **Aufnahme:** Die Aufnahme von strahlenden Teilchen durch die Nahrung muss vermieden werden.

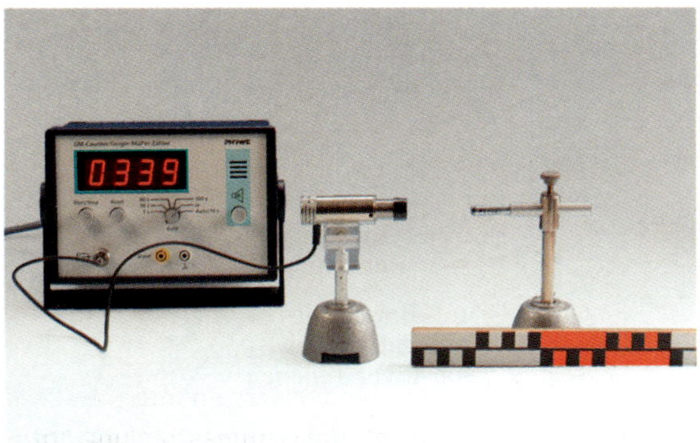

B1 *Radiumstrahler vor einem Zählrohr*

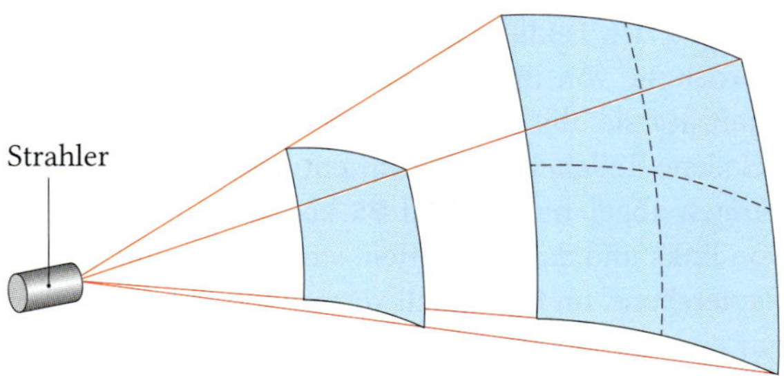

B2 *Abnahme der Zählrate mit der Entfernung*

Exkurs: Das Massenspektrometer

Um zu untersuchen, welche Isotope es von einem Element gibt, verwendet man ein **Massenspektrometer.**

Dabei wird mit Hilfe ionisierender Strahlung ein Elektron aus der Atomhülle entfernt: Die Atome werden dadurch zu positiv geladenen Ionen, die man mit einer elektrischen Spannung beschleunigt. Man leitet sie durch ein starkes Magnetfeld, wo sie durch die Lorentzkraft abgelenkt werden. Hinter dem Magnetfeld treffen die Ionen auf einen Sensor, der sie registriert. Schwere Ionen werden dabei weniger stark abgelenkt als leichte: Sie treffen an einer anderen Stelle auf als leichte Ionen.

Bei Chlor stellt man zwei Bereiche fest, in denen die Chloridionen auftreffen. Es gibt also zwei verschiedene natürliche Chlorisotope. Wenn man weiß, wie schnell sich die Ionen bewegen und wie stark das Magnetfeld ist, kann man über den Grad der Ablenkung die Masse der verschiedenen Isotope berechnen. Da man die Anzahl der Protonen von Chlor kennt, kann man angeben, wie viele Neutronen die Isotope jeweils besitzen.

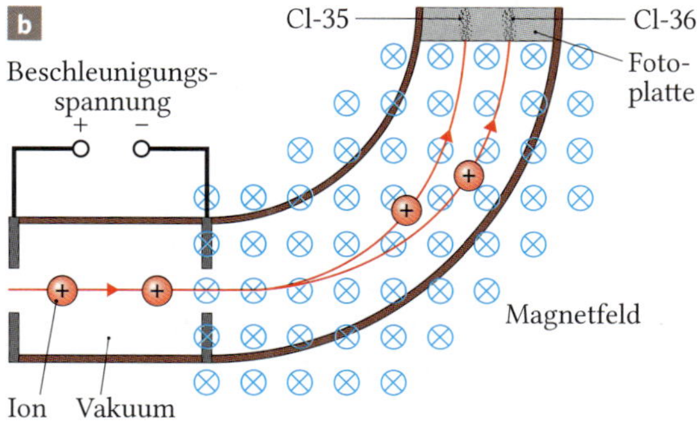

B3 *a) Massenspektrometer, b) Ablenkung von Chloridionen im Massenspektrometer*

Löse selbst

1 Benenne, was bei den verschiedenen Isotopen eines Elements gleich und was unterschiedlich ist.

2 Wenn man alle strahlenden Präparate aus der Umgebung eines Zählrohrs entfernt, misst es trotzdem eine Zählrate, die größer als null ist. Erkläre, wie dieser Wert zustande kommt.

3

Der Strahler links oben im Bild sendet ionisierende Strahlung aus, die vom Zählrohr rechts unten gemessen wird. Gib an, ob hier Alpha-, Beta- oder Gammastrahlung gemessen wird. Erläutere.

4

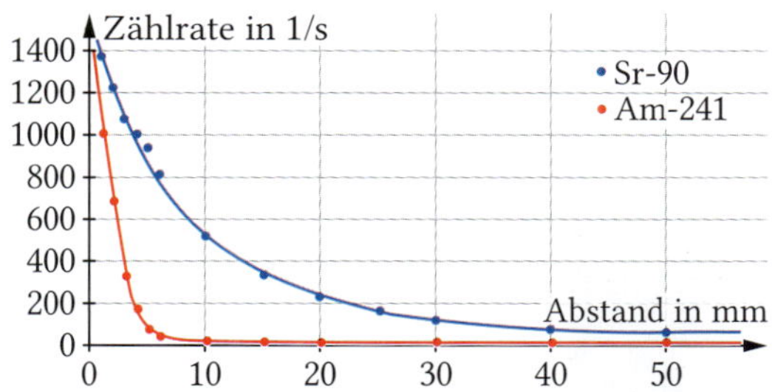

Es werden an Luft in unterschiedlichen Abständen die Zählraten zweier Mischstrahler gemessen, die Alpha-, Beta- und Gammastrahlung aussenden. Das Ergebnis ist im obigen Bild dargestellt. Gib an, welcher Strahler einen höheren Teil an Alphastrahlung aussendet und begründe deine Aussage.

5 Sieh dir die Graphen aus dem Versuch zur Abschirmung an (Seite 224, Bild **B2**).
Begründe, welches von den verwendeten Metallen sich am besten eignet, um Gammastrahlung abzuschirmen.

6.3 Radioaktivität ist nicht unnatürlich

B1 *Warnschild „Radioaktivität"*

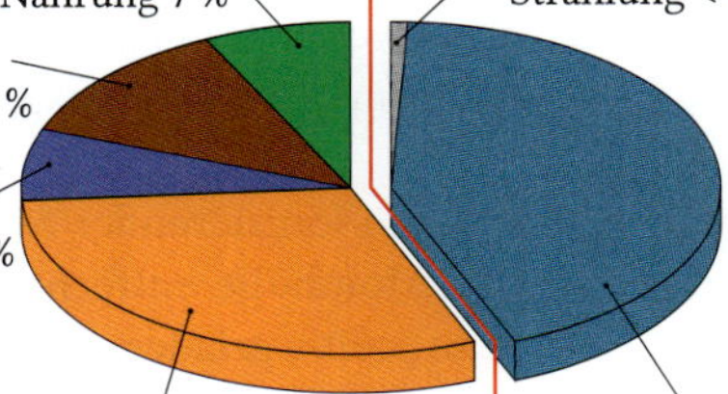

B2 *Ursachen der alltäglichen Strahlenbelastung*

Ionisierende Strahlung und Radioaktivität. Ionisierende Strahlung kann im Weltraum entstehen, zum Beispiel in Sternen und bei kosmischen Ereignissen mit sehr hohen Temperaturen. Ionisierende Strahlung aus dem Weltraum wird als **kosmische Strahlung** bezeichnet. Auf der Erde entsteht ionisierende Strahlung durch den Zerfall mancher chemischer Elemente. Ionisierende Strahlung kann auch künstlich erzeugt werden, etwa in der Medizin und in der Technik.

Die Eigenschaft mancher chemischer Elemente, spontan zu zerfallen, bezeichnet man als **Radioaktivität** (*radiare,* lateinisch: strahlen, *activus,* lateinisch: tätig). Umgangssprachlich hat sich für ionisierende Strahlung der Begriff **radioaktive Strahlung** eingebürgert. Orte, an denen mit besonders starker ionisierender Strahlung zu rechnen ist, werden durch das in Bild **B1** abgebildete Warnschild gekennzeichnet.

Bild **B2** gibt eine Übersicht über die Strahlenbelastungen, denen wir durchschnittlich ausgesetzt sind.

! Merksatz

Radioaktivität ist die Eigenschaft instabiler Atomkerne, ionisierende Strahlung auszusenden.

V1 Lehrerversuch: Radioaktiver Staub

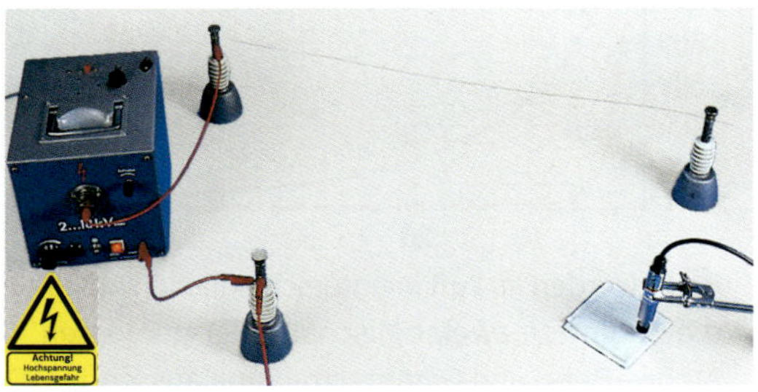

Das eine Ende eines langen Metalldrahtes wird mit dem Minuspol einer Hochspannungsquelle von 5 kV verbunden. Der Pluspol der Spannungsquelle ist geerdet. Nach ein bis zwei Stunden wird der Draht von der Spannungsquelle entfernt und mit einem feuchten Papiertuch abgewischt. Das Papiertuch wird vor das Fenster eines Zählrohrs gebracht. Bestimme die Zählrate und vergleiche sie mit der Nullrate.

Natürliche Radioaktivität. Bei der Entstehung der Erde entstanden auch radioaktive Isotope mit einer sehr langen Lebensdauer. Diese radioaktiven Isotope und ihre Zerfallsprodukte machen den Großteil der natürlichen Radioaktivität aus und tragen zur Nullrate bei Messungen mit dem Zählrohr bei.

In Versuch **V1** wird eine erhöhte Zählrate gemessen. Sie ist auf feste Zerfallsprodukte des radioaktiven Gases **Radon** zurückzuführen. Diese lagern sich am Staub an. Sie können überall nachgewiesen werden: im Klassenzimmer genauso wie im Schlafzimmer zuhause. In Kellerräumen ist die Radioaktivität besonders hoch, da sich dort das Edelgas Radon anreichert (siehe den Exkurs auf der nächsten Seite). Auch unter freiem Himmel kann man natürliche Radioaktivität nachweisen; sie ist dort allerdings geringer.

Für uns Menschen spielt Kalium-40 die größte Rolle, da es mit der Nahrung aufgenommen wird – genauso wie die stabilen Isotope K-39 und K-41.

! Merksatz

Radioaktive Strahlung ist ein natürlicher Bestandteil unserer Umwelt. Sie kann aus dem Weltraum, der Luft oder dem Boden kommen.

Natürliche Kernreaktoren. Im afrikanischen Gabun befindet sich eine Uranlagerstätte (Bild **B3**), in der es vor ca. zwei Milliarden Jahren eine hohe Urankonzentration und natürliche Verhältnisse gab, die denen in einem Kernreaktor ähnelten. Dadurch konnte das Uran unter Freisetzung von viel Energie zerfallen. Aus der Menge der Zerfallsprodukte sowie aus dem Verhältnis von zerfallenen zu nicht zerfallenen Atomkernen kann man berechnen, dass dieser „Naturreaktor" einige hunderttausend Jahre lang eine Leistung von ca. 1 MW lieferte. In der Nähe des Naturreaktors Oklo gibt es noch weitere Naturreaktoren. Die meisten sind inzwischen erloschen, einige aber immer noch schwach aktiv.

Als die Erde entstand, war sie flüssig-glühend. Nach und nach kühlte sie sich ab, und es bildete sich die feste Erdkruste. Nach 4,7 Milliarden Jahren könnte man nun meinen, dass die Erde inzwischen durch und durch erstarrt sei. Vulkanausbrüche und Erdbeben beweisen jedoch das Gegenteil. Das Erdinnere wird ständig nachgeheizt – durch den Zerfall von Uran, Kalium, Thorium und anderen Elementen. Den Aufbau der Erde zeigt Bild **B4**.

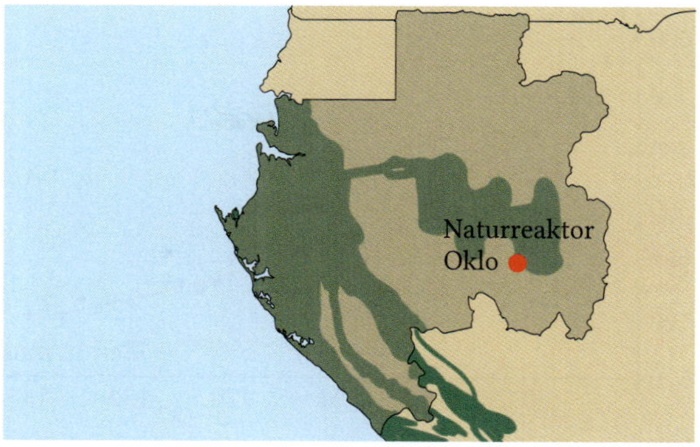

B3 *In Oklo in Gabun (Westafrika) gibt es einen Naturreaktor.*

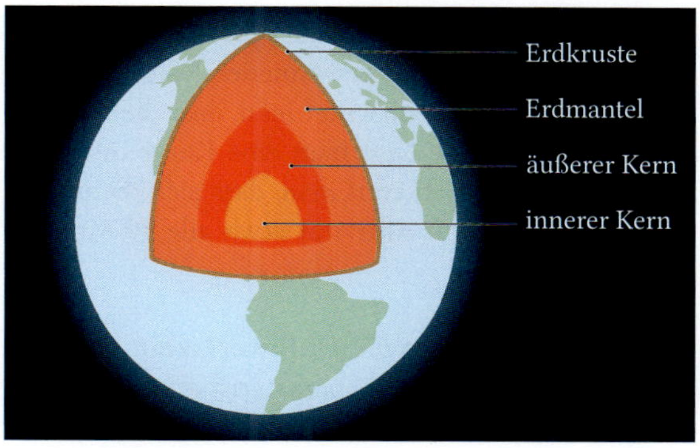

B4 *Der Aufbau der Erde*

Exkurs: Natürliche Strahlenbelastung durch Radon

Kosmische Strahlung trägt in Deutschland wenig zur natürlichen Strahlenbelastung bei (Bild **B2**). Der Hauptteil der natürlichen Belastung entsteht durch Uranerze im Boden und durch Radon.

Radon ist ein Edelgas, das entstehen kann, wenn ein Urankern zerfällt. Das Gas kann dann aus dem Erdboden in Gebäude eindringen und sich dort anreichern. Radon ist aber ebenfalls nicht stabil. Es zerfällt weiter, wieder unter Aussendung ionisierender Strahlung. Dabei entstehen Elemente, die nicht mehr gasförmig, aber immer noch radioaktiv sind.

In besonders belasteten Gebieten werden Kellerräume oft nach unten luftdicht gebaut, oder man achtet auf ausreichende Belüftung. Als Ursache für Lungenkrebsfälle steht die Radonbelastung mit 5 % nach dem Rauchen (ca. 85 %) an zweiter Stelle.

Je dunkler die Farbe auf der Karte in Bild **B5** ist, desto höher ist die natürliche Strahlenbelastung.

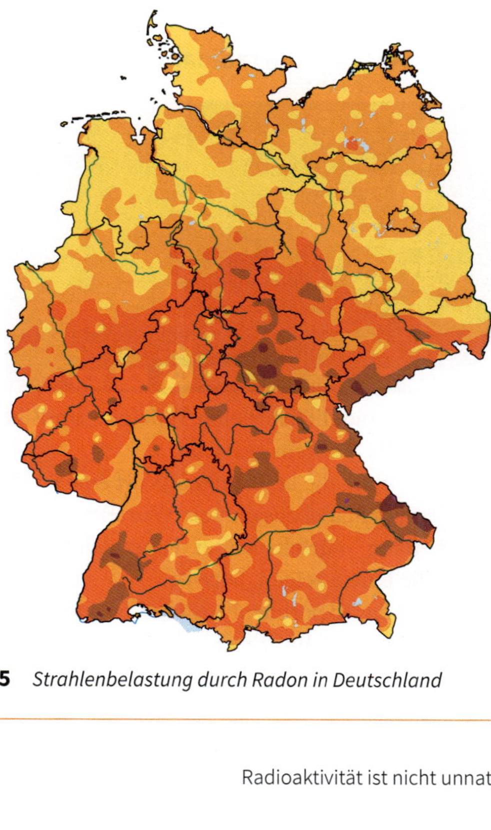

B5 *Strahlenbelastung durch Radon in Deutschland*

6.3 Radioaktivität ist nicht unnatürlich

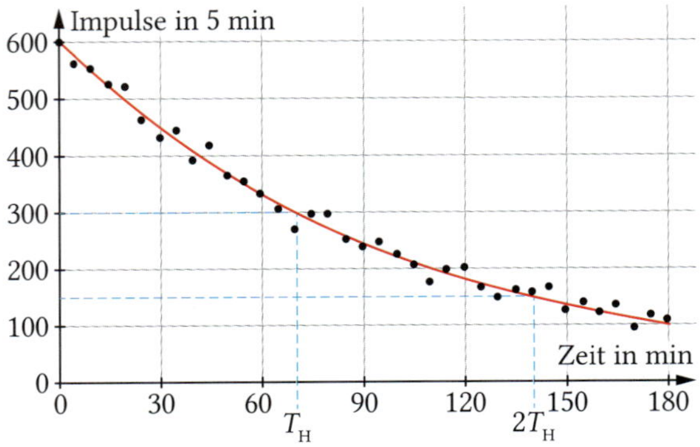

B1 *Die Zählrate des gesammelten Staubs*

Isotop	Halbwertszeit
Radon-222	3,8 Tage
Iod-131	8 Tage
Tritium (H-3)	12 Jahre
Cäsium-137	30 Jahre
Kohlenstoff-14	5730 Jahre
Plutonium-239	24 000 Jahre
Kalium-40	$1{,}3 \cdot 10^9$ Jahre
Uran-238	$5 \cdot 10^9$ Jahre

T1 *Radiumstrahler vor einem Zählrohr*

Die Halbwertszeit. Wenn man die Aktivität der in Versuch **V1** auf Seite 228 gewonnenen Probe über eine längere Zeit misst, beobachtet man, dass die Zählrate immer kleiner wird. Legt man eine Kurve durch die Messpunkte, dann erkennt man, dass sich die um die Nullrate verringerte Aktivität etwa alle 70 Minuten halbiert (Bild **B1**).

Man nennt diese Zeit die **Halbwertszeit T_H**. Jedes radioaktive Isotop hat eine charakteristische Halbwertszeit. Sie unterscheidet sich von Isotop zu Isotop sehr stark (Tabelle **T1**). Die Halbwertszeit ist unabhängig von der Zahl der Atome in der Probe: Sind viele Atome vorhanden, dann gibt es auch viele Zerfälle; bei weniger Atomen sind es entsprechend weniger: Es dauert etwa 70 Minuten, bis die Zählrate von 600 auf 300 Impulse pro fünf Minuten abnimmt. Genauso lange dauert es, bis die Zählrate von 400 auf 200 Impulse pro fünf Minuten abnimmt (Bild **B1**).

V1 Modellversuch zum radioaktiven Zerfall

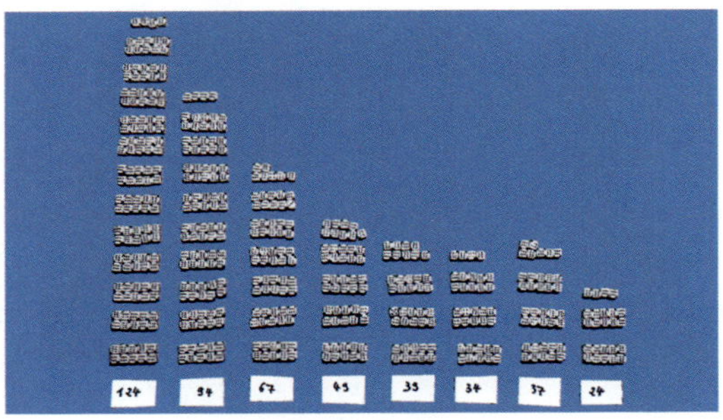

Würfele mit möglichst vielen Würfeln. Im Bild wurde mit 600 Würfeln gestartet.
Lege alle Würfel, die beim ersten Wurf eine 6 zeigen, zu einem Stapel zusammen. Würfele mit den verbleibenden Würfeln weiter. Lege wieder alle Würfel, die eine 6 zeigen, beiseite.
Wiederhole das Experiment so lange, bis nur noch wenige Würfel vorhanden sind. Dabei entsteht obiges Bild.

! Merksatz

Die Halbwertszeit eines radioaktiven Isotops gibt an, in welcher Zeit sich die Anzahl der Atome durch Zerfall halbiert.

Das Würfelexperiment in Versuch **V1** links hilft uns, die Zerfallskurve eines radioaktiven Präparats zu verstehen. Es beschreibt, welchen Verlauf die Abnahme der Aktivität nimmt. Ob ein bestimmter Würfel eine 6 zeigt oder ein bestimmter Kern zerfällt, ist reiner Zufall. Entscheidend für den Verlauf der Kurve ist, dass die aussortierten Würfel, bzw. die in einer Messperiode zerfallenen Kerne, etwa proportional zum aktuellen Bestand sind. Wenn dies der Fall ist, ergibt sich ein exponentieller Verlauf.
Das Würfelexperiment zeigt auch, weshalb die Abnahme statistische Schwankungen zeigt: Die „Zerfallswahrscheinlichkeit" jedes einzelnen Würfels ist im Mittel zwar $\frac{1}{6}$, die Anzahl der „zerfallenen" Würfel ist aber nicht genau $\frac{1}{6}$, sondern schwankt um diesen Wert.

! Merksatz

Beim radioaktiven Zerfall ergeben sich exponentielle Abnahmen mit statistischen Schwankungen, weil die Anzahl der zerfallenden Kerne in einer Messperiode etwa proportional zum aktuellen Bestand ist.

In Tabelle **T2** sind die Entsprechungen zwischen Kernzerfall und Würfelexperiment dargestellt.

Altersbestimmung mit C-14. 1991 wurde auf einem Südtiroler Gletscher die Leiche von „Ötzi“ gefunden (Bild **B2**). Aus seiner Kleidung und den bei ihm gefundenen Waffen schloss man, dass Ötzi vor mindestens 3000 Jahren im Gletscher eingeschlossen wurde.

Bei der genauen Bestimmung seines Alters hilft die Physik weiter: Durch kosmische Strahlung aus dem Weltall können in den oberen Schichten der Atmosphäre Stickstoffkerne (N-14) in radioaktive C-14-Isotope umgewandelt werden (Bild **B3**). Der Anteil der radioaktiven Kohlenstoffisotope in der Atmosphäre bleibt über lange Zeit gleich, weil sich ein Gleichgewicht zwischen den zerfallenden und den neu gebildeten Isotopen einstellt. Der Anteil dieser Isotope ist allerdings sehr gering: Nur eines von 10^{12} Kohlenstoffatomen in der Atmosphäre ist radioaktiv. Über den CO_2-Kreislauf gelangen diese Isotope in den Stoffwechsel von Pflanzen und Tieren. Wenn die Lebewesen sterben, werden keine weiteren C-14-Isotope mehr aus der Umwelt aufgenommen.

Da das C-14-Isotop mit einer Halbwertszeit von 5730 Jahren zerfällt, kann man das Alter von tierischen und pflanzlichen Funden ermitteln, indem man das Verhältnis von C-14 zu C-12 bestimmt.

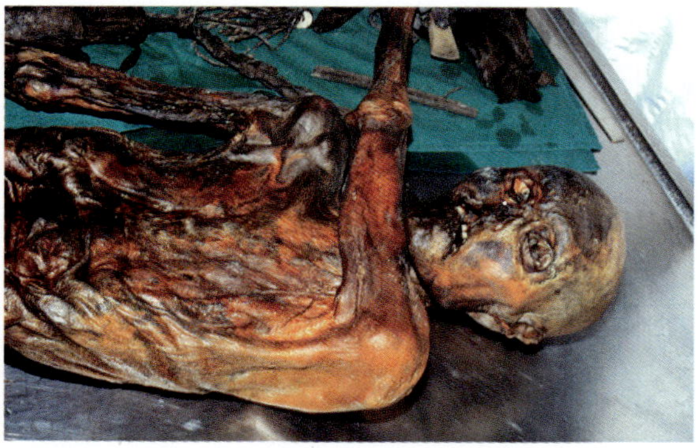

B2 *Gletschermumie „Ötzi“*

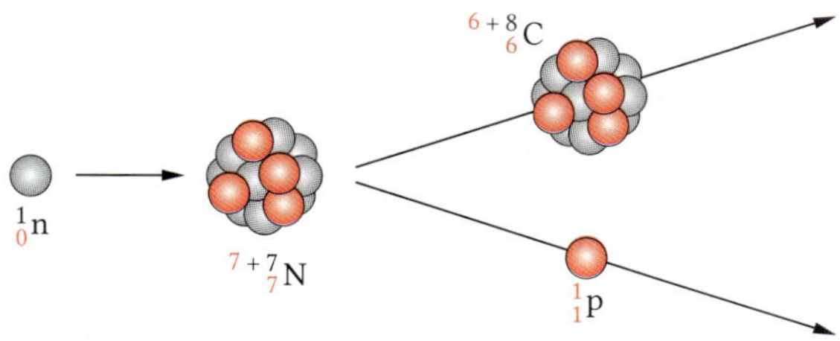

B3 *In der Atmosphäre entsteht C-14 aus N-14.*

Wie alt ist „Ötzi“? Genaue Messungen mit einem Massenspektrometer ergaben bei „Ötzi“, dass der Anteil seiner radioaktiven Kohlenstoffatome nur noch 58 % des Wertes in der Atmosphäre beträgt. Daraus kann man berechnen, welcher Anteil der Halbwertszeit vergangen sein muss. Um diese Berechnung durchzuführen, musst du mit dem Taschenrechner die folgende Gleichung lösen:

$$\left(\frac{1}{2}\right)^x = 0{,}58. \qquad (1)$$

Kernzerfall	**Würfelexperiment**
einzelner Kern	einzelner Würfel
noch nicht zerfallene Kerne	Würfel, die noch keine 6 gezeigt haben
zerfallener Kern	Würfel mit 6
Zerfall in einer Messperiode	aussortierte Würfel in einer Runde
Halbwertszeit	Rundenzahl, bei der die Hälfte der Würfel aussortiert ist
Zerfallswahrscheinlichkeit	Aussortierungswahrscheinlichkeit $\frac{1}{6}$

T2 *Vergleich von Kernzerfall und Würfelexperiment*

Die Lösung lautet: $x \approx 0{,}79$. Es ist also etwa 79 % der Halbwertszeit vergangen. Daraus kannst du die Zeit t berechnen, die seit Ötzis Tod vergangen ist:

$$t = 0{,}79 \cdot 5730\ \text{a} \approx 4500\ \text{a}.$$

„Ötzi“ hat also etwa 4500 Jahre im Gletschereis gelegen.

Das Zerfallsgesetz. Man kann die oben verwendete Gleichung (1) zu einer Gesetzmäßigkeit für den Zerfall von Kernen verallgemeinern. Mit $N(t)$ bezeichnen wir die Zahl der zum Zeitpunkt t vorhandenen Kerne, mit N_0 die Zahl der anfangs vorhandenen Kerne. Dann entspricht $N(t)/N_0$ der Prozentsatz-Angabe von 58 % aus dem Beispiel. Ähnlich ist x die Zahl der zum Zeitpunkt t verstrichenen Halbwertszeiten T_H. In Formeln ausgedrückt: $x = t/T_H$. Mit diesen Bezeichnungen lautet die Gleichung (1):

$$\frac{N(t)}{N_0} = \left(\frac{1}{2}\right)^{\frac{t}{T_H}}$$

oder wenn man auf beiden Seiten mit N_0 multipliziert:

$$N(t) = N_0 \cdot \left(\frac{1}{2}\right)^{\frac{t}{T_H}}.$$

Diese Gleichung nennt man das **Zerfallsgesetz.**

6.3 Radioaktivität ist nicht unnatürlich

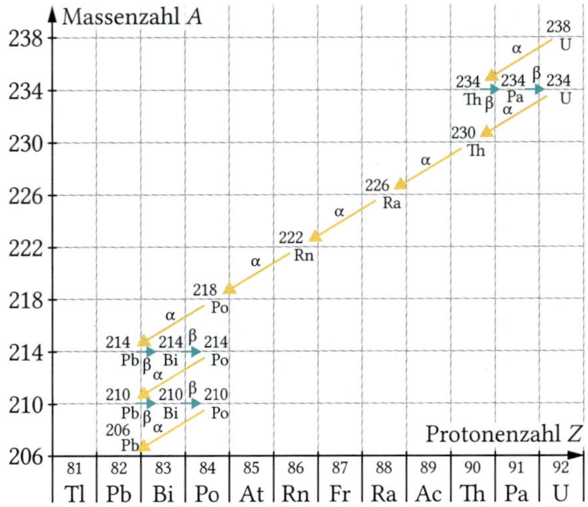

B1 *Die Zerfallsreihe von U-238*

Radioaktive Zerfallsreihen. Alle vier natürlich vorkommenden Uranisotope sind instabil. Sie zerfallen zu Kernen, die selbst wieder instabil sind, wie zum Beispiel Thorium. Auch diese Kerne sind wiederum instabil und zerfallen weiter zum gasförmigen Radon. Dessen Zerfallsprodukte tragen in manchen Gegenden stark zur natürlichen Strahlenbelastung bei. In der Natur entstehen ganze **radioaktive Zerfallsreihen.**

In den Zerfallsreihen treten jeweils mehrere Alpha- und Betazerfälle auf, wobei auch Gammastrahlung ausgesandt wird. Die Bilder **B1** und **B2** zeigen zwei in der Natur vorkommende Zerfallsreihen. U-238 zerfällt, bis das stabile Bleiisotop Pb-206 erzeugt wird, Th-232 zerfällt bis zum stabilen Pb-208.

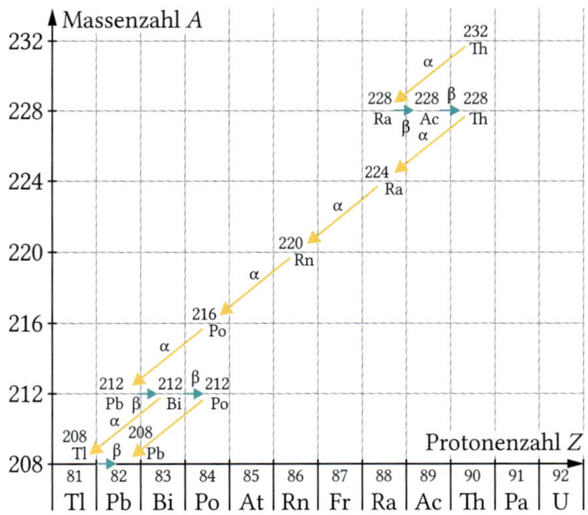

B2 *Die Zerfallsreihe von Th-232*

Exkurs: Untersuchungen mit Isotopen

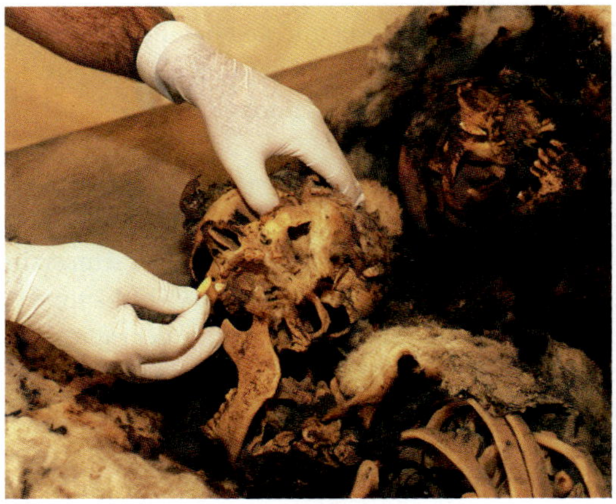

B3 *Zahnprobenentnahme an einer ägyptischen Mumie*

Viele Isotope eines chemischen Elements kommen in der Natur in ganz bestimmten Zahlenverhältnissen vor. Das Verhältnis dieser Isotope kann allerdings von Ort zu Ort variieren. Ursache dafür kann zum Beispiel die Dichte eines Stoffes sein. Ein schweres Wassermolekül (mit H-2 oder O-18) verdunstet nicht ganz so leicht wie gewöhnliches Wasser. Meerwasser enthält dadurch mehr H-2 und O-18 als Süßwasser. An Land können geophysikalische Prozesse, wie zum Beispiel Erosion und Sedimentierung, zur Trennung der Isotope führen. Zerfallsketten sorgen ebenfalls für unterschiedliche Isotopenverhältnisse. Je nachdem, ob ein Boden zu Beginn mehr oder weniger U-238 und Th-232 enthalten hat, ist auch das Verhältnis von Pb-206 zu Pb-208 unterschiedlich.

Anhand der Isotopenverhältnisse ist überprüfbar, aus welcher Gegend eine Probe stammt. Fälscher, die zum Beispiel Importware (Fleisch, Getreide, Gemüse, Getränke usw.) als heimisches Produkt verkaufen, kann man so überführen.

Die Polizei nutzt die Isotopenanalyse von Haaren, Knochen oder Zähnen, wenn sie ermittelt, wo ein Mordopfer gelebt hat. Dabei findet nicht nur das Isotopenverhältnis in der jeweiligen Umgebung Berücksichtigung. Auch regionale Ernährungsgewohnheiten (viel Fleisch, Zucker, Meerestiere) verändern das Isotopenverhältnis im Körper. Zur Analyse werden bestimmte Elemente aus der Probe abgetrennt und im Massenspektrometer untersucht.

Löse selbst

1 Begründe, warum die C-14-Methode auch für Menschen und Tiere anwendbar ist, obwohl sie kein CO_2 aus der Luft aufnehmen.

2 Plutonium Pu-239 entsteht beim Betrieb von Kernkraftwerken als radioaktiver Müll. Dieser Müll soll in sogenannten Endlagern aufbewahrt werden. Man geht davon aus, dass von dem Endlager keine Gefahr mehr ausgeht, wenn mehr als 99 % der Plutoniumkerne zerfallen sind. Die Halbwertszeit von Pu-239 beträgt 24 000 Jahre. Berechne, wie lange solch ein Endlager sicher sein muss.

3

Der Bibel nach wurde Jesus nach der Kreuzigung in ein Leichentuch eingewickelt und bestattet. In dem abgebildeten Leichentuch, dem Turiner Grabtuch, sollen sich sein Körper und seine Wunden abgedrückt haben. Eine Untersuchung im Jahre 1988 ergab einen Gehalt von 91,6 % des ursprünglichen Wertes für C-14-Atome. Berechne, ob das Grabtuch echt sein kann.

4 Gib an, wie viele Halbwertszeiten mindestens verstreichen müssen, damit die Zählrate folgende Bruchteile des Anfangswerts erreicht:
a) weniger als 10 %,
b) weniger als 5 %,
c) weniger als 1 %,
d) weniger als 0,1 %.

5 a) Erkläre, warum es bei dem Würfelexperiment in Versuch **V1** auf Seite 230 nicht sinnvoll ist, zu würfeln, bis jeder Würfel einmal die „6" gezeigt hat.
b) Diskutiere, wie man bei dem Würfelexperiment eine kürzere Halbwertszeit simulieren kann.

6 Beschreibe die Prozesse, die in einem Atomkern stattfinden bei …
a) … einem Alphazerfall,
b) … einem Betazerfall.

7 a) Überprüfe beim Würfelexperiment auf Seite 230, dass die Anzahl der mit einer 6 aussortierten Würfel proportional zur Anzahl der aktuell noch vorhandenen Würfel ist.
b) Die Wahrscheinlichkeit mit einem Würfel eine 6 zu würfeln ist $\frac{1}{6}$. Die Anzahl der Würfel, die eine 6 zeigen, ist aber nicht immer $\frac{1}{6}$. Begründe.

8 Finde heraus, für welches Isotop der beiden in den Bildern **B1** und **B2** dargestellten Zerfallsreihen es sowohl einen Alpha- als auch einen Betazerfall geben kann.

9 Die nachfolgende Zerfallsreihe, die Uran-Actinium-Reihe, beginnt bei U-235 und endet bei Pb-207. Übertrage sie in dein Heft und vervollständige sie. Gib auch die jeweilige Zerfallsart an.

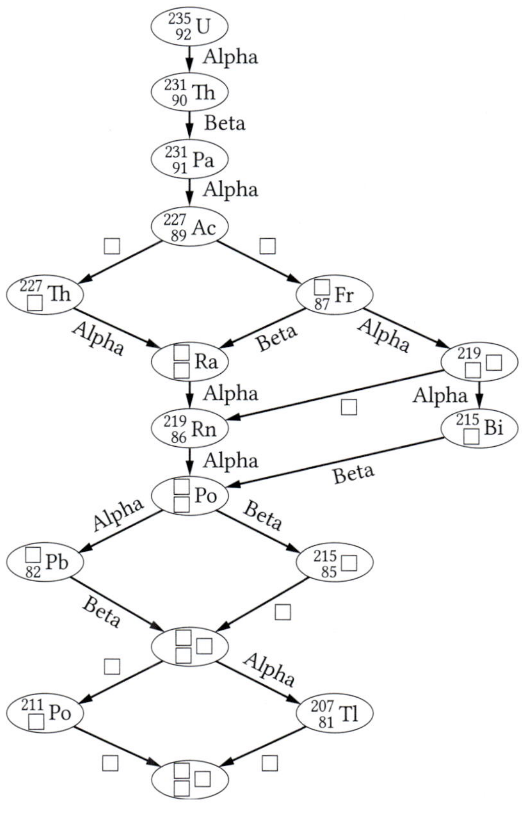

6.4 Kernspaltung

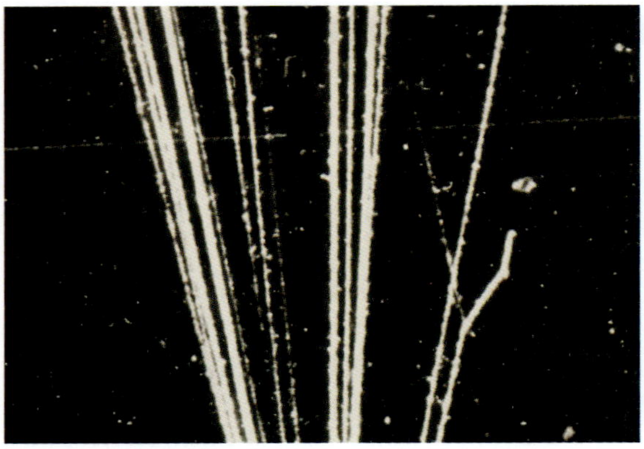

B1 *Nebelkammeraufnahme einer Kernumwandlung*

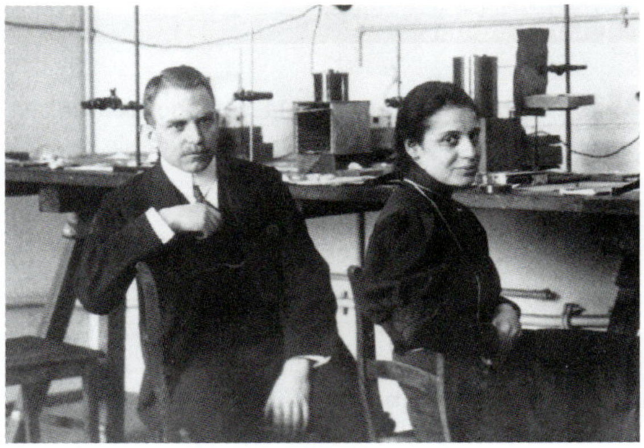

B3 *Otto Hahn und Lise Meitner im Labor*

Die erste Kernumwandlung. Aus Blei Gold herzustellen – das war das höchste Ziel der Alchemisten, den Vorgängern der heutigen Chemiker. Dass dies mit chemischen Methoden nicht möglich ist, wussten sie damals nicht. Um ein Element in ein anderes umzuwandeln, muss man seinen Kern verändern. 1919 gelang Ernest Rutherford die erste Kernumwandlung. Er schoss mit Alphastrahlung (He-4) auf Stickstoffatome (N-14). Dabei entstanden ein Sauerstoffatom (O-17) und ein Proton (Bild **B1**). Die vertikalen Spuren in Bild **B1** stammen von Alphateilchen. Eines der Alphateilchen ist mit einem Stickstoffkern zusammengestoßen, das sich in einen Sauerstoffkern umgewandelt hat. Das beim Zusammenstoß ebenfalls erzeugte Proton fliegt nach links oben weg:

$$\text{N-14} + \text{He-4} \rightarrow \text{O-17} + \text{p}.$$

Die erste Kernspaltung. Als James Chadwick 1932 das Neutron entdeckte, versuchte man auch mit diesem Teilchen Kernumwandlungen durchzuführen. Otto Hahn, Lise Meitner und Fritz Strassmann wollten Elemente mit sehr hohen Massenzahlen herstellen, die in der Natur nicht vorkommen.

Sie versuchten, zusätzliche Neutronen in den Kern zu bringen. Dazu beschossen sie einen Urankern (U-235) mit Neutronen. Sie stellten sich Folgendes vor: Im Kern wird ein Neutron in ein Proton und ein Elektron umgewandelt und das Elektron verlässt den Kern, sodass das Element Neptunium (Np-236) entsteht. Bei der Untersuchung der Reaktionsprodukte entdeckten sie zu ihrer Verwunderung kein Np-236, sondern ein viel leichteres Element: Barium (Ba-144). Otto Hahn, der seit 1907 mit Lise Meitner zusammenarbeitete (Bild **B3**), hatte die Idee, dass sich der Urankern beim Beschuss mit Neutronen in zwei kleinere Kerne spaltet. Wenn der eine Kern Ba-144 war, müsste der andere Kern Krypton (Kr-89) sein. Und tatsächlich konnte Otto Hahn das Edelgas Krypton als Produkt der Kernreaktion nachweisen.

Bei der **Kernspaltung** von Uran-235 entstehen neben den beiden Kernen Barium-144 und Krypton-89 auch drei Neutronen (Bild **B2**). Da die Bindungsenergie pro Nukleon in Barium-144 und Krypton-89 größer ist als in U-235, wird bei dieser Kernspaltung Kernenergie in Bewegungsenergie umgewandelt. Die entstehenden Kerne und Neutronen sind sehr schnell.

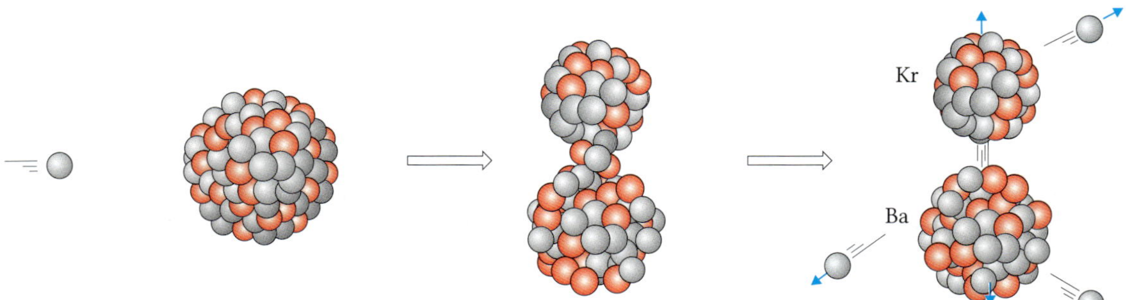

$$^{1}_{0}\text{n} + {}^{235}_{92}\text{U} \longrightarrow {}^{89}_{36}\text{Kr} + {}^{144}_{56}\text{Ba} + 3\,{}^{1}_{0}\text{n}$$

B2 *Kernspaltung von Uran (U-235) zu Barium (Ba-144) und Krypton (Kr-89)*

Die Kernspaltung als Kettenreaktion. Die beim spontanen Zerfall von Uran-235 entstehenden Neutronen können auf andere Urankerne treffen und weitere Kernspaltungen auslösen. Dabei werden jedes Mal wieder drei Neutronen freigesetzt: Es kommt zu einer **Kettenreaktion** (Bild **B4**).

Es müssen nicht alle Neutronen auf ein Uranatom treffen. Es genügt, wenn jede Kernspaltung im Mittel mehr als eine weitere Kernspaltung auslöst. In Versuch **V1** wird ein Modellexperiment für eine Kettenreaktion beschrieben.

Bei jeder Spaltung eines Kerns beträgt die freiwerdende Energie nur etwa $3 \cdot 10^{-11}$ Joule. Da bei einer Kettenreaktion aber sehr viele Atome gespalten werden, ist die insgesamt freiwerdende Energie entsprechend groß und übertrifft die bei chemischen Prozessen entstehende Energie um viele Größenordnungen. Bei der vollständigen Spaltung von 1 Gramm Uran wird so viel Energie frei wie bei der Verbrennung von 2,3 Tonnen Steinkohle.

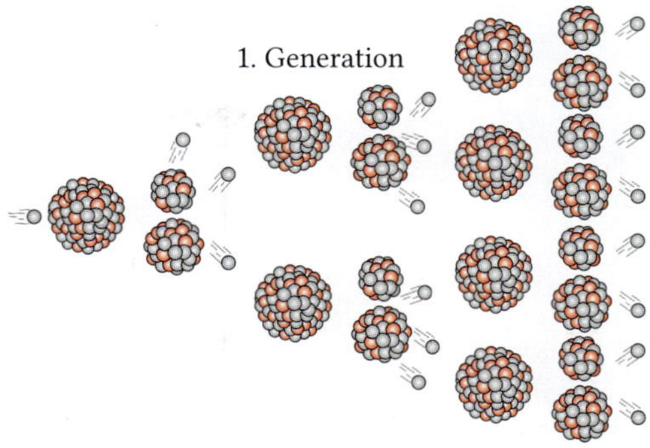

B4 *Kettenreaktion bei der Kernspaltung*

V1 Kettenreaktion mit Mausefallen

Stellt in eine große Kiste etwa 100 gespannte Mausefallen. Legt auf jede Mausefalle mindestens zwei Tischtennisbälle. Werft anschließend einen weiteren Tischtennisball in die Kiste.

Der Ball löst die erste Mausefalle aus, die zwei weitere Tischtennisbälle wegschleudert. Diese lösen weitere Fallen aus, die wiederum Tischtennisbälle wegschleudern. Es kommt zu einer Kettenreaktion – auch wenn nicht alle Bälle eine weitere Mausefalle auslösen.

Alternativ könnt ihr auch mit geeigneten Schlagworten nach einem Video suchen.

Exkurs: Lise Meitner

Lise Meitner wurde 1878 in Wien geboren. Da Mädchen in Österreich damals kein Gymnasium besuchen durften, bereitete sie sich selbstständig auf die Maturaprüfung, das österreichische Abitur, vor. 1901 begann sie Physik, Mathematik und Philosophie an der Universität Wien zu studieren. 1906 erlangte sie als zweite Frau in Österreich einen Doktortitel in Physik.
1907 wechselte sie an die Universität Berlin, wo sie zum ersten Mal auf den Chemiker Otto Hahn traf. Sie entdeckten gemeinsam mehrere, bis dahin unbekannte strahlende Isotope. 1926 wurde sie dort Professorin für experimentelle Kernphysik.
Als Deutschland im Jahre 1938 Österreich annektierte, war sie als Kind jüdischer Eltern sehr gefährdet. Sie floh daher mit Otto Hahns Hilfe nach Schweden. Dort setzte sie ihre Forschung am Nobel-Institut in Stockholm fort. Auch Otto Hahn setzte seine Forschung in Deutschland fort. Über seine Experimente informierte er nur Lise Meitner, was gefährlich war. Wäre herausgekommen, dass er, als deutscher Forscher, zuerst eine Jüdin im Ausland über seine Forschungsergebnisse informiert, so wäre er vermutlich hingerichtet worden.
Auf dem Briefweg diskutierten sie Hahns experimentellen Befunde. Als Otto Hahn die Idee hatte, ein Atomkern könne in Teile zerfallen, griff Lise Meitner diese auf und formulierte als Erste eine physikalische Theorie zur Kernspaltung.
Den Nobelpreis für diese Entdeckung erhielt jedoch Otto Hahn. Obwohl Lise Meitner 48-mal für den Nobelpreis nominiert wurde, hat sie ihn nie erhalten. Dieser Umstand belastete die Beziehung zwischen Meitner und Hahn aber nicht.

6.4 Kernspaltung

B1 *Atompilz über Nagasaki am 9. August 1945*

B3 *Hiroshima nach dem Bombenabwurf vom 6. August 1945*

Atomwaffen. Die immens große Energie, die bei Kernreaktionen freigesetzt wird, kann auch militärisch genutzt werden. Für eine möglichst große Zerstörung muss eine möglichst große Energiemenge in möglichst kurzer Zeit freigesetzt werden (Bild **B1** und **B3**).

Vorrichtungen, die eine nukleare Kettenreaktion möglichst lange am Laufen halten, bevor sie sich selbst zerstören, nennt man **Atombomben.**

Mit der Erfindung der Atombombe, deren große Zerstörungskraft 1945 in Hiroshima und Nagasaki auf grausige Weise demonstriert wurde, begann die Zeit des Kalten Krieges. Feindliche Atommächte – solche, die im Besitz von Atomwaffen sind – drohten sich gegenseitig mit der totalen Vernichtung.

Die kritische Masse. Um eine Kettenreaktion zu starten, braucht man auf einem kleinen Raum eine ausreichende große Menge an spaltbarem Material. Nur dann finden die bei der Kernspaltung freigesetzten Neutronen genügend Reaktionspartner. Dann kann schon ein einzelnes Neutron die Kettenreaktion in Gang setzen.

B2 *Die Bombe „Little Boy" zerstörte 1945 Hiroshima.*

Das natürlich vorkommende Uran besteht zu mehr als 99 % aus U-238. Es fängt Neutronen ein und hemmt dadurch die Kettenreaktion. Für eine Uran-Atombombe benötigt man Uran, das mindestens zu 95 % aus dem Isotop U-235 besteht. Wenn genügend U-235 vorhanden ist, startet die Kettenreaktion von allein. Die Mindestmenge an spaltbarem Material, um eine Kettenreaktion zu starten, nennt man **kritische Masse.** Bei Uran-235 beträgt diese kritische Masse 50 kg, bei Plutonium-239, das man künstlich erzeugen muss, nur 10 kg.

Funktionsweise von Atomwaffen. Damit eine Atombombe explodiert, muss sie die kritische Masse überschreiten. In der Bombe befindet sich das gesamte spaltbare Material – wie verhindert man, dass sie nicht jederzeit explodiert? Das Problem löst man, indem man das spaltbare Material in der Bombe räumlich aufteilt, sodass keine kritische Masse entsteht. Die Bombe zündet erst, wenn das Material zusammengeführt wird. Atombomben sind von einer dicken Stahlhülle umgeben, damit das spaltbare Material nach der Zündung möglichst lange zusammengepresst ist und so die Kettenreaktion möglichst lange am Laufen gehalten wird.

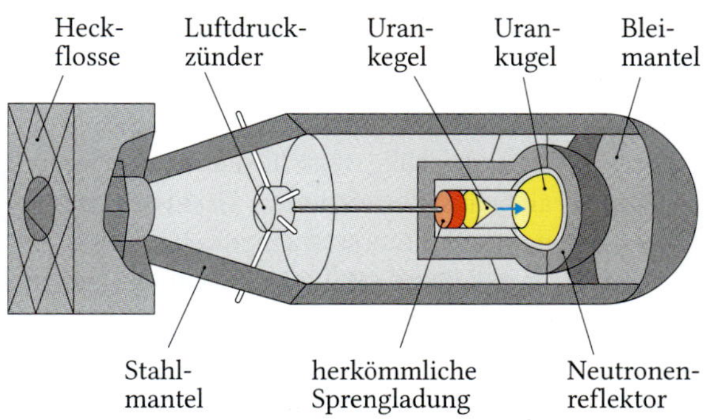

B4 *Zündungsvorrichtung von „Little Boy" mit „Gun-Design"*

Um die Kettenreaktion weiter zu verstärken, leiten Neutronenreflektoren Neutronen wieder in das spaltbare Material zurück.

Zündungsmethoden. Bild **B4** zeigt, wie eine Bombe nach dem „Gun-Design" gezündet wird: Nach der Zündung eines chemischen Sprengsatzes wird ein Urankörper in eine passende Aussparung einer Urankugel geschossen. Damit ist die kritische Masse überschritten und die Kettenreaktion wird ausgelöst. Die über Hiroshima abgeworfene Uranbombe „Little Boy" funktionierte nach diesem Prinzip (Bild **B2**).

Bei der Plutoniumbombe „Fat Man", die über Nagasaki abgeworfen wurde, kam die „Implosionsmethode" zum Einsatz (Bild **B5**). Der Kernsprengstoff bildet in diesem Fall eine Hohlkugel, die von einer Stahlhülle umgeben ist. Durch die Hohlform ist die Masse unterkritisch.

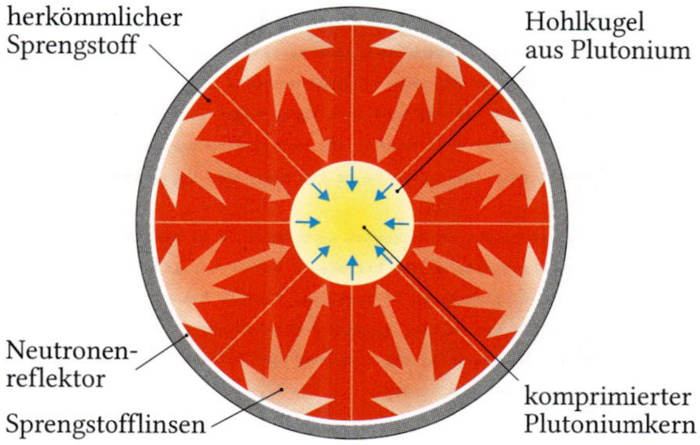

B5 *Zündungsvorrichtung von „Fat Man" mit Implosionsmethode*

Wird der konventionelle Sprengstoff zwischen der äußeren Stahlkugel und dem Kernbrennstoff gezündet, wird die Plutoniumhohlkugel zu einer massiven Kugel im Zentrum komprimiert. Damit ist die kritische Masse überschritten und die Atomwaffe zündet.

Exkurs: Urananreicherung

Urananreicherung mit Gaszentrifugen

Natürliches Uran enthält etwa 0,7 % U-235 und 99,3 % U-238. Für den Einsatz in Kernkraftwerken muss der Anteil von U-235 mindestens 3 % betragen. Nur dann ist gewährleistet, dass die durch eine Spaltung frei werdenden Neutronen wieder genügend Reaktionspartner finden, damit die Kettenreaktion weiterläuft. In Uranbomben muss der Anteil an U-235 möglichst hoch sein. Ab einem Anteil von 85 % spricht man von „waffenfähigem" Uran. Durch technische Verfahren kann man den Anteil von U-235 erhöhen.

U-235 und U-238 lassen sich nicht mit chemischen Reaktionen trennen. Beide Isotope haben die gleiche Elektronenhülle und verhalten sich demnach chemisch völlig gleich. Verschieden ist das Atomgewicht und damit die Dichte der beiden Isotope.

Wenn man Uran mit Fluor zu Uranhexafluorid (UF_6) reagieren lässt, entsteht ein Gas. Gasmoleküle, die mit U-238 gebildet werden, sind etwas schwerer als Moleküle, die mit U-235 gebildet werden. Mit einer Gaszentrifuge lassen sich beide Molekülarten trennen (Bild **B6** und **B7**): Die schwereren Moleküle sammeln sich am äußeren Rand der Zentrifuge. Nach der Trennung der beiden Gase kann man durch chemische Reaktionen das nun fast reine U-235 zurückgewinnen. Diesen Prozess nennt man Urananreicherung.

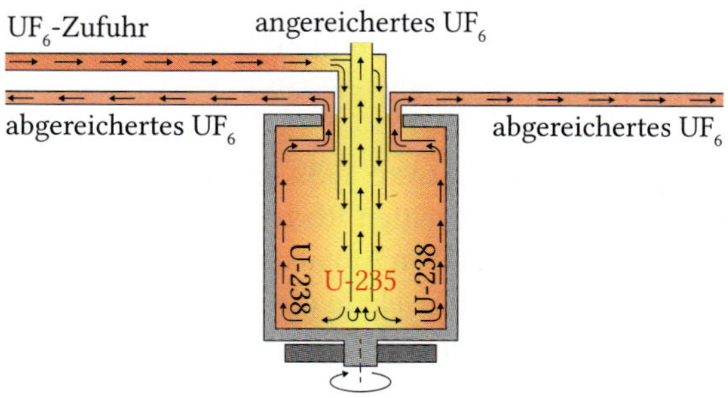

B6 *Gaszentrifuge – schematisch*

B7 *Gaszentrifugen*

6.4 Kernspaltung

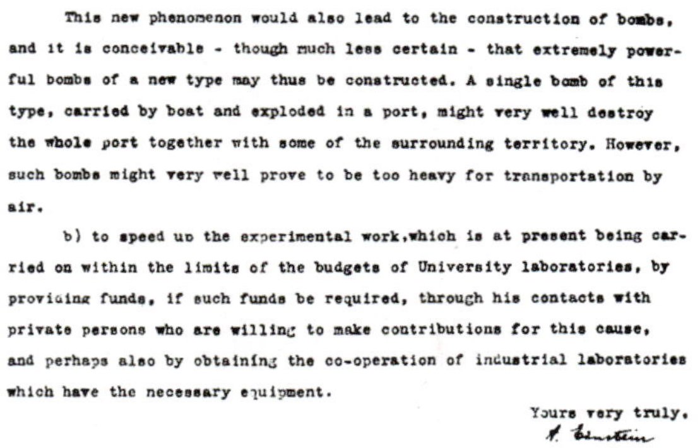

This new phenomenon would also lead to the construction of bombs, and it is conceivable - though much less certain - that extremely powerful bombs of a new type may thus be constructed. A single bomb of this type, carried by boat and exploded in a port, might very well destroy the whole port together with some of the surrounding territory. However, such bombs might very well prove to be too heavy for transportation by air.

b) to speed up the experimental work, which is at present being carried on within the limits of the budgets of University laboratories, by providing funds, if such funds be required, through his contacts with private persons who are willing to make contributions for this cause, and perhaps also by obtaining the co-operation of industrial laboratories which have the necessary equipment.

Yours very truly,
A. Einstein

B1 *Einstein bittet Roosevelt um Mittel für den Bau der Bombe.*

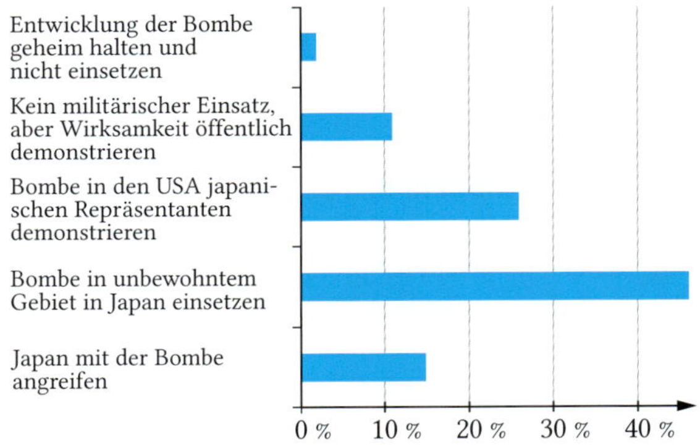

B3 *Umfrage unter Forschern zum Einsatz der Atombombe*

Das Manhattan-Projekt. Im Zweiten Weltkrieg flohen viele Wissenschaftler aus Nazi-Deutschland in die USA. Unter ihnen war der Physiker Leó Szilárd, der sich zunächst theoretisch mit der nuklearen Kettenreaktion beschäftigte und schnell die militärische Nutzbarkeit erkannte. 1938 erfuhr er von dem gelungenen Experiment von Hahn, Meitner und Strassmann in Deutschland. Danach erschienen keine weiteren Veröffentlichungen und Szilárd war klar, dass auch die deutsche Regierung das militärische Potenzial erkannt hatte und deshalb die weitere Forschung geheim hielt.

Daher formulierte Szilárd 1939 einen Brief an den amerikanischen Präsidenten Roosevelt, um ihn vor der Gefahr einer deutschen Atombombe zu warnen und um ihn zu bitten, mehr Geld in die Entwicklung einer eigenen Atombombe zu investieren. Um sicherzustellen, dass Roosevelt den Brief ernst nahm, überredeten Szilárd und Andere den damals schon berühmten Albert Einstein, den Brief zu unterschreiben (Bild **B1**). In der Folge startete die USA im Rahmen des geheimen **Manhattan-Projekts** mit dem Bau einer Atombombe.

Trinity. Im Jahr 1945 hatte das vom Physiker Robert Oppenheimer (Bild **B4**) geleitete Manhattan-Projekt Erfolg: In den USA wurde unter dem Decknamen Trinity der weltweit erste Atombombentest durchgeführt (Bild **B2**). Der gläubige Hinduist Oppenheimer zitierte angesichts der gewaltigen Zerstörungskraft nach dem Test aus der heiligen Schrift „Gita“:

„Wenn das Licht von tausend Sonnen am Himmel plötzlich bräch' hervor, das wäre gleich dem Glanze dieses Herrlichen, und ich bin der Tod geworden, Zertrümmerer der Welten.“

Auch unter den Mitgliedern des Forschungsteams gab es Zweifel über den Einsatz einer solchen Waffe. Der Physiker Arthur Compton führte im Juli 1945 eine anonyme Umfrage durch: Die Mehrheit der 150 Teilnehmer war demnach für eine Demonstration der Zerstörungskraft, um den Kriegsgegner Japan zur Aufgabe zu bewegen und den Krieg zu beenden. Nur eine Minderheit befürwortete einen tatsächlichen Angriff (Bild **B3**).

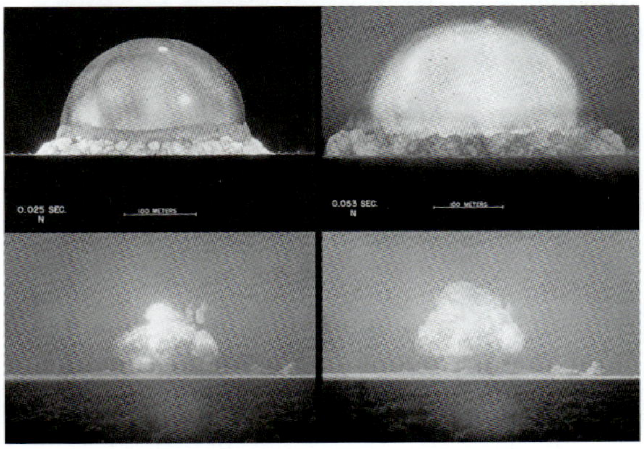

B2 *Erste Atombombenexplosion „Trinity“ am 16. Juli 1945*

B4 *Einstein (links) und Oppenheimer 1947*

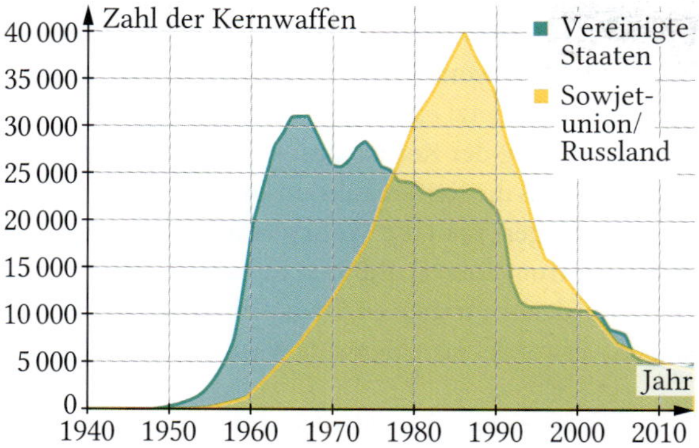

B5 *Wettrüsten nach dem Zweiten Weltkrieg*

Die Bombe beendet den Krieg. Präsident ROOSEVELT erlebte den Trinity-Test nicht mehr, er starb drei Monate vorher. Sein Nachfolger HARRY TRUMAN wusste zunächst nichts von dem geheimen Manhattan-Projekt und wurde schließlich von seinen Beratern überzeugt, Japan ohne Vorwarnung mit einer Atombombe anzugreifen. Der am Manhattan-Projekt beteiligte Ingenieur OSWALD BREWSTER versuchte im Mai 1945 in einem eindringlichen Brief, TRUMAN davon abzubringen:
„Dieses Ding darf auf Erden nicht zugelassen werden. Wir dürfen nicht das meistgehasste und meistgefürchtete Volk der Erde werden, wie gut unsere Absichten auch sein mögen."

TRUMAN entschied sich dennoch für den Einsatz der Bombe, da man befürchtete, bei einer Invasion Japans bis zu 500 000 Soldaten zu verlieren. Die Zerstörung der japanischen Städte Hiroshima und Nagasaki führte dann wie vorgesehen zu einem schnellen Ende des Krieges.

Wettrüsten. Die ganze Welt wurde Zeuge der militärischen Überlegenheit der Atombombe. Da die zur Herstellung nötigen physikalischen Prinzipien bekannt waren, begannen mehrere Staaten mit dem Bau eigener Bomben. Die ehemalige Sowjetunion lieferte sich mit den USA einen regelrechten Wettkampf beim Bau von immer mehr und immer stärkeren Kernwaffen (Bild **B5**).

Der Gegner musste durch dieses Wettrüsten von den katastrophalen Folgen eines atomaren Gegenschlags überzeugt werden. Dieser kalte Krieg sollte so einen echten, „heißen“ Krieg verhindern. Das Vernichtungspotenzial der beiden Länder wurde derart groß, dass es ausgereicht hätte, um sich gegenseitig vielfach völlig auszulöschen. In diesem **Gleichgewicht des Schreckens** spricht man daher auch vom **Overkill** (englisch: Übertötung).

B6 *Abrüstungsvertrag zwischen den USA und der Sowjetunion*

Abrüsten. EINSTEIN unterzeichnete wenige Tage vor seinem Tod im Jahr 1955 erneut ein Schriftstück des Philosophen und Mathematikers BERTRAND RUSSELL: Diesmal sprach er sich deutlich gegen die Entwicklung von Kernwaffen aus, die er als Bedrohung für die gesamte Menschheit ansah. In dem **Russell-Einstein-Manifest** wurde gefordert, die Waffenbestände weltweit massiv zu reduzieren. Gut zehn Jahre später wurde mit dem **Atomwaffensperrvertrag** zunächst erfolglos versucht, weltweit die militärische Nutzung von Kernenergie einzudämmen. Etwa dreißig Jahre nach EINSTEINS Tod endete der kalte Krieg mit dem Zusammenbruch der Sowjetunion. Da nun kein Bedarf für riesige Atomwaffenarsenale mehr bestand, wurde mit dem **Abrüsten** begonnen (Bild **B6**).

Löse selbst

1 Bei der Spaltung eines Uran-235-Kerns entstehen als Spaltprodukte
a) Cs-137 und Rb-96,
b) Mo-103 und Sn-131,
c) La-147 und Br-87.
Bestimme die jeweiligen Reaktionsgleichungen.

2 Vergleiche Kernspaltung und Kernfusion. Recherchiere im Internet und notiere Gemeinsamkeiten und Unterschiede.

3 Diskutiert die Aussage: „Abschreckung schafft Frieden“.

4 Recherchiere und erstelle eine Tabelle zum zeitlichen Verlauf der Abrüstung. Suche dazu nach den folgenden Begriffen: INF-Vertrag, START I, START II und New START.

6.5 Nutzung der Kernenergie

B1 *Kernkraftwerk Brokdorf*

B2 *Brennelemente bestehen aus Brenn- und Steuerstäben*

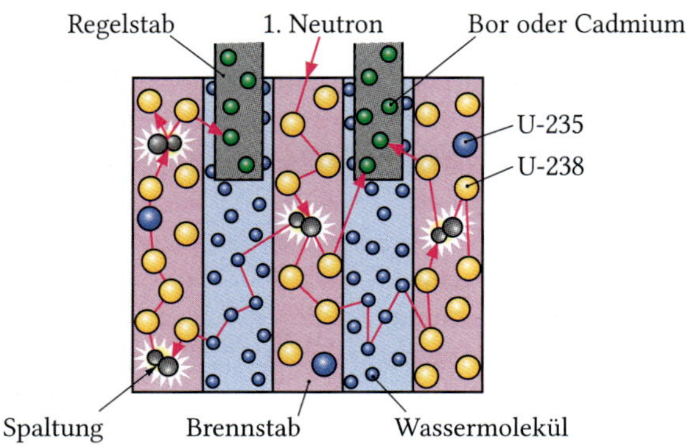

B3 *Die kontrollierte Kettenreaktion*

B4 *Geöffneter Reaktor mit Brennelementen*

Kernkraftwerke. Bei jeder Spaltung eines Uranatoms werden drei Neutronen frei, die weitere Uranatome spalten können. Es setzt eine Kettenreaktion ein. Zur friedlichen Nutzung der Kernspaltung in Kernkraftwerken (Bild **B1**) muss die Kettenreaktion kontrolliert ablaufen: Dazu verringert man die Wahrscheinlichkeit, dass ein freies Neutron einen spaltbaren Kern trifft, indem man einen Teil der Neutronen einfängt. Um Neutronen einzufangen, verwendet man Elemente wie Bor oder Cadmium.

Brennelemente. Der „Treibstoff" eines Kernkraftwerks, meistens Uranoxid, befindet sich in mehrere Meter langen Röhren, den so genannten **Brennstäben.** Viele dieser Brennstäbe werden zu einem **Brennelement** zusammengefügt (Bild **B2**). In diesen Brennelementen findet die Kettenreaktion statt.

Steuerstäbe. Damit nicht zu viele Neutronen auf andere Uranatome treffen, sind einige Röhren der Brennelemente mit Stäben aus Bor oder Cadmium gefüllt. Diese Stäbe können aus dem Brennelement herausgezogen bzw. wieder hineingesenkt werden.

Wenn die Steuerstäbe vollständig im Brennelement versenkt sind, werden fast alle Neutronen eingefangen – die Kettenreaktion kommt fast zum Erliegen. Zieht man die Steuerstäbe heraus, steigt die Anzahl der Kernspaltungen – die Kettenreaktion wird stärker. Mit Steuerstäben kann man die Leistung eines Kernkraftwerks regulieren (Bild **B3**).
In vielen Kernkraftwerken stehen die Brennelemente aufrecht und die Steuerstäbe werden von Elektromagneten gehalten. Wenn der Strom ausfallen sollte, fallen die Steuerstäbe in das Brennelement und die Kernreaktionen werden automatisch gebremst.

Der Reaktor. Die Brennelemente befinden sich in einem besonders gegen Strahlung und äußere Einflüsse geschützten Bereich des Kernkraftwerks, dem **Reaktor** (Bild **B4**). Die Brennelemente sind von Wasser umgeben. Das Wasser übernimmt mehrere Funktionen. Zum einen nimmt es die entstehende Wärme auf, die in einem anderen Teil des Kernkraftwerks zur Stromerzeugung genutzt wird. Zum anderen bremst das Wasser die anfänglich sehr schnellen Neutronen ab. Langsame Neutronen sind zur Spaltung von Uranatomen besser geeignet als schnelle, da sie während einer längeren Zeit auf den zu spaltenden Kern einwirken können. Das Wasser wirkt als **Moderator.**

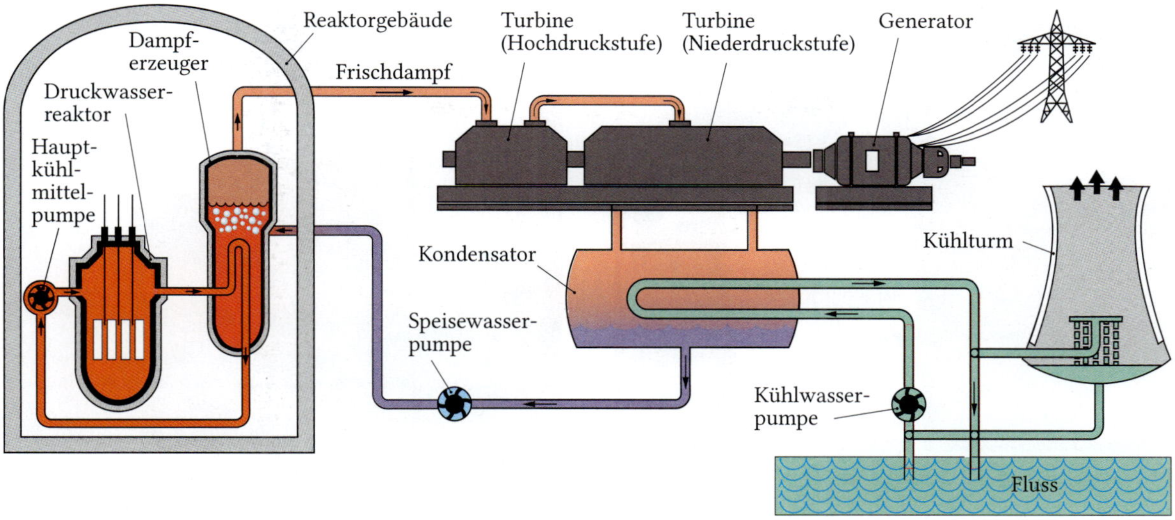

B5 *Schematischer Aufbau eines Kernkraftwerks mit Druckwasserreaktor*

Das Wasser wirkt außerdem als Sicherheitsmechanismus: Wenn sich bei einem Störfall der Reaktor zu stark erhitzt, entstehen Dampfblasen. Der Wasserdampf bremst die Neutronen nicht so stark ab wie flüssiges Wasser. Dadurch nimmt die Zahl der Spaltungen ab und die Kettenreaktion wird verlangsamt. Wenn der Reaktor undicht werden sollte, läuft das Wasser vollständig ab. Die Neutronen werden nun fast gar nicht mehr gebremst. Die Kettenreaktion wird noch stärker verlangsamt.

Druckwasserreaktoren. Im ehemaligen Reaktor von Brokdorf befanden sich 193 Brennelemente mit jeweils 236 Brennstäben. Insgesamt befanden sich etwa 100 Tonnen Uranoxid im Reaktor. In einem solchen Reaktor kann das Wasser bis auf 400 °C erhitzt werden, ohne dass es siedet, da der ganze Reaktor unter Druck steht. Man spricht deswegen von einem **Druckwasserreaktor** (Bild **B5**). Das erhitzte Wasser wird durch eine Pumpe im **Primärkreislauf** zu einem Wärmetauscher geleitet. Dort wird im **Sekundärkreislauf** Dampf erzeugt, der außerhalb des Reaktorgebäudes Turbinen antreibt. Diese treiben wiederum Generatoren an, die elektrischen Strom erzeugen. Das Wasser im Primärkreislauf ist leicht radioaktiv, aber durch die Trennung von Primär- und Sekundärkreislauf bleibt die Radioaktivität innerhalb des Reaktorgebäudes.

Weitere Reaktortypen. Ein **Siedewasserreaktor** besitzt keinen Wärmetauscher. Die Turbinen werden direkt mit dem leicht radioaktiven Dampf angetrieben. Der Siedewasserreaktor ist einfacher und arbeitet mit niedrigen Drücken und Temperaturen. Der Nachteil dieses Reaktortyps liegt darin, dass Turbinen und Generatoren im Reaktorgebäude unterzubringen sind.

Beim **Druckröhrenreaktor** durchströmt Wasser viele druckfeste Röhren, die von Brennstäben umgeben sind. Da das Wasser so nicht mehr ausreichend moderiert, werden die Röhren mit einem zusätzlichen Moderator, wie Graphit zum Beispiel, ummantelt. Die Vorteile von Druckröhrenreaktoren sind die geringen Bau- und Wartungskosten, der Nachteil ist ihre Störanfälligkeit.

Löse selbst

1 Beschreibe, wie die Kettenreaktion in einem Kernkraftwerk kontrolliert wird.

2 Begründe, warum bei Druckwasserreaktoren die Kettenreaktion gebremst wird, wenn der Reaktor sich überhitzt oder der Druckbehälter undicht wird.

3 a) Recherchiere zum Reaktorunfall in Tschernobyl. Gib an, um welchen Reaktortyp es sich handelte und was zum Unfall führte.
b) Recherchiere zu den Auswirkungen auf Menschen und die Umwelt. Unterscheide dabei zwischen unmittelbaren und mittelbaren Folgen.
Präsentiere deine Ergebnisse auf einem Plakat.

6.6 Gesellschaftliche Auswirkungen von Kernenergie

B1 *Demonstrant gegen den Bau eines Kernkraftwerks (1979)*

B3 *Katastrophe im Kernkraftwerk in Fukushima (2011)*

Atomausstieg. Der Betrieb von Kernkraftwerken ist wegen der damit verbundenen Risiken in Deutschland schon lange umstritten (Bild **B1**). Nach der Nuklearkatastrophe im japanischen Kernkraftwerk Fukushima (Bild **B3**) nahmen die Proteste und der politische Druck nochmals deutlich zu. War kurz zuvor noch eine Verlängerung der Laufzeiten der Kernkraftwerke beschlossen worden, so führte die Katastrophe von Fukushima im März 2011 zunächst zu einer kurzfristigen Stilllegung und schließlich zum gesetzlich verankerten Atomausstieg: Es wurde beschlossen, bis Ende 2022 alle Kernkraftwerke in Deutschland stillzulegen.

Kernenergie in Europa. Bei einem Reaktorunglück macht radioaktiver Niederschlag nicht an Ländergrenzen halt. Der deutsche Atomausstieg bedeutet daher nicht, dass bei uns kein Risiko für Strahlenschäden besteht. In Europa gibt es knapp 100 Kernkraftwerke mit etwa 200 Reaktorblöcken, davon viele in unmittelbarer Nähe zur deutschen Grenze (Bild **B2**). Insbesondere das belgische Kraftwerk Tihange wird trotz zahlreicher Störfälle weiter betrieben. Eine Abschaltung ist für 2025 vorgesehen. Zum Schutz der Bevölkerung gelten strenge Regeln zum Aufbau von Kraftwerken.

B2 *Europäische Kernkraftwerke in Betrieb (Stand 2022)*

Sicherheitsmaßnahmen im Kraftwerk. Nach der Katastrophe von Fukushima wurde in Europa ein gemeinsamer Stresstest für Kernkraftwerke erarbeitet. Demnach sollen alle Kraftwerke in drei Bereichen überprüft und bewertet werden:

- Externe Ereignisse, wie z. B. Erdbeben, Überflutungen oder extreme Wetterbedingungen wie Orkane.
- Ausfall von Sicherheitsfunktionen, wie z. B. Stromausfall oder Ausfall der Kühlung.
- Reaktion auf schwere Unfälle, wie z. B. Ausfall der Kernkühlung oder Kernschmelze.

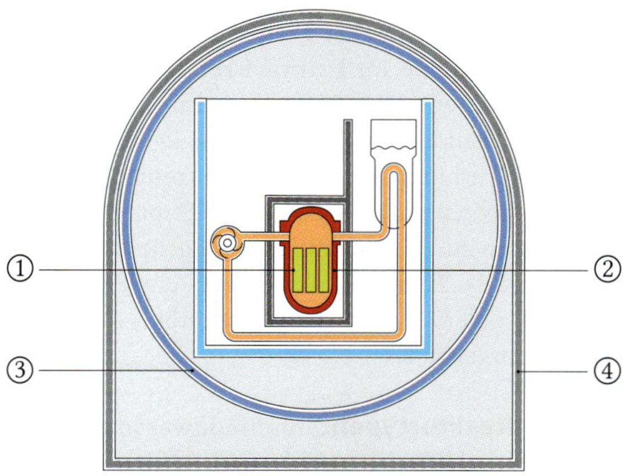

B4 *Barrieren sollen im Störfall radioaktive Stoffe einschließen.*

Der Stresstest soll sicherstellen, dass auch im Störfall keine radioaktiven Stoffe in die Umwelt gelangen. Im Normalbetrieb ist die von Kernkraftwerken freigesetzte Radioaktivität im Vergleich zur natürlichen Radioaktivität gering.

Containment. Im Störfall verhindern mehrere Barrieren, die den Reaktor umschließen, dass Radioaktivität austritt. Die erste Barriere sind die Brennstäbe selbst: Ein luftdicht verschweißtes Metallrohr umschließt die Uranpellets (Bild **B4**, ①). Der Reaktordruckbehälter ist die nächste Barriere: Eine etwa 25 cm dicke Stahlwand umschließt die Brennstäbe (Bild **B4**, ② und Bild **B5**). Es folgt der Sicherheitsbehälter, auch **Containment** genannt (englisch: Eindämmung): Vier Zentimeter dicker Stahl soll im Falle eines Lecks der inneren Barrieren alle radioaktiven Stoffe einschließen (Bild **B4**, ③). Als letzte Sicherheitsbarriere hält eine zwei Meter dicke Stahlbetonhülle radioaktive Stoffe zurück und schützt zugleich den Reaktor vor äußeren Einwirkungen wie Flugzeugabstürzen (Bild **B4**, ④ und Bilder **B6** und **B7**).

Schutz vor Strahlungsschäden. Sollten bei einer schweren Störung alle Barrieren versagen, können radioaktive Stoffe in die Umwelt gelangen, darunter das radioaktive Iodisotop I-131. Der Körper benötigt Iod zum Überleben und nimmt es in der Schilddrüse über die Nahrung, Getränke und Luft auf. Iodisotope haben die gleichen chemischen Eigenschaften wie herkömmliches Iod. Radioaktives I-131, das bei einer Nuklearkatastrophe über die Luft verteilt wird, wird daher auch vom Körper aufgenommen und in der Schilddrüse eingelagert.

Dadurch steigt die Gefahr, im Laufe des Lebens Schilddrüsenkrebs zu entwickeln – insbesondere bei Kindern und Jugendlichen. I-131 hat eine recht kurze Halbwertszeit von etwa acht Tagen. Mit Iodtabletten kann man die Iodspeicher der Schilddrüse füllen. Dann wird so lange kein radioaktives Iod aufgenommen, bis sich die Konzentration in der Luft verringert hat. In der Stadt Aachen (ca. 250 000 Einwohner) wurden im Jahr 2017 Iodtabletten an die Bürger verteilt: Gut 60 Kilometer entfernt befindet sich das für seine Störfälle bekannte Kernkraftwerk Tihange.

Bei der Nuklearkatastrophe von Tschernobyl im Jahr 1986 wurden große Mengen radioaktiver Stoffe in die Atmosphäre abgegeben und durch den Wind weiträumig über Europa verteilt. Wegen der teils sehr langen Halbwertszeiten ist auch heute noch an manchen Orten eine hohe Strahlenbelastung im Boden messbar. Besonders im Süden und Osten Deutschlands sind Pilze, Waldbeeren und die Wildtiere, die sich davon ernähren, belastet. Aus diesem Grund muss beispielsweise die Strahlenbelastung von Wildschweinen vor dem Verzehr geprüft werden: In manchen Gegenden ist jedes fünfte Wildschwein zu stark belastet für den Verzehr.

B5 *Ein Reaktordruckbehälter auf dem Weg zum Einsatzort*

B6 *Die Stahlbetonhülle eines im Bau befindlichen Reaktors.*

B7 *Ein Querschnitt durch die Stahlbetonhülle*

6.6 Gesellschaftliche Auswirkungen von Kernenergie

B1 *Einlagerung radioaktiver Abfälle unter Tage in Morsleben*

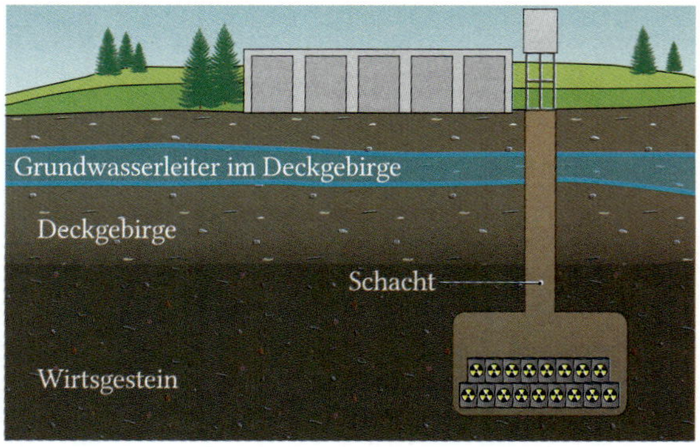

B3 *Aufbau eines Endlagers für radioaktive Abfälle*

Sicherheit für alle Zeit. Unabhängig vom sicheren Betrieb eines Kernkraftwerks, stellt auch der radioaktive Abfall ein großes Problem dar. Besonders die „abgebrannten", hochradioaktiven Brennelemente müssen sicher abtransportiert und eingelagert werden. Die Brennelemente bestehen aus einem Gemisch von unterschiedlichen Elementen mit sehr unterschiedlichen Halbwertszeiten: acht Tage für das Iodisotop I-131 und 15,7 Millionen Jahre für I-129.

Ein Lagerplatz für radioaktiven Abfall muss daher für einen unvorstellbar langen Zeitraum sicher sein. Man spricht deshalb auch von einem Endlager. In Deutschland sucht man nach einer Möglichkeit, die Umwelt für eine Million Jahre vor der Radioaktivität des Abfalls zu schützen. Das soll durch Einlagerung in Bergwerken gelingen (Bild **B1**).

Endlagersuche. Es gibt in der Natur Beispiele dafür, dass geologische Formationen unter bestimmten Bedingungen sogar über Milliarden Jahre nahezu unverändert bleiben. Natürliche Mineralschichten bilden dann eine Barriere für die radioaktiven Stoffe (Bild **B3**). Allerdings lassen sich über solch lange Zeiträume nur sehr schwer Vorhersagen treffen. Daher wird schon seit mehr als 50 Jahren über ein mögliches Endlager diskutiert.

B2 *Protestaktion gegen ein Endlager in Gorleben*

Neben wissenschaftlichen Argumenten spielt das Risikoempfinden der Menschen eine große Rolle: Niemand möchte in der Nähe eines Endlagers wohnen (Bild **B2**). Daher wird durch politischen Druck versucht, ganze Regionen von vorneherein aus der Endlagersuche auszuschließen.

Um dem entgegenzuwirken, wurde eine **Kommission zur Lagerung hoch radioaktiver Abfallstoffe** gegründet, die im Jahr 2016 Grundsätze für ein Verfahren zur Endlagersuche verabschiedet hat. Demnach wird nun mit „weißer Landkarte" ein Standort für ein Bergwerk gesucht, das die größtmögliche Sicherheit für eine Million Jahre bieten soll. Der Zeitplan sieht vor, dass die Einlagerung in den nächsten 100–150 Jahren abgeschlossen sein wird (Tabelle **T1**).

2018–2027	Phase 1	▫ Erstellung eines Kriterienkatalogs ▫ Sammlung von Vorschlägen für Gebiete ▫ Prüfung der Vorschläge
2027–2039	Phase 2	▫ Untersuchung mit Probebohrungen in den vorgeschlagenen Regionen ▫ Erstellung eines Gutachtens
2039–2077	Phase 3	▫ Erkundung der Regionen untertage durch Einrichtung von Bergwerken ▫ Standortfestlegung
2077–2117	Phase 4	▫ Planung und Bau des Endlagers

T1 *Zeitplan zur Errichtung eines Endlagers*

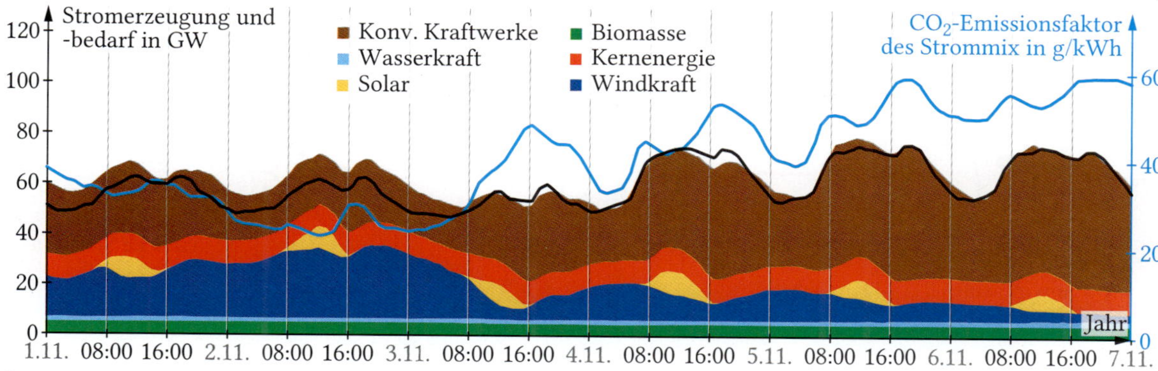

B4 *Bereitgestellte Energie und Energiebedarf in Deutschland. Die schwarze Kurve steht für den Strombedarf.*

Kernenergie und Klimawandel. In den letzten Jahren haben Bewegungen wie *Fridays for Future* die negativen Folgen des Klimawandels ins öffentliche Bewusstsein getragen. Als Hauptursache für die Erderwärmung gelten Treibhausgase, allen voran Kohlenstoffdioxid (CO_2). Bei der Stromerzeugung in Kohlekraftwerken werden große Mengen CO_2 freigesetzt. Da beim Betrieb von erneuerbaren Energiequellen wie Solar- und Windkraft kein CO_2 ausgestoßen wird, sollen diese ausgebaut werden.

Der große Nachteil dieser Anlagen ist allerdings die Abhängigkeit von den Umweltbedingungen: Nachts und bei Windstille liefern sie keinen Strom (Bild **B4**). Um auf den schwankenden Bedarf an elektrischer Energie reagieren zu können, benötigt man daher auch konventionelle Kraftwerke. Deren Leistung lässt sich einstellen und so an den Bedarf anpassen. Kernkraftwerke erfüllen diese Anforderung, ohne im Betrieb CO_2 zu erzeugen. Um den Klimawandel zu stoppen, fordern daher immer mehr Klimafachleute, Kernkraftwerke trotz der Abfallproblematik zur Energieversorgung einzusetzen.

Die Wissenschaft kann hier nur bedingt zu einer Lösung beitragen, da die Risiken des Klimawandels einerseits und der Endlagerung andererseits schwer gegeneinander aufzurechnen sind. In der Folge werden hitzige Diskussionen um den „Ausstieg vom Ausstieg" geführt. Gleichzeitig bezieht Deutschland bei Bedarf auch Strom aus Kernkraftwerken der europäischen Nachbarländer.

Löse selbst

1 ➡ Recherchiere, was mit dem Begriff Dunkelflaute gemeint ist.

2 ➡ a) Erstelle eine Tabelle mit Vor- und Nachteilen von Kernkraftwerken im Vergleich zu Kohlekraftwerken, Solar- und Windkraftanlagen.
b) Ergänze die Tabelle um direkte Auswirkungen auf die Gesundheit und die Umwelt während des Betriebs. Nutze verschiedene Informationsquellen.

3 ⬆ Informiere dich über die Nuklearkatastrophe in Fukushima: Beschreibe, welche Umstände zu der Katastrophe geführt haben.

4 ↗ In Bild **B4** ist der Energiebedarf nicht immer deckungsgleich mit der gesamten Stromproduktion. Erkläre, was bei Über- oder Unterproduktion geschieht.

5

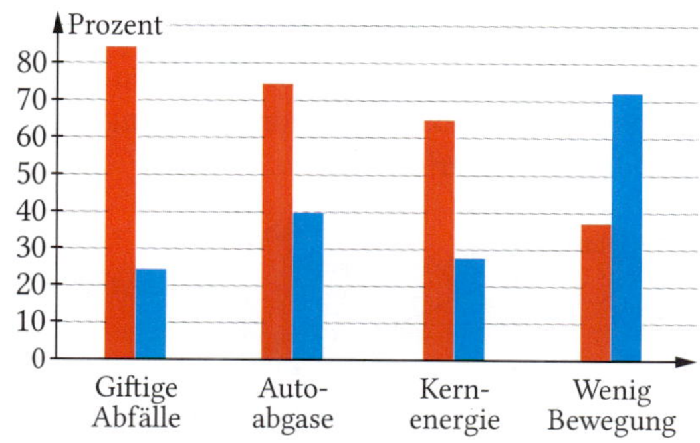

➡ In einer Umfrage des IfD Allensbach wurden verschiedene Personengruppen befragt, worin sie besonders hohe Risiken für die Gesundheit sehen. Die roten Balken zeigen das Ergebnis für einen repräsentativen Querschnitt aus der Bevölkerung, die blauen Balken zeigen, wie Fachleute antworteten. Nenne mögliche Gründe dafür, warum Kernenergie von der Bevölkerung als riskanter eingestuft wird.

6.7 Biologische Strahlenwirkungen

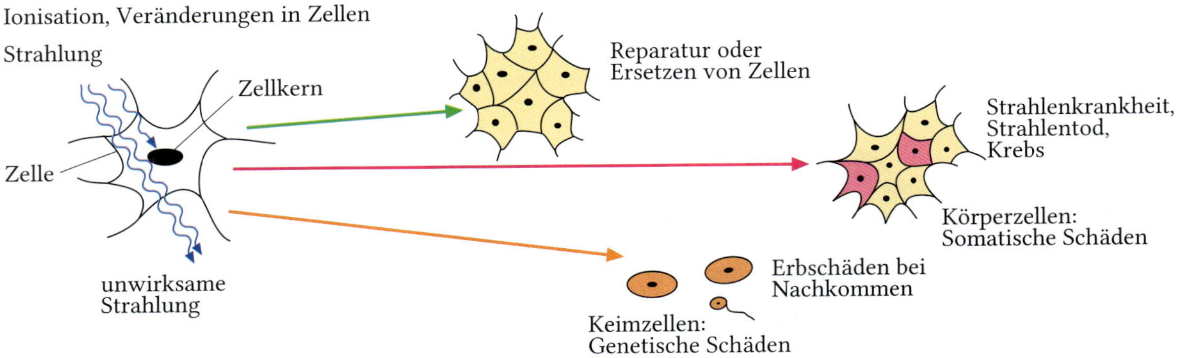

B1 *Wie Strahlung auf Zellen wirkt*

Biologische Strahlenwirkung. Ionisierende Strahlung beeinflusst die chemischen Prozesse in Zellen und kann dadurch Schäden verursachen. Bei von außen wirkender Strahlung (Bild **B2**) ist vor allem die Gammastrahlung gefährlich, da Gammastrahlung tief in den Körper eindringen kann. Alpha- und Betastrahlung werden durch die Luft absorbiert bzw. abgeschwächt.

Wenn ein Strahler ins Körperinnere gelangt, werden alle Strahlungsarten wirksam (Bild **B2**). Eine solche sogenannte **Kontamination** kann auftreten, nachdem man radioaktives Material eingeatmet oder mit der Nahrung aufgenommen hat. In diesem Fall sind Alpha- und Betastrahlung besonders gefährlich.

Unser biologisches System hat sich durch die Evolution auf die Reparatur von Zellschäden eingestellt (grüner Pfeil in Bild **B1**): Das Immunsystem sorgt dafür, dass krankhaft veränderte Zellen repariert und abgestorbene Zellen durch neue Zellen ersetzt werden. Wenn das Immunsystem funktioniert, können geringe Strahlenschäden also repariert werden.

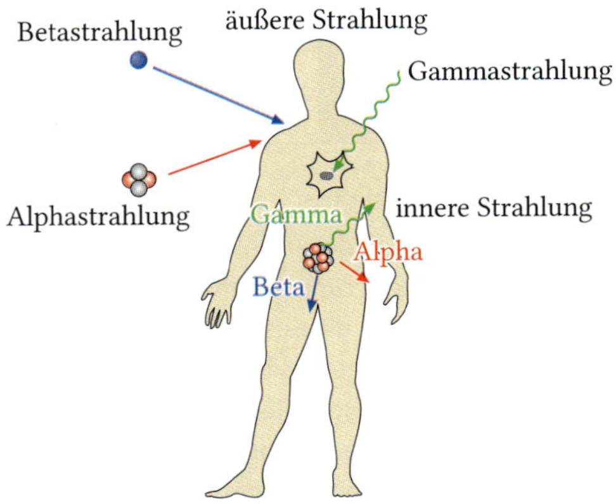

B2 *Innere und äußere Strahlung*

Somatische Schäden. Wenn durch ionisierende Strahlung die Körperzellen allerdings sehr stark geschädigt werden (roter Pfeil in Bild **B1**), spricht man von somatischen Schäden (*soma,* griechisch: Körper). Bei Menschen kommt es zu Veränderungen des Blutbilds, Übelkeit und Appetitlosigkeit, Haarausfall und langfristig auch zu Krebs. Besonders betroffen sind Zellen, die sich häufig teilen, wie zum Beispiel Knochenmark oder Haarwurzeln. Embryonen, die im Leib der Mutter heranwachsen, sind ebenfalls sehr anfällig. Schon eine geringe Strahlenbelastung kann, muss aber nicht, zu Krebs führen.

Insbesondere Kinder und Schwangere sollten daher unnötige Strahlenbelastung vermeiden. Im Alltag ist der Schutz vor ionisierender Strahlung vor allem beim Arztbesuch wichtig. Ärzte müssen den Nutzen und den möglichen Schaden einer diagnostischen oder therapeutischen Bestrahlung sorgfältig gegeneinander abwägen und mit dem Patienten oder den Eltern besprechen.

Genetische Schäden. Wenn Keimzellen wie die Eizellen einer Frau oder die Samenzellen eines Mannes beschädigt werden (oranger Pfeil in Bild **B1**), können sich die Veränderungen auf die Nachkommen der Bestrahlten auswirken: Die Veränderungen werden weitervererbt. Veränderungen im Erbgut müssen aber nicht immer schlecht sein. **Mutationen** (*mutare,* lateinisch: verändern) können dafür sorgen, dass sich Lebewesen besser in ihrer Umwelt behaupten können und so diese Veränderung an ihre Nachkommen weitergeben. Es können aber auch Missbildungen entstehen, oder die Nachkommen sind gar nicht erst lebensfähig. Die Wahrscheinlichkeit, dass durch eine Mutation das Lebewesen geschädigt wird, ist aber sehr viel größer, als dass ein positiver Effekt eintritt.

Die Aktivität eines Strahlers. Ein Maß dafür, wie stark eine Probe strahlt, ist ihre **Aktivität.** Die Aktivität gibt an, wie viele Kernzerfälle pro Sekunde stattfinden:

$$\text{Aktivität} = \frac{\text{Zerfälle}}{\text{Sekunde}}.$$

Die Einheit der Aktivität ist das **Becquerel** (Bq). 1 Bq ist ein Zerfall pro Sekunde. Für die meisten Nahrungsmittel gilt in der EU ein Grenzwert von 600 Bq pro Kilogramm. Der Grenzwert für Säuglingsnahrung liegt deutlich tiefer.

Messgrößen für die Strahlenbelastung. Als Maß für die biologische Strahlenbelastung reicht die Aktivität des Strahlers allerdings nicht aus. Es kommt darauf an, welcher Anteil der Strahlung im Körper absorbiert wird und welche Wirkung die Strahlung dort hat.

Die **Energiedosis *D*** gibt an, wie viel Energie pro Masse Körpergewicht die Strahlung im Körper abgibt:

$$\text{Energiedosis} = \frac{\text{aufgenommene Energie}}{\text{Masse}}.$$

Die Einheit der Energiedosis ist das **Gray** (Gy). 1 Gy ist 1 Joule pro Kilogramm: $1\ \text{Gy} = 1\ \frac{\text{J}}{\text{kg}}$.

Die biologische Wirkung ist bei Alphastrahlern viel höher als bei Beta- oder Röntgenstrahlung. Dies berücksichtigt die **Äquivalentdosis.** Bei ihr werden verschiedene ionisierende Strahlungsarten nach ihrer biologischen Wirksamkeit gewichtet (Tabelle **T1**).

$$\text{Äquivalentdosis} = \text{Qualitätsfaktor} \cdot \text{Energiedosis}.$$

Die Einheit der Äquivalentdosis ist das **Sievert** (Sv). Auch sie hat die Einheit Joule pro Kilogramm: $1\ \text{Sv} = 1\ \frac{\text{J}}{\text{kg}}$.

Es macht auch einen Unterschied, welche Körpergewebe bestrahlt werden: Knochenmark z. B. reagiert auf Strahlung deutlich sensibler als Hautzellen. Dies berücksichtigt man, indem man für verschiedene Gewebe Gewichtungsfaktoren ermittelt und sie in die Berechnung einbezieht. Man erhält dann die **effektive Dosis.** Auch ihre Einheit ist das Sievert.

Strahlungsart	Qualitätsfaktor
Alphastrahlung	20
Betastrahlung	1
Gammastrahlung	1–5
Röntgenstrahlung	1

T1 *Qualitätsfaktoren für Strahlungsarten*

	Belastung in mSv
natürliche Strahlenbelastung	
kosmische Strahlung	0,3 pro Jahr
terrestrische Strahlung	0,5 pro Jahr
Radoninhalation	1,3 pro Jahr
Nahrungsaufnahme	0,3 pro Jahr
sonstige Strahlenbelastung	
Röntgen des Brustkorbs	0,03 pro Aufnahme
CT des Brustkorbs	5 pro Durchgang
Röntgen der Brustwirbelsäule	0,3 pro Aufnahme
CT des Schädels	2 pro Durchgang
Transatlantikflug	0,1 pro Flug
an Bord der ISS	0,6 pro Tag

T2 *Durchschnittliche Strahlenbelastungen*

Grenzwerte. Die natürliche Strahlenbelastung für Menschen liegt bei etwa 1–6 mSv pro Jahr, je nach Wohnort. Der gesetzliche Grenzwert für berufliche Strahlenbelastung beträgt zusätzlich 20 mSv pro Jahr. Hiervon betroffen sind nicht nur Personen in kerntechnischen Anlagen, sondern auch Flugpersonal sowie Beschäftigte in Bergwerken und in der Medizin (Tabelle **T2**). Es können auch weitere Strahlenbelastungen entstehen. Tabelle **T2** fasst einige Strahlenbelastungen zusammen.

Löse selbst

1 Recherchiere, welche radioaktiven Elemente im menschlichen Körper vorkommen und welche Strahlung sie aussenden. Gib an, welche dieser Elemente natürlichen Ursprungs sind und welche durch Kernwaffenversuche und als Folge von Reaktorunfällen in die Umwelt gelangt sind.

2 Informiere dich über die Rolle, die Mutationen in der Evolution spielen und bereite einen Vortrag vor.

3 Alexander Gerst war bei seiner ersten Mission vom 28.5.2014 bis zum 10.11.2014 an Bord der ISS. Berechne seine Strahlenbelastung.

4 Vergleiche die Strahlenbelastung einer CT-Untersuchung des Kopfes (Tabelle **T2**) mit der durchschnittlichen natürlichen Strahlenbelastung im Jahr. Erläutere, welche Abwägungen man bei solchen CT-Untersuchungen vornehmen muss.

6.8 Anwendungen ionisierender Strahlung

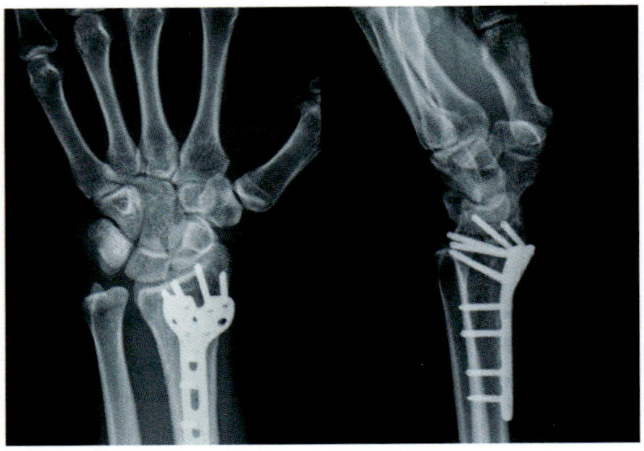

B1 *Röntgenbild eines Armbruchs mit Stabilisierungsplatte*

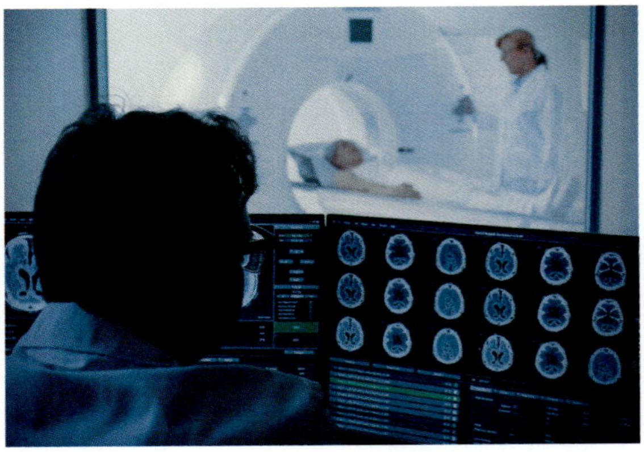

B3 *Computertomografie*

Röntgen. Röntgenbilder sind aus der modernen Medizin nicht mehr wegzudenken. Sie erlauben einen Blick in das Innere des menschlichen Körpers und ermöglichen zuverlässige Diagnosen ohne spürbare Belastung. Beim **Röntgen** durchdringen energiereiche Röntgenstrahlen den Körper und belichten dahinter einen Chip, ähnlich wie bei einer Digitalkamera.
Die Röntgenstrahlen durchqueren den Körper unterschiedlich gut: Durch Gewebe und Hohlräume gelangen sie gut, durch Knochen dagegen nur schwer. Dadurch entstehen auf dem Bild Strukturen, die die Verhältnisse im Körper darstellen (Bild **B1**). Ein Nachteil ist, dass man hintereinanderliegende Bereiche nicht getrennt voneinander untersuchen kann: Die Röntgenstrahlen durchqueren auf ihrem Weg durch den Körper mehrere Schichten.

Bei der modernen **Computertomografie** (griechisch: Schnittschreiben), abgekürzt CT, wird der Körper aus verschiedenen Richtungen mit Röntgenstrahlen durchleuchtet. Ein Computer errechnet daraus ein dreidimensionales Bild. Ärzte erhalten so Röntgenbilder von unterschiedlichen Schichten, auch Schnittbilder genannt (Bild **B3**).

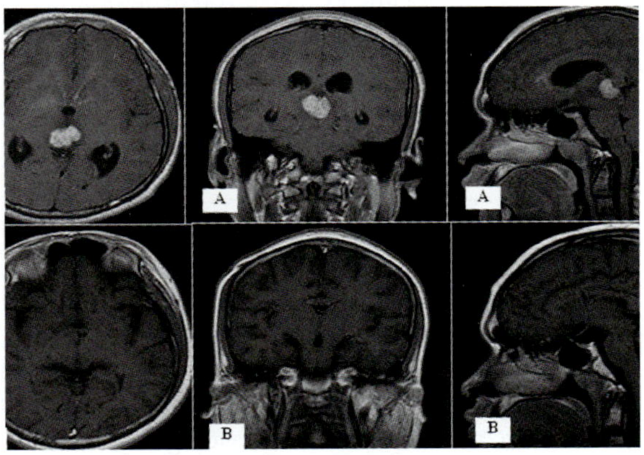

B2 *Computertomografie eines Hirntumors (heller Fleck): oben vor und unten nach Strahlentherapie*

Strahlenbelastung. Bei dieser Untersuchungsmethode ist die Strahlenbelastung deutlich höher als bei einzelnen Röntgenaufnahmen. Die Strahlenbelastung bei einer CT-Untersuchung des Herzens liegt bei etwa 14,5 mSv, was ungefähr 70 Röntgenbildaufnahmen des Brustkorbs entspricht. Hierdurch steigt das Risiko, später an Krebs zu erkranken. Röntgenstrahlung darf deshalb nur eingesetzt werden, wenn es unbedingt erforderlich ist.

Um unnötiges Röntgen zu verhindern, sollte man einen **Röntgenpass** führen (Bild **B4**). Dort werden alle Untersuchungen zusammen mit der Strahlenbelastung vermerkt, sodass gegebenenfalls auf bereits bestehende Aufnahmen zurückgegriffen werden kann.

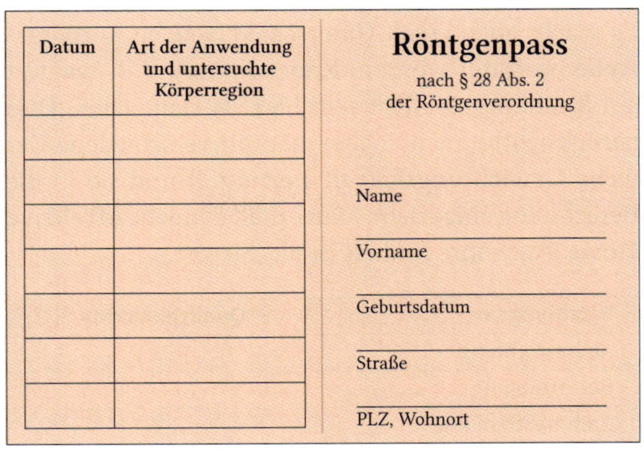

Datum	Art der Anwendung und untersuchte Körperregion

Röntgenpass
nach § 28 Abs. 2 der Röntgenverordnung

Name
Vorname
Geburtsdatum
Straße
PLZ, Wohnort

B4 *Röntgenpass*

Strahlenschäden. Zu Beginn des 20. Jahrhunderts erkrankten viele Ärzte, die das damals neue Röntgenverfahren einsetzten. Typische Symptome waren Haarausfall und Entzündungen der Haut (Bild **B5**).

Haare und Haut bestehen aus Zellen, die sich relativ schnell erneuern: Haare wachsen ständig nach, Haut erneuert sich in wenigen Wochen. Die Entzündungen entstehen, weil durch die Strahlung die Fähigkeit zur Erneuerung der Haut beeinträchtigt wird: Die Zellen können sich nicht mehr teilen. Andere Zellen, wie z. B. im Knochengewebe, teilen sich deutlich langsamer und zeigen Folgen der Strahlenschäden daher erst viel später. Diese Wirkung der ionisierenden Strahlung auf Gewebe kann aber auch medizinisch genutzt werden.

Strahlentherapie. In gesundem Gewebe werden genauso viele Zellen neu gebildet wie alte absterben. Durch Zellschäden kann es zu einer krankhaften Störung dieses Gleichgewichts kommen: Die Zellen vermehren sich ungebremst. Das auf diese Weise neu entstehende Gewebe nennt man Tumor (lateinisch: Wucherung), die Krankheit selbst nennt man Krebs.

Diese sich schnell teilenden Zellen sind besonders empfindlich gegenüber ionisierender Strahlung. Indem man dieses Gewebe gezielter Röntgen- oder sogar Gammastrahlung aussetzt, erzeugt man eine „Strahlenkrankheit“ des Tumors: Der Tumor wird zerstört (Bild **B2**). Besonders in Situationen, in denen ein Tumor nicht chirurgisch entfernt werden kann, ist die **Strahlentherapie** – meist in Kombination mit der medikamentösen Chemotherapie – eine wirksame Möglichkeit, um Krebs zu bekämpfen.

Strahlenschutz. Das überall im Boden vorkommende Edelgas Radon verursacht den größten Teil der natürlichen Strahlenbelastung. Die durchschnittliche effektive Dosis pro Person ist mit ca. 1,1 mSv pro Jahr vergleichbar mit mehreren Röntgenaufnahmen (Tabelle **T1**).

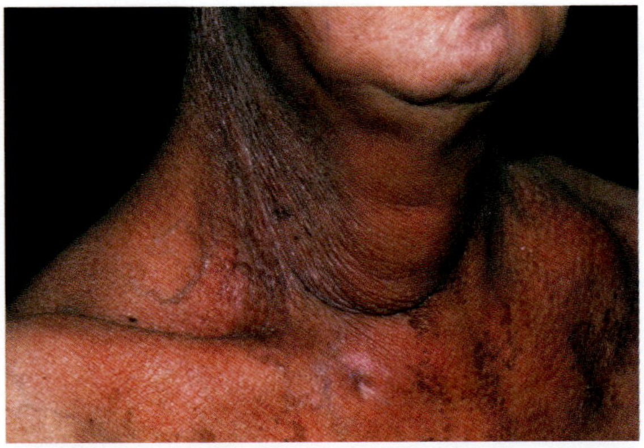

B5 *Strahlenschäden an der Haut durch ionisierende Strahlung*

In manchen Regionen wie zum Beispiel in der Eifel und im Bayerischen Wald ist die Belastung deutlich höher. Hier müssen Schutzmaßnahmen getroffen werden, damit das Radongas nicht in Häuser eindringen kann oder damit es durch Lüftungssysteme abgeführt wird.

An Orten mit besonders hoher Belastung findet man dennoch häufig Heilstollen, in denen sogenannte Radonkuren angeboten werden. Dabei sollen Menschen gezielt dem radioaktiven Gas ausgesetzt werden, um beispielsweise Entzündungsprozesse im Körper zu lindern. Die Wirkung ist allerdings nicht wissenschaftlich nachgewiesen. Dagegen sind die Gefahren einer Strahlenbelastung bekannt und müssen immer im Verhältnis zum Nutzen abgewogen werden. Da der Nutzen solcher Radonkuren nicht sicher ist, sind diese nicht empfehlenswert. Denn es gilt auch hier der allgemeine **Grundsatz im Strahlenschutz:** Die Strahlenbelastung sollte stets so gering wie möglich gehalten werden.

! Merksatz

Es gibt keinen Schwellenwert für eine ungefährliche Strahlendosis. Deshalb sollte die Strahlenbelastung immer so gering wie möglich gehalten werden.

Strahlenquelle	Röntgen der Zähne	Höhenstrahlung bei einem Transatlantikflug	Natürliches Radongas (Durchschnitt pro Jahr)	Grenzwert für die Arbeit mit Röntgengeräten (pro Jahr)	Grenzwert kosmische Strahlung für Astronauten (gesamte Berufszeit)
Effektive Dosis in mSv	0,02	0,1	1,1	20	1000 – 4000

T1 *Die effektive Strahlendosis verschiedener Strahlenquellen*

6.8 Anwendungen ionisierender Strahlung

B1 *Strahlensterilisation von Probebehältern unter Wasser*

B3 *Bestrahlte Gewürze und das Radura-Symbol*

Strahlung sterilisiert. Ionisierende Strahlung hat eine schädigende Wirkung auf Zellen. Wie bei der Tumorbehandlung kann man sich das zunutze machen, um unerwünschte Zellen abzutöten: Die bei der **Strahlensterilisation** (Bild **B2**) eingesetzte Gammastrahlung zerstört Mikroorganismen wie zum Beispiel Viren oder Bakterien. Ein Wasserbecken schützt dabei die Arbeiter (Bild **B1**). Im Gegensatz zu anderen Sterilisationsarten müssen die Gegenstände nicht erhitzt oder chemisch behandelt werden. Da die energiereiche Gammastrahlung tief in die Materialien eindringt, lassen sich sogar bereits fertig verpackte Waren sterilisieren. Das Verfahren kommt zum Beispiel bei Produkten zum Einsatz, die hitzeempfindlich sind, oder dann, wenn Zeit eine Rolle spielt: Nach der Strahlensterilisation kann das Material oder der Gegenstand sofort weiterverarbeitet werden. Daher wendet man insbesondere bei medizinischen Produkten oder Laborgeräten häufig die Strahlensterilisation an.

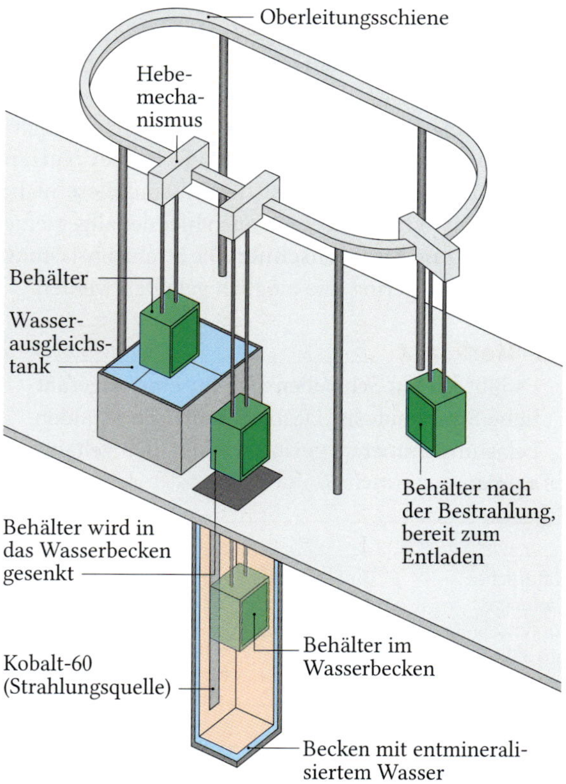

B2 *Aufbau einer Anlage zur Strahlensterilisation*

Strahlung konserviert. Die Wirkung ionisierender Strahlung auf Zellen nutzt man auch, um Nahrungsmittel wie zum Beispiel Obst oder Gemüse haltbar zu machen. Bei der sogenannten **Lebensmittelbestrahlung** wird meist Gammastrahlung eingesetzt. Das Grundprinzip beruht wieder auf der dadurch verursachten Zellschädigung: Wenn sich die Zellen nicht mehr gut teilen können, wird das Keimen und Reifen verlangsamt – das Produkt bleibt länger frisch und kann über größere Strecken transportiert werden. Auch Schädlinge wie Fruchtfliegen werden abgetötet, weil ihre Zellen die Fähigkeit zur Teilung verlieren.

Die Lebensmittel werden durch das Bestrahlen nicht selbst radioaktiv. Dennoch ist dieses Konservierungsverfahren in Deutschland lediglich für getrocknete Kräuter und Gewürze zugelassen. Die so behandelten Lebensmittel müssen durch den Hinweis „bestrahlt" oder „mit ionisierenden Strahlen behandelt" gekennzeichnet werden. Das internationale „Radura"-Symbol (Bild **B3**) ist zwar nicht vorgeschrieben, es wird aber häufig zur Kennzeichnung verwendet.

Die Atombatterie. Beim natürlichen Zerfall von radioaktiven Atomen entsteht ionisierende Strahlung. Wenn diese Strahlung auf einen Stoff trifft, wird dieser durch die aufgenommene Energie erwärmt (Bild **B4**). Dieses Prinzip macht man sich bei der **Radionuklidbatterie** (oder auch Atombatterie) zunutze. Die thermische Energie kann mithilfe von thermoelektrischen Generatoren direkt in elektrische Energie umgewandelt werden: Aus der Wärme des radioaktiven Zerfalls wird Strom erzeugt.

Radionuklidbatterien nutzen nur einen geringen Teil der verfügbaren thermischen Energie. Mit einem herkömmlichen Generator könnte viel effizienter Strom aus thermischer Energie gewonnen werden. Ein großer Vorteil von Radionuklidbatterien ist aber, dass sie eine lange Lebensdauer und keine beweglichen Teile haben. Damit eignen sie sich für Einsatzzwecke, bei denen Wartung nur schwer möglich ist, wie z. B. in der Raumfahrt (Bild **B5**).

Leuchten durch Radioaktivität. Betastrahlung kann verwendet werden, um Leuchtstoffe zum Leuchten anzuregen, wie z. B. beim Zifferblatt einer Uhr (Bild **B6** rechts). Dazu wird eine kleine Menge des Wasserstoffisotops Tritium ($^{3}_{1}H$) in ein winziges Glasröhrchen eingebracht. Die Wände des Röhrchens sind mit einem Leuchtstoff beschichtet und werden durch den Betazerfall des radioaktiven Tritiums zum Leuchten angeregt.

Beispielaufgabe

Leuchtendes Zifferblatt

Je mehr Tritium zerfällt, desto schwächer wird die Intensität des Leuchtens bei einem radioaktiven Zifferblatt. Anders als beim Uhrwerk kann man hier keine Batterie auswechseln. Hersteller geben daher eine Lebensdauer für die Beleuchtung an. Dabei wird garantiert, dass die Uhr 20 Jahre lang gut im Dunkeln ablesbar ist. Berechne mithilfe des Zerfallsgesetzes, wie viel Prozent der anfänglichen Intensität dann noch vorhanden ist. Tritium hat eine Halbwertszeit von 12,32 Jahren.

Lösung:

Die Intensität ist proportional zur Aktivität des Tritiums und damit auch proportional zur Stoffmenge:

$$I_{20} = I_0 \cdot 0{,}5^{\frac{20}{12{,}32}} \approx 0{,}32 \cdot I_0.$$

Die Intensität beträgt nach 20 Jahren noch ca. 32 %.

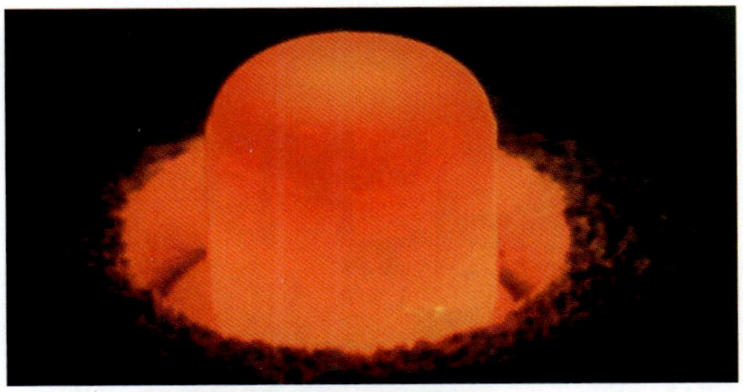

B4 *Die Zerfallswärme bringt ein Plutonium-Pellet zum Glühen.*

B5 *Eine Radionuklidbatterie (vorne) versorgt die Experimentierstation der Apollo-14-Mission auf dem Mond mit Elektrizität.*

B6 *Eine Uhr mit radioaktivem Zifferblatt leuchtet im Dunkeln.*

Diese Glasröhrchen werden in das Zifferblatt eingebracht und schirmen zusammen mit dem Gehäuse der Uhr die Strahlung ab. Die Farbe des Zifferblatts hängt vom verwendeten Leuchtstoff ab (Bild **B6**).

Anfang des 20. Jahrhunderts wurde Radium direkt mit dem Leuchtstoff vermischt und mit Pinseln auf die Uhren aufgetragen. Die Arbeiterinnen – die „Radium Girls“ – waren dem Radium schutzlos ausgesetzt und erkrankten häufig schwer. Erstmals in der Geschichte haftete ein Arbeitgeber für die Schäden seiner Angestellten.

6.8 Anwendungen ionisierender Strahlung

B1 *Proteste gegen das 5G-Mobilfunknetz*

B2 *Mobilfunkstation (auch Sendemast genannt)*

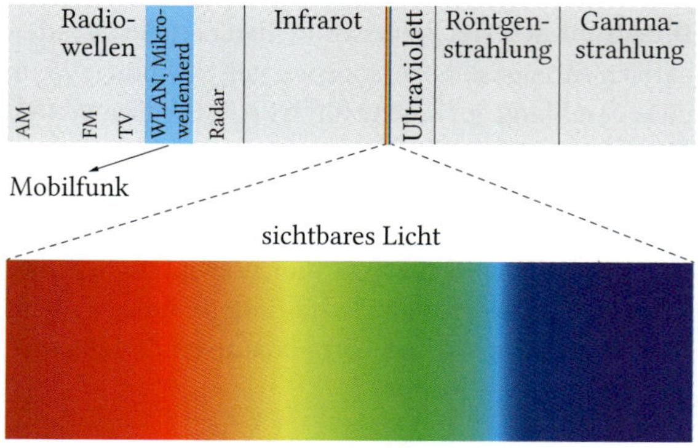

B3 *Mobilfunk im Vergleich zu sichtbarem Licht*

Exkurs: Risiko

Von einem Risiko spricht man, wenn es eine Gefahr gibt und man dieser Gefahr bis zu einem gewissen Grad ausgesetzt ist. Beide Aspekte können bewertet werden.

1. Die Gefahr kann groß oder klein sein: Ein Tsunami ist gefährlicher als hoher Wellengang.
2. Das Ausmaß, in welchem man der Gefahr ausgesetzt ist, kann groß oder klein sein: Wenn man in einer Bucht schwimmt, ist man dem großen Wellengang nicht so stark ausgesetzt, wie wenn man im offenen Meer schwimmt.

Die Kombination aus beiden Aspekten ist das Risiko. In dem Beispiel ist es das persönliche Risiko. Man kann aber auch eine Risikobeurteilung für größere Menschengruppen, Tiere, Gebäude, Maschinen, usw. durchführen. Sowohl die Gefahr, als auch das Ausmaß, in welchem man der Gefahr ausgesetzt ist, sind selten eindeutig bestimmbar. Risikobeurteilungen sind daher mit Unsicherheiten verbunden.

Strahlung und Risiko. Das Mobilfunknetz der fünften Generation (5G) stößt bei der Einführung auf Widerstand (Bild **B1**): Die Menschen fürchten, dass die Strahlung ihrer Gesundheit schadet. Auch beim WLAN gibt es diese Sorge und daher schalten manche Leute ihren Router aus, wenn sie ihn nicht benötigen. In beiden Fällen liegt der Grund in der unscharfen Alltagsbedeutung des Wortes Strahlung. Obwohl dieser Begriff das gesamte Spektrum von sichtbarem und unsichtbarem Licht sowie die Teilchenstrahlung einschließt, wird er meist mit ionisierender Strahlung verbunden. Um das tatsächliche Risiko einzuschätzen, benötigt man weitere Informationen.

Sowohl Mobilfunk als auch WLAN sind keine energiereiche Strahlung und weit davon entfernt, ionisierende Strahlung zu sein. Beide liegen im Strahlungsspektrum im gleichen Bereich wie die Strahlung, mit der ein Mikrowellenherd Speisen erwärmt (Bild **B3**). Das ist auch die einzig nachweisbare Wirkung von Mobilfunk oder WLAN: Die Strahlung kann Gewebe erwärmen. Damit daraus eine Gefahr wird, müsste die Leistung jedoch deutlich größer sein. Der Grenzwert liegt bei 2 W je kg Gewebe. Bei einem Körpergewicht von 50 kg dürften also 100 W Leistung durch Strahlung aufgenommen werden. Die Sendeleistung einer großen Mobilfunkstation (Bild **B2**) beträgt dagegen unter 50 W – für den gesamten Datenverkehr. Das eigene Handy hat deutlich mehr Einfluss auf unseren Körper. Da die Sendeleistung des Handys stärker ist, je weiter die Mobilfunkstation entfernt ist, gilt: Je mehr Sendemasten, desto geringer die Gefahr. Auch der WLAN-Router stellt mit ca. 5–10 W keine nennenswerte Gefahr dar. Die Risikobeurteilung ergibt daher: Man ist der Strahlung in hohem Maße ausgesetzt, aber die Gefahr ist zu vernachlässigen. Damit ist das persönliche Risiko sehr gering.

Löse selbst

1

Durch das Reaktorunglück in Tschernobyl im Jahr 1986 wurden größere Mengen des radioaktiven Isotops Cäsium-137 (Halbwertszeit ca. 30 Jahre) durch den Wind nach Deutschland getragen. Im Boden und insbesondere in Pilzen ist auch heute noch in manchen Regionen eine große Belastung messbar. Wildschweine können daher beim Durchwühlen des Bodens belastete Nahrung aufnehmen. Deshalb wird das Fleisch vor dem Verzehr getestet. Der Grenzwert wird dabei im Jahr 2020 teilweise um das Zehnfache überschritten.
Mache eine Überschlagsrechnung, in welchem Jahr der Grenzwert nicht mehr überschritten wird.

2 Eine Studie des Max-Planck-Instituts für Chemie in Mainz bestimmt die zu erwartende Häufigkeit für eine Kernschmelze mit ungefähr 1 pro 15 Jahre bei ca. 450 aktiven Kernkraftwerken weltweit. Als der Atomausstieg im Jahr 2011 beschlossen wurde, waren 17 Kernkraftwerke in Deutschland in Betrieb.
a) Führe eine Risikobeurteilung für Deutschland im Jahr 2011 durch unter der Annahme, dass die Gefahr in Deutschland überall gleich groß ist.
b) Führe eine Risikobeurteilung für Europa durch (ca. 100 Kernkraftwerke) unter der Annahme, dass man auch hier überall betroffen wäre.
Berechne dazu in beiden Fällen die zu erwartende Häufigkeit einer Kernschmelze pro x Jahre.

3 Kai sagt: „Solange man den vorgeschriebenen Grenzwert von 20 mSv beachtet, ist die Arbeit mit ionisierender Strahlung völlig ungefährlich.“
Nimm dazu Stellung.

4 Recherchiere die typische Sendeleistung eines Handys und vergleiche sie mit der Leistung eines Mikrowellenherds.

5

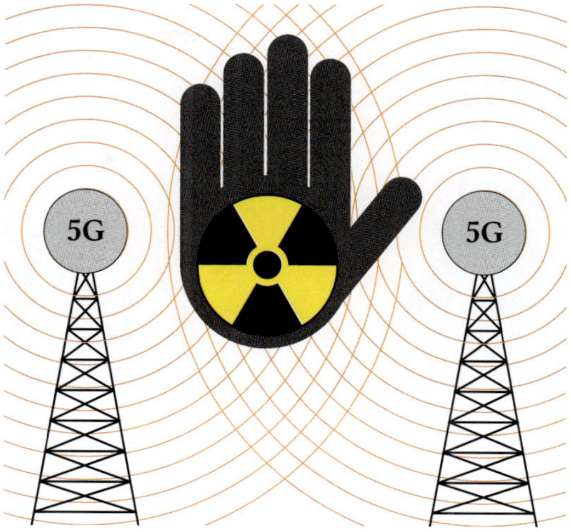

Dieses Motiv wird als Plakat bei einer Demonstration gegen das 5G-Mobilfunketz verwendet. Erkläre, wieso dahinter eine falsche Vorstellung steckt.

6

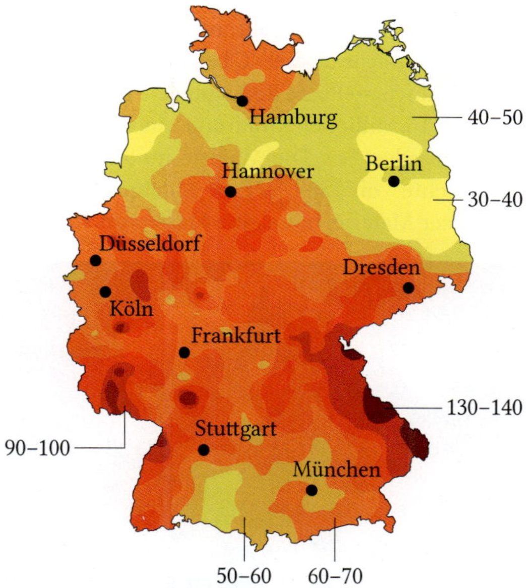

Die Karte zeigt die von Menschen aufgenommene effektive Dosis durch die natürliche Strahlung in Deutschland (Einheit: $\frac{nSv}{h}$).
a) Benenne die Regionen mit der höchsten und mit der niedrigsten Belastung.
b) Bestimme die effektive Jahresdosis in $\frac{mSv}{a}$ in diesen Regionen.
c) Vergleiche den Wert aus b) mit dem Grenzwert für Berufe, die mit ionisierender Strahlung zu tun haben ($20\ \frac{mSv}{a}$).

6.9 Die Kernfusion

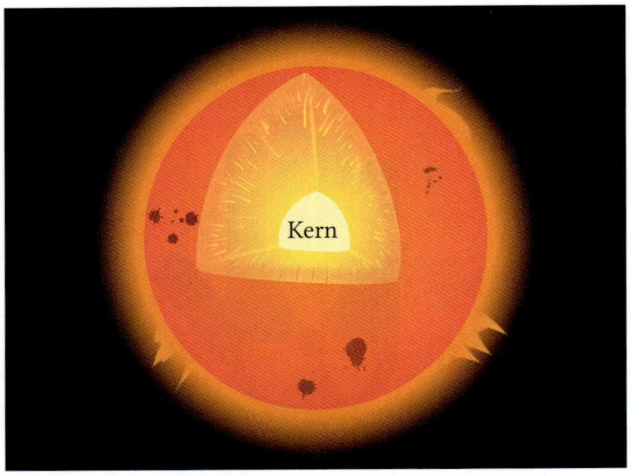

B1 *Im Inneren der Sonne findet Kernfusion statt.*

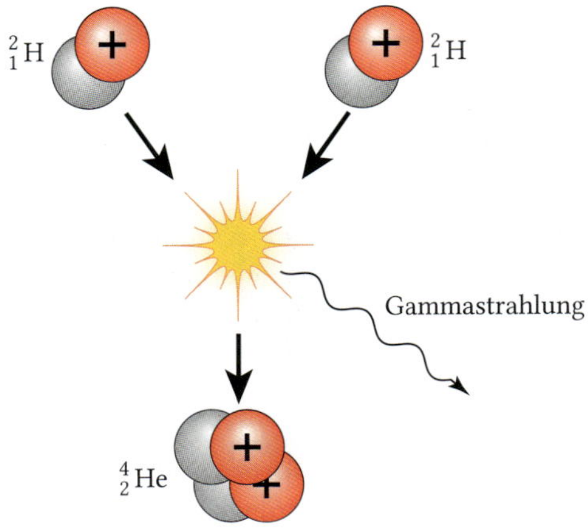

B3 *Fusion von Wasserstoffisotopen zu Helium (vereinfacht)*

Im Inneren eines Sterns. Die Sonne strahlt in jeder Sekunde etwa 20 000-mal so viel Energie ab, wie die Menschen in den letzten 200 Jahren aus Kohle und Öl gewonnen haben. Diese Energie wird in Form von Wärmestrahlung durch den Weltraum übertragen. Die thermische Energie der Sonne kommt aus dem Sonnenkern (Bild **B1**). Während die Temperatur an der Sonnenoberfläche ca. 5500 °C beträgt, herrschen im Sonnenkern unvorstellbare Bedingungen: eine Temperatur von fast 16 Millionen Grad und ein Druck von etwa 200 Milliarden Bar. Die Materie im Sonnenkern hat eine Dichte von 150 $\frac{g}{cm^3}$. Eine Milchpackung, gefüllt mit dieser Materie, hätte eine Masse von 150 kg.

B2 *Die „Säulen der Schöpfung": Ein Sternentstehungsgebiet im 7000 Lichtjahre entfernten Adlernebel*

Sternentstehung. Diese extremen Bedingungen sind auf die Entstehung der Sonne zurückzuführen. Wie fast alle Sterne besteht die Sonne überwiegend aus dem am häufigsten vorkommenden Element im Universum: Wasserstoff. Aufgrund der Gravitation bilden sich Wasserstoffwolken, die langsam immer größer und massereicher werden (Bild **B2**). Wenn genügend Masse eingefangen wird, reicht der Druck im Inneren der Wolke schließlich nicht mehr aus, um die Gravitation auszugleichen. Die Wolke zieht sich immer schneller zusammen und im Inneren, dem späteren Kern des Sterns, erhöhen sich die Temperatur, die Dichte und der Druck.

Die Entstehung neuer Elemente. Unter diesen Bedingungen sind Atomkerne und Elektronen nicht länger aneinander gebunden. Das Gas aus vollständig ionisierten Atomen nennt man **Plasma.** Im Plasma des Sonnenkerns stoßen die Wasserstoffkerne ständig aneinander. Da Atomkerne positiv geladen sind, stoßen sie sich gegenseitig ab. Normalerweise kommen sich die Kerne dabei nicht besonders nahe, da die Abstoßungskraft durch die elektrische Ladung umso größer wird, je geringer der Abstand ist.

Bei den hohen Temperaturen im Sonneninneren haben die Wasserstoffkerne eine sehr hohe Geschwindigkeit. Sie kommen sich nahe genug, sodass die starke Kernkraft wirken kann und die Kerne „zusammenkleben". Werden zwei Wasserstoffkerne auf diese Art miteinander verschmolzen, hat der entstehende Kern zwei Protonen: Aus Wasserstoff ist Helium geworden (Bild **B3**). Dieser Vorgang heißt **Kernfusion** (von *fusio*, lateinisch: Schmelze).

Massendefekt. Bei der Kernfusion wird scheinbar eine der grundlegendsten Regeln unseres Alltags verletzt: Die Erhaltung der Masse. Wenn du zwei Bananen von jeweils 100 g in den Mixer gibst, erhältst du insgesamt 200 g Bananenmus – es geht keine Masse verloren. Wenn zwei Kerne des Wasserstoffisotops Deuterium zu einem Heliumkern fusionieren, hat der Heliumkern eine um knapp 1 % geringere Masse als die ursprünglichen Deuteriumkerne (Bild **B4**).

Dieser sogenannte **Massendefekt** konnte erst durch EINSTEINS Relativitätstheorie erklärt werden. Die wohl berühmteste Formel der Physik, $E = m \cdot c^2$, drückt aus, dass Masse und Energie gleichwertig sind und ineinander umgewandelt werden können. Bei der Kernfusion verschwindet die Masse also nicht, sondern wird zu Energie in Form von Gammastrahlung.

Merksatz

Bei der Kernfusion verschmelzen Atome unter hohem Druck und bei hoher Temperatur. Dabei entstehen neue Elemente und es wird energiereiche Gammastrahlung abgegeben.

Exkurs: Massendefekt im Kochtopf

Auch im Alltag tritt der Massendefekt auf, er ist allerdings verschwindend klein:
Wenn man etwa ein Kilogramm 20 °C warmes Wasser zum Sieden bringen möchte, muss man ca. 360 000 J thermische Energie zuführen. Dadurch erhöht sich nach $E = m \cdot c^2$ die Masse um:

$$m = \frac{E}{c^2} = \frac{360\,000\ \text{J}}{(300\,000\,000\ \frac{\text{m}}{\text{s}})^2} = 4 \cdot 10^{-12}\ \text{kg}.$$

(c: Lichtgeschwindigkeit)
Das sind etwa 4 Milliardstel Gramm. Solche geringen Änderungen der Masse können selbst mit empfindlichsten Waagen nicht nachgewiesen werden. Im Alltag bemerken wir daher vom Massendefekt nichts.

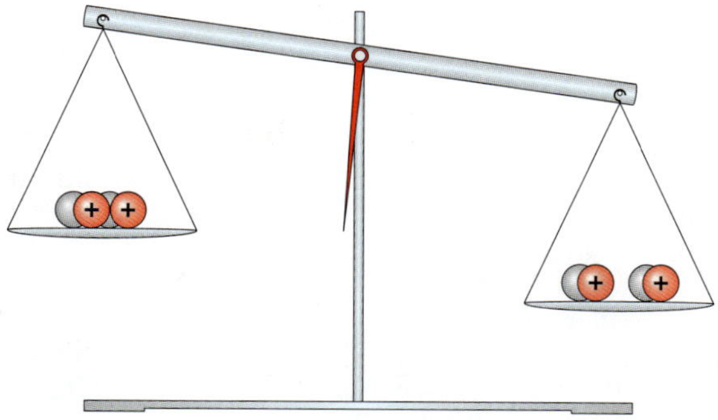

B4 *Ein Heliumkern hat weniger Masse als zwei Deuteriumkerne.*

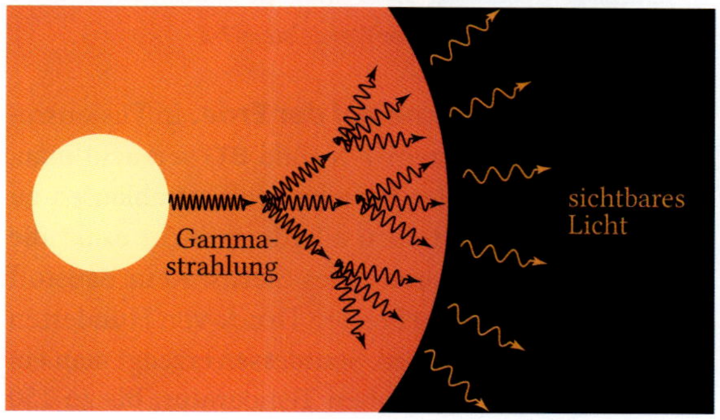

B5 *Aus wenig Gammastrahlung wird viel sichtbares Licht.*

Das Licht der Sterne. Die Gammastrahlung trifft im dichten Plasma ständig auf Teilchen und erhöht so die Temperatur in der Sonne. Gleichzeitig wird die Gammastrahlung in energieärmere Strahlung umgewandelt, deren Intensität steigt. So entsteht aus einer kleinen Menge sehr energiereicher Gammastrahlung im Inneren der Sonne eine große Menge vergleichsweise energiearmes Licht an der Sonnenoberfläche: das Sonnenlicht (Bild **B5**).

Die Energie der Sterne. Zum Vergleich verschiedener Energieträger zieht man oft die bei der Nutzung freiwerdende Energie je Kilogramm heran. In Tabelle **T1** wird deutlich, wie groß die freiwerdende Energie bei der Fusion von Wasserstoff zu Helium ist. Um die gleiche Energiemenge wie bei der Fusion von 1 kg Wasserstoff freizusetzen, müsste man ca. 20 000 t Steinkohle verbrennen. Deshalb ist das Interesse groß, Kernfusion zur Energiegewinnung nutzbar zu machen.

Energieträger	Trockenes Holz (Heizwert)	Steinkohle (Heizwert)	Erdgas (Heizwert)	Öl (auch Benzin und Diesel) (Heizwert)	Uran (Kernspaltung)	Wasserstoff (Kernfusion)
Energie je kg in MJ (ca.)	15	30	40	42	80 000 000	600 000 000

T1 *Vergleich der nutzbaren Energie verschiedener Energieträger*

6.9 Die Kernfusion

B1 *Deutscher Fusionsreaktor Wendelstein-7-X*

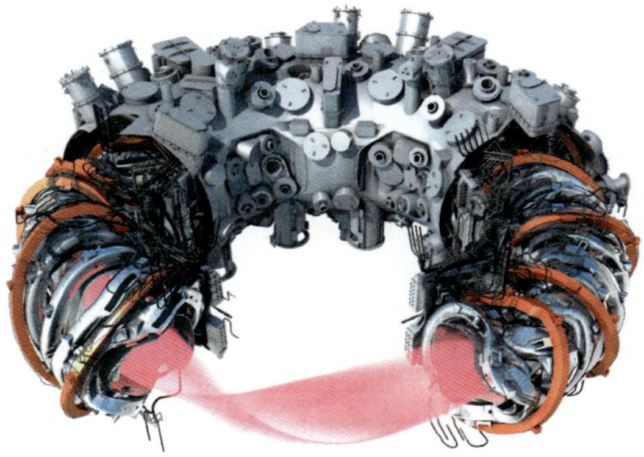

B3 *Zeichnerische Darstellung des Plasmas im Reaktor*

Die Energie der Sterne auf der Erde. In Fusionsreaktoren wie Wendelstein-7-X (Bild **B1**) versucht man, die Kernfusion auf der Erde kontrolliert ablaufen zu lassen. Man simuliert dazu allerdings nicht exakt die Bedingungen im Inneren eines Sterns: Kein Baustoff könnte dem dort herrschenden Druck von Hunderten Milliarden Bar standhalten. Stattdessen erzeugt man ein Plasma mit einer sehr hohen Temperatur: bis zu 150 Millionen Grad, zehnmal so viel wie im Sonnenkern. Man hat es also geschafft, die größte Temperatur in unserem Sonnensystem in einem Labor auf der Erde zu erzeugen.

Gefangenes Plasma. In dem Forschungsreaktor Wendelstein-7-X in Greifswald werden wenige Milligramm heißes Plasma in einem etwa 30 m^3 großen Plasmagefäß eingeschlossen (Bild **B2**). Das Plasma darf nicht abkühlen, da sonst der Fusionsprozess zum Erliegen kommt. Der Kontakt des Plasmas mit den Wänden des Gefäßes muss deshalb verhindert werden. Da ein Plasma aus geladenen Teilchen besteht, kann die Bewegung der Teilchen durch ein Magnetfeld berührungslos beeinflusst werden. Dazu erzeugt man mit großen Spulen starke, in sich verdrillte Magnetfelder (Bild **B4**). Diese Magnetfelder halten das Plasma auf einer verschlungenen Bahn gefangen (Bild **B3**). Diese Form ergibt sich aus der Bewegung der Teilchen gemäß der Lorentzkraft und ist charakteristisch für Fusionsreaktoren dieser Bauart. Sie heißen Stellarator (von *stella,* lateinisch: Stern).

Sternenkraftwerk. Mit dem Reaktor Wendelstein-7-X soll die Kernfusionstechnik erforscht werden. Insbesondere soll untersucht werden, ob man ein Kernfusionskraftwerk zur Erzeugung von elektrischem Strom bauen könnte. Ein solches Fusionskraftwerk wäre eine nahezu unerschöpfliche Energiequelle, da Wasserstoff das häufigste Element im Universum ist. Zudem können große Katastrophen wie in herkömmlichen Kernkraftwerken nicht auftreten, weil die Bedingungen für den Fusionsprozess aktiv aufrechterhalten werden müssen. Auch entstehen radioaktive Abfälle in weit geringeren Mengen als bei Kernkraftwerken. Aus all diesen Gründen investiert ein Zusammenschluss dutzender Staaten seit einigen Jahren viele Milliarden Euro in den Bau

B2 *Das Plasma im Plasmagefäß von Wendelstein-7-X*

B4 *Ein Techniker arbeitet im Plasmagefäß von Wendelstein.*

B5 *Das Fusionskraftwerk ITER wird gebaut.*

einer solchen Anlage in Südfrankreich (Bild **B5**): Der Fusionsreaktor ITER (**I**nternational **T**hermonoclear **E**xperimental **R**eactor) soll erstmals die Machbarkeit solcher Fusionskraftwerke beweisen. Das Ziel ist dabei, mehr Energie durch die Fusion freizusetzen, als zum Heizen des Plasmas benötigt wird.

Die größte Bombe. Obwohl eine friedliche Nutzung der Kernfusion technisch noch nicht möglich ist, wurden auf dieser Basis bereits vor Jahrzehnten Waffen entwickelt. Diese Wasserstoffbomben bestehen aus einer herkömmlichen Atombombe und einem Fusionsstoff – meistens dem Wasserstoffisotop Deuterium in Verbindung mit Lithium. Die Zündung der Atombombe erzeugt im Inneren der Wasserstoffbombe ein heißes Plasma und einen hohen Druck. Damit herrschen in der Bombe die Bedingungen für die Fusion der Deuterium-Lithium-Verbindung. Bei der nun ablaufenden Fusion wird schlagartig eine große Menge Energie frei: Die Wasserstoffbombe explodiert (Bild **B7**). Auch die größte jemals gezündete Bombe funktionierte nach diesem Prinzip. Im Zuge des Wettrüstens testete die Sowjetunion 1961 die sogenannte Zar-Bombe (abgeleitet vom Herrschertitel Zar) (Bild **B6**). Ihre Sprengkraft entsprach ca. 50 Megatonnen des chemischen Sprengstoffs TNT – knapp 4000-mal so viel wie bei der Hiroshima-Bombe. Eine Kugel aus diesem herkömmlichen Sprengstoff müsste den Eiffelturm um fast 100 Meter überragen, um die gleiche Sprengkraft zu haben wie die acht Meter lange Zar-Bombe.

B6 *Modell der russischen Zar-Bombe bei einer Ausstellung*

B7 *Wasserstoffbombentest „Castle Bravo" der USA 1951*

Löse selbst

1 ➡ Die Sonne gibt in jeder Sekunde eine Energie von ca. $3{,}85 \cdot 10^{26}$ J in Form von Strahlung an den Weltraum ab.
a) Berechne über den Massendefekt, wie viel Kilogramm Masse sie in jeder Sekunde verliert.
b) Bestimme die Masse, die die Sonne auf diese Weise seit ihrer Entstehung vor 4,5 Milliarden Jahren verloren hat.
c) Vergleiche den Massenverlust der Sonne mit ihrer Gesamtmasse von ca. $2 \cdot 10^{30}$ kg.

2 ⬆ Erkläre, wieso hohe Temperaturen notwendig sind, damit Kernfusion stattfinden kann.

3 ↗ Diskutiert, warum seit 1961 keine noch größeren Bomben gebaut wurden.

4 ⬆ Der Energiebedarf ganz Deutschlands, einschließlich Industrie, privater Haushalte und Verkehr, beträgt jährlich ca. 10^{19} J. Bestimme, wie viel Wasserstoff zu Helium fusioniert werden muss, um diese Energie freizusetzen, wenn der Massendefekt ca. 1 % beträgt.

5 ➡ Recherchiere den Projektverlauf von ITER.

Zusammenfassung

1. Ionisierende Strahlung

Atome bestehen aus einem Atomkern und einer Atomhülle. Im Atomkern befinden sich die elektrisch positiv geladenen **Protonen** und die elektrisch neutralen **Neutronen.** In der Atomhülle befinden sich die elektrisch negativ geladenen **Elektronen.**

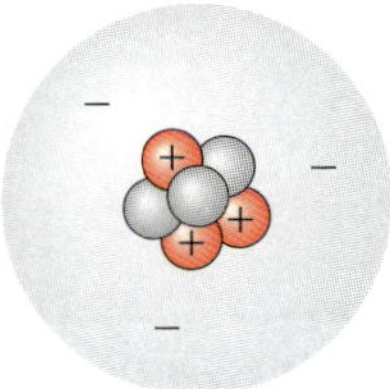

neutrales Atom

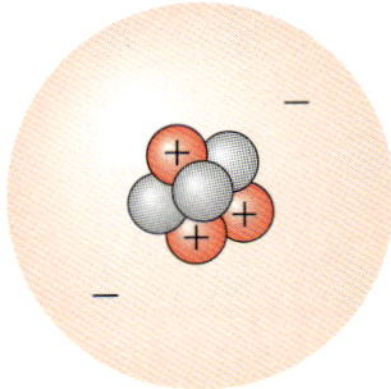

positives Ion

Wenn ein Atom ein Elektron verliert oder wenn es ein zusätzliches Elektron aufnimmt, entsteht ein elektrisch geladenes **Ion.**

Der Atomkern wird durch die **starke Kernkraft** zusammengehalten. Die Anzahl der Protonen im Atomkern nennt man **Ordnungszahl** oder auch **Kernladungszahl *Z*.** Sie bestimmt, um welches Element es sich handelt. Die **Neutronenzahl *N*** im Atomkern kann leicht variieren. Die Summe aus Kernladungszahl und Neutronenzahl ergibt die **Massenzahl *A*** des Atoms:

$A = Z + N.$

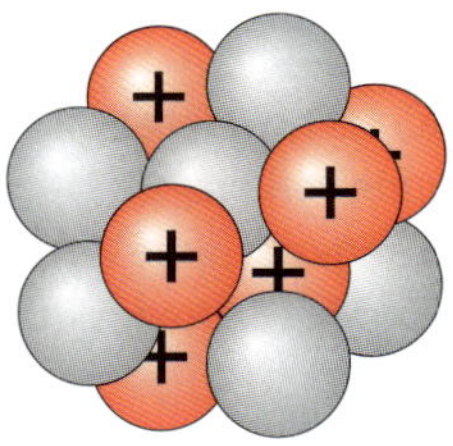

$^{12}_{6}C$

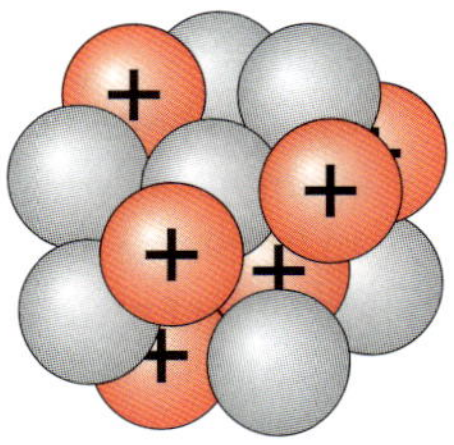

$^{13}_{6}C$

Atome mit gleicher Kernladungszahl, aber unterschiedlicher Neutronenzahl nennt man **Isotope** des Elements. Es gibt zwei Schreibweisen für Isotope, zum Beispiel für Kohlenstoff:

$Z = 6, N = 6$: C-12 bzw. $^{12}_{6}C$

$Z = 6, N = 7$: C-13 bzw. $^{13}_{6}C$

Alpha-, Beta-, Röntgen- und Gammastrahlung sind **ionisierende Strahlung.** Sie ist sehr energiereich. Durch Ionisation von Atomen kann sie Moleküle zerstören. Sie kann Lebewesen schaden, indem sie Zellen direkt schädigt oder durch Zerstörung des Erbguts Krebs auslöst.

2. Nachweis der Strahlungsarten

In einem **Zählrohr** werden Gasatome durch die einfallende Strahlung ionisiert und gezählt. Die **Zählrate** gibt die einfallenden Impulse pro Sekunde an. Ihre Einheit ist das **Becquerel ($1\ \mathrm{Bq} = \frac{1}{s}$).**

Das Zählrohr misst zusätzlich die ionisierende Strahlung, die ständig in unserer Umwelt vorhanden ist. Diese **Nullrate** muss man von der Zählrate abziehen.

In einer **Nebelkammer** wird die ionisierende Strahlung durch Kondensstreifen angezeigt. In **Dosimetern** befindet sich ein Film, der durch ionisierende Strahlung geschwärzt wird. Je stärker die Schwärzung ist, desto größer war die Strahlenbelastung.

Auf bewegte Ladungen in einem Magnetfeld wirkt die **Lorentzkraft.** Wenn Alpha- oder Betateilchen sich senkrecht zu einem Magnetfeld bewegen, werden sie gemäß der **Drei-Finger-Regel** abgelenkt.

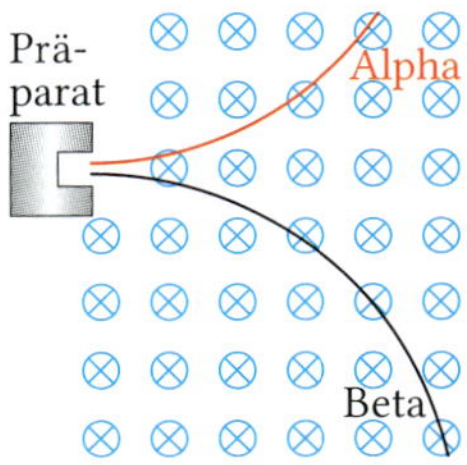

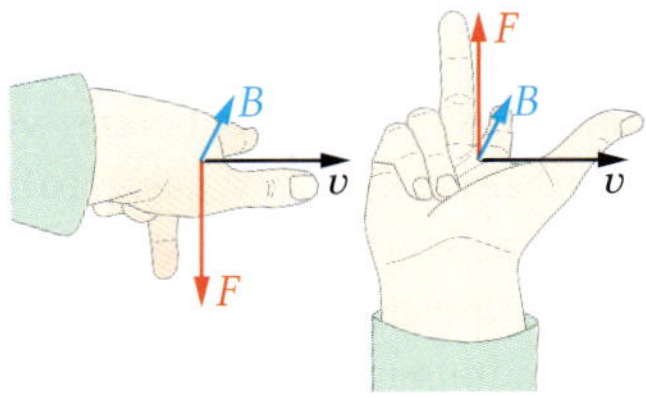

Die verschiedenen Strahlungsarten werden durch verschiedene Materialien unterschiedlich gut **abgeschirmt.**

	Alpha	Beta	Gamma
Strahlungsart	Teilchen	Teilchen	lichtartig
Strahlungsteilchen	$^{4}_{2}He^{2+}$	e^-	–
Reichweite in Luft	wenige Zentimeter	> 10 cm	praktisch unbegrenzt
Abschirmbarkeit	Papier	mehrere mm Blei	nur abschwächbar
Ladung	positiv	negativ	ungeladen
Ablenkung im Magnetfeld	Rechte-Hand-Regel	Linke-Hand-Regel	nein

Strahlenschutzmaßnahmen – die 5-A-Regeln:
- Möglichst großen Abstand zum Strahler einhalten.
- Die Aufenthaltsdauer beim Strahler kurz halten.
- Effektive Abschirmung der Strahlung.
- Geringe Aktivität des Strahlers.
- Aufnahme strahlender Teilchen vermeiden.

3. Radioaktivität ist nicht unnatürlich

Radioaktivität ist die Eigenschaft **instabiler Kerne,** beim **spontanen Zerfall** ionisierende Strahlung auszusenden. Sie ist natürlicher Bestandteil der Umwelt. Der Mensch ist ständig ionisierender Strahlung ausgesetzt. Die Ursachen der Strahlenbelastung zeigt die Grafik:

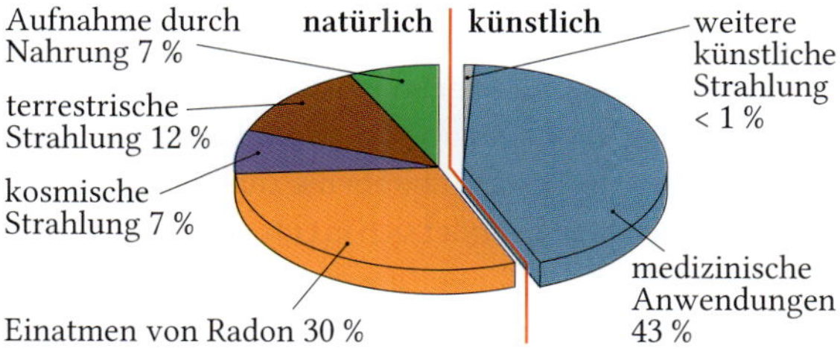

Die **Halbwertszeit** eines radioaktiven Isotops gibt an, in welcher Zeit die Anzahl der Atome durch Zerfall halbiert wird.
Mit der Halbwertszeit kann man Altersbestimmungen vornehmen.

4. Kernspaltung

Wenn man Neutronen auf ein Uranatom schießt, kommt es zur **Kernspaltung.** Dabei werden drei Neutronen frei, die weitere Uranatome spalten können. Wenn ausreichend spaltbares Material vorhanden ist (**kritische Masse**), entsteht eine **Kettenreaktion.**

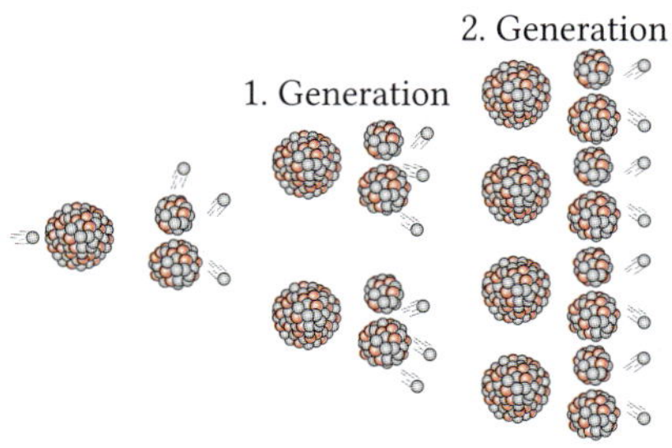

Bei der Kernspaltung wird im Kern gespeicherte Energie freigesetzt. Entsprechend wird bei einer Kettenreaktion in sehr kurzer Zeit sehr viel Energie frei. Dieser Prozess wird zum Beispiel in **Kernkraftwerken** genutzt, oder auch in **Kernwaffen.** Im **Kalten Krieg** stellten die USA und die Sowjetunion immer mehr Atombomben her, um sich gegenseitig militärisch abzuschrecken (Gleichgewicht des Schreckens, Overkill).

In Kernkraftwerken wird spaltbares Material oberhalb der kritischen Masse im Reaktor zusammengebracht. Man kontrolliert die Kettenreaktion mit **Steuerstäben.**

5. Biologische Strahlenwirkungen

Die ionisierende Wirkung von Strahlung kann biologische Zellen schädigen, sodass sie absterben oder sich verändern:

Somatische Schäden	Veränderungen des Blutbilds, Übelkeit, Appetitlosigkeit, Haarausfall, Krebs
Genetische Schäden (Veränderung der Ei- oder Samenzellen)	Auswirkungen auf die Nachkommen, z. B. Missbildungen
Mutationen	veränderte Form von Lebewesen, Artenvielfalt

Die **Aktivität** einer Probe gibt man in Becquerel an: 1 Bq = 1 Zerfall pro Sekunde.
Die **Energiedosis *D*** gibt an, wie viel Energie die Strahlung pro Kilogramm Körpergewicht abgibt. Die Einheit ist das **Gray:** $1\ \text{Gy} = 1\ \frac{\text{J}}{\text{kg}}$.

Die **effektive Dosis** berücksichtigt die Wirksamkeit der einzelnen Strahlungsarten auf den menschlichen Körper und die Empfindlichkeit der Gewebearten. Ihre Einheit ist das **Sievert:** $1\ \text{Sv} = 1\ \frac{\text{J}}{\text{kg}}$.

6. Die Kernfusion

Bei der **Kernfusion** verschmelzen Atome unter hohem Druck und bei hoher Temperatur. Dabei entstehen neue Elemente und energiereiche Gammastrahlung.

Selbsteinschätzung

Schätze dich selbst ein: „kann ich schon gut (+)“ oder „muss ich mir noch einmal anschauen (–)“.

Ich kann ...
... erklären, wie ionisierende Strahlung Lebewesen schädigen kann.
... ionisierende Strahlung anhand ihrer Eigenschaften unterscheiden.
... Schutzmaßnahmen erläutern.
... erklären, wie ionisierende Strahlung entsteht.
... erklären, warum die Kernspaltung zu einer Kettenreaktion führen kann und wie man sie kontrolliert.
... die Funktionsweise von Kernkraftwerken erklären und Argumente für und gegen Kernenergie aufführen.
... kann das Zerfallsgesetz anwenden.
... verschiedene Anwendungen von ionisierender Strahlung nennen.
... erklären, wie durch den Massendefekt bei der Kernfusion Energie freigesetzt wird.

Aufgaben mit Lösungen

1 0,000 000 000 000 000 000 000 001 674 g! Das ist die Masse eines Wasserstoffatoms. Ein Sauerstoffatom ist etwa 16-mal so schwer. Berechne, wie viele Wassermoleküle ungefähr in einem Liter Wasser (H_2O) enthalten sind.

2 Der Kern eines Uranatoms hat einen Durchmesser von etwa 0,000 000 000 000 016 m. Der Durchmesser der Atomhülle ist etwa 0,000 000 001 6 m. Berechne die Größe des Atoms, wenn man den Kern auf 1 mm „vergrößern" würde.

3 Wenn ein Chloratom ein Elektron aufnimmt, kann man dies so schreiben: $Cl + e^- \rightarrow Cl^-$. Wenn ein Magnesiumatom zwei Elektronen abgibt, lautet die Reaktionsgleichung $Mg \rightarrow Mg^{2+} + 2\,e^-$.
Vervollständige die folgenden Reaktionsgleichungen:
a) $? \rightarrow Ag^+ + e^-$,
b) $? + 2\,e^- \rightarrow S^{2-}$,
c) $Ca \rightarrow ? + 2\,e^-$,
d) $Al \rightarrow Al^{3+} + ?$,
e) $Br^- \rightarrow Br + ?$,
f) $Cu^{2+} + ? \rightarrow Cu$.

4 Gib an, aus wie vielen Protonen, Neutronen und Elektronen ein neutrales Atom der folgenden Isotope besteht:
a) $^{3}_{1}H$, $^{12}_{6}C$, $^{137}_{55}Cs$, $^{208}_{82}Pb$;
b) C-14, F-19, K-40, Co-60.

5 Beschreibe den Aufbau von Atomen, indem du folgende Begriffe verwendest: Atomkern, Atomhülle, Protonen, Neutronen, Elektronen, Ladung, Masse.

6 Stelle Bezüge zwischen folgenden Begriffen her: Protonenzahl, Ordnungszahl, Neutronenzahl, Kernladungszahl, Massenzahl, Isotope.

7 Übersetze jeweils in die andere Schreibweise:
a) He-4, Mg-24, Au-197, Kr-84;
b) $^{63}_{34}Cu$, $^{31}_{15}P$, $^{58}_{26}Fe$, $^{186}_{74}W$.

8 Vervollständige die folgenden Alphazerfälle mit Hilfe des Periodensystems:
$^{235}_{92}U \rightarrow ?$, $^{232}_{?}Th \rightarrow ?$, $? \rightarrow {}^{222}_{?}Rn$,
$^{210}_{?}Po \rightarrow ?$, $^{239}_{92}? \rightarrow ?$, $? \rightarrow {}^{237}_{?}Np$.

9 Vervollständige die folgenden Betazerfälle mit Hilfe des Periodensystems:
$^{234}_{90}Th \rightarrow {}^{?}_{?}Pa$, $^{234}_{91}Pa \rightarrow {}^{?}_{92}?$, $^{214}_{82}Pb \rightarrow {}^{214}_{?}Bi$,
$^{210}_{82}? \rightarrow {}^{210}_{83}Bi$, $^{210}_{?}Bi \rightarrow {}^{?}_{?}Po$, $^{225}_{88}Ra \rightarrow {}^{?}_{89}?$.

10

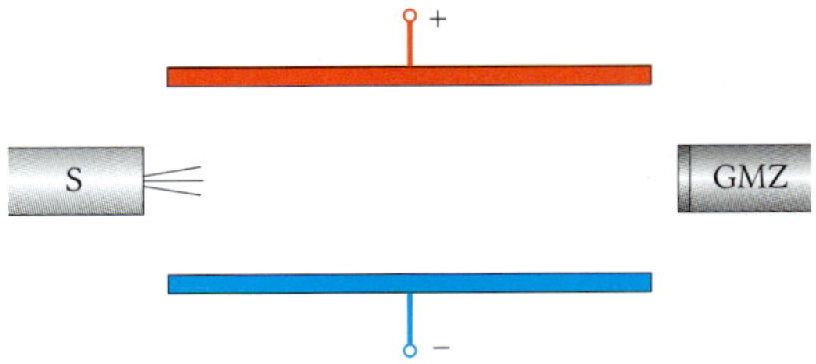

Im obigen Experiment fliegt radioaktive Strahlung zwischen zwei geladenen Platten hindurch. Auf der dem Strahler gegenüberliegenden Seite wird mit einem Geiger-Müller-Zählrohr die Zählrate bestimmt. Die Anordnung befindet sich in Luft, die Plattenlänge beträgt 3 cm.
a) Gib an, welchen Weg die einzelnen Strahlungsarten zwischen den beiden Platten nehmen.
b) Die beiden Platten werden entladen und der Versuch wiederholt. Begründe, wie und warum sich die Zählrate verändert. Gehe dabei auf alle Strahlungsarten ein.
c) Der Versuch wird mit geladenen Platten von 30 cm Länge wiederholt. Begründe, warum die Zählrate niedriger ist als im Versuch a).

11 Bei einer Messung ergeben sich folgende Zählraten:

t in s	0	90	180	270	360	450	540
n in $\frac{1}{s}$	200	162	132	107	87	71	57

a) Zeichne ein t-n-Diagramm und bestimme daraus die Halbwertszeit.
b) Welche Zählrate würdest du bei $t = 900$ s erwarten? Begründe.

12 Pb-210 hat eine Halbwertszeit von 22,3 a. Bei einer Probe misst man anfänglich eine Zählrate von $240\frac{1}{s}$.
a) Zeichne ein Diagramm, das zu dieser Aussage passt.
b) Ermittle damit die Zählraten zu folgenden Zeitpunkten: $t = 5$ a, $t = 10$ a, $t = 30$ a, $t = 199$ a.
c) Bestimme, nach welcher Zeit folgende Zählraten gemessen werden: $n = 200\frac{1}{s}$, $n = 150\frac{1}{s}$, $n = 5\frac{1}{s}$.

13 Die Polizei wird am Montagmorgen in ein Forschungslabor gerufen. Dort erklärt man dem ermittelnden Kommissar: „Bei uns wurde in der Nacht zu Samstag eingebrochen. Die Kamera hat den Einbruch gefilmt." „Wurde etwas gestohlen?" „Ja", erwidert die

Laborleiterin: „Etwa 100 Gramm Ba-139. Das ist eine hoch radioaktive Substanz." Der Kommissar wird ganz bleich. „Wir müssen sofort danach suchen!" Die Laborleiterin beruhigt ihn: „Das ist nicht nötig." Begründe ihre Aussage.

14 Erkläre, was man unter einer kontrollierten Kettenreaktion versteht.

15 Bei der Kernspaltung von U-235 durch Neutronenbeschuss entstehen Kr-89 und Ba-144. Außerdem werden drei Neutronen freigesetzt. Die dazugehörige Reaktionsgleichung lautet:

$$^{235}_{92}\mathrm{U} + ^{1}_{0}\mathrm{n} \rightarrow ^{89}_{36}\mathrm{Kr} + ^{144}_{56}\mathrm{Ba} + 3\,^{1}_{0}\mathrm{n}.$$

Bei der Kernspaltung von Pu-239 entstehen:
a) Ba-144, zwei Neutronen und ein weiteres Element, oder
b) Sb-130, drei Neutronen und ein weiteres Element.
Gib jeweils die vollständigen Reaktionsgleichungen an. Nimm das Periodensystem zu Hilfe.

16 Marie sagt: „Es ist unmoralisch, an etwas zu forschen, das als Waffe verwendet werden kann!". Otto entgegnet: „Ich bin nicht dafür verantwortlich, wie meine Forschung genutzt wird."
Sammle Argumente für beide Standpunkte und führe die Diskussion fort.

17

Das Bild zeigt die Raumsonde Voyager 1 bei Tests im Labor im Jahr 1977, wenige Monate vor ihrem Start. Mittlerweile hat Voyager 1 den Rand unseres Sonnensystems erreicht. In einer so großen Entfernung von der Sonne würde das Sonnenlicht nicht ausreichen, um eine Energieversorgung mit Solarzellen zu gewährleisten. Voyager 1 erhält seine Energie deshalb aus drei Radionuklidbatterien. Das darin enthaltene Plutonium-238 hat eine Halbwertszeit von 87,7 Jahren. Beim Start von Voyager 1 wurde aus der thermischen Energie des radioaktiven Zerfalls eine elektrische Leistung von 470 Watt gewonnen. Inzwischen kann Voyager 1 mit verringerter Leistung lediglich noch einige Funktionen aufrechterhalten. Sobald nur noch eine Leistung von 320 Watt zur Verfügung steht, muss der Betrieb ganz eingestellt werden.
Schätze mithilfe des Zerfallsgesetzes ab, wann dieser Zeitpunkt gekommen ist.

18

Das obere Bild zeigt das Kinderfriedensmonument in der Stadt Hiroshima, über der erstmals eine Atombombe abgeworfen wurde. Heute leben dort über eine Million Menschen. Das untere Bild zeigt einen Vergnügungspark in der Stadt Prypjat. Nach der Nuklearkatastrophe von Tschernobyl gilt dort nach wie vor ein Besiedlungsverbot. Beide Bilder sind aktuelle Aufnahmen.
Recherchiere einige Gründe, weshalb die Auswirkungen der Strahlenbelastung in den beiden Fällen so unterschiedlich sind.

19 Das Fusionskraftwerk ITER soll während einer Zeitspanne von 400 Sekunden eine Fusionsleistung von ca. 500 MW haben.
Bestimme über den Massendefekt, wie viel Materie dabei in Strahlung umgewandelt wird.

Elektrizität und Energieversorgung

Beim **Elektromotor** wird mit Elektrizität Bewegung erzeugt, beim **Generator** ist es umgekehrt. Du erfährst in diesem Kapitel, wie das funktioniert.
Bei der Stromerzeugung spielt die **Induktion** eine wichtige Rolle. Sie wird aber auch anderswo in unserem alltäglichen Leben genutzt, etwa beim bargeldlosen Bezahlen.
Mit einem **Transformator** kann man hohe Spannungen in niedrige umwandeln und umgekehrt. Das nutzt man, um Energie mit geringen Verlusten über große Entfernungen zu transportieren.

7

Das kannst du in diesem Kapitel erreichen:

- Du kannst erklären, wie sich die Reihen- und die Parallelschaltung auf die Größen Widerstand, Spannung, Stromstärke und Leistung auswirken.
- Du kennst die Besonderheiten von Halbleitern und kannst Anwendungsbereiche von Halbleitern nennen.
- Du kannst das Magnetfeld um einen Leiter sichtbar machen.
- Du kannst erklären, wann Induktion auftritt und wie man sie zur Stromerzeugung nutzen kann.
- Du kannst erklären, warum ein Elektromotor auch als Generator verwendet werden kann und umgekehrt.
- Du kannst den Zusammenhang zwischen Leistung, Stromstärke und Spannung erläutern.
- Du weißt, wie ein Transformator aufgebaut ist, und du kannst beschreiben, wie und warum er funktioniert.
- Du kannst die CO_2-Emission beim Betrieb elektrischer Geräte abschätzen.
- Du kannst den Treibhauseffekt erklären und den Zusammenhang mit dem Klimawandel erläutern.

7.1 Reihen- und Parallelschaltung von Widerständen

B1 *Drei Lämpchen sind in Reihe geschaltet.*

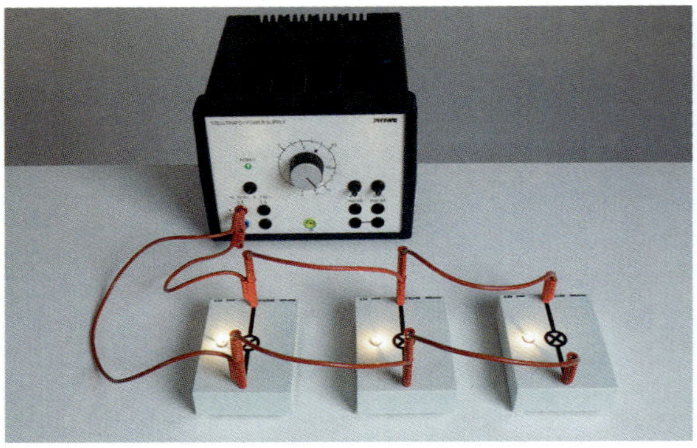

B2 *Drei Lämpchen sind parallel geschaltet.*

Zwei Stromkreise. Die Bilder **B1** und **B2** zeigen jeweils drei Lämpchen, die an ein Netzgerät angeschlossen sind. In beiden Bildern ist das Netzgerät auf eine Spannung von 12 V eingestellt. Dennoch leuchten die Lämpchen in Bild **B2** deutlich heller als die Lämpchen in Bild **B1**. Worin liegt der Unterschied zwischen den beiden Stromkreisen? Wie kommt es, dass die Lämpchen in Bild **B2** so viel heller leuchten?

Die Reihenschaltung. In Bild **B1** sind die Lämpchen in Reihe geschaltet: Sie sind so verbunden, dass der Strom gleichzeitig durch alle drei Lämpchen fließen muss. Die Stromstärke muss an jeder Stelle gleich groß sein.

Diesen Stromkreis nennt man **Reihenschaltung.** Versuch **V1** vergleicht die Stromstärke in einer Reihenschaltung von zwei oder drei Lämpchen mit der Stromstärke bei einem einzelnen Lämpchen (bei gleicher Spannung). In einer Reihenschaltung von zwei Lämpchen nimmt die Stromstärke ungefähr auf die Hälfte ab, bei drei Lämpchen etwa auf ein Drittel.

V1 Reihenschaltung von Lämpchen

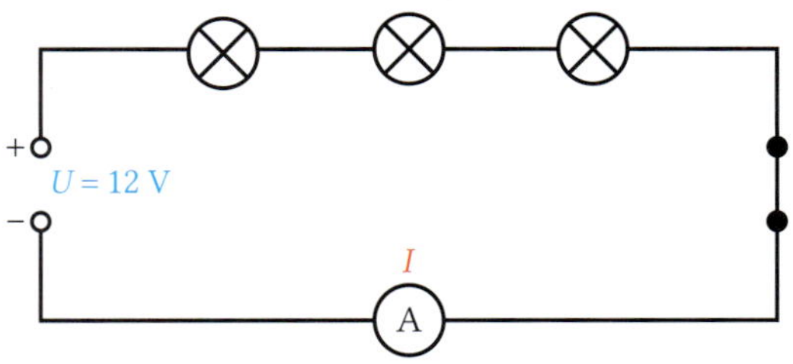

a) Schalte erst eine, dann zwei und dann drei gleiche Lämpchen in Reihe. Beobachte.
b) Schalte wieder eine, dann zwei und dann drei gleiche Lämpchen in Reihe. Miss jeweils die Stromstärke nach Hinzufügen eines Lämpchens.

Wenn man gedanklich mehrere Bauteile im Stromkreis zusammenfasst und ihre Wirkung auf Stromstärke und Spannung gemeinsam betrachtet, spricht man vom **Gesamtwiderstand** oder **Ersatzwiderstand** der Schaltung. Damit kann man das Ergebnis von Versuch **V1** auch folgendermaßen formulieren: In einer Reihenschaltung verringert sich mit jedem hinzugefügten Lämpchen die Stromstärke I. Jedes einzelne Lämpchen wirkt als ein zusätzlicher Widerstand R, der die Stromstärke im Stromkreis reduziert. Drei in Reihe geschaltete Lämpchen haben somit einen größeren Gesamtwiderstand als ein oder zwei Lämpchen.

Da $R = \frac{U}{I}$ gilt und die Spannung U des Netzgeräts sich nicht ändert, bedeutet die Halbierung, Drittelung usw. der Stromstärke bei zunehmender Lämpchenanzahl, dass der Gesamtwiderstand der Schaltung mit jedem Lämpchen zunimmt. Genauer gilt: Den Gesamtwiderstand in Reihe geschalteter Widerstände erhält man, indem man die Werte der Einzelwiderstände addiert:

$$R_{ges} = R_1 + R_2 + R_3.$$

! Merksatz

Bei der Reihenschaltung ist die Stromstärke in allen Teilwiderständen gleich. Der Gesamtwiderstand ist gleich der Summe der Einzelwiderstände:

$$R_{ges} = R_1 + R_2 + R_3.$$

Der Gesamtwiderstand ist bei einer Reihenschaltung immer größer als jeder Teilwiderstand.

Im Stromkreis abfallende Spannungen. Zur Unterscheidung von der **Quellenspannung,** mit der das Netzgerät den Stromkreis versorgt, spricht man von der am Lämpchen **abfallenden Spannung,** wenn man die

Spannung mit einem Voltmeter direkt am Lämpchen misst. Abfallende Spannungen kann man zwischen zwei beliebigen Punkten im Stromkreis messen.

In Versuch **V2** misst du die Spannung, die in einer Reihenschaltung an Lämpchen mit verschieden großen Widerstandswerten abfällt. Der Versuch zeigt: Die Summe der an den Bauteilen abfallenden Spannungen ist immer gleich der Quellenspannung:

$$U_{ges} = U_1 + U_2 + \ldots$$

Im Versuch sind es 12 V = 4 V + 8 V.

Die Messung zeigt darüber hinaus, dass die Spannung an den Widerständen sich so aufteilt, dass der Spannungsabfall an einem Widerstand seinem jeweiligen Anteil am Gesamtwiderstand entspricht. In Versuch **V2** ist der Gesamtwiderstand $R_{ges} = 25\ \Omega + 50\ \Omega = 75\ \Omega$. Am 25-Ω-Widerstand fällt entsprechend ein Anteil von $\frac{25}{75}$ der Quellenspannung $U_{ges} = 12$ V, also 4 V, ab. Am 50-Ω-Widerstand sind es $\frac{50}{75} \cdot 12$ V, also 8 V.

! Merksatz

In einer Reihenschaltung gilt: Der Spannungsabfall U_R an einem Widerstand R entspricht dessen Anteil am Gesamtwiderstand R_{ges}:

$$U_R = \frac{R}{R_{ges}} \cdot U_{ges}.$$

Mit dieser Regel lässt sich erklären, warum die drei Lämpchen in Bild **B1** nicht sehr hell leuchten: Weil es sich um eine Reihenschaltung handelt, fällt an jedem Lämpchen nur ein Drittel der Quellenspannung ab.

V2 Messen von abfallenden Spannungen

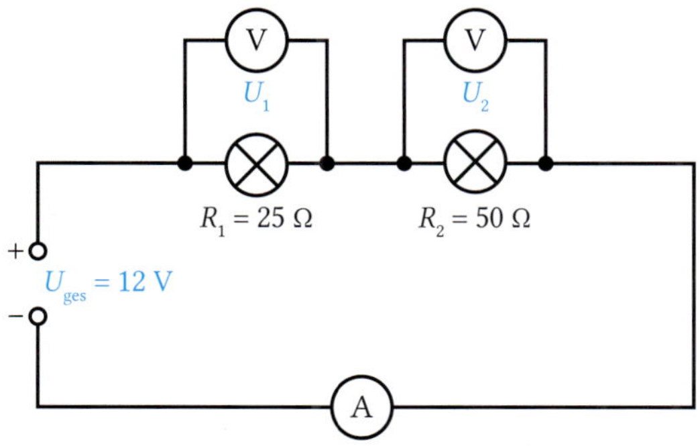

Baue die abgebildete Schaltung auf und miss die an den Lämpchen abfallenden Spannungen.

V3 Parallelschaltung von Lämpchen

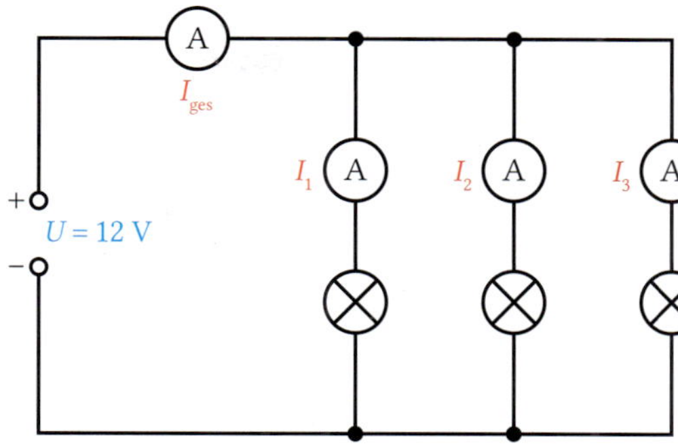

a) Schalte erst eine, dann zwei und dann drei gleiche Lämpchen parallel an ein Netzgerät. Lege eine Spannung von 12 V an. Beobachte.
b) Schalte wieder nacheinander eine, zwei, dann drei gleiche Lämpchen parallel an ein Netzgerät. Lege eine Spannung von 12 V an. Miss jeweils die Gesamtstromstärke und die Teilstromstärken bei einem, zwei und drei Lämpchen. Erkläre.

Die Parallelschaltung. Die Lämpchen in Bild **B2** leuchten alle so hell wie ein einzelnes Lämpchen, das an das Netzgerät angeschlossen ist. Es handelt sich um eine **Parallelschaltung.** Jedes der drei Lämpchen ist so an das Netzgerät angeschlossen, dass an beiden Anschlüssen eine direkte Verbindung zum Netzgerät besteht. Die Verbindung zum Netzgerät verläuft nur durch Drähte und andere gute Leiter, nicht durch ein anderes Lämpchen. An jedem der drei Lämpchen liegt also die volle Quellenspannung an. Deshalb leuchten sie so hell.

Stromstärken in einer Parallelschaltung. In Versuch **V3** wird die Stromstärke in einer Parallelschaltung gleicher Lämpchen gemessen. Dabei muss man unterscheiden: Die Teilstromstärken I_1, I_2 und I_3 in jedem der einzelnen Zweige sind alle gleich groß. An jedem der Lämpchen liegt die Quellenspannung U an. Die Stromstärke berechnet sich jeweils nach $I = \frac{U}{R}$.
Dagegen nimmt die Gesamtstromstärke I_{ges} in der Zuleitung vor der Stromkreisverzweigung mit jedem weiteren Lämpchen zu. Je nach Anzahl der Lämpchen misst man die einfache, doppelte oder dreifache Stromstärke. Das leuchtet ein, denn der gesamte Strom zu den drei Lämpchen muss den Weg durch die Zuleitung nehmen.

Es gilt: $I_{ges} = I_1 + I_2 + I_3$.

7.1 Reihen- und Parallelschaltung von Widerständen

Gesamtwiderstand einer Parallelschaltung. Mit zunehmender Zahl der Lämpchen nimmt die Gesamtstromstärke in der Parallelschaltung zu. Der Gesamtwiderstand muss folglich abnehmen. Aus $I_{ges} = \frac{U}{R_{ges}}$ ergibt sich bei jeweils gleichem Widerstand R der einzelnen Lämpchen:

für ein Lämpchen: $I_{ges} = \frac{U}{R}$,

für zwei Lämpchen: $I_{ges} = 2 \cdot \frac{U}{R}$ und

für drei Lämpchen: $I_{ges} = 3 \cdot \frac{U}{R}$.

Wenn man nun durch U dividiert, erhält man:

für ein Lämpchen: $\frac{1}{R_{ges}} = \frac{1}{R}$,

für zwei Lämpchen: $\frac{1}{R_{ges}} = \frac{2}{R}$ und

für drei Lämpchen: $\frac{1}{R_{ges}} = \frac{3}{R}$.

V1 Unterschiedliche Lämpchen

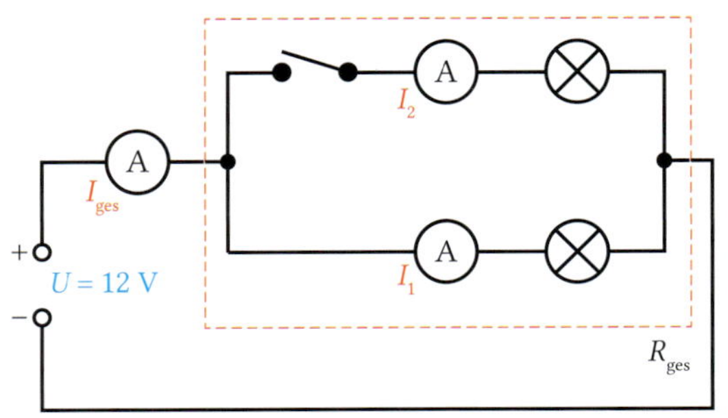

a) Baue den Stromkreis entsprechend der Schaltung mit offenem Schalter auf. Miss I_{ges} und I_1.
b) Schließe nun den Schalter, damit L_2 auch leuchtet. Miss die Stromstärken I_{ges}, I_1 und I_2. Erkläre.

B1 *Ladesäulen zum Aufladen von Elektroautos*

Gesamtwiderstand bei ungleichen Widerständen. Bisher haben wir nur gleiche Lämpchen und damit gleiche Widerstände betrachtet. Welche Regeln gelten für unterschiedliche Lämpchen? Versuch **V1** zeigt, dass sich bei Verwendung der Lämpchen L_1 (12 V, 0,35 mA) und L_2 (12 V, 0,7 mA) die Teilstromstärken zur Gesamtstromstärke addieren. Es gilt:

$$I_{ges} = \frac{U}{R_{ges}}.$$

Für zwei unterschiedliche Lämpchen gilt damit:

$$I_{ges} = \frac{U}{R_{ges}} = \frac{U}{R_1} + \frac{U}{R_2}.$$

Wenn man nun auf beiden Seiten durch U dividiert, erhält man:

$$\frac{1}{R_{ges}} = \frac{1}{R_1} + \frac{1}{R_2}.$$

Der Gesamtwiderstand ist stets kleiner als der kleinste Einzelwiderstand. Wenn die Widerstände R_1 und R_2 gleich groß sind, erhält man wie zuvor die Formel $\frac{1}{R_{ges}} = \frac{2}{R}$.

! Merksatz

Der Kehrwert $\frac{1}{R_{ges}}$ des Gesamtwiderstands R_{ges} einer Parallelschaltung ist gleich der Summe der Kehrwerte der Einzelwiderstände:

$$\frac{1}{R_{ges}} = \frac{1}{R_1} + \frac{1}{R_2}.$$

Der Gesamtwiderstand ist stets kleiner als der kleinste Einzelwiderstand.

Die Geräte bestimmen die Stromstärke. In Versuch **V1** hängt die Stromstärke in der Zuleitung von der Anzahl der zugeschalteten Lämpchen ab. Dieselbe Spannungsquelle liefert beim Betrieb mehrerer parallel geschalteter Geräte einen stärkeren Strom als beim Betrieb mit nur einem Gerät. Das funktioniert bis zur Überlastung der Quelle bei einer maximal möglichen Stromstärke, die von der Art der Quelle abhängt.

Bild **B1** zeigt Ladesäulen für Elektroautos. Sie sind parallel geschaltet, damit an jeder Ladesäule die gleiche Spannung bereitgestellt wird. Der Ladevorgang an den einzelnen Säulen ist durch die Anbindung an das Stromnetz beschränkt. Die maximal zulässige Stromstärke in der Zuleitung darf nicht überschritten werden.

Ein Netzgerät kann gewöhnlich einen größeren maximalen Strom liefern als eine Batterie. Das Haushaltsnetz, das mit dem Stromnetz verbunden ist, ist eine sehr leistungsfähige Spannungsquelle. Schaltet man aber zu viele Haushaltsgeräte ein, dann kann die Stromstärke in der Hauptleitung so groß werden, dass die Leitung heiß wird und sogar ein Brand ausgelöst werden kann. Zu hohe Stromstärken werden durch Sicherungen in den Hauptleitungen verhindert.

Beispielaufgabe

Parallelschaltung

In einem Saal ist die Leitung für die Beleuchtung mit 10 A abgesichert. Gib an, wie viele Lampen mit jeweils 529 Ω gleichzeitig parallel betrieben werden dürfen ($U = 230$ V).

Lösung über Teilstromstärken:

Die Stromstärke je Lampe ergibt sich zu:

$$I_1 = \frac{U}{R_1} = \frac{230\ \text{V}}{529\ \Omega} \approx 0{,}435\ \text{A}.$$

Die Zahl der erlaubten Lampen ist dann:

$$n = \frac{10\ \text{A}}{0{,}435\ \text{A}} \approx 23.$$

Es dürfen bis zu 23 Lampen betrieben werden.

Lösung über den Gesamtwiderstand:

Damit bei $U = 230$ V die Stromstärke $I = 10$ A beträgt, muss der Gesamtwiderstand

$$R_{ges} = \frac{U}{I} = \frac{230\ \text{V}}{10\ \text{A}} = 23\ \Omega \text{ sein.}$$

Aus $R_1 = R_2 = \ldots = R_n$ folgt:

$$\frac{1}{R_{ges}} = \frac{1}{R_1} + \frac{1}{R_2} + \ldots + \frac{1}{R_n} = n \cdot \frac{1}{R_1} \text{ und damit}$$

$$n = \frac{R_1}{R_{ges}} = \frac{529\ \Omega}{23\ \Omega} = 23.$$

Löse selbst

1 Zwei Widerstände mit $R_1 = 50\ \Omega$ und $R_2 = 0{,}5\ \Omega$ liegen parallel an der Spannung 0,1 V. Berechne I_1, I_2 und I_{ges} sowie den Ersatzwiderstand R.

2 Baue eine Reihenschaltung mit drei unterschiedlichen Widerständen auf. Weise in einem Experiment nach, dass gilt:
$R_{ges} = R_1 + R_2 + R_3$.

3 Bei einer Fahrradbeleuchtung ist bei einer Spannung von 6 V der Widerstand der Lampe im Rücklicht 60 Ω, derjenige des Vorderlichts 12 Ω.

a) Zeichne einen Schaltplan der Beleuchtungsanlage.

b) Berechne die jeweiligen Stromstärken im Vorder- und Rücklichtzweig sowie die Gesamtstromstärke.

4

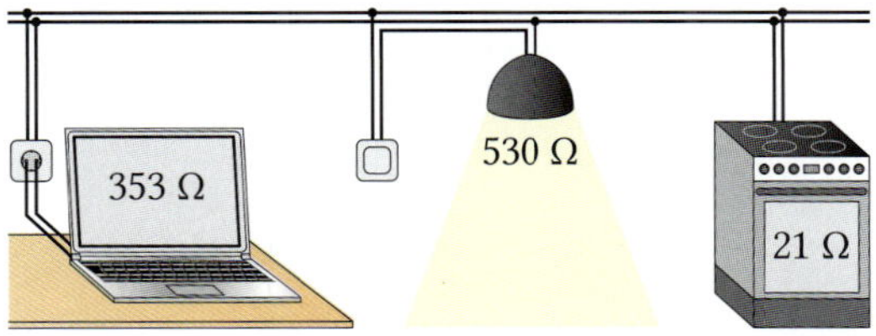

a) Berechne die Stromstärken in den abgebildeten Geräten und die gemeinsam durch alle drei Geräte verursachte Stromstärke im unverzweigten Teil der Hauptleitung.

b) Bestimme das Verhältnis der Stromstärken in Lampe und Herd.

c) Berechne den Ersatzwiderstand R der Anlage.

d) Welche Sicherung ist zu wählen, damit alle Geräte gleichzeitig in Betrieb sein können? Handelsübliche Sicherungen begrenzen die Stromstärke auf 8 A, 16 A, 20 A oder 40 A.

5 Bei Lichterketten waren früher die einzelnen Lämpchen in Reihe geschaltet. Bei heutigen Lichterketten sind die Lämpchen meist parallel geschaltet.

a) Erläutere die Vor- und Nachteile dieser beiden Schaltungsarten.

b) Erläutere bei beiden Schaltungsarten, was passiert, wenn man eine Lichterkette verlängert.

6 Die Widerstände $R_1 = 20\ \Omega$ und $R_2 = 100\ \Omega$ liegen in Reihe an einer Spannungsquelle mit $U = 10$ V. Berechne den Gesamtwiderstand, die Stromstärke sowie die Teilspannungen.

7

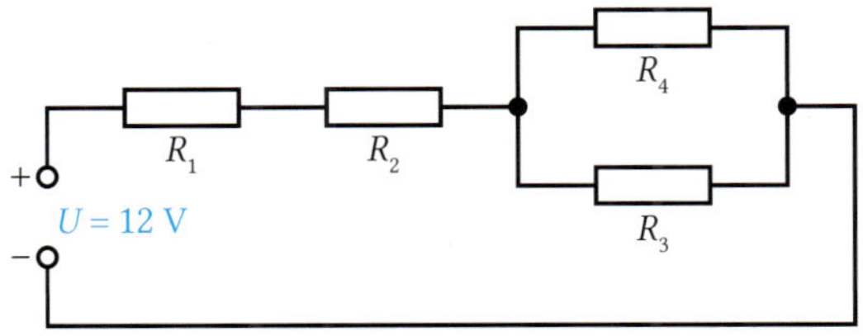

In der oben abgebildeten Schaltung ist $R_1 = 40\ \Omega$, $R_2 = 8\ \Omega$, $R_3 = 30\ \Omega$, $R_4 = 20\ \Omega$ und $U = 12$ V.

a) Berechne die Gesamtstromstärke I_{ges}.

b) Bestimme die Spannung, die jeweils an den Widerständen R_1 bis R_4 abfällt.

7.2 Stromkreise im Potenzialmodell

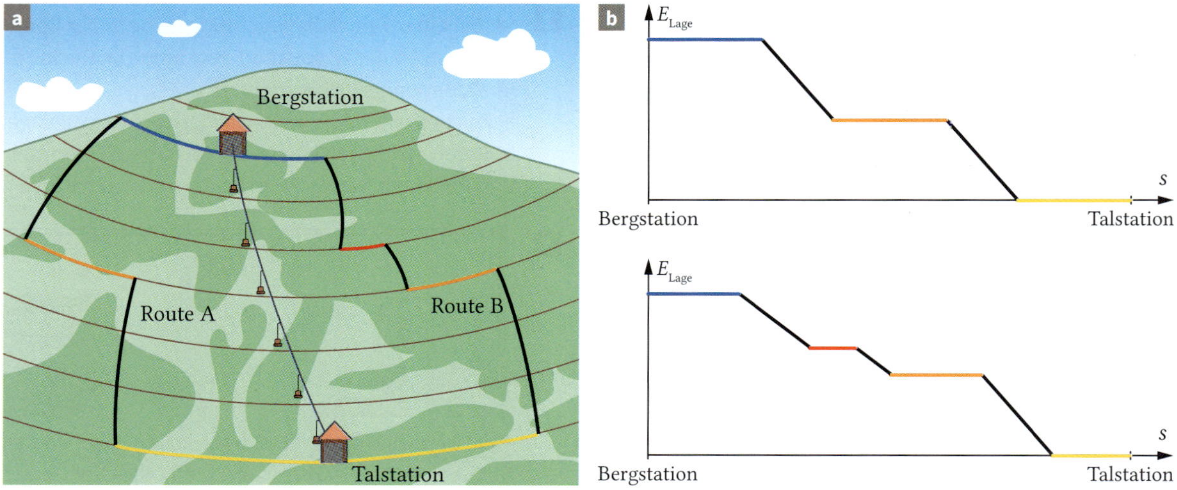

B1 *a) Bikepark mit mehreren Routen, b) Verlauf der Lageenergie entlang zweier Routen*

Verschiedene Routen im Bikepark. Der Vergleich mit einem Bikepark hat uns schon zuvor geholfen, die Vorgänge im elektrischen Stromkreis zu verstehen. Noch hilfreicher wird die Analogie, wenn wir mit dem Begriff der Energie argumentieren.

Mountainbiker fahren entlang verschiedener Routen vom Berg ins Tal und legen dabei eine bestimmte Höhendifferenz zurück (Bild **B1a**). Die Mountainbiker werden vom Lift auf den Berg gebracht. Dort oben haben sie eine höhere Lageenergie E_{Lage}. Zum Antrieb des Lifts muss daher Energie aufgewendet werden.

Obwohl die Mountainbiker im Bikepark verschiedene Routen wählen können, durchlaufen sie alle die gleiche Höhendifferenz Δh. Die bei der Abfahrt freigesetzte Lageenergie $E_{Lage} = m \cdot g \cdot \Delta h$ ist für alle Wege gleich. Durch Kombination von waagerechten Verbindungswegen und steilen Abfahrten lassen sich unterschiedliche Routen mit unterschiedlichem Verlauf der Lageenergie zusammenstellen. Bild **B1a** zeigt zwei Möglichkeiten: Route A enthält drei Verbindungswege und zwei Abfahrten mit gleicher Höhendifferenz. Route B hat dagegen eine kurze und zwei lange Abfahrten, und vier waagerechte Verbindungswege.

Der Verlauf der Lageenergie entlang der Routen lässt sich in Diagrammen wie in Bild **B1b** darstellen. Auf den waagerechten Verbindungswegen bleibt die Lageenergie der Biker jeweils gleich. In Bild **B1b** sind Routenabschnitte gleicher Lageenergie mit gleichen Farben markiert.

Die schräg verlaufenden Abschnitte in Bild **B1b** entsprechen den Abfahrten. Hier ändert sich die Lageenergie. Lange Abfahrten haben eine größere Höhendifferenz als kurze. Entsprechend wird bei ihnen mehr Energie freigesetzt. Die Biker müssen stärker bremsen.

Elektrisches Potenzial im Stromkreis. Fast alle Begriffe, die wir für die Routen im Bikepark verwendet haben, können wir im Potenzialmodell auf Stromkreise übertragen. Auf diese Weise lassen sich die Gesetzmäßigkeiten von Reihen- und Parallelschaltung besser veranschaulichen. In Tabelle **T1** sind die zusammengehörigen Begriffe beim Bikepark und beim Stromkreis gegenübergestellt.

Bikepark	Elektrischer Stromkreis
Mountainbiker	Ladungen
Lift	Netzgerät oder Batterie
Berg-/Talstation	Plus-/Minuspol
Lageenergie	elektrisches Potenzial
Differenz zweier Lageenergien	Potenzialdifferenz (Spannung)
verschiedene Routen	verschiedene Stromkreise
waagerechte Abschnitte	Drähte
steile Abschnitte	elektrische Bauteile
Routenlänge s	Länge entlang der Drähte s
Zahl der Biker pro Sekunde an einer Stelle	Zahl der Ladungen pro Sekunde an einer Stelle (Stromstärke)

T1 *Analogie zwischen Bikepark und elektrischem Stromkreis*

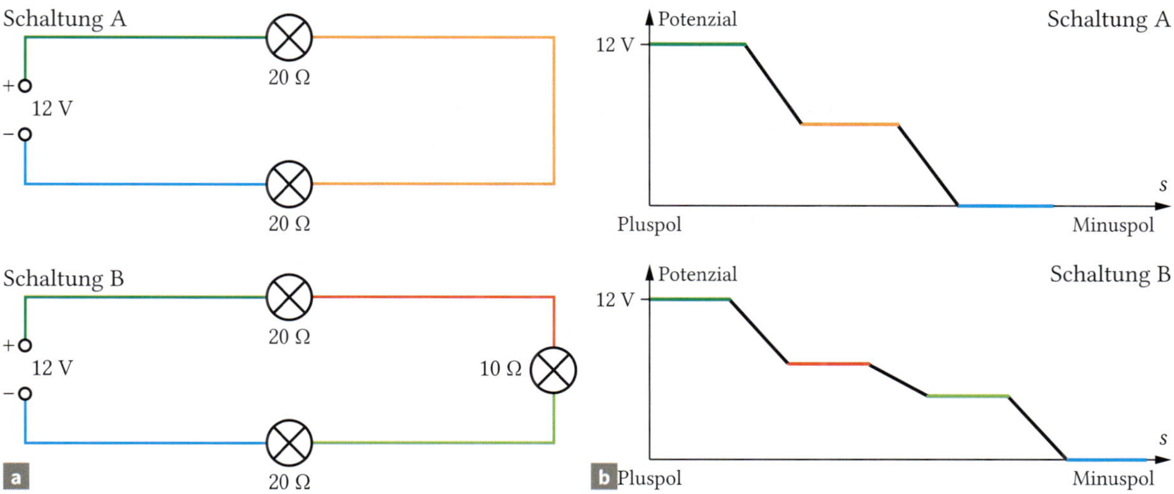

B2 *a) Verschiedene Stromkreise mit Lämpchen, b) das Potenzialdiagramm zeigt den Verlauf des Potenzials entlang der Drähte.*

Vergleichbar zu den Mountainbikern im Bikepark bewegen sich im Stromkreis Ladungen durch Drähte und elektrische Bauteile (Bild **B2a**). Sie durchlaufen dabei eine bestimmte Potenzialdifferenz. Die Potenzialdifferenz im Stromkreis entspricht dabei der Höhendifferenz im Bikepark. Die Potenzialdifferenz kann man nicht sehen, man kann sie sich nur mit Potenzialdiagrammen wie in Bild **B2b** veranschaulichen. Sie zeigen den Verlauf des Potenzials entlang der Drähte und Bauteile im Stromkreis. Diese Diagramme sehen genauso aus wie die entsprechenden Bikepark-Diagramme in Bild **B1b.**

Spannung am Netzgerät. Im Stromkreis hat das Netzgerät eine vergleichbare Funktion wie der Lift: Ladungen werden auf ein höheres Potenzial „gehoben". Dazu muss Energie aufgewendet werden.

! Merksatz

An den Polen eines Netzgeräts entsteht eine Spannung, wenn Ladungen unter Energieaufwand zum höheren Potenzial transportiert werden.

So wie die Mountainbiker Energie abgeben, wenn sie von der Berg- zur Talstation fahren, geben die Ladungen auf ihrem Weg durch den Stromkreis Energie ab – zum Beispiel an einem Lämpchen. Je größer die Potenzialdifferenz ist, die eine Ladung Q durchquert, desto mehr Energie kann sie entlang ihres Weges abgeben. Das wird in Versuch **V1** deutlich, wo die abgegebene Energie für eine 230-V-Steckdose und eine 4,5-V-Batterie verglichen wird. Bei der niedrigeren Batteriespannung leuchtet das Lämpchen viel schwächer. Im Stromkreis wird dann weniger Energie abgegeben. In beiden Versuchsteilen muss die Stromstärke gleich sein, damit nicht schon allein dadurch mehr Energie transportiert wird, dass mehr Ladungen pro Zeit unterwegs sind.

V1 Potenzialdifferenz und abgegebene Energie

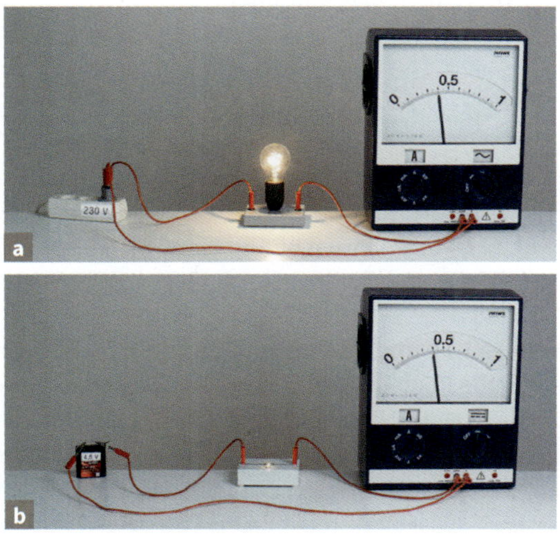

a) Wir schließen eine Glühlampe an eine 230-V-Steckdose an und messen die Stromstärke.
b) Das Lämpchen einer Fahrradbeleuchtung wird so ausgesucht, dass bei Anschluss an eine 4,5-V-Batterie die gleiche Stromstärke wie in a) auftritt. Trotz gleicher Stromstärke leuchtet das Fahrradlämpchen viel schwächer.

7.2 Stromkreise im Potenzialmodell

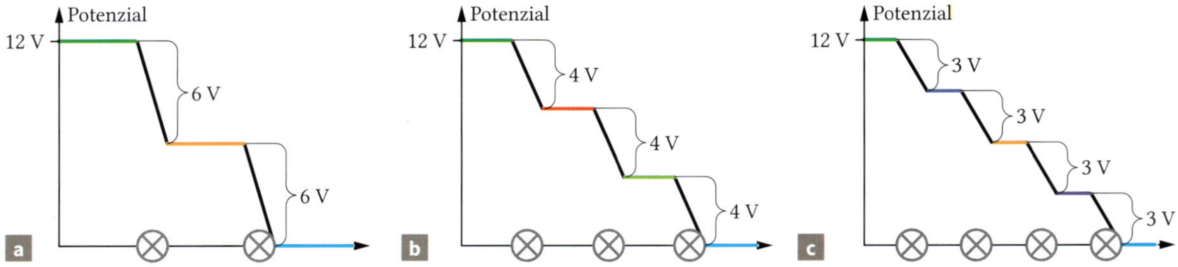

B1 *Potenzialdiagramm für eine Reihenschaltung von a) zwei, b) drei und c) vier Lämpchen an einer Quellenspannung von 12 V*

Elektrische Energie und Potenzial. Den Zusammenhang zwischen der elektrischen Energie, die pro Ladung im Stromkreis abgegeben wird, und dem Potenzial können wir nutzen, um die Größe einer Potenzialdifferenz durch eine Formel festzulegen:

$$\text{Potenzialdifferenz} = \frac{\text{abgegebene elektrische Energie}}{\text{Ladung}}.$$

Da die Potentialdifferenz zwischen zwei Punkten im Stromkreis als **Spannung** bezeichnet wird, lässt sich so ein wichtiger Zusammenhang zwischen der zwischen zwei Punkten abfallenden Spannung U und der elektrischen Energie E_{el} formulieren:

$$U = \frac{E_{el}}{Q}.$$

Merksatz

Die zwischen zwei Punkten im Stromkreis abfallende Spannung ist gleich der zwischen ihnen abgegebenen elektrischen Energie pro Ladung:

$$U = \frac{E_{el}}{Q}.$$

Die Einheit von Potenzial und Spannung ist das Volt. Es gilt: $1\ \text{V} = 1\ \frac{\text{J}}{\text{C}}$ und damit auch $1\ \text{J} = 1\ \text{V} \cdot 1\ \text{C} = 1\ \text{V} \cdot \text{A} \cdot \text{s}$.

Reihenschaltung im Potenzialmodell. Im Bikepark weisen alle Routen von der Berg- zur Talstation insgesamt die gleiche Höhendifferenz auf. Beim Stromkreis durchlaufen alle Ladungen die gleiche Potenzialdifferenz. Es gibt auch hier die Möglichkeit, verschiedene „Routen“ mit unterschiedlichem Potenzialverlauf zu gestalten: durch die Kombination von elektrischen Bauteilen und Drähten in elektrischen Schaltungen. Bild **B2** auf der vorherigen Seite zeigt zwei Möglichkeiten und den zugehörigen Potenzialverlauf: Schaltung A enthält zwei gleiche Lämpchen von 20 Ω, in Schaltung B sind es dagegen ein schwaches Lämpchen (10 Ω) und zwei stärkere Lämpchen (20 Ω).

Beispielaufgabe

Elektrische Energie: Berechne die elektrische Energie, die am ersten Lämpchen in Bild **B1a** abgegeben wird, wenn es von der Ladungsmenge $Q = 3\ \text{C}$ durchlaufen wird. Vergleiche mit dem ersten Lämpchen in Bild **B1b.**

Lösung: Die Potentialdifferenz am ersten Lämpchen in Bild **B1a** ist $U = 6\ \text{V}$. Die am Lämpchen abgegebene Energie erhalten wir, wenn wir die Formel im Merksatz auf beiden Seiten mit Q multiplizieren:

$$E_{el} = Q \cdot U.$$

Einsetzen der oben angegebenen Werte ergibt:

$$E_{el} = 3\ \text{C} \cdot 6\ \text{V} = 18\ \text{V} \cdot \text{C} = 18\ \text{J}.$$

Beim ersten Lämpchen in Bild **B1b** beträgt die Potenzialdifferenz nur 4 V. Die abgegebene Energie ist daher geringer: $E_{el} = 3\ \text{C} \cdot 4\ \text{V} = 12\ \text{J}$.

Das Potenzialdiagramm in Bild **B2b** zeigt den Verlauf des Potenzials entlang der Drähte und Bauteile. Leiter gleichen Potenzials (die Drähte) sind mit jeweils gleichen Farben markiert. Das Potenzial ändert sich an den elektrischen Bauteilen. Je mehr Energie an einem Bauteil abgegeben wird, desto größer ist die Potenzialdifferenz. Am 10-Ω-Lämpchen ist die Potenzialdifferenz nur halb so groß wie an den 20-Ω-Lämpchen.

Gesetzmäßigkeiten der Reihenschaltung. Diese Aufteilung der Spannung bei in Reihe geschalteten Bauteilen kann man noch genauer untersuchen, um die Gesetzmäßigkeiten der Reihenschaltung zu begründen. Am einfachsten ist es, Reihenschaltungen von gleichen Lämpchen zu betrachten. Bei zwei gleichen Lämpchen in Reihe teilt sich die Quellenspannung von 12 V gleichmäßig in Spannungsabfälle von $2 \cdot 6\ \text{V}$ auf (Bild **B1a**).

Bei drei Lämpchen sind es 3 · 4 V und bei vier Lämpchen sind es 4 · 3 V (Bild **B1b-c**).

Bild **B2** zeigt einen komplizierteren Fall: die Kombination zweier unterschiedlicher Lämpchen, an die eine Quellenspannung U_{ges} = 12 V angelegt wird. Hier ist der Spannungsabfall am 20-Ω-Lämpchen doppelt so groß wie am 10-Ω-Lämpchen. Die Spannungsabfälle entsprechen somit dem jeweiligen Anteil am Gesamtwiderstand $R_{\text{ges}} = R_1 + R_2$. Das lässt sich verallgemeinern:

Merksatz

In einer Reihenschaltung gilt: Der Spannungsabfall U_R an einem Widerstand R entspricht dessen Anteil am Gesamtwiderstand R_{ges}:

$$U_R = \frac{R}{R_{\text{ges}}} \cdot U_{\text{ges}}.$$

Im Potenzialmodell sind Potenzial und Spannung die wichtigsten Größen. Zur Beschreibung von Stromkreisen ist aber auch die Stromstärke I notwendig. In einer Reihenschaltung ist die Stromstärke in allen Bauteilen gleich groß. Sie kann aus dem Gesamtwiderstand und der Quellenspannung gemäß $I = \frac{U}{R}$ berechnet werden.

Beispielaufgabe

Spannungen an drei Lämpchen: Drei Lämpchen (20 Ω, 10 Ω, 20 Ω) sind in Reihe an 12 V Quellenspannung geschaltet. Berechne die an den Lämpchen abfallende Spannung.

Lösung: Der Gesamtwiderstand der Reihenschaltung aus den drei Lämpchen beträgt:

$$R_{\text{ges}} = 20\ \Omega + 10\ \Omega + 20\ \Omega = 50\ \Omega.$$

Der Anteil des 10-Ω-Lämpchens am Gesamtwiderstand ist $\frac{10}{50}$. Entsprechend beträgt auch der Spannungsabfall an diesem Lämpchen $\frac{10}{50}$ der Quellenspannung:

$$U_{10\,\Omega} = \frac{10}{50} \cdot 12\ \text{V} = 2{,}4\ \text{V}.$$

Für die 20-Ω-Lämpchen ist der Anteil am Gesamtwiderstand und der Spannungsabfall jeweils $\frac{20}{50}$, also doppelt so groß. Er beträgt 4,8 V.
Zur Kontrolle überprüfen wir, dass die Summe der abfallenden Spannungen wieder die Quellenspannung ergibt: 4,8 V + 2,4 V + 4,8 V = 12 V.

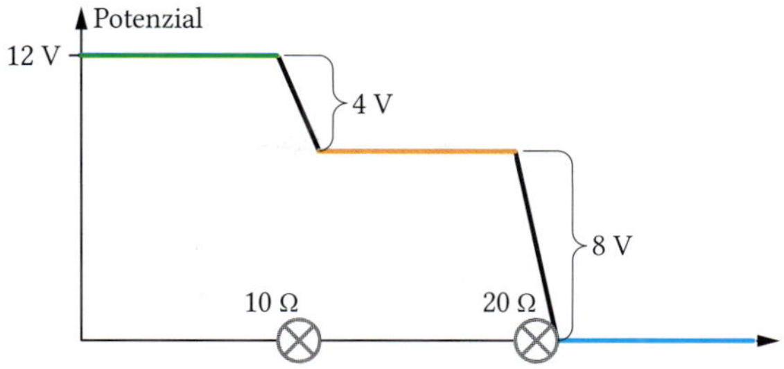

B2 *Reihenschaltung unterschiedlicher Lämpchen*

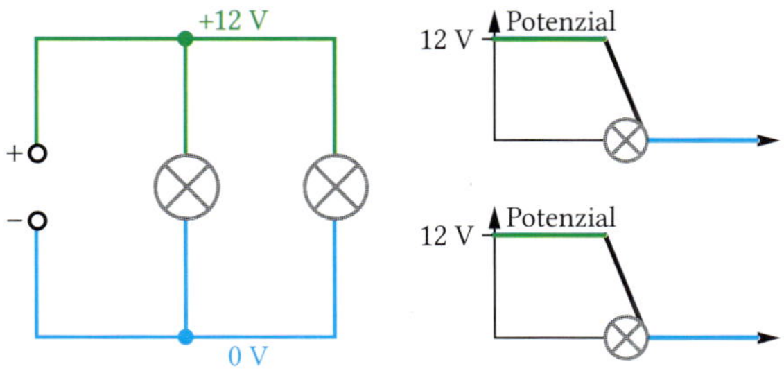

B3 *Parallelschaltung im Potenzialmodell*

Parallelschaltung im Potenzialmodell. Parallelschaltungen sind im Potenzialmodell einfach zu beschreiben. Bild **B3** zeigt eine Parallelschaltung aus zwei Lämpchen. Gleiche Farben bedeuten wieder gleiches Potenzial. Anhand der Farbmarkierung erkennt man: An beiden Lämpchen beträgt die Potenzialdifferenz 12 V. Es fällt die volle Quellenspannung ab. Das erklärt, warum Lämpchen in einer Parallelschaltung heller leuchten als in einer Reihenschaltung. Die Stromstärke kann man für jedes Bauteil einzeln mit der Formel $I = \frac{U}{R}$ berechnen.

Merksatz

In einer Parallelschaltung fällt an jedem Bauteil die volle Quellenspannung ab. Die Stromstärke in jedem Bauteil ergibt sich gemäß $I = \frac{U}{R}$ aus seinem Widerstand.

Löse selbst

1 ➡ Berechne die abfallenden Spannungen in einer Reihenschaltung mit drei Lämpchen von 10 Ω, 20 Ω und 50 Ω an einem Netzgerät mit 12 V.

2 ↗ Berechne die abfallenden Spannungen in einer Reihenschaltung mit drei Lämpchen von 100 Ω, 200 Ω und 500 Ω an einem Netzgerät mit 12 V. Erläutere, welche Größen im Stromkreis im Vergleich mit Aufgabe 1 gleich bleiben und welche sich ändern.

7.3 Halbleiter

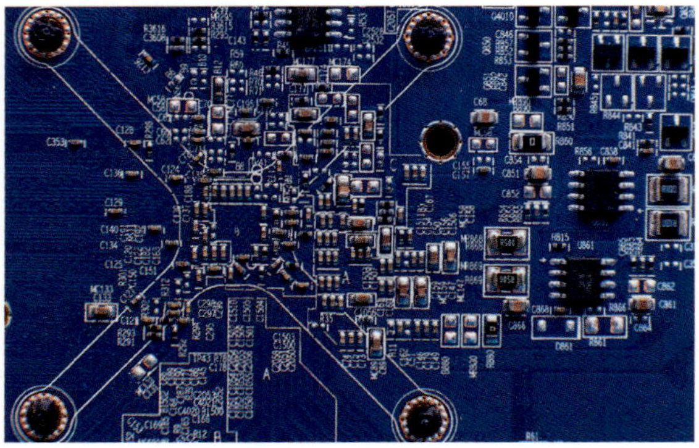

B1 *Elektronische Bauelemente*

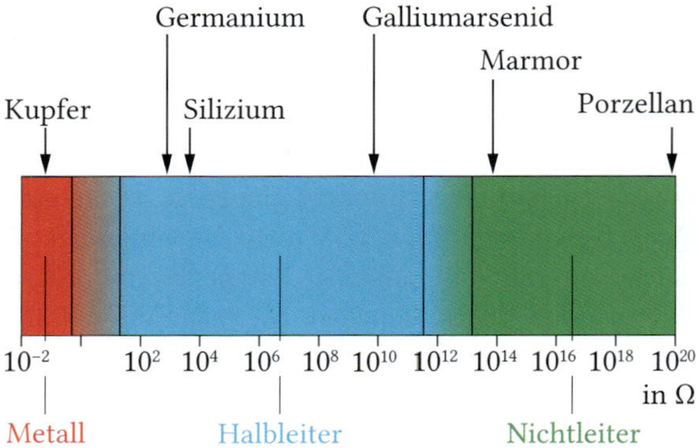

B2 *Widerstand verschiedener Stoffe bei 1 m Länge, 1 mm² Querschnitt und 20 °C*

Elektronische Bauelemente. In fast allen Geräten unseres Alltags, wie z. B. Tablets und Smartphones, findet man Bauteile, die aus sogenannten **Halbleitern** hergestellt werden (Bild **B1**). Halbleiterbauteile werden auch elektronische Bauteile genannt und können sehr klein und kompakt sein. Erst hierdurch war es möglich, Smartphones und Tablets zu bauen, die wir mitnehmen können. Bei Halbleitern kann man die Leitfähigkeit verändern und einstellen. Das geschieht häufig durch den gezielten Einbau von Atomen anderer Elemente. Dies bezeichnet man als **Dotieren.**

Widerstand verschiedener Stoffe. Bei Raumtemperatur und ohne besondere Beleuchtung leiten Halbleiter zwar den elektrischen Strom, dies aber deutlich schlechter als Metalle wie Kupfer und Eisen. Im Vergleich zu Metallen haben Halbleiter folglich einen deutlich höheren Widerstand. In Bild **B2** siehst du die Einteilung verschiedener Stoffe entsprechend ihres Widerstandes in Isolatoren, Metalle und Halbleiter. Dort sind auch die Namen reiner Halbleiter wie Germanium oder Silizium und die der Halbleiterverbindung Galliumarsenid zu finden.

! Merksatz

Der Widerstand eines Halbleiters bei Raumtemperatur liegt zwischen dem Widerstand eines Isolators und dem eines Leiters (bei gleichen Abmessungen).

Die Temperatur ändert den Widerstand. Bei der Untersuchung von Metalldrähten hast du gelernt, dass der Widerstand eines Eisendrahtes mit steigender Temperatur zunimmt. Wie dies bei einem Halbleiter aussieht, kannst du in Versuch **V1** überprüfen.

Das Halbleiterbauteil in Versuch **V1** lässt umso mehr Strom durch, je höher die Wassertemperatur ist. Das bedeutet, dass der Widerstand des Halbleiters bei Erwärmung abnimmt.

V1 Widerstand bei Temperaturänderung

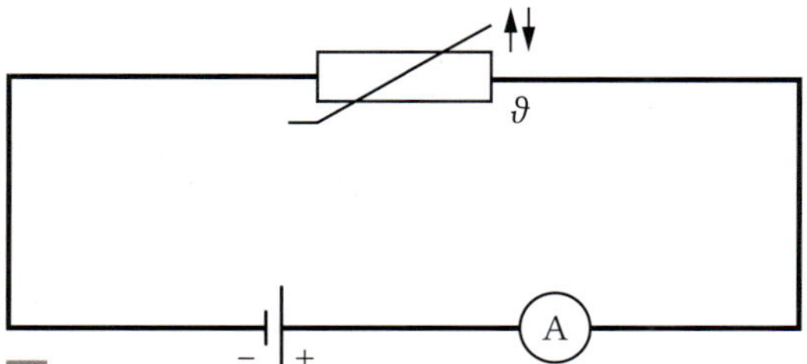

a

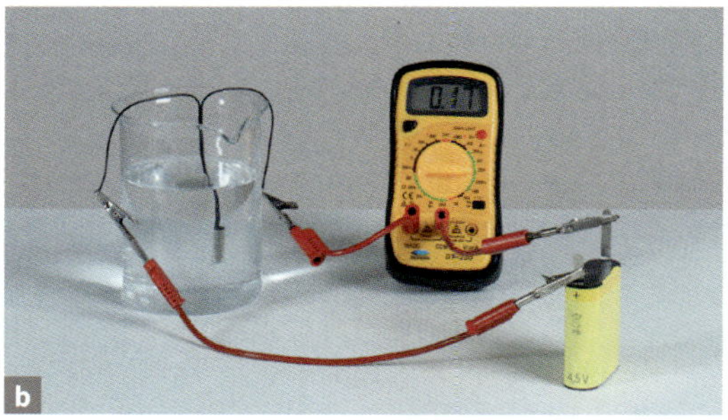

b

Baue den Stromkreis wie im Schaltplan mit einer 4,5-V-Batterie auf. Notiere zuerst die Stromstärke und die Raumtemperatur. Tauche dann das Bauelement in das Becherglas mit heißem Wasser und notiere wieder Stromstärke und Temperatur.
Mische das heiße Wasser nach und nach mit kaltem Wasser. Notiere nach jeder Wasserzugabe die Stromstärke und die Temperatur.
Zeichne ein Temperatur-Stromstärke- und ein Temperatur-Widerstand-Diagramm.

In Bild **B4** ist die Temperatur-Stromstärke-Kennlinie (ϑ-I-Kennlinie) des Bauelementes abgebildet. Mit steigender Temperatur nimmt die Stromstärke immer stärker zu. Stromstärke und Temperatur sind also nicht proportional. Trotzdem kann man jeder Stromstärke eine bestimmte Temperatur zuordnen.

! Merksatz

Der Widerstand eines Halbleiters nimmt mit steigender Temperatur ab.

Einen solchen Halbleiter nennt man **Heißleiter** oder **NTC-Halbleiter** (aus dem Englischen: **n**egative **t**emperature **c**oefficient). Man verwendet ihn zur Temperaturmessung z. B. in digitalen Fieberthermometern.

Die LED als Stromventil. Wenn du eine LED wie in Bild **B3** in einen Stromkreis falsch einbaust, dann leuchtet sie nicht. Anders als bei einer Glühlampe kann der Strom durch die LED nur in eine Richtung fließen. Wenn sie falsch angeschlossen ist, fließt kein Strom. Welcher Anschluss bei der LED mit dem Plus- und welcher mit dem Minuspol verbunden sein muss, damit die LED leuchtet, kannst du in Versuch **V2** überprüfen.

Versuch **V2** zeigt, dass die LED nur dann leuchtet und Strom durchlässt, wenn der lange Anschluss mit dem Pluspol und der kurze Anschluss mit dem Minuspol des Netzgeräts verbunden ist. Die LED ist dann in **Durchlassrichtung** eingebaut. Der Pfeil im Schaltsymbol der LED zeigt dann vom Pluspol des Netzgeräts zum Minuspol und deutet damit die technische Stromrichtung an. Wenn die Diode umgekehrt eingebaut ist – man nennt das die **Sperrrichtung** –, dann leitet sie nahezu keinen Strom und leuchtet nicht.

! Merksatz

Eine LED leitet elektrischen Strom nur bei richtiger Polung. Sie ist dann in Durchlassrichtung geschaltet und leuchtet. Bei entgegengesetzter Polung leitet sie nicht. Sie ist dann in Sperrrichtung geschaltet und leuchtet nicht.

B3 *LED und Schaltsymbol*

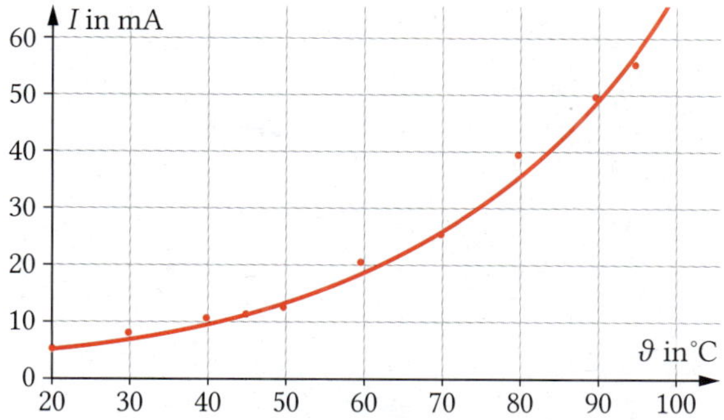

B4 *Temperatur-Stromstärke-Kennlinie des Bauelementes*

V2 Durchlass- und Sperrrichtung einer LED

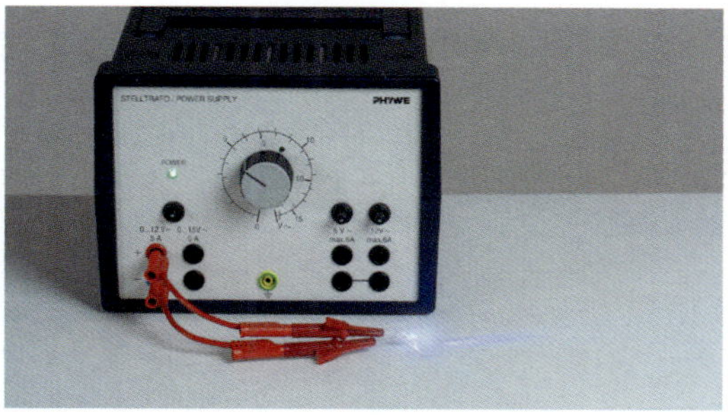

a) Baue einen Stromkreis mit Netzgerät und LED wie im Bild auf. Stelle die Spannung am Netzgerät auf 3 V ein.
b) Wiederhole den Versuch mit umgekehrter Polung des Netzgerätes.
Notiere, mit welchem Pol der längere Anschluss verbunden ist, wenn die LED leuchtet.

Löse selbst

1 ➡ Recherchiere und beschreibe, wie Halbleiter (z. B. Silizium) hergestellt und dotiert werden.

2 ➡ Überlege dir, für welche Anwendungen ein Heißleiter (NTC-Widerstand) sinnvoll genutzt werden kann.

3 ➡ Bei einem Vergleich von Widerstandswerten verschiedener Materialien müssen jeweils die Länge, der Querschnitt und die Temperatur mit angegeben werden (siehe auch Bild **B2**). Erkläre.

4 ↗ Neben den Heißleitern (NTC-Widerstand) gibt es auch Fotowiderstände (LDR). Recherchiere, wie ein LDR aufgebaut ist und wie er sich in Aufbau und Funktion von einem NTC unterscheidet.

7.4 Magnetfelder durch elektrischen Strom

B1 *Ørstedt weist ein Magnetfeld um einen stromführenden Draht nach.*

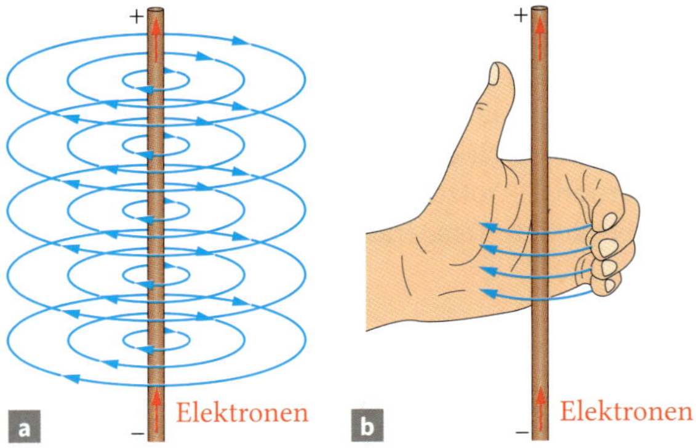

B2 *a) Magnetfeld um einen stromführenden Draht, b) Linke-Faust-Regel.*

V1 Ørstedt-Versuch

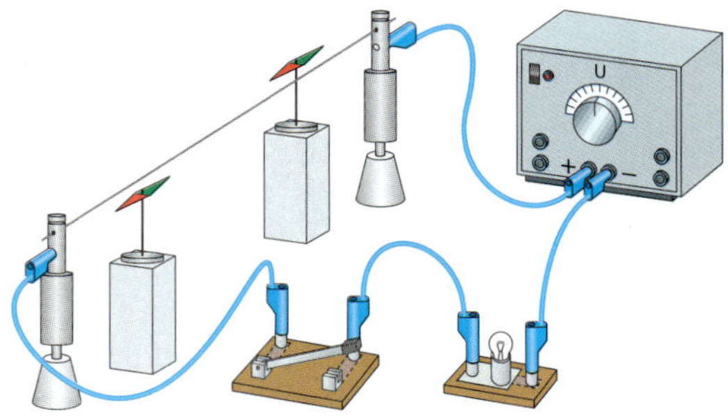

Baue den Versuch wie im Bild gezeigt mit einem Schalter und einem Netzgerät auf. Schließe nun den Schalter und beobachte die Magnetnadeln.

V2 Magnetfeld eines stromführenden Leiters

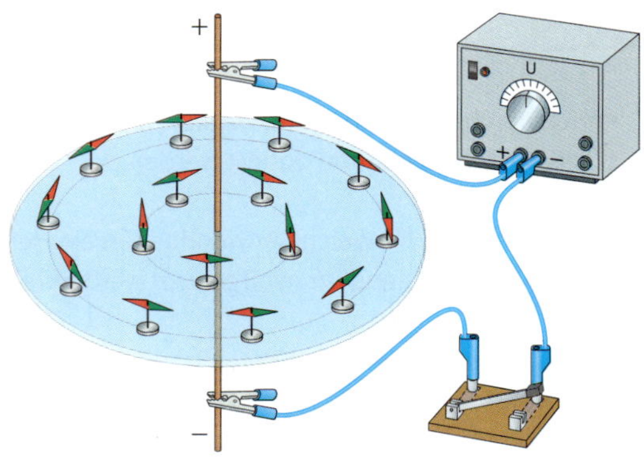

Baue den Versuch, wie im Bild gezeigt, mit einem Schalter und einem Netzgerät auf. Schließe anschließend den Schalter und beobachte, was passiert. Ändere durch Umpolung die Bewegungsrichtung der Elektronen im Leiter und beobachte die Magnetnadeln erneut.

Ströme sind von Magnetfeldern umgeben. 1820 entdeckte der dänische Physiker Hans Christian Ørstedt, dass elektrische Ströme stets ein Magnetfeld erzeugen (Bild **B1**). Das war eine Sensation, da man bis dahin Elektrizität und Magnetismus als zwei völlig unabhängige Naturphänomene betrachtete. Versuch **V1** zeigt, wie sich Magnetnadeln in der Nähe eines stromdurchflossenen Leiters ausrichten: Sie stellen sich immer senkrecht zum Leiter ein. Oberhalb und unterhalb des Drahtes zeigen die Magnetnadeln in entgegengesetzte Richtungen.

In Versuch **V2** werden viele Magnetnadeln in einer Ebene platziert, die senkrecht zum Leiter steht. Sobald Strom durch den Leiter fließt, bilden die Magnetnadeln ein Muster aus konzentrischen Kreisen um den Leiter. Alle Kreise haben den Leiter als Mittelpunkt (Bild **B2**). Wenn der Strom in die entgegengesetzte Richtung fließt, zeigen auch die Nadeln in die entgegengesetzte Richtung.

Die Magnetnadeln zeigen die Richtung des magnetischen Feldes am jeweiligen Ort an und veranschaulichen damit auch den Verlauf der Feldlinien. Die Feldlinien des Magnetfelds sind immer geschlossen.

! Merksatz

Elektrische Ströme sind stets von einem Magnetfeld umgeben. Das Magnetfeld umgibt den Leiter in Form von konzentrischen Kreisen.

Die Linke-Faust-Regel. Ist die Bewegungsrichtung der Elektronen bekannt, kann man die Richtung der Feldlinien mit der **Linke-Faust-Regel** ermitteln. Der Daumen zeigt in die Bewegungsrichtung der Elektronen, die gekrümmten Finger in Richtung der Feldlinien (Bild **B2**).

Merksatz

Die Richtung der Feldlinien um einen stromdurchflossenen Leiter kann man mit der Linke-Faust-Regel bestimmen.
Wenn der Daumen in die Bewegungsrichtung der Elektronen zeigt, geben die gekrümmten Finger die Richtung der Feldlinien an.

Das Feld eines Elektromagneten. Ein einzelner stromdurchflossener Leiter hat nur ein schwaches Magnetfeld. Um es zu verstärken, wickelt man den Leiter zu einer **Spule** auf. Solche Spulen werden in Elektromagneten verwendet.

Mit der Linke-Faust-Regel kann man Feldlinien einer Spule konstruieren (Bild **B3**). Die Felder der einzelnen Leiterstücke überlagern sich. Dort wo die Feldlinien benachbarter Leiterstücke in entgegengesetzte Richtungen verlaufen, löschen sie sich teilweise aus. Wenn sie in gleicher Richtung verlaufen, verstärken sie sich. Im Inneren der Spule liegen die Feldlinien dicht beisammen. Dort ist das Feld stark. Im Außenbereich gleicht das Magnetfeld dem eines Stabmagneten. Vorn in Bild **B3** befindet sich der Südpol, hinten der Nordpol. Durch Umkehren der Stromrichtung kann man beim Elektromagneten Nord- und Südpol vertauschen.

V3 Magnetfelder im FI-Schalter

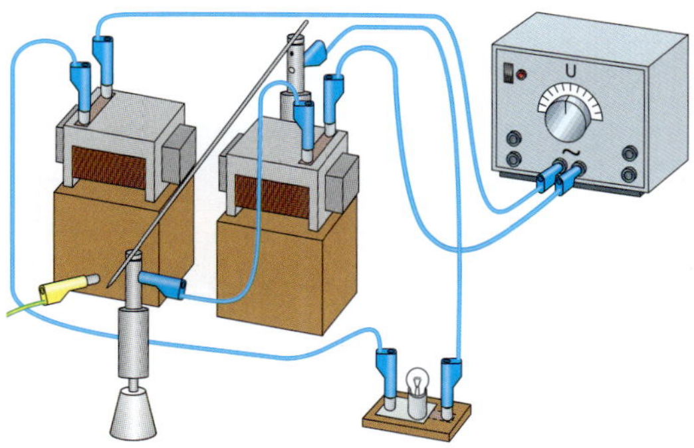

Baue den Versuch wie gezeigt auf. Justiere die beiden Spulen so, dass die aufliegende Stricknadel ein Teil des Stromkreises ist. Die Nadel liegt mittig zwischen den beiden Eisenkernen.
Die Felder der beiden Spulen sind gleich stark, verlaufen aber in entgegengesetzter Richtung. Simuliere das Auftreten eines Fehlerstromes durch Verbinden eines Erdungskabels mit einem Anschluss der rechten Spule. Beobachte und erkläre.

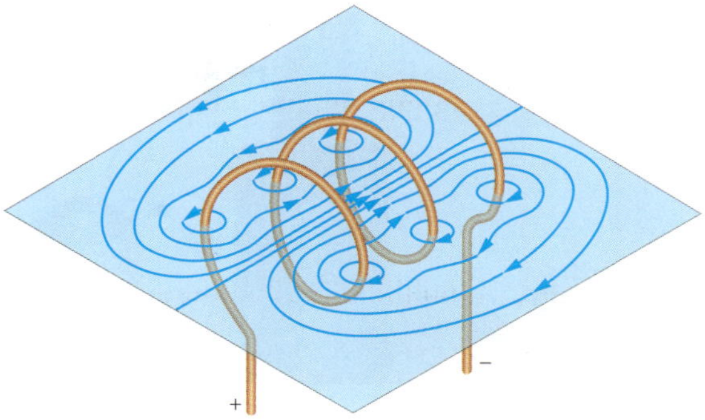

B3 *Magnetfeld einer Spule*

Überlagerung von zwei Feldern. Ein **Fehlerstrom-Schutzschalter,** kurz FI-Schalter, soll Schäden durch Strom abwenden. Er unterbricht den Stromkreis, wenn sich die Stromstärken in den Zuleitungen um mehr als 30 mA unterscheiden. Um dies zu überprüfen, werden im FI-Schalter zwei entgegengesetzte Magnetfelder überlagert (Versuch **V3**). Im Normalbetrieb heben sich die Felder in der Mitte zwischen beiden Eisenkernen genau auf. Wenn allerdings im rechten Teil des Stromkreises Elektronen „verloren gehen", dann wird das Magnetfeld rechts schwächer und die mittig zwischen den Elektromagneten liegende Stricknadel wird nach links gezogen. Dadurch wird der Stromkreis unterbrochen.

Löse selbst

1 ➡ Skizziere das Magnetfeld einer quadratischen Leiterschleife. Verwende die Linke-Faust-Regel, um die Richtung der Feldlinien zu bestimmen und gib sie durch Pfeile an. Gib auch an, wo sich der Nord- bzw. der Südpol befindet.

2 ↗ In dem Bild zieht eine stromführende Spule einen Eisenstab an. Erkläre, warum er unten einen Nordpol (N) und oben einen Südpol (S) „bekommt".
Erkläre auch, warum der Nordpol eine Kraft nach unten, der Südpol dagegen eine Kraft nach oben erfährt.

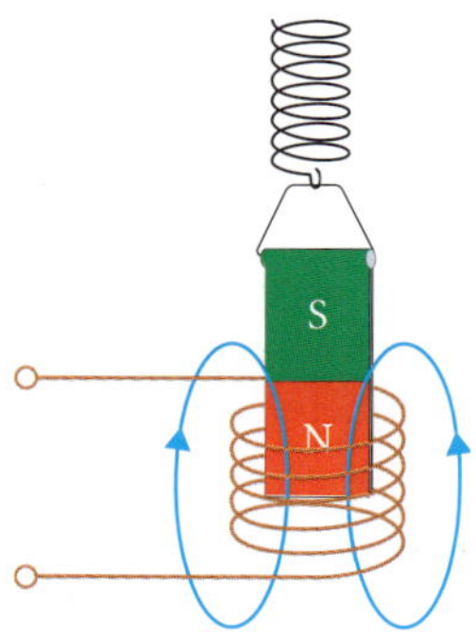

7.5 Die elektromagnetische Induktion

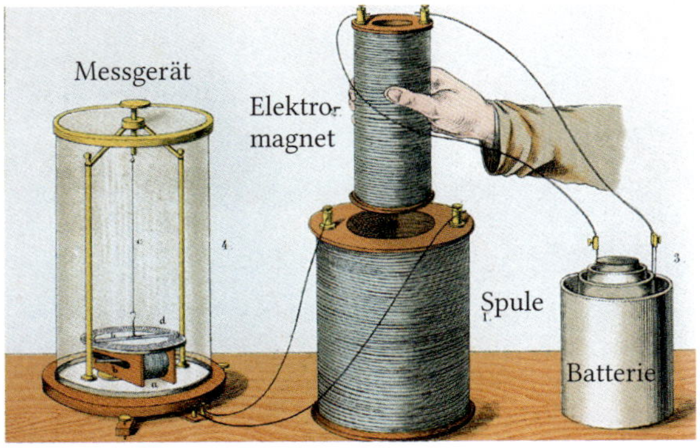

B1 *FARADAY entdeckt die Entstehung eines elektrischen Stroms bei der Bewegung eines Elektromagneten in einer Spule.*

Magnetische Wirkung und elektrischer Strom. Nachdem HANS CHRISTIAN ØRSTED entdeckt hatte, dass elektrische Ströme stets ein Magnetfeld erzeugen, vermutete der englische Physiker MICHAEL FARADAY, dass auch das Umgekehrte gilt. Nach umfangreichen Versuchsreihen entdeckte er, dass er eine elektrische Spannung bzw. einen elektrischen Strom erzeugen konnte, indem er Drähte und Magnete gegeneinander bewegt. Dieses Phänomen wird als **elektromagnetische Induktion** bezeichnet.

Bewegung erzeugt Spannung. Mit heutigen modernen Spannungsquellen, starken Dauermagneten und präzisen Ampere- und Voltmetern fällt es leichter, die elektromagnetische Induktion nachzuweisen. In Versuch **V1** wird ein empfindliches Voltmeter mit Analoganzeige eingesetzt. Die am Voltmeter angeschlossene Spule heißt **Induktionsspule.** Ein starker Stabmagnet erzeugt das magnetische Feld. Der Versuch zeigt, dass eine Spannung zwischen den Enden der Induktionsspule nur in folgenden Fällen auftritt:

Man bewegt ...
- ... den Magneten in die Spule hinein oder heraus,
- ... die Spule zum Magneten hin oder von ihm weg.

Man dreht ...
- ... den Magneten vor der Spule,
- ... die Spule vor dem Magneten.

Die Polung der Spannung ist verschieden, wenn man ...
- ... den Magneten mit dem Nordpol oder mit dem Südpol voraus in die Spule hineinbewegt,
- ... den Magneten in die Spule hinein- oder aus ihr herausbewegt,
- ... die Spule an den Magneten annähert oder sie vom Magneten entfernt,
- ... die Spule umdreht und sie dann auf den Magneten zu- bzw. von ihm wegbewegt,
- ... die Drehrichtung des Magneten vor der Spule bzw. der Spule vor dem Magneten ändert.

V1 Induktion durch Bewegung

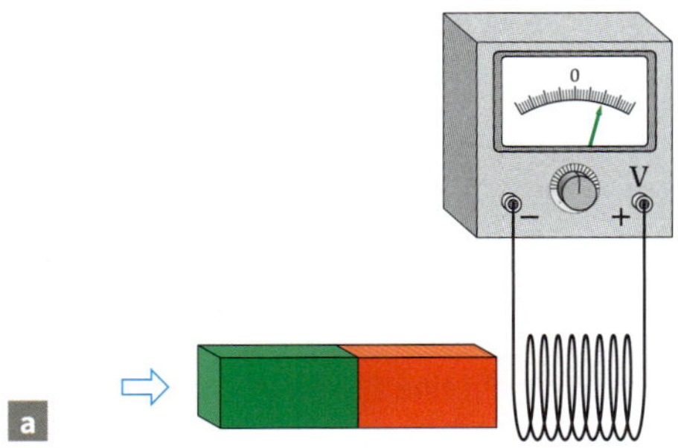

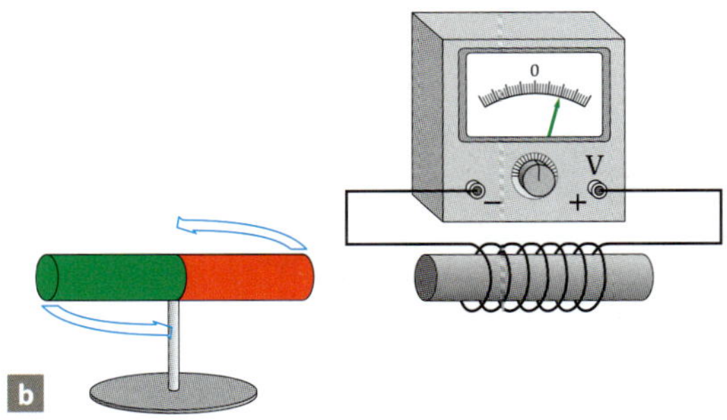

Schließe die Spule an das analoge Voltmeter an. Stelle den Zeiger so ein, dass er in der Mitte der Anzeige steht. Das ist nun die neue Nullstellung, aus der der Zeiger sowohl in die eine als auch in die andere Richtung ausschlagen kann.
Notiere bei allen Versuchsteilen deine Beobachtungen.

a) Bewege den Magneten in die Spule hinein und wieder heraus (Bild **V1a**).

b) Wiederhole den Versuch, indem du den Magneten mit umgekehrter Polung bzw. mit unterschiedlichen Geschwindigkeiten bewegst.
c) Halte den Magneten still und bewege die Spule auf den Magneten zu und von ihm weg. Bewege die Spule mit verschiedenen Geschwindigkeiten.
d) Schiebe einen Eisenkern in das Innere der Spule. Lagere den Stabmagneten drehbar und lasse ihn in der Nähe der Spule rotieren (Bild **V1b**). Ändere die Drehrichtung.

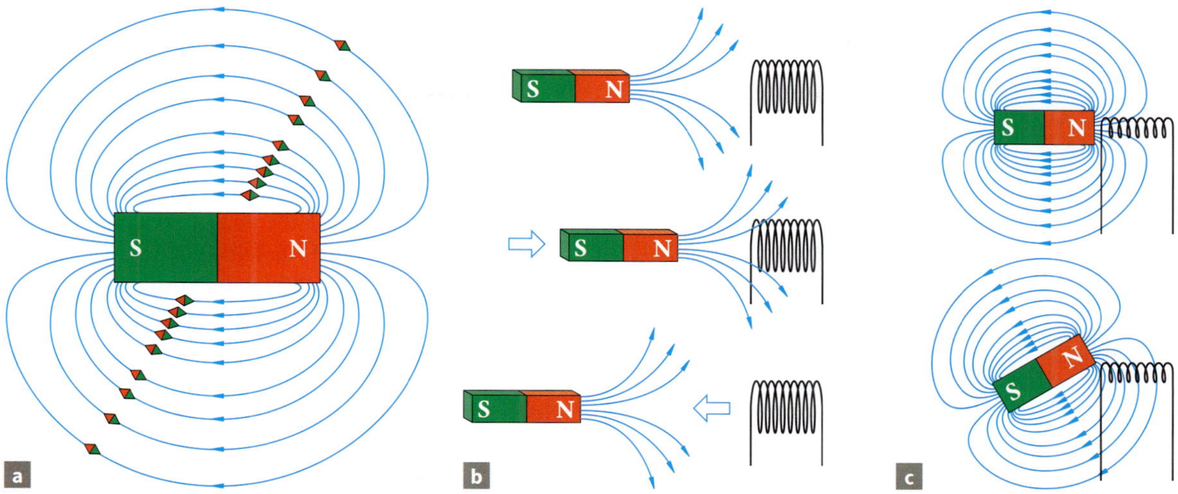

B2 *a) Feldlinienbild eines Stabmagneten, b) durch die Bewegung bzw. c) die Drehung eines Stabmagneten relativ zu einer Spule ändert sich das Magnetfeld im Inneren der Spule.*

Es tritt immer dann eine Spannung auf, wenn sich die relative Lage von Magnet und Spule ändert. Dabei spielt es keine Rolle, ob der Magnet oder die Spule bewegt wird. Man nennt die entstehende Spannung **Induktionsspannung.** Die Größe der Spannung hängt davon ab, wie schnell sich die relative Lage von Induktionsspule und Magnet verändert.

Wenn die Induktionsspule zusammen mit einem Elektrogerät einen geschlossenen Stromkreis bildet, dann kommt ein elektrischer Strom zustande. Diesen Strom nennt man **Induktionsstrom.**

! Merksatz

Eine Spannung tritt immer dann auf, wenn sich die relative Lage von Magnet und Spule durch ihre Bewegung ändert. Man nennt die entstehende Spannung Induktionsspannung.

Die Polung und die Größe der Spannung hängen davon ab, wie schnell sich die relative Lage von Spule und Magnet durch ihre Bewegung verändert.

Änderung des Feldes als Ursache der Induktion. Das magnetische Feld eines Magneten erfüllt den umgebenden Raum. Mit Feldlinien lässt sich der Verlauf des Feldes veranschaulichen. An jeder Stelle des Magnetfeldes gibt die Feldlinie an, wie sich eine Magnetnadel dort ausrichtet (Bild **B2a**). Je enger die Feldlinien beieinander liegen, desto stärker ist dort das Feld.

Mit der Veranschaulichung durch Feldlinien lassen sich die Induktionsphänomene einfacher beschreiben: Als Beispiel betrachten wir einen Magneten, der sich relativ zu einer Spule bewegt (Bild **B2b**). Beim Annähern des Magneten vergrößert sich die Feldliniendichte am Ort der Spule, beim Entfernen verringert sie sich. Das bedeutet: Im Inneren der Spule ändert sich ständig das Magnetfeld.

Ähnlich ist die Situation, wenn sich der Stabmagnet vor der Spule dreht (Bild **B2c**). Ständig wandert ein anderer Bereich des Magnetfeldes durch das Spuleninnere. Mal ist es ein Bereich großer Feldliniendichte, mal ein Bereich geringerer Feldliniendichte.

In beiden Fällen ist entscheidend, dass sich das Magnetfeld im Inneren der Spule *ändert*. Nur wenn das der Fall ist, wird an den Enden der Spule eine Spannung induziert.

Das erklärt die Erfolglosigkeit von FARADAYS ersten Versuchen: Lange versuchte er vergeblich, einen elektrischen Strom ohne Bewegung von Spule oder Magnet zu erzeugen. Erst als er die Spule bzw. den Magneten bewegte, konnte er eine Spannung nachweisen.

! Merksatz

Immer wenn sich das Magnetfeld im Inneren einer Spule ändert, wird an den Enden der Spule eine Spannung induziert.

7.5 Die elektromagnetische Induktion

V1 Induktion ohne Bewegung

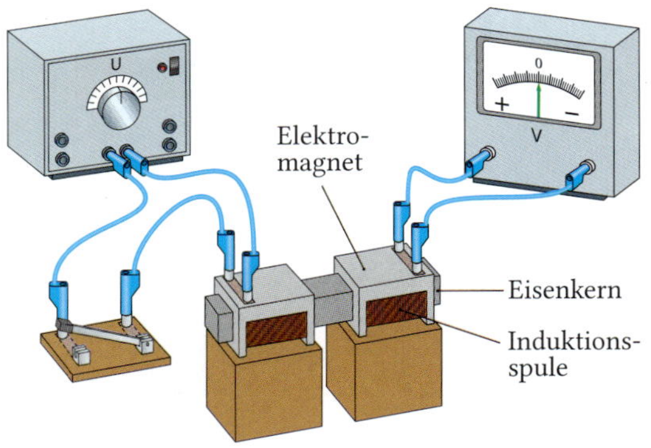

Das Bild zeigt, wie du den Versuch aufbauen musst. Schließe den Schalter und öffne ihn nach kurzer Zeit wieder. Beobachte das Voltmeter und erkläre.

Induktion ohne Bewegung. In den bisherigen Versuchen hat die relative Bewegung von Spule und Magnet das Magnetfeld in der Spule verändert. Versuch **V1** zeigt, dass eine Induktionsspannung auch ohne Bewegung erzeugt werden kann: Wenn du den Schalter schließt, beobachtest du kurzfristig einen Zeigerausschlag am Voltmeter. Öffnest du ihn wieder, dann schlägt der Zeiger in die entgegengesetzte Richtung aus. In beiden Fällen kannst du für einen kurzen Moment eine Spannung ablesen. Die Ursache für die induzierte Spannung ist, dass sich beim Ein- und Ausschalten des Elektromagneten das Magnetfeld ändert. Beim Einschalten wird es aufgebaut, beim Ausschalten bricht es zusammen. Dabei ändert sich auch das Magnetfeld in der Induktionsspule.

Rotierende Spule im Magnetfeld erzeugt eine Spannung. Wenn du nun den Stabmagneten aus Versuch **V1** der vorherigen Seite durch einen Hufeisenmagneten ersetzt und eine Spule in seinem Magnetfeld rotieren lässt, wird an den Enden der Spule ständig eine Spannung induziert. Das Voltmeter zeigt an, dass sich nach jeweils einer halben Umdrehung die Polung der Spannung ändert. Man spricht daher von einer **Wechselspannung.**

Exkurs: Anwendungen der Induktion

Laden ohne Kabel

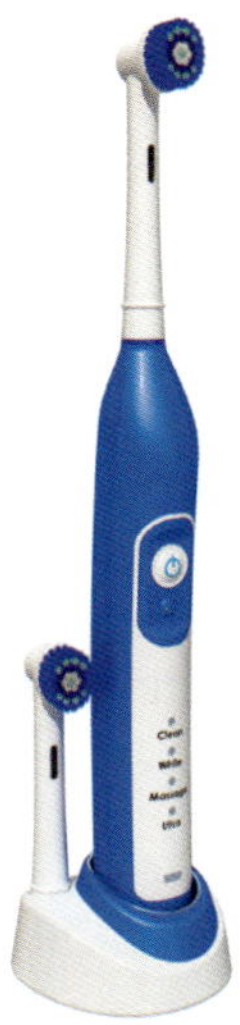

B1 *Zahnbürste*

Elektrische Zahnbürsten arbeiten mit einem Akku. Da sie oft mit Wasser in Berührung kommen, sind sie von einem wasserfesten Gehäuse aus Kunststoff umschlossen. Außen gibt es keine metallischen Kontakte.

Wie kann der Akku ohne leitende Verbindung aufgeladen werden? Der Versuch **V1** zeigt im Prinzip die Lösung: In der Ladestation ist eine Feldspule, die ein ständig wechselndes Magnetfeld erzeugt. In der Zahnbürste selbst sitzt ebenfalls eine Spule. Wenn die Zahnbürste in der Ladestation steckt, erzeugt das sich permanent ändernde Magnetfeld der Spule der Ladestation in der Spule der Zahnbürste eine Spannung. Eine elektronische Schaltung sorgt dafür, dass der Akku aufgeladen wird.

RFID-Chip

RFID steht für „Radio Frequency Identification". Mit einem RFID-Chip kann man gespeicherte Informationen an ein Lesegerät senden. Bemerkenswert ist, dass ein RFID-Chip ohne eine Batterie oder einen Akku auskommt. Die zum Auslesen und Senden der Information notwendige Energie bekommt der RFID-Chip aus dem vom Lesegerät erzeugten Magnetfeld. Der Energiespeicher des RFID-Chips wird durch Induktion aufgeladen.

Ein solcher RFID-Chip befindet sich zum Beispiel in Bankkarten zum kontaktlosen Bezahlen. Das Lesegerät kann u. a. die auf der Karte gespeicherte Kontonummer auslesen. Auch in Skipässen, speziellen Türschlössern oder Büchern in der Bibliothek findet man RFID-Chips.

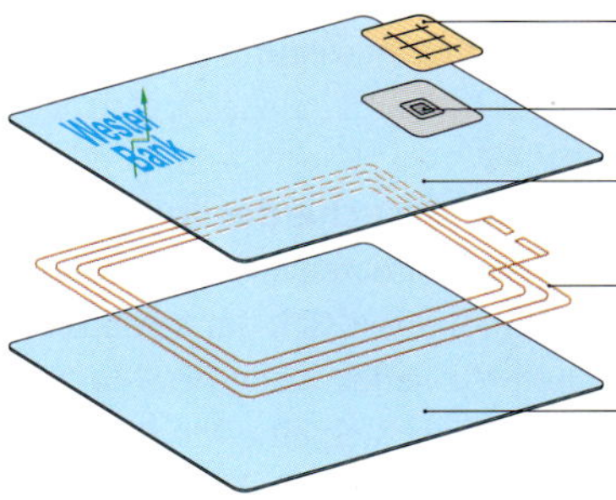

B2 *Prinzipieller Aufbau eines RFID-Chips*

Löse selbst

1 ➡ Schließe eine Spule an ein geeignetes Voltmeter an.
a) Erzeuge nur mit Hilfe eines Stabmagneten eine Induktionsspannung an dem Voltmeter. Beschreibe verschiedene Möglichkeiten.
b) Untersuche, von welchen Faktoren die Größe der Spannung abhängt.

2 ➡ Beschreibe verschiedene Möglichkeiten zur Erzeugung einer Induktionsspannung.

3

↗ Es gibt zwei verschiedene Arten von Fahrradtachometern. Die einen verwenden zur Geschwindigkeitsbestimmung als Sensor einen sogenannten Reed-Schalter, die anderen eine Spule.
Recherchiere wie beide Arten von Fahrradtachometern funktionieren. Erkläre anschließend die jeweilige Funktionsweise anhand einer Zeichnung.

4 ↗ Wie kannst du eine Leiterschleife oder eine Spule in einem Magnetfeld bewegen, ohne dass eine Induktionsspannung erzeugt wird? Beschreibe und erkläre.

5 ↗ Bei einem Induktionsherd wird die elektromagnetische Induktion genutzt, um Speisen zu erhitzen. Unter dem Kochfeld befindet sich eine Spule, die von einem Wechselstrom durchflossen wird.
a) Recherchiere, wie ein Induktionsherd funktioniert.
b) Erkläre, weshalb auf Induktionsherden nur bestimmte Metalltöpfe benutzt werden können.
c) Stelle die Vor- bzw. die Nachteile von Induktionsherden gegenüber herkömmlichen Herden in einer Tabelle einander gegenüber.

6 ➡ Untersuche die Umgebung eines Dynamos mit einem Kompass. Beschreibe und erkläre deine Beobachtung.

7 ➡ Schließe eine Zweifarben-Leuchtdiode an die Enden einer Spule mit vielen Windungen an. Schiebe einen Magneten in die Spule und ziehe ihn wieder hinaus. Beschreibe deine Beobachtung und erläutere den Zusammenhang mit Versuch **V1b** von S. 276.

8 ⬆ Wie in Versuch **V1** von S. 278 liegen zwei Spulen nebeneinander. Die erste ist mit einer Gleichspannungsquelle verbunden, die zweite mit einem Voltmeter. Plötzlich wird der Stromkreis der linken Spule unterbrochen.
a) Erkläre den Ausschlag am Messgerät.
b) Begründe die Bewegung des Zeigers beim Schließen des Stromkreises.

9

↗ Schütteltaschenlampen kommen ohne Batterien aus. Häufig steckt in ihrem Inneren ein kleiner Akku.
a) Recherchiere, wie eine solche Taschenlampe aufgebaut ist und fertige eine beschriftete Skizze des Aufbaus an.
b) Beschreibe die Funktionsweise der Taschenlampe und gehe dabei auch auf die zugrunde liegenden physikalischen Phänomene ein.
c) Recherchiere nach anderen Bauarten von Taschenlampen, die auch ohne Batterien auskommen. Beschreibe deren Funktionsprinzip mit eigenen Worten.

10 ➡ a) Recherchiere, in welchen Bereichen RFID-Chips zu finden sind und welche Aufgabe sie jeweils haben. Gib auch an, über welche Entfernungen die Informationen ausgelesen werden können.
b)Skizziere den Aufbau eines RFID-Lesegerätes und eines RFID-Chips und benenne die einzelnen Komponenten.

7.6 Der Generator

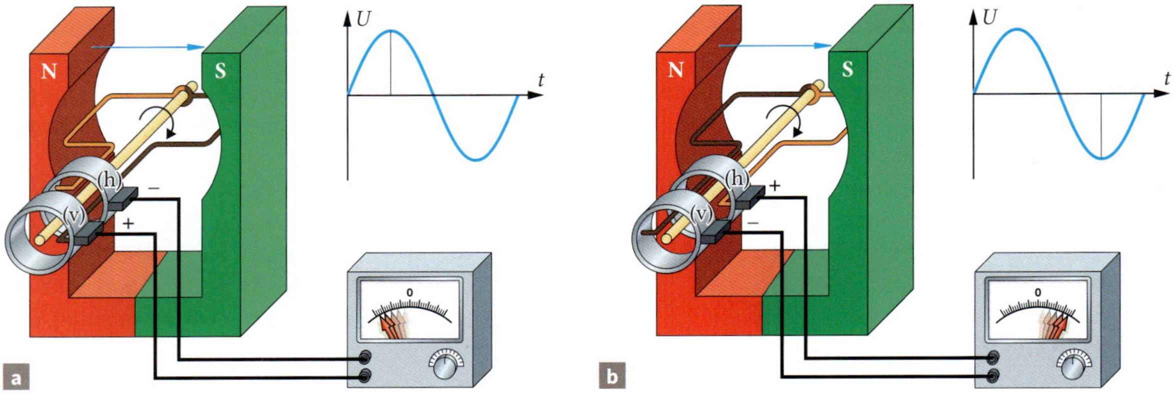

B1 *Eine Leiterschleife rotiert in einem Magnetfeld. An zwei Schleifringen wird die Induktionsspannung gemessen.*

Leiterschleife im Magnetfeld. Das Bild **B1** zeigt den prinzipiellen Aufbau eines **Generators.** In Wirklichkeit rotiert im Generator eine Spule. Sie wird hier durch eine einfache Leiterschleife ersetzt. Um den elektrischen Kontakt zwischen den rotierenden Bauteilen und den Anschlüssen herzustellen, verwendet man zwei Schleifringe. Das eine Ende der Leiterschleife ist fest mit dem vorderen Schleifring (v) und das andere Ende mit dem hinteren Schleifring (h) verbunden.

Das Bild **B1a** zeigt eine Momentaufnahme, bei der sich gerade die linke Hälfte der Leiterschleife nach oben und die rechte nach unten bewegt. Der hintere Schleifring (h) ist in diesem Augenblick der Minuspol des Generators, der vordere Schleifring (v) ist der Pluspol. Im Zeit-Spannungs-Diagramm ist der Spannungswert, der dieser Momentaufnahme entspricht, positiv.

Bild **B1b** zeigt die Stellung der Leiterschleife eine halbe Umdrehung später. Die Polung hat sich umgekehrt. Der vordere Schleifring (v) ist jetzt der Minus- und der hintere Schleifring (h) der Pluspol. Im Zeit-Spannungs-Diagramm ist der Spannungswert negativ.

In Bild **B1a** ist die Spannung positiv, in Bild **B1b** negativ. Dazwischen muss die Spannung an einer Stelle den Wert null haben. Das ist gerade dann der Fall, wenn die Schleife senkrecht steht.

! Merksatz

Ein einfacher Generator besteht aus einer Spule und einem Magneten. Dreht man die Spule im Magnetfeld, so entsteht zwischen ihren Enden eine Wechselspannung.

Arten von Generatoren. Statt einer einzelnen Leiterschleife verwendet man in Generatoren eine Spule mit vielen Windungen. Der Dauermagnet wird in Generatoren häufig durch einen Elektromagneten ersetzt, da dieser ein stärkeres magnetisches Feld erzeugen kann.

Den rotierenden Teil des Generators bezeichnet man als **Rotor** und den unbeweglichen Teil als **Stator.** Das Bild **B2** zeigt den Aufbau verschiedener Arten von Generatoren. Bei drehenden Spulen erfolgt ihr Anschluss über Schleifkontakte.

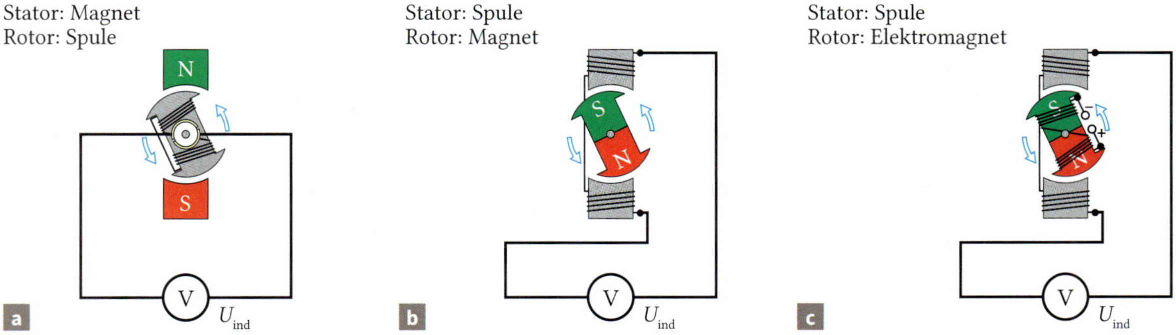

B2 *Verschiedene Arten von Generatoren*

Exkurs: Der Innenpolgenerator

Der Versuchsaufbau im Bild **B3** veranschaulicht das Prinzip eines **Innenpolgenerators.** Das Messgerät zeigt während der Rotation des Hufeisenmagneten eine Wechselspannung an. Der rotierende Hufeisenmagnet verursacht ständig eine Magnetfeldänderung in der Induktionsspule. Der U-förmige Eisenkern bündelt das Magnetfeld und verstärkt lediglich den Effekt. Die induzierte Wechselspannung kann an den Anschlüssen der ruhenden Induktionsspule abgegriffen werden. Der Generator kann höchstens so viel elektrische Energie an den Stromkreis abgeben, wie ihm an mechanischer Energie zugeführt wird. Schleifringe und Schleifkontakte sind hier nicht erforderlich.

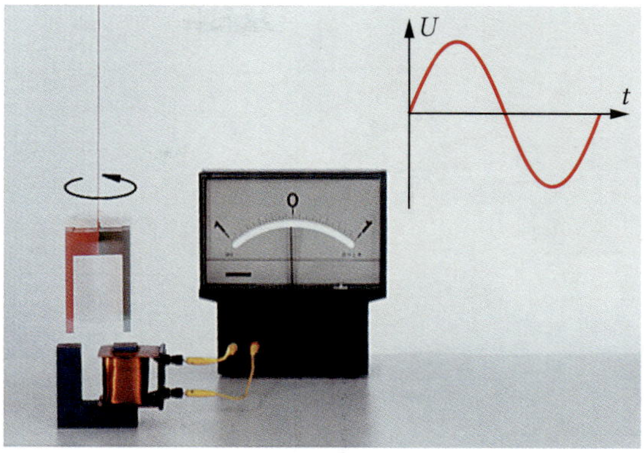

B3 *Versuchsaufbau zum Innenpolgenerator*

Für die großen Generatoren in Elektrizitätswerken ist dies besonders wichtig (Bild **B4**). Dort erzeugen sie Wechselspannungen von über 20 000 V und Stromstärken bis 100 000 A. So hohe Leistungen über Schleifkontakte abzugreifen, wäre unmöglich. Innenpolgeneratoren bestehen aus riesigen Induktionsspulen, in deren Mitte Elektromagnete rotieren. Diese müssen zwar wieder über Schleifkontakte mit einer Spannungsquelle verbunden werden, jedoch benötigen sie für den Betrieb viel geringere Stromstärken.

B4 *Innenpolgenerator*

Löse selbst

1 Wenn du dich mit einem Fahrrad mit Nabendynamo und LED-Beleuchtung langsam bewegst, flackert das Licht. Erkläre.

2

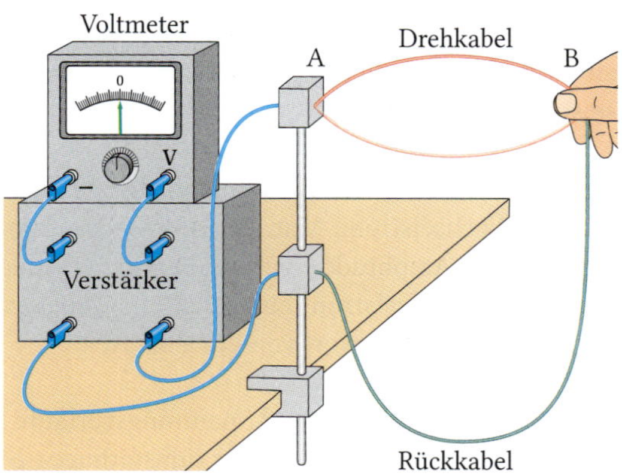

Befestigt das Ende eines langen Experimentierkabels (2,50 m) an einer Isolierklemme. Haltet das Kabel am Punkt B zwischen Daumen und Zeigefinger fest und legt vom Punkt B ein Rückkabel zu einer zweiten Isolierklemme. Schließt an die Isolierklemmen ein empfindliches Spannungsmessgerät mit Nullpunkt in der Mitte an. Lasst das Teilstück AB des Kabels wie beim Seilhüpfen rotieren.
Beobachtet und erklärt, was passiert, wenn ihr die Drehachse des Kabels einmal in Ost-West-Richtung, ein anderes Mal in Süd-Nord-Richtung legt.

3 a) Beschreibe deine Beobachtungen, wenn du mit dem Handgenerator eine Glühlampe mit geringerer Spannung betreibst als vom Hersteller angegeben.
b) Erkläre, was geschieht, wenn du am Handgenerator schneller kurbelst.

4 Probiere es aus: Kann ein kleiner Gleichstrommotor als Generator dienen, um eine LED zum Leuchten zu bringen?

7.7 Wechselstrom

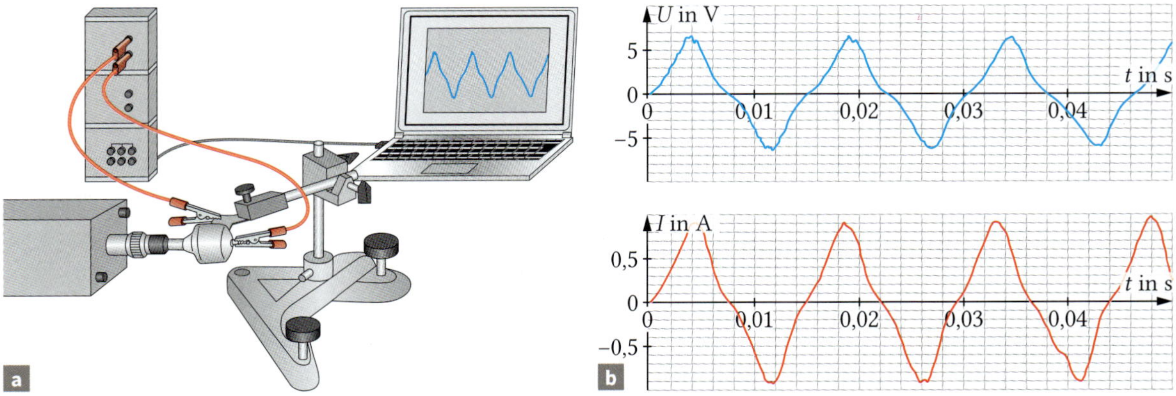

B1 *a) Ein Fahrraddynamo wird von einem Elektromotor angetrieben. Mit Hilfe eines digitalen Messgeräts und eines Computers wird der zeitliche Verlauf der Spannung aufgezeichnet. b) Zeit-Spannungs-Diagramm und c) Zeit-Stromstärke-Diagramm.*

Wechselspannung und Wechselstrom. Die Spannung des Hausstromnetzes beträgt 230 V. Dabei handelt es sich um eine Wechselspannung (Symbol ~), also eine Spannung, deren Polung sich ständig ändert. Außerdem ändert sich beim Hausstromnetz auch der Betrag der Spannung ständig. Welche Bedeutung hat dann der eine Spannungswert von 230 V?

Da ein Experiment mit Netzspannung gefährlich ist, untersuchen wir die Wechselspannung eines kleinen Generators, den du vielleicht schon benutzt hast – den Fahrraddynamo. Damit sich dieser gleichmäßig dreht, treiben wir ihn mit einem Elektromotor an (Bild **B1a**). Mit einem digitalen Messgerät zeichnen wir das Zeit-Spannungs-Diagramm auf (Bild **B1b**). Wie erwartet ändern sich die Polung und der Betrag der Spannung ständig. Nun schalten wir ein Lämpchen in den Stromkreis und nehmen das Zeit-Stromstärke-Diagramm auf (Bild **B1c**). Das Diagramm zeigt, dass sich der Betrag der Stromstärke ständig ändert. Auch der Strom fließt abwechselnd in die eine und dann in die andere Richtung, erkennbar an den positiven und negativen Werten.

Das lässt sich auch begründen:

- Die Elektronen bewegen sich außerhalb des Generators vom Minus- zum Pluspol. Da hier die Polung regelmäßig wechselt, ändert sich auch die Bewegungsrichtung der Elektronen periodisch.
- Man kann am Diagramm ablesen, dass die Spannung zwischen +6 V und −6 V schwankt. Weil die Stromstärke von der Spannung – und dem Widerstand des Lämpchens – abhängt, bewirken sich ändernde Spannungswerte im Stromkreis auch sich ändernde Stromstärkewerte.

Die effektive Spannung. Den Maximalwert von 6 V nennt man **Amplitude.** Wenn man die Spannung des Dynamos mit einem Voltmeter misst, das auf Wechselspannung (~) eingestellt ist, zeigt es einen Wert von nur ca. 4 V an, der sich nicht ändert. Woher kommt dieser Unterschied?

Weil der Betrag der Wechselspannung fast immer kleiner als 6 V ist, wird ein Lämpchen im Mittel weniger hell leuchten als bei einer gleichbleibenden Spannung von 6 V. Man hat nun festgestellt: Ein mit Gleichspannung (Symbol =) betriebenes Lämpchen leuchtet bei einem Spannungswert von 4 V genauso hell wie bei einer Wechselspannung mit der Amplitude 6 V. In beiden Fällen wird in der gleichen Zeitspanne die gleiche Menge Energie umgewandelt. Die Leistung ist gleich groß. Man sagt, die Wechselspannung mit der Amplitude 6 V ist nur so effektiv wie eine 4-V-Gleichspannung. Diesen Wert von 4 V nennt man deshalb den **Effektivwert** der Wechselspannung. Dieser Effektivwert wird von einem Voltmeter angezeigt, wenn man es auf Wechselspannung einstellt.

Die effektive Stromstärke. Entsprechendes gilt auch für den Wechselstrom: Man liest im t-I-Diagramm in Bild **B1c** eine Amplitude von 0,9 A ab. Die Messung mit einem auf Wechselstrom eingestellten Amperemeter ergibt einen Effektivwert von etwa 0,6 A.

Auch für andere Strom- und Spannungsverläufe lässt sich ein Effektivwert angeben. Für sinusförmige t-I- bzw. t-U-Diagramme z. B. ergibt sich der Effektivwert aus dem Amplitudenwert dividiert durch $\sqrt{2}$.

Die Frequenz der Wechselspannung. Aus dem *t*-*U*-Diagramm des Haushaltsnetzes (Bild **B2**) liest man eine Spannungsamplitude von 325 V ab. Da die Kurve im *t*-*U*-Diagramm einen sinusförmigen Verlauf hat, ergibt sich der Effektivwert der Spannung zu:

$$325\ \text{V} : \sqrt{2} = 230\ \text{V}.$$

Dieser Wert entspricht tatsächlich der Spannung, die ein Voltmeter anzeigt, wenn es auf Wechselspannung (~) eingestellt ist.

Im *t*-*U*-Diagramm erkennt man aber auch den periodischen Verlauf der Spannung. Der zeitliche Abstand zwischen zwei benachbarten Zeitpunkten, an denen die Spannung ihren Maximalwert erreicht, beträgt regelmäßig 0,020 s. Dieser Vorgang wiederholt sich 50-mal pro Sekunde. Man sagt, die **Frequenz** der Wechselspannung beträgt 50 Hz (Hertz).

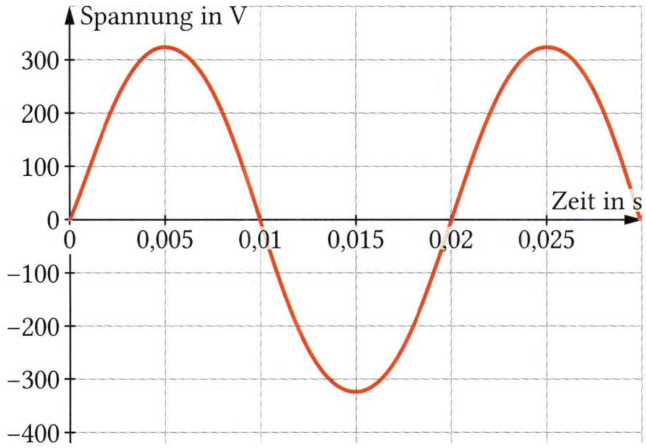

B2 *Zeit-Spannungs-Diagramm des Haushaltsnetzes*

Merksatz

Bei der Spannung des Hausstromnetzes handelt es sich um eine Wechselspannung mit einer Frequenz von 50 Hz. Die Effektivspannung beträgt 230 V, die Amplitude der Wechselspannung ist 325 V.

Löse selbst

1 Handyladegeräte sind mit AC/DC beschriftet. Finde heraus, was das bedeutet.

2 Schließe eine Leuchtdiode über einen Widerstand an eine Wechselspannungsquelle an und schleudere sie anschließend im Kreis. Beschreibe und erkläre.
Hinweis: Eine Diode lässt Strom nur in einer Richtung zu.

Exkurs: Nabendynamo und Graetz-Schaltung

Der Nabendynamo

Beim Nabendynamo steckt eine Spule in zwei Eisenkäfigen fest (Bild **B3**). Die Nabe enthält einen magnetischen Zylinder mit vielen Magnetpolen und dreht sich um zwei Eisenkäfige. Diese werden ständig wechselnd magnetisiert. Durch diese Magnetfeldänderung entsteht an der Spule eine elektrische Spannung.

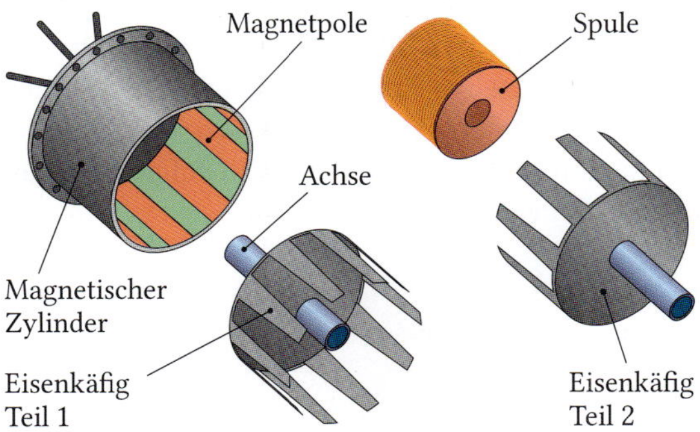

B3 *Teile eines Nabendynamos*

Gleichrichten von Wechselstrom

Wenn ein Gleichstrommotor (Nennspannung $U \approx 6$ V) an eine regelbare Wechselspannung ($U < 12$ V) angeschlossen wird, dreht er sich nicht kontinuierlich. Mit Dioden kann Wechselstrom gleichgerichtet werden. Verwendet man zur Gleichrichtung nur eine Diode und ist diese gerade in Sperrrichtung gepolt, so fließt kein Strom durch den Motor. Eine verbesserte Schaltung besteht aus vier Dioden (Bild **B4**).

3 Schließe einen Gleichstrommotor an eine Graetz-Schaltung (Bild **B4**). Erhöhe die Spannung vorsichtig bis 3 V. Beobachte den Motor. Beschreibe.

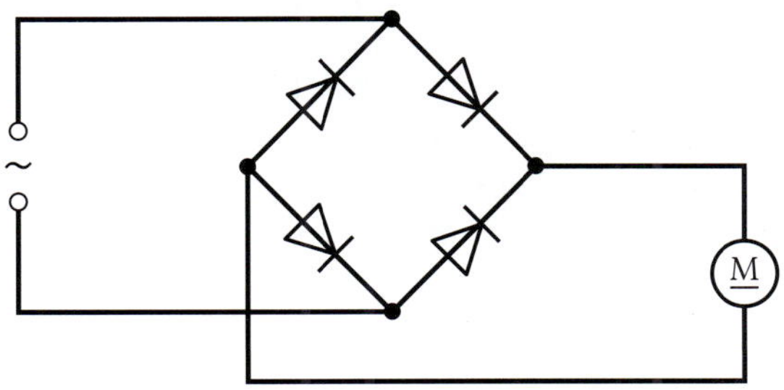

B4 *Schaltplan einer Graetz-Schaltung*

7.8 Der Elektromotor

B1 *E-Bike mit Elektromotor*

B3 *Geöffneter Motor eines E-Bikes*

Funktionsweise des Elektromotors. Elektromotoren findest du als zentrales Bauteil in vielen Geräten und Fahrzeugen wie z.B. in E-Bikes (Bild **B1**). Im Prinzip besteht ein Elektromotor aus zwei Magneten. Ein Magnet (**Stator**) ist fest mit dem Motorgehäuse verbunden. Der zweite Magnet (**Rotor**) rotiert um eine Achse. Bei mindestens einem dieser Magneten muss es sich um einen Elektromagneten handeln.

Wenn sich der Rotor in der in Bild **B2a** gezeigten Position befindet, bewirkt die Abstoßung zwischen den beiden gleichnamigen Magnetpolen eine Drehung im Uhrzeigersinn. Der Rotor dreht sich weiter bis sich die ungleichnamigen Pole gegenüberstehen. Der Rotor befindet sich jetzt im **Totpunkt** (Bild **B2b**), wo er normalerweise zur Ruhe kommen würde. Deshalb wird nun der Stromkreis unterbrochen. Der Rotor ist nicht mehr magnetisch und dreht sich aufgrund seiner Trägheit weiter.

Nun wird der Stromkreis in umgekehrter Richtung wieder geschlossen. Die Umpolung erfolgt mit einem Stromwender (**Kommutator**). Jetzt stehen sich wieder gleichnamige Pole gegenüber und stoßen sich ab. Der Rotor dreht sich weiter, bis sich erneut die ungleichnamigen Pole gegenüberstehen (Bild **B2c**). Dieser Vorgang wiederholt sich, solange der Motor mit einer Spannungsquelle verbunden ist.

! Merksatz

Der Elektromotor dreht sich aufgrund der anziehenden und abstoßenden Kräfte zwischen dem sich drehenden Rotor und dem feststehenden Stator.

Wenn man den Vorgang umkehrt und den Rotor des Elektromotors in Bild **B2** von Hand bewegt, dann entsteht an den Anschlüssen der Spule eine Spannung. Der Elektromotor funktioniert dann als Generator.

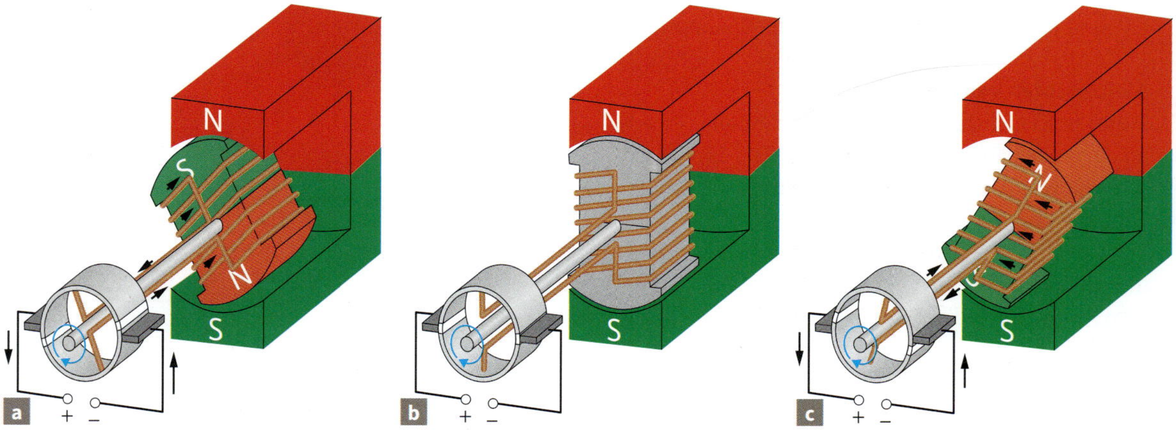

B2 *Elektromotor mit Schleifring als Stromwender: a) und c) mit umgekehrter Stromrichtung. b) Der Rotor dreht sich wegen seiner Trägheit über den Totpunkt hinweg.*

Exkurs: Die Lorentzkraft bei Leiterschaukel und Elektromotor

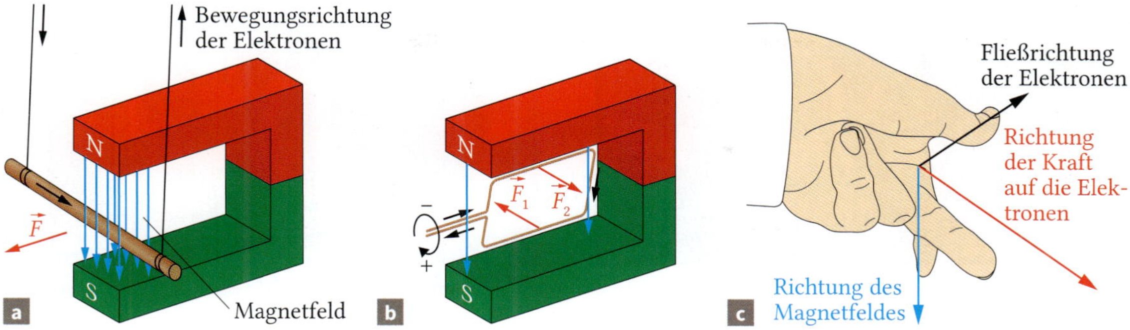

B3 *a) Leiterschaukel, b) Leiterschleife im Magnetfeld, c) Drei-Finger-Regel der linken Hand*

Wenn man eine Leiterschaukel in das homogene Magnetfeld eines Hufeisenmagneten bringt und den Strom einschaltet, dann wirkt sie ausgelenkt (Bild **B3a**). Die Ursache ist eine Kraft, die auf die Elektronen im Leiter wirkt, wenn sie sich in einem Magnetfeld bewegen. Diese Kraft heißt **Lorentzkraft.** Mit Hilfe der Lorentzkraft können wir eine alternative Erklärung für die Kraftwirkungen beim Elektromotor geben.

Zur Vereinfachung betrachten wir statt einer Rotorspule eine rotierende Leiterschleife (Bild **B3b**), durch die Elektronen fließen. Die Elektronen bewegen sich im Magnetfeld des Stators. Daher wirkt auf sie die Lorentzkraft. Die Richtung der Kraft kann mit der Drei-Finger-Regel der linken Hand bestimmt werden (Bild **B3c**). Der Daumen der linken Hand zeigt in die Fließrichtung der Elektronen, der Zeigefinger in die Richtung des Magnetfeldes (von Nord nach Süd). Der senkrecht hierzu abstehende Mittelfinger gibt dann die Richtung der Kraft auf die Elektronen an. Mit dieser Regel kannst du die im Bild **B3b** eingezeichnete Richtung der Kräfte überprüfen.

In den waagerechten Abschnitten der Leiterschleife ist die Kraft senkrecht zur Drehachse gerichtet. Die dort wirkenden Kräfte $\vec{F}_1$ und $\vec{F}_2$ bewirken die Drehung des Rotors. Die Kräfte in den senkrechten Leiterabschnitten heben sich auf.

Löse selbst

1 ➡ Nenne mehrere Alltagsgeräte, in denen ein Elektromotor eingebaut ist.

2 ↗ Beschreibe was passiert, wenn jemand beim Bau des Elektromotors den Kommutator vergisst.

3 ↗ Um die Reichweite von Elektroautos zu erhöhen verwendet man sogenannte Rekuperationssysteme.
a) Recherchiere, was man unter einem Rekuperationssystem versteht und welche anderen Fortbewegungsmittel solche Systeme ebenfalls nutzen. Achte dabei darauf, welches Bauteil die Energie umwandelt.
b) Gib an, wie groß die Energieeinsparung bei solchen Systemen (z. B. bei Elektroautos) sein kann und unter welchen Bedingungen man möglichst viel Energie zurückgewinnen kann.

4

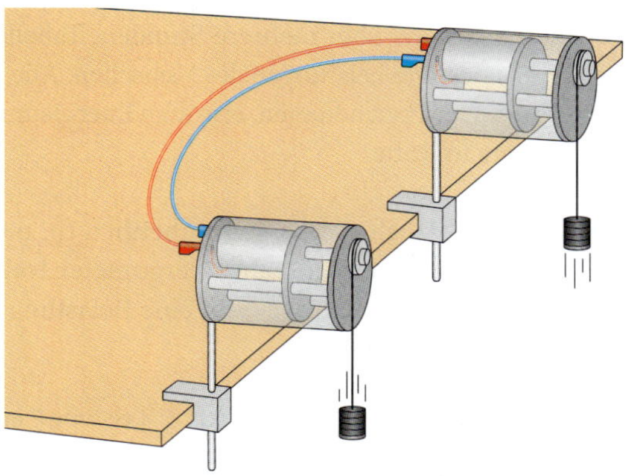

↗ Betrachte den obigen Versuchsaufbau.
a) Erkläre was passiert, wenn das linke Massestück losgelassen wird und sich nach unten bewegt.
b) Erläutere, welche Funktion die beiden Geräte jeweils haben.

7.9 Elektrische Energie und Leistung

B1 *Bergwandern*

B2 *Bei höherer Leistung sind die Haare schneller trocken.*

Leistung im Alltag. Beim Bergwandern (Bild **B1**) rechnet man damit, dass man im Durchschnitt 300 m Höhe pro Stunde gewinnt. Eine wandernde Person, die das schneller schafft, hat die Strecke mit größerer Leistung zurückgelegt: Sie hat den gleichen Zuwachs an Lageenergie in kürzerer Zeit erzielt.

Die **Leistung** P ist allgemein als der Quotient aus umgesetzter Energie ΔE und benötigter Zeit Δt definiert:

$$P = \frac{\Delta E}{\Delta t}.$$

Die Einheit der Leistung ist das **Watt:** $1\ \text{W} = 1\ \frac{\text{J}}{\text{s}}$.

Hat die Person eine Masse von 64 kg und zusätzlich 8 kg Gepäck auf dem Rücken, so ist ihre Leistung bei 300 Höhenmeter pro Stunde:

$$P = \frac{\Delta E}{\Delta t} = \frac{m \cdot g \cdot \Delta h}{\Delta t} = \frac{72\ \text{kg} \cdot 10\ \frac{\text{N}}{\text{kg}} \cdot 300\ \text{m}}{3600\ \text{s}} = 60\ \text{W}.$$

Gut trainierte Personen erbringen beim Wandern diese Leistung durchaus über mehrere Stunden. Tabelle **T1** zeigt einige weitere Leistungen des Menschen. Alle sind zum Grundumsatz zu addieren, also zum Energieumsatz des Körpers in Ruhe.

Viele Menschen halten sich gesundheitlich fit, indem sie regelmäßig auf einem Fahrradergometer trainieren. Für trainierte 30-Jährige wird eine Belastung von 150-170 W empfohlen.

Aktivität des Menschen	Leistung P in W
Gehen	ca. 40
Treppensteigen, Garten-/Hausarbeit, langsames Radfahren, Schwimmen	ca. 100
Kurzzeitsport	50 bis 500
Ausdauersport (Joggen, Radfahren)	100 bis 200

T1 *Beispiele für einige Leistungen des Menschen*

Leistung und Energie. Wie lange das Haareföhnen dauert, hängt von der Leistung des Haartrockners ab (Bild **B2**). Ein kleiner Reiseföhn mit einer Leistung von nur 500 W erhitzt pro Sekunde weniger Luft als ein starkes Gerät mit einer Leistung von 2000 W. Das stärkere Gerät nimmt pro Sekunde vier Mal so viel elektrische Energie auf wie das schwächere und kann entsprechend mehr Luft erhitzen und in Bewegung setzen.

Oft kennt man die Leistung eines elektrischen Geräts und möchte die Energie berechnen, die in einer bestimmten Zeit umgesetzt wird. Löst man die Gleichung für die Leistung nach ΔE auf, so ergibt sich:

$$\Delta E = P \cdot \Delta t.$$

Ist z. B. $P = 500\ \text{W}$ und wird das Gerät 60 s lang betrieben, dann ist $\Delta E = P \cdot \Delta t = 500\ \text{W} \cdot 60\ \text{s} = 30\,000\ \text{Ws}$.

Häufig wird statt der Einheit 1 J die Einheit 1 Ws (Wattsekunde) zur Angabe von Energien benutzt. Es gilt:

$$1\ \text{Ws} = 1\ \text{W} \cdot 1\ \text{s} = 1\ \frac{\text{J}}{\text{s}} \cdot 1\ \text{s} = 1\ \text{J}.$$

Im Alltag misst man die Energie auch in **Kilowattstunden:** $1\ \text{kWh} = 1000\ \text{W} \cdot 3600\ \text{s} = 3\,600\,000\ \text{J}$.

! Merksatz

Wattsekunde (Ws) und Kilowattstunde (kWh) sind praktische Einheiten für die Energie. Es gilt:
$1\ \text{Ws} = 1\ \text{J};\ \ 1\ \text{kWh} = 3\,600\,000\ \text{J}.$

In Versuch **V1** kannst du die Größenordnung der Einheit Kilowattstunde selbst erfahren, indem du ein Lämpchen mit einem Kurbelgenerator zum Leuchten bringst. Obwohl das Kurbeln anstrengend ist, zeigt dir die Rechnung, dass du sehr lange kurbeln musst, um einen Energieumsatz von 1 kWh zu erreichen.

Elektrische Energie und Leistung berechnen. Die Energie zum Betreiben der elektrischen Geräte im Haushalt wird vom Elektrizitätswerk über Stromleitungen zur Steckdose geliefert. Die Geräte nutzen diese Energie, um Licht, Wärme oder mechanische Energie wieder abzugeben.

An jedem elektrischen Gerät liegt eine Spannung U an, und es fließt Strom mit der Stromstärke I hindurch. Wir wissen bereits, dass die Spannung am Gerät gleich der dort abgegebenen Energie pro Ladung ist:

$$U = \frac{E_{\text{el}}}{Q}.$$

Andererseits ist die Stromstärke an einer Stelle im Stromkreis gleich der dort fließenden Ladung pro Zeit:

$$I = \frac{Q}{t}, \text{ multiplizieren mit } t \text{ ergibt } Q = I \cdot t.$$

Wir setzen die Gleichung für Q in die Gleichung für U ein und multiplizieren auf beiden Seiten mit I:

$$U \cdot I = \frac{E_{\text{el}}}{I \cdot t} \cdot I = \frac{E_{\text{el}}}{t}.$$

Auf der rechten Seite der Gleichung steht die abgegebene Energie pro Zeit, also die Leistung. Die hergeleitete Formel erlaubt es uns somit, die Leistung eines Elektrogeräts durch die elektrischen Größen U und I auszudrücken: $P = U \cdot I$. Mit dieser Formel lässt sich die Leistung von elektrischen Geräten beschreiben und damit ihr Energieumsatz erfassen. In der Technik ist die Leistung eine häufig verwendete Angabe zur Beschreibung von elektrischen Geräten.

! Merksatz

Die Leistung eines Elektrogeräts lässt sich aus der anliegenden Spannung und der Stromstärke im Gerät berechnen:

$$P = U \cdot I.$$

Für die Einheiten gilt: 1 W = 1 V · 1 A.

Wenn man diese Formel mit dem Zusammenhang $U = R \cdot I$ kombiniert, erhält man zwei weitere Formeln:

$$P = U \cdot I = U \cdot \frac{U}{R} = \frac{U^2}{R} \text{ bzw.}$$

$$P = U \cdot I = R \cdot I \cdot I = R \cdot I^2$$

Das bedeutet zum Beispiel, dass sich bei Verdoppelung der Stromstärke die Leistung eines Geräts vervierfacht, wenn der Widerstand gleich bleibt. Bei dreifacher Stromstärke ergibt sich dann die neunfache Leistung.

V1 Leistung selbst erfahren

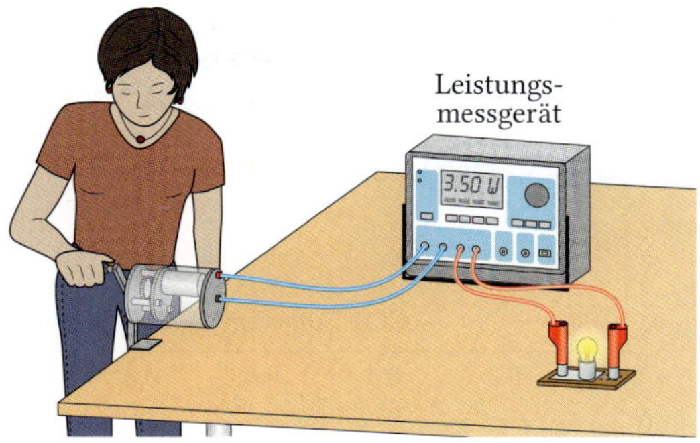

Baue mit dem Dynamogerät den oben gezeigten Versuch auf und bringe durch Kurbeln ein Lämpchen zum Leuchten.
Berechne, wie lange du kurbeln müsstest, um einen Umsatz an elektrischer Energie von 1 kWh zu erreichen.

Beispielaufgabe

Wie viel ist eine Kilowattstunde?

a) Berechne, wie lange du deine Haare mit einer Energie von 1 kWh föhnen kannst, wenn die Leistung des Haartrockners 2000 W beträgt.
b) Berechne, wie viel zehn Minuten Föhnen kostet, wenn der Strompreis 30 Cent pro Kilowattstunde elektrischer Energie beträgt.

Lösung:

a) Um die Zeitspanne Δt zu ermitteln, die man seine Haare mit 1 kWh elektrischer Energie föhnen kann, dividieren wir die Gleichung $\Delta E = P \cdot \Delta t$ auf beiden Seiten durch P:

$$\Delta t = \frac{\Delta E}{P}.$$

Wir setzen ΔE = 1 kWh = 1000 Wh und P = 2000 W ein. Es ergibt sich:

$$\Delta t = \frac{1000 \text{ Wh}}{2000 \text{ W}} = \frac{1}{2} \text{ h}.$$

Du kannst also mit einer Energie von 1 kWh eine halbe Stunde lang deine Haare föhnen.

b) Wir schreiben zunächst 10 min = $\frac{1}{6}$ h. Damit ist:

$$\Delta E = P \cdot \Delta t = 2000 \text{ W} \cdot \tfrac{1}{6} \text{ h} = 333 \text{ Wh} = \tfrac{1}{3} \text{ kWh}.$$

Wenn eine Kilowattstunde 30 Cent kostet, dann kosten zehn Minuten föhnen somit 10 Cent.

7.9 Elektrische Energie und Leistung

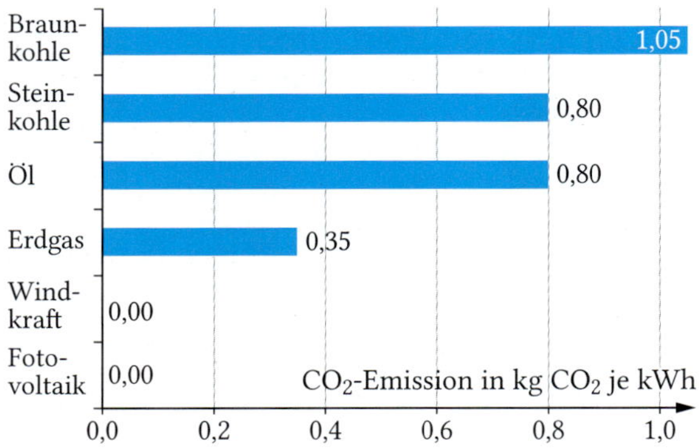

B1 *CO_2-Emission verschiedener Energieträger bei der Stromerzeugung. Es wird angegeben, wie viele Kilogramm CO_2 freigesetzt werden, um 1 kWh an elektrischer Energie bereitzustellen (Quelle: DPG).*

V1 Energie beim Erhitzen von Wasser

Erhitze 1 l Wasser in einem Wasserkocher von Zimmertemperatur (20 °C) bis zum Sieden (100 °C). Lies die Nennleistung des Wasserkochers vom Typenschild ab. Miss mit einer Stoppuhr die zum Erhitzen benötigte Zeit.

Elektrische Energie und CO_2-Emissionen. Mit Energie sollte man sparsam umgehen. Dieses Prinzip wird schon seit Langem vertreten, weil man weiß, dass die Vorräte an Öl, Kohle und Gas begrenzt sind. Diese sogenannten **fossilen Energieträger** werden in Kraftwerken zur Stromerzeugung eingesetzt.

Seit der Debatte um wirksame Maßnahmen zum Klimaschutz ist die Verringerung des Ausstoßes von Kohlenstoffdioxid (CO_2) ein wichtiges Anliegen, denn CO_2 trägt als Treibhausgas zur Erderwärmung bei. Beide Themen – Energiesparen und CO_2-Emission – sind eng miteinander verknüpft: Immer, wenn Öl, Kohle oder Gas zur Stromerzeugung verbrannt werden, entsteht auch CO_2. Es finden chemische Reaktionen statt, bei denen thermische Energie freigesetzt wird. Bei der Verbrennung von 1 kg eines Brennstoffs entsteht eine ganz bestimmte Menge an CO_2, und es wird eine ganz bestimmte Reaktionswärme freigesetzt.

Bild **B1** gibt eine Übersicht, wie viel CO_2 bei der Stromerzeugung in die Atmosphäre abgegeben wird, wenn 1 kWh elektrischer Energie in das Stromnetz eingespeist wird. Dabei ist bereits der Wirkungsgrad der Kraftwerke berücksichtigt: Nur ca. 40 % der vom Brennstoff abgegebenen thermischen Energie lassen sich nämlich in elektrische Energie umwandeln. Wir können die folgende Faustregel ablesen.

! Merksatz

Faustregel: Bei der Produktion von 1 kWh Strom aus fossilen Energieträgern werden ungefähr 800 g CO_2 freigesetzt.

Braunkohlekraftwerke stoßen etwas mehr als 800 g CO_2 pro kWh aus, Erdgaskraftwerke etwas weniger. Deshalb gelten Erdgaskraftwerke als umweltfreundlicher. Die Faustregel kann in Überschlagsrechnungen zur groben Abschätzung von CO_2-Emissionen eingesetzt werden.

Bei der Stromerzeugung mit erneuerbaren Energien, z. B. Windkraft und Fotovoltaik, wird kein CO_2 freigesetzt. Bei den Zahlen in Bild **B1** ist jedoch nicht berücksichtigt, dass bei der Errichtung einer Fotovoltaikanlage CO_2 emittiert wird, ebenso wie beim Bau und Betrieb eines Kohlekraftwerks.

Ermitteln von CO_2-Emissionen. Wir können diese Zusammenhänge nutzen, um CO_2-Emissionen bei Vorgängen in Alltag und Technik zu ermitteln. „Ermitteln" bedeutet dabei nicht unbedingt „direkt messen", denn das ist in den meisten Fällen nicht möglich. Stattdessen geht es um das Abschätzen mit Hilfe von physikalischen Gesetzmäßigkeiten und Erfahrungswerten. Bei komplexeren Problemen ist dies oft die einzige Möglichkeit, überhaupt ein Ergebnis zu erhalten.

CO_2-Emission beim Teekochen. Beim Zubereiten von Tee muss Wasser von Zimmertemperatur auf 100 °C erhitzt werden. Wie in Versuch **V1** beschrieben, messen wir die dazu benötigte Zeit für 1 l Wasser. Aus der Leistung des Wasserkochers (z. B. 2200 W) und der gemessenen Zeitspanne Δt lässt sich nach $\Delta E = P \cdot \Delta t$ die zugeführte Energie berechnen. Für $\Delta t = 164$ s ergibt sich:

$$\Delta E = 2200 \text{ W} \cdot 164 \text{ s} = 361 \text{ kJ} = 0{,}10 \text{ kWh}.$$

Zum Erhitzen von 1 l Teewasser ist somit eine Energie von 0,1 kWh nötig.

Nach der Faustregel werden dabei 80 g CO_2 freigesetzt, falls der verwendete Strom mit fossilen Energieträgern erzeugt wurde. Bei Strom aus erneuerbaren Energien wird kein CO_2 freigesetzt.

Im Einzelfall lässt sich nicht feststellen, wie der Strom aus der Steckdose erzeugt wurde. Man kann aber beim Energieversorger einen zertifizierten Ökostromtarif buchen. Das bedeutet: Durch eine unabhängige Prüfstelle wird kontrolliert, dass in das Stromnetz mindestens so viel Strom aus erneuerbaren Energien zusätzlich eingespeist wird, wie im Ökostromtarif abgegeben wird. Dadurch steigt insgesamt der Anteil der erneuerbaren Energien bei der Stromerzeugung.

CO_2-Emission beim Föhnen. Wir haben oben berechnet, dass man sich mit 1 kWh elektrischer Energie eine halbe Stunde lang föhnen kann. Für zehn Minuten Föhnen braucht man also $\frac{1}{3}$ kWh. Nach der Faustregel werden dazu $\frac{1}{3} \cdot 800\ \text{g} = 267\ \text{g}$ CO_2 emittiert, sofern der Strom mit fossilen Energieträgern erzeugt wird. Wer sich alle zwei Tage föhnt, verursacht also 49 kg CO_2 im Jahr.

Zum Vergleich: Um klimagerecht zu leben, dürfte jeder Erdenbewohner nur 1 Tonne CO_2 pro Jahr erzeugen. In Deutschland erzeugt jeder Mensch derzeit etwa 10 Tonnen CO_2 pro Jahr.

100 km mit einem Elektroauto fahren. Bei Tests von Elektroautos werden die Reichweite und die Kapazität des Akkus angegeben, z. B. eine Reichweite von 455 km mit einem 64-kWh-Akku. Die für eine Strecke von 100 km benötigte Energie beträgt also 14 kWh. Wenn der Strom zum Aufladen aus einem Kraftwerk mit fossilen Energieträgern kommt, verursacht dies nach der Faustregel $14 \cdot 0{,}8\ \text{kg} = 11{,}2\ \text{kg}$ CO_2. Stammt der Strom aus erneuerbaren Energien, wird kein CO_2 freigesetzt.

100 km mit einem Verbrennungsauto fahren. Um 100 km mit einem Auto mit Verbrennungsmotor zu fahren, werden etwa fünf Liter Benzin verbraucht. Die CO_2-Emission beim Verbrennen von Benzin kann man in Tabellen recherchieren: Es sind 2,3 kg CO_2 pro Liter Benzin. Für eine Strecke von 100 km ergibt sich also eine CO_2-Emission von $5 \cdot 2{,}3\ \text{kg} = 11{,}5\ \text{kg}$ CO_2.

Ein Vergleich zeigt: Elektroautos führen nur dann zu einer nennenswerten CO_2-Einsparung, wenn sie mit Strom aus erneuerbaren Energien betrieben werden.

B2 *Verursachen Elektroautos stets weniger CO_2-Emissionen?*

B3 *Fernreisen gelten als schädlich für die CO_2-Bilanz.*

Fernreise mit dem Flugzeug. Fernreisen gelten als besonders schädlich für die CO_2-Bilanz. Pro Person und Kilometer wird von einem Flugzeug etwa so viel CO_2 freigesetzt wie von einem Verbrennungsauto, allerdings in großer Höhe, wo es schädlicher ist. Das Problem liegt darin, dass die zurückgelegten Strecken viel weiter sind. Die meisten Pkw fahren pro Jahr etwa 10 000 bis 20 000 km. Mit einem einzelnen Flug nach Australien sorgt eine Person deshalb schon für so viele CO_2-Emissionen wie mit einem ganzen Jahr Autofahren. Der Rückflug verursacht noch einmal so viele Emissionen.

Löse selbst

1 ➡ Begründe, warum Braunkohlekraftwerke zur Stromerzeugung als besonders klimaschädlich gelten.

2 ➡ Ein Wäschetrockner hat einen Energieumsatz von ca. 2 kWh pro Trockengang. Schätze ab, wie viel CO_2 pro Jahr dein Haushalt einsparen könnte, wenn die Wäsche auf der Wäscheleine trocknen würde.

3 ↗ Recherchiere, was man unter Strommix versteht. Wiederhole die Abschätzungen zum Elektroauto und zum Föhnen noch einmal mit den Zahlen zum aktuellen Strommix.

7.10 Der Transformator

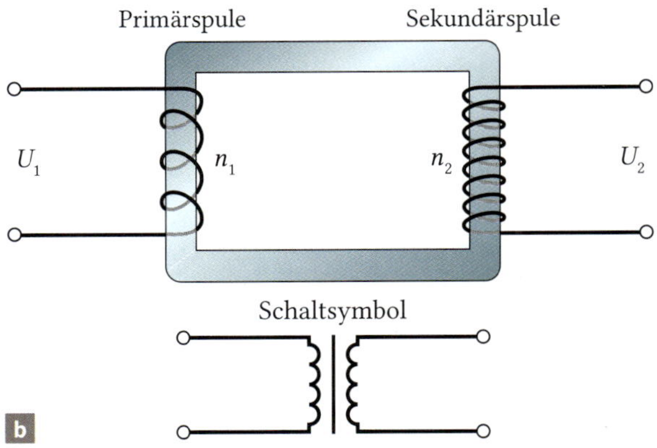

B1 *a) Ein Transformator in einem Umspannwerk, b) schematischer Aufbau eines Transformators*

Das Problem: Spannungen reduzieren. Ein Kraftwerk liefert eine Spannung von 380 kV. An der Steckdose kommen aber nur 230 V an. Viele Geräte im Haushalt benötigen schließlich nur noch wenige Volt. Das Umwandeln der Spannungen geschieht mit **Transformatoren**, etwa in einem Umspannwerk (Bild **B1a**). Mit Transformatoren lassen sich Wechselspannungen transformieren – zu höheren oder niedrigeren Spannungswerten. Das lässt sich fast ohne Energieverluste erreichen.

Aufbau eines Transformators. Ein Transformator (kurz: Trafo) besteht im Wesentlichen aus zwei Spulen, die elektrisch isoliert beide um einen geschlossenen Eisenkern gewickelt sind (Bild **B1b**). Ein Wechselstrom in der **Primärspule** erzeugt ein sich ständig änderndes Magnetfeld.

Durch Induktion erzeugt das sich ändernde Magnetfeld in der **Sekundärspule** eine Wechselspannung. Das geschieht, ohne dass die beiden Spulen elektrisch verbunden sind. Der geschlossene Eisenkern verstärkt diese Wirkung und sorgt für eine effektivere Übertragung auf die Sekundärspule. Im Versuch **V1** betrachten wir einen Transformator mit verschiedenen **Windungszahlen** n_1 und n_2.

V1 Spannungen am Transformator

Baue den gezeigten Transformator mit ringförmigem Eisenkern auf. Die Primärspule hat $n_1 = 600$ Windungen. Verwende für die Sekundärspule nacheinander Spulen mit 300, 600, 1200 und 3600 Windungen.
Stelle die regelbare Wechselspannungsquelle auf 4 V ein und schließe sie an die Primärspule an. Miss mit einem Voltmeter jeweils die Spannung an der Sekundärspule. Notiere die Werte in einer Tabelle.

Spannungen am Transformator. Tabelle **T1** zeigt die Messwerte des Versuchs **V1.** Wir stellen fest:

- Wenn n_2 (Sekundärspule) kleiner ist als n_1 (Primärspule), ist die Sekundärspannung immer kleiner als die Primärspannung: Aus $n_2 < n_1$ folgt $U_2 < U_1$.
- Wenn n_2 (Sekundärspule) größer ist als n_1 (Primärspule), ist die Sekundärspannung immer größer als die Primärspannung: Aus $n_2 > n_1$ folgt $U_2 > U_1$.

Wenn man andere Primärspannungen verwendet, erhält man das gleiche Ergebnis. Entscheidend für die Spannungswandlung ist das Verhältnis der Windungszahlen von Sekundär- und Primärspule.

n_1	600	600	600	600
n_2	300	600	1200	3600
$n_2 : n_1$	1 : 2	1 : 1	2 : 1	6 : 1
U_1	4 V	4 V	4 V	4 V
U_2	1,9 V	3,8 V	7,7 V	23 V
$U_2 : U_1$	1 : 2,1	1 : 1,1	1,9 : 1	5,8 : 1

T1 *Sekundärspannung U_2 in Abhängigkeit des Verhältnisses der Windungszahlen $n_2 : n_1$ bei fester Primärspannung $U_1 = 4,0$ V*

Vergleichen wir den Quotienten aus der Primärspannung U_1 und den gemessenen Sekundärspannungen U_2 mit den Quotienten der Windungszahlen $n_2 : n_1$, dann stellen wir fest: Die Spannungen am Transformator verhalten sich näherungsweise wie die Windungszahlen der Spule: $n_2 : n_1 = U_2 : U_1$.

Diese Regel gilt umso genauer, je kleiner die Stromstärke in der Sekundärspule ist. Man spricht vom **unbelasteten Transformator.**

! Merksatz

Wechselspannungen kann man mit einem Transformator verändern. Die Spannungen am Transformator verhalten sich (näherungsweise) wie die Windungszahlen der Spulen:

$$\frac{U_2}{U_1} = \frac{n_2}{n_1}.$$

Die Leistung bleibt erhalten. In Versuch **V2** schließen wir ein elektrisches Bauteil an die Sekundärspule an und untersuchen die Stromstärken im Primär- und Sekundärstromkreis. Wir messen:

$$U_1 = 20\text{ V}, I_1 = 15\text{ mA und } I_2 = 70\text{ mA}.$$

Mit $U_2 = U_N = 4$ V ergeben sich die Leistungen des Primär- und Sekundärstromkreises zu:

$$P_1 = U_1 \cdot I_1 = 0{,}30\text{ W bzw. } P_2 = U_2 \cdot I_2 = 0{,}28\text{ W}.$$

Die Leistungen im Primär- und im Sekundärstromkreis sind ungefähr gleich groß. Elektrische Energie kann also mit einem Transformator fast verlustfrei vom Primär- zum Sekundärstromkreis übertragen werden.

! Merksatz

Die elektrische Leistung bleibt beim Transformator nahezu erhalten, d. h. die elektrische Energie kann fast verlustfrei vom Primär- zum Sekundärstromkreis übertragen werden.

Windungszahlen und Stromstärke. Wenn man an die Sekundärspule ein Elektrogerät anschließt, fließt (je nach Sekundärspannung und Widerstand des Geräts) ein Strom. Da die Leistungen P_1 und P_2 im Primär- und im Sekundärstromkreis annähernd gleich groß sind, also annähernd $P_1 = P_2$ gilt, ergibt sich:

V2 Stromstärken im Transformator

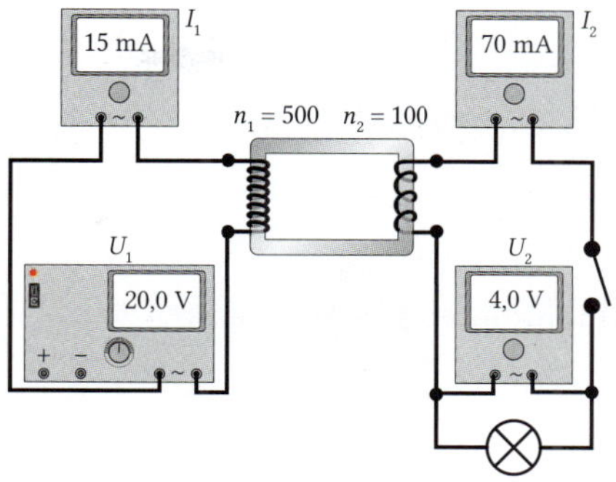

Stelle das Wechselstromnetzgerät auf 0 V ein und verbinde es mit der Primärspule ($n_1 = 500$). Verbinde das Lämpchen (Nennspannung $U_N = 4$ V, $I = 70$ mA) mit der Sekundärspule ($n_2 = 100$). Stelle das Multimeter für eine Wechselspannungsmessung ein ($U\sim$) und schließe es an das Lämpchen an. Erhöhe die Spannung des Netzgerätes, bis das Multimeter eine Spannung von $U_2 = 4{,}0$ V zeigt. Miss nun die Spannung U_1 des Netzgerätes und die Stromstärken I_1 im Primär- und I_2 im Sekundärstromkreis (Multimetereinstellung $I\sim$). Berechne die Leistungen P_1 und P_2.

	n	U	I	P
Primärseite	500	20 V	15 mA	0,30 W
Sekundärseite	100	4 V	70 mA	0,28 W
Verhältnis Primärseite zu Sekundärseite	5 : 1	5 : 1	1 : 4,7	1,1 : 1

T2 *Stromstärke, Spannung und Leistung in Versuch* ***V2***

$$U_2 \cdot I_2 = U_1 \cdot I_1 \quad \text{bzw.}$$
$$I_2 : I_1 = U_1 : U_2.$$

Ersetzen wir das Spannungsverhältnis $U_2 : U_1$ durch das Windungszahlenverhältnis $n_1 : n_2$, so folgt:

$$I_2 : I_1 \approx n_1 : n_2$$

! Merksatz

Die Stromstärken am Transformator verhalten sich (näherungsweise) umgekehrt wie die Windungszahlen der Spulen:

$$\frac{I_2}{I_1} = \frac{n_1}{n_2}.$$

7.10 Der Transformator

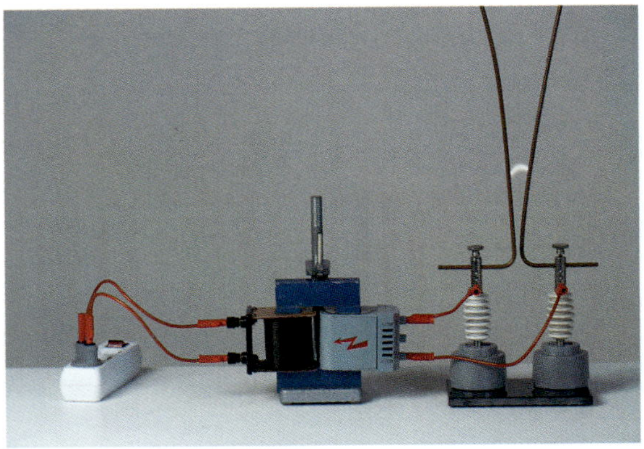

B1 *Hochspannungstransformtor*

B2 *Elektrisches Schweißen mit Hochstromtransformator*

Hochspannungstransformator. Bild **B1** zeigt einen Hochspannungstransformator. Die Sekundärspule hat 50-mal so viele Wicklungen wie die Primärspule. Wenn man die Primärspule an die Netzspannung von 230 V anschließt, entsteht an der Sekundärspule eine Spannung von über 10 000 V. Bei dieser Spannung wird die Luft zwischen den beiden Elektroden ionisiert und dadurch leitend. Zwischen den Elektroden fließt ein Strom, der die Luft zum Leuchten bringt. Aufgrund der Hitzeentwicklung steigt der Lichtbogen nach oben.

V1 Lehrerversuch: Stromstärken im Transformator

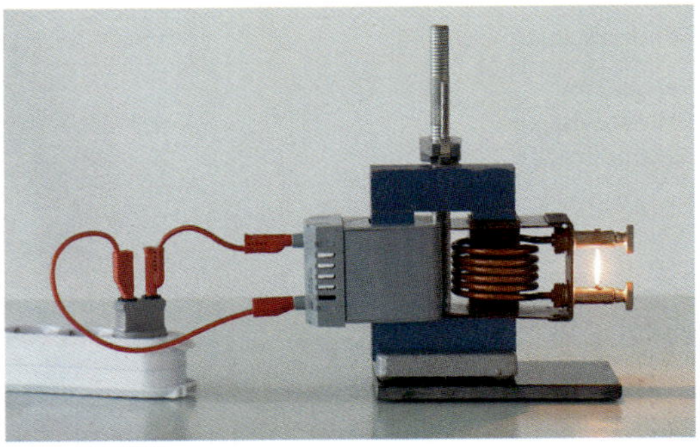

Wir bauen den Versuch wie in der Abbildung gezeigt auf und stellen den Transformator auf eine feuerfeste Unterlage.
Auf der Primärseite verwenden wir eine Spule mit 600 und auf der Sekundärseite eine Spule mit 6 Windungen.
Die Anschlüsse auf der Sekundärseite werden durch einen Eisennagel verbunden. Über einen Schalter wird die Primärseite mit der Netzspannung von 230 V verbunden. Wir schließen den Schalter und beobachten.

Mit Transformatoren können aus kleinen Spannungen gefährliche Hochspannungen entstehen, die man z. B. für die elektrische Energieübertragung bei den Hochspannungsleitungen nutzt.

Achtung: Experimente mit Hochspannung dürfen nur als Lehrerversuch durchgeführt werden!

Hochstromtransformator. Beim elektrischen Schweißen muss das Metall so stark erhitzt werden (Bild **B2**), dass an den Schweißpunkten die Schmelztemperatur überschritten wird. Dies erreicht man durch eine sehr große Stromstärke. Dazu werden das Werkstück und eine Elektrode mit der Sekundärseite eines **Hochstromtransformators** verbunden. Die Primärseite ist an das Haushaltsstromnetz angeschlossen.

Einen solchen Hochstromtransformator untersuchen wir in Versuch **V1** genauer. Nachdem der Schalter auf der Primärseite geschlossen ist, glüht der Eisennagel zuerst rot und schmilzt schließlich. Die Primärspule hat 100-mal so viele Windungen wie die Sekundärspule.

An der Primärseite liegt die Netzspannung von 230 V an. Die Spannungen verhalten sich wie die Windungszahlen. Folglich beträgt die Spannung an der Sekundärseite nur etwa 2 V.

Der Eisennagel hat nur einen sehr kleinen Widerstand; die Stromstärke beträgt dort ca. 200 A. Im Haushalt ist die Stromstärke auf der Primärseite durch die Sicherung auf 16 A begrenzt. Mit guten Hochstromtransformatoren, die kaum Verluste haben, könnte man bei diesem Windungszahlenverhältnis Stromstärken bis zu 1600 A auf der Sekundärseite erhalten.

Beispielaufgabe

A) Berechnung der Sekundärspannung
Ein Klingeltransformator hat eine Primärspule mit 1200 und eine Sekundärspule mit 47 Windungen. Berechne die Spannung an der Sekundärspule, wenn die Primärspule an die Netzwechselspannung angeschlossen wird. Bestimme die Windungszahl, die die Sekundärspule aufweisen muss, wenn an ihr eine Spannung von 57,5 V anliegt.

Lösung:
Idealisiert gilt:
$$\frac{U_2}{U_1} = \frac{n_2}{n_1}.$$
Hieraus folgt:
$$U_2 = U_1 \cdot \frac{n_2}{n_1} = 230\ \text{V} \cdot \frac{47}{1200} = 9\ \text{V},$$
$$n_2 = \frac{U_2}{U_1} \cdot n_1 = \frac{57{,}5\ \text{V}}{230\ \text{V}} \cdot 1200 = 300$$
Die Sekundärspule muss 300 Windungen haben.

B) Berechnung der Sekundärstromstärke
Die Primärspule eines Transformators hat 1000 Windungen und wird an die Netzwechselspannung angeschlossen. Im Primärkreis fließt ein Strom der Stärke $I = 2{,}5$ A. Die Sekundärspule hat 10 Windungen. Zwischen den beiden Anschlüssen der Spule wird ein Nagel eingespannt. Berechne die Stromstärke durch den Nagel.

Lösung:
Idealisiert gilt:
$$\frac{I_2}{I_1} = \frac{n_1}{n_2}.$$
Hieraus folgt:
$$I_2 = I_1 \cdot \frac{n_1}{n_2} = 2{,}5\ \text{A} \cdot \frac{1000}{10} = 250\ \text{A}.$$
Die Stromstärke beträgt 250 A.
Ein solcher Transformator kann zum Schweißen verwendet werden.

Löse selbst

1 ➡ Begründe, warum der Betrieb eines Transformators nur mit Wechselspannung, nicht aber mit Gleichspannung möglich ist.

2

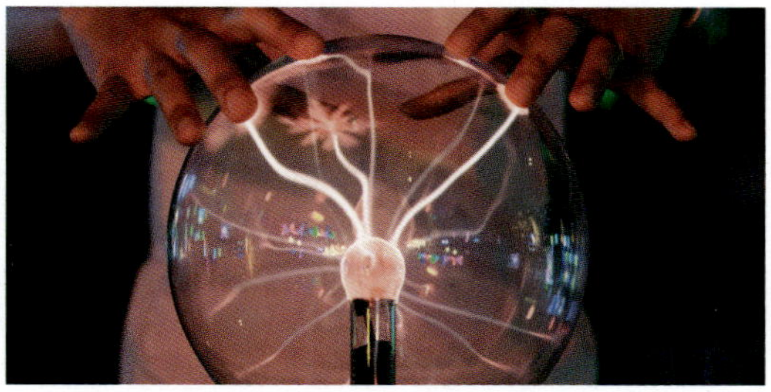

Das Bild zeigt eine Plasmakugel. Recherchiere, wie eine Plasmakugel aufgebaut ist und welche Art von Transformator sie enthält.

3 Eine Elektro-Fachkraft soll einen Transformator für 230 V bauen, sodass ein Lämpchen (15 V; 1,25 A) gefahrlos und trotzdem hell betrieben werden kann. Es stehen vier Spulen zur Auswahl mit 50, 500, 750 und 1000 Windungen.
a) Erläutere, aus welchen zwei Spulen sie den Transformator bauen sollte.
b) Bestimme die Stromstärke im Primärkreis.

4 ➡ Überprüfe die Quotientenangaben in den Tabellen **T1** und **T2** auf den Seiten 290 und 291 mit Hilfe einer Tabellenkalkulation.

5 ➡ Eine Lampe ($U_N = 3{,}5$ V; $I_N = 0{,}2$ A) soll mit 230 V Netzspannung betrieben werden. Zur Verringerung der Spannung soll ein Transformator benutzt werden. Berechne das Verhältnis der Windungszahlen der beiden Spulen.

6 In einem alten Handy-Ladegerät befinden sich ein Transformator und ein Gleichrichter. Damit wird aus 230 V Wechselspannung eine Gleichspannung von 5 V zum Laden des Handy-Akkus erzeugt.
a) Beschreibe allgemein die Funktionsweise des Transformators und des Gleichrichters.
b) Was kannst du über das Verhältnis der Windungen von Sekundär- und Primärspule aussagen? Begründe deine Antwort.
c) Der Ladestrom des Akkus beträgt ca. 1 A. Berechne die (ungefähre) Stromstärke im Primärkreis.
d) Erläutere, woran du erkennen kannst, dass der Transformator den Akku nicht völlig „verlustfrei“ auflädt.

7.11 Elektrische Energieübertragung

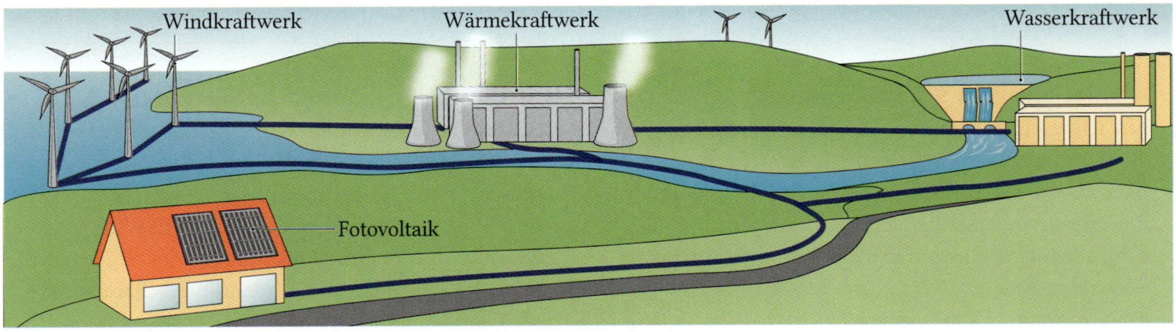

B1 *Generatoren in den Kraftwerken wandeln mechanische in elektrische Energie um. Über das Stromnetz erreicht sie die Haushalte.*

Elektrische Energie aus Kraftwerken. Wir stecken den Stecker in die Steckdose und schon erhalten wir die elektrische Energie für den Betrieb von Fernseher, Computer, Herd und vielen anderen elektrischen Geräten. Wir werden uns im Folgenden damit beschäftigen, wie das Kraftwerk elektrische Energie bereitstellen kann und wie sie zu uns nach Hause übertragen wird. In den Kraftwerken in Bild **B1** werden andere Energieformen mit Hilfe von Generatoren in elektrische Energie umgewandelt.

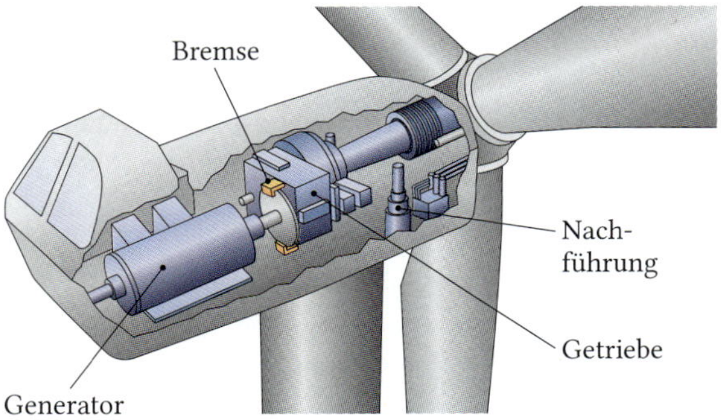

B2 *Aufbau der Gondel eines Windrads*

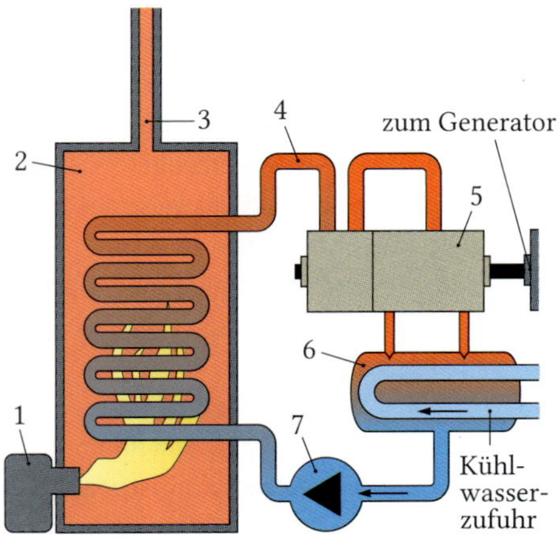

B3 *Aufbau eines Wärmekraftwerks*

Windkraftwerk. Im Windkraftwerk werden die Rotorblätter der Windräder vom Wind angetrieben und bewegen ihrerseits im Inneren der Gondel über ein Getriebe einen Generator (Bild **B2**). Um den vorhandenen Wind optimal auszunutzen, registriert eine Messstelle die aktuelle Windrichtung und Windstärke. Mit der Nachführeinrichtung kann dann die Gondel gedreht werden. Durch Veränderung der Neigung der Rotorblätter lässt sich die Angriffsfläche der Windstärke anpassen. Bei zu großer Windstärke (ab $25\ \frac{m}{s}$) wird der Rotor zum Stillstand gebracht, um Schäden an der Anlage zu vermeiden.

Wärmekraftwerk. Im Wärmekraftwerk (Bild **B3**) nutzt man die Energie von Brennstoffen (z. B. Braun- und Steinkohle, Erdöl, Erdgas) oder aus der Kernspaltung und wandelt sie in mehreren Schritten in elektrische Energie um. In einem Kohle- oder Gaskraftwerk wird der Brennstoff in einer Brennkammer verbrannt, um damit Wasser zu erhitzen. Der entstehende Wasserdampf wird mit hoher Temperatur und hohem Druck zur Turbine geleitet. Der Dampf treibt die Turbine an und der mit ihr verbundene Generator wandelt die mechanische in elektrische Energie um. Anschließend wird der Wasserdampf wieder abgekühlt. Er kondensiert und wird dem Wasserkreislauf erneut zugeführt.

Wasserkraftwerk. Im Wasserkraftwerk treibt die Bewegungsenergie des Wassers eine Turbine und einen Generator an. In Bild **B1** ist ein **Speicherkraftwerk** zu sehen. Hier wird das Wasser in einem See gestaut und je nach Bedarf über Rohre ins Tal zur Turbine abgelassen. Ein **Pumpspeicherkraftwerk** kann das Wasser zusätzlich wieder vom Tal zurück in den See pumpen. Die dazu notwendige Energie entnehmen die Pumpen bei einem Überangebot an elektrischer Energie (meist nachts) aus dem Stromnetz.

Fotovoltaikkraftwerke. Sie brauchen keine Generatoren zur Erzeugung elektrischer Energie. Solarzellen wandeln die Energie des Lichts unmittelbar in elektrische Energie um (Bild **B4**). Solarzellen liefern Gleichstrom. Über einen Wechselrichter wird dieser in Wechselstrom umgewandelt und dann ins öffentliche Stromnetz eingespeist. Alternativ kann man die elektrische Energie in Batterien speichern und für den Eigenbedarf nutzen.

B4 *Fotovoltaikanlage auf einem Hausdach*

Nutzbare Energie. Maschinen funktionieren nur, wenn man ihnen Energie zuführt. Die zugeführte Energie bezeichnen wir mit $E_{\text{zugeführt}}$. In Versuch **V1** muss z. B. dem Elektromotor elektrische Energie $E_{\text{zugeführt}} = \Delta E_{\text{el}}$ zugeführt werden, damit er ein Massestück anheben kann. Dieses hat anschließend gegenüber seiner Ausgangslage die Lageenergie E_L. Wir nennen diese Energie nutzbare Energie E_{nutzbar}. Aufgrund des Energieerhaltungssatzes kann die nutzbare Energie E_{nutzbar} höchstens so groß sein wie die zugeführte Energie $E_{\text{zugeführt}}$. Wie groß ist sie wirklich? Aus den Messdaten von Versuch **V1** folgt.

$$E_{\text{zugeführt}} = U \cdot I \cdot \Delta t = 4{,}0\ \text{V} \cdot 1{,}25\ \text{A} \cdot 5{,}5\ \text{s} = 27{,}5\ \text{J},$$

$$E_{\text{nutzbar}} = m \cdot g \cdot h = 1{,}0\ \text{kg} \cdot 10\ \frac{\text{N}}{\text{kg}} \cdot 1{,}2\ \text{m} = 12{,}0\ \text{J}.$$

Die nutzbare Energie E_{nutzbar} ist also kleiner als die zugeführte Energie $E_{\text{zugeführt}}$. Der Rest $E_{\text{Rest}} = E_{\text{zugeführt}} - E_{\text{nutzbar}}$ wird, vor allem durch Reibung, als thermische Energie in die Umgebung abgegeben. Bild **B5** zeigt eine Energieübertragungskette für die Übertragung der Energie vom Elektrizitätswerk zum Massestück mit den Energieverlusten an die Umgebung.

V1 Messung eines Wirkungsgrads

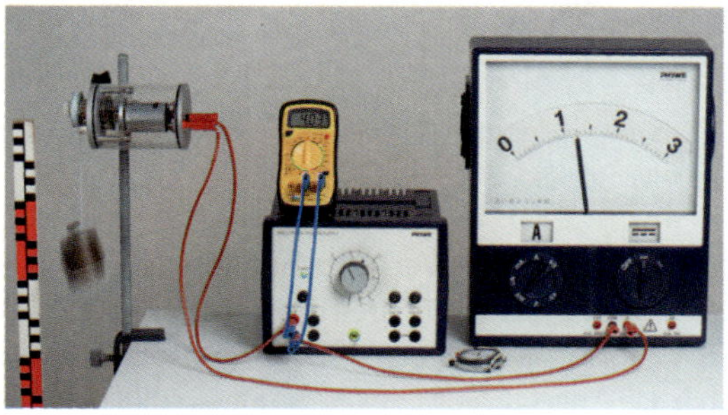

Ein Elektromotor zieht ein Massestück der Masse $m = 1$ kg hoch. In $\Delta t = 5{,}5$ s wird ein Höhenunterschied von $h = 1{,}2$ m überwunden. Währenddessen messen wir die Spannung $U = 4{,}0$ V und die Stromstärke $I = 1{,}25$ A.

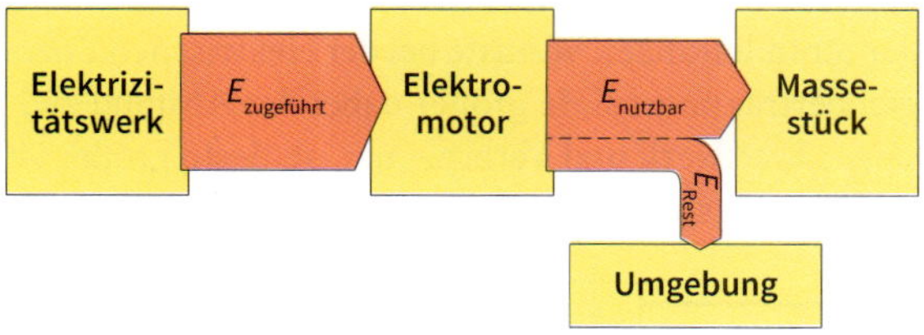

B5 *Energieübertragungskette zu Versuch **V1**.*

Bei allen Energieumwandlungen durch Geräte oder technische Anlagen ist die gewünschte nutzbare Energie kleiner als die zugeführte Energie. Der Rest wird in andere Energieformen umgewandelt. Er steht für die gewünschte Nutzung nicht zur Verfügung. Man erfasst diese Tatsache durch den Begriff **Wirkungsgrad η** (sprich: eta). Seine Definition ist:

$$\eta = \frac{E_{\text{nutzbar}}}{E_{\text{zugeführt}}}.$$

Der Wirkungsgrad ist also eine reine Zahl und bei Energieumwandlungen immer kleiner als Eins. Man gibt ihn meist in Prozent an.

Beispiel: Der Wirkungsgrad des Motors im Versuch ist:

$$\eta = \frac{E_{\text{nutzbar}}}{E_{\text{zugeführt}}} = \frac{12{,}0\ \text{J}}{27{,}5\ \text{J}} = 0{,}436 \approx 44\,\%.$$

! Merksatz

Der Wirkungsgrad eines Gerätes oder einer tech-ni-schen Anlage, die Energie umwandelt, ist der Quotient aus der gewünschten Nutzenergie E_{nutzbar} und der zugeführten Energie $E_{\text{zugeführt}}$:

$$\eta = \frac{\text{nutzbare Energie}}{\text{zugeführte Energie}} = \frac{E_{\text{nutzbar}}}{E_{\text{zugeführt}}}.$$

In der Praxis reichen die Wirkungsgrade technischer Geräte von fast 100 % (Elektromotor, Generator) bis herab zu 5 % für die Lichtausbeute einer Glühlampe.

7.11 Elektrische Energieübertragung

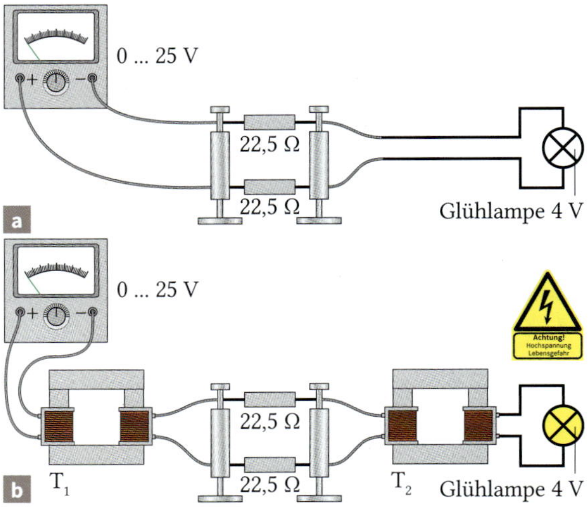

B1 *a) Energieübertragung über eine modellhafte „Fernleitung", b) mit Hochspannung*

Vom Kraftwerk zum Verbraucher. Der Standort eines Kraftwerks ist nicht nur durch den Bedarf, sondern auch durch Rohstoffvorkommen, verkehrsgünstige Lage oder durch das Angebot an Kühlwasser (Flussnähe) bestimmt. Damit in Deutschland (und Europa) flächendeckend eine **Energieversorgung** nach Bedarf sichergestellt werden kann, speisen die einzelnen Kraftwerke ihre elektrische Energie in ein **Verbundnetz** ein.

Beim Transport der elektrischen Energie über weite Strecken treten aufgrund des elektrischen Widerstands der Stromleitungen Verluste bei der elektrischen Energieübertragung auf. Je größer dabei der Abstand zwischen Kraftwerk und Verbraucher ist, desto größer ist der Leitungswiderstand, da dieser proportional zur Länge des Leiters ist. Wie der Verlust an elektrischer Energie beim Transport durch die Leitungen dennoch möglichst klein gehalten werden kann, zeigt folgender Lehrerversuch (Bild **B1a**):

Eine Wechselspannung von $U = 7$ V wird über eine „Fernleitung" an ein Lämpchen mit der Nennspannung $U_N = 4$ V und der Nennstromstärke $I_N = 70$ mA gelegt. Die beiden Widerstände $R_1 = R_2 = 1$ kΩ stellen dabei die kilometerlange Zuleitung dar. Das Lämpchen leuchtet nicht.

Als Lösung bauen wir zwei Transformatoren ein (Bild **B1b**). Mit dem ersten erhöhen wir die 7 V Wechselspannung auf das 20-Fache. Auf der anderen Seite der Fernleitung verringern wir mit dem zweiten Transformator die Spannung wieder. Nun leuchtet das Lämpchen hell auf. Wie ist das möglich, wo wir doch wissen, dass kein Transformator völlig verlustfrei elektrische Energie überträgt?

Entscheidend für den Verlust in der Fernleitung ist die Stromstärke in ihr. Am Widerstand $R_L = R_1 + R_2$ der Fernleitung fällt die Spannung $U_L = I \cdot R_L$ ab. Damit lässt sich berechnen, mit welcher Leistung elektrische in thermische Energie umgewandelt wird: $P_L = U_L \cdot I = R_L \cdot I^2$. In unserem Versuch wird durch das Windungszahlverhältnis die Stromstärke auf etwa den 20. Teil verkleinert. Der gesamte Leitungsverlust ist damit wegen $P_L = R_L \cdot I^2$ sogar auf den 400. Teil gesunken. Durch den Einsatz von Transformatoren wird also die Energieentwertung in den Fernleitungen deutlich verringert (Bild **B2**).

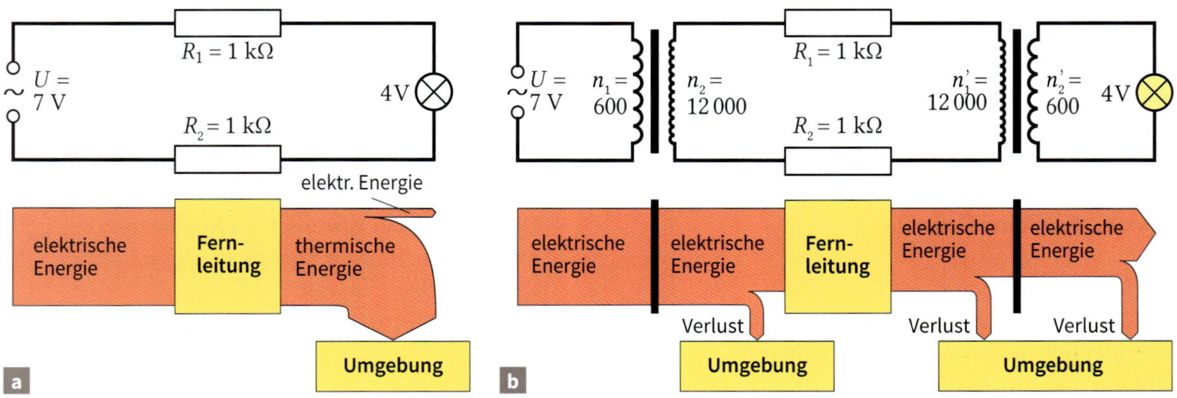

B2 *a) Die modellhafte Fernleitung, dargestellt durch die beiden Widerstände R_1 und R_2 wandelt den größten Teil der elektrischen Energie in thermische Energie in den Widerständen um. Das Lämpchen leuchtet nicht. b) Wird die Spannung vor der Fernleitung hoch und vor dem Lämpchen wieder herunter transformiert, so reduziert sich die elektrische Verlustleistung und das Lämpchen leuchtet hell auf.*

Beispielaufgabe

Verlustleistung eines Kleinkraftwerks

Ein Kleinkraftwerk liefert eine Leistung von 200 kW. Ein 10 km entfernter Verbraucher soll über ein Kabel mit einem Gesamtwiderstand von 0,2 Ω mit elektrischer Energie versorgt werden.

a) Berechne die maximale Verlustleistung für eine direkte Übertragung mit 230 V.

b) Die Spannung wird auf 10 kV hochtransformiert, dann übertragen und beim Verbraucher wieder auf die nötigen 230 V heruntertransformiert. Berechne für diesen Fall die maximale Verlustleistung.

Lösung:

Gegeben: $P = 200\ \text{kW} = 200\,000\ \text{W}$, $R = 0{,}2\ \Omega$

a) Zusätzlich gegeben: $U = 230\ \text{V}$; Gesucht: P_{Verlust}.

Die Stromstärke durch die Leitung ergibt sich aus $P = U \cdot I$ zu $I = \frac{P}{U} \approx 900\ \text{A}$.

Der Leitungswiderstand führt zu einem Spannungsabfall $U_{\text{R}} = R \cdot I = 180\ \text{V}$.

Die Verlustleistung beträgt somit

$P_{\text{Verlust}} = U_{\text{R}} \cdot I \approx 160\,000\ \text{W}$.

Dies entspricht einem Verlust von 80 %.

b) Mit der höheren Spannung von $U = 10\,000\ \text{V}$ beträgt die Stromstärke durch die Leitung jetzt nur noch $I = \frac{P}{U} = 20\ \text{A}$. Die Spannung U_{R}, die jetzt an der Leitung abfällt, ergibt sich damit zu $U_{\text{R}} = R \cdot I = 4\ \text{V}$.

Somit reduziert sich die Verlustleistung auf

$P_{\text{Verlust}} = U_{\text{R}} \cdot I = 80\ \text{W}$.

Dies entspricht einem Verlust von nur noch 0,04 %.

Löse selbst

1 ➡ Ein Wasserkraftwerk liefert insgesamt 4,9 MW Leistung. Der Verlust in den Leitungen soll höchstens 5 % betragen. Berechne, wie groß der Leitungswiderstand bei $U = 230$ V bzw. 110 kV sein darf.

2 ➡ Ein 170 km langes Kabel besteht aus Kupfer und hat einen Widerstand von 2 Ω je 100 km. Es werden maximal 600 MW bei 400 kV übertragen. Berechne die maximale Verlustleistung.

3 ↗ Über eine bereits bestehende Fernleitung soll demnächst die doppelte Leistung bei gleicher Spannung übertragen werden. Erläutere, wie sich dabei die Verlustleistung ändert.

4 ↗ Eine Windenergieanlage liefert insgesamt 530 kW. Die elektrische Energie soll über eine Fernleitung mit dem Widerstand 100 Ω bei 110 kV übertragen werden. An den Enden der Leitung befindet sich jeweils ein Transformator mit einem Wirkungsgrad von 95 %.

a) Zeichne einen Schaltplan mit allen bekannten Angaben.

b) Berechne die Leistung, die der zweite Transformator abgibt.

5 ↗ Ein 1 km langes Seil einer Hochspannungsleitung hat einen Stahlkern mit $R_{\text{S}} = 2\ \Omega$ Widerstand. Der Stahlkern sorgt für mechanische Festigkeit. Ihn umgibt ein Aluminiummantel mit $R_{\text{A}} = 0{,}1\ \Omega$.

a) Berechne den Gesamtwiderstand R des Seilstücks.

Hinweis: Denke an die Parallelschaltung zweier Widerstände.

b) Der Spannungsabfall an dem Seilstück beträgt maximal 100 V. Berechne die maximale Stromstärke im Kern und im Mantel, sowie die maximale Gesamtstromstärke.

c) Überprüfe, ob es für Vögel gefährlich werden kann, wenn sie sich mit beiden Beinen an der Leitung festhalten (Beinabstand 2 cm).

6

➡ Recherchiere nach dem Begriff Grundlast und gib an, welche Kraftwerkstypen als „grundlastfähig" bezeichnet werden.

7.11 Elektrische Energieübertragung

Exkurs: Übertragung der elektrischen Energie in Deutschland

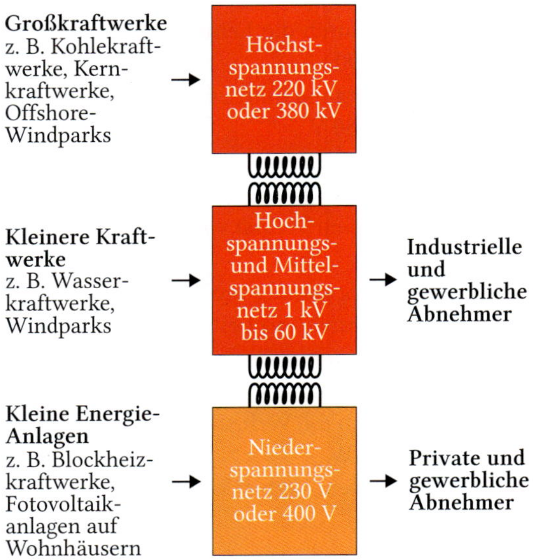

B1 *Spannungsebenen im deutschen Stromnetz*

Das deutsche Stromnetz. Elektrische Energie wird bei hohen Spannungen übertragen, um Verluste möglichst gering zu halten. Das deutsche Stromnetz wird dazu in verschiedene Spannungsebenen unterteilt (Bild **B1**):
Das **Höchstspannungsnetz** (220 kV oder 380 kV) dient dem landesweiten Transport von elektrischer Energie zu Verbrauchsschwerpunkten. Es ist an das europäische Verbundnetz angeschlossen. In das Höchstspannungsnetz speisen Großkraftwerke ihre elektrische Energie ein.
In das **Hochspannungsnetz** (60 kV oder 110 kV) und das **Mittelspannungsnetz** (1 kV bis 60 kV) speisen kleinere Kraftwerke ihre Energie. Industrielle und gewerbliche Abnehmer entnehmen die von ihnen benötigte Energie auf dieser Spannungsebene.
Das **Niederspannungsnetz** (230 V oder 400 V) dient der Verteilung an private und gewerbliche Verbraucher.

Die Zunahme des Stromhandels und der Ausbau erneuerbarer Energien stellen neue Herausforderungen an den Energietransport. Die im Norden Deutschlands erzeugte elektrische Energie aus Windkraftwerken muss zu den Verbrauchsschwerpunkten im Westen und Süden transportiert werden. Daher sind ein Ausbau und eine Modernisierung des Stromnetzes erforderlich.

Hochspannungs-Gleichstrom-Übertragung. Als das europäische Stromnetz gegen Ende des 19. Jahrhunderts aufgebaut wurde, waren Transformatoren die einzige technische Möglichkeit, um hohe Spannungen zur verlustarmen Übertragung elektrischer Energie zu erzeugen. Da Transformatoren nur mit Wechselspannungen funktionieren, hat man sich damals für ein Wechselstromnetz entschieden.

Die Übertragung elektrischer Energie mit Wechselspannung hat aber auch Nachteile: Beim Energietransport mit Wechselspannung treten sogenannte Blindströme auf, die die Stromstärke in der Leitung erhöhen, ohne zur Energieübertragung beizutragen. Die größere Stromstärke führt zu erhöhten Verlusten. Hinzu kommt auch bei 50 Hz schon ein geringer Skin-Effekt (Haut-Effekt): Der Strom fließt mehr an der Oberfläche des Leiters als in seinem Inneren. Über große Strecken wirkt sich das aus. Übertragungen über mehr als 1000 km gelten daher als unwirtschaftlich. Die Verluste sind besonders groß, wenn die Energie über Erd- oder Seekabel übertragen wird.

Blindströme treten nicht bei Gleichspannung auf. Durch die Entwicklung von hochspannungstauglichen Gleich- und Wechselrichtern ist die **Hochspannungs-Gleichstrom-Übertragung (HGÜ)** möglich geworden: Die Spannung wird am Standort des Kraftwerks hochtransformiert und gleichgerichtet. Die elektrische Energie kann so verlustarm und ohne die Nachteile der Wechselspannung übertragen werden. In der Nähe der Verbraucher wird die Spannung wieder in Wechselspannung gewandelt und heruntertransformiert (Bild **B2**).

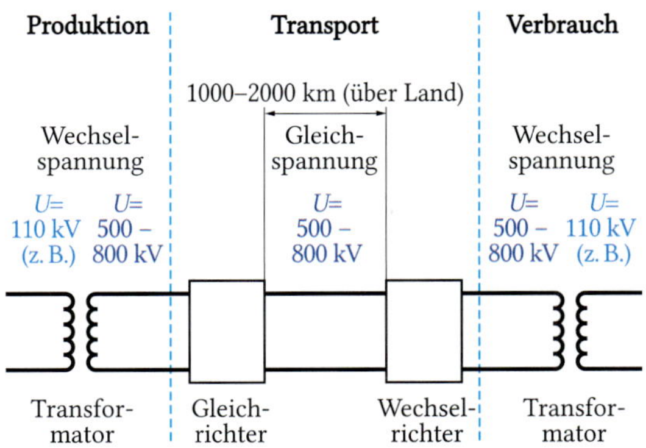

B2 *Hochspannungs-Gleichstrom-Übertragung*

Exkurs: Leistung von Windrädern

Die Windenergie ist die wichtigste erneuerbare Energie in Deutschland. Nutzbar ist die Energie des Windes bei Windgeschwindigkeiten von $4\,\frac{\text{m}}{\text{s}}$ bis $20\,\frac{\text{m}}{\text{s}}$. Deshalb ist die Windenergienutzung weitgehend auf die windigen Gegenden, Küstengebiete und Mittelgebirge, beschränkt (Bild **B3**). In der Nord- und Ostsee entstehen zahlreiche Windenergieanlagen. Der Wind weht über der Meeresoberfläche besonders gleichmäßig und mit höherer Geschwindigkeit als an Land.

Warum die Windgeschwindigkeit für die Nutzung der Energie eine bedeutende Rolle spielt, können wir physikalisch verstehen. Wir müssen dazu wissen, dass die Bewegungsenergie eines Körpers proportional zu seiner Masse m und zum Quadrat seiner Geschwindigkeit v ist. Es gilt der Zusammenhang:

$$E_{\text{Bewegung}} = \frac{1}{2}\,m \cdot v^2.$$

Der Körper, um den es hier geht, ist der Wind: die bewegte Luft, die auf das Windrad trifft. Das Windrad wandelt einen Teil der Bewegungsenergie der Luft, die auf die Fläche A trifft, in elektrische Energie um.

In der Zeitspanne Δt trifft eine Luftmenge mit dem Volumen $V = A \cdot s = A \cdot v \cdot \Delta t$ auf den Rotor (Bild **B4**). Sie hat die Masse $m = \rho \cdot V = \rho \cdot A \cdot v \cdot \Delta t$. Die gesamte Bewegungsenergie der Luft, die in dieser Zeitspanne auf den Rotor trifft, beträgt also:

$$E_{\text{Bewegung}} = \frac{1}{2}\,\rho \cdot A \cdot v \cdot \Delta t \cdot v^2.$$

Die **Leistung** des Windrades ist die Energie pro Zeit:

$$P = \frac{E_{\text{Bewegung}}}{\Delta t} = \frac{1}{2}\,\rho \cdot A \cdot v^3.$$

Aus der Formel lässt sich ablesen, dass die Windgeschwindigkeit v mit der dritten Potenz in die Leistung eingeht. Eine Verdoppelung der Windgeschwindigkeit bedeutet also eine Verachtfachung der Leistung. Darin liegt der Grund, warum immer höhere Windräder gebaut werden: Nahe am Erdboden ist die Windgeschwindigkeit geringer als in größerer Höhe. Hohe Windräder können dadurch eine deutlich höhere Leistung liefern als niedrigere (Bild **B5**).

Selbst bei einem optimal konstruierten Windrad kann die Bewegungsenergie der Luft nicht vollständig vom Rotor aufgenommen werden. Ansonsten stünde die Luft hinter dem Rotor still und es könnte keine Luft nachströmen. Der Rotor kann der Luft selbst unter idealen Bedingungen maximal etwa 60 % der Energie entnehmen. Aufgrund von Verlusten wird dieser Wert aber auch bei modernen Windkraftanlagen noch nicht erreicht. Sie wandeln nur etwa 30 % der Bewegungsenergie der Luft in elektrische Energie um. Die leistungsfähigsten Windräder hatten im Jahr 2020 eine Leistung von 9 MW (auf See) bzw. 4,5 MW (an Land). Dazu sind Rotordurchmesser von 150 m und mehr nötig.

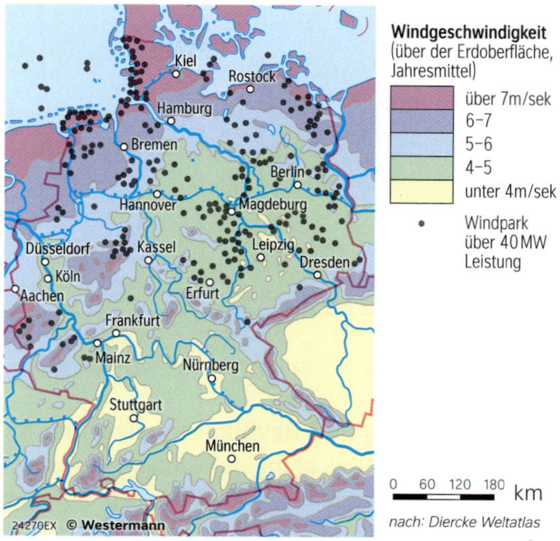

B3 *Verteilung der Windgeschwindigkeiten in Deutschland*

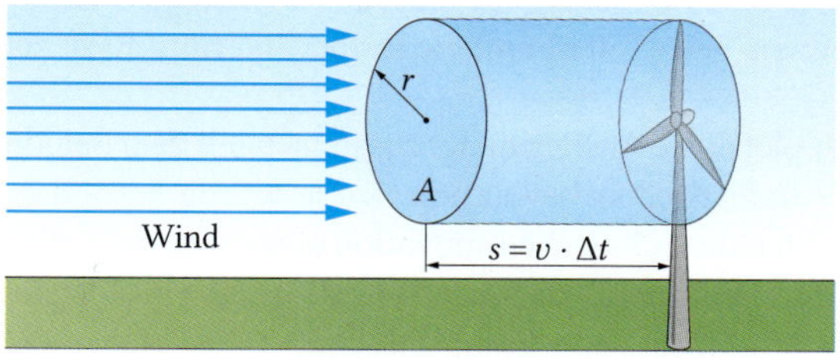

B4 *In der Zeit Δt trifft die Luft im Volumen V auf den Rotor.*

B5 *Höhere Windräder können eine höhere Leistung abgeben.*

7.12 Bedeutung der Energie für unsere Gesellschaft

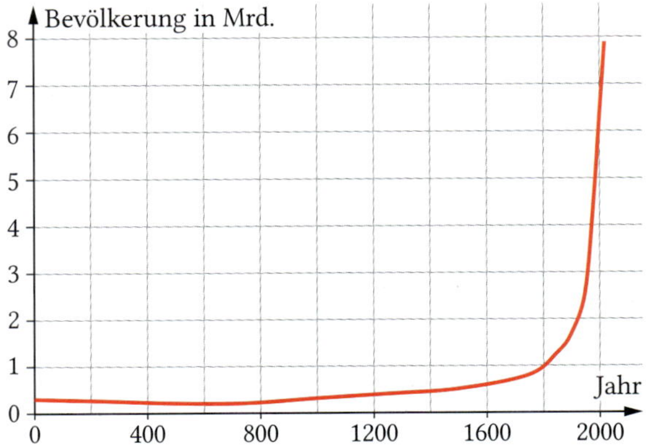

B1 *Entwicklung der Weltbevölkerung in den letzten 2000 Jahren*

B3 *Dampfbetriebene Webstühle*

Industrialisierung und Bevölkerungswachstum. Bild **B1** zeigt die Entwicklung der Erdbevölkerung in den letzten 2000 Jahren. Bis etwa 900 n. Chr. ist keine besondere Tendenz erkennbar. Die Bevölkerungszahl schwankt um einen Wert von ca. 200 Millionen. Bis etwa 1750 n. Chr. ist ein langsames Ansteigen zu erkennen. Seit 1750 nimmt die Erdbevölkerung stark zu.

Der plötzliche Anstieg hängt zusammen mit dem Beginn der industriellen Revolution. Diese wurde besonders durch eine technische Innovation ausgelöst: die Erfindung der Dampfmaschine. Bild **B3** zeigt ein Beispiel für den Einsatz von Dampfmaschinen: Sie trieben die Antriebsriemen von Webstühlen an.

Durch die Mechanisierung der Landwirtschaft konnte ein einzelner Bauer nun mehr Menschen mit Nahrungsmitteln versorgen. Dafür arbeiteten mehr Menschen in der Industrie, wo zahlreiche Arbeitsplätze entstanden. Das erhöhte Nahrungsmittelangebot, Bildung für eine breitere Bevölkerungsschicht und Fortschritte bei der medizinischen Versorgung führten zu einem Anstieg der durchschnittlichen Lebenserwartung (Bild **B2**).

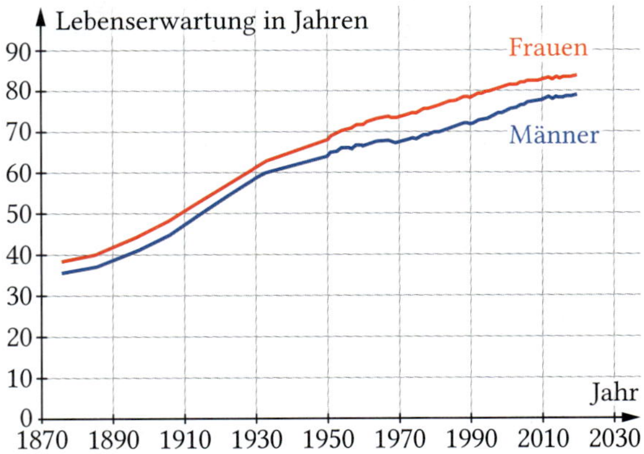

B2 *Entwicklung der Lebenserwartung in Deutschland seit 1870*

! Merksatz

Die Industrialisierung war die entscheidende Voraussetzung für das starke Ansteigen der Erdbevölkerung.

Industrialisierung und Energie. Vor etwa 20 000 Jahren wurde der Mensch sesshaft. Er begann Ackerbau und Viehzucht zu betreiben und baute Häuser: Der Energiebedarf der Menschen wuchs. Energie lieferten Holz, Wind und Wasser.

Mit dem Beginn der Industrialisierung erschlossen sich die Menschen neue Energiequellen: die Dampfmaschinen wurden mit Kohle angetrieben. Es folgte eine gesteigerte Produktion von Gütern, eine rapide Entwicklung des Verkehrs sowie ein Anstieg des Konsums. Die Nachfrage nach Energie stieg entsprechend und es wurden weitere Energiequellen eingesetzt: Erdöl, Erdgas und seit den 1950er Jahren auch Kernenergie.

Voraussetzung für unsere hohe Lebensqualität ist ein großer Einsatz von Energie, die wir u. a. zum Arbeiten, Leben, Fortbewegen und in der Freizeit benötigen. In Deutschland betrug 2019 der gesamte Energieumsatz 12 832 Petajoule (1 PJ = 10^{15} J), das sind etwa 154 GJ pro Person – oder besser vorstellbar: 5,3 Tonnen Steinkohle pro Person.

! Merksatz

Voraussetzung für die Industrialisierung war die Bereitstellung von ausreichend Energie.

Wofür brauchen wir Energie? Bild **B4** zeigt, wofür ein durchschnittlicher Haushalt in Deutschland Energie aufwendet. Während man in der Alltagssprache von Energieverbrauch spricht, wird in der Physik der Begriff **Energieumsatz** verwendet. Etwa ein Viertel der Energie brauchen die Menschen, um sich fortzubewegen, ob mit Auto oder öffentlichen Verkehrsmitteln. Für Produkte, Dienstleistungen und Nahrungsmittel werden insgesamt ca. 40 % benötigt. Die restliche Energie (ca. 36 %) wird direkt im Haus umgesetzt.

Wenn du nur den **direkten Energieumsatz** im Haus betrachtest, ergibt sich folgendes Bild: Der Großteil der Energie wird zum Heizen aufgewendet: Im Jahr 2015 waren das 68,8 % des direkten Energieumsatzes. Für die Zubereitung von Warmwasser wurden 15,4 %, für das Kochen, Waschen und Kühlen 10,9 %, für Fernseher, Radio und Computer 3,4 % und für Beleuchtung 1,4 % der Energie benötigt.

Will man also Energie sparen, muss man sich die drei dicken Pfeile in Bild **B4** anschauen. Große Einsparpotenziale gibt es beim Heizen: Deine Familie bzw. dein Vermieter kann zum Beispiel einen modernen Heizkessel und Wärmeschutzfenster in euer Haus einbauen, sowie die Außenwände und das Dach besser wärmedämmen (Bild **B5**). Auch du kannst Energie sparen: Ziehe dir einen zusätzlichen Pullover an und drehe das Thermostat in deinem Zimmer auf 19 °C. Pro Grad Celsius lassen sich die Heizkosten um etwa 6 % senken.

Beim Verkehr gibt es ebenfalls Einsparpotenzial. Du kannst zum Beispiel kürzere Strecken mit dem Fahrrad oder zu Fuß zurücklegen, oder mit dem Bus oder der U-Bahn fahren. Fahrt wenn möglich mit dem Zug in den Urlaub, anstatt mit dem Auto oder dem Flugzeug.

Auch bei den dünneren Pfeilen in Bild **B4** kann man natürlich noch ein bisschen Energie einsparen. Beim Warmwasser kannst du sparen, indem du nicht badest, sondern – nicht so lange und nicht so heiß – duschst.

Beim Kochen, Waschen und Kühlen hilft es, den Geschirrspüler und die Waschmaschine erst einzuschalten, wenn sie voll sind. Benutze das Sparprogramm. Kühl- und Gefrierschränke sollten nicht neben dem Herd stehen und auch nicht auf zu tiefe Temperaturen eingestellt werden: 7 °C bzw. –18 °C sind völlig ausreichend.

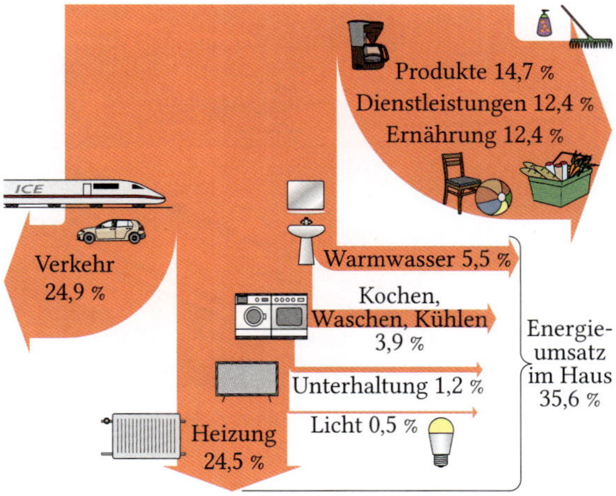

B4 *Energieumsatz privater Haushalte in Deutschland (2015)*

B5 *Moderner Gas-Brennwertkessel und Dämmmaterial*

Löse selbst

1 Miss mit einem Energiemessgerät den Energieumsatz verschiedener Elektrogeräte. Trage deine Messwerte in eine Tabelle ein.

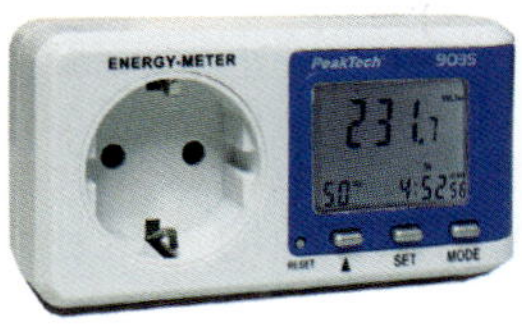

Hinweis: Du kannst ein Energiemessgerät z. B. bei den Stadtwerken ausleihen.

2 Überlegt euch, wo an eurer Schule Energie gespart werden könnte. Diskutiert eure Vorschläge zum Beispiel mit dem Hausmeister.

3 Seit einigen Jahren erfreuen sich Holzpellet-Heizungen immer größerer Beliebtheit. Recherchiere und notiere Vor- und Nachteile.

7.13 Verkehr und Energie

B1 *Fortbewegung per Zug, Auto, Fahrrad, Segelboot und zu Fuß*

Mobilität benötigt Energie. Wir sind ständig unterwegs – zur Schule, zur Arbeit, in den Urlaub (Bild **B1**). Auch unsere Nahrungsmittel und alles, was wir im täglichen Leben brauchen, müssen oft über große Strecken transportiert werden. Das Kreisdiagramm in Bild **B2a** stellt die gesamte in Deutschland umgesetzte Energie dar: Etwa ein Drittel (30 %) des sogenannten **Endenergieumsatzes** geht auf das Konto des Personen- und Güterverkehrs.

Energieeinsparungen beim Verkehr leisten einen direkten Beitrag zum Umwelt- und Klimaschutz. Bei der Wahl des Verkehrsmittels für eine bestimmte Strecke müssen verschiedene Aspekte gegeneinander abgewogen werden: Wie viele Personen fahren mit? Wie hoch ist der Energiebedarf pro Person und Kilometer? Gibt es auf der Strecke (teilweise) öffentliche Verkehrsmittel? Routenplaner helfen euch bei der Entscheidung: Sie vergleichen Fahrzeit, Fahrpreis bzw. Fahrtkosten, Fahrkomfort und CO_2-Ausstoß der verschiedenen Verkehrsmittel und Kombinationen von Verkehrsmitteln.

Energie pro Passagier. Der Vergleich verschiedener Verkehrsmittel ist nicht einfach. Autos mit Verbrennungsmotor brauchen Benzin oder Diesel, die Bahn braucht elektrische Energie, die sie aus unterschiedlichen Quellen bezieht (Bild **B2b**), der Radfahrer chemische Energie aus der Nahrung. Um die Verkehrsmittel dennoch vergleichen zu können, betrachtet man ihren Energiebedarf pro 100 Personenkilometer (pro Person und 100 km, abgekürzt 100 Pkm). Im Fernverkehr braucht die Bahn bei durchschnittlicher Auslastung des Zuges 49 MJ pro 100 Pkm, ein mit einer Person besetztes Auto dagegen durchschnittlich 203 MJ pro 100 Pkm. Erst wenn das Auto mit vier Personen besetzt ist, kann es mit der Bahn konkurrieren (Bild **B3**).

Entscheidend für die **Energieeffizienz eines Verkehrssystems** ist die Auslastung der Sitzplätze. Fernbusse fahren meist gut besetzt und haben mit 41 MJ pro 100 Pkm einen ähnlichen durchschnittlichen Energiebedarf wie die Bahn.

Der Primärenergiebedarf. Statt des direkten Energieumsatzes kann man auch den Primärenergieumsatz betrachten. Zum Primärenergieumsatz eines Autos zählt nicht nur das Benzin, das an der Tankstelle getankt wird, sondern auch die Energie, die nötig ist, um Öl zu fördern, es nach Deutschland zu transportieren und in Raffinerien zu Benzin zu verarbeiten. Auch der Betrieb von Ampeln, Schneepflügen und Straßenmeistereien zählt dazu.

Ähnliches gilt für den Primärenergieumsatz der Bahn: Die Antriebsenergie macht den größten Anteil aus, aber es müssen auch Bahnhöfe betrieben werden. Hinzu kommt, dass die Menschen nicht von Bahnhof zu Bahnhof reisen, sondern von Haus zu Haus. Wer mit der Bahn fährt, muss sich an bestehenden Bahnstrecken orientieren und mit dem Auto oder öffentlichen Verkehrsmitteln zum Bahnhof fahren. Er legt für seine Reise insgesamt mehr Kilometer zurück als ein Autofahrer, der meist die kürzeste Route fährt.

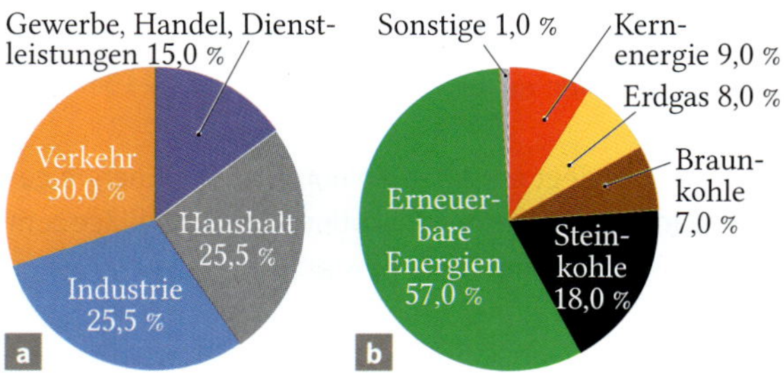

B2 *a) Endenergiebedarf nach Sektoren; b) Energiemix der Traktionsenergie der Bahn (Deutschland, 2018)*

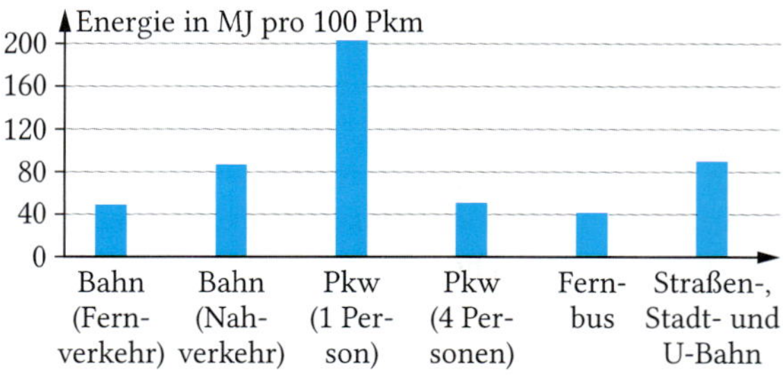

B3 *Energiebedarf pro 100 Pkm von Bahn, Auto und öffentlichem Nahverkehr (bei durchschnittlicher Auslastung, 2018)*

Wenn man allerdings den CO_2-Ausstoß der verschiedenen Verkehrsmittel betrachtet, kann nur noch der Fernbus mit der Bahn konkurrieren: 66 % des Energieumsatzes der Bahn wird durch regenerative Energien (57 %) und Kernenergie (9 %) gedeckt, die nur einen sehr geringen CO_2-Ausstoß verursachen (Bild **B2b**). Der CO_2-Ausstoß von Flugzeugen und Autos, die mit Kerosin bzw. Benzin oder Diesel – allesamt fossile Energieträger – fahren, ist weitaus größer. Das Streitgespräch zwischen Jana und Max greift dieses auf (Bild **B4**).

Bahn oder Auto

Jana: Wir fahren mit der Bahn in den Urlaub – das ist umweltfreundlicher.

Max: Das stimmt nicht. Meine Familie fährt mit dem Auto. Unser moderner Kombi verbraucht nur 5 Liter auf 100 Kilometer d. h. er stößt 116 g CO_2 pro Kilometer aus. Die Bahn erzeugt im Fernverkehr im Schnitt 32 g CO_2 pro Person und Kilometer. Bei vier Personen macht das also 128 g CO_2 pro Kilometer.

Jana: Das ist nur eine rechnerische Angabe. Die Bahn bezieht ihre Energie zu 66 % aus regenerativen Energien und Kernenergie, die keinen CO_2-Ausstoß verursachen. Von den 128 g bleiben also nur 44 g übrig.

Max: Dass die Bahn so viel „umweltfreundlichen" Strom bezieht, führt nur dazu, dass Industrie und private Haushalte mehr Strom aus Kohlekraftwerken erhalten. Der Anteil von Kernenergie und regenerativen Energien am deutschen Strommix ist schließlich konstant. Wer welchen Strom bekommt – das ist nur Umverteilung und Etikettenschwindel, wie beim „Ökostrom" für Haushalte.

Jana: Ein weiteres Argument: Die Bahn fährt sowieso. Wenn meine Familie den Zug nimmt, verursachen wir kein einziges zusätzliches Gramm CO_2 – wir erhöhen nur die Auslastung des Zuges.

Max: Das stimmt – aber nur, wenn ihr nicht zu Hauptverkehrszeiten fahrt, sondern zu Nebenzeiten, wenn die Züge schlecht ausgelastet sind.

Jana: Würden mehr Menschen den Zug nehmen, wäre die Auslastung der Züge besser. Und euer Spritspar-Auto mit vier Personen ist doch eher die Ausnahme: Ich sehe auf der Autobahn oft SUVs, und darin sitzt oft nur der Fahrer oder die Fahrerin.

Max: ...

B4 *Bahn oder Auto – ein Streitgespräch*

Kraftstoffverbrauch und CO_2-Ausstoß. Ein Liter Benzin erzeugt bei der Verbrennung 2,32 kg CO_2, ein Liter Diesel aufgrund seiner größeren Dichte 2,62 kg CO_2. Kraftstoffverbrauch und CO_2-Ausstoß hängen also direkt zusammen. Der CO_2-Ausstoß wird in $\frac{\text{g}}{\text{km}}$ angegeben, der Kraftstoffverbrauch in $\frac{\text{l}}{100\text{ km}}$.

So kannst du die beiden Größen ineinander umrechnen: Ein Auto, das auf 100 km 7 l Diesel verbraucht, stößt dabei $7 \cdot 2620\text{ g} = 18\,340\text{ g}$ CO_2 aus. Das entspricht 7,9 l Benzin. Für einen Kilometer beträgt der Ausstoß also:

$$\frac{18\,340\text{ g}}{100} = 183{,}4\text{ g}.$$

Kurz:

$$\text{Benzin in } \frac{\text{l}}{100\text{ km}} \cdot 23{,}2 = CO_2 \text{ in } \frac{\text{g}}{\text{km}}.$$

$$\text{Diesel in } \frac{\text{l}}{100\text{ km}} \cdot 26{,}2 = CO_2 \text{ in } \frac{\text{g}}{\text{km}}.$$

Löse selbst

1 ➡ Ein moderner Kleinwagen verbraucht 5 Liter Benzin auf 100 km. Berechne den CO_2-Ausstoß pro Kilometer.

2 ➡ Lies dir das Streitgespräch zwischen Jana und Max durch (Bild **B4**). Welche Meinung vertrittst du? Sammle weitere Argumente und führe die Diskussion fort.

3 ↗ Du möchtest mit deiner Mutter und deinem Bruder von Aachen nach Bielefeld fahren (260 km). Euer Auto verbraucht 6 l Benzin auf 100 km.
a) Berechne den CO_2-Ausstoß für die Fahrt mit dem Auto.
b) Die Bahn erzeugt im Fernverkehr 32 g CO_2 pro Person und Kilometer. Berechne, welches Verkehrsmittel unter CO_2-Aspekten sinnvoller ist: Auto oder Bahn.

4 ↗ Recherchiere, wie viel ein Auto im Monat kostet. Vergleiche, wie hoch der Anteil der Kosten für den Kraftstoffverbrauch an den Gesamtkosten ist.

5 ↗ Recherchiere, ob es einen Unterschied beim Kraftstoffverbrauch macht, ob ein Auto voll besetzt oder nur mit einer Person unterwegs ist.

7.14 Energiequellen, Energienutzung und Energieumsatz

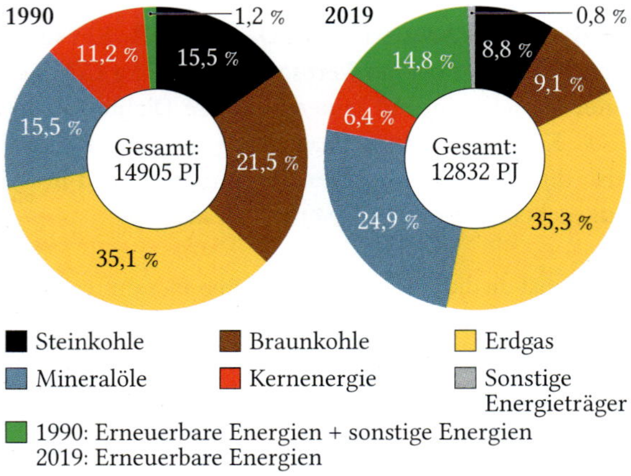

B1 *Primärenergieumsatz nach Energieträgern in Deutschland 1990 und 2019*

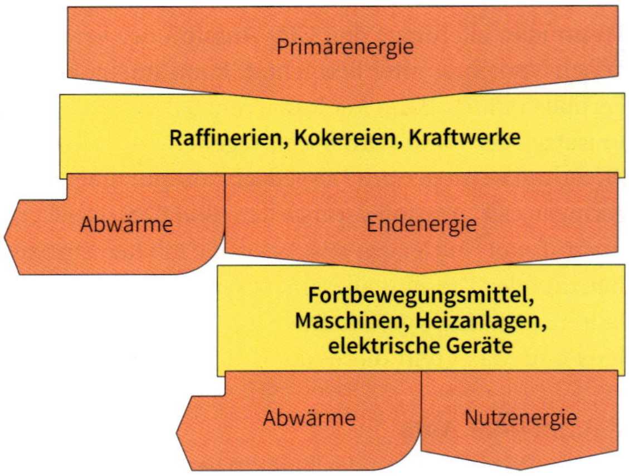

B2 *Primär-, End- und Nutzenergie im Energieflussdiagramm*

Primär-, End- und Nutzenergie. Die Arbeitsgemeinschaft Energiebilanzen veröffentlicht jedes Jahr, wie viel Energie in Deutschland umgesetzt wird und wie groß dabei der Anteil der verschiedenen Energieträger ist (Bild **B1**). Im Jahr 2019 lag der Primärenergieumsatz bei 12 832 PJ (1 PJ = 10^{15} J). Im Vergleich zu 1990 ist der Primärenergieumsatz um mehr als 10 % gesunken. Außerdem werden heutzutage weniger Kohle und Kernenergie, dafür mehr Gas und mehr erneuerbare Energien eingesetzt.

Dem Primärenergieumsatz von 12 832 PJ steht ein **Endenergieumsatz** von etwa 9000 PJ gegenüber. Was ist der Unterschied zwischen Primärenergie und Endenergie? Endenergie ist der Teil der Primärenergie, der beim Kunden (Haushalt, Industrie, Verkehr usw.) ankommt. Beim Erdgas ist die Primärenergie gleich der Endenergie, aber in den meisten Fällen muss die Primärenergie erst umgewandelt werden. Beispiel Kohle: In Kraftwerken wird die chemische Energie von Kohle in elektrische Energie umgewandelt. Beispiel Rohöl: In Raffinerien werden aus Erdöl Kraftstoffe wie Heizöl oder Benzin gewonnen. Bei der Umwandlung wird ein Teil der Primärenergie in nicht mehr nutzbare Energie umgewandelt (hauptsächlich in Abwärme). Übrig bleibt die dem Verbraucher zur Verfügung gestellte Endenergie (Bild **B2**).

Energiewandler wie LED-Lampe, Benzinmotor, Elektromotor wandeln die Endenergie in **Nutzenergie** um. Dabei geht wieder ein Teil der Energie „verloren". Wenn du zum Beispiel mit einem Rührgerät einen Teig knetest, wird nur ein Teil der zugeführten elektrischen Energie aus der Steckdose in mechanische Energie der Knethaken umgewandelt. Ein kleiner Teil wird wieder in (nicht nutzbare) Abwärme umgewandelt – Rührgerät und Knethaken werden heiß.

! Merksatz

Primärenergie ist die von der Natur in ursprünglicher Form gespeicherte Energie. Sie wird in Raffinerien, Kokereien und Kraftwerken in Endenergie umgewandelt.
Ein möglichst hoher Anteil der Endenergie wird beim Endnutzer in Nutzenergie umgewandelt.

In Tabelle **T1** sind verschiedene Energiewandler und deren Wirkungsgrade aufgeführt. Mechanische und elektrische Energie lassen sich mithilfe eines Generators bzw. Elektromotors wechselseitig mit hohem Wirkungsgrad ineinander umwandeln. Umgekehrt gelingt es nur teilweise, thermische Energie in elektrische oder mechanische Energie umzuwandeln. So sind die Wirkungsgrade von Benzin- und Dieselmotoren oder Dampfturbinen, bei denen chemische Energie zunächst

Energiewandler	η in Prozent
Glühlampe	5
Solarzelle	20
Benzinmotor	30
LED-Lampe	35
Dieselmotor	40
Dampfturbine	46
Elektromotor, Generator	96

T1 *Energiewandler und deren Wirkungsgrade*

in thermische Energie und anschließend in mechanische Energie umgewandelt wird, relativ niedrig.

Bei Umwandlungen von elektrischer oder mechanischer Energie in thermische Energie wird Energie **entwertet.** Die nicht genutzte thermische Energie wird an die Umgebung abgegeben. Man spricht von **Abwärme.**

Energieumsatz der Welt und dessen Deckung. Der weltweite Energieumsatz ist in den letzten 150 Jahren sehr stark gestiegen und steigt immer noch weiter an (Bild **B3**). 2019 lag der Primärenergieumsatz pro Kopf weltweit bei 76 Megajoule (MJ). Länder mit einem besonders hohen Primärenergieumsatz pro Kopf sind zum Beispiel die Industrieländer USA (288 MJ) und Kanada (380 MJ). Auch in Deutschland (157 MJ) ist der Primärenergieumsatz pro Kopf doppelt so hoch wie im weltweiten Durchschnitt. Am anderen Ende der Skala stehen Länder wie Bangladesch (11 MJ) und Pakistan (16 MJ). In den bevölkerungsreichen Schwellenländern China (99 MJ) und Indien (25 MJ) ist der Primärenergieumsatz pro Kopf in den letzten Jahren stark angestiegen. In den Industrieländern geht er dagegen leicht zurück.

Der Hunger nach Energie ist auf dem ganzen Planeten ungebremst. Bisher decken fossile Energieträger (Kohle, Erdöl und Erdgas) den größten Teil des Energiebedarfs ab (Bild **B3**). Auch in Deutschland liegt der Anteil der

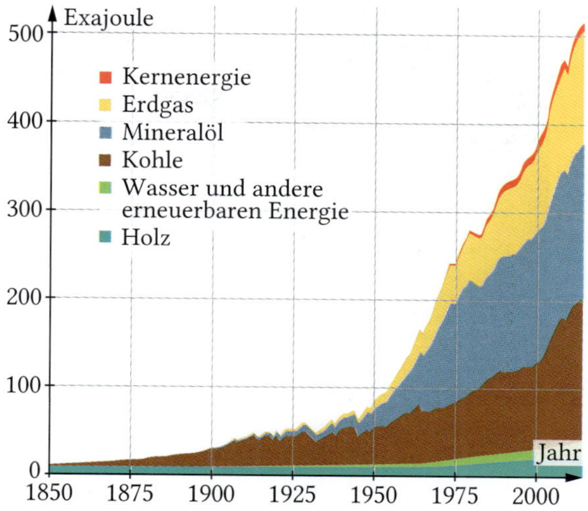

B3 *Entwicklung des weltweiten Primärenergieumsatzes*

fossilen Energien bei fast 80 % (Bild **B1**). Geht man von den jetzigen Fördermengen aus, reichen die Vorräte an fossilen Energieträgern noch etwa 50 Jahre für Erdöl und Erdgas, und etwa 115 Jahre für Kohle (laut Angaben von British Petroleum, 2015).

Das ist aber nur ein Grund, weshalb man Energie sparen und möglichst schnell auf erneuerbare Energieformen zurückgreifen sollte. Der viel wichtigere Grund ist, dass bei der Verbrennung von fossilen Energieträgern Kohlenstoffdioxid (CO_2) erzeugt wird, das zum Treibhauseffekt und damit zur Erwärmung der Erde beiträgt.

Löse selbst

1 ➡ a) Beschreibe anhand von Bild **B1**, wie sich die Zusammensetzung des Primärenergieumsatzes in Deutschland verändert hat.
b) Erkläre und begründe, wie sich die Zusammensetzung in Zukunft verändern sollte, um den Klimawandel zu bremsen.
c) Vergleiche die Entwicklung in Deutschland mit der Entwicklung des Primärenergieumsatzes in der Welt (Bild **B3**). Beschreibe die Ähnlichkeiten und die Unterschiede.

2 ➡ Windenergie, Fotovoltaik, Biomasse, Wasserkraft, Gezeitenenergie gehören zu den erneuerbaren Energien. Recherchiere weitere erneuerbare Energien. Wähle zwei aus und schreibe dazu einen kurzen informativen Text für deine Mitschülerinnen und Mitschüler. Erläutere insbesondere, wo welche erneuerbare Energie sinnvoll einsetzbar ist (z. B. Fotovoltaik in Regionen mit viel Sonneneinstrahlung).

3 ➡ Erkläre den Unterschied zwischen Primärenergie, Endenergie und Nutzenergie.

4 ↗ Eine Windkraftanlage mit einer Leistung von 3 MW produziert im Mittel 7 GWh (Gigawattstunden) elektrische Energie pro Jahr. Das Kohlekraftwerk Neurath produziert im Jahr insgesamt etwa 30 TWh (Terawattstunden) elektrische Energie.
Berechne, wie viele 3-MW-Windraftanlagen nötig wären, um genauso viel elektrische Energie zu produzieren wie das Kohlekraftwerk Neurath.

7.15 Energieeffizienz von Häusern

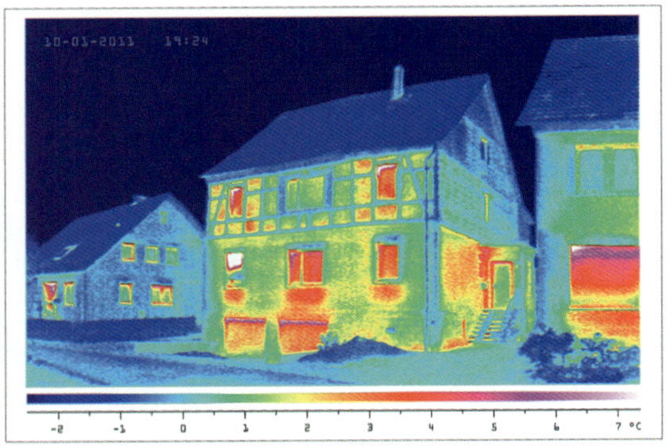

B1 *Die Wärmebildaufnahme zeigt die Temperaturen, die an der Außenseite des Hauses herrschen.*

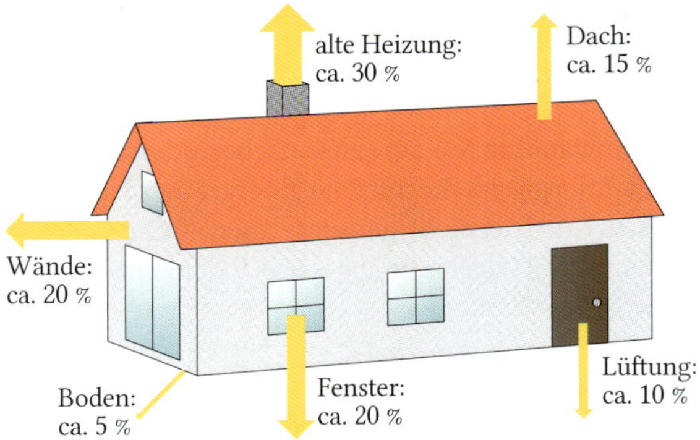

B2 *Aufteilung der Energieverluste eines nicht gedämmten Hauses mit alter Heizung*

Energie zum Heizen. Wer es im Winter im Haus warm haben möchte, muss heizen. Das geschieht zum Beispiel durch das Verbrennen von Erdöl oder Erdgas. Die Heizungsanlage wandelt die im Erdöl oder Erdgas enthaltene chemische Energie in thermische Energie des Hauses um.

Im Haus wird es aber nicht immer wärmer. Genauso viel Energie, wie in das Haus hineingesteckt wird, fließt – in Form von thermischer Energie – auch wieder aus dem Haus hinaus und wird an die Umgebung abgegeben (Bild **B1**). Bild **B2** zeigt die Energieverluste eines nicht gedämmten Hauses, das noch eine alte Heizung hat:

Da der Großteil des Energiebedarfs der Haushalte zum Heizen aufgewendet wird (etwa 70%), ist es besonders sinnvoll, beim Heizen Energie zu sparen – zum Beispiel, indem man eine moderne Heizungsanlage einbaut und das Dach und die Wände dämmt.

Um die Energieverluste in Häusern niedrigzuhalten, gibt es Verordnungen, in denen Höchstgrenzen für den Energiebedarf eines Hauses festgelegt sind. Dies war nicht immer so (Tabelle **T1**). Die erste Wärmeschutzverordnung (WSchV) entstand 1977, im Zuge der Ölkrise Mitte der 1970er Jahre. Davor hat man bei Neubauten nur wenig Wert auf Energieeinsparung gelegt. 2002 wurden die WSchV und die Heizungsanlagenverordnung zur Energieeinsparverordnung (EnEV) zusammengefasst. Die EnEV wiederum wurde im Jahr 2020 in das Gebäudeenergiegesetz (GEG) integriert.

Jedes neue Gesetz setzt höhere Anforderungen an die Energieeffizienz von Neubauten. Auch der Baubestand muss in bestimmten Fällen energetisch aufgerüstet werden. Zum Beispiel müssen oberste Geschossdecken oder das Dach nachträglich gedämmt werden. Außerdem müssen ältere Öl- und Gaskessel durch moderne Heizungsanlagen ersetzt werden.

Gebäude			
Baujahr	um 1900	um 1930	um 1950
Gebaut nach	–	–	–
Heizenergiebedarf in kWh/(m² a)	200–350	200–350	150–300
Typische Schwachstellen	– keine Dämmung der Außenwände – undichte Fenster – Einfachverglasung – hohe Decken	– geringe Dämmung der Außenwände – undichte Fenster – Einfachverglasung	– keine Dämmung der Außenwände – undichte Fenster – Einfachverglasung – Materialmängel

T1 *Heizenergiebedarf älterer und moderner Häuser*

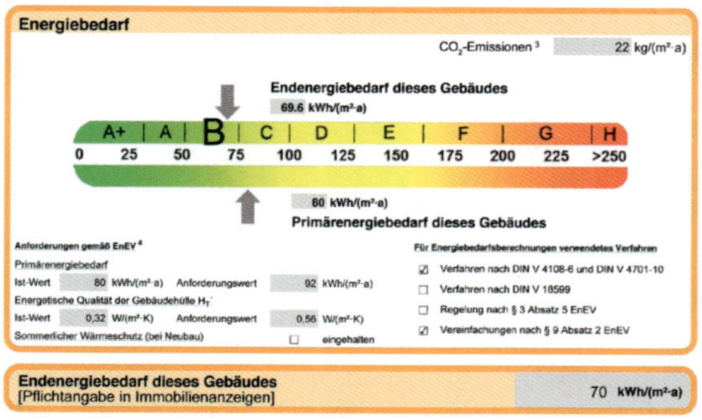

B3 *Energieausweis eines Wohngebäudes*

B4 *Solarmodule auf dem Dach eines Plusenergiehauses*

Um die Energieeffizienz von Häusern vergleichen zu können, wird deren Primärenergiebedarf bestimmt. Dieser wird in Kilowattstunden pro Quadratmeter und Jahr angegeben: $\frac{\text{kWh}}{\text{m}^2 \cdot \text{a}}$. Um den Primärenergiebedarf zu berechnen, nimmt man den Wert für die an der Gebäudegrenze übergebene Endenergie. Diese setzt sich zusammen aus der benötigten Endenergie für Heizung, Warmwasser, Lüftung und Kühlung. Die Endenergie wird anschließend mithilfe von Umrechnungsfaktoren in Primärenergie umgerechnet.

Wenn du den jährlichen Energiebedarf eines Neubaus mit dem von älteren Häusern (Tabelle **T1**) vergleichst, erkennst du, dass der Heizenergiebedarf von Altbauten um ein Vielfaches höher ist als der eines Neubaus. Das liegt hauptsächlich an der nicht vorhandenen oder nur geringen Dämmung der Außenwände und undichten sowie einfach verglasten Fenstern. Der Jahresprimärenergiebedarf wird zusammen mit dem jährlichen Endenergiebedarf in einem **Energieausweis** eingetragen (Bild **B3**). Ein solcher „Energiepass" ist seit 2009 bei jedem Neubau und bei Verkauf oder Neuvermietung eines Wohngebäudes verpflichtend.

Löse selbst

1 Die Pfeile im Energieausweis in Bild **B3** zeigen an, dass es sich um ein Haus der Effizienzklasse B handelt. Bestimmt, welche Effizienzklasse der Altbau in der ersten Spalte von Tabelle **T1** hat – unter der Annahme, dass 70 % des Endenergiebedarfs für das Heizen aufgewendet wird. Macht Vorschläge für Maßnahmen, die die Effizienzklasse eines Hauses der Effizienzklasse G verbessern.

2 In den letzten Jahrzehnten wurden Konzepte für verschiedene Arten von Energiesparhäusern wie zum Beispiel Niedrigenergiehaus, Passivhaus, Nullenergiehaus und Plusenergiehaus (Bild **B4**) entwickelt. Recherchiere, was jeweils darunter zu verstehen ist.

um 1970	um 1990	um 2000	um 2017
–	WSchV 1984	WSchV 1995	EnEV 2016
150–200	80–150	50–100	50–65
– geringe Dämmung der Außenwände – Heizkörpernischen in den Außenwänden – nicht gedämmte Rolladenkästen	– Wärmebrücken	–	–

7.16 Anthropogener Treibhauseffekt und seine Folgen

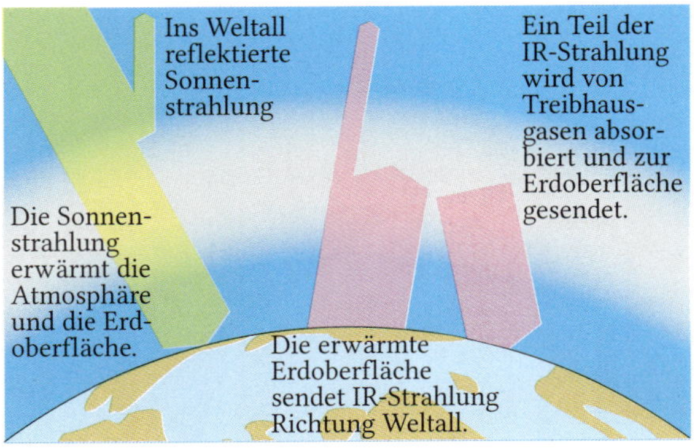

B1 *Der Treibhauseffekt*

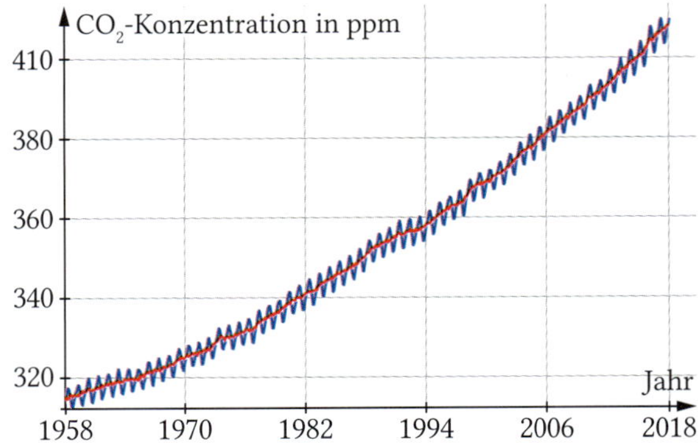

B2 *CO_2-Konzentration in der Atmosphäre am Mauna Loa*

+15 °C statt −18 °C. Satelliten können die „Außentemperatur“ der Erde messen: Sie beträgt −18 °C. Unsere Erde besitzt aber zum Glück eine Atmosphäre, in der sich Treibhausgase befinden. Sie sorgen dafür, dass es auf der Erde im Mittel 33 °C wärmer ist als vom Weltall aus gemessen: +15 °C statt −18 °C. So ist Leben auf der Erde überhaupt möglich.

Treibhauseffekt – kurz zusammengefasst. Die Strahlung der Sonne durchquert die Atmosphäre unserer Erde und trifft auf die Erdoberfläche (Bild **B1**). Ein Teil dieser Strahlung wird an der Atmosphäre, den Wolken und der Erdoberfläche zurück ins Weltall reflektiert. Der Rest wird von der Atmosphäre und der Erde absorbiert und erwärmt die Erdoberfläche.

Die von der Erdoberfläche absorbierte Sonnenstrahlung wird in thermische Energie umgewandelt und als Infrarotstrahlung Richtung Weltall gesendet. Diese Infrarotstrahlung gelangt aber, anders als die Sonnenstrahlung, nicht ungehindert durch die Atmosphäre. Nur ein Teil entweicht ins Weltall. Der andere Teil wird von **Treibhausgasen** in der Atmosphäre absorbiert und zurück zur Erde gesendet. Die Erde erwärmt sich dadurch noch mehr: Das ist der **Treibhauseffekt.**

Ein Großteil der Treibhausgase befindet sich schon von Natur aus in der Atmosphäre. Sie verursachen den **natürlichen Treibhauseffekt.** Seit Beginn der industriellen Revolution in der zweiten Hälfte des 18. Jahrhunderts ist zu dem natürlichen Treibhauseffekt ein **menschengemachter Treibhauseffekt** hinzugekommen. Er rührt daher, dass die Menschen große Mengen an Treibhausgasen – insbesondere Kohlenstoffdioxid (CO_2), Methan und Lachgas – in die Atmosphäre ausgestoßen haben und immer noch ausstoßen. Dieser zusätzliche Treibhauseffekt ist die Ursache des **Klimawandels** und hat dazu geführt, dass sich die Erdoberfläche seit etwa 1850 im Mittel um 1 °C erwärmt hat.

CO_2-Emission und Erderwärmung. Seit 1958 wird am Mauna Loa auf Hawaii die CO_2-Konzentration in der Atmosphäre gemessen – in ppm (parts per million). Bild **B2** zeigt die berühmte Messreihe. Was die CO_2-Konzentration in der Luft mit der Erderwärmung zu tun hat, kannst du in Versuch **V1** nachvollziehen. In dem Versuch ist die CO_2-Konzentration natürlich viel höher als in der realen Atmosphäre. Dort haben aber auch kleine Mengen an Treibhausgasen eine große Wirkung – auch wenn ihr Anteil weniger als 0,1 % ausmacht.

V1 **Das Treibhausgas CO_2**

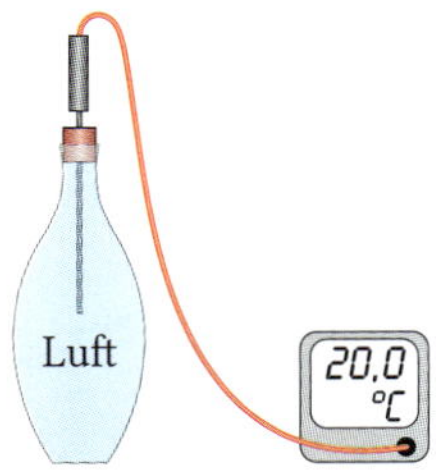

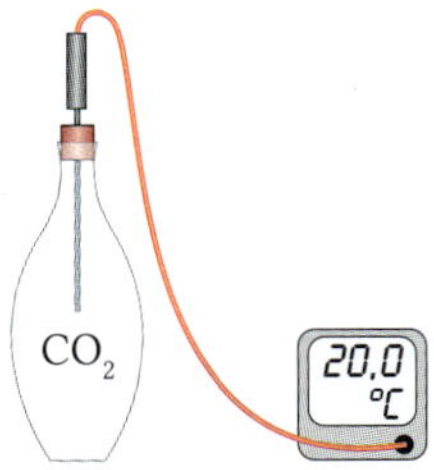

Für diesen Versuch brauchst du einen Wassersprudler und zwei dazugehörige Flaschen. Fülle in die eine Flasche Kohlenstoffdioxid (CO_2), indem du 4- bis 5-mal auf die Sprudlertaste drückst. Verschließe die Flasche mit einem Gummistopfen mit einem Loch. Stecke ein Thermometer durch das Loch. Verschließe auch die mit Luft gefüllte Flasche und stecke ein Thermometer durch den Gummistopfen.
Stelle beide Flaschen in die Sonne (keine Lampe!) und notiere 15 Minuten lang die Temperaturwerte. Beschreibe, was du beobachtet hast.

Beobachtete Auswirkungen des Klimawandels. Die gestiegene Konzentration von Treibhausgasen in der Atmosphäre ist die Ursache für den Klimawandel: Laut Weltorganisation für Meteorologie ist zwischen 1750 und 2017 die CO_2-Konzentration um 46 % gestiegen, die Konzentration von Methan um 157 % und die Konzentration von Lachgas um 22 %.

Die Bilder **B3** bis **B5** zeigen einige der beobachteten Auswirkungen des Klimawandels. Die mittlere globale Temperatur an der Erd- und Ozeanoberfläche ist seit 1850 um etwa 1 °C gestiegen (Bild **B3a**). Der mittlere globale Meeresspiegel ist seit 1900 um etwa 20 cm angestiegen (Bild **B3b**).

Bild **B4** zeigt die Veränderung der Fläche des arktischen Meereises. Es sind jeweils die Werte für den Monat September eingezeichnet. Die Meereisfläche im September ist zwischen 1979 und 2018 um etwa 40 % geschrumpft. Auch die Meereisdicke hat rasant abgenommen: 1975 betrug sie im Mittel 3,6 m, 2012 nur noch 1,3 m. Außerdem ist der Anteil mit mehrjährigem Eis immer kleiner geworden: 1979 war 30 % des Eises fünf Jahre alt oder älter, 2018 lag dieser Anteil bei nur noch 2 %. Diese Zahlen stammen aus dem Bericht „Ozean und Kryosphäre in einem sich wandelnden Klima", den der Weltklimarat 2019 veröffentlicht hat.

In der Arktis macht sich der Klimawandel besonders stark bemerkbar. Meereis – das oft schneebedeckt ist – hat eine hohe **Albedo,** das heißt ein hohes Reflexionsvermögen. Es reflektiert 40 % bis 90 % der Sonnenstrahlung. Wenn das Eis schmilzt, vergrößert sich die Ozeanoberfläche. Der Ozean ist aber viel dunkler als Eis und Schnee. Er hat eine Albedo von unter 10 %. Das hat zur Folge, dass der Ozean mehr Sonnenstrahlung absorbiert und sich infolgedessen erwärmt. Wenn der Ozean wärmer wird, schmilzt noch mehr Eis, was wiederum die Ozeanoberfläche vergrößert, und so weiter und so fort. Einen solchen sich selbst verstärkenden Prozess nennt man **positive Rückkopplung.**

Der Ozean als Wärmesenke. Der Ozean ist die größte Wärmesenke des Klimasystems: Er hat bislang über 90 % der durch die globale Erwärmung entstandenen thermischen Energie aufgenommen (Bild **B5**). Das ist auch die Ursache für den Meeresspiegelanstieg. Wenn das Meerwasser wärmer wird, dehnt es sich aus – es nimmt mehr Platz ein und der Meeresspiegel steigt.

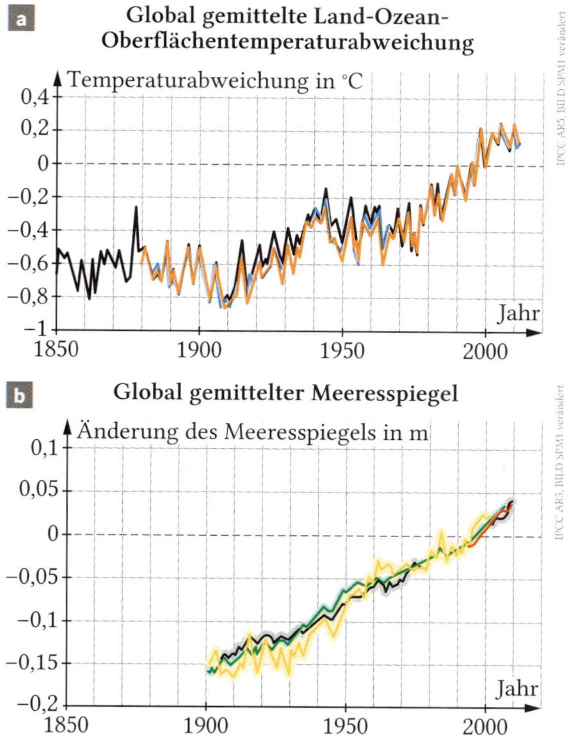

B3 *Beobachtete Veränderungen (jeweils globale Mittelwerte): a) Temperatur, b) Meeresspiegel („null" entspricht in den Diagrammen dem Mittelwert der Jahre 1986 bis 2005)*

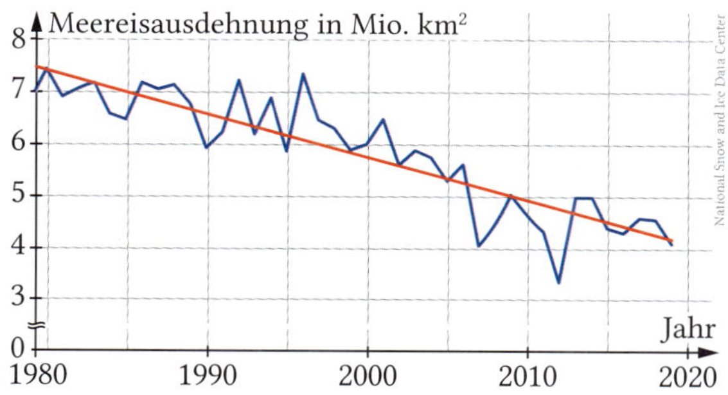

B4 *Rückgang des arktischen Meereises im September zwischen 1979 und 2019*

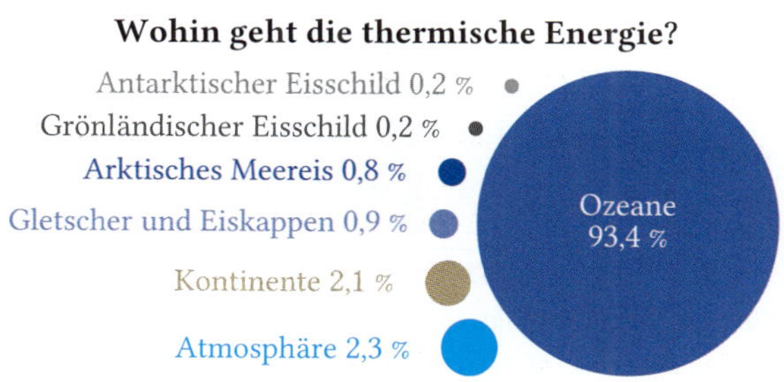

B5 *Der Ozean hat den größten Teil der vom Klimawandel erzeugten thermischen Energie aufgenommen.*

7.16 Anthropogener Treibhauseffekt und seine Folgen

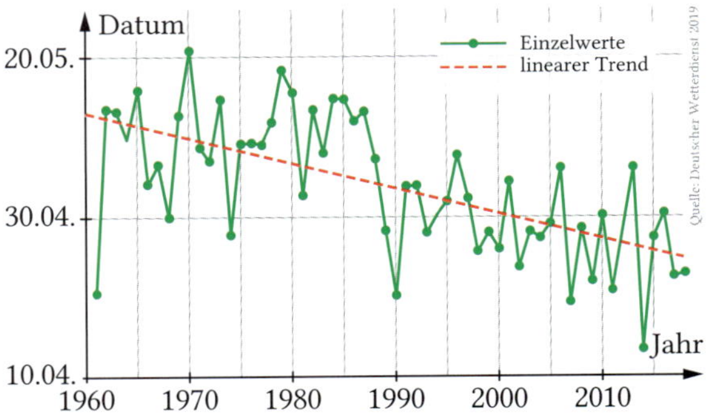

B1 *Apfelbäume in Deutschland blühen immer früher.*

Phänologische Beobachtungen. Während zur Bestimmung der Meereisdicke Satelliten zum Einsatz kommen, kann man andere Auswirkungen des Klimawandels relativ leicht „messen". Man kann zum Beispiel über Jahre und Jahrzehnte hinweg beobachten, an welchem Tag im Jahr die Apfelblüte beginnt (Bild **B1**), wann die ersten Schneeglöckchen blühen oder wann die ersten Störche aus Afrika zurückkommen. Solche Beobachtungen jahreszeitlicher Abläufe in der Natur nennt man **phänologische Beobachtungen.**

Wir Menschen sind auf vielfältige Weise, direkt und indirekt, vom Klimawandel betroffen. Der Klimawandel kann sich auf unsere Sicherheit auswirken, z. B. weil der Meeresspiegel steigt oder extreme Ereignisse wie Wirbelstürme, Überschwemmungen, Dürren oder Waldbrände häufiger auftreten. Er kann sich auf unsere Gesundheit und unser Wohlbefinden auswirken, z. B. weil Hitzewellen häufiger auftreten und länger dauern. Und er kann sich auf unsere Nahrungsmittelversorgung auswirken, z. B. weil Dürren die Ernten vernichten.

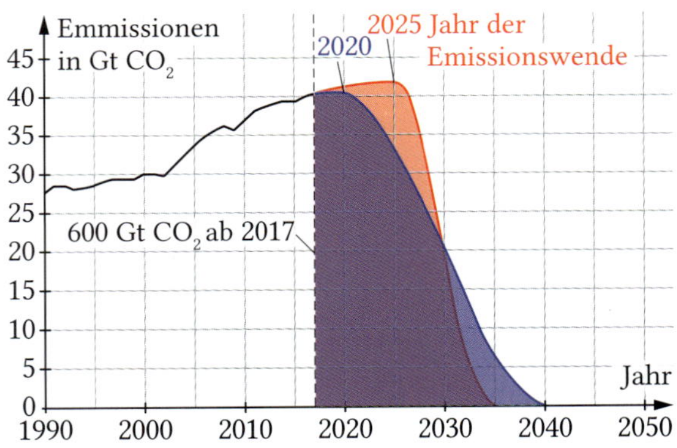

B2 *Kommt die Emissionswende erst 2025 statt 2020, bleibt weniger Zeit, um die CO_2-Emissionen auf netto-null zu bringen. Das verbleibende CO_2-Budget von 600 Gt (ab 2017) entspricht den Flächen unter den Kurven. Sie sind in beiden Fällen gleich groß.*

Ökosystemdienstleistungen. Wir sind direkt und indirekt von unserer natürlichen Umgebung abhängig. Sie versorgt uns mit sogenannten **Ökosystemdienstleistungen.** Wie wichtig sie sind, merkt man oft erst, wenn Ökosystemdienstleistungen beeinträchtigt sind. Ökosysteme regeln zum Beispiel das Klima. Gletscher sorgen dafür, dass die im Tal lebende Bevölkerung Trinkwasser hat. Pflanzen produzieren durch Fotosynthese Sauerstoff und Nahrung. Eine weitere wichtige Ökosystemdienstleistung ist die Bestäubung von Pflanzen durch Insekten: Ohne Bienen gäbe es kaum Obst und Gemüse. Ökosysteme sind auch für unser Wohlbefinden wichtig; wir brauchen sie, um uns zu erholen und für Freizeitaktivitäten.

Maximal noch 2 °C. Das „Übereinkommen von Paris" war ein Meilenstein in den internationalen Verhandlungen über den Klimawandel: Die Weltgemeinschaft hat 2015 in Paris beschlossen, die globale Erwärmung deutlich unter 2 °C zu halten und Anstrengungen zu unternehmen, sie sogar auf 1,5 °C zu begrenzen. Um dieses Ziel zu erreichen, müssen wir schnell handeln und unsere Treibhausgasemissionen drastisch reduzieren. Wenn die 2-°C-Grenze nicht überschritten werden soll, dürfen schätzungsweise nur noch 1170 Gigatonnen (Gt) CO_2 in die Atmosphäre emittiert werden (Stand 2018). Zum Vergleich: 2018 wurden weltweit insgesamt etwa 37 Gt CO_2 emittiert. Soll die Erderwärmung die 1,5-°C-Grenze nicht überschreiten, dürfen sogar nur noch etwa 420 Gt CO_2 in die Atmosphäre gelangen. Bei gleichbleibenden Mengen an Treibhausgasemissionen ist unser **CO_2-Budget** also in ein paar Jahren aufgebraucht.

Emissionspfade und Emissionswende. Bild **B2** verdeutlicht, dass wir schnell aktiv werden sollten. Es sind zwei verschiedene Zukunftsszenarien eingezeichnet – sogenannte **Emissionspfade.** Sie zeigen mögliche Verläufe, wie sich die Treibhausgasemissionen in Zukunft entwickeln könnten. In beiden Fällen wird vorausgesetzt, dass der Welt ab 2017 ein CO_2-Budget von nur noch 600 Gt CO_2 zur Verfügung steht. Diese CO_2-Menge entspricht einer Erderwärmung zwischen 1,5 °C und 2 °C. Was die zwei Emissionspfade unterscheidet, ist das Jahr der **Emissionswende,** d. h. der Zeitpunkt, an dem wir die Emissionskurve wieder „nach unten biegen": 2020 oder 2025. Je früher wir die Emissionswende schaffen, desto mehr Zeit haben wir, um **netto-null** zu erreichen. Netto-null bedeutet, dass genau so viel Treibhausgase emittiert wie absorbiert werden.

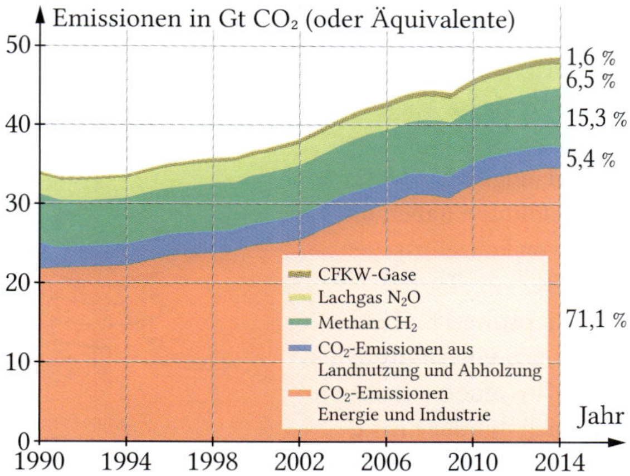

B3 *Entwicklung der Treibhausgasemissionen 1990-2014*

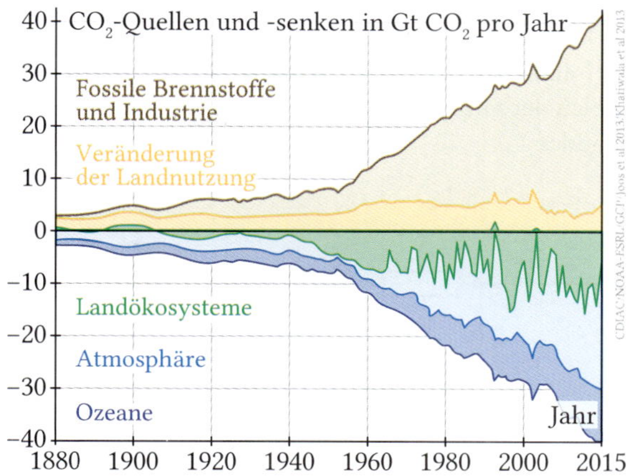

B4 *Entwicklung der CO_2-Quellen und -senken seit 1870*

CO_2-Quellen und -senken. CO_2 ist nicht das einzige, aber das häufigste anthropogene Treibhausgas. Es macht etwa drei Viertel der Treibhausgasemissionen aus (Bild **B3**). Das CO_2 wird sowohl in der Atmosphäre als auch im Ozean und in den Landökosystemen gespeichert. All diese CO_2-Speicher stehen im ständigen Austausch miteinander. Für den CO_2-Gehalt in der Atmosphäre ist dabei entscheidend, wie viel CO_2 die Atmosphäre an die anderen Speicher abgibt und wie viel sie aufnimmt.

Bild **B4** zeigt die verschiedenen CO_2-Quellen und -senken und wie sich diese seit dem Beginn der industriellen Revolution verändert haben. Wo kommt das CO_2 her? Es entsteht vorwiegend durch die Verbrennung fossiler Energie und in der Industrie. Die veränderte Landnutzung ist eine weitere CO_2-Quelle. Von veränderter Landnutzung spricht man, wenn Waldflächen in landwirtschaftliche Flächen umgewandelt werden: Wenn zum Beispiel im Amazonas Urwald abgeholzt wird, um Soja anzubauen, wird auf der abgeholzten Fläche weniger CO_2 absorbiert.

Und wo geht das CO_2 hin? Es wird zum Teil von den Landökosystemen absorbiert: Die wichtigste CO_2-Senke an Land sind die Pflanzen, die das CO_2 durch Fotosynthese speichern. Eine zweite CO_2-Senke ist die Atmosphäre, deren CO_2-Gehalt entsprechend steigt. Die dritte große CO_2-Senke ist der Ozean. Das im Ozean gelöste CO_2 führt allerdings dazu, dass das Meerwasser immer saurer wird. Die Ozeanversauerung hat u. a. Folgen für Meereslebewesen, die eine Kalkschale haben, wie zum Beispiel Muscheln: Ihre Schalen lösen sich teilweise auf bzw. sie bilden sich erst gar nicht richtig.

Löse selbst

1 Überlege dir eine Erklärung und recherchiere: Woher kommen die regelmäßigen Zacken in der Kurve für die CO_2-Konzentration in der Atmosphäre (Bild **B2**, S. 308)?

2 Nenne einige Ökosystemdienstleistungen und erläutere, wie diese durch den Klimawandel beeinträchtigt werden. Beispiele: Trinkwasserversorgung und schmelzende Gletscher; Bestäubung und Ernteerträge; Küstenerosion und Mangrovenwälder usw.

3 Rufe die Seite des CO_2-Rechners des Umweltbundesamtes auf. Berechne deinen CO_2-Fußabdruck. Es macht nichts, wenn du nicht alle Fragen exakt beantworten kannst, es geht um die Größenordnung deiner CO_2-Emissionen. Überlege dir, welche Maßnahmen du selbst für mehr Klimaschutz ergreifen könntest. Benutze den CO_2-Rechner, um festzustellen, wo du deinen Fußabdruck verringern könntest.

4 In der Arktis wird der Klimawandel durch eine positive Rückkopplung verstärkt – Stichworte: Meereis, Ozean, Albedo. Stelle diese Rückkopplung schematisch dar.

5 Suche im Internet nach der „CO_2-Uhr" und erläutere, was sie visualisieren soll.

6 Erkläre Bild **B4** mit Hilfe der Informationen auf dieser Seite. Beachte insbesondere, dass die Anteile über der x-Achse gleich den Anteilen unter der x-Achse sind. Erläutere, weshalb das so ist.

Zusammenfassung

1. Reihenschaltung von Widerständen

Bei einer Reihenschaltung ist die Gesamtspannung gleich der Summe der Teilspannungen an den Widerständen:

$$U_{ges} = U_1 + U_2.$$

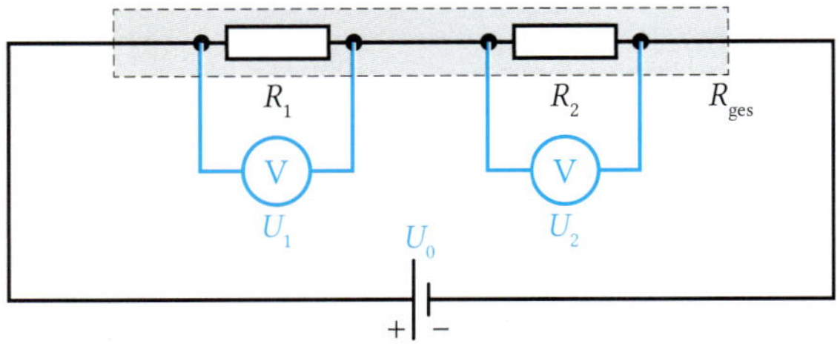

Die Stromstärke I ist an allen Teilwiderständen gleich groß. Durch das Hinzufügen weiterer Widerstände in Reihe erhöht sich der Gesamtwiderstand R_{ges}. Er ist gleich der Summe der Einzelwiderstände:

$$R_{ges} = R_1 + R_2.$$

2. Parallelschaltung von Widerständen

Bei einer Parallelschaltung ist die Gesamtstromstärke gleich der Summe der Teilstromstärken:

$$I_{ges} = I_1 + I_2.$$

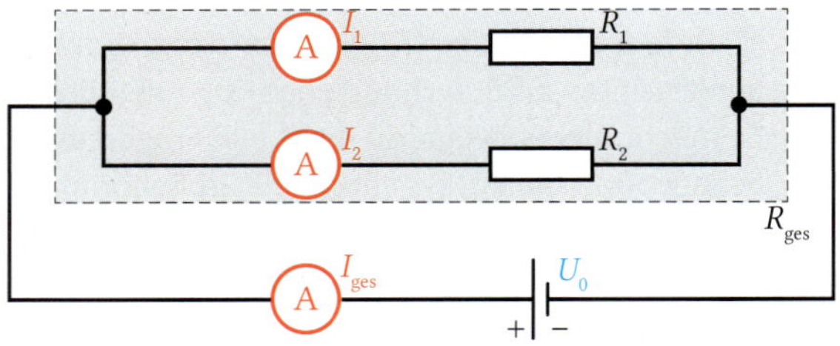

An allen Zweigwiderständen liegt die gleiche Spannung U an. Fügt man weitere Widerstände parallel hinzu, so verringert sich der Gesamtwiderstand R_{ges}. Für R_{ges} gilt:

$$\frac{1}{R_{ges}} = \frac{1}{R_1} + \frac{1}{R_2}.$$

3. Halbleiter

Der Widerstand eines Halbleiters bei Raumtemperatur liegt zwischen dem Widerstand eines Isolators und dem eines Leiters (bei gleichen Abmessungen).

Dioden, z. B. LEDs, wirken als Stromventil. Sie lassen Elektronen nur in einer Richtung durch. In der anderen Richtung sperren sie.

4. Magnetfelder durch elektrischen Strom

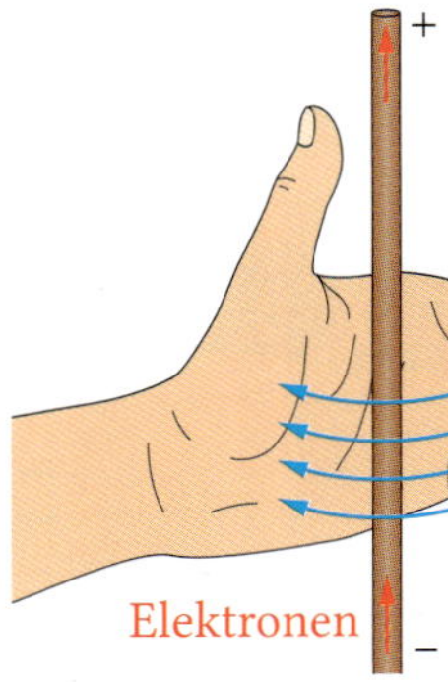

Elektrische Ströme sind stets von einem Magnetfeld umgeben. Das Magnetfeld umgibt den Leiter. Die Feldlinien haben die Form von konzentrischen Kreisen.

Die Richtung der Feldlinien um einen stromdurchflossenen Leiter lässt sich mit der **Linke-Faust-Regel** bestimmen: Zeigt der Daumen in die Bewegungsrichtung der Elektronen, dann zeigen die gekrümmten Finger die Richtung der Feldlinien an.

5. Elektromagnetische Induktion

Immer wenn sich das Magnetfeld im Inneren einer Spule ändert, wird an den Enden der Spule eine Spannung induziert. Die Polung und die Größe der **Induktionsspannung** hängen davon ab, wie schnell sich die relative Lage von Spule und Magnet verändert.

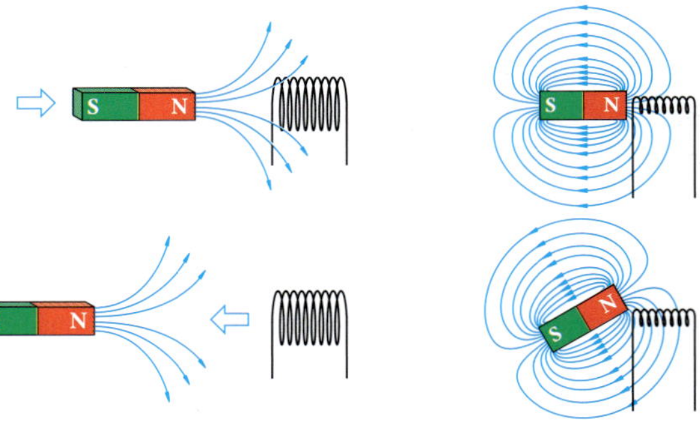

Das Prinzip der Induktion wird im **Generator** genutzt. Umgekehrt betrieben wird aus dem Generator ein **Elektromotor.**

6. Wechselspannung

Die Spannung im Hausstromnetz ist eine Wechselspannung mit einer Frequenz von 50 Hz und einer **Effektivspannung** von 230 V.

7. Elektrische Energie und Leistung

Zur Angabe der elektrischen Energie werden häufig die Einheiten Wattsekunde (Ws) und Kilowattstunde (kWh) benutzt. Es gilt:

$$1\ \text{Ws} = 1\ \text{J};\quad 1\ \text{kWh} = 3\,600\,000\ \text{J}.$$

Zusammenfassung

Die **Leistung** eines Elektrogeräts lässt sich aus der anliegenden Spannung und der Stromstärke im Gerät berechnen:

$$P = U \cdot I.$$

Für die Einheiten gilt: 1 W = 1 V · 1 A.

8. Der Transformator

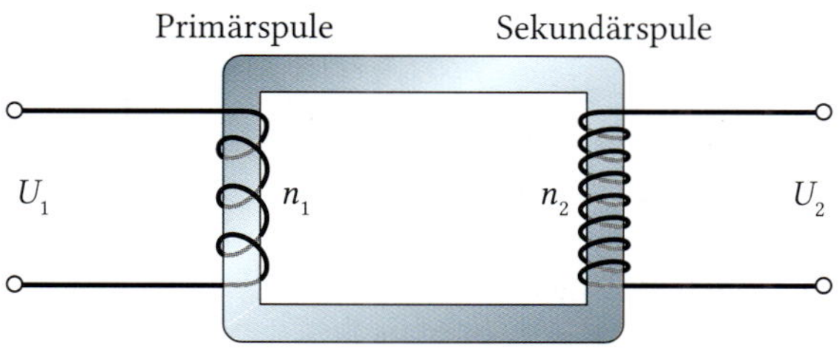

Mit einem Transformator können Wechselspannungen umgewandelt (transformiert) werden. Die Spannungen am Transformator verhalten sich (näherungsweise) wie die Windungszahlen der Spulen. Es gilt:

$$\frac{U_2}{U_1} = \frac{n_2}{n_1}.$$

Die Stromstärken am Transformator verhalten sich (näherungsweise) umgekehrt wie die Windungszahlen der Spulen. Es gilt:

$$\frac{I_2}{I_1} = \frac{n_1}{n_2}.$$

9. Der Wirkungsgrad

Der **Wirkungsgrad η** eines Gerätes oder einer technischen Anlage, die Energie umwandelt, ist der Quotient aus der gewünschten Nutzenergie E_{nutzbar} und der zugeführten Energie $E_{\text{zugeführt}}$:

$$\eta = \frac{\text{nutzbare Energie}}{\text{zugeführte Energie}} = \frac{E_{\text{nutzbar}}}{E_{\text{zugeführt}}}.$$

10. Elektrische Energieübertragung

Bei der elektrischen Energieübertragung ist die **Verlustleistung** in den Leitungen:

$$P_L = R_L \cdot I^2.$$

Um elektrische Energie verlustarm über große Strecken zu transportieren, hält man die Stromstärke in den Fernleitungen so gering wie möglich. Deshalb erfolgt die Energieübertragung mit Hochspannung. Mit Transformatoren wird die Wechselspannung hoch- und am Ende der Fernleitung wieder heruntertransformiert.

11. CO_2-Emission bei der Stromerzeugung

Als Faustregel kann man sich merken: Bei der Produktion von 1 kWh Strom aus fossilen Energieträgern werden ungefähr 800 g CO_2 freigesetzt.

12. Treibhauseffekt und Klimadebatte

Der durch den Ausstoß von Treibhausgasen wie CO_2 oder Methan verursachte menschengemachte **Treibhauseffekt** ist die Ursache des **Klimawandels.** Er hat dazu geführt, dass sich die Erdoberfläche in den letzten 150 Jahren im Mittel um 1 °C erwärmt hat.
Im **Pariser Klimaabkommen** hat die Weltgemeinschaft 2015 beschlossen, die globale Erwärmung deutlich unter 2 °C zu halten und Anstrengungen zu unternehmen, sie sogar auf 1,5 °C zu begrenzen. Um dieses Ziel zu erreichen, müssen die Treibhausgasemissionen aller Länder schnell und drastisch reduziert werden.

Selbsteinschätzung

Schätze dich selbst ein: „kann ich schon gut (+)" oder „muss ich mir noch einmal anschauen (–)".

Ich kann ...
... den Gesamtwiderstand einer Schaltung berechnen;
... mit der Linke-Faust-Regel angeben, wie das Magnetfeld um einen Leiter verläuft;
... angeben, wann Induktion auftritt und eine Induktionsspannung entsteht;
... den Aufbau eines Generators und eines Elektromotors beschreiben und die Unterschiede angeben;
... die Funktionsweise von Elektromotor und Generator erklären;
... angeben, wie sich die Spannungen bei einem Transformator in Abhängigkeit von den Windungszahlen auf der Primär- und Sekundärseite verändern;
... zwischen den Einheiten J und kWh umrechnen;
... Leistungen von elektrischen Geräten berechnen;
... mit der Faustregel die CO_2-Emission von Elektrogeräten abschätzen;
... erläutern, warum elektrische Energie mit Hochspannung übertragen wird;
... den natürlichen und den anthropogenen Treibhauseffekt erklären;
... erläutern, welches die Ursachen und die Folgen des Klimawandels sind und was man dagegen tun kann.

Aufgaben mit Lösungen

1 ➡ Drei Widerstände $R_1 = 30\ \Omega$, $R_2 = 20\ \Omega$ und $R_3 = 10\ \Omega$ werden parallel an eine Spannung von $U = 12\ \text{V}$ geschaltet. Berechne den Gesamtwiderstand R_{ges}, die Gesamtstromstärke I_{ges} sowie die Stromstärken I_1, I_2 und I_3.

2 ⬆ Aus der Formel für den Gesamtwiderstand R_{ges} zweier parallel geschalteter Widerstände

$$\frac{1}{R_{ges}} = \frac{R_1 + R_2}{R_1 \cdot R_2}$$

könnte man den Schluss ziehen, dass sich der Gesamtwiderstand für drei parallel geschaltete Widerstände nach folgender Formel ergibt:

$$\frac{1}{R_{ges}} = \frac{R_1 + R_2 + R_3}{R_1 \cdot R_2 \cdot R_3}.$$

a) Überlege (ohne Rechnung), warum diese Gleichung auf keinen Fall richtig sein kann.
b) Entwickle die richtige Gleichung.

3 ➡ Zwei Glühlämpchen L_1 und L_2 (4 V; 0,2 A) sind in Reihe an eine Spannungsquelle von 8 V angeschlossen. Parallel ist zu einem der beiden Glühlämpchen (L_1) ein Heißleiter geschaltet ($R = 100\ \Omega$ bei 20 °C).
a) Zeichne einen Schaltplan. Begründe, warum durch den Heißleiter nur ein kleiner Strom fließt, wenn beide Glühlampen brennen.
b) Begründe, dass bei Erlöschen von Glühlampe L_1 die Glühlampe L_2 nach einiger Zeit wieder zu leuchten beginnt.
c) Erläutere, welche Vorteile es hat, bei Lichterketten parallel zu jeder Glühlampe einen Heißleiter zu schalten.

4

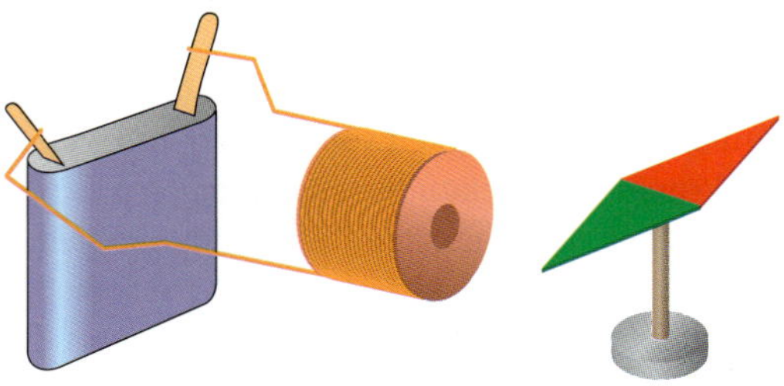

↗ a) Stelle neben eine Spule eine Magnetnadel oder einen Kompass. Schließe die Spule an eine Batterie an und trenne anschließend die Verbindung wieder. Beschreibe deine Beobachtungen. Begründe, dass dieser Versuch zeigt, dass eine Spule ein Magnetfeld erzeugt.

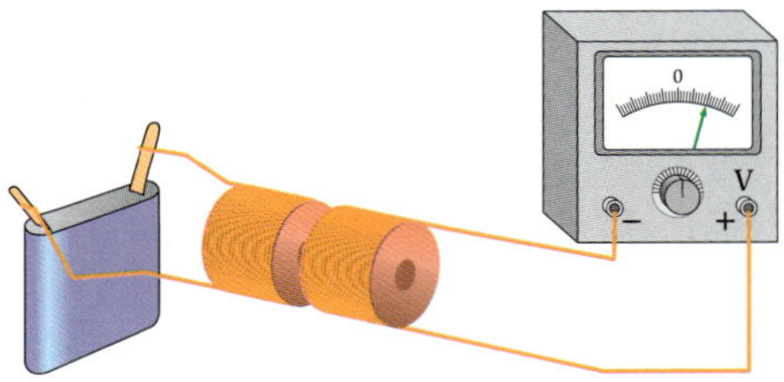

b) Nun stehen zwei Spulen nebeneinander – die eine wird an eine Batterie angeschlossen, die andere an ein Voltmeter.
Begründe, dass sich beim Schließen oder Öffnen des Stromkreises mit Batterie und Spule die Anzeige am Voltmeter ändern muss.
c) Erläutere, warum sich die Anzeige nur für eine kurze Zeit ändert.
d) Erkläre, was du tun müsstest, damit am Voltmeter ständig ein Wert ungleich null angezeigt wird.

5

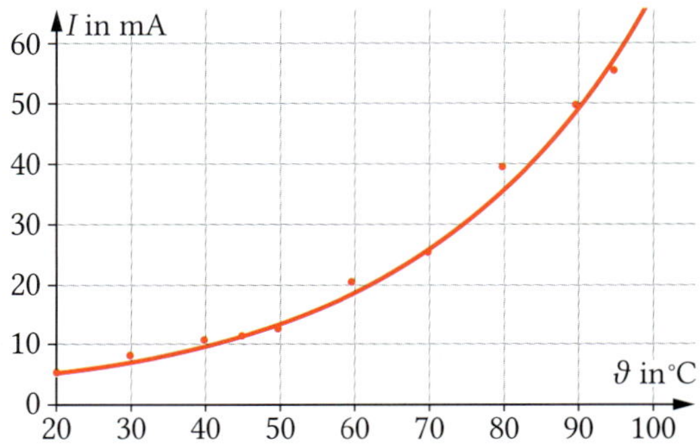

➡ Das Diagramm zeigt die Temperatur-Stromstärke-Kennlinie eines NTC-Widerstandes.
Gib die Temperaturerhöhung an (ausgehend von $I = 10\ \text{mA}$), bei der sich die Stromstärke verdoppelt und vervierfacht.

6 ➡ Recherchiere, worin sich Gleichstrommotoren von Wechselstrommotoren unterscheiden. Gehe dabei auch auf den verschiedenen Anwendungsbereich der beiden Motorenarten und auf die baulichen Unterschiede ein.

7 ➡ Beschreibe die wesentlichen Teile eines Elektromotors und vergleiche ihn mit dem Generator.

8 ➡ Elektroautos müssen an Ladesäulen betankt werden. Das geschieht oft über Nacht. Bei einer längeren Fahrt, zum Beispiel in den Urlaub, kann es sein, dass man unterwegs nachladen muss. Dann sollte es möglichst schnell gehen. Das heißt, dass das Aufladen mit möglichst großer Leistung erfolgen muss.

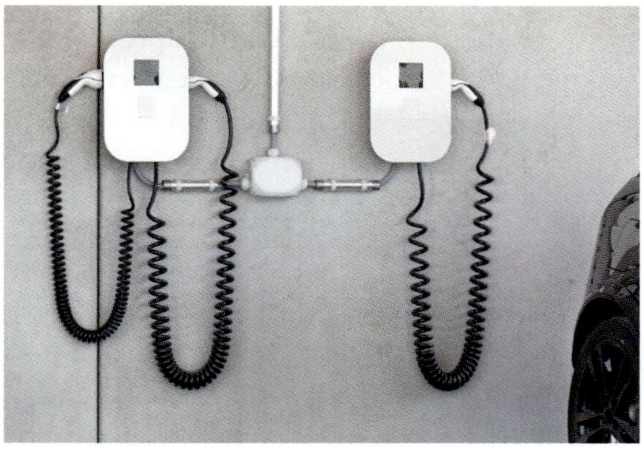

a) An einer Haushaltssteckdose steht eine Spannung von 230 V zur Verfügung; die Steckdose ist mit einer Maximalstromstärke von 16 A abgesichert. Berechne die zur Verfügung stehende Leistung.

b) Eine „Wallbox“ zum Aufladen von Elektroautos arbeitet mit drei parallelen Leitungen mit einer Spannung von jeweils 230 V. Berechne, mit welcher Maximalstromstärke Wallboxen mit einer Ladeleistung von 11 kW bzw. 22 kW abgesichert sind.

c) Berechne die Ladedauer für ein Elektroauto mit einer Akkukapazität von 41 kWh an einer Ladestation mit einer Ladeleistung von 11 kW.

d) Bei einem Schnellladesystem erfolgt die Aufladung mit einer Spannung von 480 V und einer Spitzenleistung von 145 kW. Berechne die nötige Stromstärke.

9

➡ Die Batterie eines Elektroautos hat eine Speicherkapazität von 30 kWh. Sie ist entladen und wird an einer Haushaltssteckdose aufgeladen.
Bestimme die Zeit, die nötig ist, um die Batterie aufzuladen.

10 ➡ Begründe, warum Erdgaskraftwerke als umweltfreundlicher gelten als Kohlekraftwerke.

11 ↗ Erläutere, warum es gefährlich sein kann, wenn man an den Ausgang eines Spielzeugtransformators (24 V) einen zweiten Transformator mit 500 und 12 000 Windungen anschließt.

12 ➡ Die erste größere elektrische Energieübertragung wurde in Deutschland mit Gleichstrom durchgeführt. Nenne Gründe, warum man sich später für Wechselstrom entschieden hat.

13 ↗ Eine Windkraftanlage liefert insgesamt 530 kW Leistung. Der Verlust in den Leitungen soll höchstens 2 % betragen.

a) Berechne, wie groß der Leitungswiderstand bei $U = 230$ V sein darf.

b) Vergleiche, was sich an diesem Wert ändert, wenn die Übertragung mit $U = 10$ kV erfolgt.

14 ➡ Erläutere, warum die Erdbevölkerung mit Beginn der Industrialisierung stark anstieg und was die entscheidenden Voraussetzungen für die Industrialisierung waren.

15 ➡ Erläutere, weshalb in Deutschland eine Nord-Süd-Stromtrasse gebaut wird.

16 ➡ Erkundige dich nach dem Bau von Offshore-Windkraftwerken in Nord- und Ostsee. Notiere Vor- und Nachteile dieser Anlagen.

17 ➡ Recherchiere, was das IPCC (**I**ntergovernmental **P**anel on **C**limate **C**hange) ist und welche Aufgaben es hat.

18

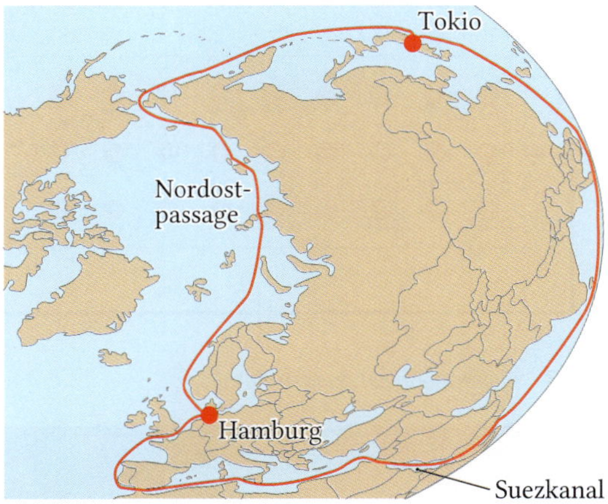

➡ Der Rückgang des Meereises in der Arktis macht es möglich: 2018 fuhr die Venta Mærsk als erstes großes Containerschiff ohne Hilfe eines Eisbrechers durch die Nordostpassage.
Recherchiere, um wie viel kürzer die Schiffsroute von Hamburg nach Tokio durch die Nordostpassage ist im Vergleich zur Route durch den Suezkanal.

Basiskonzepte

Die Physik umfasst eine Reihe von Teilgebieten mit jeweils eigenen Begriffen, z. B. Optik, Elektrizität oder Mechanik. Die Teilgebiete der Physik stehen jedoch nicht getrennt nebeneinander. Sie werden durch die **Basiskonzepte der Physik** verknüpft. Sie vernetzen das Wissen der Physik und ermöglichen eine Betrachtung aus verschiedenen Blickwinkeln.

Basiskonzept: Energie

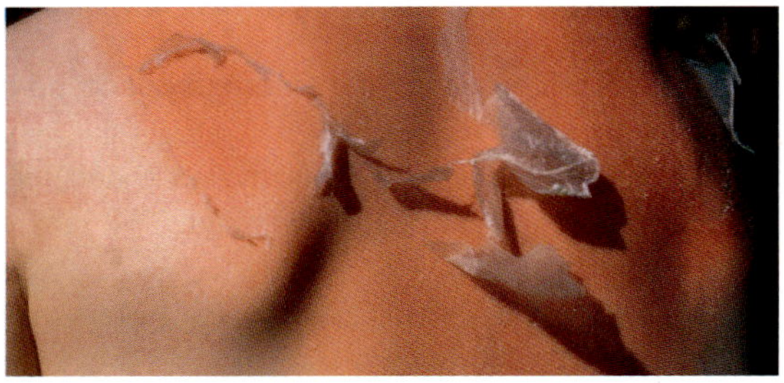

B1 *UV-Licht kann Hautzellen schädigen.*

B2 *Achterbahn*

Die **Energie** tritt in allen Teilgebieten der Physik auf. Nicht nur Körper, die sich bewegen, haben Energie, sondern auch Licht oder Schall. Die verschiedenen Formen der Energie können ineinander umgewandelt werden.

Durch Licht und andere Strahlung wird Energie übertragen. Besonders UV-Strahlung ist so energiereich, dass sie für die Haut schädlich sein kann (s. S. 46).

Wenn ein Wagen auf einer Achterbahn fährt, wird Bewegungsenergie in Lageenergie umgewandelt und umgekehrt. Dabei bleibt die Gesamtenergie immer konstant (s. S. 101).

Basiskonzept: Struktur der Materie

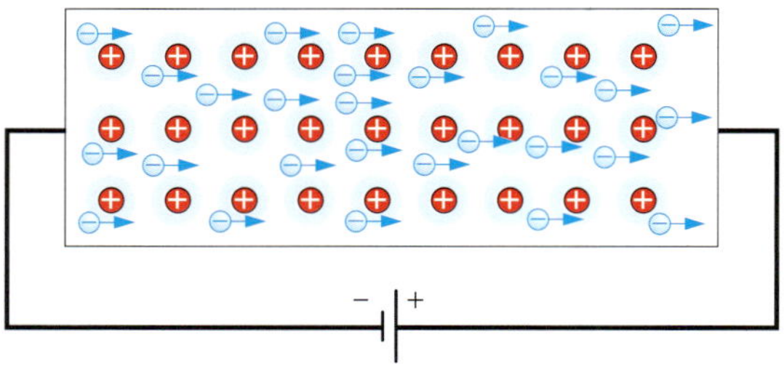

B3 *Elektronenbewegung in Metall*

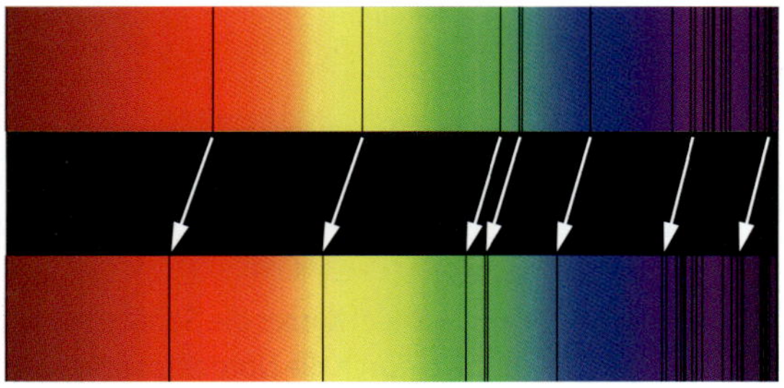

B4 *Rotverschiebung im Spektrum eines Sterns*

Alle **Materie** ist aus kleinsten Teilchen aufgebaut: aus Atomen, die sich wiederum in Kern und Elektronenhülle untergliedern lassen. Mit diesem Bild vom Aufbau der Materie lassen sich viele Eigenschaften von Stoffen und Körpern erklären.

Mit Hilfe einer Modellvorstellung vom Inneren eines metallischen Leiters können viele elektrische Leitungsvorgänge erklärt werden (s. S. 156).

Durch die Untersuchung der Spektren von weit entfernten Sternen können wir Aufschluss über ihre chemische Zusammensetzung und ihre Bewegung relativ zur Erde gewinnen (s. S. 145).

Basiskonzept: System

Ein **System** ist aus einzelnen Teilen zusammengesetzt. Oft ist aber das System mehr als nur die Summe seiner Teile. Man kann das System nur verstehen, wenn man es als Ganzes betrachtet.

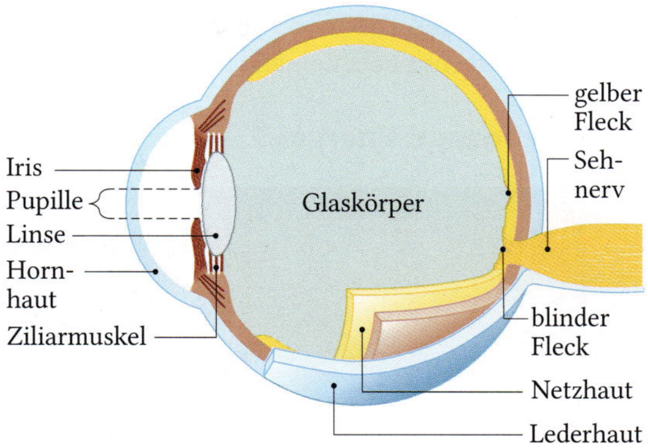

B5 *Das menschliche Auge*

Erst durch das Zusammenwirken von Hornhaut, Pupille, Augenlinse, Netzhaut und Gehirn entsteht ein so effektives System wie das menschliche Auge (s. S. 34).

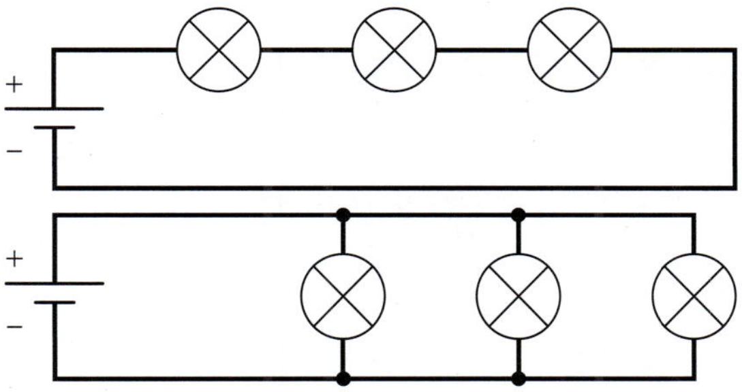

B6 *Reihen- und Parallelschaltung*

Die Lämpchen in den beiden Schaltungen sind alle gleich. Trotzdem leuchten die Lämpchen in der Parallelschaltung rechts heller als die Lämpchen in der Reihenschaltung links. Stromstärke und Spannung hängen vom gesamten Stromkreis ab (s. S. 168).

Basiskonzept: Wechselwirkung

Körper beeinflussen sich gegenseitig. Man sagt, sie wechselwirken miteinander. Immer, wenn wir eine Messung an einem Körper durchführen, findet eine **Wechselwirkung** statt. Ohne Wechselwirkung können wir nichts über die Natur erfahren.

B7 *Rückstoß*

Wenn man auf einem Skateboard steht und einen Ball von sich weg wirft, wird man in die entgegengesetzte Richtung beschleunigt. Der Effekt wird als Rückstoß bezeichnet. Nach diesem Prinzip funktioniert auch der Raketenantrieb (s. S. 76).

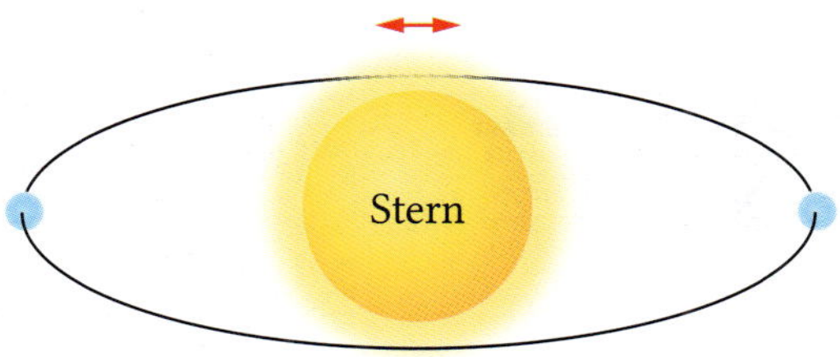

B8 *Exoplanet und Stern umkreisen sich.*

Ein Planet wirkt mit seiner Schwerkraft auf den Stern, den er umkreist. Dadurch bewegt sich der Stern vor und zurück. Durch den Nachweis dieser Bewegung konnte man zahlreiche Planeten außerhalb des Sonnensystems entdecken (s. S. 142).

Basiskonzepte

Die Physik umfasst eine Reihe von Teilgebieten mit jeweils eigenen Begriffen, z. B. Elektrizitätslehre, Kernphysik oder Mechanik. Die Teilgebiete der Physik stehen jedoch nicht getrennt nebeneinander. Sie werden durch die **Basiskonzepte der Physik** verknüpft. Sie vernetzen das Wissen der Physik und ermöglichen eine Betrachtung aus verschiedenen Blickwinkeln.

Basiskonzept: Energie

B1 *Die Sonne liefert unsere Energie.*

B2 *Fotovoltaikanlage*

Die **Energie** tritt in allen Teilgebieten der Physik auf. Es gibt verschiedene Energieformen, die ineinander umgewandelt werden können (z. B. kinetische Energie, Lageenergie, elektrische Energie, Kernenergie). Energie kann gespeichert und übertragen werden.

In der Sonne findet Kernfusion statt. Bei hoher Temperatur verschmelzen Wasserstoffkerne zu Helium. Dabei wird energiereiche Gammastrahlung abgegeben. Die Energie, die wir mit dem Sonnenlicht von der Sonne empfangen, hat in diesen Prozessen im Inneren der Sonne ihren Ursprung (s. S. 254).

Eine Fotovoltaikanlage auf einem Hausdach wandelt die Energie des Sonnenlichts in elektrische Energie um. Dabei werden auf der Erde keine Brennstoffe verbraucht und es entsteht kein CO_2. Die Solarenergie ist eine der erneuerbaren Energien (s. S. 295).

Basiskonzept: Struktur der Materie

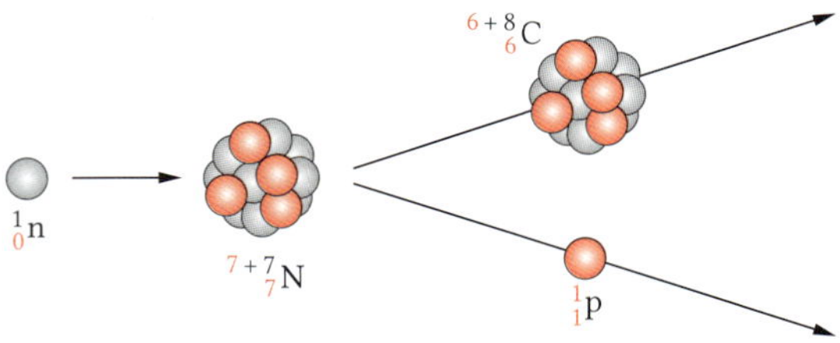

B3 *In der Atmosphäre entsteht C-14 aus N-14.*

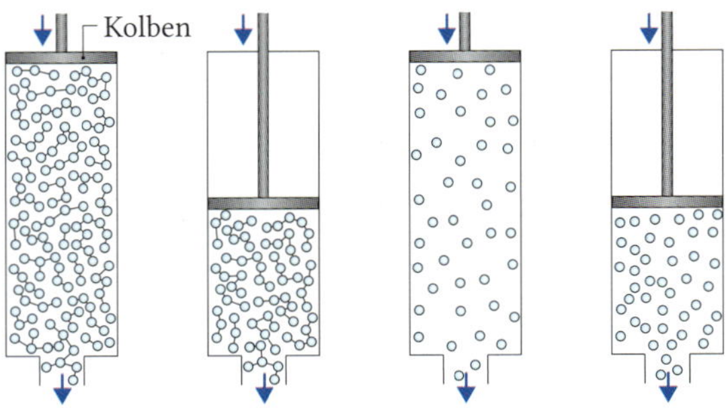

B4 *Hydraulik (links) und Pneumatik (rechts) im Modell*

Alle **Materie** ist aus Atomen aufgebaut. Auch die Atome haben eine innere Struktur: Sie bestehen aus der Elektronenhülle und dem Kern. Der Atomkern ist aus Protonen und Neutronen zusammengesetzt. Mit diesem Bild vom Aufbau der Materie lassen sich viele Eigenschaften von Stoffen und Körpern erklären.

In der Atmosphäre entsteht C-14 aus N-14. Der C-14-Kern zerfällt mit einer Halbwertszeit von 5730 Jahren. Durch Messung der C-14-Konzentration kann man das Alter von tierischen und pflanzlichen Funden ermitteln (s. S. 231).

Mit dem Teilchenmodell lassen sich Unterschiede im Verhalten von Flüssigkeiten und Gasen erklären (s. S. 194).

Basiskonzept: System

Ein **System** ist aus einzelnen Teilen zusammengesetzt. Oft ist aber das System mehr als nur die Summe seiner Teile. Man kann das System nur verstehen, wenn man es als Ganzes betrachtet.

Stromdurchflossene Drähte sind von einem Magnetfeld umgeben. Durch Überlagerung der Felder lässt sich das Magnetfeld komplizierterer Anordnungen konstruieren, z. B. das Magnetfeld einer Spule. Das System besteht hier aus Feld und Spule (s. S. 275).

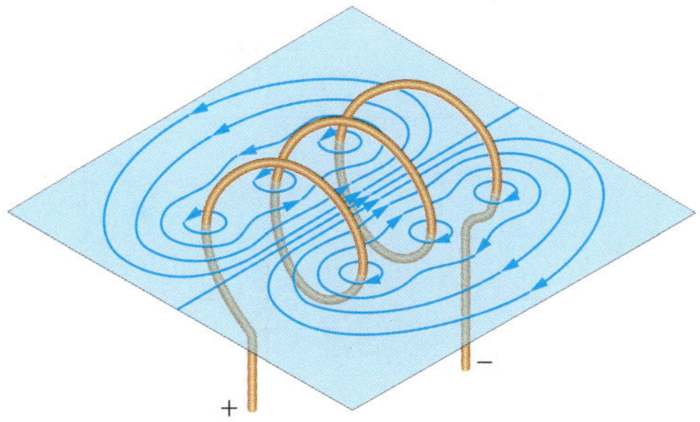

B5 *Magnetfeld einer Spule*

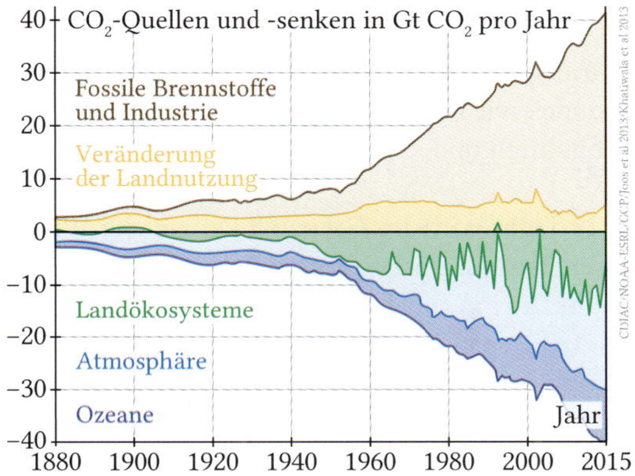

B6 *Entwicklung der CO_2-Quellen und -senken*

Bei der Untersuchung des Klimawandels und seiner Folgen muss die gesamte Erde als System betrachtet werden. Sehr viele einzelne Einflüsse wirken dabei zusammen und müssen in ihren Auswirkungen berücksichtigt werden (s. S. 310).

Basiskonzept: Wechselwirkung

Körper beeinflussen sich gegenseitig. Man sagt, sie wechselwirken miteinander. Immer, wenn wir eine Messung an einem Körper durchführen, findet eine **Wechselwirkung** statt. Ohne Wechselwirkung können wir nichts über die Natur erfahren.

Wenn man einen drehbar gelagerten Magneten in der Nähe einer Spule rotieren lässt, wird eine Spannung messbar. Das zeitlich veränderliche Magnetfeld des rotierenden Magnetfeldes erzeugt eine Induktionsspannung in der Spule (s. S. 276).

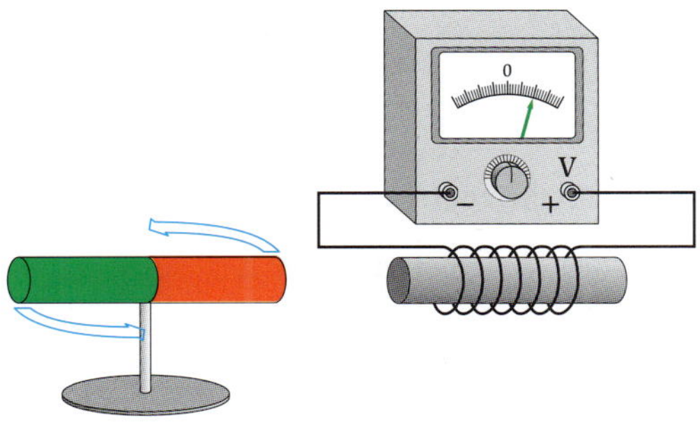

B7 *Rotierender Magnet vor einer Spule*

Der Auftrieb eines Flugzeugs wird durch Wechselwirkung mit der umgebenden Luft erzeugt. Die Tragfläche beeinflusst die Strömung der Luft; im Gegenzug übt die Luft eine Auftriebskraft auf die Tragfläche aus (s. S. 210).

B8 *Das Flugzeug fliegt durch einen künstlich erzeugten Rauch.*

Lösungen zu Kapitel 1–7

Kapitel 1

1. Wenn man vier Spiegel benutzt, verläuft der Lichtweg um das Hindernis herum.

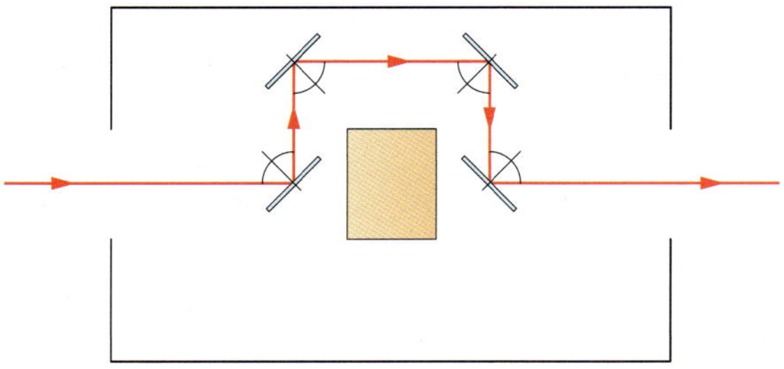

2. Der transparente Glasstab muss den gleichen Brechungsindex wie das Öl haben. Dann geht Licht ohne Knick hindurch und der Glasstab wird unsichtbar.

3. Das IR-Licht trifft im Grenzwinkel auf die Windschutzscheibe auf. Dort erfährt es bei trockener Scheibe Totalreflexion am Übergang vom Glas zu Luft. Danach trifft das IR-Licht auf den Lichtsensor. Wenn die Scheibe nass ist, trifft das IR-Licht auf einen Übergang von Glas zu Wasser. Beide Medien haben einen ähnlichen Brechungsindex. Deshalb findet bei Nässe und dem gegebenen Einfallswinkel keine vollständige Totalreflexion mehr statt. Ein Teil des IR-Lichts verlässt das Glas. Der restliche Anteil trifft auf den Lichtsensor. Der Lichtsensor bemerkt, dass weniger Licht ankommt und schaltet daraufhin die Scheibenwischer an.

4. a) Rechnerisch:

$$\frac{B}{b} = \frac{G}{g}, \text{ folglich gilt: } B = \frac{G \cdot b}{g}.$$

Einsetzen der Werte liefert:

$$B = \frac{2{,}5\text{ cm} \cdot 7{,}5\text{ cm}}{5\text{ cm}} = 3{,}75\text{ cm}.$$

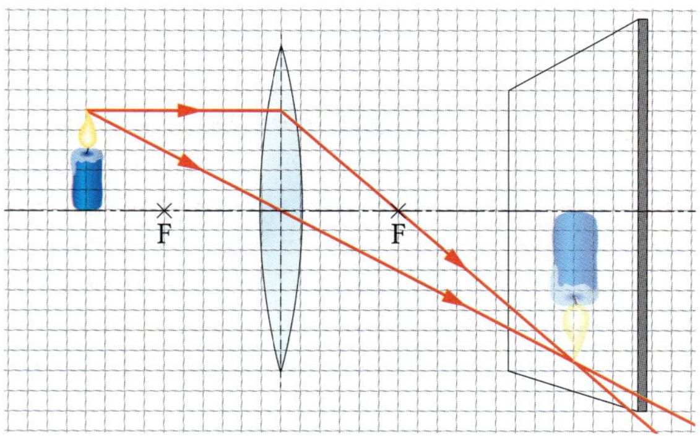

b) Das Bild erscheint vollständig, wie bei der unzerbrochenen Linse, es ist aber dunkler. Von jedem Punkt eines Gegenstandes gehen Lichtbündel in alle Richtungen. Linsen führen das gesamte durch sie fallende Lichtbündel eines Gegenstandspunktes wieder in einem Punkt zusammen. Die halbe Linse bricht ein nur noch halb so großes Lichtbündel wie die ganze Linse. So erscheint das Bild wie gewohnt. Es ist aber dunkler.

5.

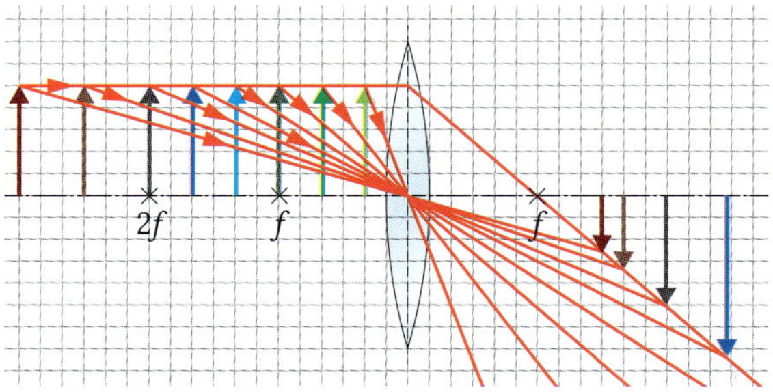

a) Wenn man die Kerze näher als $2f$ an die Linse heranschiebt, wird das Bild größer.
b) Wenn man die Kerze weiter als $2f$ von der Linse entfernt, wird das Bild kleiner.
c) Wenn die Kerze näher als f zur Linse steht, entsteht kein Bild mehr.

6. Der Sehwinkel, unter dem ein Gegenstand erscheint, hängt von seiner Größe und seinem Abstand ab. Der Sehwinkel wird kleiner, wenn sich ein Gegenstand entfernt. Die Sphinx ist größer, aber weiter entfernt als der Kopf der Frau. So erscheinen beide unter dem gleichen Sehwinkel und die Frau kann so tun, als würde sie die Sphinx küssen.

7. a) Die Dicke der Mauer ist viel kleiner als ihre Länge. Also ist für die Sichtbarkeit die Dicke entscheidend.
b) Annahme: Die chinesische Mauer ist etwa 10 Meter dick. Es gilt:

$$\frac{B}{b} = \frac{G}{g}, \text{ also } B = \frac{G \cdot b}{g}.$$

Einsetzen der Werte liefert:

$$B = \frac{10\text{ m} \cdot 0{,}02\text{ m}}{380\,000\,000\text{ m}} = 0{,}000\,000\,000\,53\text{ m}$$

$$B = 0{,}000\,000\,53\text{ mm}.$$

Der Wert liegt weit unter dem Auflösungsvermögen des Auges. Die Große Mauer kann man vom Mond aus unmöglich sehen.

8. Lichtbündel beeinflussen sich nicht, wenn sie sich kreuzen. Das direkte Licht der Sonne und das in der Umgebung gestreute Licht beeinflussen den Strahlengang im Teleskop daher nicht.

9. Die weißen Stellen der Tischdecke streuen das einfallende Licht in alle Richtungen. Ein Teil dieses Lichts tritt in das Wasserglas ein und wird dort gebrochen. Dabei wird das weiße Licht in seine Spektralfarben zerlegt.

10. Es gibt 256 · 256 · 256 = 16 777 216 mögliche Kombinationen. So viele Farben kann ein Bildschirm darstellen.

11. Weißes Licht fällt auf ein farbiges Netz. Von dort wird Licht in der Farbe des Netzes in alle Richtungen gestreut, also auch auf das eingepackte Obst oder das Gemüse. Die Netze haben somit die gleiche Funktion wie eine Lampe, die die Ware mit farbigem Licht beleuchtet: Mandarinen, Zitronen, Zucchini sehen besonders reif und appetitlich aus. Nimmt man wie in der Abbildung eine Mandarine aus dem Netz heraus und legt sie daneben, sieht man deutlich den Unterschied in der Farbwahrnehmung.

Kapitel 2

1. a) In Abschnitt ① fährt das Auto eine Dreiviertelstunde mit konstanter Geschwindigkeit. Anschließend fährt es in Abschnitt ② für eine halbe Stunde mit geringerer Geschwindigkeit. In Abschnitt ③ steht das Auto für eine halbe Stunde, bevor es sich in Abschnitt ④ mit der gleichen Geschwindigkeit wie in Abschnitt ② bewegt (für eine halbe Stunde). In Abschnitt ⑤ erreicht der Wagen schließlich seine größte Geschwindigkeit.

b) Der besondere Geschwindigkeitswert in Abschnitt ③ ist $v_3 = 0\ \frac{\text{km}}{\text{h}} = 0\ \frac{\text{m}}{\text{s}}$. Mögliche Ursachen dafür: Das Auto wurde geparkt oder es stand im Stau.

c) Es ergeben sich folgende Geschwindigkeiten:

$$v_1 = \frac{\Delta s}{\Delta t} = \frac{s_{\text{Ende}} - s_{\text{Anf}}}{t_{\text{Ende}} - t_{\text{Anf}}} = \frac{60\ \text{km} - 0\ \text{km}}{0{,}75\ \text{h} - 0\ \text{h}} = 80\ \frac{\text{km}}{\text{h}},$$

$$v_2 = \frac{\Delta s}{\Delta t} = \frac{s_{\text{Ende}} - s_{\text{Anf}}}{t_{\text{Ende}} - t_{\text{Anf}}} = \frac{85\ \text{km} - 60\ \text{km}}{1{,}25\ \text{h} - 0{,}75\ \text{h}} = 50\ \frac{\text{km}}{\text{h}},$$

$$v_3 = \frac{\Delta s}{\Delta t} = \frac{s_{\text{Ende}} - s_{\text{Anf}}}{t_{\text{Ende}} - t_{\text{Anf}}} = \frac{110\ \text{km} - 85\ \text{km}}{2{,}25\ \text{h} - 1{,}75\ \text{h}} = 50\ \frac{\text{km}}{\text{h}},$$

$$v_4 = \frac{\Delta s}{\Delta t} = \frac{s_{\text{Ende}} - s_{\text{Anf}}}{t_{\text{Ende}} - t_{\text{Anf}}} = \frac{200\ \text{km} - 110\ \text{km}}{3{,}00\ \text{h} - 2{,}25\ \text{h}} = 120\ \frac{\text{km}}{\text{h}}.$$

d) Für die gesamte Fahrt ergibt sich:

$$v_1 = \frac{\Delta s}{\Delta t} = \frac{s_{\text{Ende}} - s_{\text{Anf}}}{t_{\text{Ende}} - t_{\text{Anf}}} = \frac{200\ \text{km} - 0\ \text{km}}{3{,}00\ \text{h} - 0\ \text{h}} \approx 67\ \frac{\text{km}}{\text{h}}.$$

e) Es ergibt sich folgendes t-s-Diagramm:

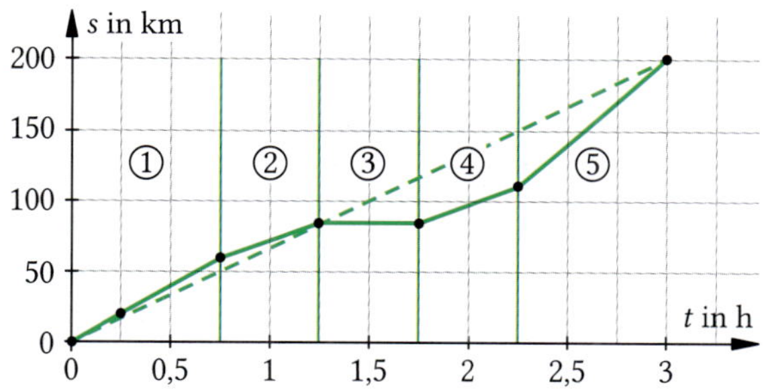

Anfangs- und Endpunkt beider Graphen sind gleich. Die eingezeichnete Gerade verläuft stets flacher als das steilste Stück des Graphen der Autofahrt und stets steiler als das flachste Stück. In den Abschnitten ① und ⑤ ist das Auto schneller unterwegs als die spätere Durchschnittsgeschwindigkeit über die Gesamtstrecke, in den Abschnitten ②, ③ und ④ ist es hingegen langsamer. Bis zum Ende von Abschnitt ② ist die bis dahin erzielte Durchschnittsgeschwindigkeit genauso groß wie die am Ende erreichte Durchschnittsgeschwindigkeit über die gesamte Fahrt, da sich dort die beiden Graphen schneiden.

Lösungen zu Kapitel 1 – 7

2. a) Die passende Tabelle sieht so aus:

Ort *s* in km	Zeitpunkt *t* in h:min
12	0:44
30	0:56 / 0:58
34	1:01
35	1:04
39	1:08
43	1:12
51	1:18

Man rechnet mit der Formel:

$$v = \frac{\Delta s}{\Delta t} = \frac{s_{\text{nach}} - s_{\text{vor}}}{t_{\text{nach}} - t_{\text{vor}}} \text{ und erhält}$$

$$v_{12 \to 30} = 1{,}5\,\frac{\text{km}}{\text{min}} = 90\,\frac{\text{km}}{\text{h}},\quad v_{30 \to 34} = \frac{4}{3}\,\frac{\text{km}}{\text{min}} = 80\,\frac{\text{km}}{\text{h}},$$

$$v_{34 \to 35} = \frac{1}{3}\,\frac{\text{km}}{\text{min}} = 20\,\frac{\text{km}}{\text{h}},\quad v_{35 \to 39} = 1{,}0\,\frac{\text{km}}{\text{min}} = 60\,\frac{\text{km}}{\text{h}},$$

$$v_{39 \to 43} = 1{,}0\,\frac{\text{km}}{\text{min}} = 60\,\frac{\text{km}}{\text{h}},\quad v_{43 \to 51} = \frac{4}{3}\,\frac{\text{km}}{\text{min}} = 80\,\frac{\text{km}}{\text{h}}.$$

b) Der Zug steht zwischen den beiden Zeitpunkten am Bahnhof. Angegeben sind die Ankunftszeit und die Abfahrtszeit. In der Zeitspanne dazwischen hat die Geschwindigkeit den Wert null.

c) Wenn der Zug die ganze Strecke mit der kleinsten Geschwindigkeit fahren würde, die er auf einer Teilstrecke erreicht, so wäre der Mittelwert für die Fahrt so groß wie diese kleinste Geschwindigkeit. Da er aber auf manchen Strecken schneller gefahren ist, ist der Mittelwert für die Gesamtstrecke größer als die kleinste Geschwindigkeit auf einer Teilstrecke. Genauso kann man mit der größten Geschwindigkeit auf einer Teilstrecke argumentieren. Der Mittelwert der Geschwindigkeit für die Gesamtstrecke ist somit kleiner als die größte Geschwindigkeit auf einer Teilstrecke.

3. a) Aus der Tabelle ergibt sich das Diagramm.

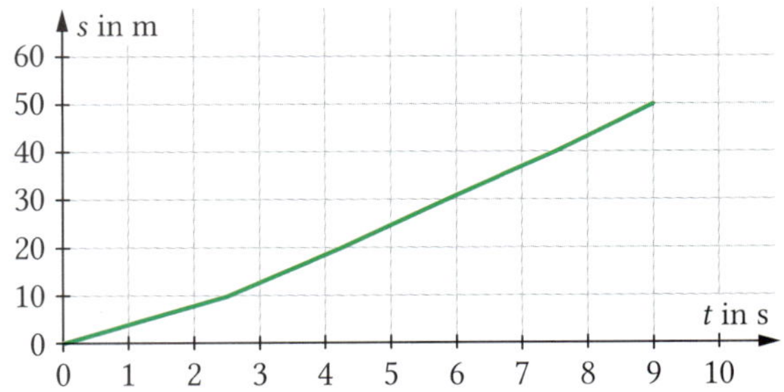

b) Aus dem Diagramm kann man vermuten, dass die größte Geschwindigkeit in den letzten drei Abschnitten erreicht wird, also zwischen $s_2 = 20$ m und $s_5 = 50$ m. Da die Teilstrecken gleich lang sind, reicht es, zu untersuchen, für welchen Abschnitt Julias Mitschülerin die kleinste Zeitspanne benötigte. Dies ist zwischen $s_4 = 40$ m und $s_5 = 50$ m der Fall. Dafür benötigt sie 1,5 s. Für die beiden vorangegangenen 10-m-Strecken benötigte die Mitschülerin jeweils 1,6 s. In diesen Abschnitten war sie also etwas langsamer. Dies ist aus dem Graphen nicht klar erkennbar.

4. a)–c) Umrechnung: $1\,\frac{\text{m}}{\text{s}} = 3{,}6\,\frac{\text{km}}{\text{h}}$

$$v = \frac{\Delta s}{\Delta t} = \frac{6\text{ km}}{20\text{ min}} = \frac{6000\text{ m}}{1200\text{ s}} = 5\,\frac{\text{m}}{\text{s}} \approx 18\,\frac{\text{km}}{\text{h}},$$

$$v = \frac{\Delta s}{\Delta t} = \frac{360\text{ km}}{5\text{ h}} = 72\,\frac{\text{km}}{\text{h}} = 20\,\frac{\text{m}}{\text{s}},$$

$$v = \frac{\Delta s}{\Delta t} = \frac{90\text{ cm}}{12\text{ h}} = \frac{0{,}90\text{ m}}{43\,200\text{ s}} = 0{,}000\,021\,\frac{\text{m}}{\text{s}}$$

$$= 0{,}000\,075\,\frac{\text{km}}{\text{h}}.$$

5. a) Bei einer Geschwindigkeit von 400 m in 4:31 min, also 1,47 $\frac{\text{m}}{\text{s}}$ entsprechen $\frac{2}{1000}$ s einem Vorsprung von etwa 3 mm. Weil beim 400-m-Schwimmen die Bahn acht Mal durchschwommen wird, müsste die Länge der Bahn bis auf 0,4 mm kontrolliert werden. Maurer und Fliesenleger können so genau nicht arbeiten.

b) Der Fehler in der Längenangabe ist so groß, dass eine Zeitmessung auf Tausendstel Sekunden nicht sinnvoll ist. Wenn man auf $\frac{1}{100}$ s genau misst, muss die Längengenauigkeit bei knapp 2 cm liegen. Das erscheint realistisch.

6. Wenn man die Zeitangabe „einen halben Tag" als vier Stunden Fahrzeit ohne Pausen interpretiert, dann wäre eine angemessene Streckenlänge

$$s = v \cdot t = 15\,\frac{\text{km}}{\text{h}} \cdot 4\text{ h} = 60\text{ km},$$

wenn die Kondition reicht.
Die ausgesuchte Route ist also zu kurz; man wäre schon früher als geplant wieder zu Hause.

7. Da beim Radfahren stets Luft- und Rollreibung im Spiel sind, wird immer eine Kraft auf den Radfahrer ausgeübt, auch wenn er nicht in die Pedalen tritt. Daher ändert sich seine Geschwindigkeit, sobald der Radfahrer aufhört zu treten. Es gibt eine Ausnahme: bei Stillstand.

8. Schüleraktivität

9. An der Spitze der Schere ist der Lastarm sehr lang. Das bedeutet, dass die Kraft, die auf den Karton wirkt, sehr klein ist. Wir müssen also am Kraftarm eine viel größere Kraft ausüben, als wenn wir direkt ohne Verwendung des Hebels „Schere" schneiden würden. Leichter ist es für uns, wenn wir den Karton in die Nähe des Drehpunkts legen, denn dann ist das Verhältnis von Kraftarm zu Lastarm umgekehrt.

10. a)

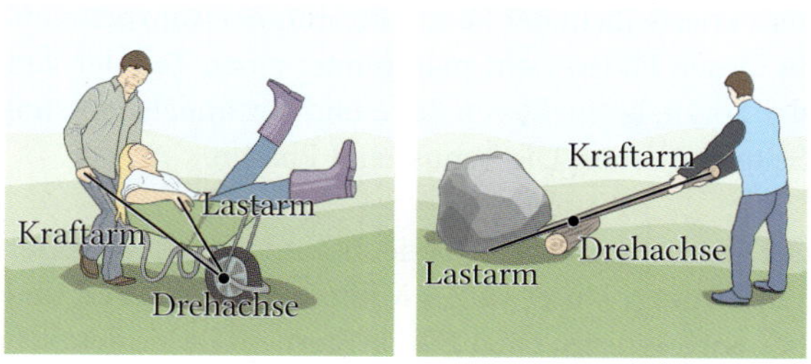

b) Der Schubkarren ist ein einseitiger Hebel, da Kraftarm und Lastarm auf der gleichen Seite des Drehpunktes sind. Beim Bild rechts haben wir dagegen einen zweiseitigen Hebel, da sich die Drehachse zwischen Kraftarm und Lastarm befindet.

c)

11. Im Startpunkt hat der Ball Lageenergie. Kurz vor dem Auftreffen auf die Platte hat sich fast die gesamte Lageenergie in Bewegungsenergie des Balles umgewandelt. Beim Auftreffen auf die Platte wird diese Bewegungsenergie in Spannenergie verwandelt, da sich der Tennisball verformt. Anschließend verläuft die Energieumwandlung in umgekehrter Reihenfolge. Jeder Umkehrpunkt des hüpfenden Balles liegt etwas tiefer als der vorangegangene: Die Lageenergie des Balles in diesen Punkten wird von Mal zu Mal kleiner. Der Grund ist, dass durch die Verformung des Balles beim Auftreffen auf die Glasplatte und durch den Luftwiderstand laufend Energie in thermische Energie umgewandelt wird.

12. a) Da die Reibung vernachlässigt wird, tritt keine Umwandlung von Energie in thermische Energie auf. Die Energiekonten in den Punkten A, C und D sind dann wie folgt gefüllt:

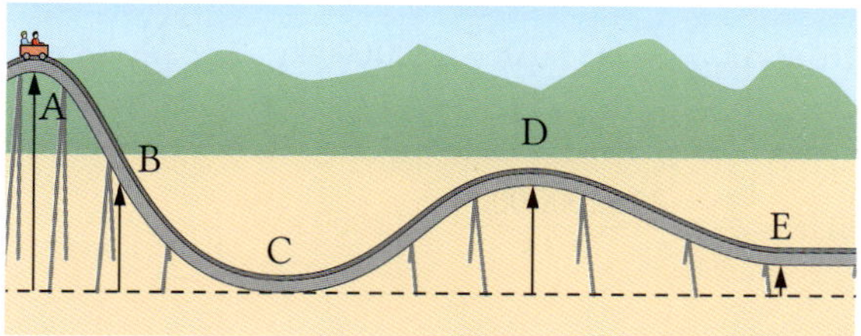

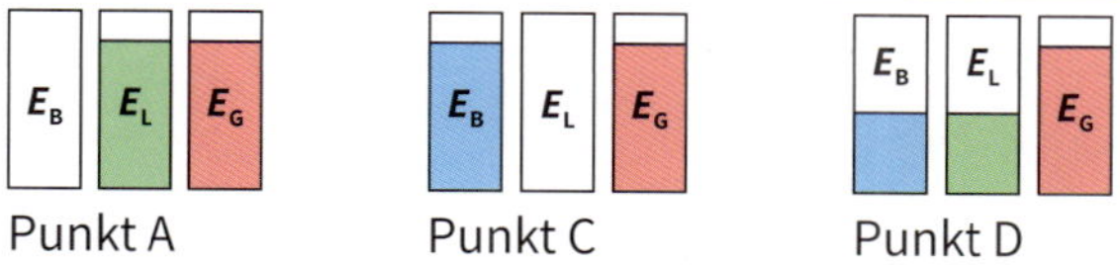

b) Mit Reibung ist noch ein Energiekonto für thermische Energie mit zu berücksichtigen.

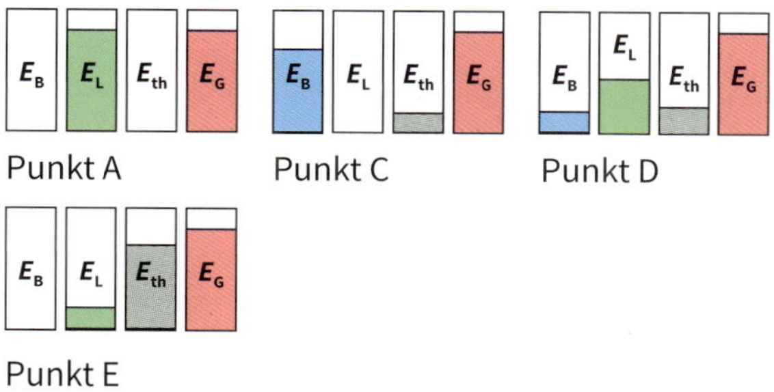

13. Das Herz wandelt in jeder Minute die Energie

$$E_{Lage} = m \cdot g \cdot h = 5\ \text{kg} \cdot 9{,}81\ \frac{\text{N}}{\text{kg}} \cdot 1\ \text{m} = 49\ \text{J}$$

um; in einer Stunde also 49 J · 60 = 2940 J und damit an einem Tag 2940 J · 24 = 70 560 J.

14. a) Die Goldene Regel der Mechanik besagt: Wenn man mit einem Hebel oder einem Flaschenzug Energie überträgt, dann ist bei einer kleineren Kraft ein größerer Weg nötig. Bei einer Rampe bzw. einer schiefen Ebene ist das genauso: Bei kleinerer Kraft ist für die gleiche Energieübertragung ein größerer Weg nötig.

b) $\Delta E_{Lage} = m \cdot g \cdot \Delta h = 70\ \text{kg} \cdot 9{,}81\ \frac{\text{N}}{\text{kg}} \cdot 0{,}8\ \text{m} = 549\ \text{J}$

c) Nach der Goldenen Regel der Mechanik bedeutet eine kleinere Kraft, die zum Antreiben des Rollstuhls erforderlich ist, einen längeren Weg. Die Rampe muss so gebaut werden, dass der Rollstuhlfahrer einen längeren Weg zum Überwinden der Höhendifferenz zur Verfügung hat. Das geschieht mit einer flacheren, aber dafür längeren Rampe.

15. a) $E_{Lage} = m \cdot g \cdot h = 45\text{ kg} \cdot 9{,}81\,\frac{\text{N}}{\text{kg}} \cdot 0{,}6\text{ m} = 265\text{ J}$

b) $P = \frac{E}{\Delta t} = \frac{265\text{ J}}{0{,}5\text{ s}} = 530\text{ W}$

16. a) $\Delta E_{Lage} = m \cdot g \cdot \Delta h = 5\,800\,000\text{ kg} \cdot 9{,}81\,\frac{\text{N}}{\text{kg}} \cdot 38\text{ m}$
$= 2162\text{ MJ}$

b) $P = \frac{E}{\Delta t} = \frac{2\,162\,000\,000\text{ J}}{180\text{ s}} \approx 12\,000\text{ kW}$

Kapitel 3

1. Die Bahn der Venus ist der Sonne näher, als die Bahn der Erde. Von der Erde aus betrachtet steht die Venus daher immer in Blickrichtung zur Sonne. Wenn die Venus hinter der Sonne steht, ist sie nicht zu beobachten. Wenn sie vor der Sonne steht, wird sie überstrahlt und ist nicht zu erkennen. Nur, wenn die Venus neben der Sonne und die Sonne unter dem Horizont steht und die Venus nicht überstrahlt, also kurz vor Sonnenaufgang oder kurz nach Sonnenuntergang, kann man das reflektierte Licht der Venus am Himmel wahrnehmen. In diesen Fällen sieht man immer einen Teil der von der Sonne beleuchteten Seite und der unbeleuchteten Seite der Venus. Die Venus zeigt Phasen.

2. Die Andromeda-Galaxie befindet sich in einer Entfernung von etwa 2,5 Millionen Lichtjahren und besteht aus bis zu einer Billion Sternen. Da sie deutlich größer ist als unsere Milchstraße, erscheint sie trotz ihrer Entfernung unter einem Sehwinkel, der etwa dem des Mondes entspricht. Durch die große Entfernung erscheint sie sehr lichtschwach. Erst, wenn man mit einem geeigneten Instrument Licht sammelt, wird sie sichtbar. Auch mit einem guten Fernglas mit starker Vergrößerung bleiben die einzelnen Sterne durch die Entfernung unterhalb des Auflösungsvermögens der Augen. Andromeda erscheint als milchig-heller Fleck.

3. Je nach Lichtstärke des verwendeten Fernglases oder Teleskops solltest du zwei bis fünf Sternhaufen finden (NGC 7654, NGC 654, NGC 663, NGC 559, NGC 457).

4. Wenn die Drehachse der Erde senkrecht zu ihrer Bahnebene um die Sonne stehen würde, würde sich die Menge an Sonnenlicht für einen Ort im Laufe eines Jahres nicht ändern. Es gäbe daher keine Jahreszeiten mehr. Weil die Erde eine Kugel ist, gäbe es aber nach wie vor Unterschiede im Klima: An den Polen wäre es kalt und am Äquator wäre es warm.

5. Wenn man die Drehachse der Erde verlängert, zeigt sie ziemlich genau auf den Polarstern. Beim Umlauf der Erde um die Sonne ändert sich diese Ausrichtung nicht, die Achse zeigt immer zum Polarstern. Dass die Erde während des Umlaufs um die Sonne ihre Position um 300 Millionen Kilometer verändert, ist bei der großen Entfernung zum Polarstern vernachlässigbar.

6. Im Sommer ist Orion nachts nicht zu sehen, tagsüber wird er von der Sonne überstrahlt. Wenn man im Winter in dieselbe Richtung schaut, steht die Sonne auf der anderen Seite der Erde und stört die Beobachtung nicht.

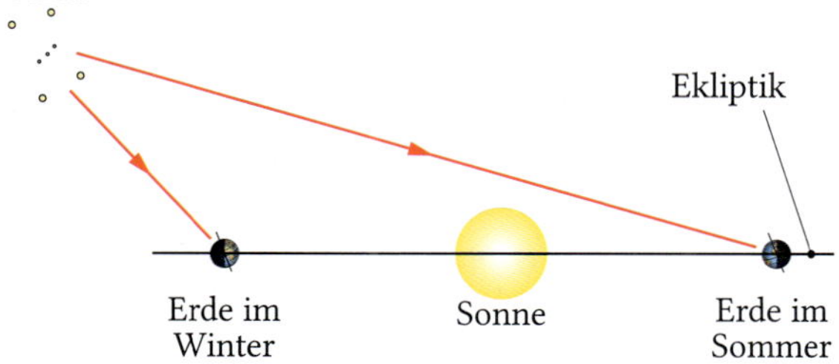

7. Mit der Bedeckungsmethode kann man Planeten entdecken, die sich zwischen ihrem Stern und der Erde befinden. Die Planeten bedecken dabei einen kleinen Teil des Sterns. Dadurch gelangt weniger Licht des Sterns zu uns. Wir befinden uns im Schattenraum des Planeten. Bei einer Sonnenfinsternis bedeckt der Mond unsere Sonne und wir befinden uns im Schattenraum des Mondes.

8. a) Die Hubble-Konstante ist: $H_0 = \frac{2{,}2\,\frac{\text{m}}{\text{s}}}{100\text{ Lj}}$.

Mit $c = 300\,000\,\frac{\text{km}}{\text{s}} = 300\,000\,000\,\frac{\text{m}}{\text{s}}$ ergibt sich:

$$\frac{c}{H_0} = \frac{300\,000\,000\,\frac{\text{m}}{\text{s}}}{2{,}2\,\frac{\frac{\text{m}}{\text{s}}}{100\text{ Lj}}} \approx 136\,000\,000 \cdot 100\text{ Lj}$$

$$= 13{,}6\text{ Mrd. Lj.}$$

Sterne, die sich knapp 14 Milliarden Lichtjahre von uns weg befinden, entfernen sich mit Lichtgeschwindigkeit von uns.

b) Von Orten, die weiter als 14 Milliarden Lichtjahre entfernt sind, kann uns kein Licht erreichen. Wir können diesen Teil des Universums also nicht beobachten oder untersuchen.

9. a) Giordano Bruno war überzeugt, dass die Sterne am Himmel auch Sonnen wie unsere sind und ebenfalls von Planeten umkreist werden.

b) Im christlichen Schöpfungsmythos steht der Mensch als Herrscher über die Erde im Mittelpunkt des Universums. Wenn es aber viele Erden im Universum gäbe, dann wäre Gottes Schöpfung nicht mehr einzigartig.

Kapitel 4

1. Wenn man das geladenen Elektroskop mit einer Metallkugel berührt, fließt Ladung vom Elektroskop auf die Metallkugel, weil die Ladungen des Elektroskops sich untereinander abstoßen und sie sich innerhalb der metallischen Teile des Elektroskops und der Metallkugel bewegen können. Die Ladungen verteilen sich auf der Metallkugel bis die dabei zunehmenden abstoßenden Kräfte kein Nachfließen von Ladung mehr zulassen.
Im Falle der Kunststoffkugel kann höchstens eine ganz geringe Ladungsmenge vom Elektroskop auf die Kugel übergehen. Diese bleibt dann fest an der Berührstelle, weil Kunststoff ein Nichtleiter (Isolator) ist, und verhindert dadurch ein Nachfließen weiterer Ladung.

2. Durch Influenz wird das Zeigersystem des Elektroskops entgegengesetzt zur Ladung der Kugel geladen. Da gleiche Ladungen sich abstoßen, schlägt der bewegliche Zeiger des Elektroskops aus. Wenn man die geladene Kugel wieder entfernt, gleicht sich auch die Ladung auf dem Zeigersystem des Elektroskops aus und der Ausschlag des Zeigers geht auf null zurück.

3. Die Abstoßung durch die anwachsende Elektroskopladung wirkt einem weiteren Ladungsübertritt auf das Elektroskop immer stärker entgegen.

4. a) Im Zentrum der linke Bildhälfte befindet sich eine positive Punktladung, von der die Feldlinien ausgehen. Im Zentrum der rechten Bildhälfte befindet sich eine negative Punktladung, zu der die Feldlinien hinführen.
b) Im Unterschied zu a) gibt es hier drei Ladungen. Statt der negativen Punktladung befindet sich im Zentrum der rechten Bildhälfte nun ebenfalls eine positive Punktladung. Darüber ist in der Mitte zusätzlich eine negative Ladung. Das Bild a) wirkt ruhiger und symmetrischer als Bild b). Durch die dritte Ladung wird das Feldlinienbild deutlich unruhiger.

5.

Elektrisches Feld	Magnetisches Feld
Die Feldlinien veranschaulichen die Struktur des Feldes.	
Die Dichte der Feldlinien an einer bestimmten Stelle veranschaulicht die Stärke des Feldes an dieser Stelle.	
Die Richtung der Feldlinien gibt die Richtung der Kraft auf einen Probekörper an.	
Die Feldlinien kreuzen sich nicht.	
Die Feldlinien verlaufen vom Plus- zum Minuspol.	Die Feldlinien verlaufen vom Nord- zum Südpol.
Einzelne Ladungen erzeugen ein Feld.	Es treten immer beide Pole gleichzeitig auf.

Lösungen zu Kapitel 1 – 7

6. a) Atome bestehen aus einem positiv geladenen Kern und einer negativ geladenen Hülle. Der Atomkern wiederum besteht aus positiv geladenen Protonen und elektrisch neutralen Neutronen. In der Atomhülle befinden sich negativ geladene Elektronen. Ein neutrales Atom hat gleich viele Protonen und Elektronen.
b) Durch die Aufnahme eines Elektrons wird das zunächst neutrale Atom zum Ion. Das Ion ist negativ geladen.

7. „Elektrisch neutral" heißt: Es ist keine Ladung oder gleich viel an positiver und negativer Ladung vorhanden. Alle aus Atomen bestehenden Körper haben Ladung, auch wenn sie neutral sind bzw. die Ladung neutralisiert ist.

8. a) Bei der negativen Aufladung einer Metallkugel am negativen Pol einer Spannungsquelle steigt die Anzahl der Elektronen auf der Kugel.
b) Die Anzahl der Protonen, d. h. die Ladung der Atomkerne bleibt unverändert.
c) In Metallen sind die positiven Ladungen ortsfest. Negativ geladene Elektronen können sich dagegen frei im Metall bewegen.

9. a) Schüleraktivität;
Nachdem das Wasser verdunstet ist, bleibt auf dem Boden des Gefäßes eine weiße Substanz, das Salz, zurück.
b) Beim Lösen von Salz in Wasser zerfällt es in winzige Teilchen. Sie sind im Wasser unsichtbar. Beim Verdunsten des Wassers bilden sich aus diesen winzigen Teilchen wieder Salzkristalle.

10. a) Ruhende Ladungen werden durch Experimente mit bekannten Ladungen nachgewiesen, die angezogen oder abgestoßen werden.
b) Bewegte Ladungen und auch ihre Flussrichtung kann man mit einem Strommessgerät nachweisen.

11. Die Pinguine entsprechen den Elektronen im Leiter; das Gefälle der Rutsche entspricht dem Widerstand: geringes Gefälle bedeutet einen großen Widerstand, großes Gefälle bedeutet einen kleinen Widerstand; der Höhenunterschied der Pinguinrutsche entspricht der Spannung;
die Zahl der Pinguine, die in einer bestimmten Zeit die gleiche Stelle passieren, entspricht der Stromstärke; die Treppe mit Hebevorrichtung erhält den „Pinguinfluss" aufrecht, sie entspricht der Batterie.

12. Das Amperemeter A_1 wird in die obere Leitung, vor oder hinter der Lampe L_1, eingebaut. Das Amperemeter A_2 wird analog in die untere Leitung eingebaut.

13. a) Eine große Steigung im *U-I*-Diagramm bedeutet einen kleinen Widerstandswert.
Für B_1 gilt: Die Steigung nimmt mit der Spannung ab, daher steigt der Widerstand mit der Spannung an.
Für B_2 gilt: Die Steigung ist konstant, daher behält der Widerstand bei steigender Spannung seinen Wert bei.
Für B_3 gilt: Die Steigung nimmt mit der Spannung zu, also sinkt der Widerstand mit steigender Spannung.
b) B_1: Eisendraht, der nicht gekühlt wird,
B_2: Konstantandraht oder auf konstanter Temperatur gehaltener Metalldraht,
B_3: Kohle- oder Grafitstab.
c) Vergleiche Bild **B2b** auf Seite 179.

14. a) Die Gleichung $I = \frac{U}{R}$ ist die Umformung der Definition von *R*, also nicht das ohmsche Gesetz.
b) Das ohmsche Gesetz lautet: $I \sim U$; es gilt bei Metallen für konstante Temperatur.
c) Die *U-I*-Kennlinie ist eine Ursprungsgerade.

15. a) Gegeben: $I_2 = 0{,}30$ A; $I_3 = 700$ mA $= 0{,}700$ A; $I_4 = 0{,}200$ A; gesucht: I_1, I_5
Lösung: I_3 ist die Summe von I_4 und I_5: $I_3 = I_4 + I_5$.
Also ist:

$$I_5 = I_3 - I_4 = 0{,}700\ \text{A} - 0{,}200\ \text{A} = 0{,}500\ \text{A} = 500\ \text{mA}.$$

I_1 ist die Summe von I_2 und I_3:

$$I_1 = I_2 + I_3 = 0{,}30\ \text{A} + 0{,}70\ \text{A} = 1{,}00\ \text{A}.$$

b)

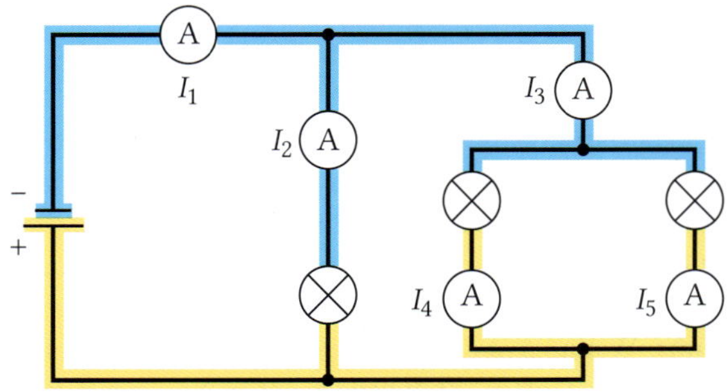

16. a) Man kann vier 1,5-Volt-Batterien so in Reihe schalten, dass jeweils der Minuspol von einer Batterie den Pluspol einer anderen Batterie berührt. Die Spannungen der Batterien addieren sich dann.

Man kann eine 9-Volt-Batterie und zwei 1,5-Volt-Batterien gegeneinander schalten, z. B. Pluspol an Pluspol. Die Spannungen der 1,5-Volt-Batterien werden dann von den 9 Volt abgezogen: 9 V – 1,5 V – 1,5 V = 6 V.
b) und c) Man kann folgende Spannungswerte erzeugen: 6 V; 9 V und 12 V. Die zugehörigen Schaltskizzen und Potenzialverläufe sind z. B.:

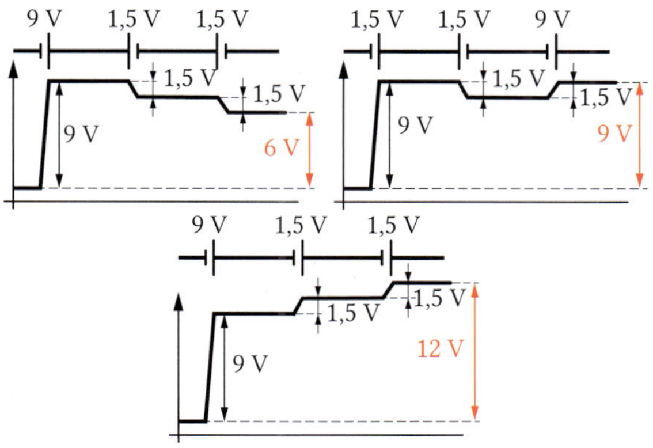

17. Die Angabe 0,5 A auf dem Motor ist die maximale Stromstärke, mit der der Motor betrieben werden sollte, damit er keinen Schaden nimmt. Die Stromstärke hängt aber auch von der Spannung ab, die an dem Motor anliegt. Die Stromstärke kann auch geringer als 0,5 A sein. Der Motor läuft dann z. B. nicht so schnell.
b) Eine 12-Volt-Batterie erzeugt nur dann einen Strom mit der doppelten Stromstärke wie eine 6-Volt-Batterie, wenn sie an ein Gerät mit dem gleichen elektrischen Widerstand angeschlossen wird. Wenn die 12-Volt-Batterie an Geräte mit anderen Widerständen angeschlossen wird, dann ergeben sich andere Stromstärken.
c) Es kommt darauf an, wie man die beiden Glühlampen miteinander verschaltet. Bei Parallelschaltung ist der Gesamtwiderstand von zwei Glühlampen geringer als der von einer der beiden Lampen. Wenn man beide Lampen in Reihe schaltet, ist ihr Gesamtwiderstand größer.

18. a) Durch verschiedene Leiter soll jeweils ein Strom von 1,0 A fließen. Der Leiter, an den man dafür eine höhere Spannung anlegen muss, hat einen größeren Widerstand. – Wenn man an verschiedene Leiter jeweils die Spannung 10 V anlegt, so hat der Leiter einen geringeren Widerstand, bei dem eine höhere Stromstärke vorliegt.
b) Würde $R' = \frac{I}{U}$ gelten, so hätte der Leiter einen größeren Widerstand, der bei gleicher Spannung eine größere Stromstärke liefert. Dies widerspricht unserer Modellvorstellung vom elektrischen Strom.

Kapitel 5

1. Erstens: Druck ist definiert als der Zustand des Gepresstseins von Flüssigkeiten und Gasen. Auf die Oberfläche eines Festkörpers kann zwar eine Kraft wirken, allerdings breitet sich dort kein Druck gleichmäßig im Körper aus.
Zweitens: Das Verb *wirken* enthält die Vorstellung einer Richtung: Medikamente wirken gegen eine Krankheit (man wird also gesünder, es geht aufwärts), Verbote wirken gegen Fehlverhalten (Menschen verhalten sich besser), politische Maßnahmen wirken z. B. auf die Zahl der Arbeitslosen (es gibt weniger davon). Wenn eine Kraft auf einen Körper wirkt, bewegt er sich meist in eine bestimmte Richtung. Druck hingegen hat keine Richtung, sondern ist der Zustand eines Gases oder einer Flüssigkeit. Daher verwendet man hier das Verb *herrschen.*

2. a) psi steht für **p**ound-force per **s**quare **i**nch, also die Kraft in der Einheit pound-force pro Fläche in der Einheit square inch (Quadratzoll). Ein pound-force entspricht 4,4482 N, ein Zoll 2,54 cm. Ein psi berechnet sich daher so:

$$1\text{ psi} = \frac{4{,}4482\text{ N}}{(2{,}54\text{ cm})^2} = 0{,}6895\,\frac{\text{N}}{\text{cm}^2} = 0{,}6895\,\frac{\text{N}}{(0{,}01\text{ m})^2}$$
$$= 6895\,\frac{\text{N}}{\text{m}^2} = 6895\text{ Pa} = 0{,}06895\text{ bar.}$$

43,5 psi entsprechen daher 43,5 · 0,06895 bar = 3,00 bar. Dies sind 3000 hPa oder 300 000 Pa.
b) Wenn der Druckmesser 3 bar anzeigt, so ist das der Überdruck in dem Reifen gegenüber dem äußeren Luftdruck von 1 bar. Das nennt man den relativen Druck. Im Reifen herrscht also ein absoluter Druck von 4 bar.
c) Nach $F = p \cdot A$ ergibt sich für die Kraft auf einen Quadratzentimeter:

$$F = 3\text{ bar} \cdot (0{,}01\text{ m})^2$$
$$= 300\,000\,\frac{\text{N}}{\text{m}^2} \cdot 0{,}0001\text{ m}^2 = 30\text{ N.}$$

3. Ohne Druck im Fahrradreifen wäre dieser an der Auflagefläche zum Boden hin platt. Das sieht man, wenn man einen Platten hat. Der Druck p im Fahrradreifen erzeugt jedoch eine Kraft F auf die Auflagefläche A zwischen Reifen und Boden ($F = p \cdot A$). Wenn man sich auf das Fahrrad setzt, verformt sich der Reifen an der Kontaktfläche genau so stark, bis die Kraft des Druckes gleich der Gewichtskraft ist, die auf den Reifen wirkt: Je größer die Gewichtskraft ist, desto größer wird bei

konstantem Druck die Auflagefläche. Das kann man z.B. am Vorderrad beobachten, wenn man sich mit seinem gesamten Gewicht auf den Lenker stützt. Umgekehrt bedeutet das: Reduziert man den Druck p im Reifen, so muss die Auflagefläche A größer werden, um die gleiche Gewichtskraft auszugleichen. Das nutzen die Mountainbiker: Sie verringern den Luftdruck, um eine größere Auflagefläche A zwischen Reifen und Boden zu haben. So kann der Reifen besser mit seinen Stollen in sandigem oder rutschigem Boden greifen – der Mountainbiker rutscht nicht so leicht weg.

4. a) Die Schülerin rechts drückt mit 7 N und erzeugt daher einen Druck von

$$p = \frac{F}{A} = \frac{7\ \text{N}}{\pi \cdot 1\ \text{cm}^2} = \frac{7\ \text{N}}{\pi \cdot 0{,}0001\ \text{m}^2} = 22\,280\ \text{Pa}.$$

Dieser Druck herrscht auch auf der linken Seite. Um die Spritze dort im Gleichgewicht zu halten, muss der Schüler eine Kraft von

$$F = p \cdot A = 22\,280\ \text{Pa} \cdot \pi \cdot (1{,}5\ \text{cm})^2$$
$$= 22\,280\ \text{Pa} \cdot \pi \cdot 2{,}25 \cdot 0{,}0001\ \text{m}^2 = 15{,}75\ \text{N}$$

aufwenden. Dieses Ergebnis erhält man auch direkt über das Verhältnis der Querschnittsflächen dieses hydraulischen Systems: $7\ \text{N} \cdot \frac{2{,}25}{1} = 15{,}75\ \text{N}$.
b) Entscheidend für die Kraftwandlung ist nur das Verhältnis der Querschnittsflächen der Kolben – also der Flächen, auf die die Kräfte der Schülerin und des Schülers einwirken. Die Größen der Auslassöffnungen der Spritzen beeinflussen nicht den Druck, der im Schlauch und in den Spritzen herrscht.

5. a) Dem Diagramm kannst du entnehmen, dass in einer Flughöhe von 12 000 m ein Außendruck von etwa 250 hPa herrscht. In der Kabine herrscht der Druck, der einem Außendruck von 2000 m entspricht. Das sind etwa 850 hPa. Somit ergibt sich eine Druckdifferenz von 600 hPa. Dieser Überdruck bewirkt eine Kraft F auf das Fenster der Fläche A:

$$F = p \cdot A = 60\,000\ \text{Pa} \cdot 0{,}15\ \text{m}^2 = 9000\ \text{N}.$$

b) Mit einem Innendruck von 1 bar wie auf Meereshöhe ergäbe sich eine Druckdifferenz von 750 hPa und damit eine Kraft von

$$F = 75\,000\ \text{Pa} \cdot 0{,}15\ \text{m}^2 = 11\,250\ \text{N}.$$

Dies würde eine höhere Belastung des Flugzeugrumpfes mit sich bringen, der dafür stabiler und somit schwerer sein müsste. Das möchte man vermeiden.

6. Der Nebel über der Tragfläche entsteht durch den dort herrschenden Unterdruck. Die Luft kühlt sich ab, was zur Kondensation von Wasserdampf führt – man sieht den Nebel. Ein ähnlicher Effekt tritt an den Flügelspitzen und Enden der Landeklappen auf: Hier reißt der Luftstrom in einem Wirbel ab, denn Luft strömt aus einem Bereich hohen Drucks unter der Tragfläche halbkreisförmig in einen Bereich niedrigen Drucks über der Tragfläche (vergleiche Bild **B6** auf S. 211). In diesem Wirbel herrscht geringerer Druck und geringere Temperatur, es kommt zur Kondensation. Beide Phänomene veranschaulichen das Funktionsprinzip von Tragflächen, nach dem über der Tragfläche ein geringerer Druck herrscht als unter ihr.

Kapitel 6

1. 1 Liter Wasser hat eine Masse von 1000 Gramm. Wasserstoff hat die Massenzahl 1, Sauerstoff 16. Ein Wassermolekül hat folglich die Massenzahl 18:

$$n = \frac{1000\ \text{g}}{m_{\text{Wasser}}} = \frac{10^3\ \text{g}}{(18 \cdot 1674 \cdot 10^{-27}\ \text{g}}$$
$$= 3{,}32 \cdot 10^{-5} \cdot 10^3 \cdot 10^{27} = 3{,}32 \cdot 10^{25}.$$

2. Das Atom hätte dann einen Durchmesser von:

$$\frac{10^{-3}\ \text{m}}{16 \cdot 10^{-15}\ \text{m}} \cdot 16 \cdot 10^{-10}\ \text{m} = 100\ \text{m}.$$

3.

	Reaktionsgleichung
a)	$Ag \rightarrow Ag^{+} + e^{-}$
b)	$S + 2\,e^{-} \rightarrow S^{2-}$
c)	$Ca \rightarrow Ca^{2+} + 2\,e^{-}$
d)	$Al \rightarrow Al^{3+} + 3\,e^{-}$
e)	$Br^{-} \rightarrow Br + e^{-}$
f)	$Cu^{2+} + 2\,e^{-} \rightarrow Cu$

4. a)

Teilchen	Protonenzahl	Neutronenzahl	Elektronenzahl
${}^{3}_{1}H$	1	2	1
${}^{12}_{6}C$	6	6	6
${}^{137}_{55}Cs$	55	82	55
${}^{208}_{82}Pb$	82	126	82

b)

Teilchen	Protonenzahl	Neutronenzahl	Elektronenzahl
C-14	6	8	6
F-19	9	10	9
K-40	19	21	19
Co-60	27	33	27

5. Atome bestehen aus einem Atomkern und einer Atomhülle. Im Kern befinden sich Protonen und Neutronen. Beide Teilchen haben etwa die gleiche Masse. Protonen sind einfach positiv geladen, Neutronen tragen keine Ladung. Die Elektronen befinden sich in der Atomhülle. Sie sind einfach negativ geladen und sind sehr viel leichter als die Kernteilchen. Fast die gesamte Masse des Atoms findet sich daher im Atomkern.

6. Die Anzahl der Protonen legt fest, um welches Element es sich handelt. Die Protonenzahl ist daher auch gleich der Ordnungszahl. In einem neutralen Atom sind die Ladungen ausgeglichen, deshalb ist die Protonenzahl auch gleich der Anzahl der Elektronen. Isotope eines Elements besitzen die gleiche Anzahl von Protonen, aber unterschiedliche Anzahlen von Neutronen. Sie haben bei verschiedenen Massenzahlen dieselbe Ordnungszahl. Man kann die Neutronenzahl berechnen, indem man von der Massenzahl die Ordnungszahl abzieht. Die Elektronen kann man bei dieser Rechnung vernachlässigen, da ihre Masse sehr klein ist.

7. a) b)

He-4	${}^{4}_{2}He$	${}^{63}_{34}Cu$	Cu-63
Mg-24	${}^{24}_{12}Mg$	${}^{31}_{15}P$	P-31
Au-197	${}^{197}_{79}Au$	${}^{58}_{26}Fe$	Fe-58
Kr-84	${}^{84}_{36}Kr$	${}^{186}_{74}W$	W-186

8.

${}^{235}_{92}U \rightarrow {}^{231}_{90}Th$ ${}^{232}_{90}Th \rightarrow {}^{228}_{88}Ra$ ${}^{226}_{88}Ra \rightarrow {}^{222}_{86}Rn$

${}^{210}_{84}Po \rightarrow {}^{206}_{82}Pb$ ${}^{239}_{92}U \rightarrow {}^{235}_{90}Th$ ${}^{241}_{95}Am \rightarrow {}^{237}_{93}Np$

9.

${}^{234}_{90}Th \rightarrow {}^{234}_{91}Pa$ ${}^{234}_{91}Pa \rightarrow {}^{234}_{92}U$ ${}^{214}_{82}Pb \rightarrow {}^{214}_{83}Bi$

${}^{210}_{82}Pb \rightarrow {}^{210}_{83}Bi$ ${}^{210}_{83}Bi \rightarrow {}^{210}_{84}Po$ ${}^{225}_{88}Ra \rightarrow {}^{225}_{89}Ac$

10. a)

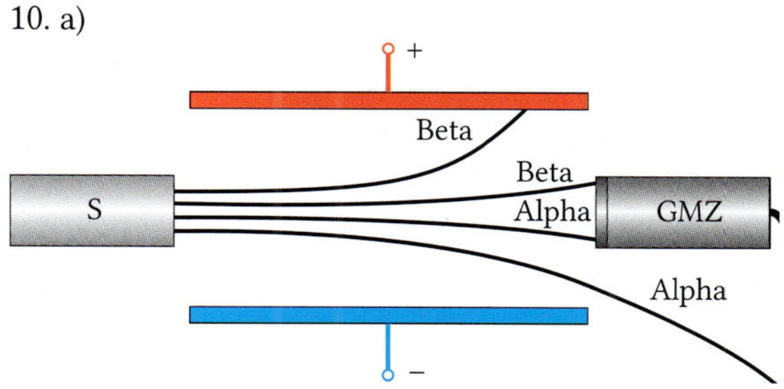

b) Es trifft ebenso viel Gammastrahlung auf das Zählrohr, wie bei geladenen Platten. Es treffen aber mehr Alpha- und Betateilchen auf das Zählrohr, da diese sich nun geradlinig bewegen. Man erwartet daher, dass sich die Zählrate erhöht.
c) Die Alpha- und Betastrahlung wird vermutlich vollständig auf den geladenen Platten auftreffen.

11. a)

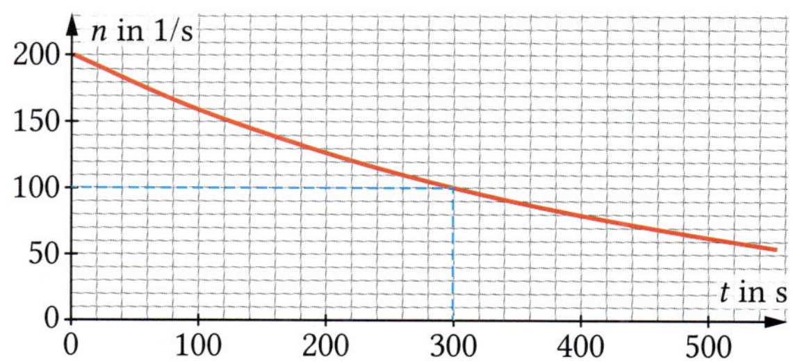

Lösungen zu Kapitel 1 – 7

Die Halbwertszeit beträgt $T_H = 300\ \text{s} = 5{,}0\ \text{min}$.
b) Zum Zeitpunkt $t = 900\ \text{s}$ sind drei Halbwertszeiten vergangen. Daher sollte die Zählrate auf $\frac{1}{8}$ des Anfangswertes gesunken sein, also $\frac{1}{8} \cdot 200\ \frac{1}{\text{s}} = 25\ \frac{1}{\text{s}}$.

12. a)

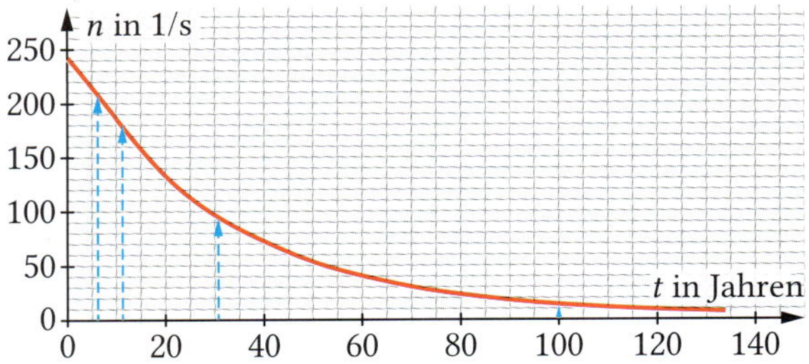

b) Aus dem t-n-Diagramm ergibt sich:
$t = 5\ \text{a}: n = 210\ \frac{1}{\text{s}}$; $t = 10\ \text{a}: n = 180\ \frac{1}{\text{s}}$;
$t = 30\ \text{a}: n = 90\ \frac{1}{\text{s}}$; $t = 100\ \text{a}: n = 10\ \frac{1}{\text{s}}$.

c)

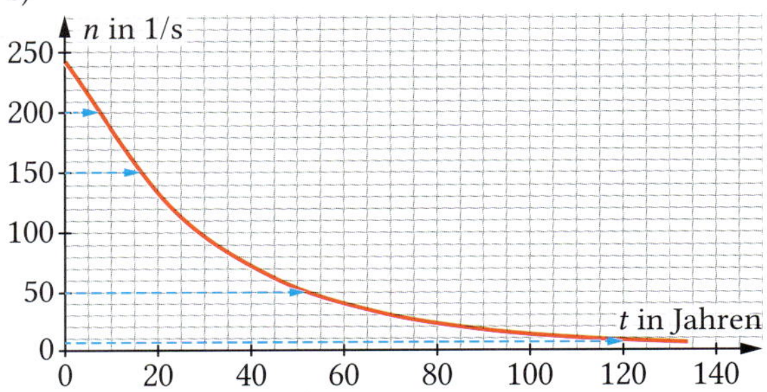

Aus dem Diagramm liest man ab:
$n = 200\ \frac{1}{\text{s}}: t = 7{,}5\ \text{a}$; $n = 150\ \frac{1}{\text{s}}: t = 15\ \text{a}$;
$n = 50\ \frac{1}{\text{s}}: t = 50\ \text{a}$; $n = 5\ \frac{1}{\text{s}}: t = 120\ \text{a}$.

13. Ba-139 hat eine Halbwertszeit von etwa 83 Minuten. Seit dem Einbruch sind über 48 Stunden vergangen, das sind mindestens 35 Halbwertszeiten:
$\left(\frac{1}{2}\right)^{35} = 2{,}9 \cdot 10^{-11}$.

Es ist nur noch ein Hundertstel eines Milliardstels der Ausgangsmenge vorhanden. Der Stoff existiert faktisch nicht mehr.

14. Bei einer kontrollierten Kettenreaktion muss ein Ereignis genau ein weiteres Ereignis auslösen. Wenn weniger als ein weiteres Ereignis ausgelöst wird, kommt die Kettenreaktion zum Erliegen, wird mehr als ein weiteres Ereignis ausgelöst, wächst die Kettenreaktion unkontrolliert weiter an. Bei der kontrollierten nuklearen Kettenreaktion muss genau eines der drei bei einer Kernspaltung freigesetzten Neutronen eine weitere Kernspaltung auslösen.

15. a) ${}^{1}_{0}\text{n} + {}^{239}_{94}\text{Pu} \rightarrow {}^{144}_{56}\text{Ba} + {}^{94}_{38}\text{Sr} + 2\ {}^{1}_{0}\text{n}$,

b) ${}^{1}_{0}\text{n} + {}^{239}_{94}\text{Pu} \rightarrow {}^{130}_{51}\text{Sb} + {}^{107}_{43}\text{Tc} + 3\ {}^{1}_{0}\text{n}$.

16. Mögliche Argumente:

Marie: Wissenschaft sollte den Zweck haben, das Leben besser zu machen und nicht gefährlicher.
Die Wissenschaft wird unter anderem durch Steuergelder ermöglicht, daher hat man auch eine Verantwortung gegenüber der Gesellschaft.
Forschende sind Experten auf ihrem Gebiet und müssen daher frühzeitig erkennen, wenn ihre Forschung missbraucht werden kann, und müssen die Gesellschaft warnen und schützen oder sogar auf ein Verbot hinarbeiten.

Otto: Neues Wissen zu schaffen ist per se weder gut noch schlecht: Das Wissen um die Kernspaltung hat neben Kernwaffen z. B. auch zu Kernkraftwerken geführt. Mit Sprengstoff kann man Bomben bauen oder Tunnel sprengen. Mit Satelliten kann man Bomben ins Ziel lenken oder sich bei einer Autofahrt navigieren lassen.
Heute wird Wissen meistens durch viele sehr spezialisierte Forschende gemeinsam geschaffen. Eine einzelne Person kann gar nicht überschauen, welche Folgen das eigene Handeln haben könnte.
Die Entscheidung, wie neues Wissen verwendet wird, können Forschende nicht beeinflussen.
Wenn Waffen entwickelt werden, dann ist das eine Entscheidung der Regierung und damit in einer Demokratie der Willen der Mehrheit und nicht notwendigerweise der Wille des Forschenden.

17. Annahme zur Abschätzung: Die Leistung ist proportional zur vorhandenen Menge Plutonium-238. Dann gilt mit $P_0 = 470\ \text{W}$, $T_H = 87{,}7\ \text{a}$:

$$P(t) = P_0 \cdot \left(\frac{1}{2}\right)^{\frac{t}{T_H}}, \text{ also } \frac{320\ \text{W}}{470\ \text{W}} = 0{,}68 = \left(\frac{1}{2}\right)^{\frac{t}{87{,}7\ \text{a}}},$$

$$0{,}68 = 2^{-\frac{t}{87{,}7\ \text{a}}},$$

$$\log_2 0{,}68 = -\frac{t}{87{,}7\ \text{a}},$$

$$\frac{\log_{10} 0{,}68}{\log_{10} 2} \approx -0{,}56 = -\frac{t}{87{,}7\ \text{a}}, \text{ also } t \approx 49\ \text{a}.$$

Ca. 49 Jahre nach dem Start 1977, das heißt im Jahr 2026, ist die Leistung der Radionuklidbatterien zu gering, um den Betrieb weiter aufrecht zu erhalten.

18. *Hiroshima:* Atombomben, die wie in Hiroshima in großer Höhe gezündet werden (ca. 600 m über der Stadt) verursachen schlimme Verwüstungen und unmittelbare Verstrahlung durch die Explosion. Sie führen aber nicht zu einer übermäßigen Strahlenbelastung des Bodens. Die Hiroshimabombe nutzte Uran-235. Die Spaltprodukte und die Isotope der Zerfallskette haben relativ kurze Halbwertszeiten und zerfallen schnell zu stabilen Elementen. Mehr als 75 Jahre nach der Explosion ist daher die Strahlenbelastung nicht mehr über dem Niveau der natürlichen Strahlung.
Prypjat: Bei dem Reaktorunglück von Tschernobyl im Jahr 1986 wurden u. a. größere Mengen Cäsium-137 und Strontium-90 freigesetzt. Mit einer Halbwertszeit von ca. 30 Jahren für beide Nuklide sind auch heute noch beachtliche Anteile der radioaktiven Isotope vorhanden. Die Masse der freigesetzten radioaktiven Stoffe ist mit ca. 6,7 t hundertmal größer als bei der Bombenexplosion von Hiroshima (ca. 64 kg Uran).

19. Es gilt: $\Delta E = P \cdot \Delta t$, also

$$\Delta E = 500 \cdot 10^6\ \text{W} \cdot 400\ \text{s} = 2 \cdot 10^{11}\ \text{J}.$$

Aus $E = m \cdot c^2$ folgt:

$$m = \frac{E}{c^2} = \frac{2 \cdot 10^{11}\ \text{J}}{\left(3 \cdot 10^8\ \frac{\text{m}}{\text{s}}\right)^2} = 2{,}2 \cdot 10^{-6}\ \text{kg} = 2{,}2\ \text{mg}.$$

Kapitel 7

1. Für drei parallel geschaltete Widerstände gilt:

$$\frac{1}{R_{ges}} = \frac{1}{R_1} + \frac{1}{R_2} + \frac{1}{R_3} = \frac{R_2 \cdot R_3 + R_1 \cdot R_3 + R_1 \cdot R_2}{R_1 \cdot R_2 \cdot R_3}$$

$$R_{ges} = \frac{30\ \Omega \cdot 20\ \Omega \cdot 10\ \Omega}{20\ \Omega \cdot 10\ \Omega + 30\ \Omega \cdot 10\ \Omega + 30\ \Omega \cdot 20\ \Omega}$$

$$R_{ges} = 5{,}45\ \Omega$$

$$I_{ges} = \frac{U}{R_{ges}} = \frac{12\ \text{V}}{5{,}45\ \Omega} \approx 2{,}2\ \text{A}$$

$$I_1 = \frac{U}{R_1} = \frac{12\ \text{V}}{30\ \Omega} = 0{,}4\ \text{A}$$

$$I_2 = \frac{U}{R_2} = \frac{12\ \text{V}}{20\ \Omega} = 0{,}6\ \text{A}$$

$$I_3 = \frac{U}{R_3} = \frac{12\ \text{V}}{10\ \Omega} = 1{,}2\ \text{A}$$

2. a) Betrachtung der Einheiten: Im Zähler ergibt sich die Einheit Ω, im Nenner die Einheit Ω^3. Für $\frac{1}{R_{ges}}$ ergibt sich also $\frac{1}{\Omega^2}$ bzw. für R_{ges} folglich Ω^2. Dies entspricht nicht der Einheit des elektrischen Widerstands.

b) $$\frac{1}{R_{ges}} = \frac{1}{R_1} + \frac{1}{R_2} + \frac{1}{R_3} = \frac{R_2 \cdot R_3 + R_1 \cdot R_3 + R_1 \cdot R_2}{R_1 \cdot R_2 \cdot R_3}$$

$$R_{ges} = \frac{R_1 \cdot R_2 \cdot R_3}{R_2 \cdot R_3 + R_1 \cdot R_3 + R_1 \cdot R_2}$$

3.

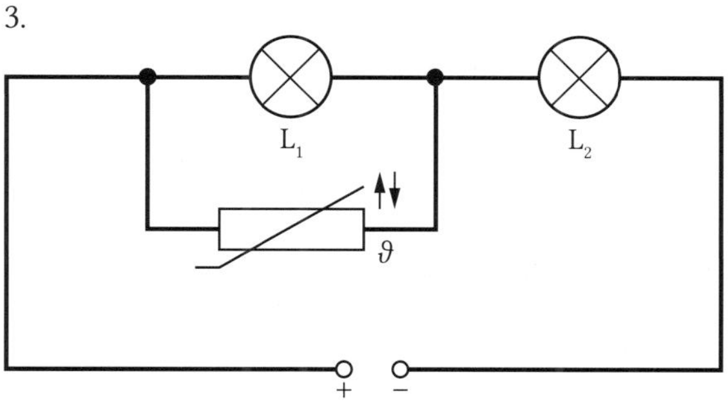

a) Die Glühlämpchen haben einen kleinen Widerstand (20 Ω) im Vergleich zum Halbleiter. Deshalb fließt bei Zimmertemperatur nur ein sehr kleiner Strom durch den Halbleiter (ca. 0,035 A).
b) Erlischt Glühlampe L_1, so ist der Heißleiter mit L_2 in Reihe geschaltet. Die Stromstärke durch den Heißleiter steigt an (ca. 0,07 A), durch die Temperaturerhöhung sinkt der Widerstand des Heißleiters, die Stromstärke steigt weiter. L_2 beginnt wieder zu leuchten.
c) Die defekte Lampe ist sofort zu erkennen, da jetzt nicht alle Lichter der Kette erlöschen. Bei einer reinen Reihenschaltung liegt an der Fassung der defekten Glühlampe die Netzspannung von 230 V an, solange sie eingesteckt ist. Diese Gefahr wird durch den Heißleiter umgangen.

4. a) Man beobachtet, dass die Magnetnadel aus ihrer ursprünglichen Lage ausgelenkt wird, sobald durch die Spule Strom fließt. Wenn man aber eine magnetische Wirkung auf eine Magnetnadel beobachtet, so nennt man diese Ursache ein Magnetfeld.
b) Beim Schließen des Stromkreises entsteht ein Magnetfeld, beim Öffnen des Stromkreises verschwindet es wieder. Dadurch ändert sich das Magnetfeld in der zweiten Spule.Damit ist die Voraussetzung erfüllt, dass eine Induktionsspannung entstehen kann, die das Voltmeter dann anzeigt.
c) Voraussetzung für eine Induktionsspannung ist, dass sich am Magnetfeld, das durch die zweite Spule geht, etwas ändert. Bleibt das Magnetfeld hingegen in seiner Starke und Richtung gleich, so ist diese Voraussetzung nicht erfüllt. Kurze Zeit nach dem Einschalten ändert sich am Magnetfeld nichts mehr, wenn man eine Gleichspannungsquelle angeschlossen hat. Deswegen findet auch keine elektromagnetische Induktion mehr statt.
d) Damit das Voltmeter ständig ausschlägt, müsste man den Stromkreis der Spule ständig ein- und ausschalten oder beide Spulen ständig gegeneinander bewegen.

5. Eine Verdopplung der Stromstärke hat man bei ca. 61 °C erreicht und eine Vervierfachung bei ca. 85 °C.

6. Gleichstrommotoren wurden historisch vor den Wechselstrommotoren entwickelt. Sie haben einen Stator (Permanentmagnet oder Elektromagnet), der ein magnetisches Feld aufbaut. Der Rotor bewegt sich in diesem Feld, wenn man an ihn eine Gleichspannungsquelle anschließt. Um die Drehbewegung aufrecht zu erhalten, wird durch einen Stromwender aus Schleifring und Bürste nach etwa einer halben Umdrehung die Fließrichtung der Elektronen umgekehrt. In modernen Gleichstrommotoren erfolgt das Stromwenden mit Hilfe von Sensoren oder Mikroprozessoren. Gleichstrommotoren findet man häufig in akkubetrieben Geräten wie elektrische Zahnbürste, Handventilator usw.

Wechselstrommotoren, vor allem sogenannte Drehstrommotoren, haben sich als Antriebe etabliert. Diese haben einen höheren Wirkungsgrad. Die Funktionsweise von Wechselstrom- und Drehstrommotoren ist komplexer als die von Gleichstrommotoren. Wechselstrommotoren werden meist mit ein- oder mehrphasiger Wechselspannung betrieben. Diese kommen in vielen Haushaltsgeräten zum Einsatz. Eine größere Verbreitung als die einphasigen Motoren haben Motoren, die mit Dreiphasenwechselstrom betrieben werden. Sie bestehen aus einem Stator mit drei Spulen, die von jeweils einer Phase gespeist werden und in Winkeln von 120 Grad zueinander angeordnet sind. Fließt ein Strom durch die Spulen, entsteht durch die Phasenverschiebung ein versetztes Magnetfeld, das den Rotor der Maschine zum Laufen bringt. Wechselstrommotoren werden häufig in kabelgebundenen Geräten verwendet, wie Küchenmaschinen, Waschmaschinen, Staubsaugern usw.

7. Ein Elektromotor besteht aus mindestens zwei Magneten. Ein Magnet (Stator) ist fest mit dem Motorgehäuse verbunden und der zweite Magnet (Rotor) rotiert um eine Achse. Bei mindestens einem dieser Magnete muss es sich um einen Elektromagneten handeln. Der Elektromagnet ist über Schleifkontakte mit der Spannungsquelle verbunden. Bei einem Gleichstrommotor wird ein Stromwender benutzt, damit der Elektromagnet im richtigen Moment umgepolt wird.

Auch ein Generator verfügt über einen Stator und einen Rotor. Hat der Generator keinen Stromwender, so erhält man statt einer Gleichspannung eine Wechselspannung. Im Elektromotor wird elektrische Energie in mechanische Energie umgewandelt, beim Generator ist es umgekehrt.

8. a) Die an der Haushaltssteckdose zur Verfügung stehende Leistung beträgt

$$P = U \cdot I = 230\ \text{V} \cdot 16\ \text{A} = 3{,}68\ \text{kW}.$$

b) Die Ladeleistung teilt sich auf die drei parallelen Leitungen auf. Pro Leitung wird ein Drittel der Leistung übertragen.
Wallbox mit 11 kW:

$$I_{\text{max}} = \frac{1}{3} \cdot \frac{11\,000\ \text{W}}{230\ \text{V}} \approx 16\ \text{A}.$$

Wallbox mit 22 kW:

$$I_{\text{max}} = \frac{1}{3} \cdot \frac{22\,000\ \text{W}}{230\ \text{V}} \approx 32\ \text{A}.$$

c) Gemäß $P = \frac{\Delta E}{\Delta t}$ gilt: $\Delta t = \frac{\Delta E}{P}$. Damit ist:

$$\Delta t = \frac{41\ \text{kWh}}{11\ \text{kW}} \approx 3{,}7\ \text{h}.$$

d) Die Daten gelten für den Tesla Supercharger.
Nach $P = U \cdot I$ ist die nötige Stromstärke:

$$I = \frac{P}{U} = \frac{145\,000\ \text{W}}{480\ \text{V}} \approx 300\ \text{A}.$$

9. An der Haushaltssteckdose kann man maximal eine elektrische Leistung beziehen von

$$P = U \cdot I = 230\ \text{V} \cdot 16\ \text{A} = 3{,}68\ \text{kW}.$$

Gemäß $P = \frac{\Delta E}{\Delta t}$ gilt: $\Delta t = \frac{\Delta E}{P}$. Damit ist:

$$\Delta t = \frac{30\ \text{kWh}}{3{,}68\ \text{kW}} \approx 8{,}2\ \text{h}.$$

10. Aus Bild **B1** auf S. 288 lässt sich ablesen: Braunkohlekraftwerke stoßen etwas mehr als 800 g CO_2 pro Kilowattstunde aus, Erdgaskraftwerke etwas weniger. Deshalb gelten Erdgaskraftwerke als umweltfreundlicher.

11. Wenn man die Spannung von 24 V an die Spule mit 500 Windungen anlegt, so ergibt sich sekundärseitig eine Spannung von

$$U_2 \approx \frac{n_2}{n_1} \cdot U_1 = \frac{12\,000}{500} \cdot 24\ \text{V} = 576\ \text{V}.$$

Das Experimentieren mit einer so hohen Spannung ist gefährlich.

12. Die Leitungsverluste sind dann ziemlich hoch, wenn die Stromstärke einen großen Wert hat. Transformiert man jedoch die Spannung hoch, so verringert sich die Stromstärke – die Leitungsverluste werden geringer. Beim Endverbraucher sind hohe Spannungen aber gefährlich. Also muss man die Spannung dort wieder heruntertransformieren. Transformatoren können aber nur Wechselströme umwandeln. Außerdem wird der elektrische Strom großtechnisch in Generatoren als Wechselstrom erzeugt.

13. Die Leistung $P = 530$ kW soll mit höchstens 2 % Verlust übertragen werden. Die Verlustleistung soll also maximal $P_L = 10{,}6$ kW betragen:

a) $I = \frac{P}{U} = \frac{530\,000\ \text{W}}{230\ \text{V}} \approx 2300\ \text{A}$. Das ergibt

$$R_L = \frac{P_L}{I^2} = \frac{10\,600\ \text{W}}{(2300\ \text{A})^2} = 0{,}002\ \Omega.$$

b) Die gleiche Rechnung liefert bei $U = 10$ kV eine Stromstärke $I = 53$ A und damit $R_L = 3{,}8\ \Omega$.

14. Der starke Anstieg der Erdbevölkerung seit 1750 hängt mit der Industrialisierung zusammen. Technische Innovationen wie die Dampfmaschine haben die Produktivität stark erhöht. Durch die Mechanisierung der Landwirtschaft konnte ein einzelner Bauer mehr Menschen mit Nahrungsmitteln versorgen. Dafür arbeiteten mehr Menschen in der Industrie, wo zahlreiche Arbeitsplätze entstanden. Das erhöhte Nahrungsmittelangebot, Bildung für eine breitere Bevölkerungsschicht und Fortschritte bei der medizinischen Versorgung führten zu einem Anstieg der durchschnittlichen Lebenserwartung.

15. Im Norden Deutschlands, insbesondere an der Küste, steht besonders viel Windenergie zur Verfügung. Deshalb wurden dort besonders viele Windkrafträder installiert. Die Nord-Süd-Stromtrasse soll die im Norden aus Windenergie gewonnene elektrische Energie in die südlichen Regionen Deutschlands bringen.

16. *Vorteile* von Offshore Windkraftanlagen: Offshore-Standorte sind durch relativ kontinuierliche Windbedingungen und hohe durchschnittliche Windgeschwindigkeiten gekennzeichnet, weshalb dort installierte Windkraftanlagen eine hohe Auslastung von 3500 bis 5000 Volllaststunden erzielen (Vergleich: ein Jahr hat 8760 Stunden).

Nachteile: Errichtung, Netzanbindung und Betrieb von Offshore-Anlagen sind insbesondere bei großen Küstenentfernungen und hohen Wassertiefen deutlich teurer als bei Windparks an Land. Bei der Errichtung von Offshore-Anlagen wird unterseeisch durch Rammen und Bohrer ein erheblicher Geräuschpegel verursacht. Dadurch können z. B. Schweinswale orientierungslos werden.

Die Internationale Energieagentur geht in einer 2019 veröffentlichten Analyse davon aus, dass die Offshore-Windenergie weltweit rund 36 000 TWh elektrische Energie erzeugen könnte, wenn nutzbare Flächen mit einer Wassertiefe bis zu 60 Meter und einem Küstenabstand bis 60 Kilometer genutzt würden. Dies entspricht etwa dem 1,5-fachen des Weltstrombedarfs (23 000 TWh; Stand 2019).

17. Das IPCC ist eine Einrichtung der Vereinten Nationen. In seinem Auftrag tragen Wissenschaftlerinnen und Wissenschaftler weltweit den aktuellen Stand der Klimaforschung zusammen und bewerten anhand anerkannter Veröffentlichungen den jeweils neuesten Kenntnisstand zum Klimawandel. Das IPCC bietet Grundlagen für wissenschaftsbasierte Entscheidungen der Politik und zeigt unterschiedliche Handlungsoptionen und deren Implikationen auf, ohne jedoch politische Empfehlungen zu geben.

Detaillierte Verfahrensregeln sollen sicherstellen, dass die Informationen des IPCC verlässlich, ausgewogen und umfassend sind. Alle Mitgliedsländer (derzeit 195) des IPCC müssen der entsprechenden Fassung des Berichts zustimmen, bevor dieser veröffentlicht wird. Deshalb haben deren Aussagen international großes Gewicht und sind eine wichtige Basis bei den jährlichen Verhandlungen zur Klimarahmenkonvention.

18. Die Route von Hamburg nach Tokio durch den Suezkanal beträgt rund 21 000 Kilometer. Über die Nordostpassage verkürzt sich die Strecke auf rund 13 000 Kilometer. Das ist mehr als ein Drittel kürzer.

Stichwortverzeichnis

A

B

C

D

E

Stichwortverzeichnis

F

G

H

I

J

K

L

Stichwortverzeichnis

Q

R

S

T

Stichwortverzeichnis

Das Periodensystem der Elemente

Atommasse in u — 26,98
Eine eingeklammerte Atommasse gibt die Masse eines wichtigen Isotops des Elements an
Ordnungszahl (Protonenzahl) — 13
Element-symbol — Al
Element-name — Aluminium

schwarz = feste Elemente
rot = gasförmige Elemente
blau = flüssige Elemente
weiß = künstliche Elemente
grün = natürliche radioaktive Elemente

Metalle
Halbmetalle
Nichtmetalle
nicht bekannt

Perioden	Hauptgruppen		Nebengruppen										Hauptgruppen					
	I	II	III	IV	V	VI	VII	VIII	VIII	VIII	I	II	III	IV	V	VI	VII	VIII
1 K-Schale	1,01 H 1 Wasserstoff																	4,00 He 2 Helium
2 L-Schale	6,94 Li 3 Lithium	9,01 Be 4 Beryllium											10,81 B 5 Bor	12,01 C 6 Kohlenstoff	14,01 N 7 Stickstoff	16,00 O 8 Sauerstoff	19,00 F 9 Fluor	20,18 Ne 10 Neon
3 M-Schale	22,99 Na 11 Natrium	24,31 Mg 12 Magnesium											26,98 Al 13 Aluminium	28,09 Si 14 Silicium	30,97 P 15 Phosphor	32,07 S 16 Schwefel	35,45 Cl 17 Chlor	39,95 Ar 18 Argon
4 N-Schale	39,10 K 19 Kalium	40,08 Ca 20 Calcium	44,96 Sc 21 Scandium	47,87 Ti 22 Titan	50,94 V 23 Vanadium	51,99 Cr 24 Chrom	54,94 Mn 25 Mangan	55,85 Fe 26 Eisen	58,93 Co 27 Cobalt	58,69 Ni 28 Nickel	63,55 Cu 29 Kupfer	65,39 Zn 30 Zink	69,72 Ga 31 Gallium	72,61 Ge 32 Germanium	74,92 As 33 Arsen	78,96 Se 34 Selen	79,90 Br 35 Brom	83,80 Kr 36 Krypton
5 O-Schale	85,47 Rb 37 Rubidium	87,62 Sr 38 Strontium	88,91 Y 39 Yttrium	91,22 Zr 40 Zirconium	92,91 Nb 41 Niob	95,94 Mo 42 Molybdän	98,91 Tc 43 Technetium	101,07 Ru 44 Ruthenium	102,91 Rh 45 Rhodium	106,42 Pd 46 Palladium	107,87 Ag 47 Silber	112,41 Cd 48 Cadmium	114,82 In 49 Indium	118,71 Sn 50 Zinn	121,75 Sb 51 Antimon	127,60 Te 52 Tellur	126,90 I 53 Iod	131,29 Xe 54 Xenon
6 P-Schale	132,91 Cs 55 Caesium	137,33 Ba 56 Barium	La-Lu 57–71	178,49 Hf 72 Hafnium	180,95 Ta 73 Tantal	183,84 W 74 Wolfram	186,21 Re 75 Rhenium	190,23 Os 76 Osmium	192,22 Ir 77 Iridium	195,08 Pt 78 Platin	196,97 Au 79 Gold	200,59 Hg 80 Quecksilber	204,38 Tl 81 Thallium	207,20 Pb 82 Blei	208,98 Bi 83 Bismut	(210) Po 84 Polonium	(210) At 85 Astat	(222) Rn 86 Radon
7 Q-Schale	(223) Fr 87 Francium	(226) Ra 88 Radium	Ac-Lr 89–103	(261) Rf 104 Rutherfordium	(262) Db 105 Dubnium	(263) Sg 106 Seaborgium	(264) Bh 107 Bohrium	(265) Hs 108 Hassium	(268) Mt 109 Meitnerium	(281) Ds 110 Darmstadtium	(272) Rg 111 Roentgenium	(277) Cn 112 Copernicium	(284) Nh 113 Nihonium	(289) Fl 114 Flerovium	(288) Mc 115 Moscovium	(292) Lv 116 Livermorium	(293) Ts 117 Tenness	(294) Og 118 Oganesson

Elemente der Lanthan-Reihe	138,91 La 57 Lanthan	140,12 Ce 58 Cer	140,91 Pr 59 Praseodym	144,24 Nd 60 Neodym	(147) Pm 61 Promethium	150,36 Sm 62 Samarium	151,96 Eu 63 Europium	157,25 Gd 64 Gadolinium	158,93 Tb 65 Terbium	162,50 Dy 66 Dysprosium	164,93 Ho 67 Holmium	167,26 Er 68 Erbium	168,93 Tm 69 Thulium	173,04 Yb 70 Ytterbium	174,97 Lu 71 Lutetium
Elemente der Actinium-Reihe	(227) Ac 89 Actinium	232,04 Th 90 Thorium	231,04 Pa 91 Protactinium	238,03 U 92 Uran	(237) Np 93 Neptunium	(239) Pu 94 Plutonium	(241) Am 95 Americium	(244) Cm 96 Curium	(249) Bk 97 Berkelium	(252) Cf 98 Californium	(252) Es 99 Einsteinium	(257) Fm 100 Fermium	(258) Md 101 Mendelevium	(259) No 102 Nobelium	(262) Lr 103 Lawrencium

Auszug aus der Nuklidkarte (vereinfacht)

Zeitangaben

a Jahr
d Tag
h Stunde
min Minute
s Sekunde
ms Millisekunde
µs Mikrosekunde
ns Nanosekunde

Ausschnitt aus dem Bereich der natürlichen Zerfallsreihe

Zahl der Protonen \ Zahl der Neutronen	120	121	122	123	124	125	126	127	128	129	130	131	132	133	134
94															Pu 244,0642
93														Np 237,0482	Np 227 0,51 s
92														U 238,02891	U 226 0,28 s
91					Pa 231,03588	Pa 216 105 ms	Pa 217 3,8 ms	Pa 218 113 µs	Pa 219 53 ns	Pa 220 0,78 µs	Pa 221 5,9 µs	Pa 222 4,3 ms	Pa 223 6,5 ms	Pa 224 0,95 s	Pa 225 1,8 s
90			Th 232,0381	Th 213 0,14 s	Th 214 0,10 s	Th 215 1,2 s	Th 216 26 ms	Th 217 237 µs	Th 218 0,1 µs	Th 219 1,05 µs	Th 220 9,7 µs	Th 221 1,68 ms	Th 222 2,24 ms	Th 223 0,66 s	Th 224 1,04 s
89	Ac 209 90 ms	Ac 210 0,35 s	Ac 211 0,25 s	Ac 212 0,93 s	Ac 213 0,80 s	Ac 214 8,2 s	Ac 215 0,17 s	Ac 216 0,44 ms	Ac 217 69 ns	Ac 218 1,1 µs	Ac 219 11,8 µs	Ac 220 26 ms	Ac 221 52 ms	Ac 222 5,0 s	Ac 223 2,10 min
88	Ra 208 1,3 s	Ra 209 4,6 s	Ra 210 3,7 s	Ra 211 13 s	Ra 212 13 s	Ra 213 2,74 min	Ra 214 2,46 s	Ra 215 1,67 ms	Ra 216 0,18 µs	Ra 217 1,6 µs	Ra 218 25,6 µs	Ra 219 10 ms	Ra 220 23 ms	Ra 221 28 s	Ra 222 38 s
87	Fr 207 14,8 s	Fr 208 58,6 s	Fr 209 50,0 s	Fr 210 3,18 min	Fr 211 3,10 min	Fr 212 20 min	Fr 213 34,6 s	Fr 214 5,0 ms	Fr 215 0,09 µs	Fr 216 0,70 µs	Fr 217 16 µs	Fr 218 1,0 ms	Fr 219 21 ms	Fr 220 27,4 s	Fr 221 4,9 min
86	Rn 206 5,67 min	Rn 207 9,3 min	Rn 208 24,4 min	Rn 209 28,5 min	Rn 210 2,4 h	Rn 211 14,6 h	Rn 212 24 min	Rn 213 19,5 ms	Rn 214 0,27 µs	Rn 215 2,3 µs	Rn 216 45 µs	Rn 217 0,54 ms	Rn 218 35 ms	Rn 219 3,96 s	Rn 220 55,6 s
85	At 205 26,2 min	At 206 29,4 min	At 207 1,8 h	At 208 1,63 h	At 209 5,4 h	At 210 8,3 h	At 211 7,22 h	At 212 314 ms	At 213 0,11 µs	At 214 0,56 µs	At 215 0,1 ms	At 216 0,3 ms	At 217 32,3 ms	At 218 ~2 s	At 219 0,9 min
84	Po 204 3,53 h	Po 205 1,66 h	Po 206 8,8 d	Po 207 5,84 h	Po 208 2,898 a	Po 209 102 a	Po 210 138,38 d	Po 211 0,516 s	Po 212 0,3 µs	Po 213 4,2 µs	Po 214 164 µs	Po 215 1,78 ms	Po 216 0,15 s	Po 217 1,53 s	Po 218 3,05 min
83	Bi 203 11,76 h	Bi 204 11,22 h	Bi 205 15,31 d	Bi 206 6,24 d	Bi 207 31,55 a	Bi 208 $3{,}68 \cdot 10^5$ a	Bi 209 100	Bi 210 5,013 d	Bi 211 2,17 min	Bi 212 60,60 min	Bi 213 45,59 min	Bi 214 19,9 min	Bi 215 7,6 min	Bi 216 2,17 min	Bi 217 98,5 s
82	Pb 202 $5{,}25 \cdot 10^5$ a	Pb 203 51,9 h	Pb 204 1,4	Pb 205 $1{,}5 \cdot 10^7$ a	Pb 206 24,1	Pb 207 22,1	Pb 208 52,4	Pb 209 3,253 h	Pb 210 22,3 a	Pb 211 36,1 min	Pb 212 10,64 h	Pb 213 10,2 min	Pb 214 26,8 min		
81	Tl 201 73,1 h	Tl 202 12,23 d	Tl 203 29,52	Tl 204 3,78 a	Tl 205 70,48	Tl 206 4,20 min	Tl 207 4,77 min	Tl 208 3,053 min	Tl 209 2,16 min	Tl 210 1,3 min					
80	Hg 200 23,10	Hg 201 13,18	Hg 202 29,86	Hg 203 46,59 d	Hg 204 6,87	Hg 205 5,2 min	Hg 206 8,15 min	Hg 207 2,9 min	Hg 208 ~42 min	Hg 209 35 s					

Zahl der Protonen
Zahl der Neutronen

N 14,00674	**Element** relative Atommasse	N 14 99,634	**Stabile Nuklide**	U 234 0,0054 $2{,}455 \cdot 10^5$ a α: 4,775 γ sf	**Nuklide, die bei der Bildung der irdischen Materie entstanden**

Instabile (radioaktive) Nuklide

Ra 216 0,18 µs α: 9,349	Ne 17 109,2 ms	N 16 7,13 s	– $T_{1/2}$: Halbwertszeit
α-Zerfall	β^+-Zerfall	β^--Zerfall	Häufigkeiten der Zerfallsarten

Z \ N	135	136	137	138	139	140	141	142	143	144	145	146	147
95		Am 243,0614	Am 232 1,31 min	Am 233 3,2 min	Am 234 2,32 min	Am 235 10,3 min	Am 236 3,6 min	Am 237 73,0 min	Am 238 1,63 h	Am 239 11,9 h	Am 240 50,8 h	Am 241 432,2 a	Am 242 16 h
94	Pu 229 90 s	Pu 230 1,7 min	Pu 231 8,6 min	Pu 232 34,1 min	Pu 233 20,9 min	Pu 234 8,8 h	Pu 235 25,3 min	Pu 236 2,858 a	Pu 237 45,2 d	Pu 238 87,74 a	Pu 239 2,411·10^4 a	Pu 240 6563 a	Pu 241 14,35 a
93	Np 228 61,4 s	Np 229 4,0 min	Np 230 4,6 min	Np 231 48,8 min	Np 232 14,7 min	Np 233 36,2 min	Np 234 4,4 d	Np 235 396,1 d	Np 236 1,54·10^5 a	Np 237 2,144·10^6 a	Np 238 2,117 d	Np 239 2,355 d	Np 240 65 min
92	U 227 1,1 min	U 228 9,1 min	U 229 58 min	U 230 20,8 d	U 231 4,2 d	U 232 68,9 a	U 233 1,592·10^5 a	U 234 0,0054 2,455·10^5 a	U 235 0,7204 7,038·10^8 a	U 236 2,342·10^7 a	U 237 6,75 d	U 238 99,2742 4,468·10^9 a	U 239 23,5 min
91	Pa 226 1,8 min	Pa 227 38,3 min	Pa 228 22 h	Pa 229 1,50 d	Pa 230 17,4 d	Pa 231 3,276·10^4 a	Pa 232 1,31 d	Pa 233 27,0 d	Pa 234 6,70 h	Pa 235 24,2 min	Pa 236 9,1 min	Pa 237 8,7 min	Pa 238 2,3 min
90	Th 225 8,72 min	Th 226 31 min	Th 227 18,72 d	Th 228 1,913 a	Th 229 7880 a	Th 230 7,54·10^4 a	Th 231 25,5 h	Th 232 100 1,405·10^{10} a	Th 233 22,3 min	Th 234 24,10 d	Th 235 7,1 min	Th 236 37,5 min	Th 237 5,0 min
89	Ac 224 2,9 h	Ac 225 10,0 d	Ac 226 29 h	Ac 227 21,773 a	Ac 228 6,13 h	Ac 229 62,7 min	Ac 230 122 s	Ac 231 7,5 min	Ac 232 119 s	Ac 233 145 s	Ac 234 44 s		
88	Ra 223 11,43 d	Ra 224 3,66 d	Ra 225 14,8 d	Ra 226 1600 a	Ra 227 42,2 min	Ra 228 5,75 a	Ra 229 4,0 min	Ra 230 93 min	Ra 231 103 s	Ra 232 4,2 min	Ra 233 30 s	Ra 234 30 s	
87	Fr 222 14,2 min	Fr 223 21,8 min	Fr 224 3,3 min	Fr 225 4,0 min	Fr 226 48 s	Fr 227 2,47 min	Fr 228 39 s	Fr 229 50,2 s	Fr 230 19,1 s	Fr 231 17,5 s	Fr 232 5 s		
86	Rn 221 25 min	Rn 222 3,825 d	Rn 223 23,2 min	Rn 224 1,78 h	Rn 225 4,5 min	Rn 226 7,4 min	Rn 227 22,5 s	Rn 228 65 s					
85	At 220 3,71 min	At 221 2,3 min	At 222 54 s	At 223 50 s									
83	Bi 218 33 s												

Ausschnitt aus dem Bereich der leichten Elemente

Z	Element	N = 0	1	2	3	4	5	6	7	8	9	10	11	12
10	Ne 20,1797								Ne 17 109,2 ms	Ne 18 1,67 s	Ne 19 17,22 s	Ne 20 90,48	Ne 21 0,27	Ne 22 9,25
9	F 18,998403									F 17 64,8 s	F 18 109,7 min	F 19 100	F 20 11,0 s	F 21 4,16 s
8	O 15,9994						O 13 8,58 ms	O 14 70,59 s	O 15 2,03 min	O 16 99,762	O 17 0,038	O 18 0,200	O 19 27,1 s	O 20 13,5 s
7	N 14,00674						N 12 11,0 ms	N 13 9,96 min	N 14 99,634	N 15 0,366	N 16 7,13 s	N 17 4,17 s	N 18 0,63 s	
6	C 12,011				C 9 126,5 ms	C 10 19,3 s	C 11 20,38 min	C 12 98,90	C 13 1,10	C 14 5730 a	C 15 2,45 s	C 16 0,747 s	C 17 193 ms	
5	B 10,811				B 8 770 ms		B 10 19,9	B 11 80,1	B 12 20,20 ms	B 13 17,33 ms	B 14 13,8 ms	B 15 10,4 ms		
4	Be 9,012182				Be 7 53,29 d		Be 9 100	Be 10 1,6·10^6 a	Be 11 13,8 s	Be 12 23,6 ms				
3	Li 6,941				Li 6 7,5	Li 7 92,5	Li 8 840,3 ms	Li 9 178,3 ms		Li 11 8,5 ms				
2	He 4,002602		He 3 0,000137	He 4 99,999863		He 6 806,7 ms		He 8 119 ms						
1	H 1,00794	H 1 99,985	H 2 0,015	H 3 12,323 a										
0			n 1 10,25 min											

Tabellen

Physikalische Größen und Einheiten			
Größe	**Symbol**	**Einheit**	**Abkürzung**
Aktivität	A	1 Becquerel	$\frac{1}{s}$
Dichte	ρ	1 Kilogramm pro Kubikmeter	$1\,\frac{kg}{m^3}$
Druck	p	1 Pascal	$1\,Pa = 1\,\frac{N}{m^2}$
effektive Dosis	E	1 Sievert	$1\,Sv = 1\,\frac{J}{kg}$
elektrische Ladung	Q	1 Coulomb	$1\,C = 1\,A \cdot 1\,s$
elektrische Spannung	U	1 Volt	1 V
elektrische Stromstärke	I	1 Ampere	1 A
elektrischer Widerstand	R	1 Ohm	$1\,\Omega = 1\,\frac{V}{A}$
Energie	E	1 Joule 1 Kilowattstunde	1 J = 1 Nm 1 kWh = 3,6 MJ
übertragene Energie	ΔE	1 Joule	1 J
Energiedosis	D	1 Gray	$1\,Gy = 1\,\frac{J}{kg}$
Geschwindigkeit	v	1 Meter pro Sekunde	$1\,\frac{m}{s}$
Kraft	F	1 Newton	1 N
Leistung	P	1 Watt	$1\,W = 1\,\frac{J}{s} = 1\,V \cdot 1\,A$
Masse	m	1 Kilogramm	1 kg
Celsius-Temperatur	ϑ	1 Grad Celsius	1 °C
Weg	$s, \Delta s$	1 Meter	1 m
Zeitpunkt	t	1 Sekunde 1 Minute 1 Stunde	1 s 1 min = 60 s 1 h = 60 min
Zeitspanne	Δt	1 Sekunde	1 s

Vorsilben für Vielfache von Einheiten					
Vorsilbe	**Abkürzung**	**Bedeutung**	**Vorsilbe**	**Abkürzung**	**Bedeutung**
Exa	E	$\cdot 10^{18}$	Zenti	c	$\cdot 10^{-2}$
Peta	P	$\cdot 10^{15}$	Milli	m	$\cdot 10^{-3}$
Tera	T	$\cdot 10^{12}$	Mikro	µ	$\cdot 10^{-6}$
Giga	G	$\cdot 10^{9}$	Nano	n	$\cdot 10^{-9}$
Mega	M	$\cdot 10^{6}$	Piko	p	$\cdot 10^{-12}$
Kilo	k	$\cdot 10^{3}$	Femto	f	$\cdot 10^{-15}$
Hekto	h	$\cdot 10^{2}$	Atto	a	$\cdot 10^{-18}$

Druckeinheiten					
	Pa = $\frac{\mathbf{N}}{\mathbf{m^2}}$	**bar**	**mbar**	**atm***	**mm W.S.***
1 Pa = 1 $\frac{\mathbf{N}}{\mathbf{m^2}}$	1	10^{-5}	10^{-2}	$0{,}9869 \cdot 10^{-5}$	0,10197
1 bar	10^{5}	1	1000	0,98692	$1{,}0197 \cdot 10^{4}$
1 mbar	10^{2}	10^{-3}	1	$0{,}9869 \cdot 10^{-3}$	10,197
1 atm*	$1{,}01325 \cdot 10^{5}$	1,01325	$1{,}01325 \cdot 10^{-3}$	1	$1{,}03326 \cdot 10^{4}$
1 mm W.S.*	9,8064	$0{,}98064 \cdot 10^{-4}$	0,098064	$0{,}96781 \cdot 10^{-4}$	1

* 1 mm W.S. ist der Druck einer 1 mm hohen Wassersäule von 4 °C beim Ortsfaktor $g = 9{,}80665 \frac{N}{kg}$.
* 1 atm (physikalische Atmosphäre) = 1,01325 bar ist der sogenannte Normdruck.

Energieeinheiten				
	J	**kWh**	**cal***	**eV***
1 J	1	$2{,}7777 \cdot 10^{-7}$	0,23884	$0{,}6242 \cdot 10^{19}$
1 kWh	$3{,}6 \cdot 10^{6}$	1	$0{,}8598 \cdot 10^{6}$	$2{,}247 \cdot 10^{25}$
1 cal*	4,1868	$1{,}163 \cdot 10^{-6}$	1	$2{,}613 \cdot 10^{19}$
1 eV*	$1{,}602 \cdot 10^{-19}$	$4{,}45 \cdot 10^{-26}$	$3{,}826 \cdot 10^{-20}$	1

* 1 cal ist die Energie, die benötigt wird, um 1 g luftfreies Wasser bei einem konstanten Druck von 1013,25 hPa (dem Druck der Standardatmosphäre auf Meereshöhe) von 14,5 °C auf 15,5 °C zu erwärmen.
* 1 eV (Elektronenvolt) ist die Energie, die ein Teilchen mit der Elementarladung $e = 1{,}6 \cdot 10^{-19}$ C beim Durchlaufen der Spannung 1 V aufnimmt.

Tabellen

Spezifischer Widerstand (bei 18 °C)			
Stoff	$\Omega\,\frac{mm^2}{m}$	**Stoff**	$\Omega\,\frac{mm^2}{m}$
Silber	0,016	destilliertes Wasser	10^{10}
Kupfer	0,017	Schiefer	10^{12}
Gold	0,023	Marmor	$10^{13} \ldots 10^{14}$
Aluminium	0,028	Pressspan	10^{14}
Wolfram	0,049	Polystyrol	$5 \cdot 10^{18}$
Nickel	0,07	Glas	$10^{16} \ldots 10^{19}$
Eisen	0,1 ... 0,5	Porzellan	$10^{19} \ldots 10^{20}$
Konstantan	0,5	Glimmer	$10^{19} \ldots 10^{21}$
Kohle	50 ... 100	Hartgummi	$10^{19} \ldots 10^{21}$
Gemanium	900	Paraffin	$10^{20} \ldots 10^{22}$
Silicium	1200	Siegellack	10^{22}
Meerwasser	200 000	Bernstein	$> 10^{22}$

Brechnungsindices einiger Stoffe	
Material	**Brechungsindex *n***
Vakuum	1,0
Luft	1,000 292
Eis	1,31
Wasser	1,33
Ethanol	1,37
Quarzglas	1,46
Plexiglas	1,49
Flintglas	1,60
Glas	1,5 ... 1,9
Diamant	2,47

Astronomische Daten

Körper	mittlere Entfernung zur Sonne	Äquatorradius	Masse	Umlaufzeit um die Sonne	Ortsfaktor
Sonne	–	696 342 km $= 109{,}2\ R_E$	$1{,}988 \cdot 10^{30}$ kg $= 3{,}3 \cdot 10^5\ m_E$	–	$274\ \frac{N}{kg}$
Merkur	60,4 Mio. km $= 0{,}40\ r_E$	2 440 km $= 0{,}38\ R_E$	$3{,}301 \cdot 10^{23}$ kg $= 0{,}055\ m_E$	88 Tage	$3{,}70\ \frac{N}{kg}$
Venus	108,2 Mio. km $= 0{,}72\ r_E$	6 052 km $= 0{,}95\ R_E$	$4{,}869 \cdot 10^{24}$ kg $= 0{,}82\ m_E$	225 Tage	$8{,}87\ \frac{N}{kg}$
Erde	149,6 Mio. km $= 1\ r_E$	6 378 km $= 1\ R_E$	$5{,}972 \cdot 10^{24}$ kg $= 1\ m_E$	365 Tage	$9{,}81\ \frac{N}{kg}$
Mars	228,0 Mio. km $= 1{,}52\ r_E$	3 396 km $= 0{,}53\ R_E$	$6{,}419 \cdot 10^{23}$ kg $= 0{,}11\ m_E$	687 Tage	$3{,}69\ \frac{N}{kg}$
Jupiter	778,4 Mio. km $= 5{,}20\ r_E$	71 492 km $= 11{,}2\ R_E$	$1{,}899 \cdot 10^{27}$ kg $= 318\ m_E$	11,9 Jahre	$24{,}70\ \frac{N}{kg}$
Saturn	1 433,5 Mio. km $= 9{,}58\ r_E$	60 268 km $= 9{,}4\ R_E$	$5{,}685 \cdot 10^{26}$ kg $= 95\ m_E$	29,5 Jahre	$10{,}44\ \frac{N}{kg}$
Uranus	2 872,4 Mio. km $= 19{,}20\ r_E$	25 559 km $= 4{,}0\ R_E$	$8{,}683 \cdot 10^{25}$ kg $= 14{,}5\ m_E$	84,0 Jahre	$8{,}87\ \frac{N}{kg}$
Neptun	4 498,4 Mio. km $= 30{,}07\ r_E$	24 764 km $= 3{,}9\ R_E$	$1{,}024 \cdot 10^{26}$ kg $= 17\ m_E$	164,8 Jahre	$11{,}15\ \frac{N}{kg}$

Strahlungs-Wichtungsfaktoren

Strahlungsart	w_R
Röntgen- und Gammastrahlung	1
Elektronen, Myonen	1
Neutronen je nach Energie	5 bis 20
Protonen, Energie > 2 MeV	5
Alphateilchen, Spaltfragmente, schwere Kerne	20

Gewebe-Wichtungsfaktoren

Organ/Gewebe	w_r	Organ/Gewebe	w_r
Keimdrüsen	0,20	Leber	0,05
Knochenmark	0,12	Speiseröhre	0,05
Dickdarm	0,12	Schilddrüse	0,05
Lunge	0,12	Haut	0,01
Magen	0,12	Knochenoberfläche	0,01
Blase	0,05	übrige Organe und Gewebe	0,05
Brust	0,05		

Medienkompetenzrahmen NRW

1 Bedienen und Anwenden	2 Informieren und Recherchieren	3 Kommunizieren und Kooperieren
1.1 Medienausstattung	**2.1 Informationsrecherche**	**3.1 Kommunikations- und Kooperationsprozesse**
S. 33, Methode: Bildentstehung an der Sammellinse mit Hilfe von Simulationen (Tablet oder Computer); S. 43, A3 (Smartphone-Kamera): S. 48, V1 (Smartphone oder Tablet); S. 70, Projekt: Sicherheit im Straßenverkehr (Smartphone, Videoanalysesofware); S. 136, V1 (Smartphone oder Tablet); S. 188, A4 (Tablet oder Computer, Simulationssoftware); S. 209, V3 (Druckabfall im Treppenhaus); S. 235, V1 (Kettenreaktion mit Mausefallen)	S. 19, A2; S. 33, Methode: Bildenststehung an der Sammellinse mit Hilfe von Simulationen; S. 49, A3; S. 57, A2; S. 63, A3; S. 71, Projekt: Sicherheit im Straßenverkehr; S. 79, A4; S. 81, A3; S. 97, A9; S. 111, A3; S. 133, A4c; S. 147, A1; S. 157, V1; S. 163, A6; S. 172, A10; S. 177, A2; S. 180, A2; S. 195, A2, 5; S. 209, A3; S. 213, A6; S. 239, A2, A4; S. 241, A3; S. 245, A1 – A3; S. 247, A1, A2; S. 253, A4; S. 257, A5; S. 261, A18; S. 273, A1, A4; S. 279, A3, A5, A9, A10; S. 285, A3; S. 289, A3; S. 293, A2; S. 297, A6; S. 301, A3; S. 303, A4, A5; S. 305, A2; S. 307, A2; S. 311, A1, A5; S. 314, A6; S. 315, A16 – A18	S. 23, A4; S. 49, A2; S. 99, A1; S. 109, A2; S. 111, A1; S. 143, A5; S. 147, A6 S. 221, A6; S. 233, A5; S. 239, A3; S. 257, A3; S. 261, A16; S. 281, A2; S. 301, A2; S. 303, A2; S. 307, A1
1.2 Digitale Werkzeuge	**2.2 Informationsauswertung**	**3.2 Kommunikations- und Kooperationsregeln**
S. 31: Konstruktionsstrahlen; S. 33, Methode: Bildentstehung an der Sammellinse mit Hilfe von Simulationen (Tablet und/oder Computer); S. 39, A1; S. 43, A3 (Smartphone-Kamera): S. 48, V1 (Smartphone oder Tablet); S. 52, A5; S. 70, Projekt: Sicherheit im Straßenverkehr (Smartphone, Videoanalysesoftware); S. 136, V1 (Smartphone oder Tablet); S. 188, A4 (Tablet oder Computer, Simulationssoftware); S. 209, V3 (Druckabfall im Treppenhaus); S. 235, V1 (Kettenreaktion mit Mausefallen); S. 311, A3	S. 22, V1 (Brechung messen); S. 23, A6; S. 47, A4, A6; S. 52, A3; S. 53, A7, A10; S. 59, A2; S. 63, A7; S. 64 f., Methode: Umgang mit *t*-*s*-Diagrammen; S. 65, A1, A3; S. 107, A3; S. 108, A2; S. 120, A1 – A4, A6; S. 147, A5; S. 163, A3; S. 177, A7, A9; S. 189, A13; S. 193, V2 (Gleicher Druck, unterschiedliche Kolben) mit Tabelle T1; S. 208, B1 (Wetterkarte); S. 209, V3 (Druckabfall im Treppenhaus) mit Bild B3; S. 209, A4; S. 213, A5; S. 227, A4, A5; S. 233, A8, A9; S. 239, A3; S. 241, A3; S. 245, A1, A3, A5; S. 247, A1, A2; S. 253, A4, A6; S. 260, A8, A9, A11, A12; S. 261, A15; S. 272, V1 (Widerstand bei Temperaturänderung); S. 273, A4; S. 279, A5, A9; S. 285, A3; S. 289, A3; S. 290, V1 (Spannungen am Tansformator) mit Tabelle T1; S. 291, V2 (Stromstärken am Transformator) mit Tabelle T2; S. 301, A3; S. 303, A4, A5; S. 305, A1; S. 311, A6; S. 314, A2, A5	
1.3 Datenorganisation	**2.3 Informationsbewertung**	**3.3 Kommunizieren und Kooperieren in der Gesellschaft**
S. 64 f., Methode: Umgang mit *t*-*s*-Diagrammen	S. 49, A2; S. 59, A2; S. 63, A7; S. 75, A4; S. 84 f., Methode: Genauigkeit von Messungen; S. 106: Mit dem Energiesatz Diäten beurteilen; S. 111, A2; S. 120, A6; S. 121, A7; S. 227, A5; S. 239, A3; S. 241, A3; S. 245, A3	
1.4 Datenschutz und Informationssicherheit	**2.4 Informationskritik**	**3.4 Cybergewalt und -kriminalität**

4 Produzieren und Präsentieren	5 Analysieren und Reflektieren	6 Problemlösen und Modellieren
4.1 Medienproduktion und -präsentation	**5.1 Medienanalyse**	**6.1 Problemlösen und Modellieren**
S. 97, A4, A9; S. 109, A2; S. 157, V1; S. 189, A16; S. 172, A10; S. 241, A3; S. 245, A1; S. 279, A3, A9, A10; S. 305, A2	S. 79, A4; S. 180, A2	S. 48, Farben sehen; S. 49, Gedruckte Farben; S. 63, A5, A7; S. 67, A3, A4
4.2 Gestaltungsmittel	**5.2 Meinungsbildung**	**6.2 Algorithmen erkennen**
		S. 64 f., Methode: Umgang mit *t-s*-Diagrammen
4.3 Quellendokumentation	**5.3 Identitätsbildung**	**6.3 Modellieren und Programmieren**
		S. 59, A2; S. 63, A7; S. 65, A3; S. 181, Methode: An Messwerten Zusammenhänge erkennen
4.4 Rechtliche Grundlagen	**5.4 Selbstregulierte Mediennutzung**	**6.4 Bedeutung von Algorithmen**

Bildquellenverzeichnis

|ADAC e.V./adac.de, München: © Euro NCAP 70.1. |akg-images GmbH, Berlin: 234.2, 236.2; Fototeca Gilardi 147.2; Heritage Images/ The Print Collector 233.1; IMAGNO/Votava 231.1; World History Archive 238.6. |Alamy Stock Photo, Abingdon/Oxfordshire: aerial-photos.com 9.1, 262.1; Andrusca, Dumitrina 195.1; Canetti 315.1; Carey, Peter 197.2; Dinse, Stefan 272.1; Dudley Little 243.1; FLHC5 257.2; GL Archive 236.1, 238.1, 238.3, 238.4; Greboval/Andia 301.3; igordabari 10.5; imageBROKER/Bail, Manfred 306.3; imageBROKER/ Kietzmann, Björn 244.3; Imaginechina Limited 243.2; Imo, Thomas 244.1; ingwio 202.1; iordache, laurentiu 251.4; Iordache, Magdalena 251.3; Javorik, Vit 213.3; JHP Nature 21.1; John Rendle NZ 203.1; Juergen Henkelmann Photography 306.4; Kearley, Susie 243.3; Kotsell, Angela 197.3; Kovaleva, Elena 302.1; mageBROKER/Alker, J.W. 207.3; Malcolm Park sciences 10.6; Mustafa, Tarek 199.2; NASA Archive 211.4, 319.4; Naturfoto-Online 240.1; NDStock 202.4; nsf 239.2; NST 261.2; Picture Partners 261.1; Reitz-Hofmann, Birgit 196.1; RioPatuca 315.2; Rochau, Alexander 284.1; Safaric, Andrej 7.1, 190.1; Saroch, Marek 8.1, 214.1; Science History Images 236.3, 251.1; sciencephotos 222.2; SPUTNIK 240.2; Stark, Friedrich 242.1; Tack, Jochen 299.2; Transport/Barnes, Stephen 289.1; travellinglight 289.2; UschiDaschi 252.3; van Doorn, Lex 210.2; Westend61 GmbH 307.2; Westend61 GmbH/Fritz, Guntmar 307.5; World History Archive 300.2; Zoonar GmbH/Ziese, Stefan 307.4; ZUMA Press, Inc. 198.3, 266.2; © Tepco/Jana Press/ ZUMA Press, Inc. 242.2. |Alamy Stock Photo (RMB), Abingdon/Oxfordshire: age fotostock/NASA-HUBBLE 146.2; Art Directors & TRIP/Trip 77.1; Bardens, Stephen 175.2; Binke, Steffen 24.1; BSIP SA 25.4; Caporusso, Vitantonio 57.2; Daly, Jeff J. 47.1; Delbert, Christian 3.1, 16.1; Delphotos 135.1, 135.2; Disability Images 121.3; dpict 97.3; Food and Drink Photos 91.3; Gollop, John 83.3; H. Mark Weidman Photography 27.6; Hallinan, Dennis 77.2; Hinrichs, Johann 4.1, 54.1; imageBROKER 160.1; imageBROKER/Reuther, Joerg 116.1; imageBROKER/Tack, Jochen 153.2, 173.1; Images/NASA / digitaleye 80.2; Ivanov, Ivelin 60.4; Ivy Close Images 144.4; katacarix 132.2; Klee, Thomas 91.2; Lebrecht Music & Arts/Lebrecht 144.2; Marino, Joseph 76.1; MARKA/asa 147.3; Mountain Light/Rowell, Galen 47.5; NASA Image Collection 136.4; NASA Photo 217.2; Niebrugge, Ron 175.1; Onkel66 49.7, 49.8; Pascall, Blaize 19.1; PhotoAlto sas/Olsson , Sigrid 86.1; Pictorial Press Ltd 178.1; Picture Partners 250.2; PRILL Mediendesign 146.3; Purcell Pictures, Inc. 27.1; robertharding /Leimbach, Claire 20.1; Ryzhov, Sergey 47.2; SAO Struck 63.1; Schneider, Robert 6.1, 150.1; Science History Images 79.1; sciencephotos 154.2; Simpson, Paul 138.1, 143.2; Smuk, Ivan 47.3, 47.4; Souders, Paul 133.5; Tack, Jochen 297.2; van den Berg, René 77.3, 133.4, 143.3; vicy 281.2; Visions of America, LLC 44.1, 51.2; WENN Rights Ltd/WENN 133.1; Westend61 GmbH 169.3; World History Archive 18.1, 276.1; ZUMA Press 60.1; ZUMA Press, Inc. 144.5. |Astrofoto, Sörth: Bernd Koch 131.4; NASA 129.2. |Brill, Bernhardt Dr., Einbeck: 97.1. |Conatex-Didactic Lehrmittel GmbH, www.conatex.com, Kirkel: 35.2. |Dauven, Marcel, Mönchengladbach: 13.5, 160.2, 163.1, 163.2, 188.3, 279.1. |DEKRA e.V., Stuttgart: 66.1. |Demmler, Sonja, Bad Neustadt: 71.1. |Domke, Franz-Josef, Hannover: 229.3. |Dr Andrew Steele (andrewsteele.co.uk) and Dr Yan Wong: CC0 1.0 Public Domain 46.2. |dreamstime.com, Brentwood: Anna Chelnokova 29.3; Nadezda Soboleva 104.1; Roman Ivaschenko 168.5. |Druwe & Polastri, Cremlingen/Weddel: 194.3, 200.1, 204.3, 213.1, 235.2, 273.3. |ESA/Hubble, Garching bei München: ESA/Hubble & NASA/Creative Commons Attribution 4.0 International 5.1, 122.1. |fotolia.com, New York: Bartussek, Ingo 45.3; Biker 121.6; eyewave 60.3; Furian, Peter Hermes 49.3, 51.1; Jörg Plagens 14.1; PRILL Mediendesign 170.2; Rochau, Alexander 60.2; WavebreakMediaMicro 121.1; © Fiedels 208.1. |Fundamental Photographs, New York: © 1990 Richard Megna, Fundamental Photographs, New York 57.1. |Getty Images (RF), München: Ascent/PKS Media Inc. 88.1; Giulio Bisio Photo 165.1; Pawan Tandon/ EyeEm 91.4; Westend61 88.2. |Gleixner, Dr. Christian, Iffeldorf b. München: 92.3. |Griffin, Nicholas, Co. Galway: 87.3, 87.4. |Haag, Guido, Kleinsteinhausen: 34.3, 34.4, 39.4, 39.5, 43.2, 43.3, 43.4, 53.2, 140.1. |Hubble Heritage Team, ESA, NASA, Garching bei München: https://www.spacetelescope.org/images/heic1504b / Creative Commons Attribution 4.0 International-Lizenz 127.2. |Idris, Prof. Zamzuri, Kubang Kerian, Kelantan: 248.3. |Imago, Berlin: Engels, Meike 84.2; Galuschka, Horst 78.1; HRSchulz 80.1; imagebroker 28.1, 49.1; Jochen Tack 206.2; Johannes Koziol 137.3; Niehoff 152.1; nph 98.1, 98.2, 98.3, 98.4, 99.1, 99.2, 119.1; Pressefoto Baumann 68.2; Rust 307.3; ZUMA Press 62.2. |Interfoto, München: Danita Delimont/Prisma Archivo 274.1. |iStockphoto.com, Calgary: acilo 307.6; ChiccoDodiFC 130.2; Danilov, V. 103.4; HHakim 89.2, 90.1; kali9 35.1; MykolaIvashchenko 69.4; phanthit 53.3; polarica Titel; small_frog 292.2; StephanHoerold 128.1; Vecton16 144.1; xjben 113.2. |ITER Organization Headquarters, St. Paul-lez-Durance: © ITER Organization, http://www.iter.org/ 257.1. |Josef Barthelme, Nürnberg: 168.4. |juniors@wildlife Bildagentur GmbH, Hamburg: Avalon 22.1; N. Benvie 29.4. |Kettler Fitness and Sports by Trisport AG, Huenenberg: 117.1. |Koch, Christian, Bensheim: 227.4, 230.2. |Lithos, Wolfenbüttel: 10.2, 10.4, 10.7, 11.1, 11.2, 11.3, 11.4, 11.5, 11.6, 11.7, 12.1, 12.3, 12.7, 12.8, 12.9, 13.1, 13.2, 13.3, 13.4, 14.10, 14.11, 15.2, 15.3, 15.7, 28.3, 28.5, 33.2, 45.4, 50.2, 71.2, 71.3, 94.1, 96.1, 97.2, 98.6, 100.3, 101.2, 101.3, 105.1, 105.2, 106.1, 107.2, 108.2, 110.1, 110.2, 111.1, 111.2, 112.1, 112.2, 113.4, 114.3, 115.1, 115.2, 118.1, 118.3, 121.5, 135.3, 135.4, 135.5, 136.2, 148.1, 148.2, 152.3, 152.4, 153.1, 155.1, 155.3, 156.2, 158.1, 158.2, 158.3, 159.1, 161.1, 162.2, 162.3, 163.3, 164.2, 167.1, 167.2, 167.5, 168.2, 169.1, 169.2, 171.2, 171.3, 172.2, 172.3, 173.4, 173.5, 176.2, 177.2, 179.3, 179.4, 180.1, 181.1, 181.2, 181.3, 182.4, 183.2, 185.1, 185.2, 186.1, 187.1, 187.2, 187.3, 188.1, 188.2, 189.1, 189.2, 189.3, 273.4, 314.1, 314.3, 316.3, 317.2, 321.1, 322.1, 323.1, 326.1, 327.1. |Löffler, Dr. Patrick, Eppenbrunn: 10.1, 45.2, 48.3, 136.3, 136.5. |Lüddecke, Liselotte, Hannover: 94.2, 94.3. |Lupine Lighting Systems GmbH, Neumarkt: 56.1. |MAGURA GmbH & co. KG, Bad Urach: 194.1. |Mandler, Jan, Heidelberg: 86.2, 195.3, 210.1, 210.3. |mauritius images GmbH, Mittenwald: nature picture library/S. Kazlowski 113.3; Science Source/NASA/Science Source 251.2; Science Source/Photo Researchers 92.5. |Max-Planck-Institut für Plasmaphysik (IPP), Garching: 256.2, 256.3; Filser, Wolfgang 256.4; Ullmann, Anja 256.1. |Mettin, Markus, Offenbach: 12.4, 12.5, 12.6, 15.4, 15.5, 18.2, 19.3, 20.2, 22.2, 22.3, 22.4, 23.3, 23.4, 23.5, 27.2, 27.4, 28.4, 30.2, 39.1, 39.2, 40.2, 42.3, 46.3, 46.4, 49.2, 50.3, 52.3, 53.7, 64.1, 74.2, 75.1, 75.2, 82.1, 84.1, 85.1, 90.2, 90.3, 100.4, 101.1, 103.1, 103.2, 103.3, 133.3, 134.3, 137.4, 137.5, 157.1, 157.2, 157.3, 157.4, 162.1, 165.2, 166.1, 166.2, 167.3, 167.4, 171.1, 171.4, 171.5, 172.1, 174.1, 174.2, 174.3, 178.2, 182.3, 196.2, 196.3, 198.1, 201.1, 202.3, 264.1, 264.2, 269.3, 269.4, 272.4, 273.2, 292.1, 292.3, 295.2. |Müller, Hans-Jürgen / Ambiente Lichtkultur, Berlin: 173.3. |Müller, Prof. Dr. Rainer, Braunschweig: 66.2, 66.3, 70.2, 88.4. |NASA, Washington: JSC 134.4, 136.1; NASA Dryden Flight Research Center 26.1; NASA's Goddard Space Flight Center/NASA/ JPL/University of Arizona 127.4; NASA/JPL-Caltech/MSSS 126.3. |NASA/ESA: R. Williams (STScI), the Hubble Deep Field Team and NASA 254.3. |newVISION! GmbH, Pattensen OT Reden: 18.3, 18.4, 19.2, 20.3, 20.4, 21.2, 21.3, 23.1, 23.2, 23.6, 24.3, 26.3, 26.5, 27.3, 27.5, 28.2, 29.2, 30.1, 31.1, 31.2, 31.3, 32.1, 32.2, 32.3, 32.4, 32.5, 32.6, 33.1, 34.2, 35.3, 36.3, 36.4, 37.1, 37.2, 37.3, 38.3, 39.3, 40.4, 41.2, 42.1, 43.1, 44.2, 44.4, 47.6, 48.1, 48.2, 48.4, 49.4, 50.1, 50.4, 50.5, 52.1, 52.2, 52.4, 52.5, 57.3, 59.1, 62.1, 63.2, 64.2, 65.1, 65.2, 67.2, 70.3, 72.2, 72.3, 73.1, 73.2, 74.3, 75.3, 76.2, 78.4, 81.1, 81.2, 82.2, 82.3, 83.1, 86.3, 87.2, 88.3, 89.1, 91.1, 118.2, 119.2, 120.1, 121.2, 121.4, 132.3, 133.2, 137.1, 137.2, 145.1, 145.2, 145.3, 146.1, 156.1, 164.1, 166.3, 168.1, 170.3, 170.4, 173.2, 176.1, 176.3, 179.1, 179.2, 180.2, 184.1, 186.3, 192.2, 193.1, 194.2, 195.2, 198.2, 199.1, 200.2, 200.3, 201.2, 202.2, 204.2, 206.3, 206.4, 206.5, 206.6, 207.2, 208.2, 208.3, 209.2, 211.1, 211.3, 212.1, 212.2, 213.2, 216.1, 217.1, 218.1, 218.3, 219.1, 219.2, 220.1, 220.2, 221.1, 221.2, 222.3, 223.3, 224.4, 225.3, 226.2, 227.2, 227.3, 228.2, 229.1, 229.2, 230.1,

231.2, 233.2, 234.3, 235.1, 236.4, 237.1, 237.2, 238.2, 239.1, 241.1, 242.3, 242.4, 244.2, 245.1, 245.2, 246.1, 246.2, 248.4, 250.4, 252.2, 253.2, 253.3, 254.1, 254.2, 255.1, 255.2, 258.1, 258.2, 258.3, 259.1, 259.2, 260.1, 264.3, 265.1, 265.2, 266.1, 267.1, 267.2, 268.1, 268.2, 269.1, 269.2, 270.1, 271.1, 271.2, 272.2, 272.3, 273.1, 274.2, 274.3, 274.4, 275.1, 275.2, 275.3, 276.2, 276.3, 277.1, 278.1, 278.3, 280.2, 281.3, 282.1, 282.2, 283.1, 283.2, 283.3, 285.1, 285.2, 287.1, 288.1, 288.2, 291.1, 294.1, 294.2, 294.3, 295.3, 296.1, 296.2, 298.1, 298.2, 299.1, 300.1, 300.3, 301.1, 302.2, 302.3, 304.1, 304.2, 305.1, 306.2, 308.1, 308.2, 308.3, 309.1, 309.2, 309.3, 309.4, 310.1, 310.2, 311.1, 311.2, 312.1, 312.2, 312.3, 312.4, 314.2, 315.3, 316.4, 317.1, 318.3, 318.4, 319.1, 319.2, 319.3, 320.1, 320.2, 320.3, 323.2, 323.3, 325.1, 329.1, 329.2, 330.1, 330.2, 331.1. |Nordion, Ottawa, ON: 250.1. |OKAPIA KG - Michael Grzimek & Co., Frankfurt/M.: David Thompson/OSF 316.1. |PantherMedia GmbH (panthermedia.net), München: Alexander R. 286.1; Bingemer, Horst 114.1; caifas 301.2; Casa-Blanca 49.5, 49.6; mihtiander 207.1; Nirkov (YAYMicro) 213.4. |Paulmann Licht GmbH/www.paulmann.com, Springe-Völksen: 170.1. |PeakTech Prüf- und Messtechnik GmbH, Ahrensburg: 301.4. |Peschel, Jochen Dipl.-Ing. / www.coastersandmore.de, München: 95.1, 100.2. |Picture-Alliance GmbH, Frankfurt/M.: AP Photo/NASA 261.3; dpa/Daniel Maurer 68.1; dpa/Polizei Bonn 67.1; dpa/von Erichsen, Fredrik 46.1; euroluftbild.de/ Blossey, Hans 96.2; imageBROKER 34.1; Reuters/PFAFFENBACH, KAI 58.1; REUTERS/POOL 203.2; ZUMA Press/David Klein 72.1. |regionalHeute.de, Wolfenbüttel: Donner, Anke 182.2. |Robert Bosch GmbH, Reutlingen: 284.2. |RWTH Aachen University, Aachen: Jan Mandler 209.1. |Salomea, Atelier Krülls, Berlin: 10.3, 76.3, 97.4, 105.3, 106.2, 106.3, 106.4, 107.1, 107.3, 192.3, 317.3. |Schaper, Laura, Schaafheim: 102.1, 102.2, 102.3, 102.4. |Schlichting, Prof. Dr. H. Joachim, Münster: Schlichting, H. J. (2006). Ein Regenbogen ohne Regentropfen: Spielwiese. In: Physik in unserer Zeit, 37(5), S. 242–244. 45.1. |Schlüpmann, Dr. Jenny, Berlin: 14.2, 14.3. |Science Photo Library, München: 223.4; Anderson, Carl 225.2; Bizley, Richard 142.1; Equinox Graphics 218.2; Garlick, Mark 139.4; Giphotostock 24.4; Goetgheluck, Pascal 37.4, 232.2; Gustoimages 56.2; Jensen, Mikkel Juul 125.1; King-Holmes, James 227.1; Marazzi, Dr. P. 249.1; Molloy, Cordelia 46.5; NASA/VRS 127.3; Ogden, Sam 25.2; Patrick Blackett 223.2, 234.1; Public Health England 222.1, 224.1, 224.2; Science Source 238.5; Slawik, Eckhard 142.2; STSCI/ESA/NASA 129.1; US Department of Energy 237.3; Wexler, Jerome 37.5. |Science Photo Library (RF), München: Garlick, Mark 126.1. |Sennikovs, Juris: gemeinfrei CC BY 2.0 (https://creativecommons.org/licenses/by/2.0/) 26.4. |Shutterstock.com, New York: ALAEZ PEREZ, ENRIQUE 253.1; Allexxandar 130.1; ArtOfPhotos 286.2; AstroStar 139.1; beerkoff 40.3; Blue Planet Studio 41.1; BlueOrange Studio 205.2; BORKOVSKYI, VITALII 143.4; Cajkovic, Radoslav 132.1; Chanintorn.v 197.1; Christensen, Kim 26.2; Corriveau, Sylvie 225.1; Dawid G 149.2; Dmitry Kalinovsky 113.1; Dolgikh, Pavel 240.4; Dotted Yeti 217.4; elRoce 126.4; Everett Collection 205.1; faboi 128.2; Fast_Cyclone 228.1; Giampiccolo, Angelo 192.1; gopixa 139.3; Gorodenkoff 248.2; Holli 252.1; igor gratzer 40.1; Jones, Nicholas E 138.4; Kozak, Jan 131.3; Lack-O'Keen 250.3; Matipon 38.2; Matsumoto 131.2; Media Whalestock 149.1; Merla 204.1; MikeDotta 144.3; MossStudio 248.1; OlegD 211.2; Pardi, Valerio 128.4; Pellinni, Mike 38.1; peresanz 149.3; Permploysiri, Chockdee 127.1; Petrushenka, Artsiom 130.3; Pilon, I. 128.3; Pinkall, Heide 36.2; REDPIXEL.PL 92.1; rzoze19 25.1; sainthorant, daniel 206.1; SharkEye 134.1; Shebeko 53.5; Smileus 295.1, 318.2; Sofiaworld 53.4; sruilk 36.1; Stock-Asso 42.2; Syda Productions 92.2; tanrun1970 297.1; TFoxFoto 182.1; ticktakuticktaku 141.2; Tumarkin Igor_PS 25.3; vallefrias 53.1; Vectorvault 138.3; ver0nicka 131.1; Victor Vidal Estudio 53.6; Warraich, Hussain 87.1; wws001 257.3; zossia 92.4. |SOHO (NASA & ESA): EIT Consortium 318.1. |stock.adobe.com, Dublin: alexlmx 278.2; Bartussek, Ingo 306.1; Debus, Martin 306.5; diy13 221.3; Druzhkova, Julia 39.6; Engineer 307.1; Geithe, Ralf 71.4; jakit17 290.1; Julia 134.2; m.mphoto 217.3; Markus 139.2; Natt 293.1; Peter Hermes Furian 143.1; regulus56 41.3; Steve Carroll 279.2. |Tegen, Hans, Hambühren: 12.2, 14.4, 15.1, 24.2, 29.1, 30.3, 44.3, 50.6, 59.2, 68.3, 68.4, 83.2, 95.2, 118.4, 199.3, 223.1, 226.1, 228.3, 290.3. |Tezel, Tunc, Kükürtlü / Bursa: ©2007–08 Tunç Tezel 124.3. |The University of Texas, Center for Space Research, Austin, Texas: NASA/DLR Gravity Recovery And Climate Experiment 78.2. |vario images, Bonn: Waldhäusl 74.1. |Vollmer, Prof. Michael - University of Applied Sciences Brandenburg, Brandenburg: 69.1, 69.2, 69.3. |Wildermuth, Werner, Würzburg: 10.8, 14.5, 14.6, 14.7, 14.8, 14.9, 15.6, 78.3, 79.2, 98.5, 99.3, 108.1, 109.1, 109.2, 114.2, 116.2, 120.2, 124.1, 124.2, 124.4, 126.2, 129.3, 129.4, 138.2, 140.2, 141.1, 141.3, 141.4, 142.3, 142.4, 147.1, 152.2, 153.3, 153.4, 154.1, 155.2, 177.1, 183.1, 184.2, 186.2, 232.1, 232.3, 240.3, 280.1, 281.1, 284.3, 290.2, 313.1, 317.4. |Williams, Laura, Suffolk: 19.4. |Winkler Schulbedarf GmbH, Karlstetten: 168.3. |www.coastergallery.com: Joel A. Rogers 100.1. |© Europa-Park, Rust bei Freiburg: 316.2. |© LEYBOLD / LD DIDACTIC GmbH/www.ld-didactic.de, Hürth: 224.3.